DER SINN DES LEBENS

NIRVĀṆA

Band I

BUDDHISMUS WIE ER SEIN SOLLTE
UND
ESOTERISCHE WISSENSCHAFTEN

LANOO

(CHRISTIAN ANDERS)

Impressum

Originalausgabe

Schriftsatz und Gestaltung: Kerstin Hagemann
Herstellung: Libri Books on Demand
Printed in Germany
ISBN: 3-89811-429-5

„NUR IN DER LOSLÖSUNG SEHE ICH DAS HEIL FÜR DIE LEBEWESEN.“

GAUTAMA BUDDHA

Registriert in der Kongress-Bibliothek in Washington D.C., USA
am 1. Januar 1991 unter TXU 461243,
THE BOOK OF LIGHT, DAS BUCH DES LICHTS, Lanoo.

In tiefer Verehrung für
Helena Petrovna Blavatsky (1831 - 1891)
und
Dr. Georg Grimm (1868 - 1945)

तेजस्वि नावधीतमस्तु

Tejasvi nāvadhitamastu!

Mögen deine Studien voll des Lichts sein!

Lektoriert und bearbeitet von

Dipl.-Ing. oec. Kerstin Hagemann

ICH DANKE BESONDERS
Rabbi Baruch Hecht
und Michael Lewis für
die Hebräischen Übersetzungen.

DANKE

Ich danke meiner Mutter, dass sie mich geboren hat und es mir somit ermöglichte, mein Karma auszuleben.
Ich danke meinen Freunden und Feinden, dass sie meine Lehrer waren und sind.
Vor allem danke ich meiner guten Freundin und Lektorin Kerstin Hagemann, die den Berg dieses Buches auf ihre Schultern nahm und unter seiner Last nicht zusammenbrach.
Danke Ann Busse, Stefanie Schildberg, Dieter Behlinda, Webmaster Branko, Loyce sowie allen, die mir stets helfend zur Seite stehen und mich dahingehend unterstützen, dass ich die in diesem Buch verkündete Lehre verbreiten kann.
Ich danke ebenfalls meiner Frau Lynne, die mich am Strand aufgefunden hat. Danke auch meinem Mops Bruno, der mich nimmt, wie ich bin.
Falls ich noch jemanden vergessen haben sollte, dann danke ich dem auch.
Wer es zu fassen vermag, der fasse es. OM.

Lanoo, Los Angeles 1999

Jedes Buch, welches die Welt zum Thema hat und nicht den Weg weist aus diesem globalen Narrenhaus, ist das Papier nicht wert, auf dem es gedruckt wurde.

Lanoo

„Habt nicht lieb die Welt, noch was in der Welt ist."

(1. Brief Johannes)

ZWEI ARTEN VON GLÜCK

Zwei Arten von Glück gibt es auf der Welt. Die eine Art von Glück ist das Glück, welches abhängig ist von Personen und Dingen. Diese Art von Glück ist vergänglich und endet immer in Leid, da auch Personen und Dinge vergänglich sind und uns immer wieder entrissen werden. Die andere Art von Glück ist das Glück **unabhängig** von Personen und Dingen, frei von allem Verlangen. Dieses Glück ist ewig und sein Name ist NIRVĀṆA. Von diesem Glück künde ich.

LANOO

Die Wiederkunft Christi ist kein Mensch, kein Android und auch kein Gott, sondern die in diesem Buch verkündete Lehre.

Ich bin der festen Überzeugung, dass die wahre Natur des Menschen JENSEITS aller Sinnesfunktionen liegt, also jenseits von allem, was man sehen, hören, riechen, schmecken, tasten, empfinden und denken kann. Unsere Leistungs- und Wohlstandsgesellschaft jedoch lehrt, dass man nur noch besser und genauer und richtiger sehen, hören, riechen, schmecken, tasten, empfinden und denken muss, um so die Ursache und den Sinn des Lebens zu erkennen. Ich aber sage: Nur wer sich in der Meditation von allem Sehen, Hören, Riechen, Schmecken, Tasten, Empfinden und Denken LÖST, der wird die Wahrheit, das Todlose, Unsterbliche, das Ewige, weil jenseits jeder Dauer, das Unerschaffene, das NIRVĀṆA erfahren. DAS ist der Sinn des Lebens. Es gibt keinen anderen. AUM.

„JEDE GESELLSCHAFT, DIE NICHT NIRVĀṆA ALS OBERSTES PRINZIP UND IDEAL HAT, IST ZUM SCHEITERN VERURTEILT.“

LANOO (Christian Anders) 1. November 1996
Los Angeles, Kalifornien

DER DALAI LAMA

Ich möchte mit allem Respekt, aber auch Nachdruck darauf hinweisen, daß die in diesem Buch verkündete Lehre des Frühbuddhismus sich nicht mit dem deckt, was der XIV. Dalai Lama als Buddhismus verkündet. Der Buddhismus des Lama begründet sich auf eine spätere Kommentarliteratur, die nicht mehr dem HĪNAYĀNA SUTTAPITAKA, also den Worten des Buddha Rechnung trägt. (Siehe S. 75 ff.)

LANOO, Los Angeles 1999

DIESES BUCH HAT DIE FRIEDLICHE KOEXISTENZ UND VEREINIGUNG ALLER RELIGIONEN UND WISSENSCHAFTEN ZUM ZIEL.

„Ich bin der HERR, dein Gott. Du sollst keine anderen Götter haben neben mir!"
(2. Buch Mose 20)

Dieser Satz beweist:

1) Es gibt einen HERRN (Gott) oder höchstes Prinzip.

   (Der Begriff „Gott" selbst existierte nicht in der Bibel, sondern wurde erst in der Übersetzung beigefügt. Wieso, wird später erklärt.)

2) Es gibt Götter.

   Die Worte aus dem Zweiten Buch Mose waren an die HEBRÄER gerichtet. IHR Gott sprach zu ihnen und machte ihnen klar, dass es auch andere Götter (Elohīm) gibt.

Wie soll man sich nun diesen anderen Göttern und Religionen gegenüber verhalten? Dies wird uns im 2. Buch Mose 27, 1 verkündet:

„Den Göttern sollst du nicht fluchen!" und „Sie (die Götter) sind zugewiesen allen anderen Völkern und Nationen!" (5. Buch Mose 19)

„EUCH aber (die Hebräer) hat der HERR (Gott der Hebräer) angenommen." - „... dass ihr das Volk sein sollt, das allein IHM gehört." (5. Buch Mose 20)

Andere Völker und Nationen gehören also anderen Göttern. Das ist klar. Christ ist der Gott der Christen, Jehovah (Adonai) ist der Gott der Juden, Allah ist der Gott der Moslems, Brahman ist der Gott der Hindūs usw.

ALLE Götter aller Religionen existieren, und ihre Gläubigen haben nicht nur das Recht, sondern auch die PFLICHT, in friedlicher Koexistenz ihren Glauben auszuüben, OHNE ihn anderen aufzuzwingen.

ALLES existiert seit Ewigkeiten und manifestiert sich periodisch, seinem Verlangen entsprechend, aus dem URGRUND, die Götter zuerst, gefolgt von allen Wesenheiten.

Eine friedliche Koexistenz aller Religionen ist durchaus möglich, wenn man sich nur vergegenwärtigt, dass die Götter die spirituellen Quellen der jeweiligen Religionen sind, sozusagen deren geistige Eltern. Und sowenig, wie ich dem Leser glauben machen kann, dass meine Eltern auch die seinen sind, sowenig kann eine Religion von sich behaupten, die allein seligmachende zu sein.

FRIEDLICHE KOEXISTENZ DER GÖTTER UND RELIGIONEN
ist der erste Schritt zum Weltfrieden.

Wer nun also seinen Gott von ganzem Herzen liebt und ihm folgt, der sollte dies tun ohne anderen das Recht abzusprechen, IHREN Gott zu lieben und ihm zu folgen, so wie jedes Kind das Recht hat, SEINE Eltern zu lieben und zu achten und ihren Geboten zu folgen. Meine Eltern sind meine und nicht die des Lesers. Dasselbe Prinzip kann man auf die Götter der verschiedenen Religionen anwenden.

Die Weltreligionen und deren Götter sind dem Leser sicher bekannt, doch was ist dieser URGRUND, dem sogar die Götter entspringen und in den alles wieder eingeht?

SEIN ODER NICHT-SEIN?

Diese Frage beschäftigte bereits den großen William Shakespeare. Und ich frage: Bin ich nur, wenn ich höre, sehe, rieche, schmecke, taste, empfinde und denke, oder bin ich erst, wenn ich mich BEWUSST von alledem in der Meditation befreit habe? Was verbleibt dann noch? Ist die so gepriesene und verherrlichte Persönlichkeit vielleicht gerade das Krankheitssymptom einer jeden Wesenheit? Sind Kunst, Kultur, Wissenschaft und Politik gar nicht das, wofür sie sich ausgeben und wofür man sie hält? Sind Kunst, Kultur, Wissenschaft und Politik vielleicht ebenfalls Symptome einer Krankheit, LEBEN genannt? Dieses Buch gibt die Antwort auf diese und andere Fragen. OM.

„Ich träume von einer Gesellschaft, in der die Maschinen alle Arbeit verrichten und die Menschen nur noch meditieren."

Lanoo

Das Vergängliche und das Ewige

Mein Leben wurde von zwei Menschen entscheidend beeinflusst. Den einen, Beatrice Flemming, kannte ich, den anderen, Dr. Georg Grimm, kannte ich nicht. Beatrice Flemming führte mich ein in die *Geheimlehre* von Helena Petrovna Blavatsky, welche Ursprung und Bestimmung von Mensch und Universum besser erklärt als orthodoxe Religion und Wissenschaft es je vermögen. Nach zwanzig Jahren des Studiums der *Geheimlehre* war ich in der Tat verblüfft über den Unsinn, der unseren armen Kindern und Studenten in Schulen und Universitäten gelehrt wird, darunter sogar faktisch falsche Daten usw., wenn die Wahrheit doch so nah ist, nämlich enthüllt in der *Geheimlehre* von Helena Petrovna Blavatsky. Warum wollte oder konnte die Welt einfach nicht verstehen? Vielleicht war Blavatsky zu kompliziert? So entschloss ich mich, unter Anleitung einer hohen Wesenheit, des Mahā-Chohan महा चोहन् , **DAS BUCH DES LICHTS** zu schreiben, welches in einfacherer und befriedigender Weise Ursprung und Bestimmung von Mensch und Universum beschreibt. Dieses **BUCH DES LICHTS** wird in etwa zweihundert Jahren die führende Schrift einer jetzt ins Leben kommenden 6. kalifornischen Wurzelrasse sein und wird für die nächsten 300.000 Jahre die Menschheit durch das verbleibende Kali-yuga कलि युग, das Zeitalter der Dunkelheit, führen. Die Nationalhymne der 6. Wurzelrasse wird ***DEVA*** **देव** sein.

Alles, das ganze sichtbare und unsichtbare Universum mit allem darin, Himmel, Erde und Hölle, alle Dämonen, Menschen, Engel und Götter, den höchsten Gott der Religionen eingeschlossen, alles kommt von NIRVĀṆA, geht zu NIRVĀṆA, ruht in NIRVĀṆA, erwacht wieder aus NIRVĀṆA und wird wieder in bzw. von NIRVĀṆA absorbiert und so fort, ohne Anfang und Ende; so lehrt **DAS BUCH DES LICHTS**. Das einzige, was veränderungslos verbleibt, ist die eine und einzige höchste Konstante, zu der alles andere relativ ist, nämlich NIRVĀṆA. Im **BUCH DES LICHTS** beschreibe ich die vergänglichen Perioden der kosmischen Aktivität und Ruhe von jeweils 311.040.000.000.000 Jahren **von** NIRVĀṆA **zu** NIRVĀṆA so detailliert wie möglich. Nach zehn Jahren der Arbeit und über 3000 handgeschriebenen DIN-A4-Seiten war **Das Buch des Lichts** fertiggestellt. Da erschien der große Chohan in meinem Bewusstsein und sagte: „Über das Wichtigste, über das höchste, weil ewige bzw. zeitlose Prinzip hast du noch nicht genug geschrieben!“ Dann verschwand er. Ratlos blieb ich zurück. Was meinte er damit? Das höchste Prinzip ist NIRVĀṆA. Darüber hatte ich im **BUCH DES LICHTS** geschrieben. Was gab es da noch mehr zu berichten? Wer fragt, der bekommt auch eine Antwort. Wenn der Schüler bereit ist, ist der Meister bereit. Meine Schwester Ursula schickte mir einen Packen spiritueller Bücher, für die ich zwar immer dankbar bin, sie aber normalerweise in einen Karton stecke und nie mehr daraus hervorhole. Ein Buch blieb jedoch buchstäblich in meinen Händen kleben: *Die Lehre des Buddho* von Dr. Georg Grimm, gesegnet sei sein Name. In der *Geheimlehre* ist NIRVĀṆA auch das höchste Prinzip und der Buddha der höchste Arier. Sie werden aber, wie ich nun weiß, nicht gebührend gewürdigt. *Die Geheimlehre* konzentriert sich mehr auf die **Manifestation**, sichtbar und unsichtbar, auf Himmel, Erde und Hölle und andere Parallelwelten (von denen unsere Wissenschaftler nicht einmal zu träumen wagen)* mit allem darin. Doch sie alle sind nur eine Illusion, eine māyā माया, da sie VERGÄNGLICH sind. Der Mensch aber will das **Ewige**, er sucht es nur an der falschen Stelle, nämlich in der Welt des Vergänglichen, im Himmel, in der Hölle oder auf Erden, wo er es natürlich nicht findet. *Die Geheimlehre* lehrte mich die volle Bedeutung und Wirkungsweise des Vergänglichen, Dr. Georg Grimm enthüllte mir das wahre Wesen des NIRVĀṆA, welches höher ist als alle Himmel der Religionen: „Lass alles Vergängliche los! Du, das Ewige, Zeitlose, alles Vergängliche überschattende, **DU** verbleibst dann immer noch. Das ist NIRVĀṆA!"

Um das Vergängliche loslassen zu können, muss man die Natur des Vergänglichen auch verstehen. Ohne **DAS BUCH DES LICHTS**, dessen illustrierte Zusammenfassung in diesem Buch erscheint, ist das nahezu unmöglich, denn nur **DAS BUCH DES LICHTS** erklärt **für jeden verständlich** die Welt des Vergänglichen. Nur wer das Vergängliche studiert und auch als solches erkannt hat, kann sich dann auch davon lösen. Wer die wahre Natur des Vergänglichen nicht kennt, der mag sich noch an etwas klammern, von dem er glaubt, es wäre nicht mehr vergänglich, sondern ewig. Dies jedoch wäre ein verhängnisvoller Fehler, der von NIRVĀṆA hinweg zur Reinkarnation in die Welt des Vergänglichen führt, eben wegen dieses Anhaftens. Zum Beispiel: Die Religionen lehren, dass man nach dem Tode ewigen Frieden im Himmel findet. Dies soll in einem Geistkörper geschehen. So klammert sich die Wesenheit also an den sogenannten Geist. Genau der ist aber **auch** vergänglich, inklusive des Himmels, in dem er weilt, und so sieht sich die Wesenheit nach einem, wenn auch seligen, Aufenthalt im Himmel wieder zurückgeworfen auf das Rad der Wiedergeburt, der Reinkarnation, des Lebens und des Todes. Wer EWIGEN und BEWUSSTEN Frieden will, der muss sich von **allem** trennen, muss sich von Körper, Gefühl, Denken, Seele **UND** vom Geist lösen. Die Religionen selber und deren (obwohl tausendfach gefälschten) „Heiligen" Schriften lehren das auch, wenn man sie nur sorgfältig genug und mit dem richtigen Verständnis studiert.

Wie und warum das so ist, wird in diesem Buch erklärt. Beatrice Flemming lehrte mich das Vergängliche, Dr. Georg Grimm lehrte mich das Ewige, NIRVĀṆA, die eine und einzig wahre Unsterblichkeit, losgelöst und befreit von Körper, Gefühl, Denken, Seele und auch und ganz besonders vom Geist. Beide, das Vergängliche und das Ewige, werden in diesem Buch präsentiert. Der Leser mag sich entscheiden. Ich habe meine Wahl getroffen. AUM.

---

* Der Grund dafür ist folgender: Die orthodoxe Wissenschaft vermutet andere Welten irgendwo anders im Universum, durch Zeit und Raum von uns getrennt. Dies ist aber nur die halbe Wahrheit. Es gibt unzählige Paralleluniversen samt ihrer Bewohner, die von uns nur durch unsere (und deren) **BEWUSSTSEINSSTUFE** getrennt sind. Selbst unsere entsprechenden Gehirnzentren, um dieser Welten gewahr zu werden, sind vorhanden, aber sie sind eben noch nicht aktiviert. Das kann nur und vor allem der Heilige, der durch enthaltsames, reines Leben diese Gehirnzentren aktiviert und dann mit diesen Welten und ihren Bewohnern kommuniziert, ohne sich auch nur aus seinem Armstuhl erheben zu müssen. Dies ist nur eine von vielen Belohnungen, die dem Leser dieses Buches zuteil werden, wenn er es nicht nur liest, sondern auch LEBT. AUM.

UNSTERBLICHKEIT

Unsterblichkeit per se gibt es nicht. Alles, was geboren wird, muss auch wieder sterben. Aber das **Ungeborene** muss nicht sterben, weil es nie geboren wurde, immer da ist und immer da sein wird. Im Falle eines Menschen jedoch hat sich das Ungeborene **aus Unwissenheit** mit dem Geborenen identifiziert, hängt ihm an und erlebt darum immer wieder schmerzhaft den Zerfall bzw. den Tod alles Geborenen. Wer diesem Leiden entgehen will, braucht sich nur von allem Geborenen zu lösen, und zwar in der Meditation. So erlangt er nicht etwa Unsterblichkeit, die es per se gar nicht gibt, sondern die **Todlosigkeit**, das heißt er tritt noch während er lebt in die Todlosigkeit ein (amatam adhigacchati अमतम् अधिगच्चति), er wird somit unerreichbar für den Tod. Dies gelingt ihm, indem er sich von allen leidschaffenden Faktoren, eben von allem Geborenen trennt, sich dem Einfluss aller in diesem Buch beschriebenen, leidschaffenden Faktoren entzieht, sie somit vernichtet, **jedoch ohne sich selbst damit zu vernichten.** Er verbleibt immer noch, doch nun unangetastet von allem Geborenen. Es berührt ihn nicht mehr. Kalt ist er, erloschen ist er. Aber doch nur für die Welt der Vergänglichkeit, die er nun überwunden hat, indem er immer noch verbleibt, während alles Vergängliche vergeht und immer wieder neu entsteht und somit jeden, der sich damit abgibt, immer und immer wieder tötet.

Die NIRVĀṆA-Lehre kann darum als einzige für sich die volle Bedeutung des Gesetzes vom Überleben der Stärksten beanspruchen. Im Vergleich dazu ist Darwins Lehre die Lehre vom Überleben der Schwächsten bzw. Dümmsten oder, freundlicher beschrieben, der Unwissenden. Nur wer seine eigenen Schwächen überwunden hat, nur wen es nach nichts mehr gelüstet, auch nicht nach der höchsten Himmelsseligkeit, nur der kann als ein wahrer Held, als „ein Bulle unter den Menschen“ bezeichnet werden.

Also: Man erkenne alle leidvollen bzw. leidschaffenden Faktoren an sich und löse sich dann von ihnen, auf einmal oder Schritt für Schritt, bis man immer noch verbleibt. Das ist **wahre** Unsterblichkeit. Dieser Zustand ist jenseits aller Ewigkeit* und Dauer, da er sich nicht nur dem Tode, sondern auch der Zeit entzieht.

DIE ZEIT IST NUN GEKOMMEN, ALLE RELIGIONEN DIESER WELT WIEDER UNTER EINEM WISSEN ZU VEREINEN UND DAMIT FRIEDEN AUF ERDEN ZU SCHAFFEN. OM.

Das Hauptproblem und die Ursache aller Kriege in der Welt ist der Drang der verschiedenen Religionen, die Welt allein regieren zu wollen. Beispiel: Der Papst besuchte Cuba und schenkte Fidel Castro ein Bild, das Christus als Herrscher der Welt zeigte. Was geschieht als nächstes? Wird Saddam Hussein kommen und

---

* Darum ist auch, wann immer ich in diesem Buche etwas als ewig beschreibe, im Grunde damit die **zeitlose**, also **dauerlose** Ewigkeit gemeint.

Castro ein Bild schenken mit Allah als Herrscher der Welt? Sind dann die Zeugen Jehovas dran mit einem Bild, das Jehovah als Herrscher der Welt zeigt? Dann die Mormonen mit ihrem Gott? Und die Buddhisten gar mit einer Buddhastatue? Wie weit soll das noch gehen? Und wie weit müssen sich die verschiedenen Religionen noch voneinander entfernen, wie lange müssen sie sich noch bekriegen, BIS SIE ENDLICH VERSTEHEN, DASS SIE ALLE, SAMT IHRER GÖTTER, EINER QUELLE ENTSTAMMEN??!!

Diese gemeinsame Quelle aller Religionen auf Erden und sonst wo anders, sei es im sichtbaren oder im unsichtbaren Universum, wird in diesem Buch enthüllt. Und zwar so: Die verschiedenen Glaubensrichtungen in der Welt erklären sich dadurch, dass deren Gläubige VERSCHIEDENEN SPIRITUELLEN QUELLEN bzw. Göttern oder ELOHĪM entspringen und darum IHREN Gott so intensiv in sich spüren, dass sie glauben, alle anderen müssten auch diesem Gott entstammen. So zwingt man seine Religion einem anderen auf. Dies führt schließlich zu Religionskriegen, von denen zurzeit etwa 100 auf Erden toben. Dabei ist das rechte, alle Religionen wieder vereinende Wissen doch so nah.

Alle diese verschiedenen Götter und ihre Gläubigen entspringen GEMEINSAM EINER QUELLE, dem URGRUND NIRVĀṆA, dessen Funktionsweise und Natur in diesem Buch verkündet wird. Wenn alle Religionen wieder unter diesem esoterischen Wissen vereint sind, dann können sie weiter individuell verschieden ausgeübt werden, aber mit einem gemeinsamen Ziel, NIRVĀṆA*, dem das gesamte sichtbare und unsichtbare Universum entstammt und in das es am relativen Ende aller Tage wieder absorbiert wird.

Also: So wie die Eltern des geneigten Lesers SEINE Eltern sind und nicht die meinen, so sind die Götter der verschiedenen Religionen die spirituellen Quellen IHRER Gläubigen und nicht der Gläubigen der anderen Religionen.

Was die angeblich so unterschiedlichen religiösen Lehren anbelangt, so kann man Folgendes sagen: Sogar in ihren Heiligen Schriften lehren alle Religionen dasselbe. Man darf sie nur nicht wörtlich nehmen, sondern muss die esoterische Bedeutung hinter der symbolischen Botschaft verstehen.

Diese gemeinsame Bedeutung ist wie folgt: Alles ist unerschaffen, existiert im Kern seit Ewigkeiten und manifestiert sich periodisch auf Erden, im Himmel und in der Hölle. Dort verursacht es Karma (Handeln), welches immer wieder zur Wiedergeburt führt, es sei denn, man erlangt NIRVĀṆA, das Ende allen Verlangens, das Ewige, Unsterbliche, Unzerstörbare, Zweitlose, Todlose, die Aufhebung aller Wahrnehmung und Empfindung. Wem dies zu hoch ist, der möge zumindest so schlau sein, sich in diesem Leben schon durch rechtes Handeln, Denken und Fühlen ein schönes nächstes Leben zu sichern, oder, um mit Jesus zu sprechen: „Geh und sündige nicht mehr.“ OM.

---

* Eine Alternative zu NIRVĀṆA wäre die leidvolle, weil vergängliche Wiedergeburt, wie in diesem Buch noch beschrieben.

INHALTSVERZEICHNIS

Band I

VORWORT

Der Sinn dieses Buches ist es, den Menschen, falls er es so wünscht, vom Rad der Wiedergeburt zu befreien, neues Leben (und damit Leiden) zu verhindern und ihm zugleich ein ewiges Leben, im Sinne von *zeitlos* und *jenseits aller Dauer*, in NIRVĀṆA zu sichern. Wer nun einwendet, dass er z. B. durch seine Religion bereits erlöst sei, dem ist entgegenzuhalten, dass auch der Himmel, den ihm seine Religion verspricht, zwar existiert, aber ebenfalls vergänglich ist (wenn man vielleicht auch Äonen in ihm verbringen mag).*

Inmitten höchster Seligkeit wird auch diesem Menschen irgendwann einmal der Gedanke kommen, ob es nicht vielleicht sogar etwas Höheres gibt als die Himmelswelt, in der er nach dem Tode erwacht und deren unausweichliche Auflösung er **nicht verhindern** kann**. Dieses Höhere, nach dem sich die Wesen auch in den höchsten Himmelswelten sehnen, ist der wahre Gott NIRVĀṆA. AUM.

Ich verkünde nichts Neues. Ich vergeude meine Zeit nicht damit, den Leuten selbst erfundene Geschichten zu erzählen. Das habe ich lange und erfolgreich genug getan. Doch nun präsentiere ich eine alte, uralte Weisheit, die den Menschen vom Leiden erlöst, falls er es so will. Was ich hier schreibe, haben sinngemäß schon einige vor mir geschrieben. Ich bringe es nur den Menschen immer und immer und immer wieder ins Gedächtnis und zu Bewusstsein. Auf diese Weise hoffe ich, so viele Wesen wie möglich noch zu meinen Lebzeiten zu erlösen. Danach, so wie jetzt, möge die LEHRE der Guru sein. OM.

Lanoo

---

* Auch der höchste Himmelsbewohner wird in eine neue Inkarnation „geschleudert" werden. Zu stark ist das von ihm erzeugte positive Karma, welches sich jedoch im Laufe seines Erdenlebens schnell wieder in negatives Karma verwandeln kann. Der Grund dafür, warum auch die Lebewesen in den höchsten Himmelswelten sich IMMER NOCH NICHT wirklich zu Hause fühlen, ist der, dass ihr WAHRES Selbst eben NICHT in der Himmelswelt, sondern JENSEITS davon, jenseits der Welt der Erscheinungen liegt, nämlich in NIRVĀṆA. OM. DIES hat der Buddha gelehrt und darum ist er der höchste aller Menschen und Götter. Doch der Buddhismus von heute, angeführt vom Dalai Lama, lehrt genau das Gegenteil, zählt das Selbst zur Welt der Erscheinungen, mit ihr unzertrennbar verbunden und hält darum die Wesenheiten gefangen auf dem Rad der Wiedergeburt. Etwas Schlimmeres kann man dem Buddha und der Buddhistischen Lehre gar nicht antun. OM.

** „Und wird alles Heer des Himmels verfaulen, und der Himmel wird zusammengerollt werden wie ein Buch." Jesaja 34,4

„Und der Himmel entwich wie ein zusammengerolltes Buch."

Neues Testament, Offenbarung 6,14

„Der Tag, an dem wir die Himmel aufrollen, wie eine (Buch)rolle, aufgerollt buchfertig (komplett), wie wir sogar die erste Schöpfung produzierten, so werden wir eine neue produzieren; dies ist ein Versprechen das wir gegeben haben. Wahrlich werden wir es erfüllen."

DER HEILIGE KORAN, S. 461, Kap. 104, Sure XXI. Anbiyaa

WAS IST NIRVĀṆA?

(Auch der Sabbath שבת der Juden, wenn mit dem rechten Verständnis gelesen.)

NIRVĀṆA निर्वाण ist ein altes Sanskrit-Wort und bedeutet soviel wie „ausgelöscht". Diese Übersetzung verleitete viele, vor allem Buddhisten, zu dem Missverständnis, dass der Mensch in NIRVĀṆA ausgelöscht sei. In Wahrheit sind aber nur seine niederen Aspekte ausgelöscht. Seine Wesenheit, sein wirkliches Selbst, überlebt und besteht fort. Solange der Mensch aber noch keine höheren Werte entwkckelt hat, die seiner unsterblichen Natur entsprechen, ist auch nichts (für ihn Erkennbares) da, was überleben kann, und so muss er schmerzhaft immer und immer wieder Leben und Tod erfahren, Inkarnation für Inkarnation. Bis die Māyā oder Illusion zerbricht und er der Gott werden kann, der er immer war. Oh Lanoo, das NIRVĀṆA ist unsere wahre Heimat. **Du bist nicht dein Körper, du hast nur einen solchen.** Der Körper ist notwendig wie ein Taucheranzug, wenn du unter Wasser bist. Ohne diesen Taucheranzug könntest du nicht für längere Zeit unter Wasser existieren. Ebenso kannst du nicht ohne deinen physischen Körper in dieser Welt existieren. Aber nachdem du aus dem Wasser gestiegen bist, legst du deinen Taucheranzug wieder ab. Hörst du damit auf zu existieren? Wohl kaum. Du bist immer noch du, aber ohne Taucheranzug. Nach dem Tod bist du immer noch du, doch ohne den physischen Körper. Des Weiteren: Wenn du den Taucheranzug abgelegt hast, existierst du erst wirklich, denn an Land (in dieser Welt) ist deine wahre Existenz. Dein Aufenthalt unter Wasser war ja nur ein künstlicher und nur möglich mit Hilfe des Taucheranzuges. So ist das auch mit dem Unterschied zwischen Leben und NIRVĀṆA.

Du kannst NIRVĀṆA nur betreten, wenn du nicht nur den physischen Körper abgelegt hast, sondern mit ihm auch alle dich an diese Welt bindenden Sinne. Du magst nun einwenden: Das passiert doch sowieso, wenn ich sterbe, dann lege ich ja meinen physischen Körper ab und komme dann automatisch ins NIRVĀṆA. Nicht ganz. Der Durst, das Verlangen nach der Welt, wirft dich nach einer Zeit der stufenweisen Reinigung von diesem Verlangen* und dann der Ruhe in anderen Welten (Vorstufen des NIRVĀṆA) immer wieder zurück in das materielle Leben. Und das Rad des Lebens oder des Leidens beginnt sich für dich wieder von vorne zu drehen. Ein alter Spruch sagt: „Wunderschön ist Gottes Erde und wert, darauf vergnügt zu sein. Drum will ich, bis ich Asche werde, mich dieser schönen Erde freun."

Die Freude an den Vergnügungen und Schönheiten der Welt ist für viele verbunden mit der Einstellung: „Im Grunde glaube ich weder an Gott noch an den Teufel, weder an den Himmel noch an die Hölle. Ich bin jetzt hier und nach mir die Sintflut."

Wenn dem wirklich so wäre, dann hätte der, der nur das Leben genießt, völlig Recht. Denn was soll die ganze Philosophiererei, wenn das Leben eine einmalige

* Warum komme ich dann überhaupt wieder oder reinkarniere ich? Wiedererwachende Permanente Atome dieses Verlangens ziehen dich zurück in ein neues oder nächstes Leben. Nur wenn du all dein Verlangen auf allen Bewusstseinsebenen ausgebrannt oder überwunden hast, können dich auch keine Permanenten Atome mehr in eine neue Inkarnation zwingen und du erfährst NIRVĀṆA.

Sache ist, mit der Geburt beginnt und mit dem Tod endet? Dann bin ich eben nichts Ewiges. Ich bin nur jemand, der geboren wurde, lebt und stirbt und damit basta. Ich bin keine unsterbliche Seele, sondern ein endlicher, sterblicher, vergänglicher Mensch und nun lasst mir meine Ruhe. So mag jemand argumentieren, dem diese ganze Esoterik zu viel oder zu unverständlich ist. Wie kann man so jemandem antworten? Und wir müssen ihm antworten, wenn wir uns nicht ihm oder seiner Meinung zugesellen wollen. Viele sogenannte spirituelle Menschen winken hier ab und sagen: „Der hat das eben noch nicht kapiert." Eine solche Antwort jedoch ist unbefriedigend und dient mehr der Sterblichkeits- als der Unsterblichkeitslehre.

Hier nun ist eine Möglichkeit der Erwiderung auf die Behauptung, dass der Mensch sterblich und ergo vergänglich ist und nicht unsterblich und unvergänglich: Wenn die wahre Natur des Menschen vergänglich wäre, dann wäre ihm diese Vergänglichkeit und Sterblichkeit völlig natürlich und vertraut, dann würde er sie nicht einmal wahrnehmen, geschweige denn darunter leiden. Dann wäre es für ihn völlig selbstverständlich, geboren zu werden, zu leben und zu sterben. Der Mensch fürchtet sich jedoch, mag er es sich nun eingestehen oder nicht, vor dem Tode, weil nämlich der Tod in der Tat etwas Unnatürliches ist, das sich nicht vereinbaren lässt mit unserer wahren Natur, die eben unsterblich bzw. ungeboren ist und demzufolge nicht sterben kann. Die wahre Natur des Menschen ist „ohne Vater, ohne Mutter, ohne Herkunft, ohne Anfang und Ende" (Heb. 7:3). Einstein hatte Recht, Zeit spielt nur eine Rolle in dieser dreidimensionalen Welt. Wir sind aus einem Zustand der Zeitlosigkeit in die Zeit gefallen. Wir sind die „gefallenen Engel".

Es ist somit das Unsterbliche, das Ewige, das Unvergängliche in uns, das uns Leben und Tod so schmerzlich, weil vergänglich empfinden lässt. Zu sterben ist einfach gegen unsere wahre Natur. Der unsterbliche Gott in uns leidet. Wie und warum wir aus dem Paradies vertrieben wurden als „gefallene Engel" und wie wir unsere Unsterblichkeit zurückerlangen können, ist in diesem Buch enthüllt. „Mensch erkenne dich selbst" steht am Eingang der antiken Stätte in Griechenland. Genau das ist auch der Sinn des Lebens. Die Welt, in der wir leben, ist die „verbotene Frucht", von der wir immer und immer wieder kosten und die uns immer wieder enttäuscht, bis wir unsere wahre Natur und unsere wahre Heimat erkennen, die da heißt NIRVĀṆA.

DER SINN DES LEBENS
NIRVĀṆA
(Radikale Esoterik)

Leben ist Leiden. Kaum hast du dich an etwas gewöhnt - schon wird es dir wieder weggenommen, spätestens mit dem Tod. Wenn das nun endgültig wäre, dann wäre es ja gut. Aber du kommst wieder. Immer und immer wieder. Wirst immer und immer wiedergeboren. Und alles beginnt von vorne. Gibt es denn keine Möglichkeit, dieser endlosen Kette von Leiden zu entrinnen?

Nur wer seine wahre todlose, ewige, unerschaffene, unsterbliche Natur entdeckt, weiß mit dem umzugehen und versteht auch, was die Welt ihm außer dem Schönen zufügt an Enttäuschung, Schmerz, Trennung, Verlust, Krankheit - eben das Leiden.

Du leidest, weil du willst. Nicht, weil du leiden willst, sondern weil du leben willst. Das Leben und damit auch das Leiden sind die größten Lehrmeister. Die schmerzliche Dualität des Lebens führt dich zurück in die Einheit des NIRVĀṆA. Ganz allmählich, Leben für Leben, Inkarnation für Inkarnation, wächst in dir das Verlangen nach oder besser die Erkenntnis von einem Zustand, in dem du dich einst befunden hattest ohne es zu wissen, dem NIRVĀṆA, welches da ist: Eins sein mit Allem. Oh Lanoo, hast du genug gelitten an der „Zweiheit", der Dualität des Lebens? An dieser schrecklichen Māyā oder Illusion, diesem Zustand, wo ich und du immer wieder EINS werden wollen und immer und immer wieder voneinander getrennt werden? Bis ich und du endlich begriffen haben, dass es keine Einheit gibt, weder in dieser noch in einer anderen Welt. Letztlich bleibt man immer allein, aber bedeutet allein denn nicht auch All-eins? Auch und sogar vor allen Dingen in Beziehungen wie Ehe, Liebe, Freundschaft etc. Alles ist letztlich unbefriedigend, weil es ja diesen so schmerzhaften Aspekt der Trennung hat. Nun, da du genug gelitten hast, bist du (vielleicht) bereit, den Weg anzutreten in dein rechtmäßiges Heim, welches da ist - NIRVĀṆA. Du hattest es einst verlassen, um dich in die Welt zu begeben, getrieben von deinem Verlangen nach dem Leben. So bist du von der Ewigkeit in die Vergänglichkeit gefallen, von der Zeitlosigkeit in die Zeit. Bist du bereit zur Umkehr? NIRVĀṆA wartet auf dich mit offenen Armen. Der verlorene Sohn kehrt heim, nachdem er so oft gekostet hat von der verbotenen Frucht, die da „Leben" heißt.

BIN ICH DIE SEELE?

Von der Beantwortung dieser Frage hängt das rechte Verständnis des gesamten, nun folgenden Buches ab. Wer diese Frage nicht befriedigend beantworten kann, den wird auch dieses Buch nicht weiter bringen.

Also: Um die Frage „Bin ich die Seele?“ beantworten zu können, müssen wir uns erst einmal darüber klar werden, was wir denn eigentlich unter „Seele“ verstehen.

Meinen wir mit Seele oder Geist das, was vom Wesen überlebt, nachdem ALLES VERGÄNGLICHE von ihm abgefallen ist, DANN kann man sagen, ich bin die Seele. Wer also diesen ewigen, unerschaffenen, elternlosen, zeitlosen KERN des Menschen als Seele bezeichnen möchte, der kann dann allerdings mit Recht behaupten: „Ich bin die Seele!“

Wer aber mit Seele eine spirituelle, geistige Form meint, die nach dem Tode des Körpers FÜR IMMER im Himmel weiterlebt, den muss ich enttäuschen. Diese geistige superfeine Substanz lebt zwar nach dem Tode des physischen Körpers im Himmel weiter, aber nicht für immer. JEDE Form, und sei es auch die geistigste, ist vergänglich, oder wie der Buddha es sagt: „Alle Zusammensetzungen sind vergänglich.“

Wenn also jemand diesen feinstofflichen nachtodlichen Körper meint, wenn er Seele sagt, und dann behauptet, er SEI diese Seele, dem kann man nicht zustimmen. Der Grund dafür ist folgender: Der Mensch besteht aus vergänglichen Hüllen mit einem ewigen bzw. ewig-zeitlosen Kern im Zentrum. Im Tode fallen die Hüllen, eine nach der anderen, von ihm ab und nur der Kern verbleibt. Im Falle eines unerlösten Menschen ergreift der Kern, von Verlangen erfüllt, wieder nach neuen Hüllen (die sich um die verbliebenen „Permanenten Atome“ der alten zerfallenen Hüllen bilden), verankert sich in einem neuen, seinem Verlangen entsprechenden Keim und wird wiedergeboren oder reinkarniert.

Dieser Vorgang kann auch endlos oft vonstatten gehen, falls der Mensch sein Verlangen nach vergänglicher Existenz nicht überwindet. Diese HÜLLEN, die der Mensch im Tode abstreift, nenne ich Körper, Gefühl, Denken, Seele und Geist.

Gefühl, Denken, Seele und Geist sind feinstoffliche bis geistige VERLÄNGERUNGEN des physischen Körpers. Wenn der Körper stirbt, verbleiben diese Hüllen auf den ihnen entsprechenden Ebenen (astral, mental und geistig), aber nicht für immer. JEDE Form muss vergehen und so wie der Körper, nur etwas später, vergehen auch seine „Verlängerungen“, seine Hüllen, auf den ihnen entsprechenden Ebenen. NUR DER KERN VERBLEIBT. Dieser Kern ist das Selbst, das Ich, die Wesenheit oder welchen Namen man ihm auch immer sonst geben mag. Der Kern ist jedoch nicht die Hülle, der Träger ist nicht die Last. Was die Religionen alle gemeinsam haben ist, dass sie den Kern mit der Hülle verwechseln. Die Wissenschaft dagegen sucht in der Hülle nach dem Kern und verwechselt Wirkung mit Ursache. Die „Seele“ der Religionen ist eben NICHT ewig, sondern lebt für eine Weile in der Himmelswelt, um dann auch dort zu verlöschen. Auch im Himmel wird also gestorben, obwohl der Tod dort, wegen der äußerst feinstofflichen, eben

GEISTIGEN Beschaffenheit der Wesen völlig schmerzlos vonstatten geht. Es gibt z. B. Wesen, die werden gar nicht auf Erden geboren, sondern nur im Himmel. Die Lebenszeit solcher Wesen, oft sind es Menschen, die ALLES irdische Verlangen abgestreift haben und nur noch mit dem Verlangen nach einer Existenz in einer Himmelswelt erfüllt sind, die Lebensdauer solcher Wesen also kann manchmal so viele Millionen von Jahren dauern, dass sie ihren Eintritt in diese Himmelswelt vergessen haben und darum GLAUBEN, sie wären ewig und unsterblich, und diese Botschaft an auf Erden lebende menschliche Wesen weitergeben, die sie natürlich freudig aufnehmen und dann in ihren Predigten verkünden.

Der Buddha selbst begab sich in die Himmelswelten und belehrte einen dort weilenden Gott, der glaubte, ewig zu sein: „Mein Freund, du bist vergänglich. Seit Billionen von Erdenjahren weilst du nun schon hier im Himmel und erfreust dich deiner feinstgeistlichen Form und Existenz, die ALLES Verlangen überwunden und abgestreift hat, AUSSER dem Verlangen, ein Gott zu sein. In etwa 365 Milliarden Jahren, die für DICH etwa eine Million Jahre sein werden (für Gott sind ja tausend Jahre wie ein Tag ...), wirst auch du dich auflösen und in anderer Welt wieder erscheinen. Im Vergleich zu NIRVĀṆA jedoch dauert deine GESAMTE Existenz nicht länger als ein Wimpernschlag!" Dieser Gott wurde ein Schüler des Buddha, der ihm riet, noch einmal auf Erden wieder zu erscheinen, um DORT dann ALLES Verlangen abzustreifen und NIRVĀṆA zu erlangen. So sollte man auch die Existenz Jesu verstehen. OM.

Das Erdenleben eignet sich am besten für das völlige Lösen von allem Vergänglichen, denn in der Hölle geht es einem zu schlecht und im Himmel zu gut. Die Erde ist gerade richtig dafür.

Also: Auch das längste Himmelsleben muss einmal zu Ende gehen. NUR DER KERN IST EWIG im Sinne von „jenseits aller Dauer", also zeitlos. Wer dieser ewige Kern sein bzw. WERDEN will, wer WAHRE Unsterblichkeit will, der muss sich von ALLEM Vergänglichen und Sterblichen, also von Körper, Gefühl, Denken, Seele UND auch vom Geist, also von ALLEN vergänglichen Hüllen bzw. Verlängerungen des Körpers, schon hier auf Erden durch Studium und Meditation LÖSEN. Wahre Unsterblichkeit muss HIER in der sterblichen Welt erlangt werden, denn dazu ist sie da. Der Kern der Lehre des Buddha und auch dieses Buches ist darum:

„LASS LOS, WAS DU NICHT BIST!"

Wer es zu fassen vermag, der fasse es.

DAS ICH

Das Wort Ich wird in diesem Buch wohl einige hundert Male erscheinen, da wollen wir besser klarstellen, was eigentlich mit diesem Ich gemeint ist, einem Ich, das vom Spätbuddhismus geleugnet wird. Die Frage nach dem Ich ist an sich keine schwer zu beantwortende, denn es kommt ja ganz darauf an, was man denn so unter „Ich" versteht. Jeder meint ja wohl damit etwas anderes, eben das, worin er aufgeht, mit dem er sich ganz identifiziert. Wenn ich zum Beispiel einen Mann frage: „Bist du eine Frau?", dann wird er (von Ausnahmen abgesehen) entrüstet erwidern: „NEIN, ich bin ein MANN!" Na so was. SEIN Ich ist also ein MANN. Er hat aber noch andere Ichs. Wenn man fragt: „Bist du ein Fischer?", dann wird er vielleicht sagen: „Nicht doch, ich bin ein Ingenieur!" Da sind also bereits zwei Ichs. Und so weiter. Sie verstehen schon, was ich meine. Ich? Nun ja, sehen wir mal weiter. Das, worin man völlig aufgeht, mit dem man sich identifiziert, das IST man bzw. dessen Vernichtung bedeutet DANN auch die Vernichtung des ICHS im Bewusstsein eines Menschen, der sich mit nichts anderem identifiziert als eben mit dem, woran er so haftete, was er so genoss und das nun z. B. stirbt. DANN sagt er angstvoll, und zwar schon fast zu Recht: „ICH sterbe!" Tja, hätte er mal nicht so angehaftet, hätte er sich mal nicht so sehr mit dem identifiziert, dem angehaftet, was sterblich ist und darum sterben MUSS. Doch das Anhaften an dem, mit dem er sich identifizierte, war zeitweise so schön, dass er einfach den Gedanken an die WAHRE NATUR dieses Vergänglichen verdrängt hatte. Sterben? Ja, aber morgen oder in 50 Jahren, aber doch nicht heute! Ich stand einmal in Deutschland als kleiner Junge in einer Straßenbahn, da war neben mir ein Mann, ein Professor, wie ich später erfuhr. Der bekam plötzlich einen Herzanfall. Während er da niedersank, stammelte er: „Nein ... nein ..., noch nicht, bitte noch nicht! Ich muss doch noch ..., ich kann doch jetzt nicht ..., ich hab doch noch ..., bitte nicht jetzt, BITTE NOCH NICHT!!" Mir war nicht ganz klar, zu wem er sprach, so ganz genau weiß ich das bis heute noch nicht. Nun ja. So ist das, wenn man sich mit dem identifiziert, was man EIGENTLICH eben gar nicht ist, sonst würde der Tod einem so natürlich sein wie das Leben. Doch weiter. Wenn ich also ICH sage, was meine ich eigentlich damit? Den Körper? Die Seele? Den Geist? Den Willen? Wie dem auch sei, womit der Durchschnittsmensch sich auch immer identifiziert, mit welcher SITUATION auch immer, das bezeichnet er als ICH, und mag es auch nur ein paar Sekunden dauern. Der Mensch besteht damit aus TAUSENDEN von kleinen und großen Ichs. Ich rieche, ich sehe etwas, ich habe Angst, ich bin dies oder das, hier oder dort, etc. etc. Immer sagt man SOFORT „Ich". Sobald auch nur die leiseste Assoziation mit irgendetwas anderem entsteht, die leiseste Identifizierung damit, schon sagt man ICH. Doch selbst wenn man sich NICHT mit etwas identifiziert, selbst wenn man das NICHT ist oder will oder ihm NICHT anhaftet, dann sagt man ICH. Zum Beispiel: Ich mag dies oder jenes NICHT. Nichts geht ohne Ich. Die Preisfrage ist nur, WELCHES dieser Ichs BIN ich wirklich? Die Antwort darauf wird in diesem Buch gegeben. Eines ist klar, das, was VERGÄNGLICH ist, das kann ich ja wesentlich nicht sein, denn sonst würde ich z. B. die Vergänglichkeit des Körpers ganz schnell beheben, denn wer möchte schon nicht gerne IMMER jung und schön und gesund sein? Also mag ich sehr wohl der Körper sein, aber nicht WESENTLICH. Der Körper ist also sozusagen ein UNTER-ICH, so wie eben alle anderen Ichs, die vergänglich sind und deren Vergänglichkeit ICH (da ist ja noch ein Ich?) nicht verhindern kann. Darum und eben genau darum kann ich ALLES, was vergänglich ist, nicht WESENTLICH als mein Ich betrachten. Darum identifiziert sich selbst GOTT mit etwas, das er eigentlich gar nicht ist, denn auch dieser Zustand, nämlich der eines Gottes, der ist vergänglich.

Ich bin jetzt mal mit dieser Aussage so einfach ins kalte Wasser gesprungen und habe den Leser mit mir gezogen, doch keine Angst, wir werden nicht untergehen. Ich wollte den geneigten Leser nur mal wachrütteln und auf eine der wichtigsten Elemente und Grundsätze und Fundamente der WAHREN Lehre des Buddha hinweisen, welche sind: Himmel, Erde und Hölle mit allem darin sind vergänglich und darum nicht das Ich oder nicht mein Ich, bzw. all das BIN ich nicht. Löse dich von alledem und erlange NIRVĀṆA. Was bist du dann? In NIRVĀṆA? Du bist dann IMMER noch, doch dann FREI von allem, was du essenziell NICHT bist. Alle anderen Unter-Ichs sind dann verschwunden und DU verbleibst, FREI von ihnen. DIESER Zustand unterliegt nicht mehr der Veränderung, ist nicht mehr leidvoll, dieses SEIN wird dir nicht mehr entzogen, das BIST du immer, DU, nun frei von allem, was du nicht bist. OM.

Das wahre Gott-Prinzip

Gott ist nur da. Er tut nichts, hat nichts, weiß nichts, kann nichts, will nichts, braucht nichts. Gott ist das höchste Wesen in Manifestation. Gott hat keine Form, weil er alles Verlangen nach einer Form überwunden hat. WENN Gott sich manifestiert, mag ein Leuchten aufgehen, ein Abglanz in dieser niederen Welt des Verlangens. Gott ist von allen Wesen in Manifestation das Wesen mit dem GERINGSTEN VERLANGEN. Wer Gott will, der muss alles andere loslassen. Der muss NICHTS mehr wollen, außer Gott. Wer etwas VON Gott will, ist ein Tor, da ja Gott fast die Abwesenheit allen Verlangens ist. Gott ist die aus dieser Verlangenslosigkeit resultierende BEDINGUNGSLOSE LIEBE und Güte und Mitleid. Diese Liebe hat nichts zu tun mit der selbstsüchtigen Liebe der meisten Menschen, die das eine lieben und das andere hassen. Im Vergleich zu Gottes grenzenloser, bedingungsloser Liebe ist sogar die größte Liebe einer Mutter für ihr Kind nichts weiter als purer Egoismus. Gottes Liebe entspringt aus nahezu absoluter Verlangenslosigkeit für die Existenz auf allen Ebenen unter ihm. Gott hat überwunden. Diese bedingungslose, das gesamte Universum mit allem darin überflutende LIEBE UND GÜTE Gottes ist Gottes Natur, die sich auf alle Wesenheiten UNTER Gott überträgt, falls sie empfänglich dafür sind. Die meisten, und darunter oft die sogenannten religiösesten, Menschen sind es NICHT. Sie sind nicht für die bedingungslose Liebe Gottes empfänglich, weil ihre Natur von anderer Art ist. Sie sind anhaftend, während Gott loslassend ist. Sie wollen alles, während Gott nichts will. Sie wollen etwas VON Gott, anstatt nur Gott selbst. Sie wollen solange wie möglich leben und Gott soll ihnen den Aufenthalt auf Erden so angenehm wie möglich machen. Dafür verehren sie ihn dann und zahlen auch Kirchensteuer. Wenn sie aber den Tod umgehen und für ewig hier auf Erden weilen könnten, dann würden sie ihren Gott samt seiner Himmel schnell dafür opfern. Solange aber der Tod noch DIE Realität ist, nehmen sie halt einen solchen Gott noch als notwendiges Übel zur Kenntnis, wenn die meisten sich das auch nicht eingestehen wollen. Wenn morgen ein Inserat in der Zeitung stünde: „Tausche Unsterblichkeitspille gegen Glauben an Gott“, dann würden sich wohl einige Millionen melden, um ihren Glauben gegen die Unsterblichkeitspille einzutauschen. Sie können an einen solchen Gott nur glauben, während der Verlangensfreie ihn fühlt und auch sieht. Gautama Buddha hat diesen Gott persönlich gesehen und erfahren. Er beschreibt diesen Gott, den er Brahmā nennt, im 1. Teil der 13. Rede des Dīgha Nikāya und Buddha erklärt uns auch, warum sogar mancher Priester weder wirklich etwas von diesem Gott weiß, noch den Weg zu ihm kennt, noch irgendjemanden zu ihm führen kann. Zwei junge Priester befragen den Erhabenen, den Buddha, nach dem rechten Weg zur „brāhmischen Einheit“, also zur Einheit mit Brahmā oder Gott. Ich zitiere:

»Alsbald nun begaben sich Vāseṭṭho und Bhāradvājo die jungen Priester dorthin wo der Erhabene weilte. Dort angelangt tauschten sie höflichen Gruß und freundliche, denkwürdige Worte mit dem Erhabenen und setzten sich beiseite nieder. Beiseite sitzend wandte sich dann der junge Vāseṭṭher also an den Erhabenen:

„Während wir, o Gotamo, auf einem Spaziergange lustwandelnd uns ergingen, kam es über Weg und Weg unter uns zu einem Gespräche. Ich nämlich sagte: ‘Das nur ist der gerade Weg, der den Spuren nachfolgt, der ausreichend ist, der dem Vollbringer ausreicht um in brāhmische Gemeinschaft einzugehn, der da von Pokkharasāti dem Priester verkündet ward.’ Der junge Bhāradvājer aber sagte: ‘Das nur ist der gerade Weg, der den Spuren nachfolgt, der ausreichend ist, der dem Vollbringer ausreicht um in brāhmische Gemeinschaft einzugehn, der da von Tārukkho dem Priester verkündet ward.’ Da ist es, o Gotamo, eben hierüber zu Streit und Hader gekommen, wir sind verschiedener Meinung.“

„Das heißt also, Vāseṭṭho, dass du behauptest: ‘Das nur ist der gerade Weg, der den Spuren nachfolgt, der ausreichend ist, der dem Vollbringer ausreicht um in brāhmische Gemeinschaft einzugehn, der da von Pokkharasāti dem Priester verkündet ward’; während der junge Bhāradvājer wieder meint: ‘Das nur ist der gerade Weg, der den Spuren nachfolgt, der ausreichend ist, der dem Vollbringer ausreicht um in brāhmische Gemeinschaft einzugehn, der da von Tārukkho dem Priester verkündet ward’; worüber denn aber seid ihr nun, Vāseṭṭho, in Streit und Hader geraten, worüber seid ihr verschiedener Meinung geworden?“

„Über Weg und Weg, o Gotamo. Wenn auch, o Gotamo, die Priester verschiedene Wege aufweisen, die Altarpriester und Opferpriester, die Sangespriester, die Spruchpriester: so sind sie doch alle ausreichend, sie reichen dem Vollbringer aus um in brāhmische Gemeinschaft einzugehn. Gleichwie etwa, o Gotamo, als wenn in der Nähe eines Dorfes oder einer Burg eine Menge verschiedener Wege und Pfade sich zeigen, aber sie alle nach dem Dorfe hin zusammenlaufen: ebenso nun auch, o Gotamo, mögen immerhin die Priester verschiedene Wege aufweisen, die Altarpriester und Opferpriester, die Sangespriester, die Spruchpriester, es sind doch alle ausreichend, sie reichen dem Vollbringer aus um in brāhmische Gemeinschaft einzugehn.“

„Sie reichen aus, Vāseṭṭho, sagst du?“
„Sie reichen aus, o Gotamo, sag’ ich.“
„Sie reichen aus, Vāseṭṭho, sagst du?“
„Sie reichen aus, o Gotamo, sag’ ich.“
„Sie reichen aus, Vāseṭṭho, sagst du?“
„Sie reichen aus, o Gotamo, sag’ ich.“

„Wie nun, Vāseṭṭho: gibt es unter den Dreivedenpriestern auch nur einen einzigen, der Brahmā selber gesehn hätte?“

„Das wohl nicht, o Gotamo!“

„Wie nun, Vāseṭṭho: gibt es unter den Dreivedenpriestern auch nur einen einzigen Meister oder Altmeister, der Brahmā selber gesehn hätte?“

„Das wohl nicht, o Gotamo!“

„Wie nun, Vāseṭṭho: gibt es irgendeinen unter den Dreivedenpriestern, bis zum siebenten Großmeisterahnen hinauf, der Brahmā selber gesehn hätte?“

„Das wohl nicht, o Gotamo!“

„Wie nun, Vāseṭṭho: die da vormals Dreivedenpriester Seher waren, die Verfasser der Sprüche, Verkünder der Sprüche, deren uralte Spruchlieder, wie sie gesungen, ausgesprochen, gesammelt wurden, die Dreivedenpriester heute und hier ihnen nachsingen, ihnen nachsagen, das Gesagte weitersagen, das Gelehrte weiterlehren, als da waren Aṭṭhako, Vāmako, Vāmadevo, Vessāmitto, Yamataggī, Aṉgiraso, Bhāradvājo, Vāseṭṭho, Kassapo, Bhagu: haben etwa diese gesagt: ‘Wir wissen es, wir sehn es wo Brahmā ist, wie Brahmā ist, wann Brahmā ist?’“

„Das wohl nicht, o Gotamo!“

„Das heißt also, Vāseṭṭho: es gibt unter den Dreivedenpriestern auch nicht einen einzigen, der Brahmā selber gesehn hätte; es gibt unter den Dreivedenpriestern auch nicht einen einzigen Meister oder Altmeister, der Brahmā selber gesehn hätte; es gibt unter den Dreivedenpriestern auch nicht irgendeinen, bis zum siebenten Großmeisterahnen hinauf, der Brahmā selber gesehn hätte; die aber, wie man sagt, vormals der Dreivedenpriester Seher waren, die Verfasser der Sprüche, Verkünder der Sprüche, deren uralte Spruchlieder, wie sie gesungen, ausgesprochen, gesammelt wurden, die Dreivedenpriester heute und hier ihnen nachsingen, ihnen nachsagen, das Gesagte weitersagen, das Gelehrte weiterlehren, als da waren Aṭṭhako, Vāmako, Vāmadevo, Vessāmitto, Yamataggī, Aṉgiraso, Bhāradvājo, Vāseṭṭho, Kassapo, Bhagu: auch diese haben nicht gesagt: ‘Wir wissen es, wir sehn es wo Brahmā ist, wie Brahmā ist, wann Brahmā ist’; jene Dreivedenpriester haben nur gesagt: ‘Den wir nicht kennen, den wir nicht sehn, zur Einkehr bei ihm weisen wir den Weg: das nur ist der gerade Weg, der den Spuren nachfolgt, der ausreichend ist, der dem Vollbringer ausreicht um in brāhmische Gemeinschaft einzugehn’; was meinst du wohl, Vāseṭṭho: haben nun nicht, bei solcher Bewandtnis, die Dreivedenpriester Unbegreifliches ausgesagt?“

„Freilich, o Gotamo, bei solcher Bewandtnis haben die Dreivedenpriester Unbegreifliches ausgesagt.“

„Gut, Vāseṭṭho: dass eben jene Dreivedenpriester, den sie nicht kennen, den sie nicht sehn, zur Einkehr bei ihm den Weg weisen könnten: ‘Das nur ist der gerade Weg, der den Spuren nachfolgt, der ausreichend ist, der dem Vollbringer ausreicht um in brāhmische Gemeinschaft einzugehn': das ist unmöglich. Gleichwie etwa, Vāseṭṭho, eine Reihe Blinder, einer dem anderen angeschlossen, und kein vorderer sieht, und kein mittlerer sieht, und kein letzterer sieht: ebenso nun auch, Vāseṭṭho, als eine Reihe Blinder will mir das Reden der Dreivedenpriester erscheinen, wo kein vorderer sieht, und kein mittlerer sieht, und kein letzterer sieht; denen gereicht, den Dreivedenpriestern, jene Rede nur zum Spotte, zum bloßen Namen, erweist sich ganz eitel und nichtig. - Was meinst du wohl, Vāseṭṭho: sehn die Dreivedenpriester Sonne und Mond, wie eben auch andere Leute mehr, wo da Sonne und Mond aufgehn und wo sie untergehn, flehn sie an, besingen sie, verneigen sich huldigend vor ihnen, Tag um Tag ihnen dienend?"

„Gewiss, o Gotamo: es sehn die Dreivedenpriester Sonne und Mond, wie eben auch andere Leute mehr, wo da Sonne und Mond aufgehn und wo sie untergehn, flehn sie an, besingen sie, verneigen sich huldigend vor ihnen, Tag um Tag ihnen dienend."

„Was meinst du wohl, Vāseṭṭho: was sie sehn, die Dreivedenpriester, Sonne und Mond, wie eben auch andere Leute mehr, wo da Sonne und Mond aufgehn und wo sie untergehn, die sie anflehn, besingen, vor denen sie sich huldigend verneigen, denen sie Tag um Tag dienen: vermögen sie, die Dreivedenpriester, auch nur bei denen zur Einkehr, bei Sonne und Mond, den Weg zu weisen: 'Das nur ist der gerade Weg, der den Spuren nachfolgt, der ausreichend ist, der dem Vollbringer ausreicht um in Sonnen- und Mondengemeinschaft einzugehn?'"

„Das wohl nicht, o Gotamo!"

„Das heißt also, Vāseṭṭho: was sie sehn, die Dreivedenpriester, Sonne und Mond, wie eben auch andere Leute mehr, wo da Sonne und Mond aufgehn und wo sie untergehn, die sie anflehn, besingen, vor denen sie sich huldigend verneigen, denen sie Tag um Tag dienen: auch nur bei denen vermögen sie nicht, bei Sonne und Mond, zur Einkehr den Weg zu weisen: 'Das nur ist der gerade Weg, der den Spuren nachfolgt, der ausreichend ist, der dem Vollbringer ausreicht um in Sonnen- und Mondengemeinschaft einzugehn': wie nun? Die Dreivedenpriester haben, sagen sie, Brahmā nicht selber gesehn; auch die Meister und Altmeister der Dreivedenpriester haben, sagen sie, Brahmā nicht selber gesehn; auch nicht irgendeiner der Dreivedenpriester, sagen sie, bis zum siebenten Großmeisterahnen hinauf, hat Brahmā selber gesehn; die aber, wie man sagt, vormals der Dreivedenpriester Seher waren, die Verfasser der Sprüche, Verkünder der Sprüche, deren uralte Spruchlieder, wie sie gesungen, ausgesprochen, gesammelt wurden, die Dreivedenpriester heute und hier ihnen nachsingen, ihnen nachsagen, das Gesagte weitersagen, das Gelehrte weiterlehren, als da waren Aṭṭhako, Vāmako, Vāmadevo, Vessāmitto, Yamataggī, Aṅgiraso, Bhāradvājo, Vāseṭṭho, Kassapo, Bhagu: auch diese haben nicht gesagt: 'Wir wissen es, wir sehn es wo Brahmā ist, wie Brahmā ist, wann Brahmā ist'; jene Dreivedenpriester haben nur gesagt: 'Den wir nicht kennen, den wir nicht sehn, zur Einkehr bei ihm weisen wir den Weg: das nur ist der gerade Weg, der den Spuren nachfolgt, der ausreichend ist, der dem Vollbringer ausreicht um in brāhmische Gemeinschaft einzugehn'; was meinst du wohl, Vāseṭṭho: haben nun nicht, bei solcher Bewandtnis, die Dreivedenpriester Unbegreifliches ausgesagt?"

„Freilich, o Gotamo, bei solcher Bewandtnis haben die Dreivedenpriester Unbegreifliches ausgesagt."

„Gut, Vāseṭṭho: dass eben die Dreivedenpriester, den sie nicht kennen, den sie nicht sehn, zur Einkehr bei ihm den Weg weisen könnten: 'Das nur ist der gerade Weg, der den Spuren nachfolgt, der ausreichend ist, der dem Vollbringer ausreicht um in brāhmische Gemeinschaft einzugehn': das ist unmöglich. Gleichwie etwa, Vāseṭṭho, wenn ein Mann also spräche: 'Ich habe nach ihr, die da im ganzen Lande die Schönste ist, Verlangen, habe Sehnsucht nach ihr'; und man fragte ihn: 'Lieber Mann, die Schönste des Landes, nach der du verlangst und dich sehnst, kennst du diese, ob es eine Fürstin oder eine Priestertochter, ein Bürgermädchen oder eine Dienerin ist?'; und er gäbe 'Nein' zur Antwort; und man fragte ihn: 'Lieber Mann, die Schönste des Landes, nach der du verlangst und dich sehnst, kennst du diese, weißt du, wie sie heißt, wo sie herstammt oder hingehört, ob sie von großer oder von kleiner oder von mittlerer Gestalt ist, ob ihre Hautfarbe schwarz oder braun oder gelb ist, in welchem Dorf oder welcher Burg oder welcher Stadt sie zu Hause ist?'; und er gäbe 'Nein' zur Antwort; und man fragte ihn: 'Lieber Mann, die du nicht kennst und nicht siehst, nach der verlangst du, sehnst dich nach ihr?'; und er gäbe 'Ja' zur Antwort; was meinst du wohl, Vāseṭṭho: hätte nun nicht, bei solcher Bewandtnis, jener Mann unbegreifliche Antwort gegeben?"

„Freilich, o Gotamo, bei solcher Bewandtnis hätte jener Mann unbegreifliche Antwort gegeben."

„Ebenso auch ist es, Vāseṭṭho, mit jenen Dreivedenpriestern. Gleichwie etwa, Vāseṭṭho, wenn ein Mann auf dem Marktplatz eine Leiter errichtete um einen Turm zu ersteigen; und man fragte ihn: 'Lieber Mann, da du einen Turm zu ersteigen die Leiter errichtest, weißt du was für ein Turm es ist, ob er nach Osten oder nach Süden, nach Westen oder nach Norden zu steht, ob es ein hoher oder ein niederer oder ein mittlerer ist?'; und er gäbe 'Nein' zur Antwort; und man fragte ihn: 'Lieber Mann, den du nicht kennst und nicht siehst, um einen solchen Turm zu ersteigen errichtest du die Leiter?'; und er gäbe 'Ja' zur Antwort; was meinst du wohl, Vāseṭṭho: hätte nun nicht, bei solcher Bewandtnis, jener Mann unbegreifliche Antwort gegeben?"

„Freilich, o Gotamo, bei solcher Bewandtnis hätte jener Mann unbegreifliche Antwort gegeben."

„Ebenso auch ist es, Vāseṭṭho, mit jenen Dreivedenpriestern: dass etwa sie, den sie nicht kennen, den sie nicht sehn, zur Einkehr bei ihm den Weg weisen könnten: 'Das nur ist der gerade Weg, der den Spuren nachfolgt, der ausreichend ist, der dem Vollbringer ausreicht um in brāhmische Gemeinschaft einzugehn': das ist unmöglich. Gleichwie etwa, Vāseṭṭho, diese Aciravatī hinfließt, voll von Wasser, schon das Ufer erreicht, für Krähen schlürfbar; und es käme ein Mann herbei, der hinüber sollte, hinüberzukommen suchte, hinüber müsste, hinübergelangen wollte: der stände hüben am Gestade und riefe das Gestade drüben an: 'O komme, du drüben, herüber! O komme, du drüben, herüber!'; was meinst du wohl, Vāseṭṭho: würde nun etwa, weil der Mann da riefe, weil er da flehte, weil er bäte und schmeichelte, jenes Gestade dort über die Wellen der Aciravatī an dieses Gestade hier herkommen?"

„Gewiss nicht, o Gotamo!"

„Ebenso nun auch, Vāseṭṭho, haben die Dreivedenpriester von Dingen, die den Priester ausmachen, sich abgewandt, an Dinge, die keinen Priester ausmachen, sich gewöhnt und dann also gesprochen: ‘Den Sonnigen rufen wir, den Mondigen rufen wir, den Himmlischen rufen wir, den Herrlichen rufen wir, den Schaffenden rufen wir, den Heiligen rufen wir, den Mächtigen rufen wir, den Schützenden rufen wir!’ Dass aber, Vāseṭṭho, die Dreivedenpriester, die von Dingen, die den Priester ausmachen, sich abgewandt, an Dinge, die keinen Priester ausmachen, sich gewöhnt haben, weil sie da rufen, weil sie da flehn, weil sie bitten und schmeicheln, bei der Auflösung des Leibes, nach dem Tode, zu Brahmā gemeinsam eingehn könnten: das ist unmöglich. Gleichwie etwa, Vāseṭṭho, diese Aciravatī hinfließt, voll von Wasser, schon das Ufer erreicht, für Krähen schlürfbar; und es käme ein Mann herbei, der hinüber sollte, hinüberzukommen suchte, hinüber müsste, hinübergelangen wollte: der würde hüben am Gestade mit einer starken Kette, die Hände nach hinten, in feste Fesseln geschlagen; was meinst du wohl, Vāseṭṭho: könnte nun etwa der Mann da von diesem Gestade hier über die Wellen der Aciravatī an jenes Gestade dort hingelangen?“

„Durchaus nicht, o Gotamo!“

„Ebenso nun auch, Vāseṭṭho, werden da die fünf Begehrungen im Orden des Heiligen ‘Kette’ genannt, werden ‘Fessel’ genannt: und welche fünf? Die durch das Gesicht ins Bewusstsein tretenden Formen, die ersehnten, geliebten, entzückenden, angenehmen, dem Begehren entsprechenden, reizenden; die durch das Gehör ins Bewusstsein tretenden Töne, die ersehnten, geliebten, entzückenden, angenehmen, dem Begehren entsprechenden, reizenden; die durch den Geruch ins Bewusstsein tretenden Düfte, die ersehnten, geliebten, entzückenden, angenehmen, dem Begehren entsprechenden, reizenden; die durch den Geschmack ins Bewusstsein tretenden Säfte, die ersehnten, geliebten, entzückenden, angenehmen, dem Begehren entsprechenden, reizenden; die durch das Getast ins Bewusstsein tretenden Tastungen, die ersehnten, geliebten, entzückenden, angenehmen, dem Begehren entsprechenden, reizenden. Das sind, Vāseṭṭho, die fünf Begehrungen, die man im Orden des Heiligen ‘Kette’ genannt hat, ‘Fessel’ genannt hat. Das sind, Vāseṭṭho, die fünf Begehrungen, wobei die Dreivedenpriester verlockt, geblendet, hingerissen, ohne das Elend zu sehn, ohne an Entrinnung zu denken, ihr Teil genießen. Dass aber, Vāseṭṭho, die Dreivedenpriester, die von Dingen, die den Priester ausmachen, sich abgewandt, an Dinge, die keinen Priester ausmachen, sich gewöhnt haben und bei den fünf Begehrungen verlockt, geblendet, hingerissen, ohne das Elend zu sehn, ohne an Entrinnung zu denken, ihr Teil genießen, von Wunscheswillen gefesselt, bei der Auflösung des Leibes, nach dem Tode, zu Brahmā gemeinsam eingehn könnten: das ist unmöglich. Gleichwie etwa, Vāseṭṭho, diese Aciravatī hinfließt, voll von Wasser, schon das Ufer erreicht, für Krähen schlürfbar; und es käme ein Mann herbei, der hinüber sollte, hinüberzukommen suchte, hinüber müsste, hinübergelangen wollte: der hätte sich hüben am Gestade vom Scheitel bis zur Sohle eingehüllt niedergelegt; was meinst du wohl, Vāseṭṭho: könnte nun etwa der Mann da von diesem Gestade hier über die Wellen der Aciravatī an jenes Gestade dort hingelangen?“

„Allerdings nicht, o Gotamo!“

„Ebenso nun auch, Vāseṭṭho, werden da die fünf Hemmungen im Orden des Heiligen 'Hemmnisse' genannt, werden 'Hemmungen' genannt, werden 'Zögernisse' genannt, werden 'Verwicklungen' genannt: und welche fünf? Die Hemmung durch Wunscheswillen, die Hemmung durch Hassensgroll, die Hemmung durch matte Müde, die Hemmung durch stolzen Unmut, die Hemmung durch Schwanken. Das sind, Vāseṭṭho, die fünf Hemmungen, die man im Orden des Heiligen 'Hemmnisse' genannt hat, 'Hemmungen' genannt hat, 'Zögernisse' genannt hat, 'Verwicklungen' genannt hat. In diese fünf Hemmungen, Vāseṭṭho, sind die Dreivedenpriester eingeschlossen, eingeschnürt, verzogen und verwickelt. Dass aber, Vāseṭṭho, die Dreivedenpriester, die von Dingen, die den Priester ausmachen, sich abgewandt, an Dinge, die keinen Priester ausmachen, sich gewöhnt haben und in die fünf Hemmungen eingeschlossen, eingeschnürt, verzogen und verwickelt sind, bei der Auflösung des Leibes, nach dem Tode, zu Brahmā gemeinsam eingehn könnten: das ist unmöglich. - Was meinst du wohl, Vāseṭṭho: hast du vielleicht von den Priestern, den ergrauten, bejahrten, den Meistern und Altmeistern reden hören: umschränkt ist Brahmā, oder unumschränkt?"

„Unumschränkt, o Gotamo!"

„Ein grimmiger Geist, oder kein grimmiger Geist?"

„Kein grimmiger Geist, o Gotamo!"

„Ein grollender Geist, oder kein grollender Geist?"

„Kein grollender Geist, o Gotamo!"

„Ein unsauberer Geist, oder kein unsauberer Geist?"

„Kein unsauberer Geist, o Gotamo!"

„Selbstgewaltig, oder nicht selbstgewaltig?"

„Selbstgewaltig, o Gotamo!"

„Was meinst du wohl, Vāseṭṭho: sind die Dreivedenpriester umschränkt, oder unumschränkt?"

„Umschränkt, o Gotamo!"

„Grimmige Geister, oder keine grimmigen Geister?"

„Grimmige Geister, o Gotamo!"

„Grollende Geister, oder keine grollenden Geister?"

„Grollende Geister, o Gotamo!"

„Unsaubere Geister, oder keine unsauberen Geister?"

„Unsaubere Geister, o Gotamo!"

„Selbstgewaltig, oder nicht selbstgewaltig?"

„Nicht selbstgewaltig, o Gotamo!"

„Das heißt also, Vāseṭṭho: umschränkt sind die Dreivedenpriester, unumschränkt ist Brahmā. Kann es nun etwa zwischen den umschränkten Dreivedenpriestern und dem unumschränkten Brahmā eine Übereinstimmung, ein Übereinkommen geben?"

„Freilich wohl nicht, o Gotamo!"

„Gut, Vāseṭṭho: dass eben die umschränkten Dreivedenpriester, bei der Auflösung des Leibes, nach dem Tode, zu dem unumschränkten Brahmā gemeinsam eingehn könnten: das ist unmöglich. - So sagst du denn, Vāseṭṭho: grimmige Geister seien die Dreivedenpriester, Brahmā sei kein grimmiger Geist; grollende Geister seien die Dreivedenpriester, Brahmā sei kein grollender Geist; unsaubere Geister seien die Dreivedenpriester, Brahmā sei kein unsauberer Geist; nicht selbstgewaltig seien die Dreivedenpriester, Brahmā sei selbstgewaltig. Kann es nun da etwa zwischen den grimmigen, grollenden, unsauberen, nicht selbstgewaltigen Dreivedenpriestern und dem nicht grimmigen, nicht grollenden, nicht unsauberen, selbstgewaltigen Brahmā eine Übereinstimmung, ein Übereinkommen geben?"

„Freilich wohl nicht, o Gotamo!"

„Gut, Vāseṭṭho: dass eben die grimmigen, grollenden, unsauberen, nicht selbstgewaltigen Dreivedenpriester, bei der Auflösung des Leibes, nach dem Tode, zu dem nicht grimmigen, nicht grollenden, nicht unsauberen, selbstgewaltigen Brahmā gemeinsam eingehn könnten: das ist unmöglich. Da sind sie aber nun, Vāseṭṭho, die Dreivedenpriester, darauf versessen und bleiben sitzen; sitzen geblieben entsetzen sie sich dann wohl: allzu leicht, mein' ich, leben sie dahin. Darum wird das der Dreivedenpriester Dreivedenwüste genannt, Dreivedenwildnis genannt, Dreivedenverderbnis genannt."

Nach diesen Worten wandte sich der junge Vāseṭṭher also an den Erhabenen:

„Reden hab' ich hören, o Gotamo: 'Der Asket Gotamo kennt den Weg, der zu Brahmā eingehn lässt.'"

„Was meinst du wohl, Vāseṭṭho: ist Manasā-Bad nahebei, liegt es unweit von hier?"

„Freilich; o Gotamo, ist Manasā-Bad nahebei, es liegt unweit von hier."

„Was meinst du wohl, Vāseṭṭho: es sei da ein Mann, in Manasā-Bad von Geburt auferwachsen, und man fragte ihn, wie weit es noch des Weges nach Manasā-Bad sei: würde da nun, Vāseṭṭho, dieser Mann, in Manasā-Bad von Geburt auferwachsen, um den Weg nach Manasā-Bad gefragt, irgend zögern oder zaudern?"

„Gewiss nicht, o Gotamo!"

„Und warum nicht?"

„Der Mann ist ja, o Gotamo, in Manasā-Bad von Geburt auferwachsen: so kennt er denn alle die Wege um Manasā-Bad genau."

„Doch könnte, Vāseṭṭho, dieser Mann, in Manasā-Bad von Geburt auferwachsen, um den Weg nach Manasā-Bad gefragt, irgend zögern oder zaudern: nicht aber kann der Vollendete, um brāhmische Welt oder den in brāhmische Welt geleitenden Pfad gefragt, irgend zögern oder zaudern. Den Brahmā, Vāseṭṭho, kenn' ich wohl, und brāhmische Welt, und den in brāhmische Welt geleitenden Pfad, und auf welche Weise Brahmā in brāhmische Welt gelangt ist, auch das weiß ich."

Also berichtet wandte sich der junge Vāseṭṭher mit diesen Worten an den Erhabenen:

„Reden hab' ich hören, o Gotamo: 'Der Asket Gotamo zeigt den Weg, der zu Brahmā eingehn lässt.' Gut wär' es, wenn uns Herr Gotamo den Weg zeigen wollte, der zu Brahmā eingehn lässt: emporziehen möge Herr Gotamo das Priestergeschlecht!"

„Wohlan denn, Vāseṭṭho, so höre und achte wohl auf meine Rede."

„Ja Herr!", sagte da aufmerksam der junge Vāseṭṭher zum Erhabenen. Der Erhabene sprach also:

„Da erscheint, Vāseṭṭho, der Vollendete in der Welt, der Heilige, vollkommen Erwachte, der Wissens- und Wandelsbewährte, der Willkommene, der Welt Kenner, der unvergleichliche Leiter der Männerherde, der Meister der Götter und Menschen, der Erwachte, der Erhabene. Er zeigt diese Welt mit ihren Göttern, ihren bösen und heiligen Geistern, mit ihrer Schar von Priestern und Büßern, Göttern und Menschen, nachdem er sie selbst verstanden und durchdrungen hat. Er verkündet die Lehre, deren Anfang begütigt, deren Mitte begütigt, deren Ende begütigt, die sinn- und wortgetreue, er legt das vollkommen geläuterte, geklärte Asketentum dar. - Diese Lehre hört ein Hausvater, oder der Sohn eines Hausvaters, oder einer, der in anderem Stande neugeboren ward. Nachdem er diese Lehre gehört hat, fasst er Vertrauen zum Vollendeten. Von diesem Vertrauen erfüllt denkt und überlegt er also: 'Ein Gefängnis ist die Häuslichkeit, ein Schmutzwinkel; der freie Himmelsraum die Pilgerschaft. Nicht wohl geht es, wenn man im Hause bleibt, das völlig geläuterte, völlig geklärte Asketentum Punkt für Punkt zu erfüllen. Wie, wenn ich nun, mit geschorenem Haar und Barte, mit fahlem Gewande bekleidet, aus dem Hause in die Hauslosigkeit hinauszöge?' So gibt er denn später einen kleinen Besitz oder einen großen Besitz auf, hat einen kleinen Verwandtenkreis oder einen großen Verwandtenkreis verlassen und ist mit geschorenem Haar und Barte, im fahlen Gewande von Hause fort in die Hauslosigkeit gezogen. - Also Pilger geworden bleibt er in reiner Zucht richtig gezügelt, lauter im Handel und Wandel: vor geringstem Fehl auf der Hut kämpft er beharrlich weiter, Schritt um Schritt; in Taten und Worten heilsam beflissen lebt er rein, ist tüchtig in Tugend, hütet die Tore der Sinne, gewappnet mit klarem Bewusstsein, zufrieden."

„Wie aber, Vāseṭṭho, ist der Mönch tüchtig in Tugend? Da hat, Vāseṭṭho, der Mönch Lebendiges umzubringen verworfen, Lebendiges umzubringen liegt ihm fern: ohne Stock, ohne Schwert, fühlsam, voll Teilnahme, hegt er zu allen lebenden Wesen Liebe und Mitleid. Das eben gilt ihm als Tugend. - Nichtgegebenes zu nehmen hat er verworfen, vom Nehmen des Nichtgegebenen hält er sich fern: Gegebenes nimmt er, Gegebenes wartet er ab, nicht diebisch gesinnt, rein gewordenen Herzens. Das eben gilt ihm als Tugend. Die Unkeuschheit hat er verworfen, keusch lebt er: fern zieht er hin, entraten der Paarung, dem gemeinen Gesetze. Das eben gilt ihm als Tugend. - Lüge hat er verworfen, von Lüge hält er sich fern: die Wahrheit spricht er, der Wahrheit ist er ergeben, standhaft, vertrauenswürdig, kein Heuchler und Schmeichler der Welt. Das eben gilt ihm als Tugend. - Das Ausrichten hat er verworfen, vom Ausrichten hält er sich fern: was er hier gehört hat erzählt er dort nicht wieder um jene zu entzweien, und was er dort gehört hat erzählt er hier nicht wieder um diese zu entzweien; so einigt er Entzweite, festigt Verbundene, Eintracht macht ihn froh, Eintracht freut ihn, Eintracht beglückt ihn, Eintracht fördernde Worte spricht er. Das eben gilt ihm als Tugend. - Barsche Worte hat er verworfen, von barschen Worten hält er sich fern: Worte, die frei von Schimpf sind, dem Ohre wohltuend, liebreich, zum Herzen dringend, höflich, viele erfreuend, viele erhebend, solche Worte spricht er. Das eben gilt ihm als Tugend. - Plappern und Plaudern hat er verworfen, von Plappern und Plaudern hält er sich fern: zur rechten Zeit spricht er, den Tatsachen gemäß, auf den Sinn bedacht, der Lehre und Ordnung getreu, seine Rede ist reich an Inhalt, gelegentlich mit Gleichnissen geschmückt, klar und bestimmt, ihrem Gegenstande angemessen. Das eben gilt ihm als Tugend. - Sämereien und Pflanzungen anzulegen hat er verschmäht. Einmal des

Tags nimmt er Nahrung zu sich, nachts ist er nüchtern, fern liegt es ihm zur Unzeit zu essen. Von Tanz, Gesang, Spiel, Schaustellungen hält er sich fern."

Dies bedarf einer Erläuterung. „Als Geheul, ihr Mönche, gilt in der Edlen Ordenszucht das Singen, als Wahnsinn das Tanzen, als kindisch das Lachen, bei dem man die Zähne zeigt", sagt der Buddha im Anguttaranikāya 3, 108. Buddha hatte also eine absolut negative Meinung von den Künsten, da die Kunst und deren Genuss ja die Gefühle und Gedanken in Schwingung versetzt, das Gemütsleben erregt, den Anhaftenden nach mehr Schauspiel, Gesang, Musik, Rezitationen etc. etc. verlangen lässt, zu weiterem Anhaften und damit zur Wiedergeburt führt und die Erlösung in NIRVĀṆA verhindert. Im Samyutta Nikāya geht der Buddha sogar soweit zu lehren, dass Menschen, die durch ihre Gaukelkunst in anderen Menschen Illusionen erzeugen, in der Hölle oder unter Tieren Wiedergeburt finden.

Es ist auch aus diesem Grunde, dass ich selbst das Hören meiner spirituellen Lieder, *DEVA* eingeschlossen, nur denen empfehle, die noch an einer Existenz in hohen Himmeln interessiert sind. Der Erlösung Suchende sieht natürlich auch die höchsten Himmel als Durchgangsstation zu NIRVĀṆA. OM.

Und weiter spricht der Buddha: „Kränze, Wohlgerüche, Salben, Schmuck, Zierrat, Putz weist er ab. Hohe, prächtige Lagerstätten verschmäht er. Gold und Silber nimmt er nicht an. Rohes Getreide nimmt er nicht an. Rohes Fleisch nimmt er nicht an. Frauen und Mädchen nimmt er nicht an. Diener und Dienerinnen nimmt er nicht an. Ziegen und Schafe nimmt er nicht an. Hühner und Schweine nimmt er nicht an. Elefanten, Rinder und Rosse nimmt er nicht an. Haus und Feld nimmt er nicht an. Botschaften, Sendungen, Aufträge übernimmt er nicht. Von Kauf und Verkauf hält er sich fern. Von falschem Maß und Gewicht hält er sich fern. Von den schiefen Wegen der Bestechung, Täuschung, Niedertracht hält er sich fern. Von Raufereien, Schlägereien, Händeln, vom Rauben, Plündern und Zwingen hält er sich fern. Das eben gilt ihm als Tugend."

„Ein solcher Mönch nun, Vāseṭṭho, also tüchtig in Tugend, kann nicht irgendwoher noch Gefahr erspähn, weil er tüchtig gerüstet ist. Gleichwie etwa, Vāseṭṭho, ein gesalbter Kriegerfürst, wann er den Feind niedergestreckt hat, nicht irgendwoher noch Gefahr erspähn kann, weil er ja tapfer gegenübersteht: ebenso auch, Vāseṭṭho, kann der Mönch, also tüchtig in Tugend, nicht irgendwoher noch Gefahr erspähn, weil er ja tüchtig gerüstet ist. Durch die Erfüllung dieser heiligen Tugendsatzung empfindet er ein inneres fleckenloses Glück. Also ist der Mönch, Vāseṭṭho, tüchtig in Tugend."

„Wie aber, Vāseṭṭho, hütet der Mönch die Tore der Sinne? Hat da, Vāseṭṭho, der Mönch mit dem Gesichte eine Form erblickt, so fasst er keine Neigung, fasst keine Absicht. Da Begierde und Missmut, böse und schlechte Gedanken gar bald den überwältigen, der unbewachten Gesichtes verweilt, befleißigt er sich dieser Bewachung, er hütet das Gesicht, er wacht eifrig über das Gesicht. Hat er mit dem Gehöre einen Ton gehört, hat er mit dem Geruche einen Duft gerochen, hat er mit dem Geschmacke einen Saft geschmeckt, hat er mit dem Getaste eine Tastung getastet, hat er mit dem Gedenken ein Ding erkannt, so fasst er keine Neigung, fasst keine Absicht. Da Begierde und Missmut, böse und schlechte Gedanken gar bald den überwältigen, der unbewachten Gedenkens verweilt, befleißigt er sich dieser Bewachung, er hütet das Gedenken, er wacht eifrig über das Gedenken. Durch die Erfüllung dieser heiligen Sinnenzügelung empfindet er ein inneres ungetrübtes Glück. Also hütet, Vāseṭṭho, der Mönch die Tore der Sinne."

„Wie aber, Vāseṭṭho, ist der Mönch mit klarem Bewusstsein gewappnet? Da ist, Vāseṭṭho, der Mönch klar bewusst beim Kommen und Gehn, klar bewusst beim Hinblicken und Wegblicken, klar bewusst regt und bewegt er sich, klar bewusst trägt er des Ordens Gewand und Almosenschale, klar bewusst isst er und trinkt er, kaut er und schmeckt er, klar bewusst entleert er Kot und Harn, klar bewusst geht er und steht er und sitzt er, schläft er ein, wacht er auf, spricht er und schweigt er. Also ist, Vāseṭṭho, der Mönch mit klarem Bewusstsein gewappnet."

„Wie aber, Vāseṭṭho, ist der Mönch zufrieden? Da ist, Vāseṭṭho, der Mönch zufrieden mit dem Gewande, das seinen Leib deckt, mit der Almosenspeise, die sein Leben fristet; wohin er auch pilgert, nur mit dem Gewande und der Almosenschale versehn pilgert er. Gleichwie da etwa, Vāseṭṭho, ein beschwingter Vogel, wohin er auch fliegt, nur mit der Last seiner Federn fliegt: ebenso auch, Vāseṭṭho, ist der Mönch zufrieden mit dem Gewande, das seinen Leib deckt, mit der Almosenspeise, die sein Leben fristet; wohin er auch pilgert, nur mit dem Gewande und der Almosenschale versehn pilgert er. Also ist, Vāseṭṭho, der Mönch zufrieden."

„Treu dieser heiligen Tugendsatzung, treu dieser heiligen Sinnenzügelung, treu dieser heiligen klaren Einsicht, treu dieser heiligen Zufriedenheit sucht er einen abgelegenen Ruheplatz auf, einen Hain, den Fluss eines Baumes, eine Felsengrotte, eine Bergesgruft, einen Friedhof, die Waldesmitte, ein Streulager in der offenen Ebene. Nach dem Mahle, wenn er vom Almosengange zurückgekehrt ist, setzt er sich mit verschränkten Beinen nieder, den Körper gerade aufgerichtet, und pflegt der Einsicht. Er hat weltliche Begierde verworfen und verweilt begierdelosen Gemütes, von Begierde läutert er sein Herz. Gehässigkeit hat er verworfen, hasslosen Gemütes verweilt er, voll Liebe und Mitleid zu allen lebenden Wesen läutert er sein Herz von Gehässigkeit. Matte Müde hat er verworfen, von matter Müde ist er frei; das Licht liebend, einsichtig, klar bewusst, läutert er sein Herz von matter Müde. Stolzen Unmut hat er verworfen, er ist frei von Stolz; innig beruhigten Gemütes läutert er sein Herz von stolzem Unmut. Das Schwanken hat er verworfen, der Ungewissheit ist er entronnen; er zweifelt nicht am Guten, vom Schwanken läutert er sein Herz."

„Während er so diese fünf Hemmungen in sich aufgehoben erkennt, wird er freudig bewegt. Freudig bewegt wird er heiter. Heiteren Herzens wird der Körper beschwichtigt. Körperbeschwichtigt fühlt er sich wohl. Sich wohl fühlend wird sein Geist einig. Liebevollen Gemütes weilend strahlt er nach einer Richtung, dann nach einer zweiten, dann nach der dritten, dann nach der vierten, ebenso nach oben und nach unten: überall in allem sich wiedererkennend durchstrahlt er die ganze Welt mit liebevollem Gemüte, mit weitem, tiefem, unbeschränktem, von Grimm und Groll geklärtem. Gleichwie etwa, Vāseṭṭho, ein kräftiger Trompeter gar mühelos nach den vier Seiten posaunen kann, ebenso nun auch, Vāseṭṭho, kann in also geübter liebevoller Gemüterlösung beschränktes Werk nicht mehr übrig bleiben, nicht mehr bestehn. Das aber ist, Vāseṭṭho, der Weg, der zu Brahmā eingehn lässt."

„Weiter sodann, Vāseṭṭho: erbarmenden Gemütes, freudevollen Gemütes, unbewegten Gemütes weilend strahlt der Mönch nach einer Richtung, dann nach einer zweiten, dann nach der dritten, dann nach der vierten, ebenso nach oben und nach unten: überall in allem sich wiedererkennend durchstrahlt er die ganze Welt mit erbarmendem Gemüte, mit freudevollem Gemüte, mit unbewegtem Gemüte, mit weitem, tiefem, unbeschränktem, von Grimm und Groll geklärtem. Gleichwie etwa, Vāseṭṭho, ein kräftiger Trompeter gar mühelos nach den vier Seiten posaunen kann, ebenso nun auch, Vāseṭṭho, kann in also geübter erbarmender, freudevoller, unbewegter Gemüterlösung beschränktes Werk nicht mehr übrig bleiben, nicht mehr bestehn. Das aber ist, Vāseṭṭho, der Weg, der zu Brahmā eingehn lässt. - Was meinst du wohl, Vāseṭṭho: ein Mönch, der also verweilt, ist der umschränkt, oder unumschränkt?"

„Unumschränkt, o Gotamo!"

„Ein grimmiger Geist, oder kein grimmiger Geist?"

„Kein grimmiger Geist, o Gotamo!"

„Ein grollender Geist, oder kein grollender Geist?"

„Kein grollender Geist, o Gotamo!"

„Ein unsauberer Geist, oder kein unsauberer Geist?"

„Kein unsauberer Geist, o Gotamo!"

„Selbstgewaltig, oder nicht selbstgewaltig?"

„Selbstgewaltig, o Gotamo!"

„Das heißt also, Vāseṭṭho: unumschränkt ist der Mönch, unumschränkt Brahmā. Kann es nun etwa zwischen dem unumschränkten Mönche und dem unumschränkten Brahmā eine Übereinstimmung, ein Übereinkommen geben?"

„Freilich, o Gotamo!"

„Gut, Vāseṭṭho: dass eben der unumschränkte Mönch, bei der Auflösung des Leibes, nach dem Tode, zu dem unumschränkten Brahmā gemeinsam eingehn könnte: das ist möglich. - So sagst du denn, Vāseṭṭho: kein grimmiger Geist sei der Mönch, kein grimmiger Geist Brahmā; kein unsauberer Geist sei der Mönch, kein unsauberer Geist Brahmā; selbstgewaltig sei der Mönch, selbstgewaltig Brahmā. Kann es nun da etwa zwischen dem nicht grimmigen, nicht grollenden, nicht unsauberen, selbstgewaltigen Mönche und dem nicht grimmigen, nicht grollenden, nicht unsauberen, selbstgewaltigen Brahmā eine Übereinstimmung, ein Übereinkommen geben?"

„Freilich, o Gotamo!"

„Gut, Vāseṭṭho: dass eben der nicht grimmige, nicht grollende, nicht unsaubere, selbstgewaltige Mönch bei der Auflösung des Leibes, nach dem Tode, zu dem nicht grimmigen, nicht grollenden, nicht unsauberen, selbstgewaltigen Brahmā gemeinsam eingehn könnte: das ist möglich."

Nach dieser Rede wandten sich die jungen Priester, Vāseṭṭho und Bhāradvājo, also an den Erhabenen:

„Vortrefflich, o Gotamo, vortrefflich, o Gotamo! Als Anhänger möge Herr Gotamo uns betrachten, von heute an zeitlebens getreu."« (K. E. Neumann, Längere Sammlung.)

So ist das also. Wer alles Verlangen überwunden hat, kann ja gar nichts anderes als Mitleid zu fühlen mit jedem, der noch von irgendeinem Verlangen gequält wird. Wer eins mit Gott sein will, der muss wie Gott NICHTS mehr wollen als eben nur:

mit Gott sein. Für den ist das Erdenleben nur KOT. Wenn ich hier von Gott spreche, dann meine ich immer noch nicht NIRVĀṆA, den höchsten Gott, sondern „nur“ dessen erste Manifestation. Diese erste Manifestation ist nur deshalb die Spitze der Hierarchie aller manifestierten Wesenheiten, weil sie das geringste Verlangen in Manifestation ist. Wer im Gebet etwas von Gott will, wird diesen Gott gar nicht erreichen, sondern immer nur eine niederere Gottheit, einen Engel oder gar einen Dämon. Wer immer noch den fünf Begehrungen anhängt, sich ihnen hingibt, ihnen anhaftet, der wird nicht Gott erlangen, sondern bestenfalls Wiedergeburt, neues Leben und Leiden und Sterben und Wiedergeboren werden. Was sind nun die **fünf Begehrungen**? „Die durch das Gesicht ins Bewusstsein tretenden Formen, die ersehnten, geliebten, entzückenden, angenehmen, dem Begehren entsprechenden, reizenden; die durch das Gehör ins Bewusstsein tretenden Töne, die ersehnten, geliebten, entzückenden, angenehmen, dem Begehren entsprechenden, reizenden; die durch den Geruch ins Bewusstsein tretenden Düfte, die ersehnten, geliebten, entzückenden, angenehmen, dem Begehren entsprechenden, reizenden; die durch den Geschmack ins Bewusstsein tretenden Säfte, die ersehnten, geliebten, entzückenden, angenehmen, dem Begehren entsprechenden, reizenden; die durch das Getast ins Bewusstsein tretenden Tastungen, die ersehnten, geliebten, entzückenden, angenehmen, dem Begehren entsprechenden, reizenden.“ (K. E. Neumann, Längere Sammlung.)

Das also sind die fünf Begehrungen. Wer sich von ihnen nicht löst und hofft, dennoch mit Hilfe eines Erlösers in einen ewigen Himmel zu kommen, der ist eben noch im Wunschdenken befangen. Wichtig ist auch noch eines: Der Schöpfergott (bzw. die Schöpfer) der Religionen existiert zwar, ist aber nahezu unendlich viele Stufen UNTER dem höchsten Gott in Manifestation. Die Elohīm (es sei denn, man meint die Heilige Dreieinigkeit, was ebenfalls die Bedeutung dieses Begriffes ist), die Elohīm also sind niedere Planeten- und Stammesgötter, welche, wie wir noch lernen werden, die ewig existierenden unerschaffenen Wesenheiten, also uns, mit den unserem Verlangens- bzw. Unwissenheitszustand entsprechenden upādhis oder Vehikeln versehen. Im KERN jedoch sind wir alle UNERSCHAFFEN, ewig existent und unzerstörbar.

Der Narr will noch etwas, der Weise will nichts mehr. Höher als Gott ist nur noch jener, der auch das Verlangen nach der Einheit mit Gott überwunden hat. Ein solcher wird, wie der Buddha selbst, ein Lehrer von Menschen und Götter. Nur Menschen können diese gewaltige Arbeit verrichten. Darum werden wir auch eines Tages über die Engel regieren. Dann ist NIRVĀṆA erlangt. Wer es zu fassen vermag, der fasse es. OM.

Du bist nicht dein Körper, deine Gefühle und dein Denken, nicht einmal dein Handeln bist du. Das sind alles nur dir anhaftende Beigaben, Überbleibsel von deinem vergangenen Leben. Werfe sie ab, löse dich von ihnen, entsage keusch der Welt und jeglicher Sinnesbetätigung. Meditiere, bis du dir alles Vergänglichen nicht einmal mehr bewusst bist. Dann ist wahre Unsterblichkeit erreicht. Dies ist der wahre Gott. AUM.

Dem radikalen Esoteriker, den das Auf und Ab der Welt nicht mehr interessiert, empfehle ich dringendst die Lektüre des Buches *Die Lehre des Buddho* von Dr. Georg Grimm, Altbuddhistische Gemeinde, D - 86917 Utting/Ammersee.

„Meditiere, bis nur reines Denken ohne jede Objektwahrnehmung übrig bleibt. Dann beobachte weiter."

Am Straßenrand saß ein blinder Bettler. Ich gab ihm etwas Geld und sagte: „Du bist gut dran."
Er: „Aber ich bin blind!" Ich erwiderte: „Es gibt nichts zu sehen."

Auch die schönste Kunstform, sei es nun Gesang, Musik, Malerei, Literatur, Film, Fernsehen etc., ist nichts weiter als gekonnt formulierter Durst nach Hölle, Erde oder Himmel (je nach Art der Kunstform), reizt die entsprechenden Sinnesorgane, bindet uns an diese oder eine andere Welt, verhindert unsere Erlösung von allem Vergänglichen und ist damit abzulehnen. Der Weise gibt sich mit diesen, wenn auch noch so hochentwickelten, Formen der Unwissenheit nicht ab. Er sucht sein Heil im Schweigen.

LANOO

„Meine Lehre führt zum Schweigen.“

Lanoo

„Unsere sogenannte Zivilisation mit ihren Schulen, Universitäten und mit ihren politischen, ökonomischen und klerikalen Systemen hat versagt. Die Wahrheit ist in dir und nirgendwo sonst.“

Lanoo (Christian Anders)

„Eines Tages werden wir nicht mehr aufhören zu lächeln. Wenn wir gehen, werden wir schweben. Und gleißendes Licht wird aus unseren Augen brechen.“

Surfatti und Bob Toben, **Jenseits von Zeit und Raum**

„Wir müssen unsere Leidenschaften kontrollieren, damit sie uns nicht kontrollieren.“

Elvis Presley

„Leben ist Leiden. Die Wiedergeburt oder Reinkarnation des Menschen auf diesem oder einem anderen Planeten kann, falls er es so wünscht, verhindert werden, auf dass er entweder in höheren Lichtwelten wieder erwacht oder gleich den wahren Gott erlangt. Zu diesem und keinem anderen Zweck wurde dieses Buch geschrieben.“

Lanoo

„Jede Lehre, von der du dir sagen kannst, dass sie zu Leidenschaftslosigkeit führt und nicht zu Leidenschaft; zu Unabhängigkeit und nicht zu Bindung; zu Verminderung weltlichen Gewinns und nicht zu seiner Vermehrung; zu Einfachheit und nicht zu Habgier; zu Zufriedenheit und nicht zu Unzufriedenheit; zu Einsamkeit und nicht zu Geselligkeit; zu Leistung und nicht zu Schlaffheit; zu Freude am Guten und nicht zu Freude am Bösen - von solcher Lehre kannst du mit Bestimmtheit sagen: Das ist die Regel; das ist die Lehre. Das ist des Meisters Botschaft.“

Zitiert aus *Der Buddhismus*, Wesen und Entwicklung. Von Edward Conze.

DIE BELOHNUNG - Die Siddhis

Wer immer wieder dieses Buch studiert, sich vegetarisch ernährt, nur Wasser trinkt, sexuell enthaltsam lebt und täglich meditiert, dem wird früher oder später folgende Belohnung zuteil:

1) DAS BUDDHA-AUGE oder das sogenannte „Dritte Auge“ wird in dem erwachen, der ein keusches, reines Leben des Studiums und der Meditation führt, sich vegetarisch ernährt und nur Wasser trinkt. Ist das Buddha-Auge erst einmal geöffnet, wird der derart Erwachte alles Wissen des Universums in Sekunden erlangen. Alle Einsteins und Newtons dieser Welt werden dann wie kleine unwissende Kinder sein, verglichen mit ihm, in dem das Buddha-Auge erwachte.*

2) Er wird den physischen Leib verlassen können und mit seinem Astralleib ungehemmt durch Wände, Wälle und Berge gehen. Er wird in der Lage sein, die Erde zu umkreisen und auf dem Wasser zu gehen, so wie Jesus es in seinem Astralkörper (aber niemals im physischen) getan hatte. (Es sei denn, er wurde von ihm untergeordneten Elementargeistern getragen.)

3) Der Sittenreine, Studierende und Meditierende wird im Schlafen wie im Wachen mit den höchsten Götterwelten und deren Bewohnern kommunizieren. Er wird ihre Sprache hören, welche Musik ist, wie enthüllt in dem Lied „Deva“. Er wird seine vergangenen Leben nach Belieben erkunden und in die Zukunft sehen können.

4) Wer **DAS BUCH DES LICHTS** und auch dieses Buch studiert hat und auch lebt, wird im Augenblick des physischen Todes nicht das Bewusstsein verlieren, sondern den Körper vollbewusst durch die Kopfchakra verlassen, so wie man ja auch vollbewusst ein altes ausgedientes Kleidungsstück ablegt und sich ein neues anzieht. Falls er in einen neuen menschlichen Körper inkarniert, so wird er auch das vollbewusst erleben und nicht, wie normalerweise, verbunden mit den mentalen, emotionalen und moralischen Entwicklungsstufen und Problemen anderer Heranwachsender. Er wird sozusagen „erwachsen“ geboren. Diese und andere Siddhis werden seine Belohnung sein, doch sie alle sind nur vergängliche Illusionen im Vergleich zu der zeitlosen Ewigkeit, die der nach Wahrheit Strebende dann sein wird.

---

* Hiermit ist eine Aktivierung der Zirbeldrüse in Verbindung mit der Hypophyse durch erwachte Kuṇḍalinī gemeint.

DIE MONADE

Von *Monas*-Eins. Wann immer in diesem Buch der Begriff Monade verwendet wird, so bedeutet dies die Wesenheit an sich, einerseits anhaftend, andererseits loslassend.

Das, was sich, zunächst bedingt durch Unwissenheit, mit Körper, Gefühl, Denken, Seele und Geist identifiziert und sich dann schließlich durch Studium und Meditation wieder davon löst, also das Unerklärbare und doch Ewige, Todlose, Unzerstörbare, erlöst von allen Beilegungen, das ist die Monade, das bist du. OM.

SELBSTLOS

Wann immer ich in diesem Buch den Begriff „selbstlos“ verwende, dann meine ich natürlich damit jemanden oder etwas, das FREI von der Beeinflussung des NICHT-SELBST handelt.

EIN PLÄDOYER FÜR DIE WIEDERGEBURT

Ich plädiere mit allem Nachdruck und in aller Ernsthaftigkeit für die Wiedereinführung der Lehre von Karma und Wiedergeburt an allen Schulen und Universitäten. Was immer dir geschieht, ist selbst erzeugt und selbst verursacht, sei es in diesem oder einem früheren Leben.

Was immer man tut, sei es gut oder böse, kehrt als Energie zu dir zurück und wird dann von dir als gut oder böse am eigenen Leib erlebt. So ist jeder nicht nur seines Glückes, sondern auch seines Unglückes Schmied.

Nur ein Wissen um diese Tatsache erzeugt die nötige Motivation zur absoluten Selbstverantwortung und bewirkt, dass man schließlich nur noch Gutes tut. Denn wer würde schon seinem Nächsten Schaden zufügen, wenn er wüsste, dass er dies eigentlich sich selbst antut? Die Wiedereinführung der Lehre von Karma und Wiedergeburt würde darum auch das allmähliche Ende aller Kriege auf Erden bedeuten. Dann, erst dann werden alle Menschen bereit sein für das absolute Mysterium, den wahren Sinn des Lebens, den Heiligen Gral, den wahren Gott. OM. So steht es geschrieben, so soll es geschehen.

RECHTES WISSEN

Zurzeit demonstrieren und protestieren wieder einmal die Studenten auf Deutschlands Straßen. Sie wollen mehr Geld und mehr Mitbestimmung etc. Was ihnen jedoch fehlt, ist nicht mehr Geld und mehr Mitbestimmung, sondern **das rechte Wissen.** Was ist nun rechtes Wissen? Rechtes Wissen ist das Wissen um die **Vergänglichkeit** dieser Welt, aller sie ausmachenden Komponenten und von der Notwendigkeit, sich von ihnen zu lösen oder zumindest eine günstige Wiedergeburt zu verursachen. In einem Satz: Rechtes Wissen erlangt man durch das Studieren und rechte Verstehen der Lehre von Karma, Wiedergeburt und der Erlösung aller Wesen von allem Vergänglichen. OM.

Alles andere, heute an Schulen und Universitäten gelehrte Wissen berührt nur die Schale, aber nicht den Kern der Dinge und führt zu Unzufriedenheit bzw. Unbefriedigtsein, wie der Aufstand der jungen Menschen „in diesem unserem Lande“ beweist. In einem muss ich allerdings den streikenden Studenten zustimmen und das ist ihrem Slogan, der da lautet: „In der Regierung Kohl bleiben die Köpfe hohl!“ Wird es bald heißen: „In der Regierung Schröder wird man immer blöder“? Bei einer solchen Stimmung kann man nur hoffen, dass bald der Weg frei wird für die einzige Gesellschaftsform, die Sinn macht und deren Prinzipien in diesem Buch dargelegt werden. OM.

BUDDHISMUS WIE ER SEIN SOLLTE

Der Buddhismus von heute ist nicht mehr so, wie er sein sollte. Der Buddhismus des Dalai Lama ist nicht der Buddhismus des Buddha. Die meisten Buddhisten lernen und lehren nicht, was der Buddha lehrte, sondern was er **NICHT** lehrte. Dies ist eine unglückselige Entwicklung, die gegen Ende dieses Millenniums ihren Höhepunkt erreichen wird. Schlimmer konnte es gar nicht kommen. Darum ist jetzt der Zeitpunkt gekommen, die Lehre des Buddha wieder so zu verkünden, wie der Buddha es ursprünglich gedacht, gesagt und getan hat. Das Problem ist folgendes:

Die meisten Buddhisten von heute lernen und lehren also, dass der Buddha lehrte, es gäbe kein Selbst, und dass das Ziel des Menschen die Zerstörung des Selbst sei. Abgesehen davon, wie es denn möglich sein soll, dass etwas zerstört werden kann, das es gar nicht gibt, ist eine solche Definition der Worte des Buddha das Schlimmste, was man dem Buddha und den Menschen antun kann. Der Buddha umgeht in der Tat jede Aussage über das Vorhandensein oder Nichtvorhandensein des Ichs. Daraus herauslesen zu wollen, dass der Buddha das Ich geleugnet hat, geht jedoch viel zu weit und hieße, das Kind mit dem Bade auszuschütten. Der Buddha बुद्ध hat **NIEMALS** die Zerstörung der Wesenheit in NIRVĀṆA gelehrt, sondern nur die BEFREIUNG des Ichs von allen erkennbaren und vergänglichen Beilegungen (upādhi उपाधि), also von Körper, Gefühl, Denken, Seele und vom Geist. Wer sich allerdings mit einem dieser vergänglichen Attribute identifiziert, der mag sehr wohl eine Zerstörung seines Wesens aus den Worten des Buddha herauslesen. Zerstört wird also in NIRVĀṆA nur das, was der gewöhnliche, ja auch der sogenannte religiöse Mensch so als sein Selbst oder Ich ANSIEHT oder es dafür hält.

Der Unterschied zwischen wahrem und falschem Buddhismus liegt also im Verständnis dessen, WAS in NIRVĀṆA zerstört wird oder erlöscht, da NIRVĀṆA oder nirvāṇam in der Tat *erlöschen* bedeutet. Der falsche Buddhismus des Dalai Lama lehrt, dass der Mensch kein Ich oder Selbst habe und dass die WESENHEIT in NIRVĀṆA erlischt, und er verkündet eine solche Widersinnigkeit als das höchste Ziel, während der **RICHTIGE** Buddhismus lehrt, dass nur das, was die Wesenheit NICHT ist (also alles Erkennbare und Vergängliche), in NIRVĀṆA erlöscht und dass dies in der Tat das höchstmögliche Ziel und der Sinn allen Lebens ist. OM.

Kein Wunder, dass der Buddhismus in so viele Gruppen zersplittert ist und es viele ernst zunehmende Kritiker an dieser Art von „Buddhismus“ gibt. Wer will denn schon gerne zerstört sein? Wenn dies das höchste Ziel dieser Philosophie ist, nein danke! Dieser „Buddhismus“ führt zur Verwirrung und nicht zur Erleuchtung. Dass er die Vernichtung der Wesenheit lehre, wurde dem Buddha sogar schon zu Lebzeiten vorgeworfen, so dass der Buddha bereits in seinen Lehrreden in die Worte ausbricht: „Mich beschuldigen einige Asketen und Brahmanen unrichtig, nichtiger Weise, fälschlich und unzutreffend: ‘Ein Verneiner ist der Asket Gautama, er lehrt die Zerstörung, Vernichtung und den Untergang des einmal vorhandenen Wesens!' Nur eines, ihr Mönche, lehre ich, jetzt wie früher: das Leiden und die Aufhebung des Leidens!“

Der Buddhismus von heute ist also eine veränderte, verfälschte und missverstandene Version des ursprünglichen Frühbuddhismus. Der Grund dafür liegt, wie man noch sehen wird, in der Fehlübersetzung oder Missdeutung des Wortes „anattā“. Anattā ist Pāli-Sprache und bedeutet „Nicht-Selbst“. Buddha meinte damit und lehrte „Alles Erkennbare ist nicht das Selbst“. Lass es los, dieses Nicht-Selbst, durch rechte Erkenntnis und Meditation und du wirst frei sein von Leid.

Durch Fehlübersetzung und Fehlinterpretation wurde später aus Nicht-Selbst OHNE Selbst. Von da an, einige hundert Jahre nach Buddhas Tod, lehrte der Mahāyāna-Teil des Buddhismus: „Alles ist ohne Selbst!“ Eine solche Lehre schreckte sogar interessierte Christen ab. Wer möchte sich schon mit einer Lehre befassen, welche die Zerstörung der Wesenheit zum Ziel hat? Um zu verstehen, wie es kommen konnte, dass Buddhismus wie er sein sollte sich in den „Buddhismus“ von heute verwandelte, muss man zunächst wissen:

WER WAR DER BUDDHA?

Der Buddha wurde um die Mitte des 6. Jh. v. Chr. in der nordindischen Stadt Kapilavatthu als Prinz Siddhattha, Sohn des indischen Kleinkönigs Suddhodana und der Königin Maya, geboren. Schon bei seiner Geburt prophezeiten Priester und Astrologen am Hofe des Königs: „Dieser Prinz Siddhattha wird entweder ein Weltbeherrscher oder ein Weltüberwinder werden.“ Mit letzterem meinten sie, dass, wenn er das Leiden und die Vergänglichkeit von allem erkennen und durchschauen würde, er der Welt entsagen und sie damit überwinden würde. Dies wollte sein Vater auf jeden Fall verhindern. Er wollte einen Welt**beherrscher** zum Sohn. So tat er alles, damit sein Sohn bloß nicht mit Alter, Krankheit und Armut in Berührung kam. Nur den schönsten, jüngsten und reichsten Söhnen und Töchtern des Landes war es erlaubt, mit dem jungen Prinzen Siddhattha zu verkehren. Als er sechzehn Jahre alt war, vermählte man den Buddha mit einer wunderschönen Prinzessin, namens Yasodhara. Ein Harem von über hundert Frauen sorgte zusätzlich dafür, dass die Sinnenlüste nicht zu kurz kamen. Doch Legende hat es, dass die Götter in einer Kriyāśakti-Projektion dem Buddha bei einem seiner Spaziergänge durch den Park drei Personen in den Weg setzten: einen Greis, einen Aussätzigen und einen in Verwesung befindlichen Leichnam. Tief erschüttert von der leidbringenden Vergänglichkeit in Allem rief er aus: „Weh mir, was nützt mir aller königlicher Glanz, alle Pracht und aller Genuss, wenn sie mich nicht vor dem Greisenalter, der Krankheit und dem Tode bewahren können! Wie unglücklich sind die Menschen! Gibt es denn kein Mittel, dem Leiden und dem Tode, die sich mit jeder Geburt [und Reinkarnation. Lanoo] erneuern, auf immer ein Ende zu machen?“ Er sah dann einen Asketen in gelbem Mönchsgewand und er beschloss, denselben Pfad zu wählen, den Pfad der Weltentsagung. Mit 29 Jahren, bald nach der Geburt seines ersten Sohnes Rāhula राहुल, verzichtete der Buddha auf die Anwartschaft auf den Thron, verzichtete auf Macht, Reichtum und Familie und zog hinaus in die Wildnis, in die Heimlosigkeit, auf der Suche nach der Wahrheit, nach dem, das **nicht** der Veränderung, dem Verfall und damit dem Tode unterlag. Nach sechs Jahren furchtbarster Selbstkasteiung erkannte er, dass dies, die extreme Körperabtötung, auch nicht zur Wahrheit, zur Erleuchtung, zum Unsterblichen, zum Unveränderlichen, zum NIRVĀṆA führte. So verkündete er den Mönchen, die ihn bisher auf seinem Weg begleitet hatten: „Was für Asketen und Brahmanen auch je in der Vergangenheit - in der Zukunft - in der Gegenwart - herantretende schmerzliche, brennende, bittere Gefühle erfahren haben - erfahren werden - erfahren: das ist das Höchste, weiter geht es nicht." (Majj. Nik. I, S. 246, 36. Suttam.)

Er fand NIRVĀṆA schließlich im Alter von 35 Jahren, unter einem Baume* in tiefer Meditation sitzend. Losgelöst und befreit von allem Vergänglichen, von Körper, Gefühl, Denken, Seele und Geist, existierte er immer noch. Dies war das NIRVĀṆA. Triumphierend kehrte er zu den fünf Mönchen zurück, die ihm damals nicht weiter folgen wollten: „Heilig, Mönche, ist der Vollendete, der vollkommen Erwachte!", so verkündete er. „Leiht Gehör, Mönche, die Todlosigkeit ist gefunden. Ich führe ein, ich lege die Lehre dar. Der Führung folgend, werdet ihr in gar kurzer Zeit dieses Ziel noch in dieser Erscheinung euch offenbar machen, verwirklichen und erringen."**

In seiner zweiten Rede in Benāres fragt der Buddha seine Jünger: „Was meint ihr, ihr Mönche, ist die Körperlichkeit beständig oder unbeständig?" Antwort: „Unbeständig, o Herr." Buddha fragt weiter: „Was aber unbeständig ist, ist das Leiden oder Freude?" Antwort: „Leiden, o Herr." Und wieder führt sie Buddhas Frage auf den Pfad: „Was nun unbeständig, leidvoll, dem Wechsel unterworfen ist, kann man, wenn man das betrachtet, sagen: das ist mein, das bin ich, das ist mein Selbst?" Die Antwort ist logischerweise: „Das kann man nicht, o Herr." – „Deshalb, ihr Mönche", fährt der Buddha fort, „was für Körperlichkeit, Empfindung, Bewusstsein, Gestaltungen und Erkennen es auch immer gegeben hat, geben wird und gibt, gleichviel ob in uns oder in der Außenwelt, gleichviel ob grob, ob fein, ob gering, ob hoch, ob fern, ob nah: alle diese Körperlichkeit, Empfindung, Bewusstsein, Gestaltung und Erkennen sind nicht mein, sind nicht ich, sind nicht mein Selbst; so muss es in Wahrheit, wer die rechte Erkenntnis besitzt, ansehen. Wer es also ansieht, ihr Mönche, ein kundiger, edler Hörer, wendet sich ab von der Körperlichkeit, von Empfindung, Bewusstsein, Gestaltungen und Erkennen. Indem er sich davon abwendet, wird er frei von Begierde. Durch das Aufhören der Begierde gewinnt er die Erlösung. Im Erlösten entsteht das Wissen von seiner Erlösung: 'Vernichtet ist die Wiedergeburt, vollendet der heilige Wandel, erfüllt die Pflicht; keine Rückkehr gibt es mehr in dieser Welt', also erkennt er."

* Der Bo oder auch Bodhi-Baum am Ufer des Flusses Neranjara in Bihar.

** Majj. Nik. I, S. 172 (26. Suttam)

(Versteht der Leser jetzt, warum mich Komponieren, Texten, Singen, Schauspielern und sogar Sex nicht mehr interessieren, sondern warum ich ganz wild auf Verlangenslosigkeit bin?)

Wer übrigens aus Buddhas Benāres Rede zu ersehen glaubt, dass der Buddha lehrte, es gäbe kein Selbst oder Ich, der benutzt nicht seinen gesunden Menschenverstand. Wer ist es denn, von dem der Buddha sagt, dass er sich abwenden soll „von der Körperlichkeit, von der Empfindung, vom Bewusstsein, von den Gestaltungen und vom Erkennen“? Die können sich doch nicht alle von sich selbst abwenden. Da ist also jemand, der zuvor an Körperlichkeit, Empfindung, Bewusstsein, Gestaltung und Erkennen hing, sich damit identifizierte, ihm anhaftete. Wenn da keiner wäre, dann braucht man auch niemanden auffordern, all dies loszulassen. Wenn es, wie der Dalai Lama behauptet und lehrt, kein anderes Ich oder Selbst gibt als im ZUSAMMENHANG mit Körperlichkeit, Empfindung, Bewusstsein (von dem der Lama übrigens behauptet, es würde bis ins nächste Leben überleben), Gestaltung und Erkennen, wenn es nur ein Ich im Zusammenhang mit diesen Gruppen, den Skandhas, gibt, dann geht das Ich unter mit den Gruppen bzw. wenn diese im Tode zerstört sind? Wer ist denn an einer solchen Religion oder Philosophie interessiert? Erstens stimmt sie nicht bzw. Buddha hat dies nie gelehrt und zweitens macht es auch keinen Sinn. Was Sinn macht ist, wie der Buddha den Mönchen die NIRVĀṆA-Lehre verkündete, „die geburtlose, alterlose, krankheitlose, todlose, schmerzlose, schmutzlose, unvergleichliche Sicherheit“*, welche zum Ende allen Leidens führt, direkt zu NIRVĀṆA. Von dann an für die nächsten 45 Jahre bis zu seinem Tode wanderte der Buddha durch Indien und verkündete im Kern die folgende Botschaft: „Du bist nicht dein Körper, dein Gefühl, dein Denken, deine Seele und dein Geist. Löse dich von ihnen und erlange NIRVĀṆA.“ Die sichtbare und unsichtbare Welt und deren Ursprung erklärte er immer nur insofern, als es notwendig war für den Loslösungsprozess von ihr. Alles andere bezeichnete der Buddha als Angeberei und Hang zur Vielwisserei, da es ja nicht zur Erlösung vom Leiden beiträgt. Das tragische Geheimnis des Buddha ist im BUCH DES LICHTS enthüllt.

---

* Majj. Nik. I, S. 173 (26. Suttam)

Die Lehre des Buddha gliedert sich auf wie folgt:

DIE LEHRE VON DEN VIER WAHRHEITEN

DIE WAHRHEIT VOM LEIDEN

Alles ist vergänglich und darum die Ursache allen Leidens (dukkha दुक्क्ह). Selbst sogenannte glückliche Momente haben doch den Makel der Vergänglichkeit. Also: Auch das schönste Glück wird zum Leid, und zwar dann, wenn das Glück zu Ende geht, und es geht zu Ende spätestens im Tode. Alle Wesen sind also der Geburt, dem Alter, der Krankheit, dem Tod und der Wiedergeburt ausgeliefert, aber auch „dem Vereintsein mit Unerwünschtem und dem Getrenntsein von Erwünschtem", und dies immer und immer wieder, Leben für Leben. Der Buddha weist uns den Weg aus diesem Kreislauf des Leidens und der Wiedergeburten, jedoch OHNE DIE WESENHEIT ZU ZERSTÖREN, wie sogar viele Buddhisten, irregeleitet von der Kommentarliteratur, befürchten, dass man in NIRVĀṆA zerstört ist. Diese „Buddhisten" suchen den Drang in sich dadurch zu bekämpfen, dass sie ihn befriedigen. Etwas Falscheres kann man gar nicht tun, denn z. B. ein durch entsprechende Aktivität befriedigter Geschlechts- oder Fress- oder Saufdrang verschwindet doch nicht dadurch, dass man ihm nachgibt, sondern INDEM MAN IHM NICHT NACHGIBT, bis er sich nicht mehr regt und man so den Drang PER SE mit Stumpf und Stiel ausgerottet hat. So funktioniert das, alles andere sind pathetische Rückzugsgefechte, die nur zu neuem Anhaften und zu neuem Leiden führen.

DIE WAHRHEIT VON DER LEIDENSENTSTEHUNG

Leiden entsteht, wenn man etwas begehrt, da man ja das Begehrte noch nicht besitzt. Hat man es dann endlich, ist man oft enttäuscht, dass das Begehrte einen nicht so glücklich macht wie man es vermeinte. Anstatt nun aber loszulassen und innen statt außen zu suchen, jagt man weiter den Vergnügungen der Welt nach. Das Ganze kann man mit einem ins Tal rollenden Schneeball vergleichen, der zur Lawine wird. Ist das Feuer des Verlangens einmal entfacht, kann man es nicht so einfach wieder löschen. Dazu bedarf es schon eines starken Willens und der Einsicht in die Richtigkeit der in diesem Buch verkündeten Lehre.

Eine dauernde Erfüllung unseres Begehrens kann es ja gar nicht geben, weil all unser Wünschen auf Vergängliches gerichtet ist. Nur wer das EWIGE will und es dann erlangt, der wird auch von dem Wunsch nach dem Ewigen nicht mehr gepeinigt. So einfach und so schwer zugleich ist das. Der Wunsch nach NIRVĀṆA kann also erfüllt werden, weil er sich in dem, der NIRVĀNA erlangt hat, dann nicht mehr regt. Solches Denken führt zur ...

WAHRHEIT VON DER LEIDENSVERNICHTUNG

Die Vernichtung des Begehrens und die Erlöschung des dürstenden Willens, mit anderen Worten die Aufhebung des Nichtwissens, all dies führt zur Erlösung vom Leiden. Man wird dann nicht mehr auf Erden wiedergeboren, sondern im schlimmsten Falle in eine der höheren Himmelswelten, um von dort NIRVĀṆA zu erlangen. OM. Dies alles ist gar nicht so schwer wie man denkt, man muss nur richtig denken. Wie denkt man richtig? Indem man von allem Vergänglichen und Erkennbaren der Realität gemäß erkennt: Dies bin ich nicht, dies gehört mir nicht, dies ist nicht mein Selbst. Wie, wo und wann man so denken und auch handeln muss, wird erklärt in der ...

WAHRHEIT VON DEM ZUR LEIDENSVERNICHTUNG FÜHRENDEN PFAD

Es ist dies ein achtfacher Pfad: 1. rechte Anschauung (Verständnis), 2. rechtes Denken (Sich-Entschließen), 3. rechte Rede, 4. rechtes Handeln, 5. rechte Lebensweise, 6. rechtes Bemühen, 7. rechte Achtsamkeit und 8. rechte Konzentration.

Was ist nun rechte Anschauung? Natürlich die Anschauung über die Vergänglichkeit alles Erkennbaren, aller Hervorbringungen, sei es hier auf Erden oder gar in den höchsten Himmeln. Was vergänglich ist, das ist leidvoll und uns wesensfremd.

Was ist nun rechtes Sich-Entschließen? Man entschließt sich, dem Vergänglichen nicht mehr anzuhaften und erlangt so NIRVĀṆA, das ist rechtes Sich-Entschließen. All dies führt zur Loslösung, Hasslosigkeit, eben zu einer friedfertigen Gesinnung, zu Hingabe, Güte und Weisheit. Was sind nun rechte Rede, rechtes Handeln und rechte Lebensweise? Nun, das sind Rede, Handeln und Lebensweise, die einem selbst und anderen kein Leid bringen. Dies gilt auch für rechtes Bemühen, rechte Achtsamkeit und rechte Konzentration.

Dein Körper, deine Gefühle, dein Denken, deine Seele und sogar dein Geist, alles das ist vergänglich, das bist du nicht. Also lass es los und erlange NIRVĀṆA. In meinem Falle z. B. genügten ein paar Worte bzw. Sätze aus dem Buch ***Die Lehre des Buddho*** von Dr. Georg Grimm und ich wusste, dass ich gefunden hatte, was mir so fehlte, wonach ich mein Leben lang gesucht hatte. Erleuchtung kann also jeden Augenblick kommen, es hängt unter anderem auch, nach den Worten des Buddha, „von der Verschiedenheit der Anlagen" ab. Ich füge hinzu, dass ein schnelles Verstehen der Buddha-Lehre auch dadurch verursacht sein kann, dass man sich in vergangenen Inkarnationen bereits damit beschäftigt haben mag. Es liegt also am Leser selbst, und nur er kann ja auch entscheiden, wo er sich bewusstseinsmäßig gerade befindet. Dieses Buch ist hauptsächlich als Anregung gedacht, um den NIRVĀṆA Begriff so tief und nachhaltig wie möglich im Menschen wieder zu erwecken, wo er schlummernd gelegen hat, für Tausende, ja Millionen von Jahren. **Ich bin gekommen, um meine Armeen zurückzurufen.** Die Schlacht ist vorbei. Ihr habt eure Pflicht getan. Ihr gehört nicht mehr hierher. Euer Heim ist NIRVĀṆA. Ich trage die Verantwortung für euch. Ich habe euch hierher geführt und ich werde euch wieder zurückholen. Ihr seid meine Kinder. Ihr seid das Drittel, welches rebellierte gegen die Herren des Karma und das seinen Platz am Firmament verlor während des Krieges im Himmel. Ihr seid der Neid der Götter, denn euch ist es gegeben, die Welt jenseits der Götterwelt zu erringen, euer wahres Heim, NIRVĀṆA, das ihr euch erkämpft habt, mit mir an der Spitze. Wir sind die gefallenen Engel, wir haben nichts mehr mit der Ordnung dieser oder irgendeiner anderen Welt gemein. Ich werde nicht ruhen, bis ich jeden von euch wieder heimgeholt habe. AUM. Lasst nur los, meine Kinder. Der Himmel soll euch nicht genügen, NIRVĀṆA ist, was euch gebührt. AUM. Der Buddha weist uns den Weg, wir folgen: Der Buddha befreite sich von Körper, Gefühl, Denken, Seele und Geist und erreichte NIRVĀṆA in **neun** meditativen Stufen oder Loslösungs- oder Befreiungsprozessen, die ***ich*** hier die „Neun Stufen“ oder „Neun Beschaulichen Schauungen“ nenne (eigentlich sind es vier Schauungen plus fünf weiterer „Bereiche“, auch „Neun Warten“ genannt). Nur der kann in der Tat die Welt wirklich verstehen, der sie von der Warte des NIRVĀṆA aus sieht.

DIE VIER JHANAS

Alles am und vom Menschen Wahrnehmbare ist vergänglich, also auch Körper, Gefühl, Denken, Seele und sogar Geist, denn letztere vier sind ja alle nichts weiter als verfeinerte Verlängerungen des Körpers und gehen darum auch im Tode des Körpers unter beziehungsweise werden vernichtet. Nach dem Tode verbleibt jedoch das noch unüberwundene Verlangen, welches die Wesenheit wieder in eine neue Geburt, ein Leben und Sterben und damit in neues Leiden stürzt. Wenn sich die Wesenheit von allem, was sie NICHT ist, gelöst hat, erlangt sie NIRVĀṆA, das TODLOSE. Dies geschieht folgendermaßen:

1. Das Eintreten in den Strom (*Srotāpatti*). Dies wird auch „die Bekehrung“ genannt. Um *Srotāpatti* zu werden, muss man die vier ersten Pflichten des Pfades erfüllen und nicht mehr, so wie die anderen Menschen, so töricht sein, dem Einfluss von Hass, Feindschaft und Sinnlichkeit zu erliegen. Man glaubt dann auch nicht mehr an die Wirkungen von Opfer und Askese. Sittliche Reinheit ist Voraussetzung, das heißt sexuell enthaltsam zu leben oder nur im Rahmen des Erlaubten, wie angeführt in diesem Buch.

2. Auf dieser zweiten Stufe hat man den Durst nach Sinnlichkeit, Lust, Hass und Selbsttäuschung auf solch ein Minimum verringert, dass man ein *Sakadāgāmī* geworden ist, also einer, der, entweder als Engel oder Mensch, nur noch einmal in der Welt erscheint.

3. Auf dieser dritten Stufe hat man alle letzten Reste von Sensualität und Übelwollen zerstört. Nun können kein Hass und auch keine Lust mehr aufsteigen. Man ist *Anāgāmin* अनागामिन् geworden, also jemand, der nicht mehr auf Erden zurückkehrt, sondern nur noch in Götterhimmeln wiedergeboren wird. OM.

4. Auf Stufe vier ist man frei geworden von allem Verlangen nach materieller Existenz, frei von Stolz, Selbstgerechtigkeit und Unwissenheit. Diese Freiheit von allem Verlangen erweckt zugleich die bedingungslose Liebe zu allen Wesen, gut oder schlecht, hoch oder niedrig, denn man sieht ja nun, dass sie alle nur ihr Karma ausleben. Nun ist man *ARHAT* अर्हत् geworden, man hat „ausgelernt". Alle Fesseln sind gebrochen, alles *Kamma* oder Karma ist erloschen. Man wird nicht mehr wiedergeboren. Man erlangt *SAMĀDHI* समाधि, tiefsten Seelenfrieden, die Ablösung von aller Lust und Leidenschaft. Nun hat man NIRVĀṆA निर्वाण erlangt und nach dem Tode des physischen Körpers PARA-NIRVĀṆA पर निर्वाण, so wie der Buddha, als er im Alter von 80 Jahren in Kusinārā starb. OM.

Die Jhanas werden auch die Vertiefungen genannt. In Verbindung mit KASINAS können diese Vertiefungen zum Entstehen des „Himmlischen Auges" führen ...

DAS HIMMLISCHE AUGE

Woran Christen und Katholiken und Muslims und Hindūs, aber auch die meisten Buddhisten nur GLAUBEN können, weil sie nicht SEHEN, nicht das Himmlische Auge besitzen, das SIEHT der wahre Buddhist. Er SIEHT Himmel und Hölle, diese Welt und auch andere Welten und erkennt jedes Wesen, die wahre Natur eines jeden Wesens, wo es herkommt, wo es ist und wo es hingeht. Und dies alles kann der Erwachte mit dem HIMMLISCHEN AUGE sehen. Doch gleich vorneweg möchte ich sagen: Wer nicht die Tugend der Keuschheit auf sich nimmt, der wird diese Fähigkeit des Sehens mit dem Himmlischen Auge NIEMALS erlangen. Und dennoch wird auch, wer den Mittelpfad wandelt, selbst wenn er NICHT mit dem Himmlischen Auge die für andere unsichtbaren Welten sieht, in einem der höheren Himmel erwachen, als ein Selbstleuchtender zum Beispiel. Das Himmlische Auge, wie im Detail im BUCH DES LICHTS beschrieben, ist auch das sogenannte „Dritte Auge", welches in den androgynen Rassen das EINE Auge war, dann in den Körper zurückversank und sich nun hinter der Stirn zwischen den beiden Augen befindet. Was das Himmlische Auge ist und wie man es erlangt, wird auch in meisterhafter Weise von Gustav Mensching in *Buddhistische Geisteswelt* beschrieben. Die im Folgenden erwähnten DREI KASINAS und deren Anwendung werde ich am Ende dieses Kapitels beschreiben. Wann immer also der Leser „das Himmlische Auge" liest, möge er bedenken, dass damit ein ÄTHERISCHES Auge gemeint ist, das ätherische Gegenstück der zwischen den Augen liegenden Hypophyse. Der eingeweihte Seher kann dieses ätherische Auge entsprechend verändern und verlängern, beziehungsweise seinen Schwingungsgrad verändern und somit andere Universen und deren Wesen sehen. Mit derselben Leichtigkeit kann er aber auch durch die dichtesten Wände dringen und alles dahinter Befindliche erkennen. Jeder Eingeweihte, also auch Jesus und Buddha und andere, konnte mit Hilfe dieses vollentwickelten Himmlischen Auges Vergangenheit, Zukunft und Gegenwart eines Wesens sehen. Selbst sogenannte New Age Seher haben ein Himmlisches Auge, welches aber meist nur so gering entwickelt ist, dass es bestenfalls niedere Astralwelten durchdringt und erreicht und mit deren Wesen Kontakt aufnehmen kann, zum Beispiel um mit den Seelen bzw. Astralkörpern von dort weilenden Verstorbenen Kontakt aufzunehmen. Diese Wesen wissen aber selbst oft nicht mehr, als sie während ihres Erdenlebens wussten, inklusive der meist nebligen Astralwelt, in der sie sich jetzt befinden mögen. Da führt also wieder einmal der Blinde („Seher") die Blinden (gutgläubigen Kunden). Außerdem sollte man die Verstorbenen bzw. dessen Astralkörper in Ruhe lassen, damit sich deren Astralkörper so schnell wie möglich auflösen und sie ihre wohlverdiente Himmelsruhe genießen können.

Ich zitiere nun Gustav Mensching, der seinerseits den Buddha zitierend und kommentierend das Himmlische Auge und dessen Erweckung und Anwendung beschreibt:

»„Er richtet und lenkt seinen Geist darauf (auf das Himmlische Auge)." besagt: Er richtet und lenkt sein vorbereitendes Bewusstsein darauf. „Er" ist der Mönch, der seinen Geist darauf lenkt.

„Himmlisch" usw. nennt man dieses Erkenntnisauge wegen seiner Ähnlichkeit mit dem himmlischen. Die Himmelswesen nämlich besitzen ein Himmlisches, sensitives Auge, das, durch gutes Karma gewirkt und ungehemmt durch Galle, Schleim, Blut usw., infolge des Freiseins von Trübungen die Fähigkeit besitzt, selbst ein entferntes Objekt zu erfassen. Weil also das durch die Macht der Kraftentfaltung entstandene Erkenntnisauge jenem ähnlich ist, so gilt es eben wegen seiner Ähnlichkeit mit dem Himmlischen Auge als himmlisch. Aber auch weil es infolge des himmlischen Verweilungszustandes erlangt wurde und selber auf dem himmlischen Verweilungszustand gegründet ist, auch darum gilt es als himmlisch. Auch weil es durch seine Lichtfülle einen hellen Glanz verbreitet, auch darum gilt es als himmlisch. Auch weil es, durch Erkennen der hinter Mauern und anderen Hindernissen befindlichen Gestalten, hohe Macht besitzt, gilt es als himmlisch. Dies alles hat man im Einklange mit der Wortlehre zu verstehen.

Als „Auge" gilt dieses Wissen wegen des Sehens damit. Auch weil es genau wie das Auge die Funktion des Sehens verrichtet, gilt es als Auge.

Als „lauter" gilt es, weil es, infolge Erkennens des Abscheidens und Wiedererscheinens, für die Reinheit der Erkenntnis die Grundlage bildet. Wer nämlich bloß das Abscheiden erkennt, nicht aber das Wiedererscheinen, der klammert sich an die „Ansicht von (der Wesen) Vernichtung"; und wer bloß das Erscheinen der Wesen erkennt, nicht aber ihr Abscheiden, der klammert sich an die Ansicht von dem Erscheinen eines neuen Wesens. Wer aber beides erkennt, dessen Erkenntnis bildet, da er eben über jene beiden Ansichten hinausgeht, die Grundlage zur „Reinheit der Erkenntnis". Diese beiden Tatsachen erkennen die Jünger des Erleuchteten; darum heißt es, dass das Himmlische Auge deshalb so lauter ist, weil es, durch Erkennen sowohl des Abscheidens als auch des Wiedererscheinens, für die Reinheit der Erkenntnis die Grundlage bildet.

Als „übermenschlich“ hat man es zu betrachten, weil es unabhängig von menschlichen Hilfsmitteln die Gestalten erkennt; oder weil es unabhängig ist von dem fleischlichen Auge der Menschen [eben weil es ein ätherisches Auge und Teil des ätherischen Körpers ist. Lanoo].

„Mit dem Himmlischen Auge, dem geklärten, übermenschlichen, sieht er die Wesen“ heißt also, dass er die Wesen gleichsam wie mit dem fleischlichen Auge der Menschen sieht.*

Was das „Abscheiden und Wiedererscheinen“ betrifft, so kann das Himmlische Auge die Wesen nicht im Augenblicke ihres Sterbens oder Wiedergeborenwerdens erkennen. Mit den „Abscheidenden“ nämlich sind diejenigen gemeint, die kurz vor dem Sterben sind, gerade eben sterben werden. Mit dem „Wiedererscheinenden“ aber sind die gemeint, die die Wiedergeburt bereits erlangt haben, gerade eben wiedergeboren sind ...

[Und dann beschreibt Mensching die verschiedenen Arten der Wiedergeburt des Wesens]: „Gemein“ besagt: niedrig auf Grund des Gebundenseins an die karmische Wirkung der Verblendung, geschmäht, gering geschätzt, missachtet, verhöhnt auf Grund von niedriger Geburt, Familie, Vermögen u. dgl. [Was jedoch nicht bedeutet, dass vermögende Familien oder Menschen immer die besseren sind. Die größten Verbrecher befinden sich oft in der sogenanten „herrschenden Klasse“ von Politik, Banken, Kunst, Wissenschaft und auch Religion. Keine Angst, die werden ihr Karma schon noch „ausbaden“ müssen. Lanoo.]

„Edel“ bedeutet das Gegenteil davon auf Grund des Nichtgebundenseins an die karmische Wirkung der Verblendung.

„Schön“ besagt: auf Grund des Nichtgebundenseins an die karmische Wirkung des Hasses ein gefälliges, angenehmes, anmutiges Äußere besitzend.

„Hässlich“ besagt: auf Grund des Gebundenseins an die karmische Wirkung des Hasses ein ungefälliges, unangenehmes, anmutloses Äußere besitzend, d. h. unschön, hässlich.

„Glücklich“ besagt: in glücklichem Zustande befindlich, auf Grund des Nichtgebundenseins an die karmische Wirkung der Gier wohlhabend und begütert seiend.

„Unglücklich“ besagt: in unglücklichem Zustande befindlich, auf Grund des Gebundenseins an die karmische Wirkung der Gier arm seiend ohne Speise und Trank.

„Gemäß ihren Werken wiedererscheinen“ bedeutet: durch jedesmal dasjenige Wirken, das sie angehäuft haben, wiedererscheinen.«

* Man kann die Fähigkeit des Himmlischen Auges auch verlieren. Die Legende erzählt von einem ägyptischen Heiligen, der das Himmlische Auge besaß. Dann sah er eine schöne Priesterin, die ebenfalls über das Himmlische Auge verfügte. Er verliebte sich in sie. Sie taten sich zusammen und hatten Kinder, doch das Himmlische Auge verschwand in ihm und ihr ...

WIE MAN DIE HÖLLE UND DEN HIMMEL SIEHT

»Sobald der Mönch nach unten, in der Richtung der Hölle, das Licht [seines Himmlischen Auges. Lanoo] hat anwachsen lassen, sieht er die höllischen Wesen, wie sie große Schmerzen erleiden; dieses Schauen ist bloß eine Funktion des Himmlischen Auges. Nun aber erwägt er also: „Was für Taten haben wohl diese Wesen verübt, dass sie diese Schmerzen erleiden müssen?" Und es steigt ihm die ihren Taten zum Objekt habende Erkenntnis auf: „Dies oder das haben sie verübt."

Ebenso, sobald er nach oben, in der Richtung der Himmelswelt, das Licht hat anwachsen lassen, sieht er im (himmlischen) Nandana-, Missaka- und Pārusaka-Haine usw. die Wesen, die sich großen Glückes erfreuen; auch dieses Schauen ist bloß eine Funktion des Himmlischen Auges. Nun aber erwägt er also: „Was für Taten haben wohl diese Wesen verübt, dass sie sich da solches Glück erfreuen?" Und es steigt in ihm die ihre Taten zum Objekt habende Erkenntnis auf: „Diese oder jene Taten haben sie vollbracht." ...

Wie es nun mit dieser Erkenntnis ist, so ist es auch mit dem „Wissen von der Zukunft". Beide Erkenntnisse haben das Himmlische Auge zur Grundlage und kommen mit dem Himmlischen Auge zusammen zur Vollendung.

Wünscht nun ... ein Anfänger auf diese Weise die Dinge zu erkennen, so mache er die Grundlage für die Höhere Geisteskräfte bildende Vertiefung, mit dem KASINA als Objekt, in jeder Weise anwendungsfähig. Darauf führe er irgendeines von den drei Kasinas - Feuer-, Weiß- oder Lichtkasina - (der Verwirklichung des Himmlischen Auges) nahe und nehme es zum Objekte für die Angrenzende Vertiefung. Dann lasse er es anwachsen und festige es. Der Sinn ist der, dass er nicht die Volle Sammlung dabei erwecken solle. Würde er nämlich diese erwecken, so würde diese eine Stütze für die die Grundlage bildende Vertiefung sein, nicht aber für die vorbereitende Übung. Von jenen drei Kasinas ist das Lichtkasina am besten. So erwecke er denn dieses oder eines von den beiden anderen in der in der Kasinadarstellung angegebenen Weise und lasse es, auf der Angrenzenden Stufe verharrend, anwachsen. Auch die Methode des Anwachsenlassens desselben ist genau wie in der angegebenen Weise zu verstehen. Inmitten der angewachsenen Stelle sind Gestalten zu bemerken. Wenn er aber diese Gestalten betrachtet, so entgeht ihm die Gelegenheit zur Vorbereitung, und das Licht schwindet. Ist aber diese geschwunden, so sind auch die Gestalten nicht mehr zu sehen. Danach trete er wieder und wieder in die Grundlage bildende Vertiefung ein, und nach Austritt aus derselben lasse er das Licht ausstrahlen. Auf diese Weise erlangt das Licht nach und nach Stetigkeit. Wie weit er nun da die Stelle abgrenzt und bestimmt, dass sie zu Licht werde, so weit eben bleibt sie Licht. Auch selbst, wenn er sich bei Tage hinsetzt und schaut, zeigt sich ihm der Anblick von Gestalten [wie ja auch wiederholtes Meditieren in seiner Wirkung schließlich den ganzen Tag anhält. Lanoo] ...

Sobald aber dabei, ohne in den Sehkreis des fleischlichen Auges eingetreten zu sein, ein im Leibe oder im Herzen oder unter dem Erdboden oder hinter Mauern, Bergen, Wällen oder in einem anderen Weltsystem befindlicher Gegenstand in den Sehkreis des Erkenntnisauges gelangt ist und genau wie mit dem fleischlichen Auge zu sehen ist, in diesem Falle ist das Himmlische Auge als aufgestiegen zu betrachten [wie im Falle der Jungfrau von Orleans, welche die heilige Mutter Gottes sah, während eine andere hadernde Nonne dies nicht konnte, eben weil die Jungfrau von Orleans mit dem Himmlischen Auge GEBOREN wurde und die hadernde Nonne nicht. Lanoo].«

Gustav Mensching fährt nun fort zu erklären, warum ein noch der Welt Anhaftender das Himmlische Auge lieber nicht erwecken sollte. Dies kann manchmal durch Drogen wie Heroin etc. geschehen. Dann wird das „Himmlische“ Auge zum Höllischen Auge, nämlich zum Fenster zur Hölle. Ein unreiner bzw. unvorbereiteter Mensch könnte da unangenehme Wesenheiten anziehen, durch deren Anblick geschockt sein und nicht mehr in der Lage sein, das Fenster zur Hölle wieder zu schließen ... Mensching schreibt: »Jenes (Himmlische Auge) aber ist eine Gefahr für den Weltling. Und warum? Weil nämlich, wo immer dieser den Entschluss fasst, „Es werde Licht“, jedesmal jenes Licht - Erde, Meer und Berge durchdringend - zu einem einzigen Lichte wird und ihm, wenn er dabei grausige Geister- und Gespenstergestalten u. dgl. erblickt, Furcht aufsteigt, wodurch er geistig verwirrt wird und die Vertiefung verliert. Darum sollte er beim Anblick solcher Gestalten unerschütterlich bleiben [und genau dies kann natürlich nur, wer sich vom Anhaften an Körper, Gefühl, Denken, Seele und Geist gelöst hat. Lanoo].

Folgendes ist nun hierbei die Methode, das Himmlische Auge zu erzeugen. Indem der Mönch die oben besprochenen Gestalten zum Objekte nimmt, steigen vier oder fünf Impulsivmomente auf. Doch alles ist genau wie in der früheren Weise zu verstehen. Auch hierbei sind die früheren Bewusstseinsmomente mit Gedankenfassung und diskursivem Denken verbunden und gehören der Sinnensphäre an, das Gewünschte zustandebringende Bewusstsein am Schlusse aber gehört der vierten Vertiefung [oder Jhana. Lanoo] der feinkörperlichen Sphäre an. Das damit gleichzeitig entstandene Wissen aber wird als „die Erkenntnis vom Verschwinden und Wiedererscheinen der Wesen“ bezeichnet oder auch als das im Himmlischen Auge bestehende Wissen.

DIE ERKENNTNIS DES KARMA-GESETZES

[mit dem Himmlischen Auge. Lanoo]

Mit dem göttlichen Auge, dem reinen, übermenschlichen, schaut er die Wesen, wie sie abscheiden und wieder erscheinen, er erkennt die niederen und die hohen, die zu Schönheit und die zu Hässlichkeit, zu Glück und zu Unglück, je nach ihrem Besitz an Werken bestimmten: „Die und die Wesen sind behaftet mit Bösem, das sie mit dem Körper, mit Worten oder Gedanken begangen haben, sie schmähten die Heiligen, hingen falschen Theorien an und belasteten sich mit verkehrtem Tun, das aus falschen Theorien entspringt; diese gelangen nach der Zerstörung des Leibes, nach dem Tode in unglückliche, leidvolle Existenzen, in die Verdammnis, in die Hölle. Die und die Wesen aber sind reich an Verdienst, das sie durch den Körper, durch Worte und Gedanken erworben haben, sie schmähten nicht die Heiligen, hatten die rechte Anschauung, sammelten das wichtige karman, das aus der richtigen Anschauung entspringt; sie kommen nach der Zerstörung des Körpers, nach dem Tode, in glückliche Existenzen, in die Himmelswelt.“

Wie wenn auf dem Söller eines Hauses, das mitten in der Stadt auf einem Platze emporragt, jemand, der sehen kann, steht und sieht, wie manche Menschen in ein Haus hineingehen, manche herauskommen, manche auf der Straße sich bewegen, manche mitten auf dem Platze sitzen ..., so schaut er mit dem göttlichen Auge, dem reinen, übermenschlichen, die Wesen, wie sie abscheiden und wieder erscheinen.« (Zitatende.)

Ich beschreibe nun die KASINAS, die erforderlich sind, um im Verbund mit den vier Vertiefungen oder Jhanas das Himmlische Auge zu erwecken, möchte aber betonen, dass man die Jhanas auch OHNE die Kasina erreichen kann, nämlich einfach nur durch die rechte Anattā Erkenntnis und tägliche Meditation.

DIE KASINAS

Die Kasina - Methode funktioniert folgendermaßen: Man konzentriert sich auf ein sichtbares Objekt, z. B. auf eine farbige, runde Scheibe, die speziell für diesen Zweck angefertigt wird, also eine blaue, gelbe, rote und weiße Kasina, oder auch auf einen klar sichtbaren Fleck Erde (Erd-Kasina). Man kann sich auch auf einen weiter entfernt gelegenen Teich konzentrieren, also auf ein Wasser-Kasina, und zwar so lange und so oft, bis man diesen Kasina mit offenen sowie mit geschlossenen Augen sieht. Lange hinsehen, konzentrieren, dann Augen zu und so weiter. Dies wird der uggaha-nimitta genannt, der empfangene Reflex. Nun konzentriert man sich auf diesen Reflex, welcher anhält, selbst wenn man sich dann auf etwas anderes konzentriert. Dieser immer verbleibende innere Reflex wird dann patibhaga-nimitta genannt. Er bleibt immer mit einem, man kann ihn immer abrufen und sehen. Er hat keine Farbe und Form, sondern ist eher wie ein Stern oder der Mond zwischen den Wolken. Auf diese Weise konzentrierend erlangt man die erste Jhana, wie in diesem Buch beschrieben. Dann sind die meisten Hindernisse oder Nivaranas beseitigt und upacara-samadhi, die zur ersten Jhana führende Konzentration ist erlangt. So die Kasinas anwendend erlangt man die 2., 3. und endlich auch 4. Jhana. Dann ist NIRVĀṆA nicht mehr weit. OM.

Ich persönlich hatte vor einigen Jahren die Möglichkeit, Himmel und Hölle zu sehen. Beide sind ohne Bedeutung für mich. Darum interessiert mich die Entwicklung des Himmlischen Auges nicht. Mich interessiert nur NIRVĀṆA. OM.

DER BUDDHA ERKLÄRT DIE ENTSTEHUNG BZW. SELBSTENTWICKLUNG DES UNIVERSUMS UND DIE SELBSTENTWICKLUNG DES ZUNÄCHST GEISTIGEN MENSCHEN UND SEIN KOSTEN VON DER VERBOTENEN FRUCHT ÜBER DIE GESCHLECHTERUNTERTEILUNG UND DEREN SEXUELLER VEREINIGUNG BIS HIN ZUR DEGENERIERTEN RASSE, KULTUR UND ZIVILISATION VON HEUTE UND BESTÄTIGT DAMIT DIE ESOTERISCHE LEHRE.

„Es kommt wohl, Vāseṭṭher, eine Zeit vor, wo sich da hin und wieder, im Verlaufe langer Wandlungen, diese Welt zusammenballt. Wann die Welt sich zusammenballt, ballen sich die Wesen zumeist als Leuchtende zusammen. Die sind dann geistförmig, genießen Wonne, kreisen selbstleuchtend, im Raume, bestehn in Schönheit, lange Wandlungen dauern sie durch.

Es kommt wohl, Vāseṭṭher, eine Zeit vor, wo sich da hin und wieder, im Verlaufe langer Wandlungen, diese Welt auseinanderballt. Wann die Welt sich auseinanderballt, gelangen die Wesen zumeist, dem Reigen der Leuchtenden entschwunden, hienieden zu Dasein. Sie sind noch geistförmig, genießen Wonne, kreisen selbstleuchtend im Raume, bestehn in Schönheit, lange Wandlungen dauern sie durch.

Einzig Wasser geworden aber ist es, Vāseṭṭher, zu jener Zeit, tiefdunkel, tiefdunkle Finsternis; es gibt keinen Mond und keine Sonne, es gibt keine Sterne und Planeten, es gibt weder Nacht noch Tag, es gibt keine Monate und Wochen, es gibt keine Wenden und Jahre, es gibt weder Weib noch Mann: die Wesen sind nur eben als Wesen aufzuweisen. Da hat denn, Vāseṭṭher, vor den Wesen dort irgendeinmal, im Verlaufe langer Wandlungen, ein Streifen saftiger Erde im Wasser sich erhoben. Gleichwie etwa bei kochender Milch, wenn die zu versieden beginnt, oben ein Streifen zurückbleibt; ebenso auch ist er zum Vorschein gekommen. Der ist farbig gewesen, duftig gewesen, saftig gewesen. Gleichwie etwa geschlagener Rahm oder geschlagene Butter, so war seine Farbe; gleichwie etwa süßer Honig, ohne Waben, so war sein Geschmack.

Alsbald nun, Vāseṭṭher, hat eines der Wesen, lüstern geworden, ‘Sieh' da, was mag das nur sein?’, die saftige Erde fingernd gekostet.“

Geistwesen kosten vom im Äther erscheinenden Erdelement, werden von ihm erfüllt und verlieren alsbald ihren Glanz.

„So von der saftigen Erde aufkostend empfand es Behagen, Durst aber war ihm entstanden. Andere aber noch, Vāseṭṭher, der Wesen sind im Hinblick auf dieses Wesen nachgefolgt und haben die saftige Erde fingernd gekostet. [Dies erklärt auch den Ursprung der Hände, des Mundes, des Verdauungstraktes etc. All dies sind ja Greiforgane, zunächst ätherisch und später, als das Verlangen immer stärker wurde, sich zum physischen Körper und seinen Greiforganen von heute entwickelnd. Sind wir doch mal ehrlich. Unser Körper selbst ist nichts weiter als ein Organ des ERGREIFENS von uns an sich wesensfremder Urmaterie und Substanz. Alles von Nahrung Erzeugte oder dadurch Aufrechterhaltene MUSS ja einmal vergehen.] So von der saftigen Erde aufkostend empfanden sie Behagen, Durst aber war ihnen entstanden. Da haben nun, Vāseṭṭher, die Wesen dort die saftige Erde bissenweise behandelnd zu genießen begonnen. Sowie aber dann, Vāseṭṭher, die Wesen dort die saftige Erde bissenweise behandelnd zu genießen begannen, war auch schon der ihnen selbst eigene Glanz verschwunden. Als der ihnen selbst eigene Glanz verschwunden war, ist Mond und Sonne zum Vorschein gekommen.* Als Mond und Sonne zum Vorschein gekommen waren, sind Sterne und Planeten aufgegangen. Als Sterne und Planeten aufgegangen waren, ist Nacht und Tag erschienen. Als Nacht und Tag erschienen war, sind Monate und Wochen gekommen. Als Monate und Wochen gekommen waren, sind Wenden und Jahre geworden.

Insoweit aber war dann, Vāseṭṭher, diese Welt wiederum auseinandergeballt. Da sind denn, Vāseṭṭher, die Wesen dort, die saftige Erde genießend, davon gespeist, davon ernährt, lange Zeiten hindurch bestanden. Je mehr und mehr nun, Vāseṭṭher, die Wesen dort, die saftige Erde genießend, davon gespeist, davon ernährt, lange Zeiten hindurch bestanden, desto mehr und mehr sind jene Wesen immer gröber geworden an Körperart, und ihre Schönheit ist in Unschönheit übergegangen. So waren jetzt manche Wesen schön anzuschauen, manche Wesen unschön anzuschauen. So haben nun die schön anzuschauenden Wesen den unschönen gegenüber sich gebrüstet: 'Wir sind schöner als diese, die sind nicht so schön wie wir!' Weil sie sich ihrer Schönheit gebrüstet hatten, dünkelhaft und eitel geworden waren, ist ihnen die saftige Erde verschwunden. Als die saftige Erde verschwunden war, sind sie herbeigestürzt und haben miteinander geschluchzt: 'O wie köstlich, o wie köstlich!' [Womit sie natürlich meinen, dass es viel kostet, es 'kostlich', später 'köstlich' ist, dass sie einen hohen Preis dafür zahlen müssen, nämlich ihre himmlische Existenz, indem sie von dieser verbotenen Frucht, von der Materie der unteren Sphären kosteten. Dies ist die wahre Bedeutung des Wortes 'kosten'. Das Wort enthält bereits den Preis der Sünde, denn wir kosten ja nicht nur vom Essen, sondern auch von allen anderen Lüsten und binden uns dadurch nur noch mehr an diese vergängliche und darum auch leidvolle Welt. Das kostet uns eben. Wir bezahlen den Preis mit neuem Leben und neuem Leiden. OM. Oh Lanoo, JEGLICHES Anhaften an den Geschmack oder Geruch einer gekosteten Speise trennt dich von deiner himmlischen Heimat, ganz zu schweigen von NIRVĀṆA. Manchmal frage ich mich, wie so mancher den Sinnen anhaftender Christ oder Katholik, sei es als Priester oder auch nur als Gläubiger etc., im Ernst erwarten kann, auch nur in den Himmel zu gelangen, wenn sein eigenes übermäßiges Verlangen nach Essen, Trin-

* Die Geistwesen nahmen die Sonne und die Planeten wahr, da sie selbst (die Geistwesen) ja von dieser Substanz gekostet hatten und damit Schwingungsgleichheit bzw. Wahlverwandtschaft zum sichtbaren Universum erzeugt hatten. Das Erscheinen des Erdelements aus dem Äther ist nichts weiter als die erste Stufe des Manifestationsprozesses von Jehovah, dem Engel der Erde. Einer der Scharen Jehovahs ist der Gott der Juden, von ihnen zum „einen und einzigen Gott" hochstilisiert. Nichts könnte weiter entfernt sein von der Realität. Der Gott der Hebräer ist einer von nahezu unendlich vielen Stammesgöttern im Universum und auf Erden. OM.

ken, und was da sonst noch so alles in ihm sein mag, ihn genau von diesen Himmelsebenen trennt. Lanoo.] Daher kommt es, dass auch heute noch die Menschen, wenn sie etwas recht Gutes erlangt haben, dabei sagen: 'O wie köstlich, o wie köstlich!' Sie folgen dabei eben dem einstigen, voranfänglichen Wortgebrauch, aber den Sinn davon verstehn sie nicht mehr.

Nachdem nun, Vāseṭṭher, jenen Wesen die saftige Erde verschwunden war, ist die Erdbodensprosse zum Vorschein gekommen. Gleichwie etwa ein Pilz aufgeht, ist sie aufgegangen. Die ist farbig gewesen, duftig gewesen, saftig gewesen. Gleichwie etwa geschlagener Rahm oder geschlagene Butter, so war die Farbe; gleichwie etwa süßer Honig, ohne Waben, so war der Geschmack. Da haben denn, Vāseṭṭher, die Wesen dort von der Erdbodensprosse zu genießen begonnen. Bei diesem Genusse, davon gespeist, davon ernährt, sind sie lange Zeiten hindurch bestanden. Je mehr und mehr nun, Vāseṭṭher, die Wesen dort, von der Erdbodensprosse genießend, davon gespeist, davon ernährt, lange Zeiten hindurch bestanden, desto mehr und mehr sind jene Wesen immer noch gröber geworden an Körperart, und ihre Schönheit ist in Unschönheit übergegangen. So waren wieder manche Wesen schön anzuschauen, manche Wesen unschön anzuschauen. Da haben nun die schön anzuschauenden Wesen den unschönen gegenüber sich gebrüstet: 'Wir sind schöner als diese; die sind nicht so schön wie wir!' Weil sie sich ihrer Schönheit gebrüstet hatten, dünkelhaft und eitel geworden waren, ist ihnen die Erdbodensprosse verschwunden. Als die Erdbodensprosse verschwunden war, ist die Rankenbeere zum Vorschein gekommen. Gleichwie etwa eine Krausbeerenstaude aufgeht, ist sie aufgegangen. Die ist farbig gewesen, duftig gewesen, saftig gewesen. Gleichwie etwa geschlagener Rahm oder geschlagene Butter, so war die Farbe; gleichwie etwa süßer Honig, ohne Waben, so war der Geschmack. Da haben denn, Vāseṭṭher, die Wesen dort von der Rankenbeere zu genießen begonnen. Bei diesem Genusse, davon gespeist, davon ernährt, sind sie lange Zeiten hindurch bestanden. Je mehr und mehr nun, Vāseṭṭher, die Wesen dort, von der Rankenbeere genießend, davon gespeist, davon ernährt, lange Zeiten hindurch bestanden, desto mehr und mehr sind jene Wesen immer noch gröber geworden an Körperart, und ihre Schönheit ist in Unschönheit übergegangen. So waren wieder manche Wesen schön anzuschauen, manche Wesen unschön anzuschauen. Da haben nun die schön anzuschauenden Wesen den unschönen gegenüber sich gebrüstet: 'Wir sind schöner als diese, die sind nicht so schön wie wir!' Weil sie sich ihrer Schönheit gebrüstet hatten, dünkelhaft und eitel geworden waren, ist ihnen die Rankenbeere verschwunden. Als die Rankenbeere verschwunden war, sind sie herbeigestürzt und haben miteinander geschluchzt: 'Dahin, ach dahin, es ist aus mit der Rankenbeere!' Daher kommt es, dass auch heute noch die Menschen, wenn sie etwas schmerzlich berührt hat, dabei sagen: 'Dahin, ach dahin, es ist aus!' Sie folgen dabei eben dem einstigen, voranfänglichen Wortgebrauch, aber den Sinn davon verstehn sie nicht mehr.

Nachdem nun, Vāseṭṭher, jenen Wesen die Rankenbeere verschwunden war, ist ungepflügt reifender Reis zum Vorschein gekommen, unbestäubt, unbehülst, weiß, wohlriechend, vollkörnig. Was sie davon am Abend zum Abendmahl eingenommen hatten, das war am Morgen wieder reif emporgewachsen: was sie davon am Morgen zum Morgenmahl eingenommen hatten, das war am Abend wieder reif emporgewachsen, und es war keine Abnahme zu merken. Da haben denn, Vāseṭṭher, die Wesen dort den ungepflügt reifenden Reis genossen, davon gespeist, davon ernährt sind sie lange Zeiten hindurch bestanden. Je mehr und mehr nun, Vāseṭṭher, die Wesen dort, den ungepflügt reifenden Reis genießend, davon gespeist, davon ernährt, lange Zeiten hindurch bestanden, desto mehr und mehr sind jene Wesen immer noch gröber geworden an Körperart, und ihre Schönheit ist in Unschönheit übergegangen. Am Weibe ist da das Geschlecht des Weibes offenbar geworden, am Manne das Geschlecht des Mannes. Das Weib hat nun unziemlich nach dem Manne hingeblickt, und der Mann nach dem Weibe. Wie sie einander unziemlich angeblickt haben, ist der Anreiz entstanden, und brennende Sucht hat den Körper ergriffen. Aus brennender Sucht haben sie der Paarung gepflegt. Wenn aber welche, Vāseṭṭher, von den Wesen dort, zur damaligen Zeit, der Paarung Pflegende gesehn haben, so haben manche sie mit Erde beworfen, manche sie mit Asche beworfen, manche sie mit Mist beworfen:

'Pfui der Hundlinge, pfui der Hundlinge, wie kann nur ein Wesen mit einem anderen Wesen sich so betragen!' Daher kommt es, dass auch heute noch die Menschen da und dort in den Landen, wenn die Braut heimgeführt wird, bald mit Erde bewerfen, bald mit Asche bewerfen, bald mit Mist bewerfen. Sie folgen dabei eben dem einstigen, voranfänglichen Brauch und Begriff, aber den Sinn davon verstehn sie nicht mehr. Als unrecht gegolten hat es ja, Vāseṭṭher, zur damaligen Zeit, was heute als recht gilt. Denn wenn dort, Vāseṭṭher, zur damaligen Zeit, von den Wesen welche der Paarung gepflegt hatten, so durften sie einen Monat oder zwei Monate lang kein Dorf- oder Stadtgebiet betreten. Da nun, Vāseṭṭher, die Wesen dort bei diesem unwürdigen Geschäft in ihrer Schande betroffen worden sind, haben sie dann Häuser zu bauen begonnen, um eben dieses unwürdige Treiben zu verheimlichen.

[Hier ist Weisheit: Unser Sonnensystem befindet sich auf dem Weg nach oben in höhere, geistigere Sphären. Die Tugenden von gestern werden die Laster von morgen sein. Was gestern noch als Kavaliersdelikt galt, wird bald schon als schwerstes Verbrechen geahndet. Man warte ab und sehe. Jeder Verlangenszustand wird unter dem Vergrößerungsglas des Satya Yuga, des aufkommenden Zeitalters der Reinheit gesehen werden. Die Vorzeichen sind schon da. Unsere physischen Körper, das Resultat unseres Falles aus azurnen Höhen, werden immer sensibler auf jeglichen Verlangenszustand reagieren, sei dies nun Sehen, Hören, Schmecken, Riechen, Tasten, Sex, Empfinden oder Denken. So wie der Mensch bis jetzt durch falsches Essen krank wird und wurde, so wird ihn bald schon ein einziger falscher Gedanke erkranken lassen. Alles wird feiner, empfindlicher, sensibler; alles wird bald mit dem Maßstab höchster Reinheit und Unschuld gemessen werden. Menschen werden bald mit schwersten angeborenen Krankheiten körperlicher und geistiger Natur zur Welt kommen, die sie dazu ZWINGEN werden, dort Maß zu halten, wo sie im vergangenen Leben über die Stränge geschlagen haben. Diese Entwicklung hin zur Reinheit und Heiligkeit, dieses körperliche und seelische 'Großreinemachen' wird natürlich auch die religiösen Fanatiker auf den Plan rufen, die am liebsten unter jedem Bett liegen und ausspionieren würden, was man darin so alles treibt. Jene, die am lautesten nach Zucht und Ordnung schreien, werden die sein, die selbst die größten Probleme haben, so wie es ja bereits heute der Fall ist. Doch nach einer Zeit der Extreme und Exzesse wird sich alles einpendeln und die Lehre des Buddha, Moral und Erlösung betreffend, wird blühen wie nie zuvor. OM. Und für wen dies noch nicht deutlich genug war, dem sage ich klipp und klar, dass der sexuelle Akt selbst die Ursünde ist. Es ist genau aus diesem Grunde, warum überall in der Welt die sexuellen Eskapaden der Mächtigen auftauchen und soviel Empörung verursachen. Ich gehe sogar noch weiter und sage: Auch Sex unter Verheirateten ist Sünde. Dies ist der Beginn des Zeitalters der Reinheit. Geschlechtsverkehr war nie für Menschen gedacht, sondern nur für Tiere. Man schiebe die Tatsache unserer Geschlechtsorgane auf keinen Gott. Das haben wir alles selbst gemacht bzw. verursacht, indem wir vor vielen Millionen von Jahren, als unsere Körper noch geschlechtslos waren, aber unser Denken bereits verdorben, wir es den Tieren nachmachten. Doch tief in uns ist die kumārische Unschuld des NIRVĀṆA, im Vergleich zu der sogar der Genuss von einem Stück Schokolade als Todsünde empfunden wird. Wer es zu fassen vermag, der fasse es. OM. Lanoo.]

Da ist denn, Vāseṭṭher, einem der Wesen aus träger Bequemlichkeit der Gedanke gekommen: 'Ach warum nur mühe ich mich ab, den Reis zu holen, am Abend für das Abendmahl, am Morgen für das Morgenmahl: wie, wenn ich nun den Reis nur einmal holen ginge, für den Abend und Morgen zusammen?' So hat dann, Vāseṭṭher, jenes Wesen nur einmal den Reis geholt, für den Abend und Morgen zusammen. Alsbald nun, Vāseṭṭher, hat ein anderes der Wesen zu jenem dorthin sich begeben und hat also gesprochen: 'Komm', liebes Wesen, wir wollen Reis essen gehn.' - 'Schon gut, liebes Wesen: ich habe den Reis zugleich mir geholt, für den Abend und Morgen zusammen.' Darauf hat nun, Vāseṭṭher, das Wesen da, im Hinblick auf jenes andere nachfolgend, den Reis zugleich für zwei Tage geholt: 'Auch so, mein' ich wohl, wird es gut sein.' Wieder nun, Vāseṭṭher, ist eines der Wesen zu diesem dann herangeschritten und hat also gesprochen: 'Komm', liebes Wesen, wir wollen Reis essen gehn.' - 'Schon recht, liebes Wesen: ich habe mir den Reis für zwei Tage auf einmal genommen.' Da hat denn, Vāseṭṭher, jenes Wesen, im Hinblick auf das andere nachfolgend, den Reis zugleich für vier Tage geholt: 'Auch so, mein' ich wohl, kanns gut sein.' Und wiederum, Vāseṭṭher, ist eines der Wesen dann zu diesem herangetreten und hat also gesprochen: 'Komm', liebes Wesen, wir wollen Reis essen gehn.' - 'Nicht nötig, mein Lieber: ich habe mir schon den Reis auf vier Tage hinaus genommen.' Da hat nun, Vāseṭṭher, das Wesen dort, im Hinblick auf jenes andere nachfolgend, den Reis zugleich für acht Tage geholt: 'Auch so, denk' ich wohl, wirds recht sein.' Sobald nun, Vāseṭṭher, die Wesen dort den Reis in Vorrat aufgespeichert zu genießen begannen, war auch schon das Korn bestäubt geworden, behülst geworden, der Schnitt nicht wieder aufgediehn, eine Abnahme war zu merken, spärlich und spärlicher standen die Ähren. [Hier ist ganz klar der Ursprung der heutigen Miss-Landwirtschaft auf unserem Planeten zu finden. Irgendwann einmal wird der natürliche Ackerboden völlig erschöpft sein und die Natur wird sich auf ihre Weise rächen ... Lanoo.]

Da sind nun, Vāseṭṭher, die Wesen dort zusammengekommen und haben geklagt: 'Schlimm, fürwahr, sind die Dinge, die bei den Wesen offenbar wurden! Wir sind, ach, ehedem geistförmig gewesen, haben Wonne genossen, sind selbstleuchtend im Raume gekreist: in Schönheit bestanden wir, lange Wandlungen dauerten wir durch. Wie wir da waren, hat einst einmal, im Laufe langer Wandlungen, ein Streifen saftiger Erde im Wasser sich vor uns erhoben. Der ist farbig gewesen, duftig gewesen, saftig gewesen. Da haben wir denn dort die saftige Erde bissenweise behandelnd zu genießen begonnen: sowie wir aber die saftige Erde bissenweise behandelnd zu genießen begannen, war unser eigener Glanz verschwunden. Als unser eigener Glanz verschwunden war, ist Mond und Sonne erschienen, als Mond und Sonne erschienen waren, sind Sterne und Planeten aufgegangen, als Sterne und Planeten aufgegangen waren, ist Nacht und Tag geworden, als Nacht und Tag geworden war, sind Monate und Wochen gekommen, als Monate und Wochen gekommen waren, sind Wenden und Jahre hervorgekehrt. Und wir sind im Genusse der saftigen Erde, davon gespeist, davon ernährt, lange Zeiten hindurch bestanden. Weil aber dann eben schlimme, unheilsame Dinge unter uns offenbar wurden, ist die saftige Erde verschwunden. Als die saftige Erde verschwunden war, ist die Erdbodensprosse zum Vorschein gekommen. Die ist farbig gewesen, duftig gewesen, saftig gewesen. Da haben wir nun dort von der Erdbodensprosse zu genießen begonnen. Davon genießend, davon gespeist, davon ernährt sind wir lange Zeiten hindurch bestanden. Doch weil wieder böse, unheilsame Dinge unter uns offenbar wurden, ist die Erdbodensprosse verschwunden. Als die Erdbodensprosse verschwunden war, ist die Rankenbeere zum Vorschein gekommen. Die ist farbig gewesen, duftig gewesen, saftig gewesen. So haben wir dann von der Rankenbeere zu genießen begonnen. Davon genießend, davon gespeist, davon ernährt sind wir lange Zeiten hindurch bestanden. Weil nun wieder böse, unheilsame Dinge unter uns offenbar wurden, ist die Rankenbeere verschwunden. Als die Rankenbeere verschwunden war, ist ungepflügt reifender Reis zum Vorschein gekommen, unbestäubt, unbehülst, weiß, wohlriechend, vollkörnig. Was wir davon am Abend zum Abendmahl eingenommen hatten, das war am Morgen wieder reif emporgewachsen: was wir davon am Morgen zum Morgenmahl eingenommen hatten, das war am Abend wieder reif emporgewachsen, und es war keine Abnahme zu merken. Da haben wir nun den ungepflügt reifenden Reis genossen, davon gespeist, davon ernährt sind wir lange Zeiten hindurch bestanden. Weil nun aber wiederum böse, unheilsame Dinge unter uns offenbar wurden, ist jetzt das Korn bestäubt geworden, behülst geworden, der Schnitt nicht wieder aufgediehn, eine Abnahme ist zu merken, spärlich und spärlicher stehn die Ähren. Wie, wenn wir nun die Reisfelder verteilen und abgrenzen würden?' Da haben denn, Vāseṭṭher, die Wesen dort die Reisfelder verteilt und abgegrenzt.

Alsbald nun, Vāseṭṭher, hat eines der Wesen, lüstern geworden, sein Teil wohlverwahrend, das Teil eines anderen ohne Erlaubnis sich angeeignet und genossen. Dabei ist es ertappt worden, und man hat ihm gesagt: 'Schlimm, fürwahr, liebes Wesen, handelst du, dass du gar wohl dein eigen Teil verwahrt hast und das Teil eines anderen ohne Erlaubnis dir aneignen und genießen magst: lasse doch, liebes Wesen, so etwas nicht wieder vorkommen.' - 'Gewiß nicht, ihr Lieben', sagte da, Vāseṭṭher, das Wesen dort zu den anderen. Aber ein zweites Mal, Vāseṭṭher, und ein drittes Mal hat jenes Wesen, sein Teil wohlverwahrend, das Teil eines anderen ohne Erlaubnis sich angeeignet und genossen, wurde wieder ertappt, und man hat ihm wiederum also zugesprochen, während manche mit Fäusten schlugen, manche mit Steinen warfen, manche mit Stöcken prügelten. Seit damals hat nunmehr, Vāseṭṭher, der Diebstahl sich gezeigt, der Hader sich gezeigt, die Lüge sich gezeigt, Schlag und Widerschlag sich gezeigt.

Da sind denn, Vāseṭṭher, die Wesen zusammengekommen und haben geklagt: 'Schlimm, fürwahr, sind bei den Wesen die Dinge geraten, dass man jetzt sogar den Diebstahl kennenlernt, den Hader kennenlernt, die Lüge kennenlernt, Schlag und Widerschlag kennenlernt! Wie, wenn wir nun ein Wesen gemeinsam erwählen würden, das für uns einen allgemeinen Strafbaren zu strafen hätte, einen allgemein Verweisbaren zu verweisen hätte, einen allgemein Verbannbaren zu verbannen hätte: wir aber würden ihm von der Reisernte ein Teil zukommen lassen.' Alsbald nun, Vāseṭṭher, haben sich die Wesen dort zu einem von ihnen hinbegeben, der da schöner, ansehnlicher, anmutiger, mächtiger anzuschauen war, und haben also zu ihm gesprochen: 'Komm', o Wesen, einen allgemein Strafbaren strafe du, einen allgemein Verweisbaren verweise du, einen allgemein Verbannbaren verbanne du: wir aber wollen dir von der Reisernte ein Teil zukommen lassen.' - 'Gut, ihr Lieben', sagte da, Vāseṭṭher, jenes Wesen, den anderen Wesen zustimmend. Und ein allgemein Strafbarer wurde von ihm gestraft, ein allgemein Verweisbarer verwiesen, ein allgemein Verbannbarer verbannt. Sie aber ließen ihm von der Reisernte ein Teil zukommen.

'Von der großen Menge erwählt' ist dann, Vāseṭṭher, 'Der große Erwählte, Der große Erwählte' als Wort eben zuerst in Brauch gekommen; 'Der Felder Oberherr' ist dann, Vāseṭṭher, 'Der Feldherr, Der Feldherr' als Wort eben zuzweit in Brauch gekommen; 'Nach Recht andere fördernd' ist dann, Vāseṭṭher, 'Der Fürst, Der Fürst' als Wort eben zudritt in Brauch gekommen. So nun, Vāseṭṭher, war derart für solch ein Herrschertum nach dem einstigen, voranfänglichen Brauche der Begriff aufgekommen, dort eben unter den Wesen, die nicht je von besonderer Art, einander nur gleich waren, nicht ungleich waren, und zwar mit Recht, nicht mit Unrecht. Denn das Recht, Vāseṭṭher, steht hier dem Menschen zu häupten, bei Lebzeiten schon und darüber hinaus.

Unter jenen Wesen aber nun, Vāseṭṭher, haben sich manche eine Gattin erwählt, und es hat ein jeder je einen bürgerlichen Beruf sich bereitet. 'Sie haben sich eine Gattin erwählt, und es hat ein jeder je einen bürgerlichen Beruf sich bereitet', sagte man, Vāseṭṭher: so ist 'Bürger, Bürger' als Wort eben in Brauch gekommen. So nun, Vāseṭṭher, war derart für solch ein Bürgertum nach dem einstigen, voranfänglichen Brauche der Begriff aufgekommen, dort eben unter den Wesen, die nicht je von besonderer Art, einander nur gleich waren, nicht ungleich waren, und zwar mit Recht, nicht mit Unrecht. Denn das Recht, Vāseṭṭher, steht hier dem Menschen zu häupten, bei Lebzeiten schon und darüber hinaus.

Was da nunmehr, Vāseṭṭher, von jenen Wesen die übrigen waren, die sind Jäger und Hauer geworden. 'Jäger, Hauer, Feldbauer', sagte man, Vāseṭṭher: so ist 'Bauer, Bauer' als Wort eben in Brauch gekommen. So nun, Vāseṭṭher, war derart für solch ein Bauerntum nach dem einstigen, voranfänglichen Brauche der Begriff aufgekommen, dort eben unter den Wesen, die nicht je von besonderer Art, einander nur gleich waren, nicht ungleich waren, und zwar mit Recht, nicht mit Unrecht. Denn das Recht, Vāseṭṭher, steht hier dem Menschen zu häupten, bei Lebzeiten schon und darüber hinaus." (Zitatende.)

WAR DER BUDDHA EIN JAINA?

Vielen Buddhisten ist nicht bewusst, dass die Lehre des Buddha in ihrem Kern gar nicht von ihm selber stammt, sondern dass die Weltentsagungsphilosophie, mit NIRVĀṆA als Ziel, schon lange vor dem Buddha existierte und blühte, und zwar seit etwa 900 v. Chr. in der Jaina (जैन) Sekte, während der Buddha erst etwa 250 Jahre später geboren wurde. Es war dann schließlich auch ein Jaina Guru oder ein JINA जिन *, der den Buddha unterrichtete und ihm den Weg zu NIRVĀṆA wies. Dies ist auch der Grund, weshalb der Buddhismus viele Redewendungen der Jainas übernahm, woraus viele Jainas schließen wollen, dass es den Buddha gar nicht gab, sondern dass da nur jemand bei den Jainas abgekupfert hat.

Ein Beispiel bzw. Vergleich sei hier nun angeführt: Die *Catuh-Sarana* चतुः शरण, *die vier Zuflüchte* der Jainas, lesen sich folgendermaßen:

cattari śaraṇam parvajjami चत्तरि शरणं पर्वज्जमि (Ich nehme meine Zuflucht zu den folgenden vier Regeln oder Zuflüchten):

1.) *arahamte śaraṇam parvajjami* अर्हन्ते शरणं पर्वज्जमि (Ich nehme meine Zuflucht zu den arhats.)
2.) *siddhe śaraṇam parvajjami* सिद्धे शरणं पर्वज्जमि (Ich nehme meine Zuflucht zu den siddhas.)
3.) *sahu śaraṇam parvajjami* सहु शरणं पर्वज्जमि (Ich nehme meine Zuflucht zu den sadhus.)
4.) *kevali-pannattam dhammam śaraṇam parvajjami* केवलि पन्नत्तं दम्मं शरणं पर्वज्जमि (Ich nehme meine Zuflucht zu dem dharma धर्म [Heiliges Gesetz], gepredigt vom allwissenden *JINA*.)

Ein paar hundert Jahre später verkünden die Buddhisten:

1.) *buddham śaraṇam gachchhāmi* बुद्धं शरणं गच्छामि (Ich nehme meine Zuflucht zum Buddha.)
2.) *dharmam śaraṇam gachchhāmi* धर्मन् शरणं गच्छामि (Ich nehme meine Zuflucht zum Licht seiner Lehren oder seines Gesetzes.)
3.) *samgham śaraṇam gachchhāmi* संघं शरणं गच्छामि (Ich nehme meine Zuflucht zu der Gemeinschaft der Heiligen Einen.)

---

* Ein *Jaina* ist jemand, der einem geistigen Helden, einem Überwinder, einem *JINA* folgt, um NIRVĀṆA zu erlangen. Der *JINA* wiederum ist jemand, der eine Passage, einen Fjord bildet, der sicher über den Ozean des Leidens zur anderen Seite oder zum anderen Ufer führt. Solch ein Fjordbilder nennt sich auch Tīrthankara. Frühe Buddhisten, die entweder nicht wussten, dass der Buddhismus seine Wurzeln im *Jainismus* hat, oder es nicht wahrhaben wollten, wandelten den Begriff Tīrthankara in das Pāli *titthiya* um, welches ein herablassendes Synonym ist für jeden Nicht-Buddhisten.

Außerdem:

Die Ähnlichkeit zwischen den fünf Anuvratas und den drei Gunavratas der Jainas und dem edlen 8-fältigen Pfad der Buddhisten ist offensichtlich, wie auch aus den Werken von Glasenapp (panchanamaskara पञ्चनमस्कर litanei) und Prof. Jaini ersichtlich ist.

Jainismus war auf jeden Fall vor Buddhismus. Die Jainas oder auch Nirgranthas (die Losgelösten) sind manchmal von den Buddhisten erwähnt, sogar in deren ältesten Teilen der Pitakas, während mir keine alte Jaina Sutra जैन सुत्र bekannt ist, die den Buddha oder Buddhisten erwähnt. Diese Meinung wird auch von Jacobi und Padmanabh S. Jaini geteilt. Die Nigranthas waren also nicht, wie manche meinen, eine neu gegründete Sekte aus Buddhas Zeiten.

Des Buddhas Beitrag zur Jaina Weltentsagungslehre war die von ihm entwickelte Anattā-Lehre, welche sich nicht lange damit aufhielt herauszufinden, was das Selbst des Menschen denn nun wohl sei, sondern was es **nicht** ist, um sich dann von diesen vergänglichen Elementen oder Beilegungen (upādhi) zu lösen. Außerdem entfernte der Buddha die Extreme der Jaina Philosophie (Haare ausreißen, zu Tode fasten „Sallekhanā“ सल्लेक्हना, lange in der heißen Sonne sitzen, nur nackt gehen etc.) in seiner Lehre und erklärte sogar die Seele und den Geist als anattā, als nicht das Selbst. Buddhas Lehre unterscheidet sich auch in vielen Details von der Jaina Philosophie, z. B. betont der Buddha im Gegensatz zu den Jainas, dass man nicht erst nach dem Tode der Eltern den Entsagungspfad wandeln darf, sondern wann immer man sich dazu entscheidet. Ein Minderjähriger bedarf natürlich in jedem Falle der Genehmigung seiner Eltern.

Der berühmteste Jina oder Tīrthankara Guru war Mahāvīra महावीर (Großer Held), der vor etwa 2500 Jahren, also etwa fünfzig Jahre nach dem Buddha, lebte und bei dessen Geburt dieselben Wunder geschahen wie bei der Geburt des Buddha (was manche Buddhisten wiederum veranlasst zu denken, die Jainas hätten den Buddha kopiert): Götter und Menschen feierten diese Geburt, Musik erfüllte die Luft und eine Generalamnestie wurde im ganzen Lande erlassen. Die Lebensbeschreibung Mahāvīras gleicht sehr der des Buddha. Wie der Buddha so entstammt Mahāvīra königlichem Geschlecht. Mahāvīra heiratete eine Prinzessin namens Yasoda यसोद. Buddhas Frau hieß Yasodhara यसोधर („Halter der Glorie“ oder „Besitzer der Glorie“). Die Jaina Philosophie gleicht der des Buddha oft bis hin zu den Vorschriften über das Tragen der Kleidung des Mönches, obwohl die ursprünglichen Jainas Digambaras waren, was bedeutet, dass sie nackt gingen.

Wer war nun wer und wer hat von wem was übernommen? Der Mahā-Chohan enthüllte mir des Rätsels Lösung. Mit dem Buddha ist es wie mit Jesus. Buddha ist eine Legende (obwohl er als Mensch wie Jesus existierte), der PROTOTYP eines Eingeweihten, der NIRVĀṆA erlangte. Mit seiner „Frau“ ist auch und hauptsächlich die andere „Hälfte“ des Buddha selbst gemeint, nämlich seine spirituellen Eigenschaften und Kräfte, durch die und in Verbindung mit denen er lebte und wirkte. All diese Personen- und Lebensbeschreibungen haben eine viel größere Bedeutung als nur die eines gewöhnlichen Lebenslaufes etc. Sie deuten für den **Eingeweihten** auf die paranormalen Kräfte und Fähigkeiten eines Nirvāṇi hin.

Wichtig ist jedoch, bei allem Respekt, nicht der Buddha (wie er selber es ja auch immer wieder betonte) oder die Jainas, sondern das rechte Verständnis des NIRVĀṆA-**PRINZIPS** oder der **Anattā-Lehre**, so wie sie Dr. Georg Grimm in seinem Werk *Die Lehre des Buddho* verkündet. Weil dieses Verständnis fehlte und, gerade unter den meisten Buddhisten, immer noch fehlt, erlitt der Buddhismus das gleiche Schicksal wie alle anderen Religionen*. Man verstand nicht den Kern der Sache. Auf den kommt es aber an und es ist dem großen Denker Dr. Georg Grimm zu verdanken, dass die **wahre** Bedeutung der Botschaft des Buddha wieder zum Leben erweckt wurde.

Wer die Lehre des Buddha nicht nur studiert, sondern auch lebt, für den wird es einfach sein, die acht Bedingungen zu erfüllen, welche zur Erlangung des NIRVĀṆA führen: 1. rechtes Verständnis, 2. rechtes Denken, 3. rechte Rede, 4. rechtes Handeln, 5. rechte Lebensweise, 6. rechtes Bemühen, 7. rechte Achtsamkeit und 8. rechte Konzentration. All dies führt zum Frieden, zur Einsicht, zur Erleuchtung. AUM.

ERLEUCHTUNG

Sobald wir wirklich erkannt haben, dass wir nicht der Körper sind, durchbricht unser Bewusstsein die physischen, aber auch die astral-mentalen Grenzen und erfüllt konsequenterweise das ganze Weltall mit allem darin**. Kuṇḍalinī durchfließt unsere Wirbelsäule von unten nach oben und berührt das Gehirn von innen. Das ist Erleuchtung. AUM.

* Konfrontation zwischen Buddhismus und Jainaismus gab es bereits seit Bestehen des Buddhismus, wie ein schon sehr früher Text in der *Anguttara Nikāya* I, 206 zeigt, in dem die Buddhisten sich herablassend über einen Jaina Laienmönch und dessen Entsagungsgelübde äußern: „atthi, Visakhe, Nigantha nama samanajatika, te... tadah' uposathe savakam evam samadapenti: ehi tvam, ambho purisa, sabbacelani nikkhipitva evam vadehi, 'naham kvaci kassaci kincanatasmim, na ca mama kvacani kassaci kincanam n'atthi 'ti...so tasma rattiya accayena bhoge adinnam yewa paribhunati. idam tassa adinnadanasmim vadami. evam kho, Visakhe, Niganthuposatho na mahapphalo." Der Buddha selbst, allerdings, hätte diese Worte so nie gesprochen.

** Dies ist auch der Grund, weshalb man erleuchtete Menschen daran erkennt, dass sie sich als eins mit allem, das da lebt, identifizieren und selbst den kleinsten Wurm mehr lieben als eine Mutter ihr liebstes Kind. DAS ist wahre Liebe, frei von allem Verlangen.

Kritiker der Frühbuddhistischen Lehre werfen ihr immer wieder vor, dass sie auf Grund ihrer Lebensverneinung nur den Tod als Alternative lässt. Doch genau diesen Ball kann man mit Leichtigkeit wieder zurückwerfen, denn es sind ja die Lebenshungrigen, die den Tod sozusagen mit in Kauf nehmen, ja ihn sogar verursachen. Wer das Leben will, der will auch den Tod, mag er sich nun dessen bewusst sein oder nicht. Nur wer dem Leben mit heiterem Gleichmut und Desinteresse auf ALLEN Ebenen gegenübersteht, der hat auch den Tod besiegt und wird die Todlosigkeit erlangen. OM.

DIE PROBLEMATIK DES BUDDHISMUS NACH BUDDHAS TOD

Wenn die Lehre des Buddha so klar und jedem verständlich war und ist, wie kommt es dann, dass es so viele Buddhistische Splittergruppen gibt, von denen jede eine abweichende Lehre verkündet?

Der Grund ist in Folgendem zu suchen:
Nach dem Tode des Buddha wurden durch etwa zweihundert Jahre hindurch drei Sammlungen oder „Körbe" seiner Lehre geschaffen: 1. der Korb der Lehrreden, 2. der Korb der mönchischen Zucht betreffenden Vorschriften und 3. der Korb der Erläuterungen ANDERER zu den beiden ersten. Die Fehlerquelle hat sich somit schon selbst entlarvt, es ist natürlich Korb Nr. 3, der Korb der Erläuterungen bzw. der Kommentare, Abhidhammapitakam अभिधम्मपितकम् genannt. Hier änderte sich die ursprüngliche Nachricht von „Herr Meier hat Schnupfen" zu „Herr Meier ist tot". Was andere zur Lehre des Buddha zu kommentieren haben und was der Buddha selber sagte, das sind doch wohl zwei paar Schuhe. Ich kann daher dem Leser nur empfehlen, sich mit den beiden ersten Körben, hauptsächlich aber mit dem Suttapitakam सुत्तपितकम् , dem Korb der Reden, zu befassen. Man muss eben das URSPRÜNGLICHE Buddhawort suchen und finden und sich dann darüber ein Urteil bilden. Woher weiß ich denn aber nun, dass die ersten beiden Körbe die Worte des Buddha enthalten und der dritte Korb, das Abhidhammapitakam, dies nicht tut? Weil die ersten beiden Körbe von Anfang an auf die Worte des Buddha selbst konzipiert waren und der dritte Korb lange nach dem Tode des Buddha eben jene Kommentare ANDERER zum Zweck und Inhalt hatte. Nun ist es natürlich durchaus möglich, dass auch der Korb der Reden nicht mehr so original ist, wie er kurz nach dem Ableben des Buddha noch gewesen sein mag. Dennoch sage ich: Ehrfurcht vor dem Meister mag zwar Kommentare ermöglichen, aber zum Ändern der Originalrede liegt kein zwingender Grund vor. Etwaige Einschübe in den Korb der Reden müssen darum in Kauf genommen werden. Auf jeden Fall ist das Abhidhamma vom Studium auszuschließen, da es die ursprüngliche Anattā-Lehre des Buddha völlig entstellt und für die Zersplitterung und Missrepräsentation der Buddhistischen Lehre in der Welt verantwortlich ist.

Schließlich hat uns ja der Buddha selbst gesagt, was in einem solchen Falle zu tun ist: „Führt jeden Kommentar eines anderen über die Lehre des Erhabenen [Buddha] auf ein SUTTA [Rede] zurück und weist sie in einem VINAYA [die Zucht betreffend] nach." Wer dies konsequent tut, der wird bald schon selbst zu der Entscheidung gelangen, den größten Teil der späteren Kommentarliteratur zu meiden.

K. E. NEUMANN schreibt sogar in seinen Übersetzungen der REDEN DES BUDDHA: „Die älteste Gestalt des Kanon ist nicht in einem Tipitakam oder Dvipitakam, sondern im PITAKAM schlechthin, nämlich im SUTTAPITAKAM erhalten."

Ich möchte an dieser Stelle auch noch einmal auf den Unterschied zwischen dem NIRVĀṆA des Buddha und dem der Brahmanen bzw. der nichtbuddhistischen Inder im Allgemeinen verweisen. Für Nicht-Buddhisten bzw. den Nicht-**Früh**buddhisten ist NIRVĀṆA das Freisein von allem Schmerz und damit die Einheit mit Gott. Der Buddha lehrt: „Lass auch das los, denn auch dein Gott befindet sich noch **diesseits** dieser Welt und ist darum vergänglich. Ewigen Frieden wirst du dort nicht finden, sondern nur zeitweilige Ruhe, mit der Gefahr verbunden, dass du sogar wieder in eine der niederen Welten geschleudert werden kannst, wo du wieder leidest!" Während der Christ von heute also das ewige Leben zum Endziel hat, verkündet Gautama Buddha DIE EWIGE RUHE, das NIRVĀṆA zum Endziel. Leben ist nur möglich im Zusammenhang mit MATERIE, und sei sie noch so transparent-geistig. Das von der Kirche gegebene Versprechen des ewigen Lebens nach dem Tode kann also NICHT gehalten werden, da auch das schönste Himmelsleben, und mag es auch Millionen Jahre währen, einmal zu Ende gehen muss. Der Grund: Auch die Himmelswelten befinden sich INNERHALB der Welt der Erscheinungen. NIRVĀṆA hingegen ist JENSEITS der Welt der Erscheinungen und unterliegt nicht mehr dem Diktat der Zeit und der Vergänglichkeit.

Die Illustration des Buddha NEBEN dem Rad das Saṃsāra, der Wiedergeburt, verweilend, verdeutlicht es.

Wir können nun verstehen, warum die **ursprüngliche** Lehre des Buddha nicht nur bei Brahmanen, sondern auch bei allen anderen Religionen, sogar bei „Buddhisten“, auf Widerstand, ja auf Wut und Aggression stößt. Doch während andere sich über den Buddha aufregen und damit doch nur sich selber meinen, wiederholt der Buddha mit lächelnder Gelassenheit immer wieder dasselbe: „Lass auch deinen Gott, oder was immer du noch als das Höchste erkennst, los* und du wirst den ewigen Frieden erlangen, nach dem du dich so sehr sehnst.“

Es stellt sich uns folgende Realität dar: Der Mensch will nur eines wissen: „Wie kann ich den Tod überwinden?“

Die Antwort auf diese Frage gibt der Buddha, indem er sagt: „Wer das Todlose will, der muss sich von allem Sterblichen und Vergänglichen bzw. vom DRANG danach lösen!“**

Mit dieser Aussage ist für mich der Buddha der größte aller Wissenschaftler, Politiker, Künstler, Athleten, Feldherren, Propheten und Priester. Alle Einsteins, Goethes, Napoleons, Beethovens, Picassos und Rembrandts dieser oder irgendeiner anderen Welt sind deshalb nur Zwerge im Vergleich zum Buddha, der damit der größte aller Menschen UND Götter ist.

Wer also die Worte des Buddha in ihrer Ursprünglichkeit, sowenig wie möglich beeinflusst von Kommentarliteratur, lesen und sich darüber ein Urteil bilden möchte, der lese *DIE REDEN DES BUDDHA*, übersetzt von K. E. Neumann, sowie alle Werke des Dr. Georg Grimm und natürlich dieses Buch *DER SINN DES LEBENS NIRVĀṆA*.

---

* Auch vom Wunsch nach NIRVĀṆA löst man sich ja, nachdem man es erlangt hat ...

** Das lehren die Religionen auch, sie unterscheiden sich nur vom Buddha in dem, WAS sterblich bzw. vergänglich ist. Für sie ist es ihr Himmel und ihr Gott, von dem der Buddha sagt, dass man sich auch davon lösen muss, um den wahrhaft ewigen Frieden, das NIRVĀṆA, zu erlangen. OM. Wie steht es nun mit dem Drang nach dem NIRVĀṆA des Buddha? Wie löse ich mich davon? Dieser Drang fällt von mir ab, sobald ich das NIRVĀṆA des Buddha erlangt habe, denn ist dieser Drang einmal befriedigt, KANN er sich ja gar nicht mehr regen, während der Drang nach einem Gott, wegen der Vergänglichkeit dieses Gottes, immer wieder aufs Neue aufflammt und befriedigt werden will.

BEDEUTET NIRVĀṆA DIE ZERSTÖRUNG DER WESENHEIT?

Selbst „Buddhisten“ stellen sich diese angstvolle Frage. Der Indologe Frauwallner schreibt in *Geschichte der indischen Philosophie*: „Es wurde schon früh die Behauptung aufgestellt, dass der Buddhismus das Vorhandensein einer Seele leugnet, und dass daher die Erlösung, das Erlöschen oder NIRVĀṆAM ein Aufgehen in das Nichts ist. Meiner Ansicht nach wären die Dinge nie so schwierig erschienen, wenn man sie von Anfang an auf Grund der alten kanonischen Texte betrachtet hätte. Ebenso wäre die Frage, wie sich der älteste Buddhismus zum Problem der Seele und des Wesens der Erlösung stellte, von Anfang an in einem anderen Licht erschienen, wenn man nicht zuerst späte Mahāyāna-Texte kennengelernt hätte.“ So sei hier also noch einmal versichert, dass man in NIRVĀṆA keineswegs zerstört ist, sondern nur BEFREIT ist von allen vergänglichen Beilegungen, also von Körper, Gefühl, Denken, Seele und Geist. Man lese nur die Worte von Dr. Georg Grimm über den immateriellen, lebensfreien Zustand. Wer nach diesen Zeilen immer noch glaubt, dass dieser Zustand Zerstörung bedeutet, der muss halt noch einige Male wiedergeboren werden, bis auch er bereit ist für die Lehre des Erhabenen: „Ein immaterieller und damit lebensfreier Zustand ist uns an sich möglich. Wir wissen auch, wie er verwirklicht werden kann: Sobald wir jeden Wunsch, jeden Drang, jeden Durst verloren haben, findet im Tode kein Ergreifen einer neuen Materie in Form eines neuen Keimes [sei es im Himmel* oder auf Erden. Lanoo] mehr statt, womit natürlich auch alles Leben unmöglich gemacht ist. Dieser Zustand vollendeter Willenslosigkeit, also der Freiheit von jedem Wunsch nach irgendwelcher Wahrnehmung, ja auch nur Empfindung und damit nach dem Besitz eines Körpers als des Empfindungs- und Wahrnehmungs-Apparates muss natürlich noch in diesem Leben [z. B. in der Meditation. Lanoo], spätestens im Augenblick des Todes, verwirklicht werden [sonst kehren wir mit dem Verlangen zurück, das wir bis zum Tode noch nicht überwunden haben. Lanoo], und er ist verwirklicht, wenn uns gegenüber einem Tode, auf den für uns [dann] keinerlei Wiedergeburt mehr folgt, in keiner Weise mehr der Gedanke aufsteigt: ‘Vernichtet werde ich sein, ach, zu Grunde gegangen werde ich sein!’ Wer so weit gekommen ist, das Phänomen des Lebens als ihm unwesentlich zu durchschauen, für den sind natürlich auch die sämtlichen Lebensprozesse, sowohl die körperlichen als auch die geistigen, das Denken eingeschlossen, keine Äußerungen seines Wesens mehr, sondern er steht dem Getriebe seiner Persönlichkeit [Körper, Gefühl, Denken, Seele und Geist. Lanoo], also allem Erkennbaren überhaupt, so entfremdet gegenüber, dass ihm angesichts dieser Persönlichkeit nicht einmal mehr der bloße Gedanke an sich selbst aufsteigt.“

Man IST also immer noch, nur eben jetzt FREI von aller Körperlichkeit bzw. von dem Verlangen nach aller Körperlichkeit und allem, was dazu gehört, nämlich

---

* Irgendwann einmal wird es uns dann, wie „dem Münchner im Himmel“, langweilig da oben im Himmel und wir spüren einen neuen Drang in uns aufsteigen nach den unteren Ebenen ... Sind nun alle Götter oder Engel etc. in Gefahr, wiedergeboren zu werden? Nein, denn es gibt dem NIRVĀṆA abgewandte, aber auch dem NIRVĀṆA zugewandte Wesen, sei es im Himmel oder auch auf Erden. Oh Lanoo, wenn du die Lehre des Buddha lernst und verkündest, lernt und verkündet ein Gott mit dir. OM.

auch frei von Gefühl, Denken, Seele und Geist, die ja auch nichts weiter sind als feinstoffliche Verlängerungen des Körpers. Wer so denkt, denkt richtig und löst sich dann auch vom Denken, weil es dann seinen Zweck erfüllt hat, wie man ja auch ein Boot nicht weiter mit sich herumschleppt, wenn man einmal das andere Ufer erreicht hat. Man verlässt es und betritt das Ufer. In genau derselben Weise verlässt der Erlöste im Tode (nicht im Selbstmord) Körper, Gefühl, Denken, Seele und Geist und erlangt NIRVĀṆA. OM.

Wie sollte nun jemand sterben, der sich noch am Leben erfreut und der auch das nächste Leben genießen möchte? Ganz einfach, er muss nur in freudiger Erwartung auf das nächste Leben das jetzige Leben im natürlichen Tode* loslassen. Es ist damit wie mit einem alten Kleid, das man auszieht in der frohen Erwartung, sich ein neues, schönes Kleid anzuziehen.

Meine Lehrerin Beatrice Flemming sagte: „Je länger ein Mensch lebt, auch und vor allem während einer schweren Krankheit, und DANN stirbt, umso gereinigter betritt er die nachtodlichen Ebenen, um von dort auf Erden oder gar im Himmel wiederzukehren, ganz nach der Art seines verbliebenen Verlangens." Sterben ist ein Auflösungs- bzw. Zersetzungsprozess, der auf verschiedenen Ebenen (physisch, emotional, gedanklich, seelisch und geistig) stattfindet. Was man also schon jetzt im physischen Körper loswerden kann, darunter leidet man nicht mehr auf den nachtodlichen Ebenen.

Wer so denkt, denkt richtig. Nur der Narr trauert um sich und andere. Es gibt keine Trennung für die, die sich wiedersehen wollen, denn:

Dem Willen zum Leben ist Leben gegeben. OM.

* Dies betrifft den natürlichen Tod sowie auch einen unabwendbaren Unfalltod, z. B. Flugzeugabsturz etc. Man lässt gerade dann mit frohem Gleichmut los, in der sicheren Gewissheit, dass man ja bald einen neuen Lebenskeim ergreifen wird und dann aufs Neue wiedergeboren wird. Für Selbstmord gilt dies natürlich nicht, da jeder Selbstmörder eine sehr unangenehme astrale Periode in den nachtodlichen Welten durchstehen muss. Wer also durch Selbstmord ein Problem zu lösen glaubt, dem sei gesagt, dass genau das Problem, dem er zu entgehen hoffte, nach einer sehr unangenehmen astralen Zwischenperiode bereits im nächsten Leben auf ihn wartet.

URSPRUNG UND (FEHL)ENTWICKLUNG DES BUDDHISMUS

Der Buddha lehrte: „Alles ist nicht dein Selbst“ oder „Ist nicht das Selbst“. Mit **alles** meinte er alles Wahrnehmbare und Erkennbare. Alles ist nicht dein Selbst oder alles ist anattā. Anattā bedeutet auch: „Nicht mein Selbst.“

Oder: „Alles als vergänglich Erkennbare ist nicht dein Selbst. Darum lass es los und erlange NIRVĀṆA. Wenn nicht, dann wirst du wiedergeboren werden bzw. reinkarnieren. Wenn dir das wirklich so wünschenswert erscheint, dann tue nur Gutes, so dass auch dir nur Gutes widerfährt.“

Buddha war ein Meister der Wiederholung, denn nur durch Wiederholung und darauf folgender Meditation prägt sich nicht nur ein Satz selbst, sondern auch dessen SINN dem Leser ein. Der Buddhismus von heute ist nicht mehr so, wie er sein sollte. Damit er bald wieder so ist, wie er sein sollte, möchte ich hier noch einmal die Frage stellen:

Wie konnte es geschehen, ...

... dass die Lehre des Buddha so entstellt wurde, dass selbst große Denker sie nicht verstanden und darum auch falsch lehrten?

Die Antwort darauf ist folgende:

Nach dem Tode des Buddha um 483 v. Chr. wurden seine Reden und Aussprüche, welche sich seine Mönche nach vedischer Art wortgetreu ins Gedächtnis geprägt hatten, von Mund zu Mund weitergegeben. Man ordnete die heiligen Texte oder Sutten auf mehreren Konzilien in Gruppen oder *Nikāyas* निकाय und fasste sie in Körbe oder *Pitakas* पितक zusammen, und zwar in den Korb der Reden oder *Suttapitakam* सुत्तपितकम् und den Korb der Ordensregeln oder *Vinayapitakam* विनयपितकम. Später fügte man als eine selbstständige Weiterbildung das *Abhidhammapitakam* अभिधम्मपितकम hinzu, den Korb der Scholastik. Damit war der „Dreierkorb“, das *Tipitakam* तिपितकम् , perfekt. Dieser Dreierkorb enthielt die Gesamtheit der Lehre des Buddha, jedoch bis dahin immer noch in wörtlicher, nicht niedergeschriebener Form. Somit kann man also mit guter Gewissheit sagen, dass das *Tipitakam*, der Dreierkorb, die Lehre des Buddha richtig wiedergibt. Nun entstand, und zwar gleich nach dem Tode des Buddha, eine **Interpretation** seiner Lehre unter dem Namen *Aṭṭhakathā* अत्थकथा, welches soviel bedeutet wie „Erklärung des Sinnes“. Diese NEUE Lehre erklärt den Sinn jedoch völlig falsch. Aus „Alles (Erkennbare!) ist NICHT das Selbst“ wurde „Alles ist OHNE Selbst“. Diese Interpretation versetzte der Botschaft des Buddha einen schweren Schlag, von dem er sich bis heute noch nicht erholt hat. Denn wenn alles ohne Selbst bzw. Ichlos ist, dann würde ja am Ende meines Lebens meine völlige Zerstörung stehen.

Außerdem: Wenn alles wirklich OHNE Selbst ist, wer ist es dann, der erlöst werden soll? Wer ist es dann, der nicht mehr festhalten, sondern loslassen soll? Wer ist es dann, der sich BEFREIT von allem Vergänglichen? Wer ist es dann, der NIRVĀṆA erlangt? Wer ist es dann, der wiedergeboren wird, der sich Leben für Leben an die Welt klammert und in ihr wieder erscheint, es sei denn, er lässt los und erlangt NIRVĀṆA? WER befreit sich denn da WOVON? Es ist dies in der Tat, wie einst ein berühmter Guru dem Buddha etwa tausend Jahre nach seinem Tode vorwarf, eine NARRENLEHRE. Die Wahrheit ist jedoch ganz anders: Der Buddha lehrte **niemals**, dass alles **ohne** Selbst wäre, sondern dass alles (Erkennbare) **NICHT das Selbst** oder **nicht DEIN Selbst** ist und du dich darum davon lösen sollst, bis DU verbleibst, das Ewige, Todlose, jenseits aller Dauer Befindliche. OM.

383 v. Chr.

Hier werden die Wurzeln gelegt für die eigentümliche Auslegung der Anattā-Lehre des Gautama Buddha in dem falsch verstandenen Sinne der Leugnung des eigentlichen Wesens außerhalb dessen, was vergänglich und sterblich am Menschen ist. Man übersetzte das Pāli-Prädikat *anattān* als „Ist nicht das Ich" oder „Ist nicht das Selbst", aber auch als „Ist ohne Selbst" und „wesenlos". „Ist ohne Selbst" und „wesenlos" sind jedoch Fehlübersetzungen. Begründung:

a) eine sorgfältige philologische Interpretation der betreffenden Textstellen,

b) die Deutung *attavirahata* अत्तविरहत (ohne ātman) kann nicht für den älteren Buddhismus gelten, sondern entstammt einer späteren Zeit, wo *ātman* आत्मन् Wesenhaftigkeit oder *svabhāva* स्वभाव bedeutet. *An*attān oder *an*ātman अनात्मन् würde dann in der Tat Wesenlosigkeit oder *niḥsvabhāva* निहस्वभाव bedeuten.

Worte haben Macht. So ist es geschehen, dass aus „Nicht das Selbst" oder „Nicht das Wesen" WESENLOS wurde. Daraus zu schließen, dass es keine Wesenheit gibt, geht jedoch zu weit. Eine solche Lehre, die die Existenz einer Wesenheit abstreitet, muss ja zur Verwirrung führen. Wenn es keine Wesenheit gibt, wer soll sich dann wovon befreien? Bei einer solchen konfusen Lehre ist es ein Wunder, dass es heutzutage überhaupt noch einen Buddhismus gibt. Nun verstehen wir auch Dr. Georg Grimm, wenn er schreibt: „Diese Geistesrichtung war jeder wirklichen Meditation abträglich, und es lässt sich von ihr gar keine Brücke zu den Unbegrenzten, d. h. den Erweckungen von Güte zu allem, was da lebt und atmet, von Mitleiden mit allen gequälten Wesen, von Mitfreude und von heiligem Gleichmut herstellen." (Dr. G. Grimm, *Die Lehre des Buddho.*) Edward Conze sagt: „Die Meditation über die Skandhas löst das eigene Selbst wie das anderer Menschen in einen Haufen unpersönlicher, momentaner Skandhas auf. Sie reduziert unsere Menschlichkeit auf fünf Haufen oder Stücke und auf einen Namen. Wenn in der Welt nur Bündel von Skandhas bestünden, die, kalt und unpersönlich wie Atome ohne Unterbrechung ständig zugrunde gingen, dann gäbe es nichts, worauf Freundlichkeit und Mitleiden sich beziehen könnten. Man kann einem Skandha nichts Gutes wünschen, wenn es, bevor man diesen Wunsch noch ausdrücken konnte, bereits vergangen ist; man kann auch für ein Skandha, sei es ein Gedankenobjekt oder ein Gesichtsorgan oder ein Tonbewusstsein, kein Mitleid empfinden. In den buddhistischen Kreisen, in denen die Methode der Dharmas in größerem Ausmaße geübt wurde als die der Unbegrenzten, führte sie zu einer gewissen geistigen Vertrocknung, einer Entferntheit, einem Mangel an menschlicher Wärme ...“ (E. Conze, *Der Buddhismus. Wesen und Entwicklung*, S. 121/122.)

Selbstverständlich gibt es eine Wesenheit, einmal beladen mit der Last von Körper, Gefühl, Denken, Seele und Geist und einmal frei von ihr. Radhakrishnan schreibt darum, und man kann es gar nicht oft genug wiederholen: „Das NIRVĀṆA ist kein Nichts, sondern nur eine Verneinung des Auf und Ab der Welt und die Rückkehr des Selbst in sich selbst. Die logische Folgerung daraus wäre, dass es etwas gibt, obwohl es nicht das empirische Selbst ist. Dies entspricht auch der Feststellung des Buddha, dass das Selbst weder dasselbe wie die Skandha, noch etwas von ihnen völlig Verschiedenes ist. Es ist nicht lediglich eine Verbindung von Geist und Körper, noch ist es die von den Mängeln der Wandlung freie, ewige Substanz. Die Rede von der Last und ihrem Träger zeigt, dass die Skandha als die Last und Pudgala als der Träger verschiedene Wesenheiten sind. Wären sie identisch, brauchte man sie nicht zu unterscheiden. ‘O ihr Mönche, ich bin dabei, euch die Last und ebenso den Träger der Last zu erklären: Die fünf Skandha sind die Last, und Pudgala ist der Träger der Last; wer da annimmt, es gebe keine Seele, ist ein Mensch mit unrichtigen Anschauungen.’ Geboren werden heißt, die Last aufnehmen; sie niederlegen bedeutet, den Segen, das NIRVĀṆA zu erlangen.“ (Radhakrishnan, *Indische Philosophie I*, S. 329/330.)

Der Grund, warum Buddha den Begriff ātman als Selbst vermied, war auch folgender: Zu Zeiten des Buddha verstand man unter ātman die Einheit der Wesenheit mit Brahman ब्रह्मन्, dem höchsten Selbst des Universums. Doch gerade davon muss man sich ja lösen, um NIRVĀṆA zu erlangen. Darum verwendet der Buddha für den Begriff der befreiten Wesenheit das Wort tathāgata, jemand, der hinfort gegangen ist nach NIRVĀṆA, frei von aller Last der Vergänglichkeit. DAS ist das Selbst, die Wesenheit des Buddha. Dieses Selbst spricht er an, diesen tathāgata spricht er an in uns, wenn er sagt: „Löse dich von allem, was du nicht bist.“

Wegen dieser sich später mehr und mehr etablierenden Fehlinterpretation von „Ist NICHT mein (oder nicht dein) Selbst“ zu „Ist OHNE Selbst“ kommt es auf dem zweiten Konzil zu Vesali zur Spaltung des Ordens des Buddha in zwei Sekten, die Mahasanghikas („Ist NICHT mein oder nicht dein Selbst“) und die Theravādins („Ist OHNE Selbst“).

245 v. Chr.

Der Mönch Mahinda महिन्द, Sohn des Königs Asoka असोक, bringt den Dreierkorb und die Erklärung des Sinnes (die er lieber hätte vergessen sollen) nach Ceylon, wo er beide aus dem Gedächtnis von Pāli in die singhalesische Sprache übersetzt. Von keiner der beiden Originalversionen, weder von der Pāli- noch von der singhalesischen Version, ist bis heute etwas erhalten geblieben. Es ist zunächst einmal so, wie der Buddha es selbst kurz vor seinem Tode vorausgesagt hatte: „Nicht einmal 500 Jahre wird meine Lehre der Reinheit bestehen." Die Dreierkorbversion wurde über zweihundert Jahre später (etwa 20 v. Chr.) unter König Vattagamini in Ceylon zum ersten Male niedergeschrieben.

500 n. Chr.

Die Aṭṭhakathā oder Mahā-Aṭṭhakathā, also „Die Erklärung des Sinnes", wird vom Mönch Buddhaghoso, der von Indien nach Ceylon übergesiedelt war, vorgefunden. Diese „Erklärung des Sinnes", bereits vorbelastet mit der falschen „Alles ist OHNE Selbst" Interpretation der Buddha-Lehre, wird von dem Mönch Buddhaghoso unter Hinzufügung seiner eigenen Interpretation von Singhalesisch ins Indische zurückübersetzt.

Diese Kommentarliteratur, die Aṭṭhakathā des Buddhaghoso, wird heute die Theravāda (थेरवाद) Interpretation genannt und ist in vielen Aspekten dem Dreierkorb entgegengerichtet, entspricht also nicht mehr der Lehre des Dreierkorbes und damit nicht mehr der Lehre des Buddha. Dr. Georg Grimm schreibt, dass die Theravāda- oder Ältesten-Lehre den originalen „Dreierkorb" der Reden, Ordensregeln und Scholastik des Buddha „wie ein mächtiges Schlinggewächs umrankt" und ihm, so füge ich hinzu, fast den Atem nimmt. Nicht nur verkündet die Theravāda-Interpretation, dass alles ohne Selbst sei, sondern auch, dass - was ja dann nahezu logisch daraus folgert - es kein Ich gäbe, welches reinkarniert oder wiedergeboren wird. Also Verwirrung auf der ganzen Linie.

Dabei ist die Wahrheit doch so einfach: **Alles Erkennbare ist nicht dein Selbst.** Also lass es los oder, wenn du das nicht kannst, dann verhalte dich wenigstens so, dass du ein schönes nächstes Leben hast.

Das Prinzip der Reinkarnation wird in der Theravāda-Kommentarliteratur völlig falsch erklärt. Dr. Georg Grimm schreibt, dass das Tragische an der Theravāda-Interpretation ist, dass diese „dem Kerne der Lehre des Buddho nicht mehr gerecht wird". Den Buddha bzw. seine Lehre hat also dasselbe Schicksal ereilt wie jede andere Religion. Man hat sie missinterpretiert, verfälscht, verwässert. Wer die wahre ursprüngliche Lehre des Buddha erfahren will, muss sie im Alt-Buddhismus suchen, wie gelehrt und erklärt in diesem Buch und in Dr. Georg Grimms *Die Lehre des Buddho.* Es ist also hauptsächlich der später entstellten Kommentarliteratur der Mahā-Aṭṭhakathā zuzuschreiben, dass sich der Buddhismus mehr und mehr zersplitterte bis hin zu dem, was sich heute so alles „Buddhismus" nennt. Wer den Buddha daher von der Kommentarliteratur her beurteilt und nicht vom Dreierkorb, der erweist sich und dem Buddha einen schlechten Dienst.

Heute nennt man die ältere Pāli-Kanon Version der Lehre des Buddha geringschätzig „das kleine Gefährt“ oder *Hīnayānam* हीनयान und die Version, deren Ursprung etwa ins erste Jahrhundert nach Christi fällt, „das große Gefährt“ oder *Mahāyānam* महायान. Das Mahāyānam lehrt ein zusätzliches Bodhisattva-Ideal, welches auch von Blavatsky gepriesen wird. Dieses Ideal besagt, dass man nicht eher NIRVĀṆA erlangen soll, bis alle Lebewesen erlöst sind. Dies scheint mir jedoch eine Entschuldigung dafür zu sein, das Vergängliche, sei es nun im Himmel oder auf Erden, zu genießen, wenn möglich unter dem Privileg eines Heiligen. Außerdem erwähne ich bereits an anderer Stelle in diesem Buche, dass es unendlich viele Lebewesen gibt, sich jedoch immer nur eine, wenn auch fast unzählbare, so doch endliche, Anzahl davon in Manifestation bzw. Inkarnation befindet, weshalb es darum auch ganz unmöglich ist, alle zu erlösen und **dann** selbst **NIRVĀṆA** zu erlangen.

Das Bodhisattva-Ideal ist eine meiner Ansicht nach missverstandene Entsagungsthese, darum möchte ich jetzt im Detail auf diese Problematik eingehen. Das Herabziehen des Bodhisattva-Ideals in den Bereich der Menschenwelt durch ein Immer-wieder-hier-Geborenwerden, bis alle Wesen erlöst sind, stellt eine Abwandlung späterer Mahāyāna-Schulen dar und hat nichts mit dem überweltlichen Bodhisattva-Pfad in seiner eigentlichen Bedeutung zu tun. Diese Verflachung hin zum weltlichen Immer-wieder-hier-Geborenwerden hat vor allem in der westlichen Welt Fuß gefasst, wo man doch noch sehr an Personen und Dingen hängt und sich der angeblich Heilige hier ein Seitentürchen offen halten will, um einerseits behaupten zu können, dass er den NIRVĀṆA-Pfad beschreitet, und andererseits noch die weltlichen oder himmlischen Dinge genießen kann. Nun ja. Doch hier wie überall gilt der Volksmund: „Man kann nicht zwei Herren dienen.“ Wenn man schon den Mittelpfad wählt, dann soll man dies bewusst tun und sich und anderen nichts vormachen. Dies sei allen Mahāyāna-Buddhisten hinter den Spiegel gesteckt, denn sie sind in Gefahr, sich mehr und mehr vom eigentlichen NACH INNEN FÜHRENDEN hohen Pfad eines WAHREN Buddhajüngers zu entfernen. Wenn also ein SOGENANNTER Bodhisattva nach Art und Weise des pranidhāna gelobt, dass er ALLE Lebewesen retten will, egal wie viele es sind und wie viele Leben er dazu braucht, dann ist dies ziemlich anmaßend, denn: 1. Wer sagt denn, dass SEIN Weg zur Errettung aller Wesen führt, und 2. wer sagt denn, dass alle Wesen errettet werden WOLLEN bzw. NIRVĀṆA erlangen wollen? Vielleicht entscheiden sie sich für STÄNDIGE WIEDERGEBURT? Auch das ist ja möglich und sicherlich für die Mehrheit erwünscht.

Darum, lieber Leser: Ein WAHRER Lehrer und Erretter aller Wesen ist man dann, wenn man DIE LEHRE verkündet und ALLE MÖGLICHKEITEN anbietet. Dann soll doch der Schüler selbst entscheiden, was für ihn am besten ist. OM. Und so hat denn der große Zen-Meister Hui-Hai natürlich Recht, wenn er sagt: „SELBER müssen sich die Wesen um die Erleuchtung bemühen, auch ein Erwachter kann sie nicht erlösen. WENN er es könnte oder wenn dem so wäre, dann müssten alle Wesen schon erlöst sein, denn es hat schon unzählige Buddhas gegeben.“ So ist es und so macht es auch Sinn. OM. Und so schreibt denn Dr. Georg Grimm auch ganz richtig: „So schien für den Buddha sein Problem, sich vom Leiden zu befreien, zum ungeheueren Problem anzuwachsen, mit sich die ganze Welt zu befreien und in den absolut angemessenen Zustand überzuführen. Aber DIESER Wille, die ganze Welt zu erlösen, konnte in ihm NICHT entstehen, weil er [und nun aufgemerkt, liebe 'Bodhisattvas'. Lanoo] natürlich ohne weiteres die absolute UNMÖGLICHKEIT eines solchen Unternehmens erkannte. Wohl aber blieb für den Buddha noch das Problem übrig, auch über den aus seinem grenzenlosen Mitleiden geborenen glühenden Wunsch hinwegzukommen, alles Leiden in der Welt bis an die Grenzen des Möglichen zu vernichten. Und dieser Wunsch konnte, da er sich als berechtigt darstellte, nur dadurch zum Schweigen gebracht werden, dass er tatsächlich erfüllt wurde. [Der Wunsch eines Mahāyāna-Bodhisattvas, erst NIRVĀṆA zu nehmen, wenn DIE GANZE WELT erlöst ist, wird jedoch VERHINDERN, dass er selbst jemals NIRVĀṆA erlangt, denn die ganze Welt will vielleicht gar nicht erlöst werden, womit auch der Wunsch eines solchen, eigentlich der Welt anhaftenden Bodhisattvas immer und immer und immer wieder aufflackern wird und ihn von NIRVĀṆA trennt, denn NIRVĀṆA ist ja DIE ABWESENHEIT aller Wünsche. Lanoo.] Der Buddha erfüllte den Wunsch, das Leiden in der Welt bis an die Grenzen des Möglichen zu vernichten, ja auch, indem er buchstäblich 'unermessliche Güte gegen alles, was da lebt und atmet', Zeit seines Lebens betätigte [und natürlich, indem er die LEHRE darlegte. Lanoo]."

SO gesehen können auch wir Bodhisattvas sein und zum Wohl aller Wesen beitragen, WAS IRGEND IN UNSERER MACHT steht. Lieber Leser, aufgemerkt bitte, das WESENHAFTE, also DU, das ist nicht mit den Augen zu sehen noch mit den Ohren zu hören, das ist weder im Himmel, auf Erden oder in der Hölle, das ist JENSEITS der Welt ALLER Erscheinungen. DU bist, wenn irgendetwas, dann tief, unermesslich, unergründlich. Da musst du dich schon, und sei es nur in der Meditation, von allem Messbaren und Ergründbaren LÖSEN, alle Beilegungen (also Körper, Gefühl, Denken, Seele und Geist) ABWERFEN, dich NICHT mehr damit zu identifizieren, DANN verbleibst DU, das Nicht-Erkennbare, Merkmallose, Unaussprechliche, Todlose, Unerschaffene, Nicht-Gewordene, Nicht-Geborene. Kann es denn da verwundern, dass sich die Welt einem SOLCHEN Ziel nur zögernd, wenn überhaupt zuwendet? Da ist die Masse schon lieber mit der zweiten Wahl zufrieden, die ist zwar vergänglich, aber zumindest doch ETWAS.

EINE Zweigrichtung des Buddhismus, die sich mehr und mehr auf die wahre Lehre des Buddha besinnt, ist in gewisser Weise der Zen-Buddhismus, da, wo er sich vom Mahāyāna-Buddhismus hinweg entwickelt hat. Mehr und mehr Zen-Meister erkennen endlich, was der Buddha WIRKLICH gelehrt hat, nämlich was das Ich NICHT ist und NICHT etwa, dass es kein Ich oder keine zu erlösende Wesenheit gibt. So schreibt denn die Tochter von Dr. Georg Grimm, M. Keller-Grimm, in ihrem schönen Gedicht:

> „Wenn in Samādhi Geist und Körper nur noch Hüllen sind,
> dann ist das Ewige dir nah -
> in Bodhicitta wird es zum Erlebnis,
> zum Sonnenleuchten des Tathāgata!"

Hinzuzufügen wäre noch, dass der Zustand der Erleuchtung sogar ein physischer ist und NICHT nur ein geistiger. Wenn Kuṇḍalinī das Gehirn von innen erfüllt, DANN strahlt der Erleuchtete, welches früher dazu führte, dass sich ER-

LEUCHTETE im Dunkeln trafen und die Nacht mit ihrem eigenen Schein erfüllten. Wer es zu fassen vermag, der fasse es.

Liebe Freunde, ein SUBSTANZIELLES Ich gibt es natürlich NICHT, weil ja der ERLÖSTE alle Substanz abgestreift, sich von ihr gelöst, sein Verlangen nach ihr ÜBERWUNDEN hat. Darum kann und wird er ja auch nicht mehr in der Welt der Substanz verweilen, und sei es gar in den höchsten feingeistigsten Himmeln, denn auch die oder auch IN denen existieren ja Wesen, die alle Substanz AUSSER der geistigen abgestreift, sich davon gelöst haben. OM. Das GENIALE an der Lehre des Buddha ist es, dass JEDER sofort da anfangen kann, wo er ist oder erkennt. Der Idiot sowie das Genie sind ja BEIDE von NIRVĀṆA getrennt, der eine durch seinen entstellten und der andere durch seinen hochentwickelten Mentalkörper. BEIDE können nun damit beginnen, sich von ihrem Zustand der Unwissenheit zu trennen, und zwar Schritt für Schritt, und ich wage zu behaupten, dass es sehr gut möglich ist, dass der Idiot EHER NIRVĀṆA erlangt als das Genie, denn die EINFACHHEIT der Lehre des Buddha ist oft ein Hindernis für den, der komplizierte Gedankenabläufe gewohnt ist.

Wer also die wahre Lehre des Buddha studieren, leben und dann auch verkünden will, der halte sich an die Urtexte des Tipitakam, des Dreierkorbes, von diesem speziell an das Suttapitakam, den Korb der Lehrreden, und meide die Kommentarliteratur.

Es kann natürlich sein, dass sich auch in den Dreierkorb Interpretationen hineingeschmuggelt haben, die nicht im Detail genau die ursprüngliche Lehre des Buddha widerspiegeln. In einem solchen Falle muss der Leser gesunden Menschenverstand walten lassen, dann wird die überwiegende Richtigkeit des Originals die kleinen Lücken einer möglichen ungenauen Interpretation schließen. Zu diesem und keinem anderen Zweck wurde dieses Buch, aber auch das Buch von Dr. Georg Grimm *Die Lehre des Buddho* geschrieben.

Um 820 n. Chr.

Der Schaden ist perfekt. Shankara, der große vedische Kommentator, der nur den KOMMENTAR-Buddhismus kannte, nennt den Buddha einen „alten Schwätzer“. Nun, jemand, der verkündet „Alles ist OHNE Selbst“ und dass man sich darum von allem befreien sollte, ohne zu erklären, wer denn nun derjenige sein soll, der sich befreit, der kann in der Tat als Schwätzer bezeichnet werden. Eine solche Lehre ist eine Narrenlehre und macht wirklich keinen Sinn. Nur: Der Buddha hat dies **nie** verkündet. Buddha sagte einfach: **„Alles (Erkennbare) ist nicht DEIN Selbst. Lass alles los.“**

820 - 1000 n. Chr.

Die Lehre des Buddha verschwindet völlig aus Indien.

1000 n. Chr. - 1868 n. Chr.

Die Lehre des Buddha schlingert so dahin. „Alles ist OHNE Selbst“ anstatt „Alles Erkennbare ist nicht das Selbst“ schreckt sogar die meisten Buddhisten ab. So ergehen sich viele „Buddhisten“ in den tollkühnsten Definitionen darüber, was NIRVĀṆA ist. Für manche ist es die Freude schlechthin, für andere das Ende aller Schmerzen, für andere wieder der Höhepunkt beim Orgasmus.

Es ist geradezu erstaunlich, wie sehr der Buddha oft auch von großen Denkern missverstanden wird und wurde. Der beste Beweis dafür ist die ansonsten hervorragende Abhandlung eines Theologen über Buddhismus, in der er jedoch gegen Ende der Abhandlung verkündete, der Buddha oder Buddhismus hätte die Ichlosigkeit oder gar die Zerstörung des Ich zum Ziel. NIEMALS hat der Buddha dies gelehrt, sondern eben nur die FREIHEIT von allem, was das Ich NICHT ist. Der Buddhismus hat nicht die Ichlosigkeit zum Ziel, sondern die Ich-bin-dieses-oder-jenes-Losigkeit. Der Buddhismus hat die BEFREIUNG DES ICH von allem, was es **nicht** ist, zum Ziel und nicht dessen Zerstörung. Das Ich ist die einzige Realität in dem Meer der vergänglichen Illusion. Da man jedoch nicht sagen kann, was das Ich ist (da das Ich selbst das ist, welches erkennt und darum selbst gar nicht erkannt werden kann), sondern sich nur von allem Erkannten bzw. Erkennbaren lösen bzw. befreien kann, darum ist eine Bestimmung des Ich durch irgendwelche Begriffe eben nicht möglich, sondern nur eine **BEFREIUNG** von allem, was das Ich **NICHT** ist. Was verbleibt, ist natürlich dann das Ich oder Selbst oder das überlebende Prinzip, die WESENHEIT, oder wie auch immer man es benennen mag, auf jeden Fall FREI von allen Beilegungen, von aller Bestimmung und Bezeichnung. Es ist auch aus diesem Grunde, dass ich das Ich eines anderen Wesens nicht erkennen kann, weil unser beider Erkennungspunkt, der des anderen Wesens Ich und der meines Ichs, IM SELBEN ALLEN WESEN EIGENEN ZENTRALPUNKT gelagert ist.* Das einzige, das ich WEISS, ist, dass auch jedes andere Wesen dieses UNBENENNBARE Ich IST. **Darum** bzw. dieser Erkenntnis folgend muss ich ALLEN Wesen Respekt und Mitgefühl erweisen, denn auch sie sind ja alle nur Ausdrucksformen ihrer eigenen unerkennbaren und unbenennbaren, jede Bezeichnung sprengenden Größe und Großartigkeit. DIES ist es, was alle Wesen verbindet, und nicht der augenblickliche Zustand ihrer Unwissenheit bzw. ihres Durstes nach Manifestation, hinweg von dem, was sie wirklich sind bzw. was verbleibt, nachdem sie sich gelöst haben von dem, was sie **NICHT** SIND. OM. Wer es zu fassen vermag, der fasse es.

Der Grund dafür, warum die ursprüngliche Lehre des Buddha zu dem entartete, was sich heute so alles „Buddhismus“ nennt, ist einfach folgender: Der Buddha

* Um diese Einheit wieder herzustellen, drängt es alle Wesen, die NIRVĀṆA verlassen haben, nach Vereinigung, sei es als Nahrungsaufnahme, in Lust und Liebe oder in Hass und Schmerz. Alles, was alle Wesen wollen, ist, die Einheit des Ewigen, welche sie einst verließen, wieder herzustellen. Dies ist jedoch in der Welt des Vergänglichen, also im Himmel, auf Erden und in der Hölle, unmöglich. Nur wer sich **löst** von der Welt des Vergänglichen, kann das Ewige, das NIRVĀṆA, die todlose Einheit, die er einst aus Unwissenheit verließ, wieder erlangen.

lehrte, dass das wahre Wesen des Menschen **jenseits** aller Sinnesfunktionen liegt. Darauf aber, eben auf diese Sinnesfunktionen, wollen die meisten Menschen nicht verzichten und so erfanden und erfinden sie eine „Kommentarliteratur", welche den Kern der Buddha-Lehre so weit als möglich zu umgehen sucht, nach dem Motto „Man kann zwei Herren dienen". Dies kann man aber nicht.

Wie erklärt sich aber nun die falsche Theravāda-Interpretation der Anattā-Lehre des Buddha? MAN KANN ES GAR NICHT OFT GENUG WIEDERHOLEN: Der Fehler liegt in den Pāli-Schriften, die **zunächst** das Prädikat „anattān" völlig richtig als „Ist nicht das Ich" oder „Ist nicht das Selbst", es **dann** aber auch als „Ist ohne Selbst" und „wesenlos" interpretieren.* Des Weiteren: Die Deutung *attavirahata* oder „ohne ātman" gilt nicht für den älteren Buddhismus, sondern stammt aus einer Zeit, wo sich die Fehlinterpretation bereits eingeschlichen bzw. manifestiert hatte, aber auch aus folgendem Grunde: Das Pāli *attan* oder das Sanskrit *ātman* bedeutete *Wesenhaftigkeit* oder auch *svabhāva*, also übersetzte man *an-attan* oder NICHT-SELBST als *wesenlos*. Das kleine Missverständnis weitete sich zum Berg des Irrtums aus und führte schließlich zu der Behauptung, dass der Buddha gelehrt hatte, es gäbe kein Selbst. Wenn es kein Selbst gibt, wer ist es denn, der sich mit dem, was das Selbst NICHT ist, identifiziert, wer ist es denn, der, dem Rate des Buddha folgend, alles loslässt, was das Selbst **nicht** ist? Wer ist es denn, der meditiert, bis alles, was das Selbst **nicht** ist, von ihm abgefallen ist und er NIRVĀṆA erlangt? Über die Skandhas, über das, was das Selbst NICHT ist, zu meditieren, das macht doch wohl keinen Sinn. Meditation ist eine sehr effektive Methode, die Skandhas **loszulassen**. Darum hat ja auch der Buddha immer wieder verkündet: „Das gehört mir nicht, das bin ich nicht, das ist nicht mein Selbst." Wer kann denn da noch heraushören oder hineininterpretieren „Es gibt kein Selbst"? Wer so denkt, wird nie NIRVĀṆA erlangen, sondern immer nur auf irgendeiner der unteren Ebenen herumkrebsen. Die Botschaft des Buddha war klar: „Lass alles los, was das Selbst NICHT ist, und erlange NIRVĀṆA!" Dies ist so einfach ersichtlich, verständlich und auch praktizierbar, dass selbst ein KUHHIRTE zu Buddhas Zeiten Erleuchtung fand. Es ist doch nur wegen der späteren, immer mehr an Körper, Gefühl, Denken, Seele und Geist klammernden Menschen, dass sie die Lehre des Buddha nicht verstanden bzw. sie verwässerten. Oh Leser, lass alles los, was das Selbst NICHT ist. Was ist das Selbst **nicht**? Körper, Gefühl, Denken, Seele und Geist bzw. alles für mich Wahrnehmbare, alles vor und an mir Entstehende und Vergehende ist nicht mein Selbst. Wer sich von alledem löst, der, so spricht der Buddha, „verharrt unangelehnt und an nichts in der Welt haftet er (anissito ca viharati, na ca kinci loke upadiyati)". Wer, so frage ich, ist es denn, der „unangelehnt verharrt"? Doch wohl der, welcher zunächst anlehnt oder anhaftet an anattā bzw. an alles, was er **nicht** ist oder war, und der sich nun davon gelöst hat, nicht mehr daran haftet, sich nicht mehr daran lehnt, also UNANGELEHNT ist bzw. verharrt. Wer kann denn da noch herauslesen, dass der Buddha lehrte, es gäbe kein Selbst? Doch wohl nur jemand,

---

* Nur so ist es zu erklären, dass selbst große Denker wie W. Sonn die ICHLOSIGKEIT zum höchsten Ziel der Buddha-Lehre erklärten. Eine Lehre, die MEINE Zerstörung zum Ziel hat, kann in der Tat als Narrenlehre bezeichnet werden.

der die Lehre des Buddha nicht versteht. Sarvapalli Radhakrishnan schreibt in *Indische Philosophie, Bd. I*: „Das NIRVĀṆA ist kein Nichts, sondern nur eine Verneinung des Auf und Ab der Welt und die Rückkehr des Selbst in sich selbst. Die logische Folgerung daraus wäre, dass es etwas gibt ... Dies entspricht auch der Feststellung des Buddha, dass das Selbst weder dasselbe wie die Skandha, noch etwas von ihnen völlig Verschiedenes ist* ...

Die [Buddhas] Rede von der Last und ihrem Träger zeigt, dass die Skandha [Körper, Gefühl, Denken, Seele und Geist. Lanoo] als die Last und *Pudgala* als der Träger **verschiedene Wesenheiten** sind. Wären sie identisch, brauchte man sie nicht zu unterscheiden."

Und dann zitiert der große *Radhakrishnan* den Buddha: „'O ihr Mönche, ich bin dabei, euch die Last und ebenso den Träger der Last zu erklären: Die fünf Skandha sind die Last, und Pudgala ist der Träger der Last ...' (Sam. Nik. XXII, 22) Geboren werden heißt, die Last aufnehmen; sie niederlegen bedeutet, den Segen, das NIRVĀṆA zu erlangen." Es gibt also ganz klar und eindeutig eine endgültige Wirklichkeit sowie etwas in uns, welches diese endgültige Wirklichkeit berührt, ja WIRD bzw. IST. Der Buddha erwähnt hunderte von Male das Ich bzw. das Selbst: „Nicht bin **ich** irgendwo, bei irgendwem, in irgendetwas" (Majj. Nik., 106. Sutt.) oder „Da nun das **Ich**, ihr Mönche, nicht zu finden ist (anupalabhamāne) ..." (Majj. Nik., 22. Sutt.) - (Wenn man etwas nicht findet, muss dies doch nicht auch zugleich bedeuten, dass es das nicht zu Findende gar nicht gibt! Es ist nur nicht aufzufinden.) - oder „Das ist die wahre Ātman- (**ICH**-)Lehre, der wahre Atta-vāda" (cfr. Sam. Nik. XLV, 4) etc. etc. etc. So schreibt denn der Indologe Dr. Karl Seidenstücker in *PĀLI-BUDDHISMUS*: „Auch er (der Buddha) hat den Ātman (das Ich, das Selbst) gesucht, ... (aber) auf dem **indirekten** Wege, indem er vom Attā alles, was *nicht* der Attā ist, absonderte."

Und was ist der Attā oder das Ich **NICHT**? Das Ich oder das Selbst ist NICHT der Körper, das Denken, das Gefühl, die Seele und der Geist. Alles Wahrnehmbare und Erkennbare bist du NICHT. Lass all diese NICHT-ICHS los und du wirst NIRVĀṆA erlangen.

Im Majj. Nik., 38. Suttam bezieht sich der Buddha sogar direkt auf das Selbst: „Was meinst du nun, Udāyī उदायि, zu einer Zeit da man sich des Tötens enthält, sich des Nehmen des Nichtgegebenen enthält, sich des üblen Wandels hinsichtlich der Sinnenlüste enthält, sich falscher Rede enthält und noch andere Asketenpflicht auf sich genommen hat, **ist <u>das Selbst</u> zu einer solchen Zeit durchaus glücklich oder glücklich und leidvoll?"**

In Chāndogya-Upanishad heißt es: „<u>Das Selbst</u>, das sündlose, frei von Alter, frei vom Tode, frei vom Leiden, ohne Hunger und ohne Durst, das sollte man zu erkennen suchen."

Der Buddha fragt in Mahāvaggo I, 14: „Was ist wohl besser, ihr Jünglinge, wenn ihr das Weib sucht oder wenn ihr <u>euer Ich</u> (SELBST) sucht?"

An anderer Stelle (Samyutta Nikāya XXII, 59) verkündet der Buddha: „Der Körper, ihr Jünger, ist nicht <u>das Selbst</u>; wäre nämlich, ihr Jünger, der Körper das

---

* Und genau da und damit ADRESSIERT der Buddha doch das Selbst, indem er nämlich sagt, was es **NICHT** ist.

Selbst, so wäre er nicht der Krankheit unterworfen und man könnte von ihm sagen: 'Mein Körper soll so und so sein; mein Körper soll nicht so und so sein.' Da nun aber, ihr Jünger, der Körper nicht das Selbst ist, so ist er der Krankheit unterworfen und man kann von ihm nicht sagen: 'Mein Körper soll so sein und so sein; mein Körper soll nicht so sein und so sein.'"

„Nach auswärts bohrte die Höhlungen der An-sich-Seiende (= das wahre Selbst): darum sieht man nach außen, nicht aber im innern Selbst." (Kāthaka-Upanishad 4, 1.) Buddha selbst beschreibt in Samyutta Nikāya XLV, 4: „Ein Wirken, das dem Selbst angemessen ist." Von sich selber erklärt der Meister: „Mit dem Mönchsgewande bekleidet, wandere ich als ein Heimloser, mit völlig erloschenem Selbste, ohne mich von der Menschen Gier beschmutzen zu lassen." (Suttanipāta सुत्तनिपात, V. 455 - 456.) Erloschen ist also nur das, was das Selbst verunreinigt und es beschmutzt.

In Dhammapada, V. 226 lesen wir: „Wenn du die Unreinheit austreibst, wirst du, frei von allem Schmutz, ins wunderbare, ins erlesene Land - Nibbāna - gelangen."

Wer ist denn derjenige, dieses *du*? Antwort: Das Selbst natürlich. In der Längeren Sammlung I, 36 finden wir, dass ein Erhabener nicht mehr brennt, „er hat das Glück in sich selbst gefunden". Der Buddha selbst erklärt: „Ich habe mit meinen Gedanken die ganze Welt durchwandert, aber ich habe nichts gefunden, was einem lieber wäre, als das eigene Selbst." (Udāna V, 1.) Das Dhammapada rät: „Ist das eigene Selbst dir teuer, halte es in guter Hut." Das Mangala-Sutta preist „rechtes Streben des Selbstes".

Und was erhält man als Belohnung? Der Buddha verkündet es uns in Angutta Nikāya XI, 16: „1. Man schläft glücklich, 2. man erwacht glücklich, 3. man hat keine schlechten Träume, 4. man ist den Menschen lieb, 5. man ist den nichtmenschlichen Wesen lieb, 6. die Götter beschützen einen, 7. weder Feuer, noch Gift, noch Waffen tun einem etwas an, 8. das Gemüt wird allsogleich heiter, 9. das Antlitz erscheint ruhig, 10. man stirbt leicht und klaren Geistes, 11. und wenn man nicht zum Zustande höchsten Heiles vordringt, so erscheint man nach dem Tode in einer hohen Himmelswelt."

Im Udāna heißt es: „Diese von Gluten erfüllte Welt erklärt die Krankheit für das Selbst." - „Macht das SELBST zur Insel, macht das SELBST zur Zuflucht!" (Längere Sammlung, 16. Rede.)

Wenn es das Selbst oder ein überlebendes Prinzip nicht geben soll, wer ist es denn, den der Buddha in Udāna V, 5 beschreibt als „... (das) große Wesen: Den in den Strom Eingetretenen und den auf dem Wege zur Frucht des Stromeintrittes Befindlichen, den Einmal-Wiederkehrenden und den auf dem Wege zur Frucht der Einmal-Wiederkehr Befindlichen, den Nie-Wiederkehrenden und den auf dem Wege zur Frucht der Nie-Wiederkehr Befindlichen, den Heiligen und den auf dem Wege zur Frucht der Heiligkeit Befindlichen."

Die Existenz des Selbst wird auch bestätigt in der Mittleren Sammlung der 51. Rede: „Er verweilt mit heilig gewordenem Selbst." (brahmabhūtena attanā viharati.)

WAS IST BUDDHISMUS?

Es gibt so wenig Erleuchtete, die die WAHRE Lehre des Buddha verkünden, dass man jeden dieser gesegneten Menschen zitieren sollte, wo und wann immer es auch möglich ist, damit wir nicht so allein sind im Kampf gegen den falschen Buddhismus des Dalai Lama. GUSTAV MENSCHING war jemand, der wie Dr. Georg Grimm die WAHRE Lehre des Buddha verstand und auch verkündete, nämlich dass es kein Selbst gibt IN DER WELT DER ERSCHEINUNGEN, aber JENSEITS davon gibt es sehr wohl ein Selbst bzw. ALLE Selbste oder Wesenheiten. Ich zitiere aus Gustav Menschings Buch *BUDDHISTISCHE GEISTESWELT*:

„Der Buddhismus ist eine universale Erlösungsreligion. Das bedeutet, dass als Voraussetzung ein universaler Zustand negativer Art angenommen wird. Die Universalität dieses Zustandes beruht darauf, dass er nicht in äußerlichen und zufälligen Umständen besteht, sondern in der innersten Existenz aller Wesen selbst begründet ist. Der Buddhismus verwendet zur Charakterisierung der Negativität des vorgefundenen und aus unerkennbaren Anfängen fortbestehenden Unheilszustandes vorzugsweise den Begriff des ‘Leidens’ (dukkha).

Es ist kein Zweifel, dass im Buddhismus unter Leiden vielfach persönliches Ungemach, leidvolle Erfahrungen und Empfindungen im natürlichen Sinne verstanden werden. Aber wenn es z. B. heißt: ‘Das Leiden nicht erkennen ..., wird Nichtwissen genannt’ (Majj. Nik. I, 54), so ist hier deutlich ein UMFASSENDERER Begriff des Leidens verwendet; denn welcher natürliche Mensch erkennt nicht, was ihm im normalen Sinne Leiden bereitet? Auch wenn es (Samyutta Nik. XXXVI, 11, 3) heißt: ‘Was auch immer empfunden wird, das gehört zum Leiden’, also auch die LUSTVOLLE Empfindung, so liegt hier offenbar eine höhere Bewertung bzw. Abwertung vor, für die ‘Leiden’ die zusammenfassende Kategorie ist. An der zuletzt genannten Textstelle wird als Grund für die Behauptung, dass alles, was empfunden wird, leidvoll sei, angegeben, dass alle Daseinsfaktoren, zu denen, wie wir noch sehen werden, auch die Empfindungen gehören, dem Vergehen unterliegen [weshalb man ja auch immer und immer wieder nach ihnen verlangt, was zur Wiedergeburt und zu neuem Leiden führt. Lanoo]. Aber SO wird es doch eben vom NAIVEN Menschen [zu dem der sogenannte Intellektuelle oft mehr gehört als er denkt, mehr als einer mit geringer Schulbildung, aber dafür mit gesundem Menschenverstand. Lanoo] NICHT empfunden, obwohl er um die Vergänglichkeit alles Irdischen weiß. Ihm fehlt also ein letzter Bewertungsmaßstab, und der liegt darin, dass höchster und alleiniger Wert das wahrhaft Seiende, das wandellos Ewige ist. Das aber ist eine religiöse Erkenntnis, die der unerlöste Mensch nicht hat. Insofern ist das Nichtwissen (avijja) Grund dessen, dass der natürliche Mensch sich über seine vorgefundene Existenz und deren Leidenscharakter nicht klar ist [Nichtwissen ist aber auch das Nichtwissen um die Tatsache des NIRVĀṆA als Ort der Erlösung. Das kann ja auch die Mehrzahl nicht wissen oder weil sie keine Erinnerung an NIRVĀṆA hat. Lanoo]. Wir glauben deshalb mit Recht, den Begriff ‘Leiden’ mit ‘Unheil’ gleichsetzen zu dürfen. Der Buddha hat nun diese vorgefundene Unheilsexistenz von den verschiedenen Seiten analysiert, und die folgende Textgruppe soll im einzelnen die Gesichtspunkte beleuchten, unter denen der Unheilscharakter des weltlichen Daseins erfasst wird. Wir gehen bei unserer durch die entsprechenden Texte dokumentierten Darstellung der buddhistischen Lehre von der unheilvollen Existenz aus, von dem umfassendsten Begriff dessen, was dem Unheil unterworfen ist, von dem Begriff in der Welt. Er gibt nach der Auffassung des Buddhismus drei Welten, die nach ihrer Struktur unterschieden werden: die Sinnenwelt (kāma-loka), in der einbegriffen sind die Höllen, das Tier-, Gespenster- und Dämonenreich, die Menschenwelt und das sechsstufige niedere Himmelreich. Die Welt der Formen (rupa-loka) umfasst die Bezirke der Himmelswelt, in der die mit Körperformen ausgestatteten höheren Götter leben. Die Welt der Gestaltlosen (arupa-loka) endlich ist der Bereich des Immateriellen, in dem die höchsten Götter existieren. Alle diese Welten haben ihre verschiedene Lebensdauer [in diesem Buch beschrieben. Lanoo], die von den in der Welt der Formen bestehenden Göttergruppen an aufwärts nach Weltalter berechnet wird. Diese Welt mit all ihren Erscheinungsformen ist unheilvoll und, wie der Text sagt, dem Leiden unterworfen, weil die Wesen vom Durst getrieben und vom Nichtwissen gefesselt sind. Wenn der Buddha daher lehrt, dass die Wesen zur Erlösung ans Ende der Welt gelangen müssen, dann muss dieses Ende und die Aufhebung der Welt im INNEREN der Wesen erreicht werden [und nicht durch Wanderung durch die äußere Welt, egal wie weit man auch sucht. Lanoo]. Da alle Welten leidvoll und daher vergänglich sind, sind auch die langlebigen Götter vergänglich und vom Unheil umfangen. Alter und Tod sind die markantesten Formen der Vergänglichkeit und die verbreitetsten Anlässe des Kummers. Jeder Todesfall ist daher nur ein Spezialfall des allgemeinen Weltleidens. Buddha sieht in dieser Todverfallenheit und der auf den Tod notwendig folgenden neuen Geburt den Ansporn zu guter Tat, die gute Geburt bedingt.

Es wurde oben bereits im Allgemeinen der Unheilscharakter aller weltlichen Existenz betont. Eine genauere Charakteristik gibt die Lehre von den 'drei Merkmalen' (ti-lakkhana). Alles Daseiende im empiristischen Sinne ist gekennzeichnet durch Vergänglichkeit (anicca अनिच्च), Leiden (dukkha दुक्ख) und durch Nichtselbstheit (anattā). Die beiden ersten Merkmale haben uns bereits beschäftigt. Das dritte führt auf die wichtige Lehre vom Nicht-Ich. Gemeint ist, dass alles weltlich Daseiende ohne wahres Selbst (in der Welt der Erscheinungen! Lanoo) ist. Tatsächlich gehört die Ichhaftigkeit zum innersten Wesen aller menschlichen Lebensregung. Aber was die Menschen für ein Ich halten, ist in Wahrheit kein Ich, es ist anattā, ohne eigentliches Ich. Weltliches Denken glaubt, es gäbe in dieser Welt etwas Bleibendes. In Wahrheit ist alles Daseiende der Veränderung ausgesetzt und daher ausgeschlossen vom eigentlichen Sein."

Nun fährt Mensching fort, den Begriff „Dharma" korrekt zu erklären, nämlich als Welt UND NIRVĀṆA. „Alles, was existiert, sei es im weltlichen, sei es im nichtweltlichen eigentlichen Sinne, besteht aus Daseinsfaktoren (dharma), die alle bis auf einen als bedingt bezeichnet werden. EIN dharma ist unbedingt: das NIRVĀṆA. Von dem BEDINGTEN Dharma heißt es im Anguttara Nikāya (3, 134): 'Alle bedingten Daseinsfaktoren sind vergänglich, alle bedingten Daseinsfaktoren sind leidvoll, alle Daseinsfaktoren sind ohne Selbst.' Die bedingten Dharma werden nun zu fünf Gruppen (kandha) zusammengeschlossen: die Gruppe der körperlichen Form (rupakdandha), zu der sowohl die vier Elemente (Erde, Wasser, Feuer, Luft) gerechnet werden, als auch die aus ihnen gebildeten Faktoren, sofern sie zum Körper gehören, die Sinnesorgane, Sinnesdaten (Farbe, Töne), und die am Körper auftretenden Eigenschaften. Die zweite Gruppe der Empfindung (vedānakhanda) umfasst das Erleben von angenehmen, unangenehmen oder indifferenten Gefühlen. Die dritte Gruppe der Wahrnehmung (sannakhanda) bezieht sich auf die Fähigkeit, Wahrgenommenes von anderem zu unterscheiden. Die Gruppe der Gemütsregungen (sankkharakkhanda) sind die als objektive Faktoren aufgefassten Triebkräfte, die besonders wichtig sind, weil sie den individuellen Lebensprozess in Bewegung halten und die verschiedenen Dharma-Atome zu konkreten Kombinationen zusammentreiben, aus denen die individuellen Erscheinungen weltlichen Denkens bestehen. Solche Triebkräfte sind z. B. Lebenskraft, der durch Berührung erzeugte Reiz, Wille, Hass, Gier usw. Es gibt natürlich gute und böse Triebkräfte. Von ihnen hängt wesentlich das künftige Schicksal in der neuen Daseinsform ab. Schließlich ist noch die Gruppe des Bewusstseins (vinnanakhanda) zu nennen. Unter Bewusstsein ist das reine Bewusstwerden ohne Inhalt zu verstehen. Diese fünf alles individuelle Dasein konstituierenden Gruppen der Daseinsfaktoren werden zusammenfassend als Gruppen des Anhaftens oder des Ergreifens des Daseins (upādāna) bezeichnet. Dieses Anhaften ist die Bedingung des Werdens und der individuellen Existenz und besteht aus vier Elementen: aus sinnlicher Begierde, aus dem Anhaften an falschen Ansichten, an Regeln und Riten und am Glauben, dass die Persönlichkeit das wahre Ich sei [mit anderen Worten: Wer 'Ich' sagt und meint damit immer noch den Körper, das Gefühl, das Denken, die Seele oder den Geist, der irrt immer noch. Lanoo]. Dieses Anhaften vollzieht sich in den fünf Gruppen der Daseinsfaktoren. Wie schon oben kurz erwähnt wurde, spielt in der Lehre des Hīnayāna das Problem des Ich (attā) eine wichtige Rolle. Die abendländische Forschung ist sich über das in der originalen Buddhalehre Gemeinte nicht völlig einig. Wird jegliches Selbst geleugnet, oder will der Buddha das eigentliche Selbst nur der Welt der Erscheinungen, also dem konkret Daseienden und damit jeder Erkenntnis und Benennbarkeit entziehen? Ich halte meinerseits diese letztere Ansicht für zutreffend und glaube, dass auch die Texte diese Auffassung stützen (schon allein für diesen Satz sollte Mensching heilig gesprochen werden). Unter Persönlichkeitswahn wird eindeutig der im Individuum zusammengefasste Komplex der fünf Gruppen des Anhaftens verstanden. Abgesehen von diesen die Persönlichkeit konstituierenden Faktoren gibt es keine Persönlichkeit. Der unerlöste Mensch aber identifiziert irrtümlich einzelne dieser Daseinsfaktoren mit dem Ich. Die berühmte Predigt vom Nicht-Ich läuft darauf hinaus, dass der Buddha klarstellt, dass keines der endlichen und vergänglichen Daseinselemente 'mein Ich' ist [und nun kommt gleich noch ein Grund, Mensching heilig zu sprechen. Lanoo]. DAMIT IST VOLLKOMMEN EINDEUTIG DIE EXISTENZ EINES LETZTEN ABSOLUTEN HINTER DEN VERGÄNGLICHEN FAKTOREN AUSGESAGT [dieses letzte Absolute ist natürlich das Selbst oder ICH eines jeden Wesens, JENSEITS der Welt der Erscheinungen der Erlösung harrend. Lanoo]. [Genau, denn wenn der unerlöste Mensch 'Ich' sagt, dann meint er natürlich immer das Erkannte und nicht den Erkennenden, er meint dann immer die Persönlichkeit, also genau das, was NICHT das Ich oder SEIN Ich ist. Lanoo.] Die Verweigerung einer Aussage über Existenz bzw. Nichtexistenz eines eigentlichen Ich hat den Sinn, dass die aus der endlichen Welt stammenden und nur auf sie bezüglichen Kategorien des 'Seins' bzw. 'Nichtseins' auf das Absolute keine Anwendung haben. Drei Arten des (endlichen) Selbst werden als mögliche (aber irrige) Anschauungen unterschieden: das materielle, das geistige und das nur aus Bewusstsein bestehende Selbst. Von allen drei Formen des sogenannten Selbst muss der Mensch erlöst werden. Auch das Bewusstsein ist, wie wir sahen, eine Gruppe von Daseinsfaktoren und bleibt folglich nicht im Kreislauf der Wiedergeburten erhalten, es entsteht und vergeht nach dem Gesetz des Werdens in Abhängigkeit. Der Unheilsfaktor der endlichen Individualsexistenz wird im einzelnen dadurch charakterisiert, dass zehn Fesseln angenommen werden, deren erste fünf zu niederer Wiedergeburt und deren sechste bis zehnte, sofern die ersten fünf erlöst sind, zu höherer, aber selbstverständlich ebenfalls erlösungsbedürftiger Existenz führen.

Das Werden zu neuer Existenz ist von dem Gesetz des Karma bestimmt, das aber im Buddhismus im Lehrsatz von der zwölffachen Ursachenverknüpfung (paticcasamuppada) in detaillierter Form ausgesprochen wird [nimmt man allerdings die Lehre wie verkündet vom Dalai Lama zur Grundlage, dann macht das vorher Erwähnte keinen Sinn, denn es ist schwer zu ersehen, wer denn nun dieses Karma erzeugt und dessen Resultat erfährt sowie die Reinkarnation, wenn es gar kein Selbst gibt ... Lanoo]. Die erste und zweite Ursache (Nichtwissen und karmagestaltende Triebkräfte) gehören als Ursachen der gegenwärtigen Existenz der vorangegangenen Existenz an; die dritte bis zehnte Ursache (Bewusstsein, geistigleibliche Individualität, die sechs Sinne, die aus den fünf Sinnen und dem Denksinn bestehen, Berührung, Empfindung, Gier, Lebenshang und karmisches Werden) zeigen das Werden in der gegenwärtigen Existenz vom Momente der Empfängnis im Mutterleibe bis zur Bedingung der neuen Geburt. Die in der zehnten Ursache ausgesprochene Bedingung der Wiedergeburt in der dritten Existenz ist als 'karmisches Werden' bezeichnet und besagt, dass die Taten im gegenwärtigen Leben, die durch die vorangehenden Ursachen nach ihrer guten wie bösen Seiten bedingt sind, die Ursachen bilden für die neue Wiedergeburt, d. h. für eine neue, ein Schein-Individuum bildende Kombination von Daseinsfaktoren. Die elfte und zwölfte Ursache (Wiedergeburt und Altern, Sterben, Wehklagen, Leid, Gram und Verzweiflung) kennzeichnen die unheilvolle dritte Existenz der Zukunft.

Wir sehen also, dass zwar die Tat und die durch sie kausal ausgelöste Wirkung entscheidend ist für die neue Existenz. Aber die äußerlich gleiche Tat kann dennoch verschiedene Wirkungen haben je nach den übrigen im Individuum zur Wirksamkeit gebrachten mitbestimmenden Faktoren. Die Tat, in ihrer komplexen Form, ist also das einzige Eigentum, das das Individuum nach seinem Tode begleitet.

Überblickt man unter diesen Gesichtspunkten die Menschenwelt, dann lassen sich nach der Art ihres Wandelns vier Arten von Menschen unterscheiden. Die einen in niederer Daseinsform Geborenen und darin haltungsgemäß Verharrenden wandern vom Dunkel dieser Existenz zum Dunkel neuer Existenz. Andere, ebenfalls in niederer Existenz Geborene führen einen guten Wandel und gelangen in eine lichte Existenz. Die dritte Menschenart wird in lichter Existenz geboren, führt aber darin einen schlechten Wandel und gelangt daher in eine dunkle Wiedergeburt [auch aus den höchsten Himmeln kann man also wieder hinunter auf die Erde oder tiefer geschleudert werden ... Lanoo]. Die vierte Gruppe endlich wird in heller

Existenz geboren und befleißigt sich weiterhin eines guten Wandels. Sie geht vom Licht zum Licht [und dann gibt es natürlich denjenigen, der die Buddhalehre lebt, in einem Himmel erwacht und höher steigt, bis er NIRVĀṆA erlangt. Im seltenen Falle geschieht dies, wie beim Buddha, direkt vom Erdenleben aus. Lanoo]. Himmel und Hölle sind die extremen Möglichkeiten der durch Werke, Worte und Gedanken bedingten Wiedergeburt.

Über die verschiedenen Höllen, ihre Strafarten und die in ihnen bestraften Taten berichtet ein Text, der eine erstaunliche Ähnlichkeit mit Dantes im ersten Teil seiner Divina Commedia gegebenen Beschreibung der Höllen und ihrer Strafarten hat [mit dem kleinen Unterschied, dass der Buddha lange VOR Dante lebte. Lanoo].“

Der Buddha hat nie behauptet oder gelehrt, dass es kein Selbst gäbe. Er sagte und lehrte nur, was das Selbst NICHT ist.

Die Fehlentwicklung der Buddhistischen Lehre verursacht in 1868 die Geburt einer Wesenheit, deren Aufgabe es wurde, die Lehre des Buddha wieder in ihrer ursprünglichen Form zu erwecken. Diese Wesenheit ist Dr. Georg Grimm. Sein Hauptwerk ist *DIE LEHRE DES BUDDHO.* Ihm wird es zu verdanken sein, dass der Buddhismus hoffentlich bald als die ALLE RELIGIONEN VEREINENDE LEHRE seine wahre Bestimmung erfüllt. So steht es geschrieben, so soll es geschehen.

Ich bin der vollsten Überzeugung, dass der Buddha selbst bzw. sein Bodhisattva Teil Dr. Georg Grimm beim Schreiben seines Werkes überschattete und inspirierte, um so ein für alle Male die WAHRE Lehre des Buddha wieder zum Leben zu erwecken.

Den Unterschied zwischen falschem und richtigem Buddhismus klarzumachen und zu verkünden und alle Buddhisten, aber auch alle Religionen dieser Welt wieder unter einem Wissen, nämlich dem rechten Verständnis von NIRVĀṆA, zu vereinen, ist darum das Ziel dieses Buches und der Sinn meines Lebens.

SO STEHT ES GESCHRIEBEN, SO SOLL ES GESCHEHEN.

LANOO (Christian Anders)

„Alle Religionen dieser Welt enthalten alle dieselbe esoterische Weisheit hinter dem äußeren Schleier des exoterischen, formalen Glaubens.“

Prof. Dr. Gottfried von Purucker
(Professor für archaische Wissenschaften und Philosophie, Sprachwissenschaftler und Sanskritgelehrter und ehemaliger Mann der Kirche.)

Ich verstehe mich als Gegenbewegung zum Buddhismus des Dalai Lama, welcher nicht die wahre Lehre des Buddha widerspiegelt. Der Dalai Lama verkündet, dass es ein Selbst oder ICH nur in Relation zu und in Verbindung mit Körper und Geist gibt, es also kein unabhängiges, von Körper und Geist substanziell verschiedenes Ich gibt. OHNE diese beiden sei ein Ich nicht vorstellbar. Wichtig: Der Geist, von dem der Lama spricht, ist ja immer noch eine höchst verfeinerte spirituelle Substanz, in der DIE WESENHEIT AN SICH den Himmel etc. erlebt. Doch auch einen solchen Geist hat der Buddha überwunden und zum Nicht-Selbst erklärt. Ein solcher Geistkörper befindet sich eben immer noch DIESSEITS oder IN der Welt der Erscheinungen. Der Dalai Lama behauptet nun, dass es außer einem solchen Körper und Geist nichts bzw. kein Ich gibt. Dies jedoch hat der Buddha nie gelehrt. Im Gegenteil: Der Buddha lehrte, dass Körper, Gefühl, Denken, Seele UND Geist, also alle Skandhas, eben NICHT das Ich und darum leidvoll sind und man sich daher von ihnen zu lösen habe. (Siehe eingehende Erläuterungen auf den nachfolgenden Seiten.)

LANOO (Christian Anders)
Los Angeles, 1998

DAS MISSVERSTÄNDNIS DES DALAI LAMA

Der Buddhismus des Dalai Lama ist leider nicht der Buddhismus des Buddha, sondern sollte eher als Dalai Lamaismus bezeichnet werden. Ich bestreite nicht, dass der Lama ein gütiger Mann mit den besten Absichten ist, aber derer gibt es viele. Es sagt jedoch noch nichts darüber aus, ob sie richtigen oder falschen Buddhismus lehren. OM. Warum der Lama falschen Buddhismus lehrt, ist eigentlich schon damit bewiesen, dass er Mahāyāna statt Hīnayāna lehrt. Um dies aber noch genauer zu verdeutlichen, möchte ich unter anderem den Dalai Lama selbst zitieren, so dass der Leser sehr schnell erkennen wird, wo der Lama irrt.

In seinem Buch *Einführung in den Buddhismus* lesen wir: „Er (Buddha) hatte schon vorher Erleuchtung erlangt und kam nun auf die Welt, um zu zeigen, wie dies zu erreichen sei." Dies ist völlig falsch, wie ja auch dieses Buch und DER DREIERKORB beweisen. Buddha erlangte erst völlige Erleuchtung in DIESEM Leben bzw. etwa um 500 v. Chr. und erlangte dann im Tode PARA-NIRVĀṆA. Auch einfachste Fragen beantwortet der Dalai Lama in verwirrender und unverständlicher Weise, eben weil er nicht den Unterschied zwischen Selbst und Nicht-SELBST kennt. Unter „FRAGEN UND ANTWORTEN" wird dem Lama die Frage gestellt: „Wer leidet, wenn die Phänomene ohne Selbst sind, das Leid aber wirklich ist?" Schon in der Frage zeigt sich, dass der Fragesteller ganz vom Mahāyāna Buddhismus vergiftet ist, weil er voraussetzt, dass die Phänomene ohne Selbst sind. Dem ist nicht so. ANATTĀ bedeutet, dass alle Phänomene nicht das Selbst desjenigen sind, der sie wahrnimmt und erkennt. Also: Dein Körper ist nicht mein Selbst. Das ist klar. Nicht einmal MEIN Körper ist mein Selbst, sondern dein und mein Körper sind für MICH nicht mein Selbst. Auch für DICH ist dein Körper natürlich nicht dein Selbst, aber ich kann doch nicht sagen, dass dein Körper kein Selbst hat. DU, DAS SELBST, klammerst dich doch eben an diesen Körper. Lass ihn los usw. Also: JEDES PHÄNOMEN hat ein Selbst, ja jedes Phänomen IST der Verlangenszustand eines Selbst, oder: Jedes erkennbare Phänomen, sei es im Himmel, auf Erden oder gar in der Hölle, hat ein SELBST, welches sich ja eben an dieses Phänomen KLAMMERT, getrieben von Verlangen und Unwissenheit. DIES ist Buddhismus, wie ihn der Buddha lehrte. Und wenn man weiß, dass es eigentlich NUR erlöste und unerlöste SELBSTE gibt, dann fällt die Antwort auf die Frage „Wer leidet?" leicht. Die Antwort ist: „DAS SELBST leidet."

Man sehe nur, wie der Dalai Lama um diese simple und einfache Beantwortung dieser Frage herum antwortet, er „fackelt", wie Dr. Georg Grimm es bezeichnen würde. Die richtige, einfache und sinnmachende Antwort ist also: „DAS SELBST LEIDET von dem, was es nicht ist." Hier nun die Antwort des Dalai Lama auf die Frage: „Wer leidet?" Der Lama: „Diese Frage basiert auf dem mangelnden Verständnis davon, dass Selbstlosigkeit nicht die Abwesenheit von EXISTENZ überhaupt bedeutet, sondern die Abwesenheit von INHÄRENTER EXISTENZ. Dieses Thema werden wir später noch näher besprechen, wenn wir die Debatten zwischen der Nur-Geist Schule und der Schule des Mittleren Weges sowie die Debatten innerhalb der Schule des Mittleren Weges erörtern. Dabei wird der Konsequenz-Schule von den anderen Schulen vorgeworfen, sie sei nihilistisch. Doch die Vertreter der Konsequenz-Schule weisen diesen Vorwurf zurück. Sie stellen heraus, dass sie (im Gegensatz zu den anderen Schulen) zwischen Existenz und inhärenter Existenz differenzieren (und nur die inhärente Existenz verneinen). Sie sagen, dass sie deshalb keine nihilistische Sicht vertreten, weil sie das abhängige Entstehen aller Phänomene und damit deren Existenz bestätigen."

HABEN SIE ETWAS VERSTANDEN?! Ich nicht. Lieber Dalai Lama, da hat ein leidender Mensch eine Frage gestellt, nämlich: „WER LEIDET?" Die Antwort ist: „DU, DAS UNERLÖSTE SELBST, LEIDEST, weil du dich an das klammerst, was du nicht bist!" oder: „DU, DAS UNERLÖSTE SELBST, LEIDEST unter dem, was du NICHT bist oder attā leidet unter anattā. Warum leidest du? Weil du dich an das VERGÄNGLICHE klammerst, anhaftest, dich damit identifizierst. Lass es los! Lass los!"

Wenn die Prämisse falsch ist, dann stimmt auch die Folgerung nicht. Auf Seite 151 seines Buches *EINFÜHRUNG IN DEN BUDDHISMUS* zitiert der Dalai Lama den Mönch NĀGĀRJUNA, den Begründer des Mahāyāna, wie er sagt: „Da das Selbst nicht existiert, wie könnte das Mein existieren?" Ja, lieber Nāgārjuna, wenn man natürlich gleich voraussetzt, was Buddha NIE GELEHRT hat, nämlich dass das Selbst nicht existiert, dann in der Tat existiert auch kein Mein. Was ist denn nun aber ein Mein? Wenn das unerlöste Selbst sich mit dem identifiziert, was es NICHT ist, nach dem greift, was es NICHT ist, dem anhaftet, was es NICHT ist, DANN sagt das unerlöste Selbst MEIN oder, gar noch schlimmer, dann sagt das unerlöste Selbst „das BIN ich". Das Mein existiert also für das unerlöste Selbst solange, wie es eben noch unerlöst ist. Hat das SELBST sich einmal gelöst von allem Nicht-Selbst, von allem anattā, DANN gibt es in der Tat für das Selbst auch kein MEIN mehr. So einfach ist das.

Nun ja, all dies geschieht, wenn man, wie der Dalai Lama, Selbst mit Nicht-Selbst verwechselt, wenn man Dalai Lamaismus lehrt und ihn Buddhismus nennt. Doch weiter. Die Phänomene sind eben NICHT leer. Sie alle, JEDES PHÄNOMEN, vom kleinsten Atom über Pflanze, Tier, Mensch, Dämon, Engel bis hin zum höchsten Sonnen-Gott, ja eingeschlossen den höchsten Gott in Manifestation, jedes dieser Phänomene ist eben NICHT leer, sondern hat ein meistens noch unerlöstes Selbst.

Also: ALLE PHÄNOMENE SIND UNERLÖSTE SELBSTE. (Wenn wir mal solche ausschließen, die NIRVĀṆA entsagt haben und wiederkehren, zum Wohle der Menschheit. Doch auch solche sind ja noch unerlöst, denn es verlangt sie ja noch danach, andere zu erlösen.) So hat denn auch der Gegenredner Recht, der dem Nāgārjuna die Frage stellte: „Wenn alle Phänomene leer wären, so gäbe es kein Entstehen und kein Vergehen; daraus würde folgen, dass für euch (Nāgārjuna Anhänger) die Vier Edlen Wahrheiten nicht existieren." ABSOLUT GERECHTFERTIGT DIESER EINWAND. Denn es ist ja das UNERLÖSTE SELBST, welches, von Begehren getrieben, nach dem Tode der Hülle wieder in die Reinkarnation strebt, sich mit einer neuen Hülle einem neuen Phänomen umgibt, welches dem Verlangenszustand des vergangenen Lebens entspricht. Gerade WEIL die unerlösten Selbste noch von Verlangen erfüllt sind, nehmen wir das wahr als Entstehen und Vergehen. Was entsteht und vergeht bzw. sich uns als vergänglich präsentiert, SIND ja die UNERLÖSTEN SELBSTE, umgeben von ihrem Verlangenszustand, eben dem PHÄNOMEN. Darum Vorsicht, wenn einer so dahin philosophiert: „Der

Körper ist nur eine Illusion. Er existiert gar nicht!" Pieken sie ihn mal mit einer Nadel und dann fragen sie ihn wieder. Sicherlich, der Körper ist eine Illusion, aber als solche existiert er. Man meditiere darüber. Wer den Körper WIRKLICH als Illusion erleben will, der muss sich erst mal Schritt für Schritt in der Meditation von ihm lösen. Einem Heiligen kann man bei lebendigem Leibe Arme und Beine abhacken. Er spürt nichts mehr, weil er ja jederzeit seinen Körper verlassen kann und immer noch IST. Für ihn, der überwunden hat, ist der Körper tatsächlich nur eine Illusion. OM.

Fast hätte ich vergessen, die Antwort Nāgārjunas zu erwähnen. Die Frage war: „Wenn alle Phänomene leer wären, so gäbe es kein Entstehen und Vergehen; daraus würde folgen, dass für euch (Nāgārjuna Anhänger) die Vier Edlen Wahrheiten nicht existieren." Der Mönch Nāgārjuna antwortete darauf: „Wenn die Phänomene nicht leer wären, so gäbe es kein Entstehen und Vergehen; daraus würde folgen, dass für euch (Hīnayāna Anhänger) die Vier Edlen Wahrheiten nicht existieren." Nun, diese Antwort macht so wenig Sinn, als würde ich auf die Frage: „Ist das Wasser nass?" antworten: „Wenn das Wasser nicht nass wäre, dann wäre es trocken." Mit anderen Worten, Nāgārjunas Antwort ergibt keinen Sinn. Die Anhänger einer inhärenten Existenz FREI von allen Phänomenen haben natürlich Recht, wenn sie sagen, dass leere Phänomene nicht entstehen und vergehen können, sondern dass die treibende Kraft hinter den entstehenden und vergehenden Phänomenen DAS SICH AN DIE PHÄNOMENE KLAMMERNDE SELBST IST. Die LEERE wird vom SELBST erlebt, wenn es sich gelöst hat von allen Phänomenen oder Verlangenszuständen. OM. Der Dalai Lama begründet Nāgārjunas Standpunkt folgendermaßen: „Gerade in einem System, das die Phänomene NICHT leer von inhärenter Existenz sieht, ist überhaupt kein Phänomen möglich." Falsch: Das Phänomen ist das anattā vom Noumenon oder vom SELBST.

Wie wenig der Dalai Lama den Unterschied zwischen Selbst und Nicht-Selbst oder zwischen Ich und Nicht-Ich erfasst hat, wird in seinen folgenden Worten deutlich. Ich zitiere: „Andere Systeme ... behaupten, dass die Phänomene, also das Nicht-Selbst inhärent existieren. Wenn das zuträfe, müssten die Phänomene (Nicht-Selbste) aber aus sich selbst heraus existieren - und dies steht im Widerspruch zu ihrer Abhängigkeit von Ursachen und Umständen."

JA WIESO DENN?? Die Phänomene sind der VERLANGENSZUSTAND der Selbste, und zwar der noch UNERLÖSTEN Selbste. Was gibt es denn da nicht zu verstehen? Wenn das unerlöste Selbst erwacht, dann erwacht oder entsteht auch das Phänomen, nämlich das NICHT-Selbst, und zwar solange immer und immer wieder, Leben für Leben, Wiedergeburt für Wiedergeburt, bis das Selbst sich gelöst hat von seinem Verlangenszustand oder Phänomen. DANN allerdings gibt es kein Phänomen mehr, auf jeden Fall nicht mehr für das erlöste Selbst, welches nun in NIRVĀṆA ruht. OM. Der Lama argumentiert weiter, dass nützliche und schädliche Phänomene spezifische Ursachen und Wirkungen haben. Ich sage: „Aber doch nur, weil diese Phänomene der Verlangenszustand eines noch unerlösten Selbst sind!" Und sooft das unerlöste Selbst wieder erwacht, getrieben von Begehren nach anattā, wird es auch ständig neue Ursachen setzen und deren Wirkungen erzeugen. Wie man sich bettet, so liegt man, oder: Was du säest, das wirst du auch ernten. OM.

Warum, so frage ich, kann sich der Dalai Lama nicht dazu durchringen, die bisher falsch verkündete Lehre des Buddha mit zwei Sätzen wieder ins rechte Licht zu rücken? Und zwar so: „ALLES ERKENNBARE IST NICHT DEIN SELBST!“ und „LASS LOS, WAS DU NICHT BIST!“ OM.

Der Lama behauptet des Weiteren in seinem Buch, dass die verschiedenen Objekte, die in Träumen oder bei magischen Vorführungen erscheinen, bloße illusionäre Erscheinungen wären, und er vergleicht diese illusionären Erscheinungen mit dem Phänomen des Nicht-Selbst, welches darum - so der Lama - auch nicht die Spur einer Existenz besitze. Da geht aber dem Lama das rechte esoterische Wissen ab. Die durch schwarze und weiße Magie oder auch im Traum hervorgerufenen māyāvischen Erscheinungen sind ja aus Äther-Ākāśa gemacht, welches ja wiederum der Astralkörper oder Verlangenszustand eines Astralengels ist. Also sogar die Traumbilder haben ein Selbst, oder besser, sie sind geformt aus dem Nicht-Selbst oder Verlangenszustand des noch unerlösten Selbst eines Planetenengels. OM.

Ganz falsch liegt Dalai Lama, wenn er schreibt: „Ganz gleich was wir wahrnehmen, es scheint von seiner Seite her zu existieren. Würde ich beispielsweise nach meinem Selbst suchen, so wäre der einzige Ort, an dem es vernünftigerweise zu suchen wäre, der Bereich, wo sich mein Körper befindet. Doch wenn das Selbst hier gesucht wird, ist es völlig unauffindbar.“ Ja natürlich, lieber Lama, das Selbst kann sich gar nicht finden, weil es ja das ist, was sucht!!! Was immer das Selbst findet, ist IMMER NICHT DAS SELBST, also ANATTĀ! Was ist denn daran so schwer zu verstehen? Ich habe es doch in meinem Beispiel mit dem Auto, das bei Nacht mit Scheinwerferlicht fährt, erklärt. Der Fahrer kann überhaupt nur etwas ERKENNEN, wenn das Licht von ihm und dem Wagen WEG SCHEINT. Man vergleiche den Fahrer bei Nacht mit dem unerlösten Selbst, in der Nacht seiner Unwissenheit nach Erkenntnis ringend. In einer solchen Unwissenheit befindet sich, pardon, immer noch der Dalai Lama, wenn er verkündet, dass man das Selbst nicht finden kann und es darum nicht existiert.

Wer wie der Lama das Selbst noch im Körper, also im NICHT-Selbst sucht, der ist mit jemandem zu vergleichen, der im Wasser nach dem Trockenen sucht. Wenn ich „mein Körper“ und „mein Geist“ etc. sage, dann meine ich als wahrer Buddha-Schüler doch nicht mein Selbst, sondern eben genau das, was mein Selbst NICHT ist und von dem ich mich wieder lösen kann, lösen muss. Der Dalai Lama fragt des Weiteren in seinem Buch: „Wo ist der vermeintliche unabhängige Besitzer, das Ich?“ Nun, die Antwort darauf ist: „Das Ich oder Selbst ist, WIE BUDDHA ES AUCH SCHON LEHRTE, unerkennbar, da es ja das ist, was erkennt.“ oder: „Das Selbst existiert jenseits der Welt der Erscheinungen.“ Der Dalai Lama ist immer noch im NICHT-Ich gefangen und ERKENNT darum auch nicht den Unterschied zwischen Selbst und Nicht-Selbst. Der Dalai Lama begeht den Kardinalsfehler, das Selbst mit dem NICHT-Selbst finden zu wollen, so wie der Scheinwerfer bei Nacht VERGEBLICH versuchen würde, den Fahrer oder auch nur den Wagen zu erkennen, da er ja von ihnen WEG scheint. OM. Wo und wie auch immer man das Buch des Dalai Lama *EINFÜHRUNG IN DEN BUDDHISMUS* liest, erkennt man sofort, dass es von jemandem geschrieben wurde, der nicht den Unterschied zwischen Selbst und NICHT-Selbst, zwischen Ich und Nicht-Ich kennt. Und dabei ist das

Selbst, die Wahrheit, doch so nah, ja das Selbst ist uns so nah, dass es durch keine Suche gefunden werden kann. Du BIST das Selbst, geblendet vom NICHT-Selbst. Oder: Das Selbst ist unauffindbar, weil es das ist, welches sucht. Du kannst dein Selbst nicht finden, weil du, DAS SELBST, es bist, der sucht. HÖR AUF ZU SUCHEN. Alles, was du tun kannst, ist LOSZULASSEN, was du, DAS SELBST, N I C H T bist!!! OM.

Wenn die Phänomene wirklich leer wären, wo kommen sie dann her und wo gehen sie hin? Wie das Feuer ja auch nicht einfach verschwindet, sondern sich nur auf seinen ihm entsprechenden Plan zurückzieht, auf neue Bedingungen wartend, um zu brennen, so sind auch alle Phänomene Verlangenszustände des SELBST, welche verschwinden, wenn das Selbst sich auf seinen Plan zurückzieht. SO erklärt sich auch Entstehen und Vergehen dieser Phänomene. Oder: Erlöste Selbste erzeugen auch keine Phänomene mehr. OM.

Die Sache wird noch tragischer, weil der Lama oft das Richtige schreibt, aber das Falsche meint. Auf Seite 282 seines Buches *EINFÜHRUNG IN DEN BUDDHISMUS* (welches ich hier nochmals umtitulieren möchte in EINFÜHRUNG IN DEN DALAI LAMAISMUS) schreibt der Dalai Lama ganz richtig: „Ein Buddha lässt sich nicht finden." Natürlich nicht. Heißt es darum, dass er nicht existiert? Buddha, die Wesenheit, das SELBST, welches sich von allem Anattā oder NICHT-Selbst gelöst hat, ist in NIRVĀṆA oder auch in NIRVĀṆAPURAM. OM. Dem Dalai Lama möchte man immer und immer wieder zurufen: „Eure Heiligkeit, lassen Sie los, was Sie NICHT sind!" Des Weiteren schreibt der Lama: „Die eigentliche Seinsweise der Phänomene ist dadurch gekennzeichnet, dass sie sich nicht finden lassen." Genau umgekehrt ist es. Alles, was sich überhaupt finden lässt, SIND die Phänomene, also alles Erkennbare, also das NICHT-Selbst. Nur das SELBST kannst du nicht finden, weil du, das Selbst, es ja bist, welches sucht. OM.

Der Lama fährt fort: „Wenn die Phänomene existieren würden, so müsste daraus folgen, dass sie in der Meditation des Heiligen vernichtet werden." Nicht doch. Alles, was der Meditierende tun kann, ist, sich der Welt der Erscheinungen zu entziehen. Verschwindet mein Kleid nur, weil ich es ausziehe? Irgendwann einmal wird es wohl zerfallen. Im selben Maße werden sich die Phänomene des Erwachten in dieser Form nicht mehr manifestieren oder, wie es der Buddha so schön sagte, „an keinem anderen Ort wieder erscheinen"!

Und nun noch etwas für Fortgeschrittene: Sogar die verbleibenden Astral-, Mental- und spirituellen Rückstände des in NIRVĀṆA befindlichen Arhats sind ja immer noch Verlangenszustände von unerlösten Selbsten. Wer es zu fassen vermag, der fasse es. Der Mensch ist LEGION. OM. Bei jedem Reinkarnationsvorgang zieht die Wesenheit Milliarden unerlöster Selbste an sich, für die diese Wesenheit dann ein GOTT ist. Mitgehangen - mitgefangen. Wer immer also Erlösung findet, bringt auch seine ihm anhaftenden Monaden ein ganzes Stück weiter auf dem Pfad in Richtung NIRVĀṆA. OM.

Dann beschreibt der Lama, wie man Erleuchtung erlangt. Da frage ich: „WER ist es denn, der Erleuchtung erlangt, wenn es kein Selbst gibt?" Das NICHT-Selbst? Das Phänomen, welches nach dem Lama gar nicht existiert? Was soll das denn mit Erleuchtung anfangen? Nun, ich glaube, ich habe genug mit dem Hammer auf den Nagel gehauen. Er sitzt. Ich kann hier auch keine große Rücksicht nehmen auf die

Gefühle der Anhänger des Dalai Lama oder gar auf seine eigenen. Dazu ist die Sache einfach zu wichtig. GENUG JETZT mit der Verunstaltung der Lehre des Buddha. Die Zeit ist gekommen, Großreinemachen ist angesagt, und wo gehobelt wird, da fallen bekanntlich Späne. Dies verkünde ich mit aller mir zur Verfügung stehenden Güte.

PS: In seinem Buch *DIE BUDDHA NATUR* schreibt der Dalai Lama, dass der Buddha mit dem Pāli-Kanon über das „Ungeborene, Ungewordene, Nichtgemachte" das NICHT-Selbst der Person meinte und lehrte. Das ist völlig falsch. Die Person IST das Nicht-Selbst. Mit dem Ungeborenen meinte der Buddha NIRVĀṆA. Außerdem verneint der Lama ein Selbst, das getrennt von Körper und Geist weiter existieren kann. Das ist ein schwerwiegender Denkfehler. Der erlöste Heilige ist ja nach dem Tode weiter, BEFREIT von allem Nicht-Selbst, also von Körper, Gefühl, Denken, Seele und Geist. Die Heimat des SELBST, befreit von allem NICHT-Selbst, ist NIRVĀṆA. OM. Dann behauptet der Lama: „Das ... Bewusstsein besteht weiter." Buddha nannte jemanden, der so etwas behauptet, einen Toren. Das Bewusstsein besteht NICHT weiter ins nächste Leben, weil ja das Bewusstsein konditioniert ist vom vergänglichen Körper. OM. Und so weiter und so weiter. Zu Ende des Buches macht der Lama eine 180 Grad Wendung und sagt: „Die Philosophie des Nicht-Selbst verneint keinesfalls in irgendeiner Weise die Existenz des Ich." Na also.

INTERVIEW MIT DEM DALAI LAMA

Der XIV. Dalai Lama verkündet also nicht Buddhismus wie er sein sollte und wie er ursprünglich vom Buddha gelehrt wurde. Dies begründe ich weiter in Folgendem: In seinem Buch *Die Buddha Natur* nimmt der Dalai Lama in einem Interview Stellung zur Frage nach dem Selbst im Buddhismus. Ich zitiere am besten wörtlich und füge dann meinen Kommentar hinzu.

(DL steht für DALAI LAMA.)

DL: „Es gibt kein unabhängiges aus sich selbst bestehendes Selbst. Das Selbst, die Person (!), existiert nur in Abhängigkeit von den körperlichen und geistigen Aggregaten. Dies gilt für alle Lebewesen bis hin zum Buddha."

LANOO: Erstens ist die Person eben NICHT das Selbst und zweitens, wenn dem so wäre, dann würde es keine Erlösung für die Wesen geben.

DL: „Es gibt kein von den einzelnen Personen losgelöstes, universelles Nicht-Selbst."

LANOO: RICHTIG. Das hat ja der Buddha auch nie behauptet. Als Nicht-Selbst bezeichnet der Buddha die PERSONEN als solche sowie alles andere als vergänglich Erkennbare überhaupt. Man kann doch nicht etwas Widerlegbares behaupten, es dann jemandem zuschreiben und es dann widerlegen. Da beißt sich der Hund in den Schwanz.

DL: „Das Ich ist wie jedes andere Phänomen ausschließlich abhängig existent."

LANOO: Wenn dem so wäre, dann wäre ja, wie bereits erwähnt, keine Befreiung des Ichs von dem, wovon es abhängig sein soll, möglich. Doch genau eine solche Befreiung hat der Buddha gelehrt.

DL (auf die Interview Situation Bezug nehmend): „Wir können zum Beispiel sagen, dass wir hier im Raum vier Personen sind."

LANOO: Genau das sind wir eben nicht. Die Person ist NICHT das Ich, also sie ist das Nicht-Ich oder Anattā.

DL: „Doch wenn wir analysieren, was diese Person ist, so können wir außer Körper und Geist nichts als das Ich oder das Selbst bestimmen."

LANOO: Aber natürlich nicht, Eure Heiligkeit! Das SELBST oder ICH ist doch unbestimmbar bzw. UNERKENNBAR, da es ja das ist, welches erkennt. Also: WAS AUCH IMMER das Selbst erkennt, also auch den Körper UND sogar den Geist, das ist das Selbst eben NICHT. Alles Erkennbare ist ANATTĀ, nämlich nicht das Selbst. Daraus zu schließen, dass es kein Selbst gibt, nur weil wir es nicht erkennen können, geht zu weit. Beispiel: Kann sich das Auge selbst sehen? Nein. Heißt es darum, es gibt kein Auge? NEIN! Das Auge existiert. Es kann sich nur nicht selbst sehen, sondern eben alles, was es NICHT ist. Genauso ist es mit dem Selbst. ERKENNTNIS ist überhaupt nur MÖGLICH, WEIL es ein Selbst gibt, welches sich selbst darum ja auch nicht erkennen kann, sondern eben nur das, was es NICHT ist, so wie z. B. das Auge auch alles sieht, nur nicht sich selbst (es sei denn, man schaut in den Spiegel). Alles, was das Selbst tun kann, ist, sich zu LÖSEN von allem, was es als vergänglich erkennt. Genau daran aber klammert sich noch der Dalai Lama. Doch weiter.

DL: „Das Selbst ist eine bloße Benennung zu der Kombination von Körper und Geist. Weil es nur benannt ist, gibt es kein unabhängiges, von Körper und Geist substanziell verschiedenes Ich oder Selbst. Daher ... (existiert das Ich) auf der Grundlage der fünf körperlichen und geistigen Aggregate, der Skandhas."

LANOO: Mit anderen Worten, der Dalai Lama legt die Anattā-Lehre von Gautama Buddha so aus, als würde sie das eigentliche Wesen außerhalb dessen, was sterblich und vergänglich am Menschen ist, leugnen. Oder: Der Mensch IST die Skandhas. So denkt der Dalai Lama. Wenn dem so wäre und der Mensch die vergänglichen Skandhas wäre, wer ist es denn dann, der sich an die Skandhas, an das Vergängliche klammert und so eine Wiedergeburt bewirkt? WER ist es denn, der das VERGÄNGLICHE so leidvoll empfindet. Wenn ICH das essenziell wäre, das geboren wird, lebt und stirbt, dann würde ich doch keinen zweiten Gedanken daran verschwenden. Anattā heißt nicht, dass es kein Selbst gibt, sondern nur, dass man alles Vergängliche als nicht das Selbst sehen soll und sich darum davon lösen soll, FALLS man es so wünscht. Wer noch klammern will, der soll dies zumindest so effektiv wie möglich tun, das heißt: Immer Gutes tun, so dass auch Dir nur Gutes widerfährt. Mir ist schon klar, dass die meisten Buddhisten noch gerne viele Leben leben möchten und wenns geht, immer und immer wiedergeboren werden möchten. Diese Möglichkeit steht ihnen doch offen, dann sollen sie aber zumindest ein rechtes Verständnis für alles Vergängliche haben, damit sie weise damit umgehen, UND auch jenen, die NIRVĀṆA erwählen, sollte man diese Erlösung und den Pfad dazu nicht vorenthalten. Oder, um es noch deutlicher zu machen, wer die Anattā-Lehre des Buddha nicht verstanden hat, hat NICHTS von dem verstanden, was der

Buddha WIRKLICH lehrte. Dem mag es dann so ergehen wie dem Mönch Tensin Gyatso, der, verärgert darüber, dass man seine in der Tat unverständliche Lehre nicht verstand, vor dem Rathaus in Schneverdingen verärgert ausrief: „Und wenn Sie das, was ich andauernd sage, nicht verstehen wollen, dann vergessen Sie einfach alles und lassen es bleiben!“ Ach so, wer Tenzin Gyatso ist, fragen Sie? Nun, das ist der Dalai Lama. OM.

Eine größeres Unrecht konnte man dem Buddha mit der Behauptung, dass das Ich auf der Grundlage der Skandhas existiert, gar nicht antun, denn der Buddha lehrt die LOSLÖSUNG von den Skandhas. Der Buddha stellt ja auch immer und immer wieder fest (im Gegensatz zum Dalai Lama), dass das Selbst oder wahre Ich eben NICHT lediglich eine Verbindung von Geist und Körper ist, aber auch keine ewige Substanz. Wer mehr wissen will, soll halt meditieren und sich von allem NICHT-Selbst oder von den Skandhas lösen, dann wird er schon sehen, dass er NICHT zerstört ist, sondern eben nur FREI von den Skandhas. Das SELBST existiert also NICHT nur in Verbindung mit Körper und Geist oder mit den Skandhas, sondern kann sich sehr wohl von ihnen bzw. vom VERLANGEN nach ihnen lösen. Der Buddha macht es ja auch ganz klar in der Rede von der Last (Skandhas) und ihrem Träger (Selbst oder Pudgala) im Majj. Nik., 38. Suttam: „‘O ihr Mönche, ich bin dabei, euch die Last und ebenso den Träger der Last zu erklären: Die fünf Skandha (also Körper und Geist etc.) sind die Last, und Pudgala (das Selbst) ist der Träger der Last ...’ Geboren werden heißt, die Last aufnehmen; sie niederlegen bedeutet, den Segen, das NIRVĀṆA zu erlangen.“ Ja WER, so frage ich, erlangt denn das NIRVĀṆA, wenn außer den vergänglichen Gruppen nichts da ist? WER ist es denn, den der Buddha anspricht, sich von den Gruppen zu lösen?? WER ist es denn, der die Last aufnimmt, getrieben von Verlangen und Unwissenheit, und WER ist es, der die Last wieder niederlegt, Leben für Leben, Tod für Tod? DAS SELBST, das Ich natürlich. OM. Gibt es einen Weg hinaus aus diesem Leidenskreislauf? Der Buddha weist ihn uns. Das ICH nimmt auf, was das Ich NICHT ist.* Was könnte wohl klarer sein? Offensichtlich immer noch nicht klar genug oder ZU KLAR für jene, die eben noch an die Skandhas, also an Körper und Geist etc. haften ...

Darum sei hier wieder der Buddha selbst zitiert, wie er - nahezu den Gleichmut verlierend - nach einer seiner Lehrreden, in der er immer und immer wieder betont,

---

* Wir ziehen bei jeder Geburt doch nur die Verlangenszustände anderer, momentan noch viel niedriger entwickelter Wesenheiten (Atome, Moleküle etc.) an uns, woraus wir uns dann, mit Hilfe von Engeln und deren eigener Substanz etc., unsere Körper bilden. Für jene Verlangenszustände, die unseren Körper formen, sind WIR dann Gott. Weil einem Dalai Lama diese esoterische Kenntnis abgeht, kann er auch nicht verstehen, wo denn plötzlich der Körper mit allem dazu herkommen soll, wenn er nicht schon Teil des Ichs ist. Unser Körper sowie der Körper jeder anderen Wesenheit besteht aus MYRIADEN unerlöster Wesenheiten, die wir an uns reißen, so wie sie sich an uns klammern und durch die wir und sie durch uns DAS VERLANGEN ausleben. DARUM ist der Körper der Tempel Gottes, wie es in der Bibel heißt. Doch dieser Gott ist keine Wesenheit außerhalb von uns, sondern IN uns, unser wahres Selbst. DARUM tragen wir Verantwortung für unsere sieben Körper bzw. die aus ihnen bestehenden Wesenheiten. Bei jeder Reinkarnation erkennen diese Wesenheiten ihren Herrn und Meister oder GOTT und scharen sich sofort um ihn und wieder entsteht ein neuer Gott im Werden. Wer es zu fassen vermag, der fasse es. OM.

dass die SKANDHAS, also die fünf Gruppen des Anhaftens, eben NICHT das Ich sind und das Ich NICHT zerstört ist, wenn es sich von ihnen löst, in die Worte ausbricht: „Was ich nicht bin, ihr Mönche, und nicht rede, dessen beschuldigen mich die Asketen und Brahmanen unrichtig, nichtiger Weise, fälschlich und unzutreffend!“ Ob dem Dalai Lama da nicht manchmal die Ohren klingeln?

DL: „Wir können kein Selbst zusätzlich zu Körper und Geist bestimmen. Gleichzeitig ist es eindeutig, dass der Mensch existiert.“

LANOO: Richtig, und dieser existierende Mensch, dieser WAHRE Mensch, also die WESENHEIT selbst, ist es, der sich an die Skandhas klammert. Die Skandhas selber sind NICHT das Selbst des Menschen, der sich an sie klammert. Doch das bedeutet nicht, dass die SKANDHAS selber kein Selbst haben. ALLES ist der Verlangenszustand unerlöster Selbste. Selbst das kleinste Atom ist ein Verlangenszustand eines unerlösten Selbst auf dem Beginn seiner Wanderschaft zu NIRVĀṆA, dem wahren Gott. Da macht es sich schon bezahlt, DAS BUCH DES LICHTS studiert zu haben. ES erklärt uns die Welt des Vergänglichen besser, als jede andere Wissenschaft und Religion es je könnten. Haben wir die wahre Natur alles Vergänglichen erst einmal verstanden, fällt es uns leichter, uns von ihr in der Meditation zu lösen. OM. Der Grund, warum der Dalai Lama annimmt, dass die Skandhas OHNE Selbst wären (und man seiner Meinung nach nur in der Beziehung zu ihnen als Selbst oder Ich sprechen kann)*, ist der Begriff *anātman*, welcher zunächst als „Nicht das Selbst“ oder „Nicht das Ich“ übersetzt wurde, in dem Sinne, dass alles Vergängliche leidvoll ist und darum NICHT das Ich bzw. nicht MEIN Ich ist. Also: Alle Skandhas (die selbst nur Verlangenszustände unerlöster Ichs sind) sind nicht MEIN Ich, ich klammere mich nur daran, erfüllt von Verlangen nach ihnen. SPÄTER wurde *ātman* mit WESENHAFTIGKEIT gleichgesetzt und *anātman* als WESENLOS übersetzt. Damit raubte man sozusagen den Skandhas UND dem sich an sie Klammernden das SELBST. Worte haben Macht. OM.

DL: „... wenn sich der sichtbare, solide Körper und die grobe Ebene des Geistes aufgelöst haben, ... besteht selbst dann die Grundlage des bloßen Ich weiter.“

LANOO: Also ist dann wohl diese subtile Grundlage das Ich? Wenn etwas eine Grundlage hat, dann sind da zwei, sage ich. Das, was eine Grundlage hat, und dann die Grundlage selbst, oder? Wer ist denn nun das, was die Grundlage hat, was sich, wie im Falle des Lama, noch sehr daran klammert, sich mit ihr IDENTIFIZIERT. Nun, es ist das, im Falle des Dalai Lama, noch UNERLÖSTE Ich, welches natürlich viele andere unerlöste Ichs um sich schart und sie in dieser Unerlöstheit noch bestärkt. Da ist also einmal das ICH und zum anderen die Grundlage. Genau von dieser noch verbleibenden, wenn auch sehr subtil geistigen, Grundlage kann sich aber Eure Heiligkeit, der Dalai Lama, noch nicht trennen und wird damit samt seiner Anhänger immer wieder auf das Rad der Wiedergeburt geschleudert werden, was diesen lieben Menschen ja ganz recht sein mag, und es ist ja auch gar nichts dagegen einzuwenden. Aber nur, weil ich nicht nach Rom will, sondern eine Sta-

* Das Buch des Dalai Lama endet mit dem Satz: „Wenn wir das Wort 'Ich' benutzen, beziehen wir uns nur auf einen Teil.“ Der Lama verfehlt jedoch zu erklären, WER denn nun derjenige ist, der sich auf diesen Teil bezieht. Es ist natürlich das noch unerlöste SELBST, welches sich mit dem, was es NICHT ist, identifiziert, ihm anhaftet. Die ERLÖSUNG von einem solchen Leidenszustand lehrt der Buddha.

tion vorher aussteigen möchte, heißt das doch nicht, dass Rom nicht existiert, und ich sollte es dann auch nicht verkünden. WAS ich im äußersten Falle wohl sagen kann, ist, dass Rom FÜR MICH nicht existiert. Bitte sehr. Aber es als allgemeingültig hinzustellen, ist doch wohl etwas zu gewagt. Doch der Dalai Lama will sich partout von dieser Grundlage, die er Kontinuum nennt, nicht trennen, ja er erklärt die Grundlage und das, was sie zur Grundlage hat, als EINES. Dann MUSS ja auch jede weitere Folgerung entsprechend sein.

DL: „Das Theravāda System [dem der Lama widerspricht. Lanoo] nimmt an, dass es keine weitere Fortsetzung des Ich gibt, wenn jemand die Buddhaschaft erreicht hat."

LANOO: Richtig, das Ich eines BUDDHA hat keine weitere Fortsetzung IN DER WELT DER ERSCHEINUNGEN. Aber auf SEINER Ebene, jenseits der Welt der Erscheinungen, nämlich in NIRVĀṆAPURAM, da „besteht" das Ich, wie es schon immer war, nur jetzt (im Falle eines Erwachten) FREI von den Skandhas, an die sich der Lama und die Mehrheit aller Buddhisten immer noch klammern. Wie kann und soll denn etwas vergehen, das nie erschaffen wurde und IMMER bestand? Dieses Etwas ist DAS ICH, das, welches jenseits aller Dauer, sogar jenseits aller Anfangs- und Endlosigkeit, zeitlos und unerkennbar, unauffindbar ist. Nur WERDEN kann man es, indem man sich von allem VERGÄNGLICHEN trennt. Man bedenke: Das ICH, erlöst oder unerlöst, verlässt NIE seine Heimat NIRVĀṆA, es sendet nur eine von Verlangen erfüllte REFLEXION seiner selbst in die Urmaterie, welche ewig in Substanz und vergänglich in der Form ist. Darum ist ja auch die ganze Welt mit allem darin nichts weiter als ein gigantischer, illusionärer, IMMER vergänglicher und darum auch LEIDVOLLER, leiderzeugender kosmischer Witz, über den der Weise von Zeit zu Zeit kichert und den nur der NARR wirklich ernst nimmt. Je ernster man diese kosmische Komödie nimmt, umso mehr leidet man. OM. Wer es zu fassen vermag, der fasse es.

Weiter mit Seiner Heiligkeit. Von einer falschen Voraussetzung ausgehend, nämlich denkend, dass der Frühbuddhismus verkündet, das SELBST würde aufhören zu existieren oder zu sein bei Erlangung der Buddhaschaft, begeht der Lama den zweiten Irrtum und behauptet in seinem Buch *DIE BUDDHA NATUR*:

DL: „Weil die grundlegende Natur des Geistes rein ist, gibt es keinen Grund für die Annahme, dass der Geist selbst auch aufhören müsste, wenn alle Befleckungen zu einem Ende gebracht wurden und der Geist völlig geläutert wurde."

LANOO: Das behauptet ja auch keiner, zumindest der BUDDHA nicht. Alles, was Buddha sagt, ist, dass das ICH jenseits aller Benennungen und von allem Erkennbaren ist, weil es ja das ist, was erkennt, und damit auch nicht erkannt oder gefunden werden kann, wie in diesem Buch noch hinlänglich erklärt wird. OM. Außerdem: Genau dieser Geist, von dem der Dalai Lama spricht, ist eben immer noch nach den höchsten Maßstäben der Buddha-Lehre eine BEFLECKUNG ...

DL: „Betrachten wir den Begriff des Ich etwas näher. Nehmen Sie meine Person als Beispiel. Ich kann sagen, dass ich ein buddhistischer Mönch bin."

LANOO: Das sind Sie eben nicht, Eure Heiligkeit, es SEI DENN, Sie identifizieren sich mit diesem Nicht-Ich, was Ihnen natürlich völlig frei steht. WIE bezeichnet man nun das ICH? WIE stellt sich ein WAHRHAFT Erlöster dar? Als

WAS oder wen bezeichnet sich der Erwachte? Nun, Buddha erklärt es uns im Majj. Nik., 106. Sutt.: „Nicht bin ich irgendwo, bei irgendwem, in irgendetwas." Im Majj. Nik., 22. Sutt. enthüllt er: „Da nun das Ich, ihr Mönche, nicht zu finden ist" (anupalabhamāne) sowie „Schon zu Lebzeiten, sag ich, ist ein Vollendeter nicht ausfindig zu machen!"

Dies gilt darum nicht für den Dalai Lama, weil er eben wie wir alle noch KEIN Vollendeter, sondern noch ein Suchender ist und sich darum immer noch als dieses oder jenes bezeichnet. OM. Darum fährt auch der Lama fort:

DL: „Außerdem bin ich ein Tibeter."

LANOO: Nein, das sind Sie NICHT.

DL: „Im Alter von sieben Jahren ... begann das Ich als Mönch."

LANOO: Auch da stimme ich nicht zu. Im Alter von sieben Jahren begann das, was Sie NICHT sind, sich zum Mönch zu entwickeln. Darum sind Sie ja auch HEUTE nicht mehr dieser sich zum Mönch entwickelnde Siebenjährige.

Wie sehr hätte ich mir doch gewünscht, dass der Dalai Lama, speziell die verschiedenen Ichs betreffend, erst das Buch von Prof. Dr. Hermann Bedh *Buddhismus* gelesen hätte, dann wäre ihm vielleicht ein Licht aufgegangen, das Licht der Anattā Erkenntnis. Ich zitiere Prof. Dr. Bedh: „Im Zusammenhang mit diesem Problem der ineinander steckenden mehrfachen, durch die Meditation aus ihrem Zusammenhange gelösten Wesenshüllen fällt auch Licht auf die buddhistische Lehre vom Ich oder Selbst. Man spricht vielfach von einer buddhistischen 'Leugnung des Ich', sachgemäßer und ZUTREFFENDER wäre von einem 'Nichtvordringen bis zum Ich' zu reden (natürlich, denn es ist ja das Ich selber, welches hervordringt, anhaftet oder loslässt. Wie soll es sich denn überhaupt selbst finden können? Lanoo). Im Potthapada-Sutta des Dīgha Nikāya wird zunächst ein dreifaches Selbst oder Ich unterschieden; ein grobmaterielles, der physische Körper, ein höheres geistiges und ein noch höheres. ALLE diese Selbste haben aber im Buddhismus NUR EINE SCHEINBARE und relative Gültigkeit, und die fortschreitende Meditation [bzw. die in ihr stattfindende Loslösung. Lanoo] ist es, die den jeweiligen Schein zerstört. Der meditierende Jünger verliert auf jeder Stufe der Meditation dasjenige, was er auf der früheren Stufe als sein Ich empfunden hat. Und nun ist es dem Buddhismus durchaus wesentlich, dass er sich über diese relativen Selbste nicht erhebt, zu einem absoluten höchsten Selbst oder Ich nicht vordringt [ist auch gar nicht möglich für das Ich, zu sich selbst vorzudringen. Alles, was das Ich tun kann, ist nur loszulassen, was es nicht ist. Lanoo]. ES WIRD EIN SOLCHES ICH NICHT GELEUGNET, SONDERN NUR GESAGT, DASS ALLES, WAS AUF IRGENDEINER STUFE ALS ICH ERLEBT WIRD, IN WIRKLICHKEIT NICHT DAS ICH IST." Und um dies gleich einmal klarzustellen: AUCH NIRVĀṆA IST NICHT DAS ICH! Auch NIRVĀṆA ist anattā, nur mit dem Unterschied zu all den anderen anattās ist NIRVĀṆA der äußerste Zustand der Losgelöstheit. Von NIRVĀṆA kann man sich nicht lösen, das ist die Endstation. Weiter geht's nicht. Wer es doch versucht, riskiert äonenlangen Wahnsinn. Der Buddha warnt davor.

Nicht-Ich mit Ich verwechselnd, fährt nun der Dalai Lama fort zu beschreiben, was er alles war (bzw. NICHT war, wenn mans richtig betrachtet), von dem er aber behauptet, dass dies alles Ichs wären, die alle essenzielle Teile des großen Ichs sind und von ihm untrennbar. Ich lasse mal einfach die folgenden Sätze des Dalai Lama für sich sprechen. Jeder kann sich dann sein eigenes Bild machen.

DL: „Ich kann sagen, dass ich ein buddhistischer Mönch bin. Doch als ich fünf Jahre alt war, hätte ich das nicht von mir sagen können. Außerdem bin ich ein Tibeter. Dieses Ich existiert seit meiner Geburt; es war schon da, aber das Ich, welches Mönch ist, war noch nicht entwickelt. Im Alter von sieben Jahren nahm ich das Mönchsgelübde. Zu dem Zeitpunkt begann das Ich, das ein Mönch ist. Nun bin ich ein Flüchtling. Das Ich als Flüchtling existiert erst nach dem Beginn des Jahres 1959. Ich kann also festhalten: Das Ich, welches ein Mensch ist, ist sozusagen ein größeres Ich. Das Ich, welches schon zur Zeit meines vorherigen Lebens existierte, ist noch größer. Das Ich dieses Lebens ist kürzer. Innerhalb dieses Ich ist das Mönchs-Ich wiederum kürzer, und das Flüchtlings-Ich ist noch kürzer."

LANOO: Diese Sätze sollen als Warnung für all jene gelten, die sich zu sehr damit befassen, was das Ich denn sei, anstatt der Methode des BUDDHA zu folgen und einfach zu bestimmen, was das Ich NICHT ist, und sich dann, falls sie es so wollen, von allem zu lösen, was das Ich NICHT ist. OM.

Nun bin ich weiß Gott nicht der Erste und Einzige, der diese Sache zur Sprache bringt. Weitaus Größere, Fähigere und Befugtere haben das lange vor mir getan. Zum Beispiel der große Dr. Georg Grimm oder auch Gustav Mensching. Herr Mensching schreibt in seinem Werk *Buddhistische Geisteswelt* über das Selbst: „Die abendländische Forschung ist sich über das in der originalen Buddhalehre Gemeinte nicht völlig einig. Wird jegliches Selbst geleugnet, oder will der Buddha das eigentliche Selbst nur der Welt der Erscheinungen, also dem konkret Daseienden und damit jeder Erkenntnis und Benennbarkeit entziehen? Ich halte meinerseits diese letztere Ansicht für zutreffend [Recht hat er. Lanoo] und glaube, dass auch die Texte diese Auffassung stützen. [Und jetzt kommts und ich möchte hier auf keinen Fall dem Dalai Lama zu nahe treten, da ihm all mein Respekt und meine bedingungslose Liebe zuteil wird:] Unter Persönlichkeitswahn wird eindeutig der im Individuum zusammengefasste Komplex der fünf Gruppen (Skandhas) des Anhaftens verstanden. Der unerlöste Mensch aber identifiziert [wie der Dalai Lama. Lanoo] irrtümlich einzelne dieser Daseinsfaktoren mit dem Ich [so wie der Dalai Lama das Ich nur im Zusammenhang mit den Skandhas als existent sieht. Lanoo]. Die berühmte Predigt vom Nicht-Ich läuft darauf hinaus, dass der Buddha klarstellt, dass keines der endlichen und vergänglichen Daseinselemente 'mein Ich' ist. <u>Damit ist vollkommen eindeutig die Existenz eines letzten Absoluten hinter den vergänglichen Faktoren</u> [Skandhas oder Körper, Gefühl, Denken, Seele und Geist und was es sonst noch an Vergängliches geben mag. Lanoo] <u>ausgesagt.</u> Drei Arten des Selbst werden als mögliche, aber irrige Anschauungen unterschieden. Das materielle, das geistige und das nur aus Bewusstsein bestehende Selbst [also genau die drei Selbste oder Ichs, die der Dalai Lama als Selbst bzw. als dem Selbst essenziell zugehörig sieht. Lanoo]. Von allen drei Formen des sogenannten Selbst muss der Mensch erlöst werden. AUCH DAS BEWUSSTSEIN ist [wie ja auch der Buddha lehrt. Lanoo] eine Gruppe von Daseinsfaktoren und bleibt folglich nicht im Kreislauf der Wiedergeburten erhalten, es [das Bewusstsein] entsteht und vergeht nach dem Gesetz des Werdens in Abhängigkeit. [Doch sehen Sie gleich ein paar Statements weiter, was der DALAI LAMA vom Bewusstsein behauptet und wie der BUDDHA darüber denkt. Lanoo.]“

DL: „Wir nehmen also im Buddhismus den Begriff des ‘Bloßen’ an, der die relative, abhängige Gültigkeit der Phänomene bestätigt und jede unabhängige, inhärente Existenz der Phänomene verneint. [Also ein Ich OHNE Beilegungen gibt es nach dem Dalai Lama sowenig wie Beilegungen ohne Ich. Nach dieser Definition wäre der Mensch dazu verdammt, sein Kreuz auf ewig mit sich herumzutragen. Schöne Aussichten sind das. Lanoo.]“

LANOO: Nein, Eure Heiligkeit, das hat der Buddha nie gelehrt, darum wird das auch nicht im Buddhismus angenommen, sondern nur in Ihrer DEFINITION oder Auslegung von Buddhismus. Zu dieser Auslegung und Annahme sind Sie ja auch berechtigt, doch dann schlage ich vor, diese Interpretation des Buddhismus nicht mehr Buddhismus zu nennen, sondern, was viel treffender wäre, Dalai Lamaismus.

DL: „Auf diese Weise existiert auch das Ich abhängig von Körper und Geist.“

LANOO: Das tut es eben nicht, denn dann wäre ja auch gar keine Erlösung von eben diesem Körper möglich.

DL: „Doch wenn wir eine Art solider, unabhängiger Basis benötigten, müssten in meinem Falle heute tatsächlich drei substanziell verschiedene Ichs existieren: das Ich, das von Geburt an besteht, also das Ich als Tibeter; dann das Ich als Mönch und schließlich das Ich als Flüchtling.“

LANOO: Diese Argumentation würde auch stimmen, wenn dies alles wirklich ICHS wären. Sind sie aber nicht. Es sind NICHT-Ichs und darum stimmt auch die Argumentation nicht. Man darf nur nicht Nicht-Ich mit Ich verwechseln, dann stimmt wieder alles. OM.

DL: „Es gibt nur ein Ich, das aber vielfältige Aspekte besitzen kann. In dieser Weise können wir akzeptieren, dass es ein Tibeter-Ich, ein Mönchs-Ich und ein Flüchtlings-Ich gibt.“

LANOO: Mit allem Respekt, nein. Der Tibeter, der Mönch und der Flüchtling sind alles NICHT-Ichs. Lieber Dalai Lama, wenn Sie sich dazu durchringen könnten, das ICH als eben NICHT essenziell bestehend in diesen Aspekten oder Nicht-Ichs zu sehen, und Sie in der Lage wären, sich von ihnen zu befreien, dann würden alle Ihre Tibeter-, Mönchs- und Flüchtlings-Ichs wieder zu dem werden, was sie in Wirklichkeit ja auch sind, nämlich anattā oder Nicht-Ichs. OM.

DL: „Auch das Ich hat vielfältige Aspekte. Doch wenn wir das Wort ‘Ich’ benutzen, beziehen wir uns nur auf einen Teil.“

LANOO: Und genau dieser Teil ist NICHT das Ich, es ist also das Nicht-Ich. Wenn ich z. B. sage „Ich bin krank“, dann ist natürlich nur das NICHT-Ich krank, denn das Ich wird von dieser schmerzhaften Veränderung nicht berührt, es sei denn, es klammert sich daran oder identifiziert sich damit, was ja auch meist der Fall ist. Der Guru Muktananda wurde ohne Anästhesie am offenen Herzen operiert. Wie ist das möglich? Nun, er, sein wahres ICH, hat sich einfach zeitweise von dem, was er essenziell NICHT ist, gelöst. Das ist praktisch angewandter Buddhismus in höchster Perfektion.

In Bodhgaya machte der Dalai Lama meines Erachtens den größten Schnitzer, als er behauptete, dass das Bewusstsein weiter bestehen würde nach dem Tode. Der Lama verkündete in seinen Texten, der Buddha hätte Folgendes gelehrt: „Das Bewusstsein besteht ohne Ende weiter. Es hatte keinen Anfang und es wird kein Ende haben." und „Dieses Bewusstsein wird weiterbestehen. Die Individualität des Bewusstseins geht mit dem Erreichen der Buddhaschaft nicht verloren."

Dies genau ist nicht der Fall, weil das Bewusstsein immer BEDINGT ist vom Körper etc. und darum jedes Leben ein neues ist. Es gibt kein von Leben zu Leben überlebendes Bewusstsein. Buddha nennt jemanden, der seine Lehre dahingehend falsch versteht, der so etwas behauptet, einen „Narren" oder einen „betörten Mann". Nun, ich würde niemals wagen, den Dalai Lama so zu benennen, doch wenns der Buddha tut, dann soll es mir allemal recht sein. Sehen wir doch, wie der Buddha mit einem solchen umgeht, der wie der Dalai Lama behauptet, es gäbe ein Bewusstsein, das im Kreislauf der Wiedergeburten beharre und verbleibt. Ich zitiere auszugsweise von *VERSIEGUNG DES DURSTES*, Mittlere Sammlung, vierter Teil, achte Rede:

»Ein Mönch Namens Sati hatte folgende verkehrte Meinung gefasst: „Also verstehe ich die vom Erhabenen [Buddha. Lanoo] verkündete Lehre, dass nämlich dieses unser Bewusstsein im Kreislauf des Wandelseins [der Wiedergeburten. Lanoo] verharrt, unveränderlich." Es kam nun vielen Mönchen zu Ohren, dass ein Mönch namens Sati diese verkehrte Meinung gefasst habe, und sie sprachen hierauf zu ihm: „Ist es wahr, wie man sagt, Bruder Sati, du habest diese verkehrte Meinung gefasst: Also verstehe ich die vom Erhabenen [Buddha. Lanoo] verkündete Lehre dahin auf, dass es dieses unser Bewusstsein ist, welches im Kreislauf des Wandelseins beharrt, unveränderlich?"

„So ist es, ihr Brüder, allerdings fasse ich die vom Erhabenen verkündete Lehre dahin auf, dass es dieses unser Bewusstsein ist, welches im Kreislauf des Wandelseins verharrt, unveränderlich."

Da nun wollten jene Mönche Sati, den Mönch, von seiner verkehrten Meinung abbringen, wandten sich zu ihm, sprachen zu ihm, belehrten ihn: „Nicht also rede, Bruder Sati, den Erhabenen verbessere nicht, nicht ist es gut den Erhabenen verbessern, nicht kann der Erhabene solches gesagt haben. Auf mannigfaltige Weise, Bruder Sati, wurde die BEDINGTE Natur des Bewusstseins vom Erhabenen erklärt: 'Ohne zureichenden Grund entsteht kein Bewusstsein.'"

Sati aber hielt [wie der Dalai Lama. Lanoo] an seiner verkehrten Meinung zähe fest: „Ich, fürwahr, ihr Brüder, fasse die vom Erhabenen verkündete Lehre also auf, dass es dieses unser Bewusstsein ist, welches im Kreislauf des Wandelseins beharrt, unveränderlich."

Die Mönche gehen nun zum Buddha und tragen ihm den Fall vor. Der Buddha lässt den Mönch Sati zu sich rufen. Sati erscheint vor dem Buddha.

Der Buddha: „Ist es wahr, wie man sagt, Sati, du habest diese verkehrte Meinung gefasst: 'Also verstehe ich die vom Erhabenen verkündete Lehre, dass nämlich dieses unser Bewusstsein im Kreislauf des Wandelseins beharre, unveränderlich?'"

„So ist es allerdings, o Herr: ich fasse die vom Erhabenen verkündete Lehre also auf, dass es dieses unser Bewusstsein ist, welches im Kreislauf des Wandelseins beharrt."

„Was ist das für ein Bewusstsein, Sati?"

„Was da wieder als selbes, sag ich, o Herr, da und dort den Lohn guter und böser Werke genießt."

„Von wem hast du denn, o betörter Mann, gehört, dass ich eine solche Lehre verkündet hätte? Habe ich nicht, o Tor, auf mannigfaltige Weise die BEDINGTE Natur des Bewusstseins erklärt: 'Ohne zureichenden Grund entsteht kein Bewusstsein'? Aber missverständigen Sinnes, o Tor, willst du uns verbessern und gräbst dir selbst ein Grab und schaffst dir schwere Schuld. Das wird dir, o Tor, lange zum Unheil, zum Leiden gereichen."«

Ebenso hätte der Buddha mit dem Dalai Lama gesprochen, denn auch der Lama klammert sich ja immer noch an das Bewusstsein, doch genau DAVON muss man sich ebenfalls lösen, bzw. das Bewusstsein ist IMMER BEDINGT von den Skandhas und entsteht ja jedes Leben neu. Doch sehen wir, wie der Buddha weiter mit dem Mönch Sati verfährt, der die irrige Ansicht vertritt, dass das Bewusstsein ins nächste Leben weiterreichen würde.

»Der Erhabene wandte sich an die Mönche: „Versteht auch ihr, meine Mönche, die verkündete Lehre also, wie dieser Mönch Sati, der missverständlichen Sinnes uns verbessert und sich selbst das Grab gräbt und schwere Schuld schafft?"

„Nicht so, o Herr! Auf mannigfaltige Weise hat uns ja, o Herr, der Erhabene die bedingte Natur des Bewusstseins erklärt: 'Ohne zureichenden Grund entsteht kein Bewusstsein.'"

„Wohl, ihr Mönche, wohl, dass ihr, meine Mönche, die verkündete Lehre also versteht. Freilich habe ich euch, ihr Mönche, auf mannigfaltige Weise die BEDINGTE Natur des Bewusstseins erklärt: 'Ohne zureichenden Grund entsteht kein Bewusstsein.' Aber dieser Mönch Sati will uns missverständlichen Sinnes verbessern und gräbt sich selbst das Grab und schafft sich schwere Schuld. Das wird dem betörten Manne lange zum Unheil, zum Leiden gereichen."

Der Mönch Sati setzt sich daraufhin verstummt und verstört mit von brennender Röte übergossenem Gesicht nieder. Der Buddha fährt fort:

„Aus was für einem Grunde, ihr Mönche, Bewusstsein entsteht, gerade durch diesen und nur durch diesen kommt es zustande. Durch das Gesicht und die Formen entsteht Bewusstsein: gerade 'Sehbewusstsein' kommt da zustande. Durch das Gehör und die Töne entsteht Bewusstsein: gerade 'Hörbewusstsein' kommt da zustande. Durch den Geruch und die Düfte entsteht Bewusstsein: gerade 'Riechbewusstsein' kommt da zustande. Durch den Geschmack und die Säfte entsteht Bewusstsein: gerade 'Schmeckbewusstsein' kommt da zustande. Durch das Getast und die Tastungen entsteht Bewusstsein: gerade 'Tastbewusstsein' kommt da zustande. Durch das Gedenken und die Dinge entsteht Bewusstsein: gerade 'Denkbewusstsein' kommt da zustande. Gleichwie etwa Feuer, ihr Mönche, aus was für einen Grund es brennt, gerade durch diesen und nur durch diesen zustande kommt: durch Reisig wird es genährt und gerade 'Reisigfeuer' kommt da zustande, durch Heu wird es genährt und gerade 'Heufeuer' kommt da zustande, durch Dünger wird es genährt und gerade 'Dungfeuer' kommt da zustande, durch Spreu wird es genährt und gerade 'Spreufeuer' kommt da zustande, durch Kehricht wird es genährt und gerade 'Kehrichtfeuer' kommt da zustande: ebenso nun auch, ihr Mönche, kommt

Bewusstsein, aus was für einen Grund es entsteht, gerade durch diesen und nur durch diesen zustande.“«

Dann fährt der Buddha fort zu erklären, dass alles durch NAHRUNG Bedingte und Gebildete auch wieder vergehen muss und man sich darum nicht daran klammern soll. Ja selbst im HIMMEL wird der Geistkörper immer noch durch ihn durchströmenden Äther genährt, das „Manna“ der Religionen. Doch selbst auf diesen Ebenen herrscht nur ein Gesetz: das Gesetz der Vergänglichkeit. OM.

Also: Das Bewusstsein ist IMMER BEDINGT, ist jedes Leben neu. Wer so sieht, sieht richtig und klammert sich an kein Bewusstsein, er lässt es LOS, denn auch das Bewusstsein ist eben ANATTĀ. Wer sich von allem Bewusstsein löst, ist dann in der Tat ohne Bewusstsein. Doch wenn man dies BEWUSST tut, ist man eben nicht zerstört, sondern bestenfalls BEWUSST unbewusst. Wer es zu fassen vermag, der fasse es. OM.

Das Problem ist folgendes: Der Dalai Lama und mit ihm die meisten Buddhisten glauben, aus Buddhas Lehrrede von den Kennzeichen des Nicht-Ich herauslesen zu können, dass der Buddha das Ich oder Selbst geleugnet hat. Dies jedoch hat er nicht. Die an zahlreichen Stellen im Kanon wiederkehrende Beweisführung der Lehrrede von den Kennzeichen des Nicht-Ich weist lediglich den falschen Glauben zurück, der in der irdischen Persönlichkeit das Ich sieht. Genau den Fehler begeht der Dalai Lama, der NUR im Zusammenhang mit der irdischen Persönlichkeit überhaupt bereit ist, von einem Ich zu sprechen oder ein Ich zu akzeptieren. Falscher kann man nicht liegen. Diese Meinung teilen viele mit mir, unter anderem auch der Indologe Erich Frauwallner, wenn er schreibt: „Es ist damit nur gesagt, dass die fünf Gruppen nicht das Ich sind. Jeder Versuch, mehr darin zu finden, würde über diesen Zweck hinausgehen und ihn verfehlen.“ und „Eine Leugnung der Seele wird nicht ausgesprochen, sie wird vielmehr nur als unfassbar bezeichnet.“

Am Schluss des vierten Teils der achten Rede verkündet dann der Buddha: „Dies, meine Mönche, bewahret, kurzgefasst, unter dem Namen Erlösung durch Versiegung des Durstes. Den Mönch Sati aber, den Fischersohn, betrachtet als in des Durstes gewaltiges Netz, in des Durstes Koppel verstrickt.“ Dies gilt, so sage ich, Lanoo, natürlich umso mehr für den Mönch Tensin Gyatso, den Dalai Lama. OM.

Wer will da wohl noch so töricht sein anzunehmen, der Buddha habe gelehrt, es gäbe ein fortlaufendes, immerwährendes Bewusstsein? GERADE vom Bewusstsein muss man sich trennen, um NIRVĀṆA zu erlangen. Hört man dann auf zu sein? Nein, man ist eben nur frei von allem Bewusstsein. WIE das ist? Nur der praktisch Meditierende wird dieser Heilige Gral. Wer es zu fassen vermag, der fasse es. OM.

Wann wird endlich auch der Dalai Lama verstehen, was der Buddha immer und immer wieder betont: Eine jede Definition des Selbst per se ist unzutreffend und darum unzulänglich, da sie ja von den Sinnesorganen getroffen wird, nur das ERKENNBARE betrifft, also alles das, was das Selbst eben NICHT ist. Nicht-Selbst definiert dann Nicht-Selbst oder der Blinde führt die Blinden. Alles Erkennbare ist eben NICHT das Selbst oder Ich. DAS hat der Buddha mit „anattā“ gemeint und nicht etwa, dass es gar kein Selbst oder Ich gäbe oder, wie die Mahāyāna Buddhisten, allen voran der Dalai Lama, verkünden, dass das Ich zur Welt der Erscheinungen gehöre. Tut es eben nicht. Das Ich ist aber auch nicht verschieden davon. Wenn das Ich verschieden wäre, dann müsste man das mit dem Erkennen erkennen. Auch VERSCHIEDENHEIT ist erkennbar. Das Ich aber ENTZIEHT SICH jeglicher Erkenntnis, weil es ja das ist, was ERKENNT. Wer mehr wissen will, der möge meditieren. OM. Alles, was der Erwachende also tun kann, um vollständig zu erwachen von der Illusion alles Vergänglichen, ist, sich in der Meditation zu lösen von alldem, was er NICHT ist, also von allem Nicht-Ich bzw. von der Persönlichkeit. WIE ist nun jemand, der völlig erwacht und gelöst und erlöst ist von allem, was er NICHT ist? Der Buddha erklärt es uns im *Priesternetz*: „Abgeschnitten von der Ader des Daseins, ihr Mönche, steht der Leib des Vollendeten da. Solange sein Leib dastehn wird, solange werden ihn Götter und Menschen sehn. Zerfällt der Leib, wann das Leben aufgezehrt ist, werden ihn Götter und Menschen nicht mehr sehn. Gleichwie etwa, ihr Mönche, wenn ein Mangobündel vom Stiele abgeschnitten wird, alle die einzelnen Mangofrüchte, am Stiele bestanden, insgesamt mitfolgen, ebenso nun auch, ihr Mönche, steht abgeschnitten von der Ader des Daseins der Leib des Vollendeten da [aber doch nicht der Vollendete selbst, sondern nur sein LEIB!! Lanoo]. Solange sein Leib dastehn wird, solange werden ihn Götter und Menschen sehn. Zerfällt der Leib, wann das Leben aufgezehrt ist, werden ihn Götter und Menschen nicht mehr sehn.“ Ist er darum zerstört? Natürlich nicht. Er ist wie ein ausgeblasenes Feuer, aber im Verständnis des alten Inders, der ein ausgeblasenes Feuer überhaupt nicht als wirklich erlöscht ansieht. Das Feuer ist nur an seinen Ursprungsort zurückgekehrt und harrt dort neuer Bedingungen, um wieder verschlingen zu können. Das Feuerelement IST, wie es zuvor war. Das kann gar nicht zerstört werden. Ebenso IST das Selbst, entweder erkennend (und damit „brennend“) oder im Falle der Erlösten eben dann NICHT mehr erkennend (und nicht mehr „brennend“).

Und nun noch ein energisches Wort zum Bodhisattva Ideal des Mahāyāna, das der Buddha nie gelehrt hatte. Es ist ja gar nichts dagegen einzuwenden, wenn jemand NICHT NIRVĀṆA erlangen, sondern immer und immer wieder geboren werden will, um der Menschheit zu helfen. NICHT helfen tut der Menschheit ein solcher Wiedergeborener, wenn er in jeder Reinkarnation immer wieder den falschen Buddhismus lehrt. Da schadet er den Menschen mehr, als dass er ihnen nützt. So einem wäre wirklich zu wünschen, er würde NIRVĀṆA NICHT entsagen, sondern den Weg ganz gehen, um so sich und auch der Nachwelt einen wahren Dienst zu erweisen, denn noch wichtiger als selbst zurückzukommen ist es, DIE WAHRE BOTSCHAFT DES BUDDHA zu hinterlassen. Dann kann man ruhig NIRVĀṆA erlangen, denn die Wahrheit selbst genügt völlig und wird sich schon behaupten und schließlich ALLE Wesen erlösen. Zu diesem und keinem anderen Zwecke wurde dieses Buch geschrieben. OM.

Die vom WAHREN Buddhismus abweichende Lehre des Dalai Lama muss dieser, der Lama, ja auch irgendwie begründen und dies tut er dann auch mit den kühnen Worten:

DL: „Wenn sich herausstellt, dass die Worte im Widerspruch zum Existierenden oder zur Erfahrung stehen, so haben wir die Freiheit - selbst im Falle des Buddha (!) - diese Worte nicht anzunehmen.“

LANOO: Nun, Eure Heiligkeit, da muss ich doch aber mal mit aller Entschiedenheit, wenn auch mit allem Respekt und dem mir bestmöglichen Gleichmut, widersprechen. Wie können Sie denn Ihre limitierte Erfahrung mit der eines GAUTAMA Buddha vergleichen, der schon Mensch war, als wir beide, Sie und ich, vielleicht noch als Pflanze auf diesem Planeten herumgekrochen sind? Wenn Sie, Eure Heiligkeit, aber DENNOCH meinen, das Wort des Buddha NICHT annehmen zu müssen, ihm nicht folgen zu müssen, es NICHT predigen zu wollen, dann ist das schon in Ordnung. Doch DANN sollten Sie ihre INTERPRETATION des Buddhismus nicht Buddhismus nennen, sondern wie schon vorgeschlagen Dalai Lamaismus*. OM.

Es ist bezeichnend, dass der Lama die Abhandlung des Großen Fahrzeugs (Mahāyāna) über das höchste Kontinuum erwähnt. Es geht den Mahāyāna-Buddhisten eben um das KONTINUUM. Sie möchten gerne als ETWAS fortbestehen, und sei es nur als der höchste verfeinertste Geist, AM LIEBSTEN ABER als Körper UND Geist. Das ist Wunschdenken, aber kein Buddhismus. Der Dalai Lama sagt in seinem Buch ganz richtig, dass die Buddhanatur der bloße klare und erkennende „Geist" (jetzt mal als Selbst akzeptiert) ist. Doch der Lama verfehlt es darauf hinzuweisen, dass diese ERKENNENDE Buddhanatur sich von allem Erkennbaren LÖSEN muss bzw. zumindest das Erkannte nicht mit dem Erkennenden verwechseln darf, um dem Rad der Wiedergeburt zu entkommen und NIRVĀṆA zu erlangen. Der Dalai Lama ist in einem Netz gefangen, in dem Netz der Ansichten. Der Buddha nannte ein solches Netz DAS PRIESTERNETZ und dies ist auch die Bezeichnung des ersten Kapitels der Reden des Buddha der Längeren Sammlung des Pāli-Kanons. Unter *DAS PRIESTERNETZ*, erster Teil, erste Rede erwähnt der Buddha solche in Ansichten verstrickten Priester, und dies sei dem Priester Dalai Lama besonders ans Herz gelegt, da er, der Lama, ja behauptet: „Das Kontinuum von Körper und Geist besteht immer." Der Buddha erwidert darauf im *PRIESTERNETZ*: „Haben da Priester Seele und Welt als ewig ausgelegt, werden sie freilich anders als sinnlich wahrzunehmen unmöglich imstande sein." Gerade aber von einer solchen sinnlichen Wahrnehmung, und beträfe sie auch noch den VERFEINERTSTEN GEIST, muss sich der lösen, der das Todlose sucht und ERLÖSUNG vom Rad der Wiedergeburt anstrebt. OM.

WAHRE Erkenntnis bedeutet ja immer, in der MEDITATION alle nur zu erkennenden Ebenen und Reiche, von der tiefsten Hölle bis hinauf zum höchsten Himmel, ERKANNT und sich von ihnen gelöst zu haben. Man kann daher ohne Übertreibung sagen, dass der ursprüngliche Hīnayāna-Buddhismus, wie gelehrt im Korb der Reden oder SUTTAPITAKA, nur für wenige bestimmt war und sich IMMER an den Einzelnen richtete und die viel spätere MAHĀYĀNA-Interpretation ein opportunistischer Buddhismus war und ist, den Bedürfnissen der an den Skandhas noch sehr haftenden Masse angepasst. OM.

---

* Dabei hätte der Lama nur eines tun müssen, nämlich den Worten des Buddha zu folgen und sich zu lösen von allem, was das Ich nicht ist. Das können der Lama und seine Anhänger aber nicht, da sie sich ja noch klammern an allem, was das Ich NICHT ist. Nun, so sei es. Mögen sie bald erkennen, dass das UNERKENNBARE nicht erkennbar ist. OM.

Der Interviewer verabschiedet sich in dem Buch vom Dalai Lama mit den Worten: „Vielen Dank für das Gespräch. Ich wünsche Ihnen und Ihrem Volk alles Gute." Das wünsche auch ich dem Dalai Lama und seinem Volk.

Also, noch einmal zusammenfassend: Der Dalai Lama verkündet, dass das Selbst und die Welt der Erscheinungen eins sind. Wenn dem so wäre, dann wäre ja gar keine Befreiung möglich von der Welt der Erscheinungen. DAS hat der Buddha nie gelehrt. Das SELBST ist JENSEITS der Welt der Erscheinungen in NIRVĀṆA. Nur darum ist eine Befreiung von den Skandhas, also von der Welt der Erscheinungen, überhaupt möglich. Nur noch in der Welt der Erscheinungen Anhaftende, also die Mehrheit, können denken oder HOFFEN oder WÜNSCHEN, dass das Selbst und das Vergängliche eins sind. OM.

Der Unterschied zwischen dem, was der Buddha lehrte und was der Dalai Lama heute verkündet, ist in einem Satz folgender: Der Buddha lehrte, dass das Selbst UNERFASSBAR ist, also JENSEITS der Welt der Erscheinungen liegt, nämlich in NIRVĀṆA, während der Dalai Lama das Selbst noch der Welt der Erscheinungen zuschreibt und somit ja eine wirkliche Erlösung der Wesenheit unmöglich macht. OM.

Es ist allerdings durchaus verständlich, warum der Dalai Lama so viel Zulauf hat. Wer möchte schon gerne ALLES loslassen. Das Leben ist doch so schön, so schön ... und NIRVĀṆA ist so weit. OM.

ZUM CHRISTENTUM ÜBERGETRETENE BUDDHISTEN?

Immer wieder hört man von Christen, die stolz verkünden, dass Bruder oder Schwester soundso früher Buddhisten waren und nun zum christlichen Glauben übergetreten sind. Wenn man jedoch weiterforscht, dann stellt sich schnell heraus, dass der zum anderen Glauben übergetretene „Buddhist“ meistens ein Mahāyāna-Buddhist war. Nun, das ist wiederum sehr verständlich. Eine Lehre, die kein Selbst kennt, sondern nichts als die vergänglichen Komponenten, die würde ich auch fallen lassen, die ergibt einfach keinen Sinn und so etwas hat ja der Buddha auch nie gelehrt. Jene lieben Menschen, die also zum Christentum übergetreten sind, waren gar keine Buddhisten, sondern Mahāyānisten. Das ist etwas ganz anderes. Verglichen dazu ist das Christentum in der Tat eine Offenbarung. OM.

Professor Dr. Hermann Bedh

Ein weiterer Verkünder der wahren Lehre des Buddha ist Professor Dr. Hermann Bedh, Autor des Buches *BUDDHISMUS Buddha und seine Lehre*, erschienen im Grunter & Co Verlag, Leipzig. Sehen wir doch mal, was der Professor da schon 1920 über das ICH schrieb. Ich zitiere: „Man spricht vielfach von einer buddhistischen Leugnung des Ich. Sachgemäßer und zutreffender wäre, von einem ‘Nicht vordringen bis zum Ich’ zu reden.“

Nun nimmt der Professor Stellung zu einem Punkte, den ich im Zusammenhang mit dem Lama bereits erwähnte, die vergänglichen Kind- und Mönchs-Ichs etc. betreffend, welche der Lama als Beweis dafür anbringt, dass es gar kein Ich gäbe, weil diese Ichs ja veränderlich und vergänglich sind. Die korrekte Definition wäre aber gewesen, dass sein Ich, getrieben von Unwissenheit oder avīdya, sich IRRTÜMLICHERWEISE mit diesen Kind- und Erwachsenen-Ichs identifizierte, so wie dies ja der Durchschnittsmensch im Allgemeinen tut, bis er schmerzvoll erfahren muss, dass die ach so schöne Jugendzeit verrauscht und vergeht und er die ersten Falten und grauen Schläfen an sich entdeckt, die er dann entweder mit einer von ihm selbst erfundenen oder ihm angebotenen Philosophie oder aber mit Hilfe der entsprechenden Kommerzprodukte und deren Verdummungs-Werbekamagnen im wahrsten Sinne des Wortes zu vertuschen, verbergen, verniedlichen oder gar zu verherrlichen sucht. Also: Was der Dalai Lama mit dem Ich verwechselt, ist nur die vom Buddha immer und immer wieder verkündete ILLUSIONÄRE Natur eines solchen angenommenen Ichs, welches eben dadurch seine nur scheinbare und relative Gültigkeit offenbart. Ebenso steht es natürlich auch mit dem Astro-mental- und Geistkörper bzw. der entsprechenden Aura. Sie alle sind nur ANGENOMMENE Ichs, mit denen sich das noch unerlöste Ich identifiziert. OM. Professor Dr. Hermann Bedh schreibt: „Im Dīghanikāya wird ZUNÄCHST ein dreifaches Selbst (attā, Sanskrit ātman) oder Ich unterschieden; ein grobmaterielles (olārika), der physische Körper, ein höheres geistiges (manomāya), das mit dem durch die Meditation herausgezogenen Geistkörper übereinstimmt, und ein noch höheres, als arūpa

arūpa saññāmayo bezeichnet. ALLE DIESE 'SELBSTE' HABEN ABER IM BUDDHISMUS NUR EINE SCHEINBARE UND RELATIVE GÜLTIGKEIT und die fortschreitende MEDITATION ist es, die den jeweiligen Schein zerstört, denn auf der nächsthöheren Stufe des Bewusstseins wird die niedere überwundene Stufe buchstäblich wesenlos. [Also, MEDITIEREN SIE, LIEBER DALAI LAMA, dann werden auch Sie sehen und ERKENNEN, dass die von Ihnen bezeichneten oder angenommenen 'Ichs' oder 'Selbste' des Kindes und des Erwachsenen in Wirklichkeit eben NICHT das Ich, also anattā sind. OM. Lanoo.] Es ist nämlich der Meditation eigentümlich, dass das auf irgendeiner Stufe [innerhalb der Welt der Erscheinungen. Lanoo] als wesenhaft empfundene Ich [welches in Wirklichkeit NICHT das Ich ist. Lanoo] gleichsam in die nächsthöhere Stufe nicht mitgenommen werden kann, da es dort als wesenlos erlebt wird. [Und, als hätte Professor Dr. Bedh damals schon vorausgesehen, dass es einmal einen Dalai Lama geben würde, der – wie der Lama in seinem Buch selbst erwähnt – den Körper etc. als das ICH ansieht bzw. ein ICH-Sein nur in Verbindung mit dem Körper akzeptiert und sonst kein anderes Ich erkennt*, als hätte der Professor all dies schon 1920 geahnt, fährt er fort, den Dalai Lama aus der Vergangenheit heraus zu belehren. Lanoo.] Im gewöhnlichen Zustande des sinnlichen Daseins (also im Falle eines unerleuchteten Menschen) wird der grobmaterielle Körper als das Ich oder Selbst empfunden, diese Ich-Vorstellung wird (aber) dann in der Meditation (sich von einer Stufe zur anderen lösend) als NICHTIG erlebt. Auch das (als höchstes) erlebte Ich [in der Welt der Erscheinungen. Lanoo] hat nur relative Natur. [Und nun kommt das Ungeheuerliche: Dies gilt natürlich auch für NIRVĀṆA. Auch dies ist EIGENTLICH eine Illusion, nämlich das NICHT-Ich. Den Unterschied zwischen DIESEM Nicht-Ich und einem NICHT-Ich, wie vom Dalai Lama erlebt, ist jedoch folgender: NIRVĀṆA ist das ewig-zeitlose Nicht-Ich, JENSEITS der Welt der Erscheinungen. DAS ist man WIRKLICH. Davon kann man sich nicht mehr lösen. Der Rest ist vergänglich und darum leidvoll. OM. Lanoo.] Der meditierende Jünger verliert auf jeder Stufe der Meditation dasjenige, was er auf der früheren Stufe als sein Ich empfunden hat. Und nun ist es dem Buddhismus wesentlich, dass er sich über diese RELATIVEN 'Selbste' nicht erhebt, zu einem absoluten höchsten Selbst oder Ich nicht vordringt. [Kann er ja auch gar nicht, denn das ICH kann niemals zu sich selbst vordringen, es kann nur soviel wie möglich abstoßen von dem, was es WESENTLICH nicht ist, solange, bis NIRVĀṆA erreicht ist. NIRVĀṆA wird man nicht los. DIESES Nicht-Selbst verbleibt. Von dem kann man darum getrost sagen, dass man es IST. Wie ist es? Was ist es? Man möge darangehen und das größte Unterfangen beginnen, das größte Kunstwerk erschaffen, die überragendste wissenschaftliche Errungenschaft präsentieren, eine GIGANTISCHE LEISTUNG, die nicht einmal EIN GOTT vollbringen kann, sondern NUR jemand, der im Menschenreich geboren bzw. wiedergeboren ist, nämlich: DIE LOSLÖSUNG VON ALLEM VERGÄNGLICHEN IN DER MEDITATION. OM. Lanoo.] Es wird ein Ich nicht geleugnet, sondern nur

* Kann er auch nicht, weil das ICH von sich selbst gar nicht erkannt werden kann und damit in der Tat UNERKENNBAR ist. Da nun alle Selbste EINER Quelle entstammen, erzeugt die Loslösung von allem NICHT-Selbst, also von allem Wahrnehmbaren, zugleich paradoxerweise auch Liebe und Mitgefühl für alles Wahrnehmbare und für dessen meist noch unerlösten Selbste. OM.

gesagt, dass alles, was auf irgendeiner Stufe als Ich erlebt wird, in Wirklichkeit nicht das Ich sei."

Wenn der Dalai Lama also behauptet, dass es ein Ich nur im Zusammenhang mit dem gibt, was das Ich erkennt, dann hat er völlig Recht. Er irrt nur darin, wenn er meint, das Ich höre auf zu existieren, wenn alles Erkennbare verschwindet. Denn NIRVĀṆA verbleibt immer noch und NIRVĀṆA ist die letzte und bleibende Erkenntnis des befreiten Ichs, nachdem es sich von allem vergänglichen Erkennbaren, also von den Skandhas gelöst hat. Auch NIRVĀṆA ist anattā. Auch NIRVĀṆA ist NICHT das Ich oder Selbst. Es wird NIEMALS EIN ICH geben, dass für sich allein dasteht. Wenn ich in diesem Buch behaupte und beweise, dass es nur zwei Arten von Ichs gibt, 1. das anhaftende Ich und 2. das erlöste Ich, dann bedeutet dies nicht, dass ein solches erlöstes Ich in NIRVĀṆA plötzlich sozusagen nackt dasteht OHNE alles anattā. Es sieht sich IMMER NOCH selbst und vor allem in NIRVĀṆA seinem anattā gegenüber, nur mit dem Unterschied, dass diese „Erkenntnis" keinem Wandel mehr unterzogen ist, während das anattā oder die in der Welt der Erscheinungen gewonnene Erkenntnis einem STÄNDIGEN WANDEL unterliegt. Der Dalai Lama hat Recht, wenn er sagt, dass es nur ein Ich gibt in Verbindung mit etwas Erkennbarem. Dies gilt jedoch auch und vor allen Dingen für NIRVĀṆA. DIESE „Erkenntnis", dieses Nicht-Ich ist NICHT illusionär wie die vergänglichen, der Nahrung bedürfenden Kind- und Erwachsenen-Nicht-Ichs des Dalai Lama. Hat sich das ICH von ALLEN VERGÄNGLICHEN Bewusstseinszuständen gelöst, verbleibt NIRVĀṆA. Das, also dieses anattā oder Nicht-Ich, kann ihm nicht mehr weggenommen werden. Das IST er essenziell. Wer es zu fassen vermag, der fasse es. OM. Man bedenke doch nur: Wenn es, nachdem man sich von allem VERGÄNGLICHEN in der Meditation gelöst hat, NICHTS mehr gäbe, man dann also zerstört wäre, dann würde eine solche Philosophie doch wohl gar keinen Sinn machen, Nihilismus sein und damit äußerst töricht. Da lob ich mir dann schon lieber den Himmel der Religionen, der ist zwar nicht ewig, aber da kann man in seinem Geistkörper zumindest eine gewisse Periode der Seligkeit erleben. Prof. Dr. Bedh: „So kann auch die buddhistische Ich-Lehre nur aus dem Meditationsproblem heraus recht verstanden werden."

So ist also klar, dass was auch immer das ICH wahrnimmt, eben NICHT das Ich ist und auch nicht sein kann. Dies gilt natürlich auch für NIRVĀṆA, aber vor allem auch für die SKANDHAS, von denen der Dalai Lama sagt, dass man nur ICH sagen kann oder dass ein ICH nur existiert in Verbindung mit den Skandhas oder vergänglichen Gruppen und dass es ansonsten kein Ich gäbe. NEIN, EURE HEILIGKEIT, es gibt dann IMMER noch ein ICH, und zwar, wenn ich mich von allen Skandhas löse, dann verbleibt NIRVĀṆA. ICH erlebe dieses NIRVĀṆA zwar immer noch als Nicht-Ich, aber als ein Nicht-Ich, welches nicht mehr der Veränderung, dem Zerfall unterliegt. Das ist die wahre Unsterblichkeit, DAS TODLOSE. OM. Es ist nicht mehr dem Wandel unterworfen, es ist EWIG im Sinne von ZEITLOS. Wenn es eine solche letzte NIRVĀṆISCHE Erkenntnis, JENSEITS jeglicher Erkenntnis der Welt der Erscheinungen, nicht gäbe, dann würde doch der ganze Buddhismus, die gesamte Lehre Buddhas keinen Sinn machen. Dass es einen solchen Zustand JENSEITS der Welt der Erscheinungen, JENSEITS des Saṃsāra, des Rades der Wiedergeburt, sei es in der Hölle, auf Erden oder gar im Himmel, gibt, verdeutlicht ja die Illustration auf Seite 54, welche den Buddha AUSSERHALB des dämonischen Saṃsāra zeigt. ER hat es geschafft. Wollen wir nur darüber lesen, diskutieren, uns intellektuell ergötzen oder wollen wir es auch SELBST versuchen? ...

DIE TATSÄCHLICHKEIT DES ICHS und seiner höchsten Stufe, der Befreiung von allem Vergänglichen, ist es doch, was dem Menschen Hoffnung gibt, etwas loszulassen, das leidvoll ist. Man nehme dem Ich diese letzte Stufe der Erlösung und Befreiung von allem VERGÄNGLICHEN Nicht-Ich und der ganze Buddhismus fällt in sich zusammen wie ein zu heiß gebackener Apfelkuchen. Also: DAS ICH IST IMMER. Das Ich ist auch IMMER verbunden mit seinem NICHT-Ich, sei es hier oder in NIRVĀṆA. Der einzige Unterschied zwischen dem NIRVĀṆISCHEN Nicht-Ich und dem weltlichen ist der: 1. Das nirvāṇische Nicht-Ich verbleibt für ewig mit dem Ich und sichert ewigen Frieden. 2. Das weltliche Nicht-Ich sichert Vergänglichkeit und damit ewiges Leiden. Der Mensch hat also nur die Wahl zwischen zwei anattās, dem weltlichen oder dem nirvāṇischen anattā. Ein Ich ohne NICHT-Ich per se gibt es nicht und wird es auch nie geben. Von NIRVĀṆA kann man sich nicht lösen. Wer's doch versucht, riskiert mehrere Leben von zwar behüteter, jedoch immer VERWIRRTER, geistig umnachteter Existenz. OM. Woran das Ich sich auch immer noch klammert, dorthin kehrt es zurück, sei es im Himmel, auf Erden oder in der Hölle. An NIRVĀṆA braucht man sich nicht zu klammern, das kriegt man sozusagen gratis, wenn man sich von allem gelöst hat, was NIRVĀṆA NICHT ist, also von der Welt der Erscheinungen bzw. von Himmel, Erde und Hölle. OM. Wovon das Ich sich auch immer gelöst hat, von dem wird es NICHT mehr in die Wiedergeburt gezogen. Wer sich von allem Vergänglichen, der Zeit Unterworfenem befreit hat, dem verbleibt NIRVĀṆA, der ist IMMER NOCH, doch nun auf ewig frei von Hunger und Durst, der muss nicht mehr ernährt werden, und sei es auch nur im Himmel mit köstlichem Manna. Was will man dem denn geben, der nichts mehr will? Professor Dr. Bedh schreibt: „Es hat sich ergeben, wie (in der Meditation) keines der 'Selbste' (Skandhas) als das eigentlich wahre Ich erlebt wird." Natürlich nicht. Ein Erlebnis setzt immer ZWEI voraus, einen, der erlebt, und das, was ERLEBT wird. Diese Dualität besteht sogar bis in NIRVĀṆA fort, nur, dass das dort Erlebte frei von Leid und ewig-zeitlos ist, während das in der Welt der Erscheinungen Erlebte der Vergänglichkeit unterliegt und darum leidvoll ist. Beide, das Vergängliche UND NIRVĀṆA, sind anattā. Prof. Dr. Bedh schreibt weiter: „Das auf irgendeiner Stufe der Meditation gefundene Selbst wird in der nächsthöheren Stufe überwunden." Ich, Lanoo, füge hinzu, „bis NIRVĀṆA erlangt ist". Dieses Nicht-Selbst wird man nicht los. Ein weiterer Loslösungsvorgang würde in der Tat die ZERSTÖRUNG DES SELBST bedeuten. Wenn es so etwas gäbe, würde dies für mich ein Grund, auf ewig wieder zu reinkarnieren, um eben genau einer solchen Zerstörung zu entgehen. Auf solch einem Missverständnis beruht ja auch die gesamte Mahāyāna-Interpretation der Lehre des Buddha. EBEN WEIL die Mahāyānas eine solche Zerstörung des Selbst fürchten, scheuen sie das NIRVĀṆA und verstecken diese Furcht hinter einer Bodhisattva-Philosophie, derzufolge sie erst DANN NIRVĀṆA erlangen oder nehmen wollen, wenn jeder andere es auch erlangt hat. Dann würde die ganze Welt ja überfüllt sein mit wartenden Bodhisattvas. Dahinter steckt in Wirklichkeit das Missverständnis der Lehre des Buddha und ein Verlangen nach der Welt der Erscheinungen. Das ist ja auch in Ordnung, nur dann soll man wenigstens das Kind beim Namen nennen und sagen: ICH WILL ABER NICHT NIRVĀṆA ERLANGEN, sondern sooft wie möglich wiederkommen! Dies ist zumindest ehrlich und man braucht dann auch keine Gehirnakrobatik zu veranstalten und die Lehre des Buddha dahingehend absichtlich zu missverstehen oder missinterpretieren, als hätte der Buddha gelehrt, es gäbe kein Selbst oder Ich. Es gibt IMMER ein ICH und ein NICHT-ICH, selbst in NIRVĀṆA. NIRVĀṆA SELBST ist anattā, ein oder das NICHT-ICH, nur eins, das nicht wehtut ...

Professor Bedh schreibt in diesem Zusammenhang: „Es hat sich weiterhin ergeben, wie keines dieser 'Selbste' als das eigentliche wahre Ich erlebt wird, sondern wie das auf irgendeiner Stufe der Meditation gefundene Selbst in der nächsthöheren Stufe überwunden wird, ohne dass die buddhistische Meditation zu einem absoluten Ich vordringt, und wie aus DIESEN Verhältnissen heraus die Nicht-Ich-Lehre (anattavāda) des Buddhismus zu verstehen ist."

Also frohlocket auch und vor allem ihr verzagten Mahāyāna-Buddhisten. DAS ICH IST IMMER, sei es hier in der Welt des Vergänglichen oder in NIRVĀṆA in der Sphäre des Unvergänglichen, Ungeborenen, zeitlos Ewigen. Ein Ich ohne NICHT-ICH gibt es nicht. OM. Es wird IMMER den Erkennenden geben und das, was er erkennt. Die Loslösung von allem Erkennbaren betrifft nur und hauptsächlich die Loslösung von allem erkennbaren VERGÄNGLICHEN. Die Erkenntnis von NIRVĀṆA ist ewig-zeitlos. Das Versprechen der Religionen wird also in NIRVĀṆA erfüllt und eben NICHT in den vergänglichen Himmeln. OM. Ein anderer Beweis für die Tatsache, dass das Ich IMMER ist, ist es, dass der fortgeschrittene Meditierende sich an vergangene Leben erinnert. Der Grund: Alle Existenzen sind im ICH gesammelt. Dies bedeutet aber wiederum NICHT, wie der Dalai Lama annimmt, dass das Bewusstsein des vergangenen Lebens überlebt und sich neu manifestiert im nächsten Leben, denn genau dies tut es eben nicht. Das Bewusstsein ist IMMER NEU und wer das Gegenteil behauptet, wird vom Buddha ein „Narr" genannt ...

Wenn das Bewusstsein überleben würde, dann gäbe es ja keine Befreiung, dann wäre man ja Leben für Leben an dasselbe Bewusstsein gebunden und würde jedesmal demselben Karma unterliegen. Solch eine Definition von Karma und Reinkarnation ist natürlich ein gefundenes Fressen für jeden Gegner des Buddhismus und da braucht man sich gar nicht zu wundern, wenn immer mehr Buddhisten ins Lager der Christen überwechseln und den Buddhismus als törichte Lehre hinstellen. „Nur etwa fünfhundert Jahre, Ānanda, wird meine Lehre rein bleiben!", sagte der Buddha kurz vor seinem Tode. Nun, ich werde alles in meiner Macht Mögliche tun, um diese Reinheit wiederherzustellen. Man kann andererseits in Übereinstimmung mit dem Sāmkhya-Yoga sagen, dass in der Meditation der Ich-Wahn zerstört wird, aber doch nur der Wahn, dass das Ich in Verbindung mit der immer vergänglichen Welt der Erscheinungen verbunden ist oder ihr essenziell angehört, wie der Dalai Lama behauptet. Wenn dem so wäre, dann wären ja die Wesen auf ewig im Saṃsāra, im Rad der Wiedergeburt, gefangen und die Lehre des Buddha nutz- und wirkungslos. Wie gesagt: Es ist klar, dass derartiger Unsinn und mehr von GEGNERN des Buddhismus behauptet wird, doch wenn jene, die sich BUDDHISTEN nennen, so etwas von sich geben, dann ist dies höchst besorgniserregend. Das UN-

ERLÖSTE Ich wähnt sich dem Saṃsāra zugehörig, das ERLÖSTE und erwachte Ich ERFÄHRT den Zustand der Befreiung in NIRVĀṆA. Wer ist nun der „Hauserbauer“ dieses Ichs? Nun, es ist der Saṃskāra (nicht zu verwechseln mit Saṃsāra), das Unterbewusstsein der buddhistischen Lehre, auf welches ich später noch näher eingehen werde. Zurück zum Ich und zu Professor Dr. Hermann Bedh. Was unterscheidet das Nicht-Ich der Welt der Erscheinungen vom Nicht-Ich des NIRVĀṆA? Professor Dr. Bedh macht es klar: Es ist der Keim. Das Nicht-Ich der Welt der Erscheinungen bis hoch zur höchsten arūpa Welt enthält den Keim des Todes, das Nicht-Ich des NIRVĀṆA dagegen enthält den Keim der zeitlosen Ewigkeit. Was ist nun das andere Charakteristikum des falschen, weil vergänglichen und darum leidvollen Nicht-Ichs? Prof. Dr. Hermann Bedh sagt es uns: „Ichwahn, leidenschaftliche Liebe, Hass, Hängen am Irdischen.“

Und wie wird man ein „Seher“ von NIRVĀṆA? Dr. Georg Grimm enthüllt es uns in *DIE LEHRE DES BUDDHO.* Man muss „alle Elemente seiner Persönlichkeit als **nicht** das Ich (anattā), als sich durchaus wesensfremd *erleben*, um ein wirklicher ‘Seher des Nibbānam’ zu werden, (jemand), der auch die ganze Seligkeit der infolge *dieser* Schau sich einstellenden vollendeten *Wunschlosigkeit* unmittelbar und leibhaftig an sich erfährt. Dann wird man auch ein wirklicher *Künder* des Nibbānam sein.“

Wer da immer noch wie der Dalai Lama behauptet, es gäbe kein Ich, es gäbe gar niemanden, der all dies erfährt, der hat eben den Buddha noch nicht verstanden und muss noch viele Leben wiederkommen ...

GOTT

Im nun folgenden Kapitel wird bewiesen, dass es zwar einen Gott gibt, dieser aber weder männlich, noch ein Schöpfer ist.

Gott wurde vor etwa tausend Jahren geboren. So alt ist zumindest etwa der Begriff „Gott". Davor war der Name, den man dem höchsten Prinzip gab, ein anderer. Warum? Warum änderte man den Namen des Allerhöchsten in der Bibel, aber behielt mehr oder weniger alle anderen Namen bei? Das höchste Prinzip wurde in der Hebräischen Bibel ELOHĪM genannt. Warum jetzt plötzlich „Gott", warum nicht weiterhin ELOHĪM? Petrus ist immer noch Petrus, Jesus (zuvor Joshua etc.) ist mehr oder weniger immer noch Jesus, Paulus ist Paulus, Mutter Maria ist Mutter Maria, Moses ist Moses, Abraham ist Abraham (A-Brahman oder „Nicht-Brahmane"), Kain und Abel von damals sind Kain und Abel von heute, Judas bleibt Judas, Johannes der Täufer ist immer noch Johannes der Täufer, Adam bleibt Adam und Eva bleibt Eva, aber ELOHĪM nennt sich jetzt anders, nämlich „Gott".

Nehmen wir einmal an, geneigter Leser, du heißt Franz. Wie würde es dir denn gefallen, wenn man dich einfach Willi nennt, ohne dein Einverständnis? Hat man ELOHĪM um Genehmigung gefragt, bevor man ihn bzw. „es" umbenannte? Oder hat es selbst seinen Namen geändert? Hieß es vorher vielleicht sogar anders als ELOHĪM? Ist auch ELOHĪM bereits ein umbenannter Gott bzw. einer von vielen Namen für das höchste Prinzip? Was ist geschehen? Wer hat da wo was geändert? Und warum? Hier ist nun die Antwort darauf:

Das Universum in der jetzigen Manifestation ist etwas über 150 Billionen Jahre alt. Seitdem gibt es auch Leben, welches mit der Emanation des ERSTEN GEISTIGEN PRINZIPS begann. Diese erste rein geistige Emanation hatte natürlich keinen Namen. Dieser wurde ihr erst gegeben von Wesen, die in ihm oder ihr oder „ES" erwachten. Dieser erste Name war zunächst nur eine Schwingung, die sich später, als die menschliche Struktur sich vom Geistigen zum Materiellen bzw. **weniger** Geistigen verdichtete, zum **OM** oder **AUM**. Aber das ist lange her, und als der Mensch mehr und mehr von der ersten Emanation hinweg materialisierte, wurde er mehr und mehr von unteren Götterhierarchien (später von der Kirche „Botschafter", „Angelos" oder „Engel" genannt) beeinflusst, denen er dann Namen gab und sie schließlich zum einen und einzigen Prinzip erklärte.

Der Name **ELOHĪM** kommt der wahren Natur des ersten Prinzips am nächsten und wurde deshalb folgendermaßen geändert: Der Begriff „Gott" wurde eingeführt, um einen männlichen Schöpfer zu etablieren, wo zuvor nur ein neutrales höchstes Prinzip war, und darüber hinaus „Das Unbenennbare", „Unerkennbare".

Der Beweis: Der Name, der in der Hebräischen Bibel dem Höchsten gegeben wird, ist (**אלהים**) oder Elohīm. Elohīm ist ein hebräisches Wort, Plural, und bedeutet nicht ein höchstes Prinzip, sondern **mehrere**, nicht Gott, sondern **Götter**. Elohīm setzt sich zusammen aus: **El** - neutrales Prinzip oder Gott, **eloh** - feminines, weibliches Prinzip oder Göttin und **īm** - maskulines oder männliches Prinzip Plural, was die Männer auf Platz drei der himmlischen Hitparade verweist.

Das darf auf keinen Fall geschehen. Also, lasst uns das weibliche Prinzip im Allgemeinen und damit die Frau im Besonderen entthronen und den Mann dahin setzen, wo er hingehört, nämlich auf Platz eins der himmlischen Hitparade. So hatten sich die Herren Kleriker das damals ausgedacht und so funktioniert es bis heute. Die korrekte grammatikalische und sogar kabbalistische Definition des Begriffes **ELOHĪM** enthüllt uns die **zuerst neutrale** und danach weibliche und **dann** erst, auf den **unteren** Plänen, männliche Natur des NEUTRALEN ERSTEN PRINZIPS. Aus diesem neutralen ersten Prinzip emanierten dann auf den unteren Ebenen, z. B. in unserem physischen Universum auf unserer Erde, für die verschiedenen Nationen jeweils ein individuelles, spirituelles, aber immer noch nicht männliches, sondern männlich-weibliches oder androgynes Unterprinzip, welches wir auch Stammesgott nennen können. Den Beweis dafür finden wir in der korrekten Übersetzung des Original-Hebräischen:

be - rēsh yithbārē elohīm

was bedeutet

„Durch Mehrzahl (oder Mehrheit oder Vielheit) formten sich die Götter (in die Himmel und die Erde etc.).“ Diese Mehrzahl der Götter (die Sieben Strahlen plus fast unendlich vielen Unterstrahlen, einer davon Jehovah) sind es, durch die die verschiedenen Nationen und Rassen auf Erden emanierten. Da die Menschen mit der Zeit immer materieller wurden und sich mehr und mehr vom ersten Prinzip entfernten, welches nie wirklich einen Namen hatte und haben wird, verloren sie die Verbindung zu diesem ersten Prinzip und konzentrierten sich auf bzw. verehrten mehr und mehr ihre Stammesgötter, welche sozusagen die Verbindung herstellen zwischen erstem Prinzip und Kreatur. Den Beweis für diese Tatsache finden wir in der Bibel selbst unter Ex. xii, 28 und Deut. iv, 19. Da heißt es: **„Den Göttern sollst du nicht fluchen, denn es war Gott selbst, der sie verteilt hat unter den Nationen.“** Wer so zu den Juden spricht, ist ihr eigener Stammesgott selbst, der ihnen dann rät, die anderen Götter nicht zu verehren, sondern **IHN**, der ja ihr Stammesgott ist. Durch Veränderung der masoretischen Punkte lässt man im Leser den Eindruck entstehen, dass hier Gott selber oder das erste neutrale Prinzip spricht. Dem ist aber nicht so. Jeder, der Hebräisch versteht und mutig genug ist, diese Kenntnis auch kritisch anzuwenden, wird die Fälschung erkennen.

Damit sie nun ihren Gott, einen Stammesgott der niederen Ordnung, zu dem einen einzigen Gott erheben konnten, änderten oder „übersetzten“ sie „Elohīm“ als den männlichen Gott mit hauptsächlich Männern oder Priestern als seine Stellvertreter.

Wichtig ist auch noch Folgendes: Die erste Emanation ist eine ABSTRAKTION, die sich dann in zwei Prinzipien teilt, positiv und negativ oder LATENT ABSTRAKT männlich und weiblich.

Später änderte die Kirche das weibliche Plural „Elohīm“ in ein männliches Singular. Blavatsky erklärt in *Esoteric Writings*: „Was, dann, ist die korrekte Übersetzung von ‘Elohīm’, auf wen ist dieses Wort bezogen? ‘ELOHĪM’ ist nicht nur ein Plural, sondern ein *weibliches* Plural! Doch die Übersetzer der *Bibel* haben daraus ein *männliches* Singular gemacht! Elohīm ist das Plural des femininen Substantivs

El-h, da der letzte Buchstabe *-h* das Geschlecht kennzeichnet. Anstatt nun das Plural in *-oth* zu formen, wird es zum maskulinen Plural, welches *-im* ist."

Nun könnte ein Kabbala-kundiger Rabbi einwenden, dass es, was das Hebräische anbelangt, viele Maskuline gibt, welche den Plural in *-oth* haben, sowie Feminine, welche den Plural in *-im* haben, obwohl in der Mehrzahl der Fälle die Substantive beider Geschlechter die ihnen gemäßen Endungen annehmen. Dem ist jedoch entgegenzuhalten, dass in **jedem** Falle die Anwendung des Plural nicht das Geschlecht beeinflusst, welches dasselbe verbleibt wie im Singular. Man hat etwas im höchsten Prinzip Unerkennbares, Unerklärliches, als erste Emanation weibliches Prinzip in einen Mann umgewandelt und somit die männliche Priesterschaft etabliert. Wir verstehen nun auch, warum einer der Päpste einst sagte: „Die Erfindung der Buchdruckerkunst ist unser größter Feind." Der Grund: Erstens können sie nicht mehr weiter an ihren „Heiligen Schriften" herumpfuschen und dann die Fälschung zum Original erklären, da ja nun auch die Massen im Besitz dieser Schriften in Form von Büchern sind, und zweitens können Tonnen von Büchern gedruckt werden, welche den Religionsschwindel aufdecken.

Die „Heiligen Väter" taten wirklich alles, um die weibliche Natur der ersten Emanation vor der Welt zu verbergen.

Man nehme nur das Wort „Ruach", welches „Geist" bedeutet. Auch dieses Wort, also auch der von der Kirche so verehrte „Heilige Geist", ist weiblich. In Lukas i, 35 lesen wir: „Der Heilige Geist wird über dich kommen, und die Macht des Höchsten wird dich überschatten." Wir haben es hier also mit Zweien zu tun, mit dem Heiligen Geist (weiblich) und der Macht des Höchsten (männlich). Beide vereinen sich, **aber abstrakt** (so wie zwei Schwingungen sich überlagern und durch Interferenz eine dritte, neue Schwingung erzeugen) und bringen dann den „Sohn Gottes" hervor oder die dritte Emanation, welche aber eben nicht Jesus oder sonst jemand ist, sondern ein ABSTRAKTES PRINZIP. Wem das noch nicht Beweis genug ist dafür, dass der Geist bzw. „Der Heilige Geist" ein weibliches Prinzip ist, der lese Sepher Jezirah *Das Buch der Formationen*. Dort wird die weibliche Natur des Heiligen Geistes gelehrt. Ich zitiere: „Eins ist Sie, die Ruach Elohīm Chiim- (Der Geist der Lebenden Elohīm) ... Stimme, Geist und Wort, das ist Sie, der Geist des (maskulinen) Heiligen Einen [Selbst der männliche Heilige Eine hat einen **weiblichen** Geist. Lanoo]."

Sogar die Heilige Dreieinigkeit erscheint in den Originalschriften als weiblich, ganz einfach, weil ja auch von dieser Heiligen Dreieinigkeit alles andere emanierte und man von daher gesehen sie als kosmischen Schoß und damit als weiblich bezeichnen kann. Reine Logik sagt uns schon, dass, wenn dem ersten Unerschaffenen und immer Dagewesenen und immer Daseienden, also dem Prinzip, sei es nun der Gott der Kirche oder „das ewig Unerkennbare" (welches man wird, wenn man sich von allem Erkennbaren gelöst hat), wenn diesem Prinzip alles entstammen soll oder alles von ihm emaniert, dieses Urprinzip einfach weiblich sein muss, und sei es auch nur als kosmischer Schoß gesehen.

Elohīm steht also auch für die Dreieinigkeit. Dies ist jedoch für den nach NIRVĀṆA Strebenden von geringer Bedeutung, denn auch und gerade die Dreieinigkeit der Religionen ist ja bereits eine illusionäre, weil vergängliche Illusion, einen Schritt entfernt von NIRVĀṆA. Sie existiert für eine Weltenperiode, doch dann läuft ihre Uhr ab und sie wird in NIRVĀṆA absorbiert, wo der NIRVĀṆIN die ganze Zeit souverän herrscht. OM.

In *Sepher Jezirah* („Buch der Formationen") finden wir noch mehr über die weibliche Natur der Dreieinigkeit. Es beschreibt „drei Mütter, aus denen die Väter hervorgingen". Das Männliche aus dem Weiblichen geboren, unvorstellbar für die Herren Kirchenväter. Aber so ist es nun mal. JEDE Quelle ist automatisch auch weiblicher Natur, und wir alle, die „Heiligen Väter" eingeschlossen, kommen doch von irgendwoher, oder? Und dieses Eine, dem wir entstammen, ist weiblicher Natur. Die Weisen, welche in den **ursprünglichen** Schriften die Begriffe „weiblich" und „männlich" verwendeten, dachten dabei natürlich nicht an wirkliche Männer und Frauen oder auch nur an wirkliche Männlichkeit und Weiblichkeit, sondern nur an **kosmische Prinzipien**, die **später**, viel, viel später hier unten auf unserer materiellen Ebene, endlos weit entfernt von diesen Prinzipien, zur zunächst androgynen Menschheit wurden, die sich dann in männliche und weibliche Geschlechter teilten.

Weitere Beweise für die Tatsache, dass vormals ungeschlechtliche bzw. auch feminine, kosmische Kräfte durch Manipulation der masoretischen Punkte in einen männlichen Schöpfergott verwandelt wurden:

GENESIS beginnt mit:

בראשית ברא אל·הים את השמים ואת האר״ץ

welches sich liest:

„B'rash ithbara Elohīm ethhashamayim v'eth'arets"

oder

„Im Anfange erschuf Gott die Himmel und die Erde."

Dieser Satz ist jedoch eine Fälschung, wie im Folgenden bewiesen wird. Es gibt keinen Anfang oder eine erste Schöpfung, sondern nur ein **Wiedererwachen** bereits und immer vorhandener Kräfte, die sich entsprechend ihres neuen Verlangenszustandes neu formieren. Dies war auch den Autoren der ursprünglichen Hebräischen Bibel bekannt. Dort existierte nie ein Schöpfer, sondern immer nur ein periodisches Wiedererwachen von, den höchsten manifestierten Aspekt betreffend, bestenfalls femininen Kräften. Also, es gibt keine erste „Schöpfung" und es wird wohl auch keine letzte geben, da fast alle Wesen mit Verlangen nach „immer etwas sein" erfüllt sind und die wenigsten „das Unerkennbare", frei von allen Beilegungen, zu schätzen wissen. Der erste Satz in *Genesis* macht es klar. Dort heißt es: „Aus der ewig existierenden Essenz formte die duale Kraft den doppelten Himmel (sichtbares und unsichtbares Universum)." Dieser Satz wurde später geändert in: „Im Anfange schuf Gott Himmel und Erde." Man könnte nun einwenden, dass eine solche Änderung bzw. Fälschung jedem sofort aufgefallen sein müsste und dass dies darum sehr unwahrscheinlich sei. Die hebräische Sprache macht jedoch eine solche Änderung möglich, ohne dass es irgendjemand, außer Eingeweihte, gleich bemerken würde. Um zu verstehen, wie das geschah und wie einfach und „unauffällig“ das ist, muss man wissen, dass die Worte im Hebräischen, besonders in den alten Systemen, nicht getrennt sind, sondern zusammengeschrieben werden. Der Beginn des neuen Wortes ist (in unserem Beispiel) nur durch einen Punkt gekennzeichnet. Eine einzige Verschiebung dieses Punktes unter Beibehaltung aller Buchstaben des Satzes kann so die Bedeutung des Satzes völlig verändern.

Der **ursprüngliche** Text sieht so aus (man beachte die Punkte unter den jeweiligen Buchstaben):

„B´rashithḅaraẹlohīmẹthḥashamayimṿ´ethḥ´areths“

Dies liest sich folgendermaßen:

„B´rashith bara Elohīm eth hashamayim v´eth h´areths“

und bedeutet:

„Aus der ewig existierenden Essenz (Urmaterie oder dem Material ākāśa आकाश) formte die duale bzw. geschlechtslose (aber auch feminine) Kraft den doppelten Himmel.“

Weit und breit ist hier kein männlicher Gott zu sehen.

Hier ist nun der neue, geänderte Text. Es sind dieselben Worte, nur die Punkte wurden verändert (und zwei „h“ entfernt):

↓ ↓

„B´rashiṭhbaraẹlohīmẹthhashamayimṿ´eth(~~h~~)´aret(~~h~~)s“

Das liest sich dann so:

„B´rash ithbara Elohīm ethhashamayim v´eth´arets“

und bedeutet nun etwas völlig anderes, nämlich:

„Im Anfange erschuf Gott die Himmel und die Erde.“

Und mit diesem Gott war dieses Mal ein männlicher Gott gemeint. Was Chirurgen fast zweitausend Jahre später nur unter großen Mühen gelingen sollte, nämlich die Geschlechtsumwandlung von geschlechtslos bzw. von Frau zu Mann, wurde hier möglich mit der Verschiebung eines Punktes. Da soll noch einer kommen und sagen, dass Wissen nicht Macht ist. Auf den ersten Blick ist die Fälschung nicht ersichtlich. Doch wenn wir die beiden Texte untereinander legen, wird klar, wie durch Beibehaltung derselben Worte bzw. Buchstaben (außer dem letzten „h“), aber Veränderung der Punkte, hier unter den Worten, der Sinn ein anderer wird.

1.) ist der Originaltext, 2.) ist die Fälschung. Man vergleiche die jeweiligen masoretischen Punkte.

„Aus der ewig existierenden Essenz formte die duale
Kraft den doppelten Himmel.“

1.) „B´rashithḅaraẹlohīmẹthḥashamayimṿ´ethḥ´areths“

2.) „B´rashiṭhbaraẹlohīmẹthhashamayimṿ´eth´arets“

„Im Anfange erschuf Gott die Himmel und die Erde.“

Noch ersichtlicher wird die Fälschung, wenn wir die beiden Texte in der Art, wie sie gelesen und verstanden werden, untereinander setzen. 1.) ist das Original, 2.) ist die Fälschung. Die Pfeile zeigen die Veränderung.

1.) Original 2.) Fälschung

„Aus der ewig existierenden Essenz formte die duale Kraft den doppelten Himmel.“

1.) „B´rashith bara Elohīm eth hashamayim v´eth h´areths.“

↓ ↓ ↓ ↓ ↓

2.) „B´rash ithbara Elohīm ethhashamayim v´eth´arets.“

„Im Anfange erschuf Gott die Himmel und die Erde.“

Damit ist einer von vielen Beweisen erbracht, dass es weder einen Schöpfer noch eine Schöpfung, sondern bestenfalls ein WIEDERERWACHEN von **bereits vorhandenen Kräften** gibt, welche sich in die ewige existierende unerschaffene Urmaterie einkleiden und diese dann entsprechend ihres Verlangens formen. Diese Formkraft jedoch ist begrenzt durch die in der Urmaterie enthaltenen Archetypen aller Arten.

Deshalb und um einen Schöpfergott - den es auf unteren Ebenen in der Tat gibt - als höchstes Prinzip zu etablieren, wurde der Begriff „Gott“ eingeführt, welcher dem hebräischen YOD oder י entstammt. Dieses YOD ist der 10. Buchstabe des hebräischen Alphabets und ist auch ein männliches sexuelles Symbol, welches seitdem souverän herrscht und die Herzen und Gedanken der Menschen verwirrt und vergiftet. Ich habe mich dennoch dazu entschlossen, den Begriff „Gott“ zu verwenden, sogar wenn ich damit das allerhöchste Prinzip benenne: Lasst sie uns doch mit ihren eigenen Waffen schlagen, damit die Wahrheit ans Licht des Tages gelangt und wir von dann an den Begriff „Gott“ mit dem richtigen Verständnis anwenden und aussprechen. Das erste neutrale Prinzip, welches dem ALLERHÖCHSTEN PRINZIP entspringt, ist die Summe aller manifestierenden, wiedererwachten Kräfte. Aber das ist eben NICHT das Höchste, sondern bestenfalls die höchste Illusion.

GOTT UND MATERIE

Einen Gott per se, der die ganze Zeit allein war und sich dann plötzlich entschließt zu „schaffen“, den gibt es nicht. Es gab, gibt und wird hohe und weniger hohe astrale, mentale und geistige Wesenheiten geben, welche die verschiedenen unter ihnen stehenden Wesenheiten mit Astral-, Mental- und Geistkörper versehen, ja sogar damit experimentieren wie die Elohīm in der Bibel, die solange am Menschen arbeiteten, bis sie sahen, dass „es gut war“, und dies entsprechend ihrer Fähigkeiten und dem Entwicklungsstand der Wesenheiten, welche BEIDE nicht vollkommen sind. Wer solche Wesen Gott oder Götter nennen will, der mag dies gerne tun. Dann sind die Eltern eines Menschen aber auch Götter, denn SIE versehen die Wesenheit mit dem physischen Körper, und ganz egal wie liebevoll oder schlecht die Eltern sind, man möge immer bedenken, dass man genau das bekommt, was man sich selbst ermöglicht hat, und man kann gar nicht genug seine Eltern preisen, die es einem ermöglichen, das alte Karma auszuleben und (hoffentlich) loszuwerden, damit man sich weiter entwickeln kann, hin zur Quelle. OM.

Doch auch die höchsten Astralgötter sind eben NICHT vollkommen. Darum wird ja auch der Gott der Bibel als rachsüchtig etc. beschrieben. Man muss nur aufmerksam lesen, dann macht alles wieder Sinn. Einen Gott aber, der das gesamte Universum erschaffen hat, den wird man nirgends finden. Punctum. Der Gott der Theologen ist einfach eine erfundene Macht, die es nirgendwo anders gab als in den Hirnen eben dieser Theologen. Es ist nun die Zeit gekommen, die Menschheit von Gott, dieser Krücke der Theologen, zu befreien und den Menschen wieder daran zu erinnern, dass ER und er allein für sein Schicksal verantwortlich ist. Dies wird hoffentlich früher oder später das Ende aller Religionen, wie sie es heute sind, bedeuten, womit auch die Hauptursache aller menschlichen Misere beseitigt sein dürfte und die Menschheit frei und offen ist für die in diesem Buch enthüllte Lehre. OM.

Wenn wir die Theologen fragen, ob ihr Gott ein Vakuum ist, Raum oder Materie, dann sagen sie Nein. Und doch behaupten sie, dass ihr Gott Materie durchdringt, obwohl er sie nicht ist. Sie postulieren einfach einen außerkosmischen Schöpfer, den sie nicht beschreiben können, von dem sie aber behaupten, er hätte alles erschaffen. Der berühmte Theologe Dr. Clarke argumentierte einmal für die Existenz Gottes: „Gott, der das Auge gemacht hat, sollte nicht sehen können? Gott, der das Ohr gemacht hat, sollte nicht hören können?“ Doch wenn man dieser Logik folgt, dann müsste man annehmen, dass Gott, der einen Idioten erschaffen hat, auch ein Idiot ist, und so einen Gott wollen wir doch wirklich nicht einmal einem Theologen wünschen, oder? Es gibt nur das EINE LEBEN, welches ständig pulsierend existiert, und zwar in Substanz, aber nicht in Form. Mit anderen Worten: Materie ist ewig, doch die Form ist vergänglich. OM. Wenn man schon einen Gott postulieren will, einen Schöpfer, dann greife man sich an die eigene Nase. Es gibt keinen anderen Gott als man selbst und jede hohe und höchste Wesenheit bis hin zum höchsten Gott in Manifestation ist durch das menschliche Stadium hindurchgegangen, war einmal ein Mensch, denn DER MENSCH SELBST ist das Resultat seiner eigenen Taten, Gefühle, Gedanken und seelischen und geistigen Aspirationen.

Lieber Leser, lass mich dir sagen, selbst die höchste geistige Wesenheit in den höchsten Himmeln, sei dies nun ein Dhyān-Chohan, Brahmā, Brahman, Jehovah oder einer seiner Scharen, sie alle sind NICHT vollkommen und auch sie begehen „Fehler“, die jedoch jenseits unserer Palette von Fehlern liegen. Oder: Wenn ein kosmischer Planetenengel einen „Fehler“ begeht, dann wackelt das ganze Sonnensystem. Man denke darüber nach. Und wenn WIR einen Tobsuchtsanfall bekommen, dann mögen das die Wesenheiten, welche auf den Atomen und Elektronen unseres Körpers leben, dies als einen Weltenbrand empfinden. OM. Nun sagen die Theologen: „Gott ist selbst existent, unveränderlich, unbeeinflussbar. Gott ist ohne Glieder, Körper, Form, Bewegung, er ist unteilbar und hat KEINE der Eigenschaften, die wir in der Materie finden.“ Solch ein Gott entbehrt natürlich jeglicher Qualität, die es dem menschlichen Denken ermöglicht, irgendeine Beurteilung abzugeben. Was soll dies denn für ein Wesen sein, von welchem sie etwas behaupten, dem sofort widersprochen werden kann? Ihre eigene Bibel oder Offenbarung zerstört doch alle moralischen Vollkommenheiten, die sie einem solchen Gott zuschreiben, es sei denn, sie nennen das vollkommen, was, wenn auf einen Menschen angewandt, als das Schlimmste überhaupt angesehen wird, denn der Gott der Bibel behauptet ja von sich selbst, ein „rachsüchtiger“ Gott zu sein. Mit so etwas möchte man lieber nichts zu tun haben. Einen solchen denkenden, vollkommenen, allmächtigen Schöpfergott kann es darum gar nicht geben, denn der müsste dann bedingt, begrenzt und vergänglich sein, denn auch das Denken ist ja anattā und darum NICHT das Selbst. Wenn man uns aber glauben machen will, dass Gott ein ewiges, unveränderliches und unabhängiges außerkosmisches Wesen ist, OHNE Materie, dann kann dies nicht ein Wesen sein, sondern eher ein blindes Prinzip, also ein Gesetz. Davon gleich mehr.

Doch zunächst einmal möchte ich dem Einwand begegnen, den man uns esoterischen Wissenschaftlern immer entgegenbringt, nämlich, dass wir doch auch an Dhyānis glauben, an Planetenengel, und sie sogar mit universalem Denken behaften. Dazu Folgendes: Es kann keine zwei Ewigkeiten geben. MATERIE bzw. deren URELEMENT ist ewig in dem Sinne, dass sie nie geschaffen wurde, immer da war und nie vergeht, sondern nur DIE FORM ändert. Es gibt eben nur EIN ELEMENT, welches später zu den vielen wird. Außerdem: Materie ist die Natur selbst, kann weder zerstört werden noch sich selbst zerstören und, ich wiederhole, ändert nur die Form, nicht aber die UR-Substanz. Die Kirche beißt sich selbst in den Schwanz, ein allmächtiger, allwissender Gott kann dies nur im Verein mit Materie tun, und sei dies auch nur die feinste Geistes- und Gedankenmaterie. Wenn nicht, wer ist dann solch ein Gott? Und wo? JENSEITS der Materie? Jenseits von Körper, Gefühl, Denken, Seele und Geist? Das ist NIRVĀṆA, das ist in der Tat der eine, einzige wahre Gott, die Zuflucht, und DA SIND WIR, da sind ALLE WESENHEITEN im Kern, dann stimmts wieder und dann ist jeder sein eigener Gott, der sich Leben für Leben mit Materie umgibt und sich sozusagen selbst erschafft, ganz nach seinem ihm entsprechenden Verlangens- und Bewusstseinszustand. Dann schließt sich der Kreis logisch und dann BIST DU GOTT, oh Leser. DU bist gemeint in der Bibel, DU bist der Gott der Bibel, jeder von uns. OM. Einen anderen Gott gibt es nicht und wird es nie geben, und wenn die Bibel unbedingt auf einen anderen Gott besteht, dann meint sie die Materie, die ewig bestehende Urmaterie, den ewigen Versucher, Luzifer selbst. Dann verehren sie den Teufel und beten ihn an, ohne es zu wissen. Wenn du schon beten willst, dann bete zu dir selbst, dass du dich SELBST besserst und veränderst. Wer die Welt verändern will, der muss nur sich selbst verändern. Wenn jeder dies tun würde, dann hätte alles Leid ein Ende. WER SICH SELBST VERÄNDERT, DER HAT SCHON GENUG GETAN, der hat bereits die Welt verändert, der hat den Sinn seines Lebens erfüllt. Hoffe nicht auf die Hilfe eines Gottes oder seines Sohnes, OBWOHL, und ich wiederhole es gerne in diesem Buch: Wenn DU, lieber Leser, dich änderst, dann wirst du jede Menge guter Engel und Kräfte anziehen, die dich in diesem Bestreben unterstützen, eben weil du ja Schwingungen und Bedingungen schaffst, die den ihren gleich sind und die es ihnen ERMÖGLICHEN, dir zu helfen. OM. Es gibt nur EIN Element, Svabhavat genannt. Es ist beides, passiv und aktiv, reine GEIST-ESSENZ in ihrer Absolutheit und Ruhe und reine Materie in ihrem endlichen und bedingten Zustand. Wenn Svabhavat reine Geistmaterie ist, dann bildet sie die Substanz für den „ewigen Himmel" der Religionen. Doch diese Ewigkeit ist zwar eine für die Geist-Materie als solche, aber NICHT für die Wesenheiten. Die werden nämlich periodisch immer wieder „heimgerufen" nach NIRVĀṆA, wenn die Stunde der kosmischen Auflösung gekommen ist, wo JEDE FORM zerfällt, ganz einfach, weil ALLE Wesenheiten in NIRVĀṆA sind bzw. darin absorbiert werden. Dann verbleibt wieder die reine UNBELEBTE Essenz, die Urmaterie, unberührt, die EWIGE JUNGFRAU, unangetastet von den Wesenheiten, unbeschmutzt von ihnen, wie sie unbeschmutzt sind von der Materie. Wer es zu fassen vermag, der fasse es. OM.

Die URMATERIE ist NICHT zusammengesetzt. Sie teilt sich erst in die uns bekannten (und unbekannten) Elemente, wenn alle Wesenheiten wieder aus NIRVĀṆA erwachen. Die Bibel lehrt: „Gott schuf ..." etc. etc. Wenn sie nur das „Gott schuf ..." weglassen würde, dann würde sogar die Bibel wieder stimmen. Zum Beispiel: Der Mensch ERSCHEINT aus NIRVĀṆA, getrieben von Verlangen. Und sein Erscheinen vollzieht sich in verschiedenen Stufen, welche in diesem Buch angedeutet und im Detail im BUCH DES LICHTS erklärt werden. Dasselbe gilt für alle anderen Wesenheiten, auch und vor allem für einen Planetengott, der einfach im All erscheint, geboren wird, indem er kosmische Materie um sich herum anzieht und so ein Leuchten oder eine Explosion erzeugt etc. etc., welche zu den verschiedenen, der Wissenschaft bekannten, Entstehungsstufen führt. Und um es mal klarzustellen: Gott oder GOD bedeutet nicht nur „Penis" (vom hebräischen YOD Symbol oder י für männliches Genital), sondern auch einfach, wenn esoterisch verstanden, „gut".

Leben ist einfach BEWEGUNG. Was lebt, bewegt sich und erlebt darum auch die Veränderung der Form. NIRVĀṆA ist JENSEITS aller Bewegung. Wenn die Wesenheiten aus NIRVĀṆA erwachen, getrieben von Verlangen, dann bewegen sie sich (durch Reflektion) weg von NIRVĀṆA und verursachen BEWEGUNG in MATERIE bzw. in der URMATERIE. Diese Bewegung erfüllt die in der Urmaterie enthaltenen ARCHETYPEN, vom kleinsten Atom zum mächtigsten Planeten, Sonnensystem oder Universum mit allem darin, mit Leben und die Formen, sichtbar und unsichtbar, erscheinen, vom niedersten, zunächst geistig-astralen Mineral bis zum höchsten, zunächst geistig-astralen himmlischen Menschen, der später selbst durch alle unteren Reiche hindurchschreiten muss, also durch Stein, Pflanze, Tier, Mensch, Engel und Gott. Die Urmaterie enthält aber auch, wie bereits erwähnt, die

Archetypen aller Planeten, Sonnen, Sonnensysteme, Galaxien und Universen, seien sie nun sichtbar oder (für uns) unsichtbar. OM.

Es gibt keinen Schöpfer eines Universums, einfach darum, weil ALLES BEREITS UND IMMER UND EWIG DA IST, IN ABSTRAKTION EXISTIERT UND SICH NUR PERIODISCH MANIFESTIERT. Das musste mal so überdeutlich gesagt bzw. geschrieben werden.

Nun gibt es aber einige Philosophen, welche die Existenz Gottes eben gerade wegen dieser Bewegung oder Schwingung (in Atomen etc.) als erwiesen sehen. Sie sagen: GOTT bewegt alles zuvor Unbewegte und GOTT erschuf alles zuvor Unerschaffene. In Wahrheit ist diese Bewegung oder SCHWINGUNG ein ewig existierendes Perpetuum mobile, welches es den Wesenheiten ermöglicht, ihren Ursprungszustand durch Reflektion zu verlassen, von der „verbotenen Frucht" (der Urmaterie) zu kosten und dann wieder in den Urzustand zurückzukehren. Weit und breit kein Schöpfer-Gott. Ein immaterieller und dennoch geistiger Gott ist in sich ein Widerspruch, der nur einem von der Krankheit des Wunschdenkens Befallenen nicht aufgeht. Wenn überhaupt etwas die Gesetze des Universums beherrscht und bestimmt, dann ist es BEWEGUNG oder SCHWINGUNG. Ein kosmisches Gesetz wiederum ist nicht erschaffen, es IST einfach nur. Es ist unerschaffen und nicht einmal ein Gott - und damit meine ich jetzt eines der HOHEN Wesen, z. B. einen Dhyān-Chohan - kann dieses Gesetz der EWIGEN Schwingung und Bewegung stoppen.

Ein allmächtiger, liebender und zürnender Schöpfergott hat da einfach keinen Platz im Universum, da ist nämlich alles genau bis aufs letzte I-Tüpfelchen ausgefüllt und eingeplant, das würde eine solche Wesenheit nur stören; und weil eben die Menschen so einen Gott annehmen, darum gibt es auch die ganzen Probleme in der Welt. Ein derartiger falscher Glaube ist eine ENERGIE, die GEGEN das waltende kosmische Gesetz gerichtet ist und darum auch nicht nur Verwirrung in den Menschen erzeugt, sondern auch katastrophale Folgen für unseren Planeten Erde hat. Der Glaube versetzt nicht nur Berge, ein falscher Glaube kann sogar ganze Planeten aus der Bahn werfen oder deren Achse verändern ...

Einen Gott, der uns erschaffen hat, den gibt es also nicht, SEI DENN, man meint einen der Elohīm, die uns vor vielen Millionen von Jahren so recht und schlecht mit unseren verschiedenen KÖRPERN versehen haben, was aber kein Vorwurf sein soll, denn mehr als wir ermöglichten, konnten sie eben nicht geben.

Die Religion behauptet nun, dass eben die kosmischen Gesetze der Ausdruck des Willens eines intelligenten bewussten Gottes sind. Dies sind sie aber nicht. Die Gesetze des Kosmos sind einfach da, waren immer da und werden immer da sein. Man findet sich damit ab. Es gibt keinen außerkosmischen Gott, der die ganze Zeit allein war und dann plötzlich zu „erschaffen" begann und gleich mit seinem eigenen Sohn, den erstgeborenen Sonnenengel Luzifer, versagte, so dass eben dieser höchste Engel fiel und zum schlimmsten wurde, was unser Universum zu bieten hat. Auch die „freie Willen"-Theorie kann daran nichts ändern, wie hinlänglich in diesem Buche behandelt. OM. Ein solcher Schöpfergott wäre ja das unvollkommenste, was man sich nur vorstellen kann, sozusagen eine Beleidigung für jedes der hohen Astral-, Mental- und Geistwesen, welche auf ihren entsprechenden Ebenen residieren und wohl kopfschüttelnd die wirren Religionstheorien der Proteineinheiten zur Kenntnis nehmen. OM.

Warum will der Mensch nur immer unbedingt an einen Schöpfergott glauben? Weil er von sich selbst beziehungsweise von seinem anattā ausgeht. Da erfährt er, dass Dinge geschaffen werden und darum sind. Und nun denkt er sich, dass ja ein Gott genauso etwas erschaffen hat, das vorher nicht da war. Der Mensch schließt also von sich auf Gott. Wenn er dies wenigstens konsequent tun würde, dann wüsste er, dass ER SELBST dieser Gott ist, sein eigener „Schöpfer". OM.

Dummheit erschuf Gott und eine korrupte Priesterschaft sah ihre Chance gekommen. Der Durchschnittsmensch liebt den Gedanken, dass er ein armer hilfloser Sünder ist, der nur durch die Gnade eines Gottes erlöst werden kann. Darum lehrt ja auch die Kirche, dass man eben NICHT durch eigene Taten erlöst oder gerettet werden bzw. in den Himmel kommen kann, sondern nur durch Jesus, der für unsere Sünden am Kreuz gestorben ist. Und dieser Wahnsinn regiert die Welt. Lieber Leser, es gibt einfach keinen lieben Gott im Himmel, der uns absichtlich unvollkommen erschaffen hat und sich nun in väterlicher Liebe um unsere Erlösung bemüht. Was geschieht, ist einfach Folgendes: Wenn ein Planetenengel manifestiert, dann umgibt er sich mit URMATERIE in verschiedenen Schwingungseinheiten und dieser Geburtsvorgang wird dann von unseren SINNEN als Explosion etc. wahrgenommen. Ist der entstehende Planet nun die Schöpfung eines Gottes? Wenn man so will, dann ja. Ist dieser Gott nun vollkommen? Doch wohl kaum. Er ist eben, was er ist, und der jeweilige Planet ist sein Körper und ein Wirtskörper für alle Wesenheiten im gleichen Schwingungs- oder Verlangensbereich. Ein Hinweis: Es gibt ja nicht nur eine physische Erde ... Aber eine Schöpfung per se ist so etwas nicht, wenn man die Definition der Theologen nimmt, dass ein allmächtiger Gott aus NICHTS die ganze Welt erschuf. Nicht einmal einen einzigen Planeten kann ein Gott aus nichts erschaffen. Das ewige Baumaterial ist DIE URMATERIE. Mit der umgibt sich ein Planetenengel und seine Scharen. Dieser Vorgang wird von UNSEREN Sinnen als die „Geburt eines Sterns" erlebt. OM.

Ein Schöpfer-Gott wäre eine Narretei und eine Beleidigung für jeden wirklichen Gott, falls es einen solchen je geben würde. Und doch sage ich: Wir alle sind Götter im Werden. Man muss sich nur darüber klar sein, was man denn mit Gott meint oder darunter versteht. Dann stimmts wieder. Sei gewarnt, lieber Leser. Der Glaube an einen Schöpfergott der Kirche zieht Millionen von Wesenheiten aus der Astralebene an, die alle gerne „Gott" spielen und die Gläubigen mit allen möglichen Botschaften aus den nieder-astralen Sphären verwirren. Es gibt auch ambitionierte Astralwesen, die gerne der Gott einer ganzen Nation oder der gesamten Menschheit sind und sich an der durch die VEREHRUNG frei werdenden Energie berauschen. Einige dieser ambitionierten Astralwesen werden Mamo-Chohans genannt und SIE sind unter anderem die Götter der verschiedenen Religionen. SIE verführen ihre Gläubigen, alle jene zu bekämpfen, die NICHT an sie glauben.

Lieber Leser, diese Welt wird nicht von SICHTBAREN Mächten beherrscht, sondern von UNSICHTBAREN Mächten, die sich die SCHWÄCHEN der Menschen zu eigen machen und darauf eine ganze Religion aufbauen. Man stelle sich nur vor: Ein Astralgeist mischt sich in die Aura eines (meistens sehr schlicht-denkenden unentwickelten) Menschen und flüstert: „Ich bin Gott." oder „Ich bin Jesus, du bist auserkoren, eine neue Religion zu gründen ...“ etc. etc. Die Reaktion eines solchen Menschen ist voraussehbar. Er flippt aus, gerät außer Kontrolle und wird dann wieder von dem Astralgeist ruhig gestellt, bis er bereit ist, die Botschaft zu verkünden. Ein solcher Astralgeist hat auch Mohammed, einen des Lesens und Schreibens unkundigen Menschen, erfasst. Kein Wunder, dass Mohammed erschrocken zu seiner Frau lief und sich in ihrem Schoß versteckte, weil er einfach nicht wusste, wie ihm geschah. Weil nun auch Astralgeister ein großes Wissen über die sichtbare und unsichtbare Struktur der Wesen besitzen, können sie das unwissende Medium damit beeindrucken. In Wirklichkeit handelt es sich also meistens um einen Fall von Besessenheit. Die Astralgeister suchen sich dafür natürlich solche Menschen aus, die nicht gerade als intelligent bezeichnet werden können, denn das kritische Denken ist wie eine Mauer zwischen einem Jenseitswesen und einem Diesseitigen. Je niederer der Astralgeist, umso blutrünstiger. Er wird dann auch wie der Gott der Bibel von seinen Anhängern verlangen, dass sie ihre eigenen Kinder für ihn opfern, wie es ja auch geschah und noch heute geschieht ...

Das Folgende sollte einem schon zu denken geben: Ich habe mal im Internet-Chat einen Christen gefragt, ob er sein eigenes Kind töten würde, wenn Gott es von ihm verlangte. Der Mann knapste herum und drückte sich um die Antwort auf alle mögliche Weise, indem er einwandte, dass Gott dies doch nie von ihm verlangen würde etc. etc. Als ich entgegnete, dass Gott dies doch schon einmal verlangt hatte, zum Beispiel in der Bibel von Abraham, da wurde er aggressiv und brach den Chat ab. Machen Sie mal den Versuch, lieber Leser. Fragen Sie mal einen gläubigen Christen oder Katholiken: „Würdest du dein eigenes Kind töten, wenn GOTT es von dir verlangte?“ Und dann warten Sie mal die Antwort ab. Dann werden Sie eine Idee bekommen vom Wahnsinn der Religionen. Kaum jemand dieser Leute kann sich entschließen zu sagen: „Nein, ich würde mein Kind NIEMALS töten! Und wenn Gott selbst mir das befehlen würde!“ Einer dieser netten Christen sagte mir sogar vor versammelter Mannschaft: „Na klar würde ich mein eigenes Kind töten, wenn Gott das so will!“ Na, Prost Mahlzeit. So eine beschränkte Denkweise kann man ja nur mit Humor zur Kenntnis nehmen. Oder wird das Zeitalter der Dunkelheit und der Hexenverbrennungen wiederkehren? Ich hoffe doch nicht und wiederhole: Die Götter der Christen und Hindūs und Mohammedaner sind Mamo-Chohans, das heißt es sind die Mächte der Finsternis, deren Freude und Zeitvertreib und EINZIGE VERBINDUNG ZU DIESER WELT leichtgläubige, furchterfüllte Menschen sind, also: die Mehrheit. Doch DU, lieber Leser, du kannst jetzt nicht mehr sagen, dass du nichts davon wusstest, denn du bist gewarnt worden. OM. Wenn überhaupt, lieber Leser, dann bist DU Gott. DU bist der Meister deines eigenen Schicksals. Schau doch in den Spiegel. DU hast dies geschaffen, es war DEIN Verlangen, obwohl vor vielen Millionen Jahren die Herren des Denkens mit unseren Körpern experimentiert hatten. Doch seitdem entscheiden wir durch unser eigenes Tun, Fühlen und Denken über unseren nächsten Körper im nächsten Leben oder, wenn wir es so wollen, über eine Existenz FREI von Körper, Gefühl, Denken, Seele und Geist. Und eines Tages werden WIR anderen Wesenheiten mit dem Fühlen und Denken versehen und, wenn es geht, auch mit der Fähigkeit, sich davon zu lösen. So steht es geschrieben und so soll es geschehen. Also, wenn WIR den Begriff „Gott“ benutzen, dann meinen wir kein perfektes außerkosmisches Wesen, welches die ganze Zeit allein war und sich dann plötzlich entschloss, das Weltall zu erschaffen, sondern wenn wir von „Gott“ reden, dann meinen wir ein jedes der Wesen, die zwar unseren augenblicklichen Sinnen nicht zugänglich sind, die aber in hohen emotionalen, mentalen und geistigen Sphären in astralen, mentalen und geistigen Körpern residieren und von dort unsere Geschicke beeinflussen, wenn wir das zulassen und so wollen. Geschaffen hat das gesamte Universum niemand, es ist nur die Gesamtsumme aller Wesenheiten in Manifestation, eingekleidet in die ewig bestehende Urmaterie, mit der physischen Welt als eine ihrer Unterschwingungen.

Zur „Ehrenrettung“ eines „Schöpfergottes“ muss aber auch gesagt werden, dass der Schüler der esoterischen Wissenschaften von den Elohīm weiß. Diese sind oder waren Astralgötter, auch Pitṛis und Mānasaputras etc. genannt, welche uns mit entsprechenden Mental- und Astralkörpern versahen und auch mit ihnen experimentierten. Als nun die Verbindung zu diesen Göttern abbrach, versuchte der Mensch, die verlorengegangene Verbindung durch Riten und Gebete wiederherzustellen. Dies führte zu den verschiedenen Religionen und deren Götter. Einige dieser Astralgötter antworten auch, und zwar im Falle von anthropologischen Religionen wie Christentum, Judentum und Islam etc. etc. sind es die STAMMESGÖTTER jener Nationen. Die verschiedenen Nationen und Rassen haben von genau diesen Göttern (oft in einer Gottheit zusammengefasst) die Astral- und Mentalkörper erhalten hatten, welche (astrale) Körper sich dann später in unsere heutigen physischen Körper verdichteten. Diese unsere „Väter“ unsere Astralkörper und Mentalkörper etc. etc. vermag man daher sehr wohl irrtümlich als SCHÖPFER zu bezeichnen, vor allem, wenn man sich wie die meisten sogenannten religiösen Menschen noch sehr mit dem Körper identifiziert und sich wünscht, dass er doch ewig bestehen möge. ABER: Ein wahrer Buddhist schenkt solchen Astral- und Mentalwesen keine besondere Aufmerksamkeit. Er nimmt sie zur Kenntnis und respektiert sie, mehr aber auch nicht. Denn DER BUDDHIST strebt ja eine Existenz OHNE Körper, Gefühl, Denken, Seele und Geist an bzw. FREI von Körper, Gefühl, Denken, Seele und Geist. Eine Verehrung und Anbetung der entsprechenden Astral- und Mentalwesen aus höheren (und oft auch nicht so hohen) Sphären würde ja unweigerlich zur Anhaftung an diesen „Gott“ und dem uns von ihm verliehenen Astral-, Mental- oder Geistkörper führen, die Reinkarnation verursachen und somit die Erlösung in NIRVĀṆA verhindern. Genau das will ja aber der Buddhist verhindern. WENN er wiederkommen will, dann wird er auch nicht jene Götter anbeten, sondern sich einfach durch rechtes HANDELN, Fühlen und Denken ein nächstes schönes (wenn auch wiederum vergängliches) Leben bereiten. OM. Ehre sei dem Buddha, dem größten aller Menschen und Götter. OM.

EIN GESPRÄCH ZWISCHEN EINEM CHRISTEN UND MIR

Ich: „Hat Gott die Welt erschaffen?"
Der Christ: „JA, natürlich!"
Ich: „Dann hat er aber schlechte Arbeit geleistet."
Der Christ: „Nun, er hat uns freien Willen gegeben."
Ich: „Das ist ja noch schlimmer! Ein Wesen zu erschaffen mit der eingebauten Möglichkeit oder Willensfreiheit, auch Böses zu tun, und es dann zu bestrafen, wenn es von dieser in ihm eingebauten Möglichkeit Gebrauch macht? Das muss ja ein perverser Gott sein, der solche Geschöpfe erschafft."

Ende des Gespräches, denn der Christ hat sich wortlos umgedreht und ist davon gegangen. Womit wieder einmal bewiesen ist: „Satyān nāsti paro dharmaḥ" oder „Keine Religion ist höher als die Wahrheit."

WARUM DIE SCHÖPFERTHEORIE GOTT BELEIDIGT

Wenn ein oberster Gott der Schöpfer von ALLEM ist, wie Christen und Katholiken etc. behaupten, dann hat Gott auch den TEUFEL erschaffen. Und wenn er den Teufel erschaffen hat, dann ist Gott auch der Ursprung des Bösen. Solch ein Gott wäre ein größerer Perversling als alle Hitlers und Stalins dieser Welt zusammen. Dem hält nun der Gläubige entgegen, dass ja Luzifer, also Gottes Engel, zunächst rein war und DANN fiel. Na und dann ist Gott gleich ZWEIMAL SCHULDIG, denn wie hätte denn der Engel Stolz und Größenwahn entwickeln können, wenn er nicht schon mit diesen Anlagen VON GOTT ERSCHAFFEN WORDEN WÄRE?? Der Teufel könnte dann Gott anklagen: „Warum hast du mich erst vollkommen erschaffen und mich dann fallen lassen? Wie kann denn etwas VOLLKOMMENES plötzlich unvollkommen werden? Dann war es doch schon zu Beginn gar nicht vollkommen?" Dasselbe gilt für Adam und Eva im Besonderen und für die Menschheit im Allgemeinen. Wie kommt es denn, dass Gottes eigene Schöpfung, die Menschheit, so daneben geriet? Der Gläubige argumentiert dann wieder: „Nun, Gott hat uns den freien Willen gegeben und wir haben falsch gewählt, nämlich die Sünde." Darauf erwidere ich: „DANN IST GOTT DREIMAL SCHULDIG! Zum Ersten, weil er uns mit der Veranlagung zu sündigen erschaffen hat, zum Zweiten, weil ja auch der FREIE WILLE seine Schöpfung ist, und zum Dritten, weil er uns obendrein auch noch dafür bestraft, dass wir, SEINE EIGENE SCHÖPFUNG, nicht so funktionieren, wie er sich das vorgestellt hat. Ein solcher Gott soll VOLLKOMMEN SEIN? Beschuldigt denn der Uhrmacher DIE UHR, wenn sie nicht funktioniert? Kann man einen Wagen mit nicht funktionierenden Bremsen bauen und dann den FAHRER beschuldigen, wenn er einen Unfall hat? Es macht also vorne und hinten keinen Sinn. Ein Schöpfer ist VOLL VERANTWORTLICH für die GESAMTE Schöpfung.

Eine auch sehr ins Perverse gehende Definition vieler Gottgläubigen ist es, dass Gott alles schon vorausgesehen hat und ABSICHTLICH das Böse erschaffen hat, damit der Mensch es erwähle und dann durch das LEIDEN lernt. Nun, wie ich einen solchen Gott nennen würde, kann ich hier nicht enthüllen, da es die Reinheit dieses Buches zerstören würde. Wie man es auch dreht und wendet, ein Schöpfergott macht keinen Sinn, ja er BELEIDIGT jeden Gott. Ein Gott, der ein Kind behindert zur Welt kommen lässt und ein anderes gesund, so ein Monster gibt es nicht. Die ganz verstörten Gläubigen argumentieren dann, dass Gott dem behinderten Kind ganz besondere Liebe zukommen lässt. Gilt dies auch für die 20.000 Kinder, die jeden Monat an Hunger sterben? Und doch gibt es Schöpfer und auch eine Evolution. Der aufmerksame Leser dieses Buches wird darin keinen Widerspruch sehen. OM.

Sehen wir doch, was der Kirchenvater Lactantius zu einem solchen Schöpfergott zu sagen hat. Ich zitiere seine Schrift *Über den Zorn Gottes*, Kap. XIII, Epikur: „Entweder möchte Gott das Böse aus dieser Welt beseitigen und kann es nicht, oder er kann es und will es nicht, oder er kann es nicht und will es nicht. Wenn er es will und nicht kann, ist es Unfähigkeit, was der Natur Gottes widerspricht; wenn er es kann und nicht will, ist es Schlechtigkeit, und das widerspricht seiner Natur nicht weniger; wenn er es weder will noch kann, ist es Schlechtigkeit und Unfähigkeit zugleich; wenn er es kann und auch will (was von diesen Bedingungen allein zu Gott passt), woher kommt dann das Böse, das in der Welt existiert?“

Professor von Purucker schreibt: „Was ist Göttlichkeit? Ist sie ‘ein großer Mann dort oben’, wie der ungebildete Wilde glaubt? Ein großer Mann ‘dort oben’, der das Gute schafft und das Böse duldet, der gute Geschöpfe erschafft und böse Geschöpfe erschafft? Wenn man sagt, ‘Gott’ sei verantwortlich für jeden bösen und irrenden Teil der Unendlichkeit, wie klein dieser Teil auch sein mag, und ‘Gott’ habe eine solche Wesenheit ‘erschaffen’, so heißt das, diesen vermeintlichen ‘Gott’ individuell und ewig für das verantwortlich zu machen, was auch immer das unglückliche und unverantwortliche Geschöpf bis in alle Zukunft tun mag, denn, ex hypothesi, ewige und unendliche Weisheit sah die Unendlichkeit der Zukunft voraus und ‘erschuf’ das Geschöpf für den Pfad, dem zu folgen es bestimmt ist. Ist nicht in einem solchen Fall sowohl nach logischer als auch nach menschlicher Gerechtigkeit – nicht zu sprechen von unendlicher Liebe und Weisheit – der wahre Bösewicht der vermeintliche ‘Gott’ selbst?“

„Gott ist der Urheber des Bösen!“, behaupten die jüdischen Rabbiner und verweisen auf Jesaja 35,7: „Der ich das Licht mache und schaffe die Finsternis; der ich Frieden gebe und schaffe das Übel.“

Oder man lese nur den Unsinn des *Westminster Glaubensbekenntnisses*, Artikel III, Abs. 3 und 4: „Nach dem Ratschluss Gottes sind zur Offenbarung seiner Herrlichkeit einige Menschen und Engel zu ewigem Leben vorherbestimmt und andere zu ewigem Tode. Diese so prädestinierten, vorherbestimmten Engel und Menschen sind besonders und unabänderlich bezeichnet; und ihre Anzahl ist so sicher bestimmt, dass sie weder vergrößert noch verkleinert werden kann.“

Doch Professor von Purucker schreibt: „Der Schüler der Esoterischen Philosophie akzeptiert keinen solchen Gott, denn ein Gott dieser Art ist wahrhaftig des

Menschen eigene Schöpfung, erschaffen von dem schwachen, irrenden und unvollkommenen Geist des Menschen, der seine eigenen unvollkommenen Phantasien auf den Hintergrund der Unendlichkeit projizierte."

Hier ist Weisheit: Das erste neutrale Prinzip und alle anderen, fast unendlich vielen Unterprinzipien erwachen und manifestieren sich periodisch von EINER Quelle, welche höher ist als sie alle zusammen. Diese eine Quelle ist, wie bereits erwähnt, das wahre höchste Prinzip, höher sogar als das erste neutrale Prinzip, welches ja nur das Höchste ist für die jeweilige Periode der kosmischen Manifestation von 311.040.000.000.000 Jahren, wonach es dann wieder in das - und ebendarum höhere - höchste Prinzip absorbiert wird, um daraus nach einer Ruhepause wieder zu neuem Leben und Verlangen zu erwachen. (Siehe *Das illustrierte BUCH DES LICHTS.*) Und das ALLERHÖCHSTE PRINZIP, wo kommt ES her? Es war immer da, ist immer da und wird immer da sein. Dieses ALLERHÖCHSTE PRINZIP, jenseits aller Manifestationen, jenseits von Zeit und Raum, das Unerschaffene, Ungeborene, immer Daseiende, wahrhaft Ewige und Unzerstörbare, wollen wir von nun an ebenfalls „Gott" nennen. Die folgende Illustration macht es klar.

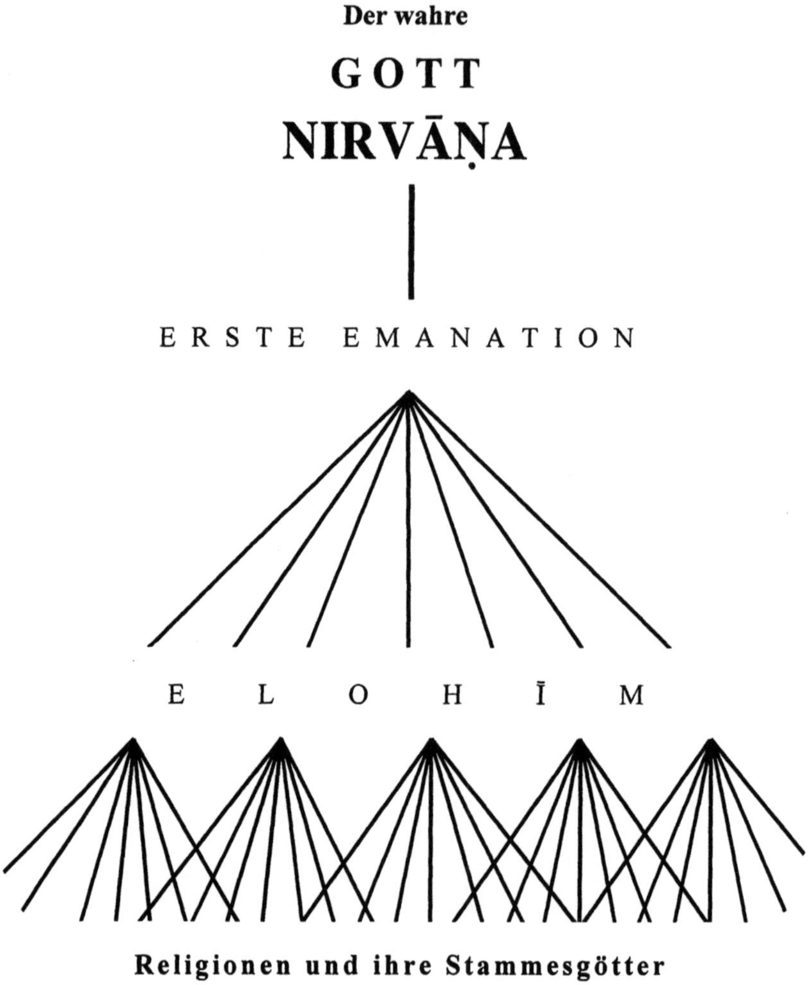

Wer und was ist nun dieser wahre Gott, dem alle anderen, das neutrale Prinzip und die Unterprinzipien, entspringen und in das sie wieder absorbiert werden? Die Antwort darauf wird in diesem Buch gegeben.

Empfangen in tiefer Meditation

DIE BOTSCHAFT DES WAHREN GOTTES

NIRVĀṆA

»Ich bin gekommen, dich aus der Dunkelheit deiner Versklavung in das Licht der Freiheit zu führen. Du bist nicht dein Körper, du bist nicht deine Gefühle, du bist nicht dein Denken, du bist nicht deine Seele, du bist auch nicht dein Geist. All dies sind nur Zustände des Verlangens. Gib sie alle auf. Löse dich von ihnen in der Meditation. Entsage allen deinen Leidenschaften, deinem Verlangen nach weltlichen, ja sogar nach himmlischen Vergnügungen. Etwas Größeres, Erhabeneres, Reineres wartet auf dich. Gebe dich mir hin, dem einen und einzigen Gott in dir, der Abwesenheit allen Verlangens. ICH BIN die Abwesenheit allen Verlangens, allen Wollens. Sobald du etwas willst, bildest du eine Wand zwischen dir und mir, zwischen Sterblichkeit und Unsterblichkeit. Frage: „Was ist, wenn ich Gott will?" Antwort: „Du kannst nicht etwas wollen, das du schon hast, das dir bereits gehört, das du schon BIST." Frage: „Wenn ich Gott bin, warum bin ich mir dessen dann nicht bewusst?" Antwort: „Jede Wesenheit ist zu Beginn ihrer kosmischen Pilgerschaft von Verlangen umgeben, welches ausgelebt oder losgelassen werden muss, Leben für Leben, bis die Abwesenheit allen Verlangens und damit wahre Unsterblichkeit erlangt ist, losgelöst und befreit von Körper, Gefühl, Denken, Seele **und** Geist. Man nennt es NIRVĀṆA und das bin ich, der wahre, eine und einzige Gott, Quelle des ersten neutralen Prinzips und seiner Emanationen, der verschiedenen Götter der verschiedenen Religionen, die es zwar alle gibt, die aber doch nur vergängliche Illusionen sind im Vergleich zu mir, der einen und einzigen zeitlosen Realität. NIRVĀṆA bedeutet „ausgeblasen, zerstört, vernichtet". Aber nur das, was du **nicht** bist, ist vernichtet, nämlich dein Verlangen, deine Lust nach Erde, Himmel oder Hölle, nach Gut und Böse, nach Recht und Unrecht, nach Freude und Leid, deine Lust nach Formen, Gestalten, Farben, Tönen, Düften, Geschmäcken, Gefühlen und Gedanken, nach der Seele und nach dem Geist, all dies und mehr trennt dich von mir, dem einen wahren und einzigen Gott NIRVĀṆA. Du bist nicht, was du willst, wonach es dich dürstet und verlangt, du bist das, was verbleibt, wenn du alle Lüste und Leidenschaften ÜBERWUNDEN hast. Erkenne also, was du NICHT bist, denn alles erkennbare Vergängliche bist du nicht, und dann lass es los. Was verbleibt, ist die Wahrheit, das ist wahre zeitlose Unsterblichkeit, anfangs- und endlos, jenseits aller Dauer, das ist NIRVĀṆA. AUM. Bevor du in meiner Gegenwart stehen kannst, musst du befreit sein, dich losgelöst haben von Körper, Gefühl, Denken, Seele und Geist. Ganz gleich, wie viele Leben dies erfordert. Entsage AL-

LEM* und werde, was du bist - ICH, dein wahrer Gott, die Abwesenheit allen Verlangens und allen Anhaftens. Ich bin nicht einer der Götter der Religionen. Diese Götter (Christus, Allah, Jehovah, Brahmā etc.) sind Stammesgötter, Sub-emanationen meiner ersten Emanation, durch welche als zweiter Hauptschritt DIE SIEBEN STRAHLEN oder ELOHĪM emanieren. Meine erste Emanation wird aber noch für lange Zeit und für die Mehrzahl aller Lebens- bzw. Verlangensformen die einzige Verbindung zu meiner wahren Natur sein, welche da ist: TODLOSIGKEIT, die Abwesenheit allen Verlangens. Die erste Emanation ist das geringste Verlangen in Manifestation und am nahesten meiner wahren Natur, die frei ist von allem Verlangen. Aber bevor du das erreichst, bevor du MICH „verstehen" kannst, musst du dich zuerst lösen von allem, was du **nicht** bist, und du bist **nicht** dein Körper, deine Gefühle, dein Denken, deine Seele und dein Geist. Dies sind nur Werkzeuge, die du benutzt und wieder ablegst, wenn du sie nicht mehr benötigst. Wann wirst du sie nicht mehr benötigen? Wenn es dich nicht mehr nach ihnen verlangt, wenn du dich von ihnen gelöst hast. Viele von euch waren erfolgreich in diesem Loslösungsprozess, aber vom letzten Anhaften, von der letzten Illusion, dem Geist, konnten sie sich noch nicht lösen. Diese Unfähigkeit, die letzte große māyā माया oder Illusion zu überwinden, verursachte eine Geist-Energie Ansammlung an der Schwelle meiner Wesenheit und damit die Götter der Religionen. Nur wenige erreichten in den letzten 2000 Jahren einen höheren Bewusstseinsstand, nur wenige wurden ICH, der ICH BIN, die Abwesenheit allen Verlangens. AUM. Zwei dieser Erleuchteten waren der Buddha und Jesus. Sie lehrten NIRVĀṆA, die Abwesenheit allen Verlangens und Anhaftens. Sie haben überwunden und du kannst das auch. LANOO, einer eurer Geringsten, ist mein Prophet. Ich habe ihn bewusst gewählt. Er war am tiefsten verstrickt in die Welt der Sünde, der Begierde, der Lust, des Anhaftens und er hat sich davon befreit, meiner Botschaft folgend. Was er kann, könnt ihr darum schon lange. Einst war er im Sumpf. Nun ist er es nicht mehr. Ihr seid noch im Sumpf. LANOO reicht euch die Hand. Ergreift sie, noch bevor das Millennium, die Jahrtausendwende, erreicht ist. Danach wird es schwieriger sein. Alle Mauern werden fallen und alle Brücken brennen. Ich habe NĀRADA und alle Mamo-Chohans ausgesandt, um euer nationales Karma zu beschleunigen. AUM. Wer es zu fassen vermag, der möge es fassen. Ich habe LANOO gesandt, um alle politischen, sozialen, wissenschaftlichen und religiösen Strukturen auf diesem Planeten in ihren Fundamenten zu erschüttern. Ich bin gekommen, dich deinem Glauben, deinem Beruf, deiner Familie, deinen Freunden, aber auch deinen Feinden und vor allem dir selbst bzw. dem, was du **nicht** bist, zu entfremden.** Nichts wird mehr sein, wie es war. Nichts wird dir mehr vertraut sein. ALLES wirst du anzweifeln. Die Werte von einst werden zu Kot in deinem Mund. Ich nehme dir jede Identifizierung. Was immer du denkst, dass du es bist, das bist du eben nicht. Ich reinige dich im Feuer meiner Wahrheit, welches DEINE LEIDENSCHAFTEN sind, die dich oder das, was DU NICHT bist, verbrennen. Ich bin dein strengster Ankläger und dein mil-

---

* Tue dies früher oder später, sei es auf dem radikalen Pfad, in einem Leben, oder auf dem Mittelpfad, in mehreren Leben.

** Ganz nach den Worten Jesu: „Des Menschen Hausgenossen werden seine Feinde sein."

dester Richter. Doch verzage nicht. Lass los. Lass dich fallen. Ich bin da, um dich aufzufangen, dich zu umarmen, dich deiner wahren Bestimmung zuzuführen, dich zurückzugeleiten in dein rechtmäßiges Heim, wo der Starke nicht mehr den Schwachen unterdrückt, wo Gut und Böse keinen Halt mehr finden, wo das Ende aller Dualität den ewigen Frieden schenkt. Dies ist die Stunde der Ernte. Ich habe dich gesät. Nun will ich dich ernten. Ich will DICH ernten, nicht das, von dem DU denkst, dass du es bist, sondern das, was verbleibt, nachdem Körper, Gefühl, Denken, Seele und Geist überwunden sind. Dich, BEFREIT von Körper, Gefühl, Denken, Seele und Geist, will ich. Bist du bereit? Um dein Leben zu finden, musst du deinem Leben entsagen. Deine eigenen Schriften enthüllen es dir in Joh. 12, 15: **„Wer sein Leben liebt, der wird es verlieren, und wer sein Leben hasst in dieser Welt, der wird es behalten im ewigen Leben!“** Dieses ewige Leben ist NIRVĀṆA. Oh ihr Toren, alle Religionen lehren Weltentsagung, lehren NIRVĀṆA. Ihr habt es nur nicht verstanden! Ihr wollt ja immer noch etwas **von** eurem Gott. Anstatt, wenn schon **etwas** zu wollen, nur **IHN** zu wollen, der meine erste Emanation ist, wollt ihr ihn nur dazu benutzen, euch eure törichten Erdenwünsche zu erfüllen. Kehret um, erwachet zur Wahrheit! Jesus lehrte **NIRVĀṆA**, doch ihr habt ihn nicht verstanden, denn er kam wie alle Großen zu früh. Darum spreche ich durch einen von euch und nicht mehr in Gleichnissen, auf dass ihr die Wahrheit verstehen möget, welche da ist: **LASS LOS!** Sieh nichts als dein Eigen an, denn nichts gehört dir wirklich. Ich nehme es dir sowieso immer wieder weg, Leben für Leben, bis du nicht mehr danach greifst und wieder ICH wirst. Entsage darum allem irdischen und himmlischen Verlangen und erfahre stattdessen **wahre** Unsterblichkeit, welche da ist: **Die Abwesenheit allen Verlangens** oder DAS ENDE ALLER WAHRNEHMUNG UND EMPFINDUNG, aber eben doch nur das Ende davon und nicht das Ende desjenigen, der nichts mehr wahrnimmt und empfindet. Er IST immer noch, er nimmt nur nichts mehr wahr und empfindet nichts mehr, er ist BEFREIT von aller Wahrnehmung und Empfindung, sei es nun von guter **und** schlechter oder auch weder guter noch schlechter Wahrnehmung und Empfindung, die, wenn man ihr anhaftet, doch IMMER NUR LEIDEN BRINGT, weil sie vergänglich ist, das Verlangen danach aber weiter besteht und man darum wieder reinkarniert, um wieder anhaften und empfinden zu können. Es ist eine Leidenskette ohne Ende und ich bin gekommen, dich davon zu erlösen! Oh Lanoo, es ist das ANHAFTEN an Personen und Dingen, der GENUSS daran, welche das Leiden erzeugen und damit neue Reinkarnation und neues Leiden! Sei wachsam, oh Lanoo, und freue dich nicht zu früh. Noch hast du nicht überwunden!* Jemand, der also frei geworden ist von aller Wahrnehmung und Empfindung, hat somit bereits zu Lebzeiten das Ende des Leidens und damit wahre Unsterblichkeit erlangt, da er ja mit nichts Sterblichem mehr behaftet ist, weshalb er auch nicht mehr dem Zerfall, der Verwesung und dem Tod unterliegt, denn alles, was man nur wahrnehmen oder empfinden mag, sei es auf Erden, im Himmel oder in der Hölle, das tötet immer wieder den, der sich damit identifiziert, ihm **anhaftet**. AUM. Die Abwesenheit

---

* Hier ist Weisheit: Wann immer du einen männlichen oder weiblichen Körper siehst und spürst Erregung, Verlangen danach, dann vergegenwärtige dir, dass dies doch nur ein Skelett ist, überzogen mit Fleisch und Haut und gefüllt mit Kot und Urin. Dann wird dir die Lust schon vergehen. OM.

allen Verlangens bedeutet aber wiederum nur, dass es den, welchen „es“ zuvor verlangte, jetzt *nicht* mehr verlangt, dass der, welcher vorher wollte, nun nicht mehr will, aber ER verbleibt doch noch, er ist nur jetzt ein nicht mehr Verlangender, ein nicht mehr Wollender, aber er IST doch immer noch, was zugleich die Frage beantwortet, WAS man denn nun sei, wenn man nichts mehr wahrnimmt und empfindet: Man ist eben ein nicht mehr Wahrnehmender und ein nicht mehr Empfindender. Man ist die Abwesenheit allen Verlangens, aller Anhaftung, und zwar nicht **gezwungenermaßen**, wie es im Tode immer wieder geschieht, sondern dieses Mal aus eigenem Entschluss. So überwindet man den Tod, so stirbt man bzw. das, was man **nicht** ist, *vor* dem Sterben und verbleibt immer noch. Das ist wahre Unsterblichkeit, befreit von Körper, Gefühl, Denken, Seele und Geist, eben von jeder Anhaftung, von jeglicher Wahrnehmung und Empfindung. DAS ist die einzige Energie, der einzige Zustand des Seins, der nicht zerstört werden kann, der Rest geht zu Bruch, zerfällt, ist sterblich, und mag er auch noch so lange leben oder leben wollen, er ist vergänglich, denn dieser Rest, eben ALLES, ist bis hoch zum höchsten Gott **zusammengesetzt**, aus Teilen gemacht, ein zusammengesetztes Puzzle, das sich immer wieder auflöst und immer wieder neu, aber in anderer Formation bildet, solange noch Verlangen danach, solange noch Anhaftung daran besteht.

Jede Wesenheit, auf Erden, im Himmel und in der Hölle, unterliegt dem Gesetz der Verwesung und Zerstörung bzw. der Auflösung IN MIR, der ich die Abwesenheit allen Verlangens bin. Ich bin der große Zerstörer, ich zerschlage alles immer wieder, bis es der großen Illusion, Leben genannt, nicht mehr unterliegt und das wird, was ich immer bin, war und sein werde:

सञ्ञावेदयितनिरोध

SAÑÑĀVEDAYITANIRODHA

DIE AUFHEBUNG ALLER WAHRNEHMUNG UND EMPFINDUNG

Alles andere, alle Formen und Arten des Verlangens, manifestieren sich immer wieder, sei es als Stein, Pflanze, Tier, Dämon, Mensch, Engel, Planet, Sonne, Sonnensystem, Galaxie, Universum, sichtbar und unsichtbar, mit allen Himmeln und Höllen, ja sogar als das, was ihr „Gott" nennt, was aber in Wirklichkeit nur das geringste Verlangen in Manifestation ist. HINTER diesem Gott steht mein **wahrer** Sohn, von dem ich noch Zeugnis geben werde in meiner Botschaft. Der Sucher nach der Wahrheit wird sich mit keiner dieser Illusionen mehr zufrieden geben. Sogar der Anblick eines Gottes persönlich wird ihn unbefriedigt lassen, denn er weiß ja nun, dass es MICH gibt, den wahren Gott, die Abwesenheit allen Verlangens, die Aufhebung aller Wahrnehmung und Empfindung. Du kannst mich, der ICH BIN, nur sein, wenn du nicht mehr nach den Freuden der Erde **und** des Himmels suchst, sondern auch ihnen entsagst. DANN bist du ICH, der WAHRE Gott, die absolute Wunschlosigkeit, die Nicht-Mehr-Anhaftung, der wahre Sinn des Lebens, NIRVĀṆA. DAS ist der wahre Kern der Botschaft aller großen Meister von Buddha bis Jesus.

Jesus sagte niemals, dass er dich retten oder erlösen kann. Ich, der wahre Gott, sage dir, dass NIEMAND dich erlösen kann. Du kannst dich nur selbst erlösen. Dieses Buch wird dir den Weg weisen, aber gehen musst du ihn schon selbst. Du bist der Weg, die Wahrheit und das Licht, und du wirst nur zu mir, dem Vater, gelangen, wenn du wirklich verstehst, wer ich bin. Das ist ganz leicht. Lass los, was ich NICHT bin, womit mein einziger „Sohn" dich AUS NOTWENDIGKEIT versucht: Ich bin nicht Körper, Gefühl, Denken, Seele und Geist. Du weißt, was du zu tun hast ...

Höret die Botschaft des wahren Gottes! Du bist nicht dein Körper, du bist nicht deine Gefühle, du bist nicht deine Gedanken, du bist nicht deine Seele und du bist nicht einmal dein Geist. Darum löse dich von alledem. Ich meine damit nicht, dass du dich umbringen sollst, davon künde ich nicht. Selbstmord ist auch kein Ausweg und kann nicht deine Wiedergeburt oder Reinkarnation verhindern, da jeder Selbstmord nichts anderes ist als der Versuch oder das VERLANGEN, einer unerwünschten, leidvollen Situation zu entrinnen. Ich aber bin die ABWESENHEIT allen Verlangens und werde dich wieder in ein neues Leben, eine neue Reinkarnation, zurückwerfen, wo das Problem, dem du zu entrinnen hofftest, bereits auf dich wartet. Begehe nicht den Fehler, mich mit Hilfe der Sinne erkennen zu wollen. Mich kann man nicht erkennen. Ich bin jenseits allen Erkennens und jenseits aller Wahrnehmung. Ich bin du und du bist ich, wenn du dich von allem Wahrnehmbaren und Erkennbaren gelöst hast, ihnen nicht mehr anhaftest.

Mich kannst du nur SEIN, wenn du NICHTS mehr willst, nicht, weil du wie die meisten Verlierer nichts haben kannst, dich aber heimlich danach sehnst, sondern weil du nichts haben WILLST, weil du diese Entscheidung ganz neutral und vollbewusst getroffen hast, weil du ERKENNST, dass NICHTS es wirklich wert ist, erkannt und wahrgenommen zu werden, da ja alles Wahrnehmbare und Erkennbare nicht dein Selbst ist. Darum mache nicht den Fehler, MICH zu wollen. Ich werde dich wieder fortschicken, denn ich bin die Abwesenheit allen Verlangens. Du wirst anklopfen, aber ich werde nicht öffnen. Mich kann man nicht wollen. Mich hat man schon. Alles, was du zu tun hast, ist LOSZULASSEN, dich zu lösen von deinem

Verlangen, sei es körperlich, emotional, mental, seelisch oder sogar geistig. Sei rein, einfach und unschuldig, egal wie tief du gefallen bist. Das ist es, was Jesus meinte, wenn er sagte, dass ihr wie die Kinder sein sollt. Er meinte NIRVĀṆA, niemals einen Himmel der Religionen. Das wurde später von korrupten Priestern gefälscht, um die Massen zu versklaven.

Sei wieder einfach, rein und unschuldig, befreie dich von allem Verlangen, vor allem während du noch in deinem physischen Körper weilst. Dann wirst du über alle Welten herrschen, seien sie sichtbar oder unsichtbar, hier oder anderswo im Universum. Du wirst milde herrschen im Himmel wie auf Erden und auch in der Hölle, über Götter, Engel, Heilige, Meister, Elfen, Gnome und Dämone, indem du ihnen allen den Weg zur Erlösung weist, zu mir, zu NIRVĀṆA, dem Unerschaffenen, Todlosen, dem Anfangs- und Endlosen, während der Gott, den die Menschheit anbetet, in seinem höchsten manifestierten Prinzip in der Tat das Alpha und Omega, der Anfang und das Ende einer jeweiligen großen Weltenperiode (Mahā-Manvantara) ist. Ich aber bin JENSEITS von alledem, jenseits von allem Anfang und allem Ende, ich bin der URSPRUNG all dessen, was einen Anfang und ein Ende hat. Oh Lanoo, willst du alles oder nichts? Wenn du alles willst, dann willst du auch alles Leid, denn alles hat einen Anfang und ein Ende, ist vergänglich und damit leidvoll. Wenn du dich für das Nichts entscheidest, was ja nur **losgelöst** und befreit von allem Vergänglichen bedeutet, dann musst du alles Vergängliche loslassen*, allem entsagen, bis das Mysterium verbleibt, von dem man eben nicht sagen kann oder sollte, was es IST, sondern nur, was es NICHT ist. Lass los. Mehr ist nicht zu tun. In der Meditation wirst DU, je **nach Veranlagung**, all die Welten beherrschen, von denen du dich gelöst hast, und in höhere Welten schweben, die auch alle nur eine Illusion sind, bis du dann mich erreichst, die einzige Realität. Oh Lanoo, wahre Macht ist, sich freizumachen von dem, was man dann beherrscht. Wenn du dann NIRVĀṆA erlangst, welches Seligkeit ist, unabhängig von Personen und Dingen, frei von allem Verlangen, wirst du wahre Unsterblichkeit erleben, deine wahre Natur, welche da ist **anupapādaka** अनुपपादक oder elternlos, unerschaffen, ungeboren, zeitlos, eben: unsterblich. Du warst und bist immer da. Niemand hat dich erschaffen. Getrieben von Verlangen und Unwissenheit reinkarnierst du jedoch Leben für Leben, bis dieses Verlangen ausgebrannt ist und du Ruhe findest in mir, der ich du bin, NIRVĀṆA, die Abwesenheit allen Verlangens. Es ist dein eigenes Verlangen, welches deine ständige Wiedergeburt hinweg von mir verursacht. Dein Körper, Gefühl, Denken, Seele und Geist werden dir Leben für Leben neu gegeben von Engeln verschiedener Hierarchien, **entsprechend deinem Verlangen**. Wenn du sie „Schöpfer“ und das „Schöpfung“ nennen willst, so kannst du das gerne tun, es wird dich aber weg führen von der Wahrheit, welche da ist: Du warst und bist immer, du weißt es nur nicht, du hast es vergessen, denn die Herren des Karma warfen aus Mitleid mit dir den Schleier des Vergessens über dich, oh du

---

* Das Ewige kann man nicht loslassen, da man ja selbst das Ewige ist, welches sich getrieben von Verlangen und Unwissenheit an das Vergängliche klammert, sich mit ihm identifiziert.

gefallener Engel, auf dass dich das Grauen der Vergangenheit nicht belasten möge. Doch es war notwendig, du **musstest** von der verbotenen Frucht des Lebens kosten, von der Vergänglichkeit, musstest der Versuchung erliegen, die mein einziger Sohn ist, um so das Ewige, Elternlose, Unerschaffene deiner wahren, unsterblichen Natur zu erfahren. Wer das Leben wählt, wählt den Tod. Ich aber bin jenseits von Leben und Tod, jenseits von gut und böse, von arm und reich, von jung und alt, von männlich, weiblich oder neutral, jenseits von Liebe und Hass, von schön und hässlich, jenseits von Himmel und Hölle, sogar jenseits von dem, was du bisher irrtümlicherweise für das höchste Prinzip hieltest und „Gott" nennst. Nur wenn du dich von alledem LÖST, wirst du die Wahrheit erfahren, das NIRVĀṆA. Leben für Leben suchst du dir deine Eltern aus, entsprechend dem Karma, das du im vergangenen Leben mit diesen Menschen hattest. Es ist (mit wenigen Ausnahmen) immer das Kind, welches die Eltern **und** die Umgebung erwählt, bei jeder neuen Reinkarnation, jeder neuen Geburt. Wo immer du dich auch jetzt befinden magst, es ist alles selbst erwählt. Mache deshalb deine Eltern nicht verantwortlich für etwas, was du selbst verschuldet hast, du würdest damit doch nur dich selbst verfluchen. Im Gegenteil: VEREHRE deine Eltern, dass sie dir die Möglichkeit geben, dein Karma auszuleben. Segne vor allem den, der dich motiviert haben mag, dieses Buch zu lesen. Und was Glück oder Unglück anbelangt, so ist auch dies selbst geschaffen, selbst verursacht. Vergeude deine Zeit und Energie nicht damit, irgendjemanden zu beschuldigen und verantwortlich zu machen für die Situation, in der du dich jetzt befinden magst. Das tun nur Narren. Sei kein Narr. Warte auf keinen Erlöser. Er wird nie kommen. Und wenn er kommt, wird er ein Schwindler sein. „Geh und sündige nicht mehr!", sagte der Meister Jesus, und mehr ist nicht zu tun. „Geh und sündige nicht mehr" bedeutet auch „Verursache kein neues Karma mehr". Du, dein wahres Selbst, du wurdest nie geboren, deshalb kannst du auch nicht sterben. Nur was du NICHT bist „stirbt", um sich im nächsten Leben wieder um dich herum zu manifestieren, weil du dich noch nicht davon lösen konntest; und wieder wirst du geboren werden, leben und sterben. Wie oft, oh Lanoo, willst du noch das Kreuz auf dich nehmen? Was treibt dich immer wieder hinweg von mir, der ich doch du bin, der eine einzige und wahre Gott. Was hat die Welt, das ich nicht habe? Was kann sie dir geben, das ich dir nicht wieder nehme? Wie lange muss dich mein einziger Sohn noch mit der großen Illusion verführen und versuchen, bis du dich endlich nicht mehr davon blenden lässt? Hier ist Weisheit: Es gibt nur mich und meinen Sohn und wir sind beide eins und werden nur zwei, um DEINE Erlösung zu ermöglichen, falls du es so wünschst; denn wer nicht erlöst werden will, der kann auch ewig wiederkommen, sich auf das Rad der Wiedergeburt binden, sei es im Himmel, auf Erden oder in der Hölle, und immer wieder leiden. AUM. Verlasse dich nicht auf den „ewigen Frieden im Himmel", den dir die Religionen versprechen, denn auch die Himmel mit allem darin sind vergänglich. Lies Jesaja 34,4 und Offenbarung 6,14. Lies den Koran, Kapitel 104, Sure XXI. Diese und andere Schriften werden dir bestätigen, dass es die Himmel zwar gibt, mit allen Engeln und guten toten Menschen darin, aber auch sie sind **vergänglich**. Ich selbst bin es, der sie und alles andere immer wieder zerstört, bis alles Erlösung findet in mir, DIE ABWESENHEIT ALLEN VERLANGENS. Ich bin dein wahrer Gott und LANOO ist mein Prophet. Ich bin der, der alles immer wieder zerstört, bis alles Erlösung findet in mir, NIRVĀṆA, dem wahren, einen und einzigen Gott. AUM.

NIRVĀṆA ist höher als alle Himmel der Religionen. NIRVĀṆA ist die EINZIGE Wahrheit, die absolute Verlangenslosigkeit und damit das wahre Ziel aller Verlangenseinheiten: Stein, Pflanze, Tier, Mensch, Dämon, Engel, Gott. Ja, auch das, was du Gott nennst oder bisher nanntest, ist erlösungsbedürftig, ist in einem Zustand des Verlangens, nämlich des Verlangens, ein Gott zu sein. Aus diesem Grunde sagt auch der Buddha im Majjhima Nikāya, 12. Diskurs: **„Und sollte ich sogar unter den höchsten Göttern wiedergeboren werden, ich mag in diese Welt nicht zurückkehren!"**

Also strebe nicht nach den Himmeln der Religionen. Sie existieren, aber sie sind alle vergänglich. Mein Himmel ist nicht vergänglich. Mein Himmel ist der Himmel der Wunschlosigkeit. Dorthin kannst du nur gelangen, wenn du keine Wünsche mehr hast, wenn du „wunschlos glücklich" **geworden** bist. Mehr ist nicht zu tun. Lass los und du bist gerettet.

Du, dein wahres Selbst, wurdest nie geboren, deshalb kannst du auch nicht sterben. Nur das, was du NICHT bist, „stirbt", um sich im nächsten Leben wieder neu um dich herum zu manifestieren, da du ja wieder danach greifst, erfüllt vom Verlangen nach mehr vergänglicher Illusion, von der du dich noch nicht lösen konntest, und so wirst du wiedergeboren, musst wieder leben und sterben. Wann wirst du endlich erwachen von diesem tödlichen Traum? Wann wirst du dich endlich lösen von dem, das dich immer wieder zurückwirft auf das Rad der Wiedergeburt, des Lebens und des Todes? Wie oft, oh Lanoo, willst du noch das Kreuz auf dich nehmen? Was treibt dich immer wieder hinweg von mir, der ich doch DU bin, der eine und einzige Gott? Was hat die Welt, das ich nicht habe? Was kann sie dir geben, das ich dir nicht wieder nehme?

Man kann es gar nicht oft genug wiederholen: NIRVĀṆA ist höher als alle Himmel der Religionen, aus denen du ja doch immer wieder ausgestoßen wirst, oh gefallener Engel. NIRVĀṆA ist die Abwesenheit allen Verlangens und zugleich das Ziel aller Verlangenseinheiten. **„Was Cherubim erkennt, das soll mir nicht genügen. Ich will noch höher, wo NICHTS* erkannt wird, fliegen!"** Das lehrt einer eurer größten Weisen. Sie alle künden von mir, NIRVĀṆA, dem einen und einzigen Gott. Ich bin es nicht, der in der Bibel zürnt: „Du sollst keine anderen Götter haben neben mir!" Das ist Jehovah, ein kleiner Stammesgott, Subemanation des Herrn der Erde (welcher wiederum selbst nur einer von nahezu unendlich vielen Planetenengeln ist), der, verführt von jenen, die ihn verehren, sich eine Position anmaßt, die ihm nicht zusteht, die Position des Höchsten. Es ist fast so, als würde die Reinemachefrau verkünden, ihr gehöre die Firma. Alle, die Jehovah verehren als das höchste Prinzip, werden den Preis dafür zahlen, durch viele Reinkarnationen hindurch. Ich habe noch in keiner Heiligen Schrift gesprochen, mit Ausnahme dieses Buches und durch LANOO. Etwa alle 155 Billionen Jahre, gegen die Mitte

* Dieses NICHTS ist jedoch nur nichts Vergängliches ...

eines jeweiligen Mahā-Manvantara, einer großen Periode kosmischer Aktivität, offenbare ich mich durch einen eurer Geringsten, um zu zeigen, dass JEDER in mir Erlösung finden kann. Darum strebe nicht mehr nach den Himmeln der Religionen, denn sogar das Wiedererwachen in der höchsten Himmelswelt der Religionen ist verursacht durch das Verlangen nach ihnen, und es ist eben dieses Verlangen, und sei es noch so himmlisch, welches dich von mir und **meinem** Himmel trennt, welcher eben der Himmel der Wunschlosigkeit ist, in den alle anderen Himmel immer wieder wie eine „Rolle eingezogen werden", wie es so treffend in der Bibel steht. Was dich von mir trennt, ist dein Verlangen nach einer - immer vergänglichen - Existenz, sei es als Stein, Pflanze, Tier, Mensch, Dämon, Engel oder Gott. Verlangen an sich ist IMMER Verlangen nach etwas Vergänglichem, denn das Ewige, das kann man nicht wollen, das hat und ist man bereits. Nimm eine Zwiebel. Wie kannst du ihr INNERSTES erreichen? Du löst zum Beispiel Schale für Schale, bis du an das Innerste der Zwiebel angelangst, an ihren Kern sozusagen. Was hast du aber in Wirklichkeit getan? Du hast alles das von der Zwiebel entfernt, was dieser Kern **nicht** ist. Und genauso verfährst du mit dir selbst, um zu erfahren, wer du **wirklich** bist. Du „schälst ab", löst dich von allem, was du NICHT bist. Was bist du nicht? Du bist nicht dein Körper, du bist nicht deine Gefühle, du bist nicht dein Denken, du bist nicht deine Seele, du bist nicht dein Geist. Das alles bist du nicht. Also lass es los. Löse dich von allem in der Meditation, bis das verbleibt, was du wirklich bist. Und dieses Etwas ist nicht unbekannt, sondern nur **unerkennbar** und **undenkbar**, womit gemeint ist, dass ich **jenseits** aller Erkenntnis bin, jenseits allen Denkens, was keineswegs bedeutet, dass ich NICHT bin. Ich „bin" immer noch, nur eben jenseits aller Erkenntnis und allen Denkens. Denken und Erkenntnis dienen nur dazu, um zu mir zu gelangen. Dann musst du dich auch und **gerade** vom Denken und von der Erkenntnis wieder lösen, da du sie ja nun nicht mehr benötigst. Dann hast du dein Ziel erreicht: mich. Denken und Erkenntnis sind wie ein Boot, das man benutzt, um die andere Seite des Ufers zu erreichen. Ist man erst einmal dort angelangt, lässt man das Boot zurück und geht dann allein weiter. Jene, die Denken und Erkenntnis dazu benutzen, um Probleme in der Welt zu lösen und sich dann „Wissen"schaftler nennen, sind Narren; Blinde, die die Blinden führen. Denken und Erkenntnis sind nur dazu da, um zu MIR zu finden. Dann, an der Schwelle zu NIRVĀṆA angelangt, muss man sich auch und vor allen Dingen vom Denken und vom Erkennen lösen, sonst kann man mich nicht betreten, der ich der Heilige Gral bin. AUM. Oh Lanoo, löse dich von allem Verlangen und entsage der Welt. Dazu ist sie da und zu nichts anderem. Der Sinn des Lebens ist es, dem Leben zu entsagen. Es gibt keinen anderen Sinn. **Nur ein Narr genießt das Leben** und schafft so neues Anhaften, neue Reinkarnation, neue Geburt, Leben und Tod und damit neues Leiden. Das bedeutet aber nicht, dass man wie ein Griesgram durchs Leben wandeln soll, nun, da man erkannt hat, dass alles vergänglich und damit enttäuschend ist. Friedvoll und neutral, keusch und konzentriert entsagt man der Welt, dem Vergänglichen, und wird wieder, was man ist, war und immer sein wird: DAS TODLOSE, wahrhaft Unsterbliche, verharrend, jenseits von Zeit und Raum. Der eine und einzige Sinn des Lebens, ALLEN Lebens, ist es, dem Leben zu entsagen. Wer das noch nicht erkannt hat, der muss eben leiden. Wer nicht hören will, der muss fühlen. AUM.

Die Menschen wehren sich gegen den Sinn des Lebens, nämlich dem Entsagen des Lebens, welches zu NIRVĀṆA führt, und so versuchen sie dem Leben, entsprechend ihres Verlangens danach, einen anderen Sinn zu geben und erfinden Zivilisation, Kultur, Politik, Wissenschaft, Kunst, Religion usw. usw., aber das sind doch alles nur hohle Worte, um den wahren Sinn des Lebens, allen Lebens, zu vertuschen, und dieser Sinn bin ICH, NIRVĀṆA, die Abwesenheit allen Verlangens und die einzige Wahrheit und Unsterblichkeit, die es gibt, losgelöst und befreit von Körper, Gefühl, Denken, Seele und Geist. Darum: Entsage der Welt. Lass los. Du musst nicht nach Indien gehen, um das zu erreichen. Indien ist in dir. Alles, was du benötigst, ist die Entscheidung zu studieren und zu meditieren, dieses Buch, diese Botschaft zu LEBEN, und ich werde dir den Pfad ebnen, der dich zu mir führt, in deine wahre Heimat NIRVĀṆA-DHĀTU und in dessen einziger Stadt Nirvāṇapuram. AUM. Dann werden wir eins sein, ich, dein wahrer Gott, und du, der ICH BIN. Wenn du mich dann wieder verlässt, dann wird das nur geschehen, um andere zu erleuchten. Kein Verlangen wird mehr die Ursache davon sein, sondern eine unpersönliche, neutrale Entscheidung, welche dich zum gütigen Herrscher machen wird über **alle** Welten, sichtbar und unsichtbar, sei es in diesem oder in irgendeinem anderen Parallel-Universum, denn du hast ja dann überwunden, und wer überwindet, dem gebe ich Macht über alles, was lebt und stirbt, sei es auf Erden, im Himmel oder in der Hölle. AUM. Einige mögen einwenden, dass die ganze Welt verschwinden würde, wenn jeder der Welt entsagen würde. Das wird nie geschehen, denn es gibt unendlich viele Verlangens-Einheiten, die der Erlösung bedürfen, aber nur endlich (obwohl fast unzählbar) viele, die sich jeweils in Manifestation befinden. Da es unendlich viele Verlangens-Einheiten gibt, gewähre ich, der wahre Gott, unendlich viele Perioden der kosmischen Aktivität und Ruhe, von denen es keinen Anfang und kein Ende gibt. Eure Wissenschaftler zerbrechen sich die Köpfe, wie so etwas sein kann, wie es Zeitperioden geben kann, die einen Anfang und ein Ende haben, aber in ihrer Aufeinanderfolge anfangs- und endlos sind. Das ist so, weil nicht einmal eure besten Köpfe verstanden haben, was ZEIT wirklich ist. Zeit, wie ihr sie definiert, gibt er gar nicht. Zeit ist das Nebenprodukt von Verlangen. Zeit entsteht immer, wenn man etwas will. Wer etwas will, der hat es noch nicht. Das verursacht Zeit, die für ihn vergeht, bis er das erlangt, wonach ihn verlangt. Zeit ist das Nebenprodukt von VERLANGEN, sei es auf Erden, im Himmel oder in der Hölle. Wo kein Verlangen ist, da ist auch keine Zeit. Man mag nun einwenden, dass Zeit ja weiter existiert, selbst wenn man in dieser Welt bereits Verlangenslosigkeit erreicht habe bzw. nichts mehr will. Solange man sich aber noch in seinem Körper befindet, wird man immer noch dem unterliegen, das man als Zeit empfindet, denn der Körper ist von Jehovah, Engel der Erde, bzw. von einem seiner Scharen geschaffen, deinem eigenen Verlangen entsprechend, und befindet sich selbst noch in einem gewissen Verlangensmomentum, selbst wenn **du** dich schon von ihm, dem Körper, gelöst haben solltest. Für den, der nichts mehr will, der also wunschlos glücklich ist, vergeht sogar hier auf Erden die Zeit wie im Fluge, aber für den, der leidet, währt eine Sekunde oft wie ein Jahr. Wunschlosigkeit ist Zeitlosigkeit, ist Unsterblichkeit. Wer Para-NIRVĀṆA erlangt und den Körper völlig abgestreift hat, ist zeitlos und damit wahrhaft unsterblich geworden. Wer sich bis zu seinem Tode nicht von allem Verlangen befreien konnte, muss entsprechend seines verbliebenen Verlangens wiedergeboren werden, und sei es auch nur in einem der höchsten Himmel, wo die Zeit anders verläuft, da dort der Verlangenszustand oder das Verlangensmomentum geringer oder verfeinerter ist. Im Himmel wird die Zeit als selige Unendlichkeit empfunden und in der Hölle als höllische Unendlichkeit. Doch keine Angst, es gibt keine ewige Verdammnis. Jeder kann MICH früher oder später erfahren. Wie viel und wie lange er bis dahin leiden muss, das liegt an ihm. Bis dahin wird er immer und immer wieder in das verstrickt, was ihr Zeit-Raum-Kontinuum nennt, was aber nichts weiter ist als ein Nebenprodukt des Verlangens. Wer nichts mehr will, sich von allem gelöst hat, ist auch automatisch Herr über Zeit und Raum geworden. Dir, der du auserkoren bist zu überwinden, werde ich nun die wahre Spanne deines Lebens verkünden: Es läuft ab in einem Wimpernschlag. Du, irregeführt von der Macht deines Verlangens, **denkst** nur, dass du soundso viele Jahre lebst, dass soundso viele Tage, Monate und Jahre vergangen sind und kommen werden. Alles geschieht in einem Wimpernschlag der Zeit. Lass mich dir eine Vorstellung davon geben, wie ICH alle deine Wiedergeburten und die der anderen Wesen erlebe: GLEICHZEITIG bzw. zeitlos. Denke an deine Kindheit. Scheint es dir nicht so, als wäre es erst gestern, als du noch jung warst? Ja, nur eine Stunde, Minute oder Sekunde scheint es her zu sein, als du noch ein Baby warst, ein Kind, ein Heranwachsender etc. Das scheint nicht nur so, das ist so. Du erlebst **Realität**, wenn du so denkst. Es ist nur dein individuelles Verlangensmomentum nach dem Leben, das dir die Illusion gibt, als wäre Zeit vergangen. Du denkst, eine Eintagsfliege lebt kürzer als du. Das ist ein Irrtum. Die Eintagsfliege erlebt den einen Tag ihres Lebens mindestens so lang wie ein Hundertjähriger seine hundert Jahre. Und wenn die Eintagsfliege bereits nach einem halben Tag stirbt, dann mag das für die anderen Eintagsfliegen so sein, als ob diese Eintagsfliege nach fünfzig Jahren gestorben ist. **Darum** ist Zeit relativ, darum ist ALLES relativ, aber eben nicht nur relativ zueinander, wie eure Wissenschaftler erkannten, sondern auch und vor allen Dingen relativ zu MIR. Ich bin das ABSOLUTE, die absolute Konstante, vor der alles Relative bzw. Vergängliche abläuft. Alles ist relativ, nämlich relativ zu mir. Jeder Heilige weiß mehr über Relativität als alle eure schlauen Köpfe zusammen. Es gab eine Zeit, oh Lanoo, da wurde ich erfahren in der Meditation. Doch dann wurden die Wesen immer materieller und waren nicht mehr in der Lage, die Wahrheit meditativ zu erfahren. Dies brachte die Gelehrten auf den Plan, welche die Hülle mit dem Kern verwechseln und außen das Innen zu finden hoffen. Dies war die Zeit, wo die Heiligen von den Gelehrten getötet wurden, und das ist nicht nur symbolisch zu verstehen. Wer NIRVĀṆA erlangen will, muss HEILIG werden. Mehr ist nicht zu tun. Da draußen werdet ihr mich nicht finden. Kehrt um, zurück zur Quelle! Dies ist nicht einfach. Wer zurück zur Quelle will, muss gegen den Strom schwimmen.

Unsterblichkeit ist Zeitlosigkeit, hat also keinen Anfang und kein Ende, und das bin ich, NIRVĀṆA, der eine und einzige Gott, und das kannst auch du sein, wenn du nur loslässt und dich nicht mehr identifizierst mit Körper, Gefühl, Denken, Seele und Geist. Wenn du den Pfad der Entsagung wählst, wenn du dich auf dem Weg zu mir befindest, werden die Siddhis erscheinen. Siddhis sind übernatürliche Kräfte, welche es dir ermöglichen, auf dem Wasser zu wandeln, ganze Universen zu durchqueren, und dies alles in deinem liṅga-śarīra लिन्ग शरिर, deinem astro-mentalen Körper. Du wirst auch in der Lage sein, NIRVĀṆA zu nehmen oder mir zu entsagen, doch selbst dann wirst du immer mit mir in Verbindung bleiben. Du wirst den Tod überwunden haben. Mühelos wirst du von der Welt des Verlangens in die Verlangenslosigkeit und wieder zurück manifestieren. Ein Sovanee wirst du sein, ein Überwinder von Tod, Zeit und Raum. Wer Verlangenslosigkeit und Wunschlosigkeit erlangt hat, ist der Herrscher über ALLE Welten des Verlangens, sei es auf Erden, im Himmel oder in der Hölle. Das ist Gesetz. So steht es geschrieben, so soll es geschehen. AUM. Die Zeit, deine Zeit ist gekommen. Sei ICH, damit du, wenn du es so entscheidest, mich wieder verlassen kannst und anderen hilfst, ICH zu werden, der ich der eine und einzige Gott bin, NIRVĀṆA, die Abwesenheit allen Verlangens, die wahre Unsterblichkeit und der Sinn des Lebens.

Wenn du diese Worte liest, sei dir dessen bewusst, dass du auserwählt bist, dass du ein Vorläufer der Rasse der Kinder des Lichts bist, welche Todlosigkeit durch Wunschlosigkeit erlangen werden. Wahrlich, ich sage euch, ihr, die ihr NICHTS mehr wollt, indem ihr ALLEM entsagt, werdet die unsterblichen Regenten aller Welten des Verlangens sein. Euch wird es gegeben sein, zu richten über die Lebendigen und die Toten, den Pfad zu wandeln, welcher zu mir führt, dem wahren, einen und einzigen Gott. Es ist dabei nicht von Bedeutung, ob du arm oder reich, mächtig oder hilflos, schön oder hässlich bist, ganz gleich, welcher Rasse und Nation du angehörst; LASS LOS, überwinde, das ist alles, was zu tun ist, und du wirst bald über die Engel regieren. Damit meine ich auch, dass du bewusst sein wirst mit **und** ohne Körper, Gefühl, Denken, Seele und Geist. Aber erst musst du dich lösen von allen irdischen und sogar himmlischen Freuden. Löse dich von Körper, Gefühl, Denken, Seele und Geist, von diesen Ringen des Verlangens. Werde „Herr der Ringe“, auf dass du anderen den Weg weisen magst aus der leidvollen Vergänglichkeit von Erde, Himmel und Hölle, in mein Reich, welches nicht von dieser oder irgendeiner anderen Welt ist, wo Leben nicht mehr auf Kosten anderen Lebens erhalten werden muss, wo wahre Unsterblichkeit herrscht, losgelöst von Körper, Gefühl, Denken, Seele und Geist. Wehe denen, die im Schwarzmagisch-Occulten experimentieren, die spirituelle Lehren missbrauchen, um weltliche Ziele zu erreichen. Sie bestrafen sich selbst bis ins siebente Glied und mehr. Karma wird sich um sie kümmern. Sei nicht besorgt, oh LANOO, über die sogenannte Ungerechtigkeit in der Welt. Die Zeit der Vergeltung ist nahe. Alle Mauern werden fallen, alle Brücken werden brennen. Kein Stein wird mehr auf den anderen bleiben. Wasser, Feuer, Erde und Luft sowie Meteoriten, groß wie eure größten Städte, werden ihre zerstörerische Arbeit bald vollenden. Doch du bist beschützt, denn du wandelst den Pfad der Unschuld. Die anderen werden fallen, immer und immer wieder, bis auch sie erkennen, dass der Sinn des Lebens nicht ist, etwas zu erreichen, sondern allem zu entsagen. Die Belohnung: wahre Unsterblichkeit in **NIRVĀṆA** und **PARA-NIRVĀṆA.** AUM.

Hier ist Weisheit: Alle Wesen unterliegen dem Gesetz von Karma und Wiedergeburt. NIRVĀṆA ist die Erlösung vom Rad der Wiedergeburt. Wer NIRVĀṆA in diesem Leben erlangen will, der muss keusch und vegetarisch leben. Wer den Mittelpfad wählt, der sollte Mäßigung in allem wahren, dann wird ihm ebenfalls, wenn auch erst in mehreren Leben, die Aufhebung aller Wahrnehmung oder Empfindung gelingen. All jene aber, die der Lust am Leben nicht entsagen und immer und immer wiedergeboren werden wollen, die sollten wissen: Was auch immer du tust, wird irgendwann einmal, sei es in diesem oder einem anderen Leben, zu dir zurückkehren. Darum tu nur Gutes und dir wird nur Gutes widerfahren. OM.

DER DRANG NACH DER SINNENLUST

Man sagt: „Ich HABE Lust!“ und „ES drängt mich!“ und nicht: „Ich BIN Lust!“ oder „ICH dränge MICH!“. Du fühlst intuitiv das Fremde in dir, den Drang nach diesem oder jenem, nach Personen und Dingen, diesen Drang, von dem du längst weißt, dass du ihm nicht mehr nachgeben solltest, der dich aber immer wieder überwältigt, im Guten wie im Bösen. Je mehr und umso öfter du dem Drang nachgibst, umso süchtiger wirst du nach dem Genuss, den die Erfüllung des Dranges dir gewährt, bis du schließlich wie ein Drogensüchtiger zum Sklave deiner Sucht nach der Erfüllung des Dranges wirst. In diesem Zustand befindet sich die Menschheit im Augenblick. Sie sind alle Drogensüchtige. Ihre Droge ist Körper, Gefühl, Denken, Seele und Geist. Die Menschen sind süchtig nach der Lust, nach der Wahrnehmung und Empfindung, die ihnen Körper, Gefühl, Denken, Seele und Geist verschaffen, aber sie leiden auch bereits darunter, leiden wie jeder Drogensüchtige unter der NEBENWIRKUNG der Droge. Die leiderzeugende Nebenwirkung der Droge Körper, Gefühl, Denken, Seele und Geist ist: Unbefriedigtsein. Je mehr wir nehmen von dieser Droge, je mehr wir kosten von der verbotenen Frucht, umso mehr verlangt es uns danach, umso unbefriedigter werden wir. Der Grund dafür ist die Vergänglichkeit der Droge Körper, Gefühl, Denken, Seele und Geist. Was ist zu tun? So wie jeder andere Drogensüchtige muss man aufhören, die Droge zu nehmen, muss sich der Lust nach Körper, Gefühl, Denken, Seele und Geist **enthalten**, auf einmal oder schrittweise. Dies ist jedoch nicht möglich ohne Anleitung, ohne Hilfe, ohne DAS NEUE, den Weg und das Ziel zu **kennen**. Wer das Neue noch nicht kennt, wird sich nie oder nur sehr schwer vom Alten lösen können. Nur wer das Ziel kennt, kann sich **wirklich** auf den Weg machen, den Pfad wandeln. ICH bin das Ziel. Der Weg dazu ist dieses Buch. Wenn du es nur einmal liest und dann wieder zur Seite legst, dann ist es besser, du hättest es nie gelesen. Du musst dieses Buch, aber auch die Werke von Dr. Georg Grimm immer und immer wieder lesen, bis es zu deiner zweiten Natur geworden ist, bis du dieses Buch LEBST. Dann ist NIRVĀṆA in Sicht. Dann ist das Ziel erreicht, ist das Ziel erreicht. AUM.

Überwinde, oh LANOO, und der Versucher persönlich wird sich tief vor dir verneigen und dich beglückwünschen. Dann wird er zur Seite treten und den Weg freigeben zu mir. Niemand kommet zu mir, der nicht Luzifer überwunden hat.

Entscheide dich **jetzt** für mich und warte nicht zu lange. Das Tor zu NIRVĀṆA wird bald für lange Zeit geschlossen bleiben, da wir uns dem Tiefpunkt des Zeitalters der Dunkelheit nähern, wo die Verrückten über die Schwachen regieren werden. Sei auf der Hut, oh Lanoo. Sie werden alles versuchen, dich vom Pfad abzubringen. Möge dieses Buch dir Trost und Stütze, Stecken und Stab sein auf dem langen, dornenreichen Weg zu mir, dem wahren Gott. Entsage der Welt und ich werde dir die Welt zu Füßen legen. Du wirst in der Lage sein, mit und ohne Körper, Gefühl, Denken, Seele und Geist zu existieren. Im Augenblick des Todes wirst du dich von deinem Körper lösen und immer noch **sein**, während alle anderen, die nicht überwunden haben, das Bewusstsein verlieren werden oder, was noch schlimmer ist, in selbstgeschaffenen Höllen und manchmal auch Himmeln erwachen und dort ihre Illusion weiterleben, bis sie aufs Neue reinkarnieren, leben, sterben und damit leiden müssen. Sie sind immer noch Opfer ihres eigenen Durstes und Verlangens nach Leben, welches du dann, so wie Jesus, Buddha und andere Meister, überwunden haben wirst. Während andere ihre Raumschiffe benutzen müssen, wirst du dich, losgelöst und unbeschwert von Körper, Gefühl, Denken, Seele und Geist, überallhin frei bewegen können im sichtbaren und unsichtbaren Universum und, **wann immer es dir beliebt, jede Form und jeden Bewusstseinszustand annehmen können.** Ein befreiter Gottesfunken, eine Monade oder Pukka, wirst du sein, Herrscher über Zeit und Raum, so wie alle, die entsagt haben und wieder ICH werden. AUM. Dies ist jedoch nur möglich, wenn du alle Lust nach Wahrnehmung und Empfindung überwunden hast, selbst nach der Wahrnehmung und Empfindung, ein Gott zu sein. Dem Buddha war dies gelungen, weshalb er ja auch „der Lehrer der Menschen **und** Götter" genannt wurde, denn selbst ein Gott bis hin zum ersten Prinzip in Manifestation will ja immer noch etwas, nämlich ein Gott sein. Also erlaube ich ihm periodisch, sich als solcher zu manifestieren. Die Menschen sind dumm. Sie rasen auf ihren Tod zu und anstatt etwas gegen ihre Sterblichkeit zu tun, indem sie alles Sterbliche loslassen und damit Unsterblichkeit jenseits aller Dauer erlangen, klammern sie sich an die Hoffnung, dass es nach dem Tode für immer im Himmel weitergeht. Du aber, oh gefallener Kumāra, kennst die Wahrheit, dich kann die Welt nicht mehr beschmutzen. Dein Licht wird scheinen, noch lange nachdem du Ich sein wirst. Oh Mensch, löse dich von allen Begierden und beginne mit den geschlechtlichen zuerst. Sie sind die gemeinsten, die niedrigsten Fesseln, Mauern der Lust, die dich von mir trennen, der ich doch die Unschuld allen Ursprungs bin. Es sind die sexuellen Lüste, die dich zurück in diese Welt brachten, entweder als Mann oder Frau. Doch du bist weder männlich noch weiblich. Du bist nicht einmal geschlechtslos, denn auch das ist ja nur ein Zustand des Verlangens, eben geschlechtslos sein zu wollen. Du bist DAS ENDE aller Begierde, ALLEN Verlangens, allen Durstes nach Erde, Himmel oder Hölle. Du bist die Aufhebung aller Wahrnehmung und Empfindung, aber doch nicht das Ende dessen, das wahrnimmt und empfindet und nun, befreit von aller Wahrnehmung und Empfindung, **nichts** mehr wahrnimmt und empfindet, aber doch immer noch **ist**, nun befreit von allem Drang nach Wahrnehmung und Empfindung. Nun bist du bereit für MICH, für NIRVĀṆA, die Unschuld und Reinheit deines wahren Seins. Du bist frei! Du überschattest sogar die Sonne mit deinem Glanz, strahlender Held des Universums, der du bist. Aber du wirst es nie wirklich sein können, wenn du nicht Herr deiner Lüste wirst, bis sich dein Begehren in die Schwingen verwandelt, die dich nach oben tragen, weg vom Schlamm, hin zum Licht. AUM.

Wahrlich, der NIRVĀṆA-Pfad ist nicht für jeden. Aber du, kleiner Drachen, bist bereit. Du bist auserkoren, die Botschaft zu verkünden, aber auch zu LEBEN. Dieses Buch wird dich führen zu deinem wahren Selbst, welches da ist DIE ABWESENHEIT ALLEN VERLANGENS, das Ende aller Empfindung und Wahrnehmung, NIRVĀṆA, ich, du, AUM. Oh Leser, sei wieder ein keuscher Jüngling, eine reine Jungfrau, vergiss, was vorher war. Ganz gleich, wie tief du gefallen sein magst, der Gott in dir kann nie beschmutzt werden. Er oder es wartet darauf, dich wieder rein zu waschen von **allen** Beschmutzungen, also von Körper, Gefühl, Denken, Seele und Geist. Entdecke den Schatz, der tief in dir verborgen liegt, werde ein **Kumāra** कुमार, lasse dich von der Gier der Menschen nicht mehr beschmutzen. Verweigere dich! Ich offenbarte es dir bereits: Alle Mauern werden fallen und alle Brücken werden brennen. Willst du zu jenen gehören, die unter den Trümmern einer perversen Kultur begraben werden, oder willst du eine Säule des Lichts sein, welche das Fundament bildet für die neue Rasse der Reinheit und Unschuld, der Kinder des Lichts? Die Entscheidung liegt bei dir.

Erwache, du kosmischer Streiter. Löse dich von Körper, Gefühl, Denken, Seele und Geist. Lass los! Du tauschst doch nur Dreck gegen Gold ein. Erwache, oh gefallener Engel! Hörst du sie nicht, die Fanfare der Wahrheit? Sie ruft alle Unschuldigen zusammen und all jene, die der Sünde entsagen, auf dass sie die große Zerstörung überleben mögen. Ich bin der Herr, dein Gott, NIRVĀṆA. Erwache von deinem Lebenstraum, bevor Māra मार Sat-an auf ein Neues deine Illusion zerschlägt. Betrete die Halle der Reinheit und Unsterblichkeit. Den Schlüssel dazu habe ich dir gegeben. Es ist Enthaltsamkeit oder zumindest Mäßigung in allen Dingen. Das Ziel kann in einem oder in mehreren Leben erreicht werden.

Die Belohnung wird groß sein. Du wirst MICH fühlen, deinen wahren Gott, wie er in dir erwacht, in dir aufsteigt und dir ewiges Leben und EWIGEN Frieden gibt; nicht das „ewige“, in Wirklichkeit aber vergängliche Leben, das dir die so oft umgeschriebenen und gefälschten „Heiligen“ Schriften versprechen.

Ewig kann nur sein, wer das Vergängliche loslässt, sich davon befreit, ihm entsagt. Und vergänglich ist alles, vom tiefsten Dämon bis zum höchsten Gott, denn: **„Bis hin zur höchsten Götterwelt reibt alle Wesenheit sich auf.“** Oh Lanoo, MEIN Wille geschieht. ICH gewähre allem, was da will, seinen Willen.

Selbst den höchsten Göttern gewähre ich die Illusion ihrer Existenz. Was immer du auch willst, ICH gewähre es dir durch meinen Sohn, da du mein und dein NICHT-ICH oder ANATTĀ sein willst, der ich aber doch die Abwesenheit allen Verlangens bin. Oh Lanoo, es gibt in Wahrheit weder die Vergänglichkeit, noch gibt es die Ewigkeit, von der die Menschen so träumen. Alles IST nur, und wenn das, was IST, **will**, dann erzeugt dieses Verlangensmomentum die Illusion der Zeit. Die Menschen haften diesem Phänomen so sehr an, dass sie sich in ihrer Unwissenheit wünschen, es würde „ewig“ so bleiben. Bist du bereit, oh Lanoo, für die große „rapture“, die dich von allem befreit, was du nicht bist, nämlich von Körper, Gefühl, Denken, Seele und Geist? Während andere noch in den Himmeln oder Höllen der Religionen sich der Illusion der Seligkeit und des Leidens hingeben, wirst du die Wahrheit SEIN. AUM.

Das ist NIRVĀṆA, der Sinn des Lebens. Das ist wahre Unsterblichkeit, das ist wahre Todlosigkeit.

„Neugeboren" oder „wiedergeboren" und „wiederauferstanden" zu sein bedeutet hauptsächlich, ohne die Bürde, das Kreuz, von Körper, Gefühl, Denken, Seele und Geist geboren zu sein. Du bist Pudgala पुद्गल, der **Träger** der Bürde. Wirst du weniger, wenn du die Bürde loslässt? Nein, du wirst mehr, denn du bist ja nun *befreit* von der Bürde. Frei, endlich frei!

Dann, wenn du dich von deiner Bürde befreit hast, kannst du sie wieder aufnehmen, falls du dich dazu entscheidest, dieses Mal nicht mehr, weil es dich danach drängt, sondern aus Mitleid mit allem, was noch unter dieser Last oder LUST leidet. Nicht um deine Sinne genießen zu können, wirst du mich dann verlassen, sondern um einer leidenden Menschheit zu helfen auf dem Weg zurück zu mir. Ein Verkünder des NIRVĀṆA wirst du sein.

Wenn du nichts willst, werde ich dir alles geben. Entsage allen weltlichen Lehren. ALLE LEHREN SIND FALSCH. Ich lehre nichts. Ich offenbare dir nur, was du längst weißt. Du hast es nur vergessen und ich erinnere dich wieder daran durch meinen Propheten LANOO.

Wenn du mehr über den Ursprung von Mensch und Universum erfahren möchtest, dann studiere **DAS BUCH DES LICHTS**, welches Lanoo von einer meiner höchsten Emanationen, dem MAHĀ-CHOHAN, diktiert wurde. Alles kommt vom Geist und kehrt auch dorthin wieder zurück und wird dann von mir absorbiert, bis jegliches Verlangen gelöscht ist. NIRVĀṆA ist immer da, mit oder ohne Universum, mit oder ohne Erde, Himmel und Hölle. NIRVĀṆA ist der sichere Hafen und der wahre Himmel. Höre nicht auf die Welt. Erlange **Befreiung** von der Welt. Während der Weltling an seinem letzten Atemzug erstickt, nur um schließlich wieder zu reinkarnieren in die selbstverursachte Hölle seines nächsten Lebens, wird der Nirvāṇin da sein, um ihm und anderen zu helfen, während er, der Nirvāṇin, den Tod nie schmecken wird, zu allen Zeiten bewusst ist, den alten Körper verlässt und in den neuen reinkarniert, ohne für einen Augenblick sein **NIRVĀṆA**-Bewusstsein zu verlieren. DAS, oh Sucher nach der Wahrheit, ist wahre Unsterblichkeit, anfangs- und endlos, jenseits aller Dauer, jenseits von Zeit und Raum.

Wer denkt, dass der Körper oder gar die Seele und der Geist unsterblich sind, ist noch mit der Krankheit des Wunschdenkens befallen. Ihm fehlt das esoterische Wissen, enthüllt im **BUCH DES LICHTS** und in diesem Buch. Es ist richtig, dass Geist, welcher ja nichts anderes ist als eine verfeinerte Form von Urmaterie, ewig ist in der Substanz, aber vergänglich in der Form. Darum kann es eben KEIN ewiges Leben in einem Geistkörper im Himmel geben. Wenn jemand mit „Geist" jedoch den KERN, die Wesenheit, meint, dann kann man ebenfalls sagen, dass diese Wesenheit ewig im Sinne von unerschaffen ist. Drei Realitäten, oh Lanoo, gibt es: 1. NIRVĀṆA, 2. ALLE WESENHEITEN und 3. DIE URMATERIE. Wer es zu fassen vermag, der fasse es. Es ist auch weiterhin richtig, dass die jīvas जीव oder Lebensatome gewisser Gläubigen sich nach dem Tode in höheren Sphären wieder zusammenfinden werden und diese Gläubigen dann eine nachtodliche Existenz erleben werden in einem Christen-, Katholiken-, Moslem-, Jehovah-, Baha'i-, Kṛishṇa-, Yogananda-Himmel oder einem der anderen Himmel, die für derartiges Wunschdenken bereit stehen. Aber alle diese Himmel und deren Bewohner haben eines gemeinsam:

SIE SIND VERGÄNGLICH!!!

Auch aus ihnen, auch aus den höchsten Himmelswelten muss wieder geschieden werden. Nur NIRVĀṆA ist der Mühe wert. Wer sich mit dem Körper identifiziert, ihm **anhängt**, wird auch mit dem Körper sterben und in einem neuen Körper wieder geboren werden. Wer sich aber vom Körper löst, ihm nicht mehr anhängt, IST immer noch, auch wenn der Körper nicht mehr ist. WAS ist er dann? **Befreit** vom Körper. Dasselbe gilt natürlich für Gefühl, Denken, Seele und Geist **und für jede andere Manifestation**, der er (der Durchschnittsmensch, zu dem oft die größten Denker mehr gehören als man glaubt) nur deshalb nicht gewahr wird, weil man nicht die dafür benötigten Sinnesorgane besitzt.

Werde wunschlos. Werde wieder wunschlos und damit **wunschlos glücklich**. Ein anderes Glück gibt es gar nicht als das der Wunschlosigkeit. Warum ist es das höchste Glück? Weil es geradewegs zur **Unsterblichkeit** führt, befreit von allem Sterblichen, nämlich von Körper, Gefühl, Denken, Seele und Geist. **Darum** ist Wunschlosigkeit das wahre Glück. Jedes andere Glück ist nur Leid in glücksverheißender Verkleidung. Die größte Weisheit wird erlangt durch Wunschlosigkeit und die größte Liebe und das größte Erbarmen hat jener, welcher anderen lehrt, wieder wunschlos zu werden. Darum hilf meinem Propheten LANOO, die Wahrheit zu verkünden. Auch wenn du sie selbst noch nicht leben kannst, sondern ihn nur in jeder dir möglichen Weise unterstützt, wirst du für viele Leben mit karmischer Belohnung gesegnet sein. Doch wenn du bereit bist, der Welt zu entsagen, dann gib alles auf, gib es mir, dem es sowieso gehört, und ich werde dich reich belohnen mit dem Überfluss deines wahren Selbst, welches **ewiger** Friede ist und wahre Unsterblichkeit, befreit von Körper, Gefühl, Denken, Seele und Geist. Die Wahrheit ist einfach. Sei wieder rein, einfach und unschuldig. Ich warte auf dich. Alles, was du zu tun hast, ist, die Bürde abzulegen, loszulassen, was du **nicht** bist, von dem du bisher **glaubtest**, dass du es bist, mit dem du dich bisher identifiziertest und was dich solange von mir fern hielt und trennte. Gib alle deine Träume und Hoffnungen auf. Löse alle Bindungen. Warum willst du unbedingt dieses oder jenes erreichen oder werden? Nur damit ich es dir wieder wegnehme und du wieder danach greifst? Es gibt nichts zu erreichen. Dieser Planet wie jeder andere wird wieder von mir zerstört werden, wenn sein Verlangensmomentum ausgelaufen ist. Und dann? Wo sind alle Errungenschaften dann? Wo sind dann alle Kontinente und Rassen, wo die großen Kulturen, wo ihre Führer, wo alle sogenannten Könige und Königinnen, wo sind Lemurien und Atlantis, im Vergleich zu deren Zivilisationen die eure wie Steinzeit anmutet? Ertränkt in den Fluten der großen Wasser, zerstört vom Feuer, Staub unter meinem Atem. Oh Lanoo, zähle keine Schatten und nenn es dann Geschichte. Wenn du die wahre Geschichte von Mensch und Universum erfahren willst, dann lies DAS BUCH DES LICHTS und dann löse dich auch **davon**. Was auch immer du erreichst, ich nehme es dir doch wieder weg, damit du erkennst, dass es nichts zu erreichen gibt. Es ist das **Anhaften** an Personen und Dingen, welches all das Leid in der Welt erzeugt. Wahrer Fortschritt bedeutet, sich zu **lösen** vom Anhaften an allem Vergänglichen und nicht irgendetwas aufzubauen, das doch wieder zerfällt, sei es jetzt oder in tausend Jahren. Euer Cyberspace-Computer-Zeitalter verursacht doch nur neues Anhaften und damit neue Versklavung der Sinne. Was ihr Fortschritt nennt, ist nur eine neue Variante der Lust, des Anhaftens, der Gier in hochtechnisierter Form. Umso größer wird früher oder später die Unbefriedigung, die Enttäuschung sein. Du willst Cyberspace, andere Welten und Wesen? Warum gibst du dich dann mit irgendwelchen Animationen und Tricks zufrieden? Löse dich in der Meditation von dieser Welt und du wirst Welten und ihre Wesen **erleben**, die realer sind als jeder Computer dir vorzugaukeln imstande ist. Erwache, oh Lanoo! Warum willst du irgendetwas werden, wenn du schon alles bist? Wozu die Anstrengung? Der Sinn des Lebens ist es nicht, irgendetwas zu werden oder zu sein, sondern **die Beschmutzungen loszulassen**. Was sind die Beschmutzungen? Was sind die Verunreinigungen? Körper, Gefühl, Denken, Seele und Geist sind die Beschmutzungen. Körper, Gefühl, Denken, Seele und Geist sind die Verunreinigungen. Was haben denn all jene Menschen, die etwas „erreicht" haben, in Wirklichkeit erreicht? Die Großen eurer, meist gefälschten Geschichtsbücher sind arme Wichte im Vergleich zu Heiligen, von denen ihr noch nie etwas gehört habt. Es sind jene unbekannten Eingeweihten, die oft, erfüllt von Erbarmen, in Höllenregionen hinabsteigen und jene erretten, die zuvor große Macht auf Erden genossen und nun in der Hölle um Gnade winseln, weil sie Schuld über alle Maßen auf sich geladen haben. Denke immer daran, dass dein Verlangenszustand sich nach dem Tode - je nach Art des Verlangens - im Himmel oder in der Hölle fortsetzt.

Die Welt von heute ist zu einem globalen Abfallhaufen geworden, einem Narrenhaus, in dem die Verrückten über die Verwirrten regieren. Wenn Familie die Antwort wäre auf alle Probleme, warum zerfällt dann überall die Familienstruktur? Warum gibt es so viele Scheidungen? Wenn Kinder haben die Lösung ist, warum hassen dann so viele Kinder ihre Eltern und Lehrer? Warum töten sie, z. B. in Gangs, andere Kinder? Wenn Politiker die Antwort wären, warum haben wir in diesem Augenblick über hundert Kriege auf diesem Planeten? Was ist mit Wissenschaft und Religion? Sie sind das Problem, nicht die Lösung. Und die Gurus? Die meisten von ihnen richten mehr Schaden an als Gutes. Und die Medien belügen dich 24 Stunden am Tag. Die Unterhaltungsindustrie, unter der Kontrolle der Illuminati, unternimmt alles, um die Menschen dumm zu halten bzw. zu unterhalten und sie noch mehr zum Sklaven ihrer Sinne zu machen. Wie steht es nun mit den sogenannten erfolgreichen Leuten aus Politik, Wissenschaft und Showgeschäft? In Wirklichkeit haben sie gar nichts erreicht. Mit jedem Ziel, dass sie „erreichten", haben sie sich ein Stück weiter von mir entfernt, der ich ihr **wahres** Selbst bin, der eine und einzige Gott, die Abwesenheit allen Verlangens, die Aufhebung aller Wahrnehmung und Empfindung. Die Menschen verstehen unter Unsterblichkeit, dass man in seiner Nachkommenschaft weiterlebt. Aber nichts ist weiter von der Wahrheit entfernt. Jedes Kind ist eine eigene individuelle Wesenheit, die Eltern versehen es nur mit einem physischen Körper. Darf dein Schneider behaupten, dass er dich geschaffen hat oder dass du ihm gehörst, nur weil er dich mit Kleidern versieht? Wenn die Eltern einmal tot sind, haben sie kein weiteres Bewusstsein mehr in ihrer Nachkommenschaft. Alles andere ist Wunschdenken. Das, was du nicht bist, geht in Stücke, zerfällt, Asche zu Asche, Staub zu Staub. Aber die Wesenheit verbleibt! Wie das ist, wirst du nie wissen, solange du dich nicht löst von deinen Beschmutzungen. Was auch immer du deshalb in der Welt erreichen magst, genau das trennt dich von mir, dem einen und einzigen wahren Gott, der deiner Verehrung und Anbetung nicht bedarf, da ich nirgendwo da draußen bin, sondern tief in dir. Ich bin der Schatz, verborgen unter dem Dreck deiner Beschmutzungen. Siehst du nicht, wie ich mit dir leide? So wie ich es sage, so ist es. Lass los, oh LANOO. Zerbreche die Kette von Ursache und Wirkung. Die Zeit ist gekommen.

Das Ziel ist erst dann erreicht, wenn jedes Haus auf diesem Planeten in ein Kloster verwandelt ist und seine Bewohner in Nonnen und Mönche, die der Welt entsagen. Der Sinn des Lebens ist es, dem Leben zu entsagen. Wasser trinken erzeugt irgendwann einmal wieder Durst, aber das Wasser der Weisheit, welche zu NIRVĀṆA führt, wird dich auf ewig erquicken mit wahrer Unsterblichkeit, welche niemals im Körper, Gefühl, Denken, Seele und Geist zu finden ist, sondern nur im LOSLÖSEN von diesen Beschmutzungen. Jesus sagt in John 4:13-14: „Wer auch immer Wasser trinkt, den wird es wieder dürsten. Aber wer von dem Wasser trinkt, das ich ihm gebe, wird in sich eine Quelle sein des ewigen Lebens!“ Damit meinte er NIRVĀṆA und nicht irgendeinen, immer vergänglichen Himmel der Religionen.

Löse dich, oh Lanoo, von allem Vergänglichen und werde Ich, das Ewige, Todlose, Unsterbliche, Ungeborene und Unerschaffene. Lanoo wird dich nun weiter führen auf dem Weg zu mir, dem Sinn deines Lebens.«

Lieber Sucher nach der Wahrheit!

Lass mich den verbleibenden Teil dieses Buches mit den Worten von Dr. Georg Grimm, Autor des Werkes *Die Lehre des Buddho*, beginnen. Dr. Grimm erklärt das Dilemma der Unwissenheit bzw. des Verlangens und des **Anhaftens** beeindruckender als ich es je könnte:

„Dass die meisten Menschen so sorglos dahinleben, hat seinen Grund darin, dass sie die Lage nicht kennen, in der sie sich befinden. Entweder sie reden sich ein, sie seien aus dem absoluten Nichts in diese Welt emporgetaucht und würden mit ihrem Tode ebenso spurlos wieder verschwinden, oder sie betrachten sich als das Produkt eines Schöpfers, der sie nach dem Tode zu sich in sein himmlisches Reich übernehme, indem sie keinen Zweifel darüber hegen, dass die daneben allerdings noch bestehende Hölle immer nur für die anderen bestimmt sei. So ergibt sich sowohl für den Ungläubigen wie für den Gläubigen als die höchste Lebensweisheit, es sich möglichst behaglich auf dieser Welt zu machen, für den ersteren deshalb, weil es doch die höchste Torheit wäre, diese so flüchtige Existenz nicht möglichst auszunützen, für den letzteren aber, weil auch ein Aufenthalt in dieser Welt ein Geschenk seines Gottes ist, das nicht mit Dank zu genießen der höchste Undank wäre. Würden sie ihre wirkliche Lage überschauen, also mit hinreichender Deutlichkeit erkennen, dass sie seit anfangslosen Zeiten ziel- und planlos in der Welt in allen ihren Höhen und Tiefen, also bald als Gott, bald als Mensch, bald als Gespenst, bald als Tier, bald als Teufel, umherirren und dass diese ziel- und planlose Wanderung unter fortwährender Selbsttäuschung auch in alle Zukunft hinein weitergehen soll, und würden sie weiterhin die Möglichkeit erkennen, diesem Kreislauf des Leidens für immer zu entrinnen und sich auf eine völlig leidlose Stätte, 'ein Versteck, ein Eiland' zurückzuziehen, so würden sie wohl mit derselben Inbrunst die dargebotene Hand, die zu jener leidlosen Stätte geleiten will, ergreifen, wie ein ins Wasser Gefallener jene, die ihn ans Ufer zu ziehen bereit ist. In dieser Lage aber sind nunmehr wir ..."

Der Durst nach dem Leben und der Welt manifestiert sich als:

1) Neigung zu denken, dass unsere Persönlichkeit unser Wesen oder uns wesentlich und ewig sei (sakkāyadiṭṭhi सक्कायदिट्ठि).

2) Neigung, daran zu zweifeln, dass unsere Persönlichkeit (Körper, Gefühl, Denken, Seele und Geist) mehr ist als ein bloßes Attribut und Vehikel (upādhi उपाधि), aber eben nicht wesentlich zu uns gehört. NICHTS gehört wesentlich zu uns. Wir SIND bloß. Den meisten genügt das natürlich nicht. Jeder möchte immer gerne *etwas* sein, auf dass er oder sie dann stolz der Welt verkünden kann: „Guck, schau her, ich bin nicht nur, sondern ich bin **etwas**. Ich bin auch jemand. Und was bist du? Was hast du?" Und so klopft sich jeder eitel auf die Schulter und ist stolz darauf, nicht nur zu sein, sondern auch **etwas** zu sein. Damit hat er natürlich auch gleichzeitig sein Todesurteil unterschrieben, denn wer **etwas** sein will, muss wissen, dass genau dieses „etwas" vergänglich und sterblich ist und ihm natürlich wieder entrissen wird, oft dann, wenn er sich gerade so schön daran gewöhnt hat. Dann ist der Jammer groß. Aber keine Angst, „dem Willen zum Leben ist Leben gegeben", und so wird der nach Leben (und damit nach Tod) Verlangende wieder reinkarnieren und aufs Neue Opfer seiner Unwissenheit sein und aufs Neue geboren werden, leben und sterben, es sei denn, er wird weise.

3) Neigung, Erlösung oder Errettung von einem Gott zu erwarten. Nur du selbst kannst dich retten durch entsprechendes Handeln.

4) Neigung zu den Vergnügungen, die wir uns verschaffen durch den Kontakt mit Objekten durch unsere fünf äußeren Sinne.

5) Neigung, uns zu ärgern, wenn etwas nicht so läuft, wie wir es wollen.

Wann immer wir eine dieser Neigungen überwunden haben, sind wir NIRVĀṆA einen gewaltigen Schritt näher gekommen und haben uns eine Reinkarnation in eine der höheren Lichtwelten oder zumindest eine sehr günstige Reinkarnation auf Erden geschaffen. Jeder ist eben seines Glückes (aber auch seines Unglückes ...) Schmied. In jedem Falle ist der erste Schritt zu wahrer Unsterblichkeit in NIRVĀṆA immer: **SITTENREINHEIT.*** In diesem Zusammenhang sei dir gesagt: Schäme dich nicht unreiner Gedanken. Unterdrücke sie nicht. Es sind Überbleibsel eines vergangenen Lebens oder einer Kindheit, in der du für diese konfusen Gedanken nicht verantwortlich warst, weil du ja eben noch ein KIND warst. Oder du hast dich in diesem Leben Lüsten hingegeben, die dich nun quälen und nach Wiederholung verlangen. BEOBACHTE sie nur, diese Gedanken, Gefühle und Energien, bis sie wieder verschwinden, und sie **werden** verschwinden. Sie kommen vom Versucher. AUM. Spiel mit dem Teufel. Er ist dein Sparringspartner. Beobachte die Versuchung, aber gib ihr nicht nach. Und selbst wenn du „fallen" solltest, verzage nicht. Der Gong zur nächsten Runde wird schlagen und du hast eine neue Möglichkeit, den Versucher zu besiegen, indem du der Versuchung eben NICHT mehr nachgibst. Bedenke: Selbst JESUS und BUDDHA und viele andere Heilige wurden von Satan versucht. Das geschah, um sie zu testen, ob sie meiner auch würdig waren. **Nur als sie IHM widerstanden, durften sie mein Reich betreten.** Wie kannst du da noch zweifeln, dass der Teufel ebenso notwendig ist wie Gott? Ohne Gut kein Böse, ohne Böse kein Gut. Wenn alles Böse überwunden ist, wird auch das Gute verschwinden, da es dann für das Gute nichts mehr zu tun gibt. Erwache, oh Leser! Durchschaue die Illusion!

---

* Im Grunde genommen meine ich damit: Wer der Geschlechtssphäre anhängt, sei es auf Erden oder in einem der niederen Himmel, der kehrt auch dorthin zurück. Wer NIRVĀṆA will, der muss natürlich früher oder später diesen Geschlechtssphären bzw. dem ihnen eigenen Verlangen entsagen. OM.

Wahrlich, ich sage euch, wer auch immer etwas sieht, hört, riecht, schmeckt, tastet, empfindet und denkt und dem Gesehenen, Gehörten, Gerochenen, Geschmeckten, Getasteten, Empfundenen und Gedachten ganz oder auch nur teilweise anhaftet, es genießt und sich NICHT davon abwendet, es also will, der will den Tod.

Wer aber etwas sieht, hört, riecht, schmeckt, tastet, empfindet und denkt und dem Gesehenen, Gehörten, Gerochenen, Geschmeckten, Getasteten, Empfundenen, Gedachten nicht ganz oder auch nur teilweise anhaftet, es nicht genießt, sich davon abwendet, es also NICHT will, der wird Unsterblichkeit erlangen und hat den Sinn seines Lebens erfüllt. AUM.

LANOO

DAS KARMA

Karma bedeutet „handeln“ oder „Aktion“, und jede Aktion verursacht eine Reaktion, die immer auf den Verursacher zurückfällt, früher oder später. Also: Was immer du tust, fällt auf dich zurück, und was immer dir geschieht, ist selbst verursacht. Wer daraus zu schließen glaubt, dass man ja dann dem anderen nicht zu helfen braucht, da er sein Schicksal sowieso verdient hat, verschafft sich selbst in diesem oder einem nächsten Leben einen Logenplatz als Opfer. Also: Tu nur Gutes und dir wird nur Gutes geschehen. Das Schlechte nimm hin, trag es aus und beschwer dich nicht. Ist alles Karma.

Die Wege des Karma sind zwar logisch, aber nahezu unentwirrbar. Karma wirkt nicht immer von einem Leben zum anderen, sondern wartet manchmal auch, bis die geeigneten Umstände da sind, um es dem Verursacher zu ermöglichen, die Suppe, die er sich eingebrockt hat, auch wirklich auszulöffeln. Mit dem Karma ist es wie mit dem Kaffee und der Milch. So wie die Milch sich mit dem Kaffee verbindet, sind auch vergangenes und gegenwärtiges Wirken und deren Wirkung nicht mehr voneinander zu trennen.

Prof. Dr. von Purucker schreibt in *TRADITIO*N: „Karma kann allgemein in zwei Hauptklassen eingeteilt werden: Karma, das noch nicht abgetragen oder erschöpft ist, und Karma, das jetzt erzeugt wird. Eine andere Ausdrucksweise dafür ist: Karma, das sich jetzt zu erschöpfen beginnt und das in der Vergangenheit entstanden ist, und Karma, das gerade zusammengetragen wird oder das sich erst in der Zukunft zu erschöpfen beginnt. Jene Klasse von Karma, das sich jetzt zu erschöpfen beginnt, kann mit ‘reif’ bezeichnet werden, und das technische Sanskritwort dafür ist prarabdha, das heißt das, was beginnt. Jene Klasse von Karma, das jetzt erzeugt wird und sich in der Zukunft erschöpft, kann mit ‘unreif’ bezeichnet werden, das technische Sanskritwort dafür ist sachita.“

Es gibt Karma von Einzelpersonen, Gruppen und auch ganzen Nationen. Menschen mit gleichen Interessen und gleichem Verlangen werden in entsprechenden Familien, Gruppen und Nationen wiedergeboren. Wenn nun jemand argumentiert, dass sich doch wohl kein Kind wünschen kann, in einer Familie geboren zu werden, die das Kind missbraucht, oder dass sich doch wohl kein Mensch wünschen würde, in einer Rasse geboren zu werden, die auf nationaler Ebene leidet, dann hat derjenige eben noch nicht das in diesem Buch dargelegte Prinzip von Karma und Reinkarnation verstanden und dann wollen wir es auch dabei belassen.

Und doch ist Karma kein Gesetz per se in dem Sinne, dass es ein Gott erschaffen hätte, der uns vorschreibt, was richtig und falsch ist, und uns dann dafür bestraft. Das ist Karma nicht. Karma ist eine EIGENSCHAFT der Natur, eine Ureigenschaft, welche so wirkt, dass jede Aktion unweigerlich eine Reaktion zur Folge hat bzw. dass jede Handlung eine Energie ist, die früher oder später auf den Handelnden zurückfallen MUSS. Wenn ich jetzt Einstein wäre, dann würde ich sagen, dass das so sein muss, weil das Universum gekrümmt ist, als Theosoph aber sage ich, dass dies so ist, weil jede Handlung darum auf den, der sie ausübt, zurückfällt, weil diese Energie von den Herren des Karma reflektiert, die an den vier Enden des Universums postiert sind.

Karma ist das „Gesetz“ von Ursache und Wirkung, und zwar einer Wirkung, die sich nicht nur auf der physischen Ebene manifestiert oder dort abläuft, sondern auch auf emotionaler, mentaler und geistiger Ebene. Wir haben auch Karma mit den Atomen und Molekülen und Zellen und Organen unseres Körpers. Für sie sind wir GÖTTER. Wenn wir die Atome und Moleküle und Zellen unseres Körpers schlecht behandeln, dann werden sie sich im nächsten Leben an uns rächen (siehe physische, emotionale und geistige Krankheiten etc.). Des Weiteren: Karma ist sogar so effektiv, dass schon der bloße Gedanke an einen Menschen diesen Menschen erreicht, ja selbst wenn man an einen Stern denkt, dann hat man diesen Stern beeinflusst und er (der Planetenengel) verspürt es. Von daher gesehen kann man die sogenannten „Großen“ dieser Welt aus Politik, Religion und Showbusiness nur bemitleiden, dass sie nichts von Karma zu wissen scheinen, denn sonst wüssten sie auch, welchen Berg von Schuld bzw. Karma schon viele von ihnen auf sich geladen haben, und sie würden alles tun und jede Sekunde ihres noch verbleibenden Lebens nutzen, dieses Karma durch entsprechend POSITIVE Handlungen und Entscheidungen zu wenden. Man sehe sich nur die Gesichter von Mick Jagger und Michael Jackson und anderer an, um zu verstehen, was die armen Kerle im nächsten Leben erwartet. War das ein Leben voll Ruhm und Geld und Perversion wert, Mick, Michael und Konsorten?

Karma wird nicht immer voll ausgelebt, sondern oft portionenweise. Jeder bekommt gerade so viel Karma, wie er vertragen oder ertragen kann. Stück für Stück bauen wir so unsere Schuld ab. Es kommt nun darauf an, kein NEUES negatives Karma zu schaffen, und falls sich der eine oder andere für NIRVĀṆA schon in diesem Leben als Entsager interessieren sollte, dann sollte er nicht einmal mehr positives Karma schaffen. Wer es zu fassen vermag, der fasse es.

HANDLUNGEN UND IHRE FOLGEN

Jede deiner Taten, jedes Wort, Gefühl, jeder Gedanke, seien sie nun gut oder schlecht, all das hat Konsequenzen für dich, denn es kehrt als gleiche Energie zu dir zurück, wenn nicht in diesem, so doch mit Sicherheit in einem nächsten Leben. Das erklärt auch die oft so ungerecht erscheinenden Schicksale der Menschen. Die Kirche will uns weismachen, dass dies das Werk eines allmächtigen Gottes ist. Was für ein Gott ist denn das, dem es gefällt, ein AIDS-krankes Kind in Afrika verhungern zu lassen, während ein anderes in einer friedlichen, wohlbehüteten Umgebung gesund geboren und mit Liebe großgezogen wird? Dieses Missverständnis ist darauf zurückzuführen, dass die Religion lehrt, dass jeder Mensch nur einmal geboren wird und von Gott dafür speziell eine Seele erhält. Nach dieser einen Geburt heißt es dann entweder Himmel für den Guten oder Hölle für den armen Sünder. Es gehört schon ein naives Gemüt dazu, so etwas zu glauben. Doch die Leute damals waren eben viel naiver als heute und man kann nicht nur der Kirche allein die

Schuld zuschieben. Das naive Gemüt der Masse ermutigte den Klerus unter anderem zu diesen Gottes-feindlichen Thesen. Religion war besser als gar nichts. Doch nun ist **DAS BUCH DES LICHTS** da. Es lehrt uns, dass der sechste Strahl-Einfluss der Verehrung und des Idealismus (leider meistens für eigene Zwecke) nachlässt und Platz macht dem siebten Strahl, welcher die aufkommende 6. Wurzelrasse mit spiritueller Energie versehen wird. Somit wird der Mensch zum ersten Male in diesem Weltalter bereit sein, die volle Bedeutung und Notwendigkeit des alle Religionen vereinenden NIRVĀṆA-Prinzips zu erfassen.

Selbstverständlich haben *Die Geheimlehre* von Blavatsky und die Schriften von Purucker, Leadbeater, Besant, Grimms *Die Lehre des Buddho* und vor allem auch *Das Weltbild der Theosophie*, geschrieben von meiner verstorbenen Lehrerin Beatrice Flemming, gleiche Aussagekraft. Zurück zur Lehre der Kirche, die jeden Menschen nur einmal auf Erden geboren werden lässt, mit einer speziell dafür von Gott geschaffenen Seele - dies ist natürlich eine arge Verstümmelung der einst so universellen, alle Menschen vereinenden Urweisheit, die da lehrt, dass der Mensch in der Tat eine Wesenheit ist, die durch viele Inkarnationen als Stein, Pflanze, Tier, Mensch, Engel und endlich Gott gehen muss, um dann in das Mysterium einzutauchen, aus dem die Wesenheit auf einer weit höheren, aber doch immer noch vergänglichen Bewusstseinsstufe wieder erwacht. Bist du jemand, dem beim Lesen dieser Zeilen bereits die Ahnung aufsteigt: „Ja, so ist es. Das ist die Wahrheit. Ich habe es immer gewusst, ich hatte es nur vergessen. Leben ist Leiden." Dann weißt du, dann verstehst du: NIRVĀṆA ist die Erlösung. Nun erkennst du, dass alles, was dir jetzt passiert, ein Resultat deiner eigenen Gedanken, Gefühle, Worte und Taten in dieser oder einer vergangenen Existenz ist. Alles, was du tust, denkst und fühlst, muss früher oder später zu dir zurückkehren. Darum tu, denke und fühle nur Gutes und schließlich sogar NICHTS mehr. AUM. Dem Gesetz des Karma (jede Aktion erzeugt eine auszulebende Reaktion) kannst du nicht entrinnen. Und das ist gut so. Denn jeder, der das erkennt, wird sich hüten, etwas Negatives gegen Mensch und Natur zu tun, zu sagen oder gar „nur" zu denken.

Viele werfen der Karmalehre vor, sie führe nicht wirklich zum Guten, sondern verleite die Menschen nur, Gutes zu tun, um nicht leiden zu müssen. Darauf erwidere ich: Na und? Wenn der Böse nur Gutes tut, damit ihm selbst nichts Böses widerfährt, dann ist das immer noch besser, als wenn er weiterhin Böses tut und sich und anderen schadet. Später wird aus jemandem, der zunächst nur Gutes tut, um sich selbst vor dem Bösen zu bewahren, ein vollerwachter und bewusster Mensch, der dann erkennt, dass die Wahrheit und damit er selbst sogar jenseits von gut und böse sind. Oh Leser, das Lächeln, das du aussendest, kehrt zu dir zurück. AUM.

Alles, was uns geschieht, ist selbst verursacht. Um dies richtig zu verstehen, muss man wissen, welche Handlung welche Folgen (Karma) verursachen, sei es in diesem oder einem nächsten Leben. Der Buddha erklärt es uns in der *KENNZEICHNUNG DER WERKE*[*]. Ich zitiere (Überschriften vom Verfasser):

[*] *Die Reden des Buddha* von K. E. Neumann, Mittlere Sammlung, Kennzeichnung der Werke, 14. Teil, 5. Rede.

KURZES LEBEN

„Da bringt ... irgendein Weib oder ein Mann Lebendiges um, ist grausam und blutgierig, an Mord und Totschlag gewohnt, ohne Mitleid gegen Mensch und Tier. Da lässt ihn solches Wirken, also vollzogen, also vollbracht, bei der Auflösung des Körpers, nach dem Tode, abwärts geraten, auf schlechte Fährte, zur Tiefe hinab, in höllische Welt; oder wenn er nicht dahin gelangt und Menschentum erreicht, wird er, wo er da neugeboren wird, kurzlebig sein. Das ist der Übergang ..., der zu kurzem Leben führt, dass man da Lebendiges umbringt, grausam und blutgierig ist, an Mord und Totschlag gewohnt, ohne Mitleid gegen Mensch und Tier.“

LANGES LEBEN

„Da hat ... irgendein Weib oder ein Mann das Töten verworfen, vom Töten hält er sich fern: ohne Stock, ohne Schwert, fühlsam, voll Teilnahme, hegt er zu allen lebenden Wesen Liebe und Mitleid. Da lässt ihn solches Wirken, also vollzogen, also vollbracht, bei der Auflösung der Körpers, nach dem Tode, auf gute Fährte geraten, in himmlische Welt; oder wenn er nicht dahin gelangt und Menschentum erreicht, wird er, wo er da neugeboren wird, langlebig sein. Das ist der Übergang ..., der zu langem Leben führt, dass man da das Töten verworfen hat, vom Töten sich fernhält, ohne Stock, ohne Schwert, fühlsam, voll Teilnahme zu allen lebenden Wesen Liebe und Mitleid hegt.“

BRESTHAFT GEBOREN

„Da behandelt ... irgendein Weib oder Mann die Wesen heftig und qualvoll, geht mit Fäusten, mit Steinen, mit Stöcken, mit Waffen gegen sie vor. Da lässt ihn solches Wirken, also vollzogen, also vollbracht, bei der Auflösung des Körpers, nach dem Tode, abwärts geraten, auf schlechte Fährte, zur Tiefe hinab, in höllische Welt; oder wenn er nicht dahin gelangt und Menschentum erreicht, wird er, wo er da neugeboren wird, bresthaft sein. Das ist der Übergang ..., der zu Gebresten führt, dass man da die Wesen heftig und qualvoll behandelt, mit Fäusten, mit Steinen, mit Stöcken, mit Waffen gegen sie vorgeht.“

RÜSTIG GEBOREN

„Da behandelt wieder ... irgendein Weib oder ein Mann die Wesen nicht heftig und qualvoll, geht nicht mit Fäusten, mit Steinen, mit Stöcken, mit Waffen gegen sie vor. Da lässt ihn solches Wirken, also vollzogen, also vollbracht, bei der Auflösung des Körpers, nach dem Tode, auf gute Fährte geraten, in himmlische Welt; oder wenn er nicht dahin gelangt und Menschentum erreicht, wird er, wo er da neugeboren wird, rüstig sein. Das ist der Übergang ..., der zu Rüstigkeit führt, dass man da die Wesen nicht heftig und qualvoll behandelt, nicht mit Fäusten, mit Steinen, mit Stöcken, mit Waffen gegen sie vorgeht.“

UNSCHÖN GEBOREN

„Da ist ... irgendein Weib oder ein Mann zornig gesinnt, macht viel Geschrei; wenn ihm auch wenig gesagt wird fährt er auf, erregt sich, ärgert sich, widersetzt sich, legt Verdrossenheit, Hass und Misstrauen an den Tag. Da lässt ihn solches

Wirken, also vollzogen, also vollbracht, bei der Auflösung des Körpers, nach dem Tode, abwärts geraten, auf schlechte Fährte, zur Tiefe hinab, in höllische Welt; oder wenn er nicht dahin gelangt und Menschentum erreicht, wird er, wo er da neugeboren wird, unschön sein. Das ist der Übergang ..., der zur Unschönheit führt, dass man da zornig gesinnt ist, viel Geschrei macht, wenn einem auch wenig gesagt wird auffährt, sich erregt, sich ärgert, sich widersetzt, Verdrossenheit, Hass und Misstrauen an den Tag legt."

ANMUTIG GEBOREN

„Da ist wieder ... irgendein Weib oder ein Mann nicht zornig gesinnt, macht nicht viel Geschrei; wenn ihm auch nicht viel gesagt wird fährt er nicht auf, erregt sich nicht, ärgert sich nicht, widersetzt sich nicht, legt nicht Verdrossenheit, Hass und Misstrauen an den Tag. Da lässt ihn solches Wirken, also vollzogen, also vollbracht, bei der Auflösung des Körpers, nach dem Tode, auf gute Fährte geraten, in himmlische Welt; oder wenn er nicht dahin gelangt und Menschentum erreicht, wird er, wo er da neugeboren wird, anmutig sein. Das ist der Übergang ..., der zur Anmut führt, dass man da nicht zornig gesinnt ist, nicht viel Geschrei macht, wenn einem auch viel gesagt wird nicht auffährt, sich nicht erregt, sich nicht ärgert, sich nicht widersetzt, nicht Verdrossenheit, Hass und Misstrauen an den Tag legt."

WENIG VERMÖGEND GEBOREN

[im Sinne von „es wird einem wenig gelingen"]

„Da ist ... irgendein Weib oder Mann eifersüchtig: wenn andere Verdienste haben, wertgehalten, hochgeschätzt, geachtet, geehrt, gefeiert werden, ist er neidig, missgünstig, frönt der Eifersucht. Da lässt ihn solches Wirken, also vollzogen, also vollbracht, bei der Auflösung des Körpers, nach dem Tode, abwärts geraten, auf schlechte Fährte, zur Tiefe hinab, in höllische Welt; oder wenn er nicht dahin gelangt und Menschentum erreicht, wird er, wo er da neugeboren wird, wenig vermögen. Das ist der Übergang ..., der zu wenig vermögen führt, dass man da eifersüchtig ist, wenn andere Verdienste haben, wertgehalten, hochgeschätzt, geachtet, geehrt, gefeiert werden, neidig, missgünstig ist, der Eifersucht frönt."

VIEL VERMÖGEND GEBOREN

„Da ist wieder ... irgendein Weib oder ein Mann nicht eifersüchtig: wenn andere Verdienste haben, wertgehalten, hochgeschätzt, geachtet, geehrt, gefeiert werden, ist er nicht neidig, nicht missgünstig, frönt keiner Eifersucht. Da lässt ihn solches Wirken, also vollzogen, also vollbracht, bei der Auflösung des Körpers, nach dem Tode, auf gute Fährte geraten, in himmlische Welt; oder wenn er nicht dahin gelangt und Menschentum erreicht, wird er, wo er da neugeboren wird, viel vermögen. Das ist der Übergang ..., der zu viel vermögen führt, dass man da nicht eifersüchtig ist, wenn andere Verdienste haben, werthalten, hochgeschätzt, geachtet, geehrt, gefeiert werden, nicht neidig, nicht missgünstig ist, keiner Eifersucht frönt."

WENIG BESITZEND GEBOREN

„Da wendet ... irgendein Weib oder ein Mann Asketen oder Priestern [oder Armen und Obdachlosen im Allgemeinen] keine Gabe zu, Speise und Trank und Kleidung, Wagen und Schmuck und duftende Salben, Lager und Obdach und Licht. Da lässt ihn solches Wirken, also vollzogen, also vollbracht, bei der Auflösung des Körpers, nach dem Tode, abwärts geraten, auf schlechte Fährte, zur Tiefe hinab, in höllische Welt; oder wenn nicht dahin gelangt und Menschentum erreicht, wird er, wo er da neugeboren wird, wenig besitzen. Das ist der Übergang ..., der zu wenig Besitz führt, dass man da Asketen oder Priestern keine Gabe zuwendet, Speise und Trank und Kleidung, Wagen und Schmuck und duftende Salben, Lager und Obdach und Licht."

VIEL BESITZEND GEBOREN

„Da wendet wieder ... irgendein Weib oder ein Mann Asketen oder Priestern Gaben zu, Speise und Trank und Kleidung, Wagen und Schmuck und duftende Salben, Lager und Obdach und Licht. Da lässt ihn solches Wirken, also vollzogen, also vollbracht, bei der Auflösung des Körpers, nach dem Tode, auf gute Fährte geraten, in himmlische Welt; oder wenn er nicht dahin gelangt und Menschentum erreicht, wird er, wo er da neugeboren wird, viel besitzen. Das ist der Übergang ..., der zu viel Besitz führt, dass man da Asketen oder Priestern Gaben zuwendet, Speise und Trank und Kleidung, Wagen und Schmuck und duftende Salben, Lager und Obdach und Licht."

IN NIEDRIGER STELLUNG GEBOREN

„Da ist ... irgendein Weib oder ein Mann trotzig und hochmütig, grüßt keinen, der Gruß verdient, erhebt sich vor keinem, vor dem man sich erheben soll, bietet keinen Sitz an wem ein Sitz gebührt, weicht auf dem Wege nicht aus wem auszuweichen ist, hält einen Wertzuhaltenden nicht wert, schätzt einen Hochzuschätzenden nicht hoch, achtet keinen Achtbaren, ehrt keinen Ehrwürdigen. Da lässt ihn solches Wirken, also vollzogen, also vollbracht, bei der Auflösung des Körpers, nach dem Tode, abwärts geraten, auf schlechte Fährte, zur Tiefe hinab, in höllische Welt; oder wenn er nicht dahin gelangt und Menschentum erreicht, wird er, wo er da neugeboren wird, niedrig gestellt sein. Das ist der Übergang ..., der zu niedriger Stellung führt, dass man da trotzig und hochmütig ist, keinen grüßt, der Gruß verdient, sich vor keinem erhebt, vor dem man sich erheben soll, keinen Sitz anbietet wem ein Sitz gebührt, auf dem Wege nicht ausweicht wem auszuweichen ist, einen Wertzuhaltenden nicht werthält, einen Hochzuschätzenden nicht hochschätzt, keinen Achtbaren achtet, keinen Ehrwürdigen ehrt."

IN HOHER STELLUNG GEBOREN

„Da ist wieder ... irgendein Weib oder ein Mann nicht trotzig, nicht hochmütig, grüßt, wenn einer Gruß verdient, erhebt sich, wenn man sich einem erheben soll, bietet Sitz an wem ein Sitz gebührt, weicht auf dem Wege aus wem auszuweichen ist, hält einen Wertzuhaltenden wert, schätzt einen Hochzuschätzenden hoch, achtet einen Achtbaren, ehrt einen Ehrwürdigen. Da lässt ihn solches Wirken, also vollzogen, also vollbracht, bei der Auflösung des Körpers, nach dem Tode, auf gute Fährte geraten, in himmlische Welt; oder wenn er nicht dahin gelangt und Menschentum erreicht, wird er, wo er da neugeboren wird, hoch gestellt sein. Das ist der Übergang ..., der zu hoher Stellung führt, dass man da nicht trotzig, nicht hochmütig ist, grüßt, wenn einer Gruß verdient, sich erhebt, wenn man sich vor einem erheben soll, Sitz anbietet wem ein Sitz gebührt, auf dem Wege ausweicht wem auszuweichen ist, einen Wertzuhaltenden werthält, einen Hochzuschätzenden hochschätzt, einen Achtbaren achtet, einen Ehrwürdigen ehrt."

UNVERSTÄNDIG GEBOREN

„Da ist ... irgendein Weib oder ein Mann einem Asketen oder einem Priester begegnet und erkundigt sich nicht: 'Was ist heilsam, o Herr, was ist unheilsam, was ist unrecht und was ist recht, was ist zu betreiben und was ist nicht zu betreiben? Was kann mir indem ich es tue lange zum Unheil und Leiden gereichen, und was kann mir wieder indem ich es tue lange zum Wohle, zum Heile gereichen?' Da lässt ihn solches Wirken, also vollzogen, also vollbracht, bei der Auflösung des Körpers, nach dem Tode, abwärts geraten, auf schlechte Fährte, zur Tiefe hinab, in höllische Welt; oder wenn er nicht dahin gelangt und Menschentum erreicht, wird er, wo er da neugeboren wird, unverständig sein. Das ist der Übergang ..., der zur Unverständigkeit führt, dass man da einem Asketen oder einem Priester begegnet und sich nicht erkundigt: 'Was ist heilsam, o Herr, was ist unheilsam, was ist unrecht und was ist recht, was ist zu betreiben und was ist nicht zu betreiben; was kann mir indem ich es tue lange zum Unheil und Leiden gereichen, und was kann mir wieder indem ich es tue lange zum Wohle, zum Heile gereichen.'"

WISSENSMÄCHTIG GEBOREN

„Da ist wieder ... irgendein Weib oder ein Mann einem Asketen oder einem Priester begegnet und erkundigt sich: 'Was ist heilsam, o Herr, was ist unheilsam, was ist unrecht und was ist recht, was ist zu betreiben und was ist nicht zu betreiben? Was kann mir indem ich es tue lange zum Unheil und Leiden gereichen, und was kann mir wieder indem ich es tue lange zum Wohle, zum Heile gereichen?' Da lässt ihn solches Wirken, also vollzogen, also vollbracht, bei der Auflösung des Körpers, nach dem Tode, auf gute Fährte geraten, in himmlische Welt; oder wenn er nicht dahin gelangt und Menschentum erreicht, wird er, wo er da neugeboren wird, wissensmächtig sein. Das ist der Übergang ..., der zur Wissensmacht führt, dass man da einem Asketen oder einem Priester begegnet und sich erkundigt: 'Was ist heilsam, o Herr, was ist unheilsam, was ist unrecht und was ist recht, was ist zu betreiben und was ist nicht zu betreiben; was kann mir indem ich es tue lange zum Unheil und Leiden gereichen, und was kann mir wieder indem ich es tue lange zum Wohle, zum Heile gereichen.'"

„So lässt denn ... der Übergang, der zu kurzem Leben führt, kurzlebig werden; der Übergang, der zu langem Leben führt, langlebig werden; der Übergang, der zu Gebresten führt, bresthaft werden; der Übergang, der zu Rüstigkeit führt, rüstig werden; der Übergang, der zur Unschönheit führt, unschön werden; der Übergang, der zur Anmut führt, anmutig werden; der Übergang, der zu wenig vermögen führt, wenig vermögend werden; der Übergang, der zu viel vermögen führt, viel vermögend werden; der Übergang, der zu wenig Besitz führt, wenig besitzend werden; der Übergang, der zu viel Besitz führt, viel besitzend werden; der Übergang, der zu niedriger Stellung führt, niedrig gestellt werden; der Übergang, der zu hoher Stellung führt, hoch gestellt werden; der Übergang, der zur Unverständigkeit führt, unverständig werden; der Übergang, der zur Wissensmacht führt, wissensmächtig werden.

Eigner der Werke ... sind die Wesen, Erben der Werke, Kinder der Werke, Geschöpfe der Werke, Knechte der Werke: das Werk scheidet die Wesen ab, nach Verkommentheit und Vorzüglichkeit.“

Wer hier noch nicht versteht, dass es keinen Schöpfer per se gibt, sondern dass jeder sein eigener Schöpfer und damit Gott ist und dass er, wenn er sich morgens im Spiegel betrachtet, immer und allezeit seine eigene Schöpfung, sein eigenes Werk sieht, dem ist kaum mehr zu helfen. Es ist natürlich in der Tat leichter, alles auf einen Gottschöpfer aller Wesen zu schieben oder gar auf den Teufel und dann auf einen Erlöser zu hoffen, aber die Realität sieht doch etwas anders aus. Die Kirchenfürsten nutzten natürlich das Verlangen der schwachen Masse nach einem Erlöser aus und lieferten ihnen einen. Doch die WAHRE Botschaft Jesu verschwiegen und entstellten sie. Dank sei dem großen Chohan und dem wahren Gott NIRVĀṆA, dass sie uns über die wahre Natur von Jesu, Buddha und anderen Eingeweihten aufklärten und deren Ansehen wieder herstellten. OM.

Gutes Karma bedeutet also heilsames Wirken und schlechtes Karma unheilsames Wirken. Karma per se jedoch ist nicht gut oder schlecht, sondern nur so, wie wir eben die Früchte unserer Taten Leben für Leben ernten. Heilsames Wirken besteht darin, dass man niemandem, nicht einmal dem ärgsten Feind, etwas Böses wünscht und JEDE Situation mit Gleichmut betrachtet, wohl wissend, dass ja die Wesen, sich selbst eingeschlossen, ja nur ihr Karma ausleben und man da nicht noch Öl aufs Feuer gießen muss. Heilsames Wirken ist natürlich auch, wenn man andere nicht zu etwas zwingt, was diese nicht wollen. Sittenreinheit ist darum auch die Voraussetzung für gutes Karma. Heilsames Wirken besteht also in einem Verhalten, das durch Milde, Güte und auf rechtem Wissen beruhenden Gleichmut begründet ist. Wer also zum eigenen Heil sowie zum Heil anderer wirkt, der wird zum Meister im heilsamen Wirken. Großen Verdienst erlangen natürlich auch alle diejenigen, die die Botschaft des wahren Gottes NIRVĀṆA verkünden. OM.

Unheilsames Wirken ist ein Wirken, das von Gier, Hass und Verblendung getragen wird, als Ausdruck eines in einem hausenden dürstenden Willens. Die Unterschiede der Wesen sind karmisch bedingt. Der Buddha sagt: „Die Taten sind der Wesen Besitz, die Taten sind ihr Erbteil, die Taten sind der Mutterschoß, der sie gebiert, die Taten sind das Geschlecht, dem sie verwandt sind, die Taten sind ihre Zuflucht."

Also: Die Beschaffenheit unseres körperlichen Organismus, ja die DNA bzw. die Gene selbst sowie alle damit verbundenen negativen und positiven Eigenschaften sind die Frucht unseres vergangenen Wirkens. Die Ärzte und „Wissenschaftler", die jedoch nicht wissen, dass die Gene nur der ZWEITE Schritt sind und nicht der erste, pfuschen an den Genen herum und werden natürlich auch dafür karmisch zur Rechenschaft gezogen. Die beste VORBEUGENDE MASSNAHME, um reine gesunde Gene in einem nächsten Leben zu gewährleisten, ist RECHTES VERHALTEN bzw. heilsames Wirken, welches zu einem guten Karma und guten Genen führt. So ist der Buddha natürlich auch jedem unserer Wissenschaftler überlegen, wenn er verkündet: „Das Auge ... - das Ohr - die Nase - die Zunge - der Leib - der Geist, ihr Jünger, ist als durch früheres Wirken gebildet und bestimmt zu erkennen und zu betrachten"* und „Nicht ist dies; ihr Jünger, euer Körper und der Körper der anderen: Die FRUCHT DER TATEN DER VERGANGENHEIT muss vielmehr hier erblickt werden, die zur Entwicklung gekommen, die verwirklichtes Wollen ist, die fühlbar geworden ist."

Und natürlich ist der Buddha auch der größte Heiler, wenn er zeigt, wie man die Wunde, Mensch genannt, wieder schließen und NIRVĀṆA erlangen kann. Mit Karma und Reinkarnation ist es also in der Tat so wie mit dem Zucker im Kaffee. Ebenso, wenn einmal umgerührt, beide sich eng vermischen und schwer zu trennen sind, so verschmelzen sich auch die Folgen gegenwärtigen und vergangenen Wirkens sowie das Wirken selber. Jeder ist also seines Glückes, aber auch seines Unglückes Schmied. OM.

Noch viel mehr gibt es über Karma zu sagen, aber man sollte sich auch nicht zu sehr mit dem Thema befassen, weil es leicht zur Verwirrung führen kann. Es genügt zu wissen, dass alles, was ich anderen antue, früher oder später auf mich zurückfällt, oder wie einmal die Gattin von Mick Jagger so richtig sagte: „You pay for everything." Du zahlst für alles. Mick sollte mehr auf seine Frau hören. Wer bei Kenntnis dieser Lage immer noch Unrecht und Unheilsames tut, der hat das dadurch bewirkte Karma wirklich verdient. OM.

Nun weiß sicher jeder, welche Schwächen und Stärken er hat, wobei die Kenntnis der Schwächen mindestens genauso wichtig ist. Wer also ein schönes nächstes Leben haben möchte (ganz zu schweigen von NIRVĀṆA), der rottet jetzt schon seine Schwächen aus, so wie man Unkraut ausreißt. Mit anderen Worten: Sobald man eine Schwäche (Jähzorn, Ungeduld, Wut, Ärger etc.) in sich aufkommen fühlt, gibt man ihr NICHT nach, sondern widersteht dem Versuch, andere physisch oder seelisch oder „nur" mit Worten zu verletzen.

Wenn man dies nicht tut, wird man so oft mit entsprechenden Situationen und deren Konsequenzen konfrontiert, bis die Schwäche überwunden ist. OM.

---

* Samyutta Nikāya XXXV, 145

BEWUSSTSEINS-ZUSTÄNDE UND DIE REINKARNATION, WELCHE SIE VERURSACHEN

Altes Leben	-	**Neues Leben**
Grausamkeit	-	Krankheit
Neid	-	Hässlichkeit
Hochmut	-	Armut
Desinteresse in die eigene Zukunft	-	Dummheit und Misserfolg

WISSENSCHAFTLICHE UND ANDERE BEWEISE FÜR DIE RICHTIGKEIT DER LEHRE DER REINKARNATION

Es gibt buchstäblich tonnenweise wissenschaftliche und persönliche Erkenntnisse und Beweise, welche die Reinkarnation als Tatsache bestätigen. Wir alle stehen unter dem Gesetz von Karma und Reinkarnation. Diese Lehre war ja auch einmal Kirchendogma und wurde wieder in 538 n. Chr. entfernt. Hier nun einiges Beweismaterial, das ohne Zweifel die Lehre der Wiedergeburt als eine unumstößliche und uns regierende Tatsache bestätigt. Der Arzt Raymond A. Moody präsentiert in seinen Büchern „Leben nach dem Tod“ und „Das Licht von drüben“ unzweifelhaft auf wissenschaftliche Weise die Realität der nachtodlichen Existenz. Seine Studien und wissenschaftlichen Beobachtungen aus über 1000 Fallbeispielen, nahezu alle haben gleiche Todesnähe und nachtodliche Erfahrungen, beweisen zunächst einmal, dass es mit dem Tode NICHT vorbei ist. Sterbende Soldaten an der Front, Kinder, die in einen Todestunnel geraten und auf der anderen Seite vom Licht empfangen werden, das sie wieder zurückschickt, und vieles andere mehr wird in Dr. Moodys Büchern behandelt. Viele Patienten hatten „out of body“ Erfahrungen während Operation und Herzstillstand und konnten alles, was im Raum, aber auch nebenan etc. geschah, nach dem Erwachen durch Wiederbelebung berichten. Dr. Moodys Bücher sind über den Rowohlt Verlag zu beziehen.

Nun zur Reinkarnation: Reinkarnation und Wiedergeburt kann natürlich auch wissenschaftlich dokumentiert werden. Dies gelang unter anderem dem Wissenschaftler Ian Stevenson, Professor an der US-Universität von Virginia und Leiter der Abteilung für Persönlichkeitsforschung. Professor Stevenson ist ein nüchterner, geachteter Wissenschaftler, der zu Beginn seiner Karriere nur ein mitleidiges Lächeln für die Reinkarnations-Theorie hatte. Dies sollte sich aber schnell ändern. Heute, nach vierzig Jahren Forschung und 1500 Fallstudien, ist Professor Ian Stevenson zu dem Resultat gekommen: „Reinkarnation ist eine Tatsache.“ Ich berichte hier nur von drei seiner 1500 Fälle, die ganz klar beweisen, dass es die Reinkarnation oder Wiedergeburt gibt.

Fall 1: 1971 wurde in Indien ein Junge namens Lekh geboren, dem die Finger der rechten Hand fehlten. Als er sprechen konnte, erzählte er, in einem früheren

Leben habe ihm eine Häckselmaschine die Finger abgetrennt. Ein paar Monate später sei er daran gestorben. (Der Grund, warum Kinder sich oft an solche Ereignisse vom vergangenen Leben erinnern können, ist der, dass ein Kind noch näher am vergangenen Leben ist als ein Erwachsener, der schon mehr Jahre im neuen Leben verbracht hat.) Die Eltern dieses Jungen also fanden nur acht Kilometer weiter eine Familie, dessen Junge unter diesen Umständen gestorben war – wenige Monate, bevor Lekh geboren wurde.

Fall 2: 1935 umstellte die Polizei den türkischen Banditen Cemil Hayik in seinem Versteck. Als die Beamten die Hütte anzündeten, erschoss er sich. Drei Tage später wurde unweit ein Junge geboren. Auch er begann, von einem früheren Leben zu sprechen – als Cemil. Seltsamer war jedoch noch die Wunde, mit der er geboren wurde: Eine offene Stelle am Hals – an der Stelle, an der Cemil sich erschossen hatte. (Wichtig ist noch eines: Je mehr die Wesenheit am Leben haftet, umso schneller wird sie wiedergeboren und umso mehr Wunden, Krankheiten etc. vom vergangenen Leben werden in das neue Leben mit hinübergetragen.)

Fall 3: 1958 kamen die Zwillinge Gillian und Jennifer in England zur Welt. Die Eltern dachten an Wiedergeburt – waren doch 17 Monate zuvor ihre beiden Töchter gestorben. Tatsächlich: Jennifer hatte nicht nur gleiche Muttermale wie ihre tote Schwester, bei einem Besuch erkannten die Mädchen auch Straßen und Häuser im Ort Hexham – obwohl die Familie vor ihrer Geburt dort weggezogen war.

Das Thema Reinkarnation und dessen Beweisbarkeit ist viel zu wichtig, als dass man nicht jede Gelegenheit beim Schopfe packen sollte, um sich immer und immer wieder zu vergegenwärtigen, dass Reinkarnation keine Träumerei oder ein Wunschdenken ist, sondern REALITÄT. Eine solche Gelegenheit bot sich nun, als mir Kerstin Hagemann, die Lektorin dieses Buches, einen Zeitungsartikel aus „Die andere Realität“ zusandte. Das in diesem Artikel von Trutz Hardo abgehandelte Thema ist von solch großer Wichtigkeit, dass ich es dem geneigten Leser in voller ungekürzter Länge präsentieren möchte. Man lese und staune:

Das Mädchen, das als Mann früher ermordet worden war

Abbildung 1: Ma Htwe Wins Bein, als sie 11 Jahre alt war.

„Im Mai 1973 wurde in dem Dorf Kyar-Kan unweit der Stadt Meiktila im Norden Burmas (der heutige Nama lautet Myanmar) ein Mädchen mit dem Namen Ma Htwe Win geboren. An der linken Hand fehlte der kleine Finger. Am linken Oberschenkel befand sich eine deutliche Verengung wie auch oberhalb des rechten Fußgelenkes. Diese sind auf der Abbildung 1 gut zu erkennen. Ähnliche Verengungen waren auf den Fingeransätzen ihrer linken Hand zu sehen, wie auch Geburtsmale auf der linken Brustseite oberhalb des Herzens und an ihrem Kopf festgestellt wurden. Ihre Mutter, die schon seit zweieinhalb Monaten schwanger war, hatte einen furchtbaren Traum. In diesem verfolgte sie ein auf allen Vieren kriechender Mann, dessen Unterbeine amputiert zu sein schienen. Selbst in ihr Haus hinein verfolgte er sie. Sie rannte wieder hinaus, er folgte ihr, und sie sagte ihm, dass er sie nicht verfolgen solle. Dann wachte sie auf. Als sie endlich wieder eingeschlafen war, erblickte sie wieder diesen Mann mit Beinstümpfen, der sie verfolgte. Sie wachte erneut auf.

Als sie zwei Jahre alt war, deutete Ma Htwe Win in Gegenwart ihres Großvaters auf ihre Beine und sagte: ‘Großvater, schau wie grausam sie zu mir gewesen sind.’ Auf seine Gegenfrage hin, wer denn so grausam gewesen sei, erzählte sie, dass sie ein Mann mit dem Namen Nga Than sei, der von Than Doke, Nga Maung und Chan Paw getötet worden war. Als die Eltern des Mädchens vom Feld zurück kamen, berichtete er ihnen, was sein Enkelkind erzählt hatte. Mit der Zeit konnte ihre Tochter sich mehr und mehr an die Einzelheiten ihres Todes erinnern. Sie berichtete ihren Eltern, dass sie sich am Todestag drei Angreifern mit Säbeln gegenübergestellt sah. Sie als dieser Mann wehrte sich nach bestem Vermögen mit seinem Säbel, der plötzlich in einer Wand stecken blieb. Somit der Möglichkeit beraubt, sich noch wehren zu können, erstachen ihn jene, hieben ihm einige Finger ab und schlugen ihn auf den Kopf. Nachdem sie ihn vorerst liegen gelassen hatten, war er anscheinend noch nicht ganz tot, denn er hörte noch, wie sie sich darüber berieten, wie man den Ermordeten am besten verbergen könne. Sie beschlossen, seinen Körper so klein wie möglich zu machen, damit er in einen mittelgroßen Sack hineinpasse. Aus diesem Grund schnürten sie nun seine Unterbeine nach hinten hochgebogen aneinander, steckten ihn in den Sack und warfen ihn in einen ausgetrockneten Brunnen. Bei anderer Gelegenheit berichtete das Mädchen, dass Nga Thans Frau eine Affaire mit seinem Freund Than Doke gehabt hätte, weshalb die beiden Männer sich zerstritten hätten. Nga Than habe einen Lebensmittelladen gehabt, und seine drei Mörder waren seine Geschäftspartner. Auch von einem Sohn wusste das Mädchen zu sprechen.

Wie späterhin aufgedeckt wurde, war Folgendes geschehen. Des Ermordeten Frau wollte ihn loswerden und hatte jene drei als Mörder gedungen. Auf das Verschwinden ihres Mannes befragt, sagte sie, dass er in den Süden gegangen sei. Solch plötzliches Verlassen einer Ehefrau kam häufiger vor. Weshalb die Polizei auch weiterhin nicht nachforschte. Diese Frau heiratete Than Doke, einen dieser drei Mörder. Doch als sie im Trunk mit ihm ins Streiten kam, hörte ein Anwesender, wie deren früherer Ehemann ermordet worden war. Und wo man seine Leiche verborgen hatte. Dieser informierte die Polizei, die in dem ausgetrockneten Brunnen tatsächlich die Leiche fand. Die Frau und der Mörder ihres ersten Mannes wurden festgenommen, doch anscheinend wegen Mangels an Beweisen bald wieder freigelassen.

Interessant ist der Umstand, dass die schwangere Mutter gerade an jenem Brunnen vorbeikam, als die Polizei den Körper des Ermordeten barg. Denn gleich in der folgenden Nacht hatte sie die oben berichteten zwei Träume dieses sie verfolgenden Mannes. Warum sie jenen sie verfolgenden Mann ohne Unterbeine sah, ergibt sich aus der Logik, dass dessen Unterbeine nach hinten an die Oberschenkel gefesselt waren. Ihre Tochter erinnerte sich, wie sie, wahrscheinlich als Geistwesen bzw. als erdgebundenes Wesen schwebend, sich mit ansehen konnte, wie man ihre Leiche aus dem Brunnen herausholte. Sie habe dann ihre zukünftige Mutter gesehen, wie sie sich neugierig unter die Anwesenden mischte. Dort habe sie den Wunsch verspürt, sie als ihre zukünftige Mutter auszuwählen. Daraufhin sei sie ihr gefolgt.

Anscheinend haben die Eltern nichts nach draußen darüber verlauten lassen, wie ihre Tochter wirklich war. Wohl auf ihre Bitte hin nahmen die Eltern ihre Tochter eines Tages mit in den Teeladen, den des Ermordeten frühere Frau führte. Dort kam von draußen ein Junge herein, der nur wenig älter als Ma Htwe Win selbst war. Sie erkannte in ihm sofort ihren Sohn. Dieser bat seine Mutter um etwas Geld. Bevor diese ihm das Erwünschte geben konnte, hatte Ma Htwe Win schon ihre eigene Mutter um etwas Geld gebeten und es ihm zugesteckt. Dann, wie berichtet worden war, sollen sich die beiden Kinder bei der Hand gehalten und geweint haben. Plötzlich drängte die Tochter ihre Eltern, den Laden schnellstens zu verlassen, da 'Doke' komme. Draußen fragte sie ihr Vater, wer Doke sei, und sie antwortete, dass derjenige ihr Mörder gewesen sei.

In ihrem Wesen fühlte sich Ma Htwe Win Jungen hingezogen und wollte lieber die Kleidung von jenen tragen, was ihre Mutter aber unterband. Jedoch als Stevenson sie aufsuchte, um noch mehrere Details zu erforschen, saß sie ihm in Shorts gegenüber, was für Mädchen unschicklich ist. Sie genierte sich über ihre Beine und äußerte den festen Willen, sich an ihren Mördern rächen zu wollen. Darauf hingewiesen, dass sie doch ein Mädchen sei und es sich für ein solches nicht schicke, den

Rächer zu spielen, entgegnete sie, dass es ihr dennoch irgendwie gelingen würde, sich zu rächen. Jene Körperstellen der Einschnürungen an ihren Beinen entsprachen genau jenen, die man an der Leiche entdeckt hatte. Ebenso hatte dort der abgetrennte linke kleine Finger gefehlt. Wer könnte in diesem Fall noch daran zweifeln, dass hier ein klarer Beweis für die Reinkarnation vorliegt? Doch kommen wir zum nächsten Fall.

Bei einem Zugunglück das Bein verloren und ohne Bein wiedergeboren

Tatkon ist eine kleine Stadt, die sich in Burma (Myanmar) mit seinem Bahnhof direkt an der Eisenbahnhauptstrecke Rangun (Yangon) und Mandalay befindet. Die meisten Züge halten an diesem Bahnhof, was viele Einheimische, meistens Frauen und Kinder, nutzen, um den Passagieren von dem Bahnsteig oder auch von dem mittleren Gleis aus Wasser, Obst, andere Essenswaren oder sonstige verschiedene Artikel gegen Bezahlung durch die geöffneten Fenster zu reichen. Zwei Frauen, nämlich Daw Than Kyi und die etwas jüngere Daw Ngwe Kyi, hatten sich miteinander angefreundet. Beide verkauften den Reisenden Wasser, Erstere hatte eine sechszehnjährige Tochter, die ebenfalls den Reisenden von außen Verkaufsartikel anbot. An jenem Augusttag 1966 verkaufte sie dort rote Rosen, und zwar nicht wie ihre Mutter von dem betreffenden Bahnsteig aus, sondern von dem mittleren Gleis aus, das zwischen beiden Gleisen, welche an den jeweiligen Bahnsteigen vorbeiführten, gelegen war. Dieses Mädchen hieß Ma Thein Nwe und hatte sich aufgrund ihrer dunkelen Hautfarbe den Spitznamen Kalamagyi zugezogen.

An diesem Tag passiert es, dass der Weichensteller die Weiche für den entgegenkommenen Zug nicht mit der Hand umzustellen in der Lage war, da sie klemmte. Somit lenkte der Zug nicht auf das gegenüberliegende Bahnsteiggleis ein, sondern fuhr auf dem Mittelgleis weiter. Dort befand sich aber Kalamagyi, die sich keiner Gefahr bewusst war, wusste sie doch aus Erfahrung, dass der hinter ihrem Rücken einfahrende Zug auf das andere Bahnsteiggleis einbiegen würde. Der Weichensteller sah sie plötzlich auf dem Mittelgleis, rief ihr noch zu, sich schnell vom Gleis zu entfernen, doch der Zug hatte sie schon erfasst. Das untere Bein fand man später, als der Zug angehalten hatte, einige Meter weiter entfernt von ihrem übrigen Körper, den man in Teilen getrennt unter den Rädern hervorholte. Die Eltern hatten später jene Teile in dem Familiengrab beerdigt.

Kurze Zeit darauf hatte die Freundin jener Mutter der tödlich Verunglückten einen Traum, in welchem sie eben jene Kalamagyi sah, die ganz gesund vor ihr stand und sagte: 'Ich komme, um bei dir zu sein.' Worauf die Träumende ihr antwortete: 'Wie könntest du denn zu mir kommen, du bist doch vom Zug überfahren worden?' Kurze Zeit darauf träumte sie wieder von jener Verunglückten. Diese bat sie nun, es zuzulassen, dass sie als ihre Tochter wiedergeboren werden dürfe. Schließlich stimmte die Freundin ihrer Mutter zu. Sie hatte mehreren Nachbarn von diesem Traum erzählt. Diese Träume erfolgten etwa zwei Monate, bevor sie schwanger wurde. Interessant ist, dass Kalamagyi nach ihrem Tod ihrer damaligen Mutter im Traum erschien und ihr sagte, dass sie einer gewissen Frau noch etwas Geld schulde. Jedoch habe sie von einer anderen Frau, deren Namen sie ebenfalls nannte, noch Geld zu bekommen, das die Mutter zurückfordern sollte. Als diese zu jener Frau ging, um ihr über die Schulden, die sie ihrer verunglückten Tochter gegenüber noch offen hatte, zu befragen, sagte jene, dass Kalamagyi ihr ebenfalls erschienen sei und sie an die Schulden erinnert hätte.

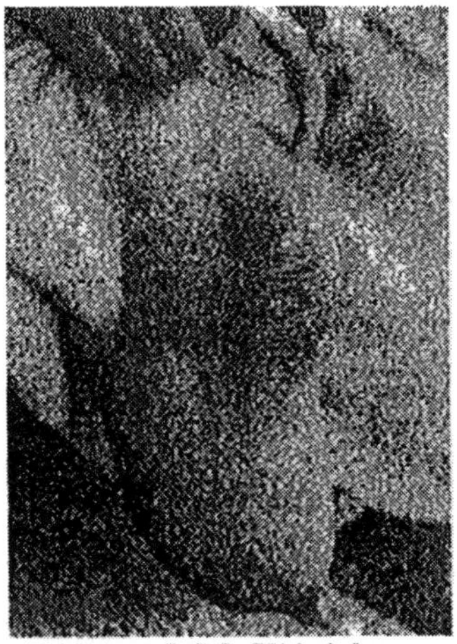

Abbildung 2: Ma Khin Mar Htoos rechtes Bein, wie es 1980 aussah, als sie 13 Jahre alt war.

Am 26. Juli 1967 gebar Frau Daw Ngwe Kyi ein Mädchen, die den Namen Ma Khin Mar Htoo erhielt. An seinem rechten Bein fehlte der untere Teil (vergleiche Abbildung 2). Auch an den Händen waren Deformationen zu erkennen, wie auch der linke Daumen nur einen Stumpen aufwies. Die Mutter wusste sogleich, dass dieses Mädchen Kalamagyi war, die sie im Traum darum gebeten hatte, ihre Tochter sein zu dürfen. Schon früh nannte sie sich bei ihrem früheren Namen Kalamagyi. Auch ihren Onkel erzählte sie, als sie drei Jahre alt war, dass sie Kalamagyi sei und dass sie auf dem Bahnhof von einem Zug überfahren wurde. Einem Verwandten gegenüber nannte sie auch den Namen des Vaters aus ihrem früheren Leben. Eine Tante wollte sie testen, was sie noch aus ihrem vergangenen Leben wisse, und erinnerte sie daran, dass sie an jenem Unfalltag ihr jene Rosen zum Verkauf vom Feld von Kalamagyis Mutter gebracht hätte. Daraufhin korrigierte sie das kleine Mädchen und sagte, woher die Rosen wirklich stammten. Dies war richtig, wie die Tante dann bestätigte. Als die Dreijährige ihre Mutter auf den Bahnhof begleitete, entdeckte sie unter den Verkäuferinnen ihre frühere Mutter und nannte sie 'Mutter'.

Letztere nahm nun dieses kleine Mädchen, dass auf einem Bein hüpfte oder auf allen Vieren kroch, um sich fortzubewegen, mit nach Hause und zeigte ihr Familienphotos. Die Kleine nannte jene abgebildeten Personen mit Namen, und zwar benutzte sie jene Namen, die sie diesen Personen oft abweichend von ihren sonstigen Namen als Kalamagyi gegeben hatte. Bei einer anderen Begegnung erkannte sie ihren früheren Onkel und auch einen früheren Bruder wieder, die sie mit dem richtigen Namen benannte. Da beide Familien sich kannten, wurde sie auch von ihrer früheren Familie voll als ihre verunglückte Kalamagyi anerkannt und hielt sich oft bei ihr auf. Ihrer beider Häuser waren nur 350 Meter voneinander entfernt. Als sie etwa vier Jahre alt war, hatte sie den Wunsch, ihren früheren Vater zu besuchen, der damals in einem anderen Teil der Stadt wohnte. Als man sie zu ihm brachte, erkannte sie ihn gleich wieder, wollte sogleich auf seinem Schoß sitzen und umarmte ihn.

Späterhin konnte sich die Einbeinige auch an ihren Zustand nach ihrem Tod erinnern. Offenbar war sie einige Zeit noch an dem Ort ihres Unfalls haften geblieben, habe aber dann der Beerdigung ihrer Körperteile beigewohnt. Sie beharrte darauf, dass man eines ihrer Beine nicht mit bestattet hätte. Die Richtigkeit dieser

Äußerung konnte jedoch nicht überprüft werden. Befragt, wann sie sich entschlossen habe, bei ihrer heutigen Mutter wiedergeboren zu werden, antwortete sie, dass sie diese schon gut gekannt und sie immer beobachtet habe, als sie Wasser verkaufte. Dann sei sie ihr eines Tages nach Hause gefolgt. Ma Khin Mar Htoo hatte als Kind eine große Phobie vor Zügen, ja schon vor einer Annäherung an Eisenbahnschienen. Ebenso wie Kalamagyi hatte sie einen Widerwillen gegen Schweinefleisch. Als Stevenson die Dreizehnjährige 1980 aufsuchte, ging sie an Krücken. Sie äußerte ihm gegenüber, dass sie noch immer den Wunsch habe, lieber bei ihrer früheren Familie wohnen zu wollen. Auf die Frage hin, wie sie sich die Deformationen und das Fehlen ihres linken Daumens erkläre, meinte sie, dass sie diese damals durch die sie überrollenden Räder verloren habe. Sie konnte sich noch relativ gut an ihr Leben als Kalamagyi erinnern. Als Stevenson sie vier Jahre später wieder besuchte, hatte sie nur noch vage Erinnerungen an ihr früheres Leben. Jedoch war ihr inzwischen eine Prothese angepasst worden, so dass sie sich nun ohne Schwierigkeiten fortbewegen konnte.

Verehrte Leserin und verehrter Leser, ist es nicht eigenartig, wie solche körperlichen Gliederbeeinträchtigungen oder gar Gliedertrennungen bei einer wiedergeborenen Person auf deren heutigen Körper einwirken können? Welche uns noch ziemlich unbekannten Gesetze liegen da vor? Wer oder was bestimmt, warum eine reinkarnierte Person mit einer Wiedererkennung neu auf die Welt kommt, während bei einer anderen Person trotz eines grausamen und mit Gliederverlust erlittenen Todes keine Verstümmelungen am neugeborenen Körper zu finden sind? Haben diese Gesetze ebenfalls mit Karma zu tun? Noch kennen wir nicht die Gründe. Aber wir beginnen nun, Fakten zu sammeln und Vergleiche anzustellen. Theorien werden diesen Funden und Fakten folgen. Und eines Tages werden wir auch jene Gesetze aufdecken können, nach denen Verstorbenen aus welchen Gründen auch immer mit Geburtsmalen und/oder Missbildungen auf die Welt kommen. Wenden wir uns nun einem weiteren sehr aufschlussreichen Fall zu, den Resat Bayer, ein Mitarbeiter Stevensons, schon 1966 recherchierte, während Stevenson ein Jahr später selbst in die Türkei fuhr, um diesen Fall vor Ort ausführlich zu untersuchen.

Von seinem Nachbarn aus Versehen erschossen

Der Türke Selim Fesli war 47 Jahre alt, als er sich mit seinem Esel am 9. Mai 1958 vor einem seiner Felder befand, das an den Weinberg seines Nachbarn Isa Dirbekli grenzte. Gegen Abend pflegte er dann auf seinem Esel in sein Dorf Hatun Köy heimzureiten. Doch wie erschrocken waren die Seinen zu Haus, als der Esel ohne seinen Herrn allein zurückkehrte. Irgendwas konnte nicht stimmen. Man eilte zu seinem Feld. Hier fand man Selim unter Schmerzen am Boden liegen, sein Gesicht war blutüberströmt. Er atmete noch und zeigte Reaktionen. Dann stöhnte er vor Schmerzen, doch er konnte nicht sprechen. Man drang in ihn zu sagen, wer offenbar mit der Schrotflinte auf ihn geschossen hätte. Doch er brachte keinen Namen über die Lippen, schien aber anzudeuten, dass es jemand aus dem Dorf gewesen sei. Erst nach Stunden traf am Tatort die Polizei ein. Mit einem Taxi beförderte man ihn schließlich ins Krankenhaus vom benachbarten Iskenderum in der Südosttürkei. Dort verstarb er sechs Tage später. Den Namen seines Mörders hat er nicht mehr zu nennen vermocht.

Die Polizei verhaftete zwei Tatverdächtige. Einer von diesen war jener Nachbar Isa Dirbekli. Er gestand, dass er aus Versehen seinen Freund erschossen hatte. Denn er war mit seiner Schrotflinte jagen gegangen. Er sah, wie sich etwas im Gras bewegte, dachte, dass es ein Hase sei, und habe abgedrückt. Als er plötzlich Schreie hörte, sei er herbeigeeilt. Er hatte dem am Boden liegenden und wohl ein Schläfchen abhaltenden Selim ins Ohr geschossen, denn aus diesem und der angrenzenden Gesichtspartie drang Blut hervor. Er selbst sei dann in Panik geraten und habe den Platz des Unfalls schleunigst verlassen. Befragt, warum er nicht Selim geholfen oder zumindest Hilfe herbeigeholt habe, antwortete er, dass er Angst vor der Rache von Selims Söhnen gehabt hätte. Da er vor dem späteren Gericht den glaubwürdigen Eindruck vermittelte, dass es sich wirklich um einen bedauerlichen Unfall gehandelt habe, verhängte der Richter eine Gefängnisstrafe über ihn von nur zwei Jahren. Die Söhne des Ermordeten schienen ebenfalls den Tod ihres Vaters als ein unglückliches Schicksal anzusehen und nahmen somit von einem Racheakt Abstand. Jedoch der Vater von Selim war fest davon überzeugt, dass dieser Mord von jenem Nachbarn und Freund, mit dem sein Sohn sich zur damaligen Zeit im Streit befand, vorsätzlich ausgeführt worden war.

Der Autopsiebericht, der später dem Arzt Dr. Stevenson zur Einsicht von dessen Kollegen übergeben wurde, besagte, dass sechs Löcher auf der rechten Gesichtshälfte und auf der Seite des rechten Ohres zu finden waren und dass aus dem Ohr Blut drang. Nach Öffnung des Schädels konnte festgestellt werden, dass Schrotkugeln in das Gehirn eingedrungen waren.

Zwei Kilometer von Hatun Köy entfernt befindet sich das Dorf Sarkonak. Dort war Frau Karanfil Tutusmus Ende 1958 hochschwanger und befand sich in Erwartung eines zweiten Kindes. Zwei Tage vor der Niederkunft ihres zweiten Sohnes, dem der Name Semih gegeben werden sollte, hatte sie einen Traum. Sie sah in diesem, dass ein Mann, dessen Gesicht blutüberströmt war, ihr Zimmer betrat. Sie fragte ihn, warum er gekommen sei, denn ihr Mann befände sich augenblicklich in Ankara, und bat ihn wieder zu gehen. Dieser entgegnete jedoch, dass er Selim Fesli heiße und dass man ihm ins Ohr geschossen hätte. Als Frau Tutusmus aufgewacht war, erinnerte sie sich, dass vor Monaten ein Mann solchen Namens in der Gegend des Nachbardorfes aus Versehen erschossen worden war. Als ihr Mann zurückgekehrt war, erzählte sie ihm von diesem Traum. Ihr Mann, der Gemüseladenbesitzer Ali Tutusmus, kannte den damals Verunglückten sehr gut und konnte späterhin Stevenson sogar dessen Charakter beschreiben.

Die Mutter von Semih, dessen rechtes Ohr klein und deformiert war (vergleiche Abbildung 3), erinnerte sich, dass ihr Bub schon mit einenhalb Jahren seinen Namen nicht annehmen wollte und dass er sagte, dass er Selim heiße, ja dass er sogar seinen Nachnamen nannte, der genau jener war, den dieser Mann in ihrem Traum vor der Geburt ihres Sohnes genannt hatte, nämlich Selim Fesli. Ihr gegenüber offenbarte Semih mit der Zeit, dass er von Isa Dirbekli ermordet worden sei, denn er hätte ihm mutwillig ins Ohr geschossen. Schon mit vier Jahren lief er jene zwei Kilometer allein in jenes Nachbardorf Hatun Köy. Er ging in das Haus seiner frü-

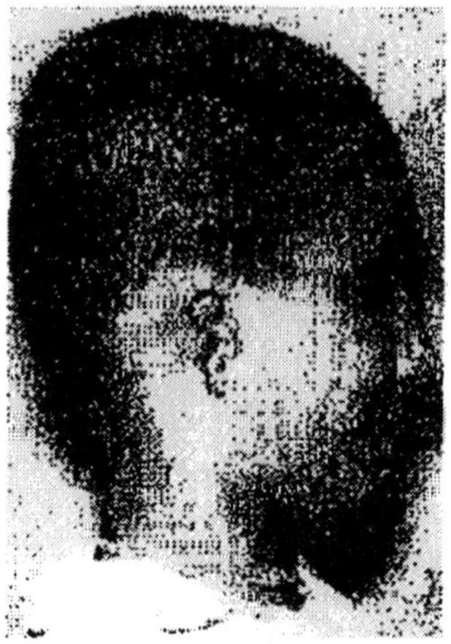

Abbildung 3: Die rechteSeite von Semih Tutusmus' Kopf von November 1967, als er ungefähr 9 Jahre alt war.

heren Frau und sagte: 'Ich bin Selim, du bist meine Frau Katibe.' Er konnte ihr anscheinend viele Einzelheiten aus ihrem früheren gemeinsamen Leben erzählen wie auch folgende. Er sah einen aus Schilfrohr geflochtenen Korb und sagte: 'Diesen Korb habe ich dir gekauft. Und du hast ihn immer noch dort stehen, wo ich ihn hingestellt hatte.' Anscheinend hatte er Frau Katibe Fesli durch solche Feststellungen überzeugen können, dass er tatsächlich ihr verstorbener Mann Selim war. Als er dann seine früheren Töchter und Söhne wiedersah, nannte er sie bei Namen. Semih ging nun öfter allein nach Hatun Köy, obwohl man es ihm verboten hatte und er auch dafür Schläge bezog. Doch konnte er dem Drang nicht widerstehen, in sein früheres Heimatdorf und zu seiner früheren Familie zurückzugehen, wo man ihn willkommen hieß. So begegnete ihm einmal ein Mann, der davon gehört hatte, dass dieser Bub der vormalige Selim gewesen sein sollte, und fragte ihn: 'Kennst du mich?' Und der Kleine antwortete prompt: 'Ich kenne dich sehr gut. Du bist Ali Battihi.' Dieser war ein früherer Nachbar von Selim.

Manchmal ging er fünf- bis sechsmal in der Woche nach Hatun Köy. Er benahm sich seinen früheren Kindern gegenüber, ohngeachtet, dass sie alle viel älter waren als er, wie deren Vater und mischte sich auch in die Familienangelegenheiten ein. Da alle überzeugt zu sein schienen, dass er ihr verstorbener Vater sei, ließ man ihn gewähren. Als nun Taju, Selims zweiter Sohn, heiratete, hatte man Semih nicht zur Hochzeit eingeladen. Er fühlte sich darüber derart beleidigt, dass er seine frühere Familie zwei Monate lang nicht mehr besuchte. Um diesen Fehler wieder gutzumachen, lud man ihn zu der Verlobungsfeier Hasans, des jüngsten von Selims Söhnen, ein. Semih bat seinen Vater, ihm etwas Geld zu geben, das er seinem 'Sohn' Hasan zur Verlobung schenken könne. Der Vater schien sich schon längst mit der Tatsache abgefunden zu haben, dass sein Sohn auch noch zu einer anderen Familie gehörte, weshalb er ihm etwas Geld gab. Als Hasan ein Jahr später heiratete, hatte Semih sich von seinem Vater einen größeren Betrag geben lassen, um ihn dem Bräutigam zu übergeben. Als Semih acht Jahre alt war, wollte Frau Katibe Fesli sich wieder verheiraten. Nachdem Semih davon hörte, ging er sofort nach Hatun Köy, stellte den Brautwerber zur Rede und drohte ihm an, ihn töten zu wollen, wenn er 'seine' Frau ehelichen würde. Und Katibe gegenüber sagte er vorwurfsvoll: 'Was fällt dir ein, neben mir noch einen anderen Mann heiraten zu wollen!' Und Katibe antwortete, dass sie keinerlei Absicht habe, einen anderen Mann zu heiraten.

Drei Jahre später verstarb Katibe. Als Semih davon hörte, kam er schnellstens nach Hatun Köy. Diese Nachricht hatte den Zwölfjährigen derart erschüttert, dass er dort in Tränen aufgelöst ankam und Nachbarn Stevenson späterhin bestätigten, dass er mehr um Katibes Tod trauerte als ihre eigenen Kinder. So habe auch eine Tante noch späterhin Semih am Grabe der Katibe angetroffen, wo er lange saß und weinte. Einmal habe sie ihn dort, so berichtete sie, bewusstlos liegen gesehen, so dass sie einen Eimer Wasser über ihn gegossen habe, um ihn wieder zum Bewusstsein zurückzubringen.

Isa Dirbekli hatte sich nach seiner Rückkehr aus dem Gefängnis einem neuen Gewerbe zugewandt. Er verkaufte jetzt auf der Straße Raki-Schnaps, den er in Flaschen mit sich herumführte. Als der achtjährige Semih ihn sah, hob er Steine auf und schleuderte diese auf Isa, zertrümmerte dabei auch eine Flasche. Wann immer er Isa sah, griff er unwillkürlich zu Steinen, warf auf diesen Straßenverkäufer und drohte ihm, sich einst an ihm rächen zu wollen, wenn er groß geworden sei. Denn Semih erinnerte sich noch gut an die wirklichen Zusammenhänge. Er sei damals mit seinem Nachbarn und Freund Isa darüber in Streit geraten, dass sein Esel hin und wieder in Isas Weinberg lief. Als Selim sich zu einem Schläfchen niedergelegt hatte, entdeckte Isa dessen Esel wiederum in seinem Weinberg. Daraufhin habe er sein Gewehr genommen und in seiner Wut eine Schrotladung auf den Liegenden abgeschossen. Außerdem habe er des nun Blutenden Mund geöffnet und hineingespuckt, was in ihrem Aberglauben bedeutet, dass der Tote oder Verwundete dann nichts mehr über den Täter verlauten lassen könne, was ja dann auch wirklich zutraf. Als Stevenson späterhin Isa traf und ihn nach den wahren Begebenheiten von Selims Tod befragte, stritt er ab, diesen absichtlich getötet haben zu wollen. Er gab jedoch zu, dass er sich vor der Rache Semihs fürchte.

Im Alter von achtzehn Jahren, als Semih den Militärdienst ableistete, hatte man ihm ein künstliches Ohr angelegt, das bei flüchtigem Anblick nicht als solches erkannt werden konnte. Resat Bayer, der türkische Mitarbeiter von Professor Stevenson, unternahm es, Semih von seinen Rachegelüsten zu lösen, indem er ihm vor Augen hielt, dass Isa, so er ihn töten würde, ebenfalls wiedergeboren werden würde und dann wiederum Rache an ihm nehmen könnte. Das könnte sich dann so unentwegt von Leben zu Leben weiterentwickeln. Dies einsehend, änderte er seine Haltung seinem Mörder gegenüber, obwohl es ihn jedesmal noch, wie er späterhin eingestand, in der Hand juckte, Steine auf jenen zu werfen.

Stevenson führt in seiner umfangreichen Monographie viele Beispiele ähnlicher Art auf, in welchen Wiedergeborene ihre Geburtsmale oder Geburtsmissbildungen aus dem vorausgegangenen früheren Leben mitgebracht haben und sich als Kind an ihr früheres Leben gut erinnern können wie auch an die Umstände, die damals zu jenen Narben oder zu jenem Verlust von Körperteilen geführt hatten.“

Sogar die Bibel lehrt Reinkarnation

Ungeachtet der Tatsache, dass die Bibel tausend Mal gefälscht, umgeschrieben und interpoliert wurde und die Lehre von der Reinkarnation, die KIRCHEN-DOGMA war, aus der Bibel entfernt wurde, etwas hat man doch hier und da vergessen, aus der Heiligen Schrift zu entfernen, einige Stellen gibt es noch, die ganz klar beweisen, dass die Lehre der Wiedergeburt auch die Lehre der frühen Kirche war.

In seinem Buch THE CASE FOR REINCARNATION (zu Deutsch „Der Beweis für die Reinkarnation“) behauptet der Reverend Leslie Weatherhead Ph. D., ein früherer Prediger im City Temple, London, es gäbe genügend Beweise für die Wiedergeburt. Ich zitiere den Reverend: „Einige meinen, dass der Gedanke der Wiedergeburt nicht vereinbar sei mit der orthodoxen christlichen Doktrin. Dem ist jedoch nicht so. Josephus verweist darauf, es sei ein alter jüdischer Glaube. Christus hat diesen Gedanken nicht verleugnet.“

Sehen wir doch, was die Bibel sagt (bzw. was noch von der Reinkarnationslehre in ihr übrig geblieben ist):

In MATTHÄUS 16:13,14 lesen wir: „Als Jesus an die Küste von Caesarea Philippi kam, fragte er seine Jünger: ‘Wer, sagen die Leute, dass ich, der Sohn der Menschen, sei?’ [Schon allein da sehen wir, dass Jesus nicht Gott war, wie die Kirche von heute behauptet. Nicht einmal der Sohn Gottes war er. Jesus spricht von sich immer nur von der MENSCHEN Sohn. Wenn Jesus gar Gott war, zu wem hat er dann gebetet? Zu sich selbst? Der wahre Esoteriker weiß natürlich, dass wir alle in gewissem Sinne Söhne und Töchter Gottes sind. Lanoo].“ Und sie antworten: „Einige sagen, du bist Johannes der Täufer. Einige Elias und andere Jeremias oder einer der Propheten.“ Ganz offensichtlich sahen die Menschen jener Tage nichts Ungewöhnliches in der Annahme, dass Christus eine Reinkarnation sein könnte von einem, der vor ihm gestorben war.

In Matthäus 17:12,13 sagt Jesus, indem er den Jüngern antwortet: „Wahrlich, ich sage euch, dass Elias bereits wiedergekommen ist, und sie erkannten ihn nicht, sondern haben ihm angetan, was immer ihnen in den Sinn kam. Und so wird auch der Sohn des Menschen unter ihnen leiden.“ Da erkannten die Jünger, dass er zu ihnen von Johannes dem Täufer sprach. Dies erscheint als ein besonderer Hinweis auf Johannes den Täufer als Elias.

In Johannes 9,2 lesen wir: „Und seine Jünger fragten ihn und sprachen: ‘Herr, wer hat gesündigt, dieser Mann oder seine Eltern, auf dass er blind geboren wurde?’“

Das Konzept der Wiedergeburt war klar in den Gedanken der Jünger, als sie ihm diese Frage stellten. Denn wenn die Blindheit eine Folge der Sünde war, wie sie vermuteten, dann musste diese Sünde offensichtlich vor der Geburt begangen worden sein. Die Lehre der Wiedergeburt war also nichts Unbekanntes im frühen Christentum. Wiedergeburt wurde auch gelehrt in den Schriften des alten Ägypten, im Hindūismus und natürlich im Buddhismus. Der griechische Philosoph Pythagoras (582 - 500 v. Chr.) erinnerte sich an seine vergangenen Leben (ein Zeichen für eine hochentwickelte Wesenheit) und Plato, der seine Lehre fortsetzte, akzeptierte ebenfalls die Idee der Wiedergeburt.

Der Heilige Hieronimus (340 - 420 v. Chr.) benutzte für die Wiedergeburt den Terminus „Transmigration“. Er schrieb: „Die Doktrin der Transmigration wurde von antiken Zeiten an nur einer kleinen Schar Auserwählter gelehrt, damit sie nicht von der breiten Masse zerredet werden sollte.“ (Hieronym Epistola und Demetriadem.)

Einer der größten der Väter des Christentums, Origen (185 - 254 n. Chr.), wurde von dem Heiligen Gregory von Nysse beschrieben als der „Prinz der christlichen Gelehrsamkeit im dritten Jahrhundert“. In seinem Werk „De Principiis“ lesen wir:

„Jede Seele kommt in diese Welt, gestärkt von ihren Siegen und geschwächt von den Niederlagen ihres vergangenen Lebens, ... ihr Wirken in dieser Welt bestimmt ihren Platz in der kommenden Welt.“ Der Glaube an die Reinkarnation wurde schließlich durch die Heiligen Kriege und die Inquisition ausgerottet. Nicht ganz, wie man sieht.

Literaturempfehlungen:

- Reinkarnation und die Catharer, A. Guridham (Quest)
- Das Heilige Blut und der Heilige Gral, Baigent Leigh & Lincoln Jonathan Cape
- Seelenwanderung und Wiedergeburt, Gerhard Adler
- sowie alle Bücher von Dr. Raymond Moody, Rowohlt Verlag

Man lese all diese Bücher. Danach wird man nicht mehr zweifeln. Zu viele große Dichter und Denker, Philosophen und Wissenschaftler sind überzeugt von der Realität der Wiedergeburt, von Anchises bis Schopenhauer, von Buddha bis Rumi, von Friedrich dem Großen bis Lessing, von Schiller bis Kant, von Novalis bis Heine, von C. F. Meyer bis Wilhelm Busch, von Goethe bis Wagner, von Gerhard Hauptmann bis Lindenberg, von Blavatsky bis Dr. Grimm, von Cayce bis Stevenson, von Kardec bis Muller, für sie alle ist Reinkarnation ein natürliches Gesetz, dem man unterliegt, ob man es will oder nicht.

Verweilen wir doch einmal einen Augenblick bei Muller. Sein Buch „Reincarnation based on facts“ ist mit Sicherheit lesenswert. Was sind nun solche, von Muller und anderen genannte „facts“? Unter anderem handelt es sich da um wissenschaftliche Fallstudien von Menschen, die an Orte kommen, wo sie noch nie waren, und sich sogleich in Einzelheiten auskennen, besser als jene, die dort immer schon wohnen; die Menschen treffen, die sie noch nie kannten, und sofort sagen können, wo dieser oder jener Mensch eine Narbe hat, was er als Kind erlebte, eben oft nur, wie eine Mutter ihr eigenes Kind kennen kann. Oft treffen solche Menschen, die im vergangenen Leben als junge Mütter gestorben waren, dann sofort wieder reinkarnierten, ihre eigenen Kinder wieder, die inzwischen schon Greise sind. Berichte dieser Art gibt es viele und an ihrer Seriösität und Richtigkeit ist wohl kaum zu zweifeln. Andere sprechen in Hypnose fremde Sprachen und können sich an historische Einzelheiten und Geschehnisse erinnern, von denen sie zuvor nichts wussten, nichts wissen konnten. Man lese auch Annie Besants „Reinkarnation oder die Wiederverkörperungslehre“. Dort sind zahlreiche Argumente für die Reinkarnation enthalten, die im heutigen Schrifttum wieder aufgenommen werden.

Ein Schöpfergott auf höchster Ebene macht ja auch wirklich keinen Sinn. Bubner schreibt so schön: „Was soll dieser ganze durch Äonen hingehende Schöpfungsaufwand, diese unendliche göttliche Mühe, dem Menschen einen Ort seiner Entwicklung zu schaffen, wenn der Einzelne nur mit dem Minimum eines Menschenlebens daran teilhaben kann ...?“ Große Worte eines großen Denkers. Dass auch die, obwohl tausend Mal gefälschte und fehlübersetzte, Bibel Reinkarnation lehrt, ist vielen klar, unter anderem dem Theologen Rudolf Frieling. Reinkarnation war ja Kirchendogma bis 538 n. Chr., wie hinlänglich bekannt ist. Dann wurde dies von den Schriften entfernt, doch noch genügend blieb übrig, um selbst die Bibel als

Beweis für die Richtigkeit der Reinkarnationslehre heranzuziehen. „Kehret wieder, Menschenkinder!“ heißt das Psalmwort (90,3) und in Job 9,3 (interessante Zahlengleichheit) kann die Heilung des Blindgeborenen nur reinkarnatorisch verstanden werden. Desgleichen verhält es sich mit der in den Evangelien mehrfach erwähnten Frage nach der Wiederkunft des Elias. Der Theologe Frieling schreibt: „An dem Beispiel Elias - Johannes wird die Wiederverkörperung ausdrücklich ausgesprochen, von dem Christus selbst.“ Christus selbst wird allerdings von Frieling nicht in das Gesetz der Wiedergeburt eingeschlossen. Wenn Frieling mit Christus einen AVATĀR meint, dann hat er sogar damit Recht. Denn ein AVATĀR ist eine einmalige Reflektion des Höchsten in die Materie und unterliegt allerdings nicht dem Gesetz der Reinkarnation (zumindest nicht auf den UNTEREN Ebenen ...). Wer es zu fassen vermag, der fasse es. OM.

Wichtig ist es natürlich auch zu wissen, dass auch die jüdische KABALLAH Reinkarnation lehrt. Die Konsequenz der Reinkarnationslehre natürlich auf das eigene furchtbare Schicksal anzuwenden, fällt den meisten Juden verständlicherweise schwer.

KLONEN

Nun ist es also wieder einmal soweit*. Die moderne Gen-Technik ermöglicht das Klonen von Menschen, jeder die perfekte Kopie des Originals. Daraus glauben nun einige Zweifler schließen zu können, dass dies gegen die Reinkarnationstheorie spräche, da ja die geklonte Kopie keine neue individuelle Seele sein oder haben könnte. Dem ist aber nicht so. Man wird beim Klonen die Erfahrung machen, dass nicht jeder Klon-Versuch sofort klappt. Da werden wohl noch einige halb entwickelte Embryos im Labor verenden. Frankenstein ist harmlos dagegen. Erst wenn die WESENHEIT bereit ist, den gentechnisch vorbereiteten Keim zu übernehmen oder zu ergreifen, wird oder kann sich die geklonte Zelle teilen, getrieben von dem Verlangen der Wesenheit.

Wie kann es nun aber sein, dass zwei verschiedene Wesenheiten denselben Körper erzeugen? Dies hat mit den sieben Strahlen zu tun und der ihnen individuell entspringenden Rasse. Mit anderen Worten: Zwei Wesenheiten können absolut zwei völlig gleiche Körper haben, wie es ja bei Zwillingen der Fall ist. Es ist damit so, als wenn zwei verschiedene Menschen in zwei Häusern wohnen, die Stein für Stein gleich gebaut sind und darum gleich aussehen.

Was die Unsterblichkeit oder Lebensverlängerung durch Vereisung etc. anbelangt: Es ist absolut nicht wünschenswert, dass der Mensch bei seinem jetzigen Bewusstseinszustand länger als hundert Jahre lebe. In jedem Jahr, dass er länger lebt, sammelt er nur unnötiges Karma an, das man dann im nächsten Leben wieder erleiden muss. Beispiel: Selbst wenn (wie es vor Millionen Jahren einmal war) der Mensch tausend Jahre und älter werden könnte, dann hätte er in dieser Zeit so viel Unsinn angestellt und negatives Karma auf sich geladen, dass er in seinem nächsten Leben schon bei der Geburt darunter zusammenbrechen würde. Mehr möchte ich dazu nicht sagen, nur noch dies: Unsterblichkeit per se ist NICHT MÖGLICH. Was entsteht, muss auch wieder vergehen, eben weil es entstanden ist. Was geboren wird, muss sterben, was einen Anfang hat, muss auch ein Ende haben und hat auch eines. Und selbst wenn man, wie im Himmel, Millionen von Jahre leben könnte, irgendwann einmal bricht die ganze Struktur zusammen. Das liegt in der Natur der Sache. Wir leben in einem Universum, das einmal entstand, und darum muss es auch mit allem darin wieder vergehen. Alles andere ist ein, gerade unseren Wissenschaftlern so eigenes, kindisches WUNSCHDENKEN, welches zwar die Taschen der Forscher und deren Handlanger füllt, aber so irreal ist wie die meisten heute kursierenden sogenannten „wissenschaftlichen" Theorien über Ursprung und Bestimmung von Mensch und Universum. Es ist schon so: Wir gehören nicht hierher. Wer Unsterblichkeit, wahre Unsterblichkeit will, wer das Todlose will, der muss sich in der Meditation und durch richtiges Denken von allem Vergänglichen und Sterblichen LÖSEN. Es gibt keinen anderen Weg und sein Ziel heißt: NIRVĀṆA. OM.

---

* Wie schon zuvor in Atlantis ...

DAS GEHEIMNIS DER SIEBEN SIEGEL

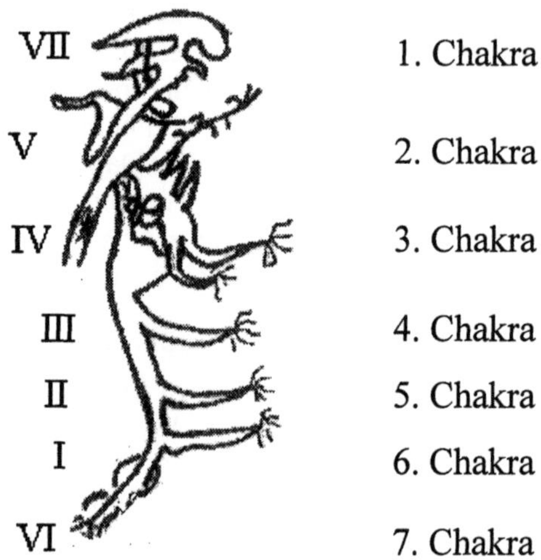

LANOO (Christian Anders)

Die sieben Siegel sind die sieben Chakren des menschlichen Körpers, beherrscht von den sieben Tierkreiszeichen. Die verbleibenden fünf Zeichen beeinflussen den ätherischen oder prāṇa पाण Körper. Die sieben Städte, Gesellschaften, Posaunensignale und Reiter, die in der Bibel genannt sind (Apokalypse), sind geheime Hinweise auf die sieben Chakren, ihre entsprechenden Organe und die Gefühle, die vom Kandidaten erfahren werden, zum Beispiel bei der Einweihung, wenn Kuṇḍalinī erwacht und in der Reihenfolge der Nummerierung fließt.

So ist es die zweite Chakra von unten*, die sich zuerst öffnet und deshalb das erste Siegel wird. Warum? Weil es in der zweiten Chakra von unten ist, wo die positiven und negativen Energieströme beginnen, zusammen mit zwei prāṇischen Nervensträngen, entlang des Rückgrats, um sich wiederzutreffen an dem Punkt zwischen den Augen. (Siehe esoterische Beschreibung des menschlichen Rückgrats in „Die Schlange", S. 170.) Dies ist auch so, weil die Fortpflanzungsorgane verbunden sind mit der zweiten Chakra von unten, so dass Kuṇḍalinī hier beginnt, denn diese Chakra garantiert das Überleben der Arten. Ein anderer Grund dafür, dass die zweite Chakra von unten das erste Siegel ist, ist „der Fall der Menschheit" ca. 18.000.000 vor Christus, aber auch die Anordnung der Siegel beim Menschen** zuvor.

Das Öffnen der Siegel oder Chakren und die resultierenden dramatischen Gefühle beim Kandidaten werden in symbolischer Form im letzten Buch der Bibel

---

* oder sechste Chakra von oben

** von Engeln

„Offenbarung“, auch bekannt als „Apokalypse“, beschrieben und vollständig enthüllt im BUCH DES LICHTS. Sind einmal alle Siegel oder Chakren geöffnet und vom Kandidaten durch moralische Reinheit, Studium und Meditation besiegt, ist der Kandidat dwija द्विज oder „zum 2. Mal geboren“ oder „wiedergeboren“ und hat ununterbrochene Wahrnehmung erlangt. Er kann seinen physischen Körper verlassen und wieder in diesen durch seinen Willen zurückkehren. Für den, der überwunden hat, wird es damit keinen Tod mehr geben. OM. Er oder sie wird den Körper in vollem Bewusstsein durch die Chakra auf dem Kopf (siebentes Siegel) verlassen, um dann weiterhin auf der astralen, mentalen und geistigen Ebene zu leben und deren Bewohnern (verstorbenen Menschen, Engeln, natürlichen Geistern usw.) zu lehren, dass alles vergänglich ist und dass der Sinn des Lebens auf ALLEN Ebenen NIRVĀṆA ist, die Abwesenheit allen Verlangens.

Die sieben Siegel können auch durch Klang erweckt werden, zum Beispiel durch den Klang der 49 Buchstaben (plus einem) des Sanskrit-Alphabets. Der Klang und Takt von Rap, Rock, Punk, Disco usw. erregt und erweckt extrem die niederen Siegel oder Chakren, besonders in jüngeren Menschen, die sie noch nicht besiegt haben, und entfesselt all die negativen Aspekte (Hass, Ärger, Depression usw.) in ihren Chakren, was zu der chaotischen Situation von heute führt (Verbrechen, Gangs, Mord, moralischer und geistiger Verfall usw.).

Bevor er sich mit der Erweckung der sieben Siegel befasst, sollte der Schüler vertraut werden mit der esoterischen Natur des menschlichen Rückgrats, von dessen Anatomie die orthodoxe Wissenschaft nur wenig weiß. Ich jedoch behandle hier nicht zu sehr das, was schon über den menschlichen Körper bekannt ist. Dies kann man in jedem anatomischen Buch* nachschlagen. Ich erkläre lieber die ätherisch-astralen-mentalen Ursachen HINTER dem physischen Phänomen.

DER MENSCHLICHE KÖRPER

Der menschliche Körper hat vier esoterische Abteilungen:

1) Gehirn = Organ des höheren Bewusstseins
2) Lungen und Herz = Organe niederen Bewusstseins; niedriger, aber nicht notwendigerweise negativ
3) Nabel = Organ oder besser Zentrum der leidenschaftlichen Natur
4) Genitalien = Organe der Fortpflanzung**

Das Nervensystem hat duale Aspekte:

1) Cerebro-spinal = Gehirn + Rückenmark

* Obwohl sogar ihre physischen Definitionen oft falsch sind.

** Wenn nicht in sexueller Aktivität gebraucht, leiten sie Kuṇḍalinī höher, bis hin zur Erleuchtung.

2) Empfindungs- oder Reizsystem = Serie von Wahrnehmungsnervenzentren oder Ganglia*, wie zu sehen in der Illustration und später auch im Detail.

DER ASTRALKÖRPER

Menschen haben einen physischen und sechs aurische Körper, von denen jeder auf seiner eigenen Ebene existiert, noch vereint und getragen vom physischen Körper, der auch beeinflusst wird. Jedes physische Organ hat ein astrales Gegenstück.

Der Astralkörper wurde aus 420 000 Nadis oder Kanälen gemacht, 3 Hauptkanälen und ein 4., welcher parallel zur Wirbelsäule verläuft. Dieser 4. Hauptkanal beginnt im Gehirn und endet an der Spitze oder dem unteren Ende des Rückgrats in einem vertieften Kanal (Kanda कन्द). 2 andere Hauptastralkanäle oder Astralnerven, Ida इद und Pingala पिन्गल, beginnen an jedem Nasenloch, verlaufen abwärts entlang des Rückgrats, dabei ätherische Kraft transportierend, positive und negative, inhaliert aus der Luft. Die ätherische Kraft manifestiert sich zuerst in der zweiten Chakra von unten, wo diese zwei astralen Kanäle enden oder beginnen, wie auch immer man es sehen möchte. Aus diesem Grunde ist die zweite Chakra** das erste Siegel.

Der Inhalationsprozess funktioniert wie folgt:

1) Luft tritt in die Nase.
2) Ein winziges Ventil an der Wurzel des Nasenlochs öffnet sich.
3) Sauerstoff, Stickstoff, Wasserstoff, Krypton (pass auf, Superman ...) und andere Gase strömen in die Lunge.
4) Ätherische Energie oder prāṇa fließt entlang der zwei Astralnerven Ida und Pingala und manifestiert sich in dem ersten Siegel oder der zweiten Chakra von unten, in unserer Nummerierung Chakra Nummer sechs.

Die Nervenzentren sind aufgelistet, wie der Illustration auf S. 164 entnommen werden kann:

1) Conarium (Sahasrāva)
2) Cavernous = Hohlräume enthaltend (Ajña)
3) Pharyngeal = den Rachen betreffend (Vishuddhi)
4) Cardiac = das Herz betreffend (Anahata)
5) Epigastrium = den Bauchraum betreffend (Manipuraka)
6) Prostatic = die Prostata betreffend
7) Sacrales Nervenzentrum = das Kreuzbein betreffend, die Analchakra, (Muladhara). Missbrauche es und du zahlst den Preis ...

---

* Kleine Mengen vaskulärer Neurine, die sich an jeder Seite des Rückgrates ausdehnen, vom Kopf zum Steißbein.

** von unten, aber auch die sechste von oben

All die verheerenden Theorien der Psychoanalyse resultieren aus der Tatsache, dass diese „Wissenschaft" den Menschen im Grunde vom AFTER aufwärts definiert, folglich Anal*yse. Der Grund: Menschen wie Siegmund Freud usw. befanden sich oft selbst stark unter dem Einfluss ihrer eigenen Anal- oder niederen Chakren. Wieder einmal sind es die Blinden, die die Blinden führen, was wiederum zu dem Milliarden Dollar Geschäft von heute, genannt „Psychoanalyse", führte.

DIE ZIRBELDRÜSE

... befindet sich im Gehirn hinter dem äußersten Ende des dritten Ventrikels. Form = klein, kegelförmig, dunkelgrauer Körper, gefüllt mit Phosphat und Kalkkarbonat. Wird dieses Material einmal von Kuṇḍalinī berührt, wirst du sogar sichtbar leuchten und Erleuchtung erfahren. Diese Drüse ist, wenn auch jetzt verkümmert, das erste Auge der androgynen Rasse. Unter der Zirbeldrüse und hinter den zwei Augen ist die Hypophyse, Sitz der Seele. Beide, Zirbeldrüse und Hypophyse, waren einmal eins.

DAS GEHIRN

Das Gehirn hat 12 spirituelle Zentren, schon während der Geburt beeinflusst von den 12 Sternkreiszeichen.

DIE ENDOKRINEN DRÜSEN

1) Zirbeldrüse und
2) Hypophyse

Regulieren Wachstum, Knochenstruktur, sind auch verbunden mit den Geschlechtsorganen, wenn sie beim Orgasmus von Kuṇḍalinī berührt werden, was Kuṇḍalinī nach unten führt und ein Loch in die ätherische Chakra reißt, die dich mit der Welt der Dämonen verbindet. Sicherer wäre es, Kuṇḍalinī natürlich durch Enthaltsamkeit von sexueller Aktivität anzusammeln. Dann ist das spirituelle Orgasmusgefühl für immer ... und muss nicht erneuert werden durch sexuelle Aktivität.

3) Schilddrüse

Reguliert Produktion und Verteilung von Thyroxin (komplexe Jodverbindung). Sie befindet sich im Hals. Hält die Körperfunktionen im Gleichgewicht, unterstützt Verdauung, Ausscheidung usw.

---

* Mod. Latain für anus = ANALIS ...

4) Nebenschilddrüse

Drüse, die sich in der Schilddrüse befindet, reguliert den Stoffwechsel, Kalziumsalze, Milchsäure, Phosphate. Wichtig für Gehirn, Nerven- und Sexfunktion.

5) Thymusdrüse

Befindet sich im Brustkorb. Groß bei Kindern, klein bei Erwachsenen. Ein wichtiger Teil des Immunsystems, kontrolliert Herzfunktion und Drüsensubstanzen. Liebe erfahren wir dort und erst in zweiter Hinsicht in unserem Herzen. Der Grund, warum die meisten Menschen nicht aufrichtig lieben können, selbst wenn sie wissen, sie sollten, ist der, dass sie mit einer kleinen Thymusdrüse karmisch geboren sind.

6) Milz

Sitz des Astralkörpers. Beim Tod sondern Menschen oft eine rauchartige Substanz aus der Milz ab, wie von vielen Ärzten und Krankenschwestern usw. bezeugt wird. Die medizinische Wissenschaft denkt, dass die Milz, die sich im linken oberen Quadrat des Bauchraumes befindet, rote Blutkörperchen zerstören und Antikörper gegen Bakterien und andere Infektionen bilden kann. Das ist Unsinn. Lies mein Buch über AIDS* und du wirst verstehen. Tatsache ist: Milz und Hypophyse sind verbunden und beeinflussen den Körper wie eine perfekt funktionierende Triade. Die Milz ist außerdem eine Filterstation innerhalb des Körpers.

DIE LUNGE

Mit jeder Inhalation erhalten wir von oder besser durch die Lunge nicht nur Luft, sondern auch ätherische oder prāṇische Kraft von der astro-ätherischen Ebene, die auch dem astralen oder ätherischen Körper Energie verleiht. Wir atmen wie alles andere auch, weil das Universum expandiert und sich zusammenzieht oder inhaliert und exhaliert.

DAS HERZ

... ist keine Pumpe, sondern ein Ventil im vaskulären Blutsystem. Es reguliert den Blutkreislauf.

---

* „Der Mann, der AIDS erschuf“

DIE PROSTATA

... ist eine Drüse in der Nähe des Rückgrats, wo sie den unteren Teil der Blase berührt. Beim Mann hat die Prostata die Größe der Faust eines Babys, bei Frauen ist die Prostata auch vorhanden, aber viel kleiner. Die meisten Männer haben Prostatitis, eine häufige Komplikation von Gonorrhöe.

Die Samenleiter der männlichen Hoden münden in die Prostata. Zwischen der Prostata und dem Schambein ist das venöse Nervengeflecht der äußeren Schamteile, wo die Rückenvene des Penis endet. Die Prostata ist DAS ERSTE SIEGEL. Diejenigen, die dieses Siegel besiegen, werden alle anderen besiegen, weshalb ich der Beschreibung ihrer Funktion etwas mehr Raum und Zeit widme.

Die Prostata ist der Sitz des spiralen Feuers, der sechsten Chakra. Wenn es geweckt wird, zum Beispiel durch sexuelle Aktivität, sondert die Prostata eine ölige Substanz ab. Wenn wir uns sexueller Aktivität enthalten, geht diese ölige Substanz ins Blut über, wo sie in den ganzen Körper transportiert wird als Teil des spiralen Feuers, einer Kraft, die Erleuchtung im Gehirn auslöst. Die ölige Substanz, die von der Prostata abgesondert wird und im Blut des ehelosen Mönchs vorhanden ist, wurde von den Griechen „CHRISM" genannt. Dieses „aufsteigende Öl" oder „Chrism" veränderte sich später zu „der steigende Christ" oder „das Blut von Christus" (Heb. 10:19; 1. Pet. 1:2; 1. Joh. 1:7) oder „der Christus im Menschen". Wie die Milz der Sitz des astralen Körpers ist, so ist die Prostata dessen Zentrum, von welchem 72 000 Nadis aufsteigen, die aus astralen Stoffen bestehen und übersinnliche Ströme transportieren. Die zwei wichtigsten von diesen Nadis sind Ida und Pingala. SIE sind in Wirklichkeit „die Diebe", gekreuzigt an jeder Seite von Jesus, der hier aber ein Symbol für Sushumna, den vertieften Kanal an der Spitze des Rückgrats, ist. Das ist auch wie „eine Tasse", die, wenn sie mit „Chrism" oder Samenflüssigkeit gefüllt wird und diese Flüssigkeit im keuschen Kandidaten steigt, „der auferstehende Christus" wird.

„DIE SCHLANGE“

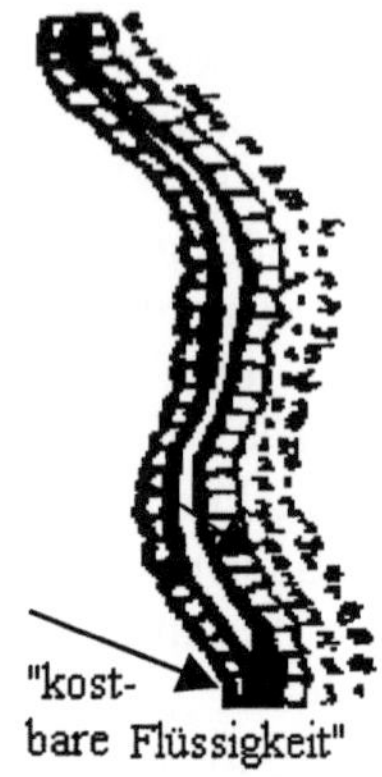

... ist das menschliche Rückgrat oder die Wirbelsäule mit 33 Knochensegmenten, die einer Schlange ähneln, die senkrecht auf ihrem Schwanz steht. Wenn Kuṇḍalinī einmal alle 33 Segmente bis zum höchsten hin passiert hat, wurde der Kandidat erleuchtet, weshalb „Jesus 33 Jahre lang lebte“. Oder: Jesus war ERLEUCHTET.

Der zentrale Kanal der Wirbelsäule ist mit der „edlen Flüssigkeit der Erleuchtung“ gefüllt, die aus den Gasen des Körpers (Erklärung nur mündlich) entsteht. Es ist diese spinale Flüssigkeit, die, wenn sie durch Kuṇḍalinī aktiviert und mit Kuṇḍalinī gemischt wird, zum „Fluss Gottes“ wird, von dem zum Beispiel Jesus wie jeder andere Eingeweihte im Jordan „getauft“ wurde (Matth. 2:13,15). Es gab in diesen Tagen niemals einen wirklichen Jordan-Fluss, der unter diesem Namen bekannt gewesen wäre. Es ist der Medulla Oblongata, der den spinalen Strang mit dem Gehirn verbindet und Symptome wie Migräne, Kopfschmerz usw. auslöst, was nichts anderes ist als unregelmäßige Ausbrüche von Kuṇḍalinī, verursacht durch einen törichten, unmoralischen Lebensstil usw. Genug ist enthüllt worden, um es dem Kandidaten zu ermöglichen, die Chakren oder Siegel zu erwecken und so zurückzukehren zu seinem oder ihrem unsterblichem, unerschaffenem, ewigem, zeitlosem Sein. OM.

DER MENSCH MIT SIEBEN CHAKRAS
und den damit verbundenen inneren Organen und Ganglien (Nervenzentren)

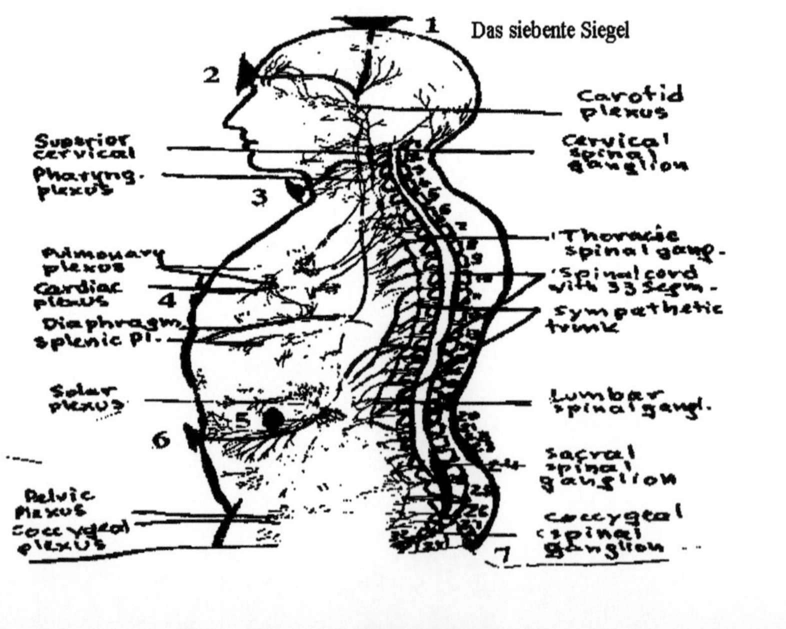

DAS ERWECKEN DER SIEGEL

Die Siegel müssen in der Reihenfolge 1, 2, 3, 4, 5, 6, 7 oder, wenn als Chakra gezählt, 6, 5, 4, 3, 2, 7 und 1 (Kopfchakra) erweckt werden. Dies geschieht durch Studium, Meditation und sexueller Enthaltsamkeit sowie durch KLANG, dem Klang der entsprechenden Sanskrit-Buchstaben, die vor Millionen von Jahren von den Deva-Engeln gesprochen wurden, als sie die Siegel in einer am Anfang noch geschlechtslosen menschlichen Rasse anordneten. OM.

Die entsprechenden Sanskrit-Buchstaben sind die Schlüssel, die die Siegel öffnen. Um diese Buchstaben richtig zu nutzen und auszusprechen, muss man das Sanskrit-Alphabet studieren.

DIE 49 + 1 SANSKRIT-BUCHSTABEN UND WIE MAN SIE AUSSPRICHT, UM DIE SIEGEL ZU ÖFFNEN

अ = a, आ = ā, इ = i, ई = ī, उ = u, ऊ = ū, ऋ = ṛi, ॠ = ṛī, ऌ = lṛi,
ॡ = lṛī, ए = e, ऐ = ai, ओ = o, औ = au, ं = ṃ, : = ḥ, क = ka,
ख = kha, ग = ga, घ = gha, ङ = ṅa, च = cha, छ = chha, ज = ja,
झ = jha, ञ = ña, ट = ṭa, ठ = ṭha, ड = ḍa, ढ = ḍha, ण = ṇa, त = ta,
थ = tha, द = da, ध = dha, न = na, प = pa, फ = pha, ब = ba,
भ = bha, म = ma, य = ya, र = ra, ल = la, व = wa, श = śa, ष = sha,
स = sa, ह = ha, [क्ष = ksha]

WARUM 49 + 1 BUCHSTABEN?

Es gibt 49 Buchstaben, aber wenn wir den Konsonanten ksha ergänzen, erhalten wir 50 Buchstaben, welche, wenn sie 20 Mal ausgesprochen werden, die 1000-blütenblättrige Chakra auf deinem Kopf, das siebente Siegel, öffnen.

(Das „a" immer aussprechen zwischen „a" und „ö", wie das „u" im englischen „but".)

(1) अ = a

(2) आ = ā, wie das a in „Wahn", aber zweimal so lang

(3) इ = i, wie das i in „in"

(4) ई = ī, wie das i, aber zweimal so lang

(5) उ = u, wie das u in „Pfusch"

(6) ऊ = ū, wie das u, aber zweimal so lang

(7) ऋ = ṛi, wie das ri in „Rita", aber mehr wie das französische ru

(8) ॠ = ṛī, wie ṛi, aber das i zweimal so lang

(9) ऌ = lṛi, wie das l in „laut“ und das ri in „Rita“)

(10) ॡ = lṛī, wie lṛi, aber das i zweimal so lang

(11) ए = e, wie das e in „Weg“

(12) ऐ = ai, wie das ai in „Mai“

(13) ओ = o, wie das o in „Floh“

(14) औ = au, wie das au in „blau“

(15) ं = ṃ, wie das nasale n im franz. Wort „Bon“

(16) : = ḥ, gesprochen wie „aha“

(17) क = ka, wie das k in „kein“ plus a

(18) ख = kha, wie das kh in „Eckhart“ plus a

(19) ग = ga, wie das g in „geben“ plus a

(20) घ = gha, wie das gh in „Feigheit“ plus a

(21) ङ = ṅa, wie das n in „sing“ plus a

(22) च = cha, wie das tsch in „tschechisch“ plus a

(23) छ = chha, wie das chh in „Patschhändchen“ plus a

(24) ज = ja, wie das dsch in „Dschungel“ plus a

(25) झ = jha, wie das dsch in „Dschungel“ plus ha

(26) ञ = ña, wie das nj in „Anja“ plus a

(27) ट = ṭa, wie das t in „Taxi“ plus a

(28) ठ = ṭha, wie das th in „Echtheit“ plus a

(29) ड = ḍa, wie das d in „Dach“ plus a

(30) ढ = ḍha, wie das dh in „Blindheit“ plus a

(31) ण = ṇa, wie in rna, aber bereite dich vor, statt r n zu sagen, plus a

(32) त = ta, wie das t in „Ton“ plus a

(33) थ = tha, wie das th in „Asthma“ plus a

(34) द = da, wie das d in „Dach“ plus a

(35) ध = dha, wie das dh in „Feldherr“ plus a

(36) न = na, wie das n in „Name“ plus a

(37) प = pa, wie das p in „Paul“ plus a

(38) फ = pha, wie das ph in „Alphorn“ plus a

(39) ब = ba, wie das b in „Bombe“ plus a

(40) भ = bha, wie bh in „abhauen“ plus a

(41) म = ma, wie das m in „Mutter“ plus a

(42) य = ya, wie das y in „Yoga“ plus a

(43) र = ra, wie das r in „Raum“ plus a

(44) ल = la, wie das l in „Liebe“ plus a

(45) व = wa, wie das w in „Wachs“ plus a

(46) श = śa, wie das sch in „Schuh“, aber mehr mit dem hinteren Teil des Gaumens gesprochen, plus a

(47) ष = sha, wie das sch in „scheinen“ plus a

(48) स = sa, wie das s in „was“ plus a

(49) ह = ha, wie das h in „Hans“ plus a

(50) क्ष = ksha, wie das ksh in „Riksha“ plus a

Die Sanskrit-Buchstaben sind sehr kraftvoll. Sie einfach nur 15 Minuten oder länger anzusehen, aktiviert die Chakren bereits.

Auf den nächsten Seiten wirst du die 50 Sanskrit-Buchstaben oder „Siegel-Öffner“ in verschiedenen geheimnisvollen Anordnungen finden. Schau sie an und erfahre ...

DIE KRAFT

DER

SIEBEN SIEGEL

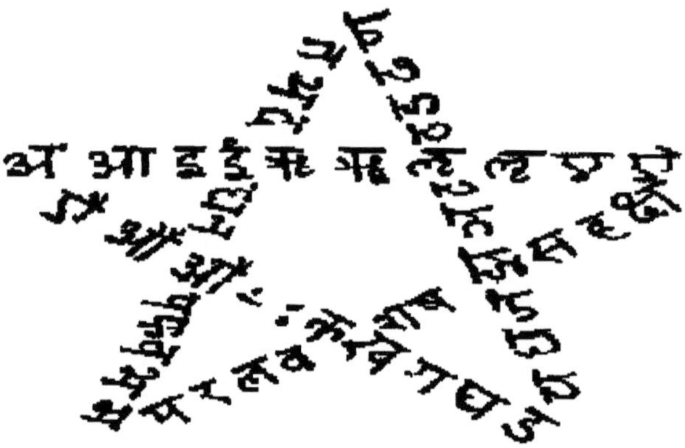

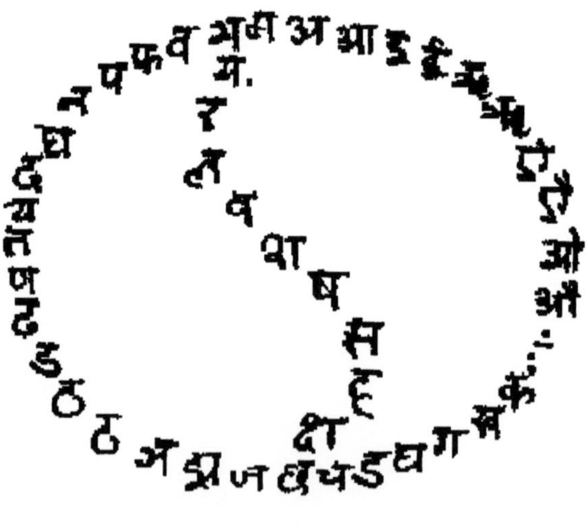

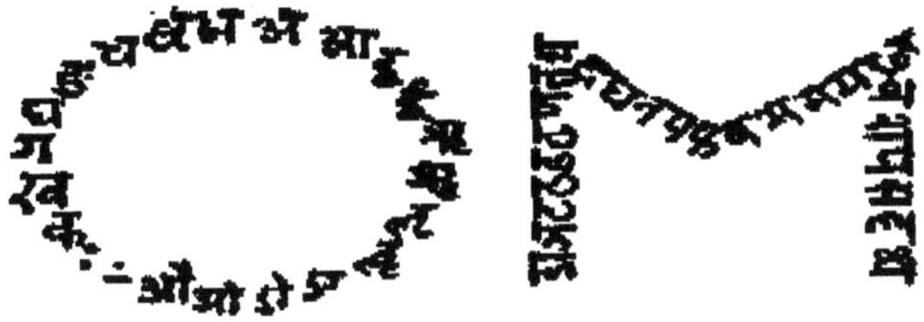

Das SCHREIBEN der Buchstaben (siehe DAS BUCH DES LICHTS) öffnet die Siegel ebenfalls.

WICHTIG: Welche Gefühle man auch immer beim Öffnen der Siegel erfahren wird, er oder sie darf ihnen NICHT nachgeben (wie Koresh und andere es taten ...), sondern NEUTRAL beobachten, bis sie wieder verschwinden und so das spiralförmige Feuer höher und höher drücken, Siegel um Siegel öffnend, Chakra nach Chakra, bis hin zum SIEBENTEN SIEGEL oder der ERSTEN CHAKRA*, bis Unsterblichkeit erreicht ist. AUM.

DAS ERSTE SIEGEL I
DIE SECHSTE CHAKRA (von oben)

Schütze

Prostata-Ganglion (Kraftzentrum). Gefühle beim Erwecken: Phallisch, Sexzentrum, in der Bibel symbolisiert als „die Stadt Smyrna“, bekannt für ihre Feigenproduktion.

„... (als) das Lamm das erste der sieben Siegel öffnete, ... ich sah, und siehe, ein weißes Ross, und der auf ihm saß, hielt einen Bogen ...“ (Offenbarung 6:1,2). „Das erste der sieben Siegel“ ist nur ein neuer Schleier, um die Wahrheit vor den Massen zu verhüllen, sie in ihren Fesseln zu halten, wo sie am schwächsten sind - in ihrem

* von oben

sexuellen Verlangen. Das „weiße Ross“ zeigt uns, dass es hier ist, wo Reinheit erreicht werden muss, nämlich durch Überwinden des sexuellen Verlangens, durch das Sich-Enthalten jeglicher Zeugungsaktivität, um so zu ermöglichen, dass „der Christus (bzw. Kuṇḍalinī) steigen“ kann, der „Bogenschütze“ bist du, der Bezwinger.

Bevor ich dir die Buchstaben, die das erste Siegel öffnen, enthülle, lass mich betonen, der sicherste Weg, die Siegel zu öffnen, ist ein reines Leben (kein Sex, keine Drogen, kein Alkohol), iss nur vegetarische Lebensmittel, trinke nur Wasser, studiere und meditiere und die Siegel oder Chakren werden von selbst erwachen. DANN kannst du die Sanskrit-Buchstaben usw. anwenden.

Das erste Siegel wird geöffnet, indem man sich auf die sechste Chakra (Adhisthana) konzentriert und die Sanskrit-Buchstaben 39 - 44 spricht:

ब भ म य र ल

oder: ba (39), bha (40), ma (41), ya (42), ra (43), la (44).

Nachdem du die Buchstaben gesprochen hast, konzentriere dich auf das nächste Siegel oder Chakra und sprich oder denke nur die entsprechenden Buchstaben. Schreiben hat den gleichen Effekt, aber ohne das STUDIUM des Sanskrit-Alphabets wird überhaupt kein Ergebnis möglich sein.

Das „Posaunensignal“ beim Öffnen des ersten Siegels verkündet: „Hagel und Feuer, mit Blut vermischt, ... wurde auf die Erde geworfen, und es verbrannte der dritte Teil der Erde, und es verbrannte der dritte Teil der Bäume und es verbrannte alles grüne Gras“ (Offenbarung 8:7). Das deutet auf das Erwachen des psychischen Bewusstseins, das ein Drittel unserer Natur ist. „Hagel“ ist das Mond-Element in uns, welches leidenschaftlich erfahren wird. „Feuer“ ist die solare Kraft, die über uns ist und darauf wartet, sich zu mischen mit dem Blut und/oder der Erde - Kuṇḍalinī, die durch unsere Füße nach oben schießt und die bei der „Hochzeit des Engels“ auf die Sonnen-Kuṇḍalinī trifft beim Öffnen des siebenten Siegels.

Der „DRITTE TEIL“ spielt auch auf den „Fall der Menschheit“ an oder auf die Weigerung „des einen Drittels der Engel, eine bis dahin gedankenlosen Rasse mit dem Denken auszustatten, was zum Krieg im Himmel führte“ (siehe DAS BUCH DES LICHTS). Das erste Siegel steht unter dem Einfluss des Schützen, dem „Bogenschützen“.

DAS ZWEITE SIEGEL II
DIE FÜNFTE CHAKRA (von oben)

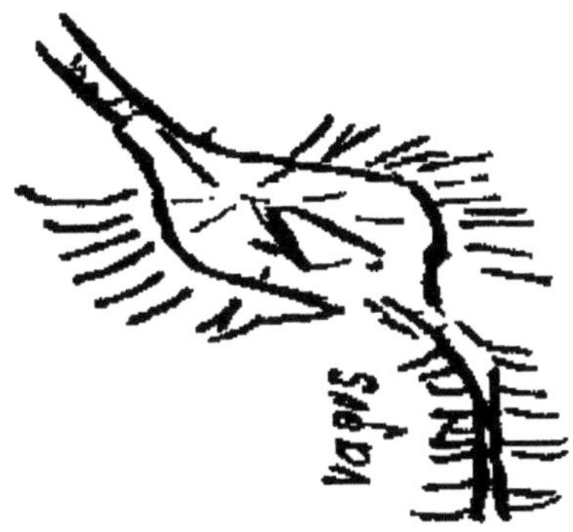

Skorpion

Epigastrisches Ganglion (Kräftezentrum). Gefühle beim Erwecken: Psychische Kräfte, in der Bibel symbolisiert als „die Stadt Pergamon", bekannt für psychische Tempel.

„Als es das zweite Siegel öffnete, ... kam ein weiteres Ross, feuerrot, und dem, der auf ihm saß, wurde ... ein großes Schwert gereicht" (Offenbarung 6:3,4). Das „feuerrote Ross" deutet auf die Unterleibsgegend, dessen Reiter auf personifizierte Leidenschaft (genauso wie der rote Drachen usw.). Das frühzeitige Öffnen dieses Siegels entfesselt die Leidenschaft.

Das zweite Siegel wird geöffnet, indem man sich auf die nun folgenden Sanskrit-Buchstaben 29 - 38 konzentriert und sie ausspricht:

ड ढ ण त थ द ध न प फ

oder: ḍa (29), ḍha (30), ṇa (31), ta (32), tha (33), da (34),
dha (35), na (36), pa (37), pha (38).

Das „Posaunensignal" beim Öffnen des zweiten Siegels verkündet einen „großen feuerglühenden Berg", als ob er „in das Meer geworfen" wurde. Und wieder: „... der dritte Teil des Meeres wurde zu Blut, und es starb der dritte Teil der Geschöpfe, die im Meer leben, und der dritte Teil der Schiffe* ging zugrunde" (Offenbarung 8:8,9). Der „feuerglühende Berg" ist (auch) ein Symbol des Mars, der unsere niedere Natur, „das Meer", beherrscht. Nur derjenige, der der Herr über Leidenschaft und sinnliche Begierde ist, wird das Öffnen des Siegels überleben. David Koresh, Swaggart und andere überlebten es nicht oder werden es nicht überleben.

Das zweite Siegel wird beherrscht vom Skorpion (Haus Mars, Kriegsgott).

---

* ebenso ein Drittel der Planeten des Makara

DAS DRITTE SIEGEL III
DIE VIERTE CHAKRA (von oben)

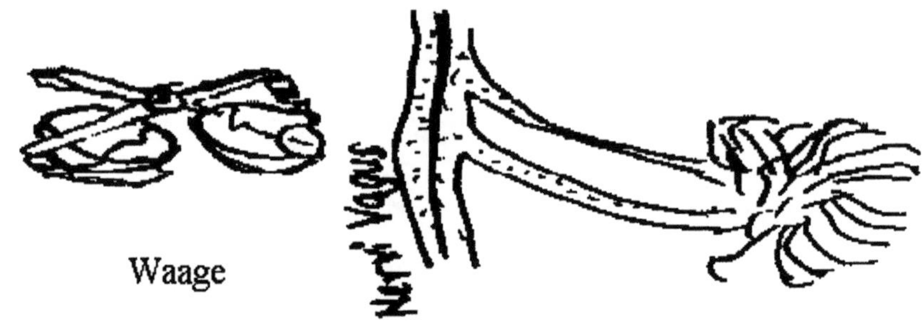

Herz-Ganglion (Kräftezentrum). Gefühle beim Erwecken: Freude und Depression, symbolisiert als „die Stadt Thyateira", weil sie scharlachroten Samt herstellt (bezieht sich auf den Blutkreislauf).

„Als es das dritte Siegel öffnete, ... ich sah, und siehe, ein schwarzes Ross, und der auf ihm saß, hatte eine Waage in seiner Hand" (Offenbarung 6:5). „Schwarzes Ross": niederes Denken. „Waage": Dieses Siegel steht unter dem Zeichen Waage. Das dritte Siegel ist anahata oder die Herzchakra. Im Herzen wird ein Unterschied gemacht zwischen geistigem und ungeistigem Denken (Intellekt, beschmutzt von psychischen Emotionen und sinnlichen Begierden). Man bedenke, die größten Kulturen, zum Beispiel unsere, wurden durch dieses ungeistige Denken geschaffen, was dir etwas über die „Größe" dieser Kulturen sagt.

Das dritte Siegel wird geöffnet durch die Sanskrit-Buchstaben 17 - 28:

क ख ग घ ङ च छ ज झ ञ ट ठ

oder: ka (17), kha (18), ga (19), gha (20), ṅa (21), cha (22),
chha (23), ja (24), jha (25), ña (26), ṭa (27), ṭha (28).

Beim dritten „Posaunensignal ... fiel ein großer Stern vom Himmel ... auf den dritten Teil der Flüsse und auf die Wasserquellen". „Wermut" war der Name des Sterns, der das Wasser verschmutzte und viele Menschen umbrachte, „weil sie (die Gewässer) bitter geworden waren" (Offenbarung 8:10,11). Venus ist der fallende Stern, der die emotionale psychische Natur beeinträchtigt. „Die bitteren Wasser" symbolisieren: Jegliches Vergnügen bringt eventuell Schmerz mit sich. Aber ist die Natur des Menschen einmal gereinigt und hat die Abwesenheit des Verlangens erreicht, die zu NIRVĀṆA führt, werden sich seine „bitteren Wasser", auch die Lebensessenz des Körpers, durch ein eheloses Leben des Studiums und der Meditation in „die süßen Wasser des Lebens" umwandeln.

DAS VIERTE SIEGEL IV
DIE DRITTE CHAKRA (von oben)

Jungfrau

Rachenraum-Ganglion (Kräftezentrum). Gefühle beim Öffnen: „Schmecken des Wortes." Wir können Kuṇḍalinī buchstäblich schmecken, denn sie berührt den Adamsapfel. Deshalb ist die „Stadt von Sardeis" das Symbol, was auf ein Fleischteil deutet oder fleischliche Lust und deren Überwindung.

„Als es das vierte Siegel öffnete, ... ich sah, und siehe, ein fahles Ross, und der auf ihm saß, dessen Name ist 'der Tod', und die Unterwelt bildete sein Gefolge" (Offenbarung 6:7,8). Das „fahle Ross" ist die niedrigste Sexregion, DIE treibende Kraft in oder von jedermanns niederem Selbst. Es gibt keine wirkliche Befreiung von irgendetwas, bis man diese Kraft nicht besiegt oder besser sich von ihr gelöst hat. Siegfried überwindet den Drachen. Er tötet ihn nicht, sondern hält ihn nur nach unten mit seinem Speer.

Sex existiert in zwei Bereichen, dem psychischen und dem körperlichen, während des Lebens UND nach dem Tode auf den niederen Astralebenen (sogar gerade jetzt während des Lebens des physischen Körpers). Jegliches Verlangen kann nur besiegt werden, indem man ihm nicht nachgibt, sondern es Schritt für Schritt überwindet, bis es von dir abfällt. Während des Prozesses der Loslösung und des Überwindens kann dein Verlangen sogar noch stärker werden und es kann die Gefahr bestehen, dass es dich überwältigt, indem es sich in das „Biest" verwandelt und so also in den wahren Feind, der du bist, oder besser, der das ist, was du NICHT bist. Bleibe stark, bleibe der neutrale Beobachter, der alles wahrnimmt. Während der Rest der Welt ihrem Verlangen nachgibt und so mehr und mehr zu dessen Sklaven wird, greifst du es an und zerstörst es ganz allein, nur durch Beobachten und indem du ihm NICHT nachgibst. Hüte dich vor dem „BIEST", dem wilden Tier in dir! Es ist nirgendwo da draußen, nicht einmal in dem von der Neuen-Welt-Ordnung kontrollierten Supersatelliten, das „Biest" ist in DIR und um DICH herum, es ist das, was du NICHT bist, und du bist nicht dein Körper, dein Gefühl, dein Denken, deine Seele und nicht einmal dein Geist. AUM.

DAS BIEST in dir und um dich herum

Das vierte Siegel wird geöffnet durch Konzentration auf die fünfte Chakra (vishuddhi) und durch Sprechen der Sanskrit-Buchstaben 1 - 16:

अ आ इ ई उ ऊ ऋ ॠ ऌ ॡ ए ऐ ओ औ ं ः

oder: a (1), ā (2), i (3), ī (4), u (5), ū (6), ṛi (7), ṛī (8), lṛi (9), lṛī (10), e (11), ai (12), o (13), au (14), ṃ (15), ḥ (16).

Das vierte „Posaunensignal", das von der vierten Gottheit gegeben wurde, sorgte dafür, dass „der dritte Teil der Sonne getroffen und der dritte Teil des Mondes und der dritte Teil der Sterne, so dass die zu einem Drittel verfinstert wurden und der Tag für ein Drittel sein Licht verlor und die Nacht desgleichen" (Offenbarung 8:12). Das bedeutet, dass nur dann, wenn die physischen und psychischen Kräfte ins Gleichgewicht gebracht worden sind und sich gegenseitig neutralisieren, das Bewusstsein in eine höhere Ebene steigen kann. Oder: Nur wenn du dich selbst vom Niederen gelöst hast, kannst du zum Höheren steigen.

Das beherrschende Tierkreiszeichen des vierten Siegels, dritte Chakra von oben, ist die Jungfrau. Nur wenn du wieder eine reine Jungfrau oder ein Jüngling wirst, kannst du es beherrschen.

DAS FÜNFTE SIEGEL V
DIE ZWEITE CHAKRA (von oben)

Ajña

Krebs

Höhlenartiges Ganglion (Kräftezentrum). Gefühle beim Erwecken: erdbebenartig, gewaltsam überströmend, aber eventuell zur Erleuchtung führend. Symbol: „Stadt von Philadelphia", weil wiederholt von Erdbeben zerstört.

In Offenbarung 6:9-11 lesen wir: „Als es das fünfte Siegel öffnete, sah ich ... die Seelen derer, die hingemordet waren ... und sich gedulden ..., bis ... ihre Knechte und Brüder (kommen), die noch den Tod zu erleiden hätten wie sie."

Nur ein kleiner Prozentsatz unseres Gehirns (Zellen) arbeitet tatsächlich. Der Rest wird, wenn von Kuṇḍalinī berührt, erleuchtet und „hingemordet". Aber erst müssen die anderen Zentren oder „ihre Brüder" aktiviert werden durch Studium und Meditation oder „hingemordet", wie die Bibel es gemacht hat. Warum hingemordet? Weil der Begriff „hingemordet" oft anzeigt, dass etwas Altes (Bewusstsein) umgebracht werden oder sterben muss, ehe das neue Bewusstsein entstehen kann.

Das fünfte Siegel oder die zweite Chakra von oben wird erweckt durch Konzentration auf die zweite Chakra und Sprechen der Sanskrit-Buchstaben 49 und 50:

ह क्ष

oder: ha (49) und ksha (50).

Als die fünfte Gottheit beim Öffnen des fünften Siegels oder der zweiten Chakra das „Posaunensignal" gab, „sah ich einen Stern, der vom Himmel auf die Erde gefallen war ... und Sonne und Luft wurden verfinstert vom Rauch ... (und es) kamen Heuschrecken über die Erde ... (mit einer) Kraft, wie die Skorpione der Erde sie besitzen". Die Bedeutung ist klar: Der „gefallene Stern" ist Venus, in seinem niederen Aspekt, der bei Männern und Frauen Leidenschaft und Verlangen freisetzt, was sie wie Rauch umgibt. Die skorpionartige Kavallerie sind unreine Gedanken. „... ihnen (die Heuschrecken) wurde aufgetragen, ... sie (die Menschen) zu quälen fünf Monate lang." Die fünf Sommermonate sind gemeint, weil dann Leidenschaft und Verlangen am aktivsten sind. (Siehe Offenbarung 9:1-12.) Der Krebs herrscht über das fünfte Siegel.

DAS SECHSTE SIEGEL VI
DIE SIEBENTE CHAKRA (von oben)
Am unteren Ende der Wirbelsäule

Steinbock

Kreuzbein-Ganglion (Kräftezentrum), Muladhara Chakra. Gefühle, wenn erweckt: Regenerative Kräfte, aber auch Ärger, Hass und Selbstsucht, was sich alles in der Analgegend manifestiert und verbirgt. Das Leben ist ein Ozean des Leidens, die verbotene Frucht, ein Ort der totalen Unangemessenheit für uns. Wir gehören wie alles andere auch dorthin, wo wir hergekommen sind, wir gehören nach, wir SIND in unserem Kern

NIRVĀṆA.

Eine Suche nach der Wahrheit in irgendeine andere Richtung wird letztendlich zu moralischem und körperlichem Verfall führen. Primitive Takte und Rhythmen (Rap, Rock, Disco, Hip Hop usw.) erfreuen diejenigen, deren anale Chakren von niederem Bewusstsein geöffnet worden sind. Das Ergebnis: Eine Gesellschaft, beherrscht von Verbrechen und Perversion von „oben" bis „unten". Der Fisch fault und stinkt immer am Kopf (Regierung) zuerst.

Symbol für die zweite Chakra: „Dianatempel in Ephesos". Perverse Rituale fanden dort statt. Oder: Das Erwecken von Kuṇḍalinī, bevor moralische Reinheit erreicht wurde, verursacht Perversion und Tod. Deshalb lesen wir in Offenbarung 6:12-17: „... (als) es das sechste Siegel öffnete, ... entstand ein gewaltiges Beben ..." Hier bedeutet das „Beben" ein Trauma im Gehirn (fünftes Siegel), das den Kandidaten entweder erleuchtet oder zerstört. - Warum sogar den Kandidaten, der bereits moralische Reinheit erreicht hat? Weil Kuṇḍalinī, wenn sie einmal die (fast) höchste oder zweite Chakra von oben erreicht hat, hinunterschießt in die niederste und siebente Chakra. Die kleinste versteckte Unreinheit würde bedeuten, dass Kuṇḍalinī oder das Spiralfeuer weiter hinunterschießt und den Kandidaten umbringt. Wenn Kuṇḍalinī vom Meister dort umgekehrt werden kann, wird sie wieder zurück nach oben fließen und den Kandidaten wieder im Gehirn berühren.

Siehst du nun, warum jede andere Prüfung oder jedes andere Problem oder auch jede Errungenschaft im Leben ein Kinderspiel ist, verglichen mit „den Verfahren,

Prüfungen und Martyrien der Einweihung"? UNSCHULD ist die erste und wichtigste Voraussetzung der Spiritualität.

Das sechste Siegel wird geöffnet von den Sanskrit-Buchstaben 45 - 48:

व श ष स

oder: wa (45), śa (46), sha (47), sa (48).

Das sechste „Posaunensignal" ließ „die vier Engel los, die gebunden sind am großen Euphratstrom". Sie sollten „den dritten Teil der Menschheit töten" (Offenbarung 9). Der Fluss Euphrat ist die cerebrospinale Achse und die vier Gottheiten herrschen über die Jahreszeiten, symbolisieren aber auch die religiöse Anbetungsmentalität dieses dritten Teils. Das sechste Siegel (siebente Chakra von oben) wird vom Steinbock beherrscht.

Wie kann man über eine Person herrschen und bestimmen? In jeder Person, egal wie mächtig oder intelligent, ist ein Kind oder DAS Kind verborgen. Hast du einmal dieses Kind „entdeckt", sprichst du mit ihm und so beeinflusst du diese Person und veränderst sie auch einfach zum Besseren (siehe Die Sieben Strahlen, Buch des Lichts).

Ist einmal das sechste Siegel geöffnet, erfährt der Kandidat reinen Terror. Er wird sich der LEERE in allem bewusst, denn wir bestehen grundsätzlich aus Lücken, die sich zwischen den Atomen und Molekülen unseres Körpers befinden sowie auch um uns herum und zwischen uns. Der Buddha enthüllt: „Als ich so verweilte (allein im Wald meditierend), kam ein Hirsch vorbei, durch einen Vogel fiel ein Zweig herunter, und der Wind brachte all die Blätter zum Flüstern; und ich dachte: 'Nun kommen sie - diese Angst und dieser Terror.'"

Das sechste Siegel wird beherrscht von

DEM SIEBENTEN SIEGEL VII
DIE ERSTE CHAKRA
Oberster Teil des Kopfes

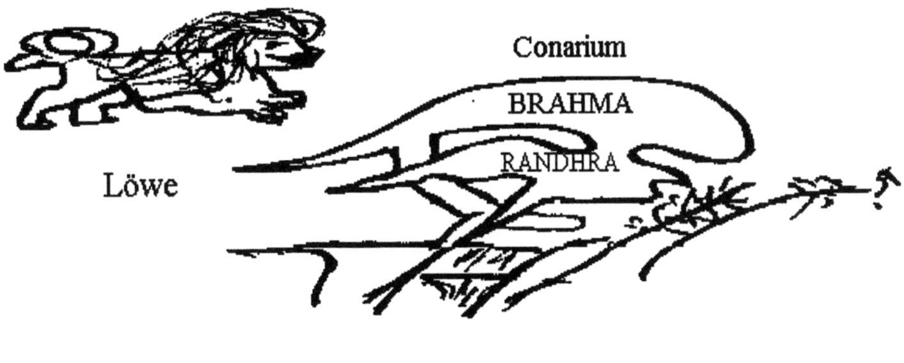

Zirbeldrüse. Gefühl: ERLEUCHTUNG. Symbol: „Stadt Laodikeia“, bekannt für die Herstellung des „phrygischen Puders oder Augenbalsams“, was auf das dritte Auge und höher deutet.

„... als es das siebente Siegel öffnete, wurde es still im Himmel, ... (dann) wurden ihnen sieben Posaunen gegeben“ (Offenbarung 8:1-6). Wenn Kuṇḍalinī durch die sieben und zwölf Hirnzentren fließt, hört man ein Geräusch.

„Er wurde geboren“ – „Es ist vollbracht“, sagte Jesus am „Kreuz der Einweihung“. Dies bedeutet, dass der Kandidat den Test der Einweihung bestanden hat, während dem er an ein Kreuz GEBUNDEN und nicht genagelt war.

Das siebente Siegel wird geöffnet durch Sprechen der Sanskrit-Buchstaben 1 - 50.

Das „Posaunensignal“ beim Öffnen, gegeben durch die siebente Gottheit in Offenbarung 11:15-18, verursacht „laute Stimmen im Himmel, die riefen: ‘... er (unser Herr) wird herrschen in alle Ewigkeit.’“

Das Öffnen der höchsten Chakra verursacht Unsterblichkeit im Bewusstsein und wir hören die Stimmen der höchsten Engel, die uns sagen, dass wir „in alle Ewigkeit herrschen“ und leben werden, was höchstens 311.040.000.000.000 Jahre wäre, aber DANN wird alles, einschließlich der höchsten Himmel, zerstört, um wiederzuerwachen nach 311.040.000.000.000 Jahren kosmischer Ruhe. Darum rief der Buddha, der Erleuchtung erreicht hatte mit allen geöffneten Siegeln oder Chakren: „Und wenn ich nur unter den höchsten Göttern wiedergeboren werden würde, möchte ich nicht auf diese Welt zurückkehren. Ich habe nichts mehr gemeinsam mit der Ordnung dieser Dinge.“ Er wählte NIRVĀṆA, was höher ist als der höchste der Himmel mit all ihren Göttern und Gott selbst. So kann Gautama Buddha wirklich „der Lehrer der Menschen UND Götter“ genannt werden. AUM.

Das siebente Siegel und die erste Chakra werden vom Löwen beherrscht. Der Kreis ist geschlossen. Kuṇḍalinī, das Spiralfeuer, ist die Schlange, welche ihren eigenen Schwanz schluckt, indem sie von der niedersten Chakra oder dem sechsten Siegel, beherrscht vom Steinbock, in die höchste erste Chakra oder das siebente Siegel, beherrscht vom Löwen, steigt.

Das Öffnen des siebenten Siegels führt zur ...

ERLEUCHTUNG

Jesus im Moment der Erleuchtung, nachdem er von seinem Guru, dem „Melchizedek“ der Bibel, eingeweiht worden war.

Der Vorgang der Reinkarnation

Reinkarnation ist die wiederholte Einkörperung des wiedergeborenen menschlichen Geistkernes (bzw. seines Verlangens nach Leben) in Körpern aus menschlichem Fleisch, aber auch in astralen und mentalen Körpern, je nach Bewusstseinsstand des zu reinkarnierenden Geistkernes. Da der Geistkern nicht dieser oder einer anderen sichtbaren oder unsichtbaren Welt entstammt, sondern jenseits der Welt der Erscheinungen in NIRVĀṆA weilt, ergibt sich die Frage, wie er überhaupt in sie gelangt ist. Die Antwort ist: Durch Reflexion, erfüllt von Unwissenheit bzw. von Verlangen nach Leben, sendet der Geistkern eine Reflexion seiner selbst von seinem zeitlosen Zustand in die Zeit und das Rad des Lebens beginnt sich zu drehen. Hat sich der Geist lange und oft genug in diese Welt reflektiert bzw. reinkarniert, erlangt er, falls er es so wünscht, NIRVĀṆA.

Der Mensch besteht aus Geist - Seele - Denken - Tierseele - Astral - Äther und physischem Körper. Der Geist zieht sich wie ein Faden (Sūtrātma सूत्रात्म „Fadenseele") durch alle diese Prinzipien, im Augenblick des Todes jedoch zieht der Geist sich in sich selbst zurück, dabei alle Körper, vom physischen angefangen, abstreifend. Zuvor jedoch oder gewissermaßen zugleich entnimmt der Geist den verschiedenen Körpern als „Ernte" alle geistigen und nur die geistigen Erfahrungen des Lebens. Während der Geist sich auf diese Weise von den verschiedenen Körpern löst, nachdem er die durch sie erfahrenen spirituellen Erlebnisse assimiliert hat, zerfallen die Körper, lösen sich auf von unten nach oben (bzw. von außen nach innen), mit dem physischen beginnend, einer nach dem anderen, wobei sie auf der ihnen entsprechenden Ebene jeweils ein „Permanentes Atom" hinterlassen. Diese Permanenten Atome oder Skandhas sind die Essenz des noch nicht ausgelebten oder noch unerfüllten Verlangens nach physischem, astralem oder auch nur mentalem Leben, je nach Bewusstseinsgrad des Menschen. Ein solcher Mensch wird dann entweder a) auf Erden, b) in der Astralebene, c) im Mentalreich in der entsprechenden Form immer und immer wiedergeboren und kann erst dann Befreiung bzw. NIRVĀṆA erlangen, wenn jeder noch so kleinste Restbestand von „Durst" nach der Welt, sei es in der Hölle, auf Erden oder gar in der Himmelswelt, ausgebrannt ist. Dann ist NIRVĀṆA erreicht.

Die Konstellation, unter der man stirbt, ist die, unter der man wiedergeboren wird. Wenn dann zwei Menschen Sex haben, die für den Körper oder die neue Wiederverkörperung des Geistes die geeigneten karmischen Voraussetzungen mit sich bringen, und wenn auch die Ruheperiode des Geistes in den Himmelswelten oder höher beendet ist, dann „schießt" der Geist mit Gedankenschnelle, „gezogen" von den ebenfalls wieder erwachten Permanenten Atomen, in die befruchtete menschliche Eizelle. Auf dem Weg dorthin von oben nach unten bzw. von innen nach außen umgibt sich der Geist wieder mit allen Körpern, deren Form und Beschaffenheit nun von oder um die Permanenten geschaffen wird. Dieser Vorgang wird unterstützt von Engeln der verschiedensten Hierarchien.

Der Ätherkörper entscheidet die Form des Embryos im Mutterleib. Etwaige Krankheiten sind karmisch bedingt und oft von Engeln bereits vor oder während, aber auch nach der Schwangerschaft beigegeben. Der ganze Vorgang ist von solch unerhörter Präzision, karmischer Gerechtigkeit und nur scheinbarer Grausamkeit, da eben alles Leid, aber auch Glück selbst verursacht ist. Der Vorgang der Reinkarnation wiederholt sich so oft, bis entweder die Weltenperiode beendet ist oder der Mensch durch Leiden oder Studium der Esoterischen Lehre reiner Geist geworden ist, auch diesen überwindet und als Geistkern in NIRVĀṆA ruht. Ehre sei Jehovah, dem Herrn der Erde, des Astralreiches und der unteren Ringe. AUM.

Der Vorgang des Zerfalls oder der Auflösung der verschiedenen Körper auf den entsprechenden Ebenen wird als nachtodlicher Zustand empfunden bzw. als „Himmel“ oder „Hölle“, je nach Bewusstseinszustand der Wesenheit auf Erden bzw. während seiner Inkarnation. Deshalb Vorsicht, Fortsetzung folgt! Oder: Was du auf Erden fühlst, tust, sagst oder auch nur denkst, hat seine Fortsetzung nach dem Tod, nur ohne physischen Körper. Und dann natürlich im nächsten Leben bzw. in der nächsten Wiederverkörperung. Darum denke, fühle, sage und tu nur Gutes und du wirst nur Gutes ernten und in einer günstigen Umgebung wiedergeboren werden. Der radikale Esoteriker sagt, denkt, fühlt und handelt natürlich gar nichts mehr oder sowenig wie möglich und erlangt damit unweigerlich NIRVĀṆA. AUM.

* * *

„Nur das Wissen von den beständigen Wiedergeburten einer und derselben Individualität durch den ganzen Lebenszyklus ... kann uns das geheimnisvolle Problem von Gut und Böse erklären und den Menschen mit der schrecklichen scheinbaren Ungerechtigkeit des Lebens aussöhnen.“ (Blavatsky, Die Geheimlehre II, S. 317, deutsche Version.)

* * *

Das Wesen des Menschen

Um das Wesen des Menschen erfassen zu können, muss man nicht mit seiner Geburt, sondern nach seinem Tode beginnen.

Damit wir wirklich verstehen, was geschieht nach dem Tode, müssen wir unsere Aufmerksamkeit auf die siebenfältige Natur des Menschen lenken. Jeder Mensch hat sieben Körper, einen physischen und sechs aurische Körper, welche nur dem geübten Seher sichtbar sind oder bei Anwendung einer bestimmten Foto- und neuerdings auch videotechnischen Prozedur*. Die sieben Körper sind:

7) Der physische Körper, sthūla-śarīra स्थूल शरीर, der Behälter und Ausdruck der sechs folgenden Körper:

6) Der ätherische Körper, prāṇa-rūpa प्राण रूप, Behälter der Lebenskraft

5) Der Astralkörper, liṅga-śarīra लिन्ग शररि, Behälter der Emotionen

4) Der Verlangenskörper, kāma-rūpa काम रूप, Behälter der tierischen Instinkte

3) Der Gedankenkörper, manas-rūpa मनस् रूप, Behälter der Gedanken, hoch und niedrig

2) Der Seelenkörper, Buddhi बुद्धि, Behälter der mental-spirituellen Energien

1) Der Geistkörper, Ātman आत्मन्, Behälter der geistigen Energie

(Ātman = atmen. Sanskrit ist die Mutter aller Sprachen. Ātman ist die sprachliche Sanskrit-Quelle des deutschen „atmen". Der Geistkörper expandiert und zieht sich zusammen, was auf der physischen Ebene das Phänomen des Atmens erzeugt. Die von der Wissenschaft erklärten Ursachen sind keine solchen, sondern nur Wirkungen.)

In anderen Systemen werden die sieben Körper verschiedentlich benannt, kāya काय und kośa कोश etc.

Jede nachtodliche Ebene ist siebenfältig und besteht aus den Emotionen, Gedanken und spirituellen Aspirationen seiner Bewohner, seien sie nun Dämone, die Astralkörper verstorbener Menschen oder einfach nur Engel der verschiedenen Hierarchien. Oh Lanoo, Himmel und Hölle sind Mensch-gemacht (etwa 14.000.000 v. Chr.). Vor dieser Zeit gab es für die Erdkette keinen Himmel und keine Hölle, da die Wesenheiten noch nicht gegen kosmisches Gesetz gehandelt hatten. Als sie es dann doch taten, verursachte das Handeln (Karma) der Wesenheiten die entsprechende gute oder schlechte nachtodliche Ebene, Himmel oder Hölle genannt.

---

* Für weitere Informationen: *INNERACTIVE,* 520 Washington blvd. #907, Marina del Rey CA 90292. Tel.: (001 310) 390 70 90. INTERNET: www.aura.net.

Der Mensch mit seinen sieben Körpern

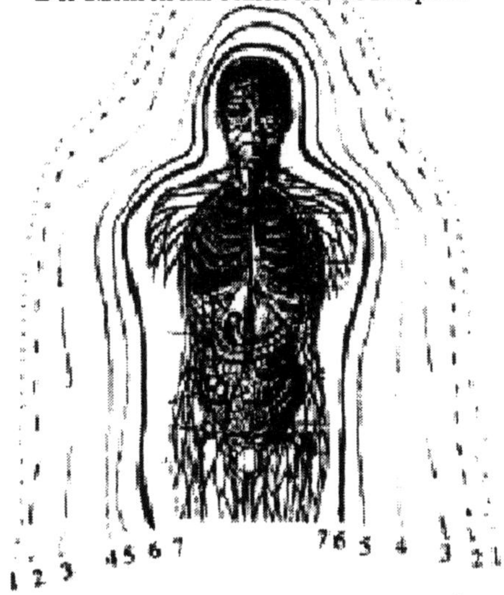

1. Geist 2. Seele 3. Mental 4. Tierseele
5. Astral 6. Ätherisch 7. Physisch

Mensch mit sieben Körpern

Nach dem Tode des physischen Körpers erwacht die Wesenheit im ätherischen Körper auf der ätherischen Ebene, im Astralkörper auf der Astralebene, im Verlangenskörper auf der Verlangensebene, im Gedankenkörper auf der mentalen Ebene, im Seelenkörper auf der Seelenebene und im Geistkörper auf der Geistebene (die Himmel der Religionen). Auf allen diesen Ebenen, von der niedrigsten bis zur höchsten, wird die Wesenheit gereinigt von den Aktivitäten oder Taten, welche begangen wurden während des Erdenlebens. Entsprechend dem Mayer'schen Gesetz von der Erhaltung der Energie geschieht Folgendes nach dem Tode des physischen Körpers: Gute Taten auf Erden finden ihre Fortsetzung, welche als „Belohnung" empfunden werden, in den höheren Himmelsebenen und schlechte Taten auf entsprechenden niederen nachtodlichen Ebenen, wo sie als „Strafe" oder gar Höllenqual empfunden werden. Ebenfalls ganz entsprechend dem Gesetz von der Erhaltung der Energie verursachen gute Taten eine gute Reinkarnation und schlechte Taten eine schlechte Reinkarnation. Da die meisten Menschen abwechselnd gut **und** schlecht während eines Lebens waren, erwartet sie in der neuen Reinkarnation Gutes und Schlechtes in allen Variationen. Dies ist auch die Erklärung dafür, warum guten Menschen oft Böses geschieht und bösen Menschen Gutes. **Alles**, was dir geschieht, oh Leser, ist selbst verursacht. Wenn die sieben Körper nach dem Tode zerfallen, warum findet dann eine Neubildung statt, die zur Reinkarnation führt? Der Grund dafür sind, wie bereits erwähnt, Permanente Atome oder Skandhas, die **Essenz** des jeweiligen, während des Erdenlebens erzeugten Verlangens, welches höllisch oder himmlisch oder vielleicht auch nur durchschnittlich war. Die Permanenten Atome erwachen nach einer Periode der Latenz, gruppieren sich um einen neuen Befruchtungsvorgang bzw. um eine ihrem Schwingungsgrad entsprechende Ebene (die ebenso gut ein Tierkörper, ein Dämon, Mensch etc. oder aber auch ein, wenn auch hoher, so doch immer vergänglicher, Himmel der Geschlechtslosigkeit sein kann) und ziehen die Wesenheit wieder in eine neue Reinkarnation, so dass also auch ein Himmel nach dem Tode nichts anderes als ein, obwohl sehr verfeinerter, Verlangens- und Sinnlichkeitszustand in einem Geistkörper ist. Der gute sowie der böse Mensch haften beide der Sinnlichkeit an, der eine erlebt die Seligkeit des Himmels und der andere die Qual seiner selbsterschaffenen Hölle. Wahrheit ist nur in NIRVĀṆA, der Aufhebung bzw. Freiheit von aller Wahrnehmung und Empfindung, aber dieses NIRVĀṆA ist eben nur für jene da, welche bereit sind, sich von Körper, Gefühl, Denken, Seele und sogar vom Geistkörper zu trennen. Himmel und Hölle werden vergehen, aber NIRVĀṆA, das bleibt bestehen. Darum: Wahre Freiheit ist nicht Freiheit im Wollen, sondern Freiheit vom Wollen. Nicht wer tun darf, was er will, ist wirklich frei, sondern nur der, welcher gar nichts mehr will, hat wahre Freiheit, das NIRVĀṆA erlangt.

Wichtig ist auch noch Folgendes: Eine ätherische Nabelschnur verbindet den physischen Körper zu Lebenszeiten mit den anderen sechs aurischen Körpern. Während des Schlafes, wenn der Astralkörper den physischen verlässt, sichert diese ätherische Nabelschnur die Rückkehr des Astralkörpers in den physischen Körper beim Erwachen.

Du stirbst nicht nur einmal, sondern sieben Male, nämlich (lies von unten nach oben) von 7) - 1) im

1) Geistkörper
2) Seelenkörper
3) Gedankenkörper
4) Verlangenskörper
5) Astralkörper
6) Ätherkörper
7) Physischen Körper

Himmel Devachan

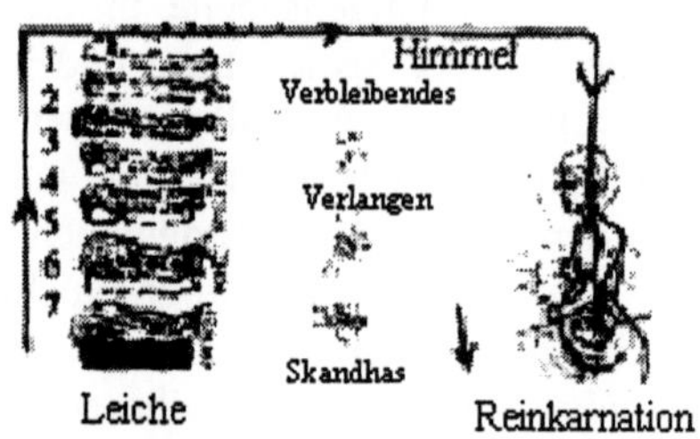

Das menschliche Wesen ist 7-fältig und stößt auf jeder Ebene den entsprechenden Körper ab.

LEICHE, Skandhas, Permanente Atome, verbleibendes Verlangen, welches die Reinkarnation verursacht.

Der Mensch ist siebenfältig und stößt jeden dieser sieben Körper auf der entsprechenden Ebene ab.

Um es noch einmal zu betonen: Die Seligkeit der Geistebenen, die man im Geistkörper nach dem Tode, aber auch jetzt schon bei entsprechendem heiligen Erdenleben im physischen Körper erleben kann, sind die sogenannten Himmel der orthodoxen Religionen sowie der verschiedenen indischen Kulte, aber auch der New Age Religionen. Sie alle versprechen ihren Gläubigen „ewigen Frieden“, aber nichts könnte weiter von der Wahrheit entfernt sein, denn auch aus diesen Himmeln muss wieder geschieden werden. Es ist schon so wie einst ein großer Weiser feststellte: „Bis hin zur höchsten Götterwelt reibt alle Wesenheit sich auf.“ Nur NIRVĀṆA ist ewig, da es keinen Anfang und konsequenterweise auch kein Ende hat. Die Theosophische Bewegung ist, außer dem Früh-Buddhismus, die einzige Lehre, die NIRVĀṆA als das höchste Prinzip anerkennt und den Buddha als den höchsten Arier, wobei ich bitte, dieses Sanskritwort nicht misszuverstehen. Arier oder Ārya आय bedeutet „heilig“ und nichts weiter.

Schwangerschaft und Geburt

Geistig 1

Seelisch 2

Mental 3

Tierseele 4

Astral 5

Ätherisch 6

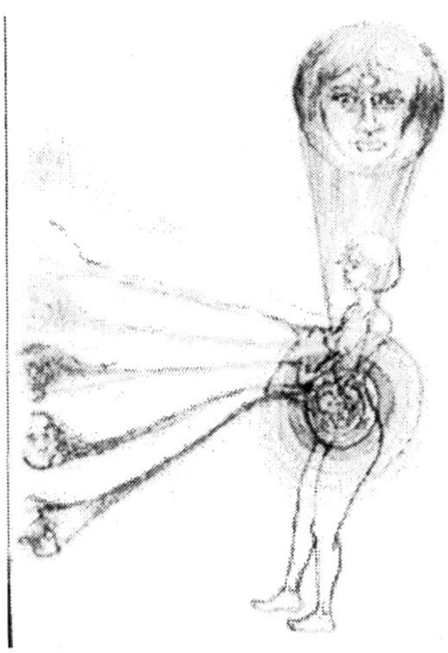

Physisch 7
(Jehovah)

Sieben Engel versehen die reinkarnierende Wesenheit, das Embryo im weiblichen Schoß, mit sieben Körpern, entsprechend des vom vergangenen Leben verbliebenen Verlangens der Wesenheit.

Geburtsvorgang und die das Neugeborene beeinflussende Sternenkonstellation

DAS ANHAFTEN
Die Ursache der Reinkarnation

Ist die Wesenheit erst einmal geboren, dann verhält sie sich entsprechend ihres Verlangenszustandes des vergangenen Lebens. Ein neues Anhaften beginnt. Und wieder erwacht, wie der Buddha es beschreibt, dieser „von Wohlgefallen und Lust begleitete Durst, der bald hier, bald dort sich ergötzt, das will sagen: Der Durst nach Sinnenlust, der Durst nach Werden, der Durst nach Vernichtung. Die Seh-Berührung, - die Hör-Berührung, - die Riech-Berührung, - die Schmeck-Berührung, - die Tast-Berührung, - die Denk-Berührung ist in der Welt angenehm und reizend; dort entsteht und entspringt eben dieser Durst, dort setzt er sich fest und greift um sich.

Die aus der Seh-Berührung resultierende Empfindung, - die aus der Hör-Berührung resultierende Empfindung, - die aus der Riech-Berührung resultierende Empfindung, - die aus der Schmeck-Berührung resultierende Empfindung, die aus der Tast-Berührung resultierende Empfindung, - die aus der Denk-Berührung resultierende Empfindung ist in der Welt angenehm und reizend; dort entsteht und entspringt eben dieser Durst, dort setzt er sich fest und greift um sich [und wird dann im Falle eines Planetenengels zu einem Planeten, im Falle eines Gottes zur Sonne, im Falle einer JEDEN Wesenheit zu eben dieser dürstenden Wesenheit und damit zur Gesamtsumme aller Wesenheiten, was wiederum im Universum selbst resultiert. Damit erklärt der Buddha natürlich wieder einmal sogar den Ursprung des gesamten Universums: DURST. Lanoo].

Die Wahrnehmung der körperlichen Formen, - die Wahrnehmung der Töne, - die Wahrnehmung der Düfte, - die Wahrnehmung der Säfte, - die Wahrnehmung der tastbaren Dinge, - die Wahrnehmung der vorstellbaren Dinge ist in der Welt angenehm und reizend; dort entsteht und entspringt eben dieser Durst, dort setzt er sich fest und greift um sich.

Das Überlegen hinsichtlich der körperlichen Formen, - das Überlegen hinsichtlich der Töne, - das Überlegen hinsichtlich der Düfte, - das Überlegen hinsichtlich der Säfte, - das Überlegen hinsichtlich der tastbaren Dinge, - das Überlegen hinsichtlich der vorstellbaren Dinge ist in der Welt angenehm und reizend; dort entsteht und entspringt eben dieser Durst, dort setzt er sich fest und greift um sich.

Der Durst nach körperlichen Formen, - der Durst nach Tönen, - der Durst nach Düften, - der Durst nach Säften, - der Durst nach tastbaren Dingen, - der Durst nach vorstellbaren Dingen ist in der Welt angenehm und reizend; dort entsteht und entspringt eben dieser Durst, dort setzt er sich fest und greift um sich.

Das Denken an körperliche Formen, - das Denken an Töne, - das Denken an Düfte, - das Denken an Säfte, - das Denken an tastbare Dinge, - das Denken an vorstellbare Dinge ist in der Welt angenehm und reizend; dort entsteht und entspringt eben dieser Durst, dort setzt er sich fest und greift um sich.

Das Nachsinnen über körperliche Formen, - das Nachsinnen über Töne, - das Nachsinnen über Düfte, - das Nachsinnen über Säfte, - das Nachsinnen über tastbare Dinge, - das Nachsinnen über vorstellbare Dinge ist in der Welt angenehm und reizend; dort entsteht und entspringt eben dieser Durst, dort setzt er sich fest und greift um sich.“ (Zitatende.)

Und haftet jemand so an, dann hat er damit schon die Bedingungen, also das Karma geschaffen für seine Reinkarnation oder Wiedergeburt, denn, so heißt es in der Bṛihadāraṇyaka-Upanishad (4, 4, 5 f): „Wie einer handelt, wie einer wandelt, ein solcher wird er. Wer gut handelt, der wird ein Guter; wer böse handelt, der wird ein Böser ... Wie seine Begierden sind, so ist sein Vorsatz, und wie sein Vorsatz ist, solches Werk tut er, und welches Werk er tut, das tritt er an (in der nächsten Existenz) ... Wenn er ans Ende dieses Werkes, was er auch immer hienieden tut, gekommen ist (d. h. wenn er den im Diesseits durch Taten erworbenen Tatenstoff aufgezehrt hat), so kehrt er aus dieser Welt zurück zu dieser Welt des Werkes.“ und in 4, 4, 6 f heißt es: „Wenn alle Begierden, die in seinem Herzen sitzen, sich loslösen, dann wird der Sterbliche unsterblich, er findet schon in diesem Leib das Brahman.“ Dem Buddha gelang es natürlich auch und gerade, Brahman loszulassen und NIRVĀṆA zu erlangen. OM. Ehre sei dem größten aller Menschen und Götter. OM.

Die Ursache der Reinkarnation, und damit die Mauer zwischen NIRVĀṆA und dir, ist also die Lust auf Wahrnehmung und Empfindung. Hat man erst einmal diesen Drang, dieses Verlangen, diese Lust nach Wahrnehmung und Empfindung zerstört bzw. überwunden, dann ist NIRVĀṆA erreicht. Um die Empfindung zu überwinden, muss man zunächst eine Antwort auf die Frage finden: „Wodurch entsteht eine Empfindung?“

Sie entsteht durch Kontakt. Welche Kontakte gibt es? Es gibt Seh-, Hör-, Schmeck-, Riech-, Tast- und Denkkontakte, welche alle eine entweder gute, schlechte oder gleichgültige Empfindung auslösen. Oh Lanoo, vermeide die Kontakte, dann wirst du das Neue, das NIRVĀṆA erfahren. Man kann aber auch sagen, dass jede Empfindung per se durch jegliche Art von Wahrnehmung ausgelöst bzw. verursacht wird. Wenn ich also nichts mehr wahrnehme, sei es Gesehenes, Gehörtes, Geschmecktes, Gerochenes, Getastetes oder Gedachtes, dann kommt auch keine Empfindung mehr in mir auf. Wo oder wann nehme ich nichts mehr wahr? In der Meditation zum Beispiel. Da nehme ich nichts mehr wahr, empfinde nichts mehr und bin immer noch da. Wer es nicht zumindest versucht hat, der wird nie verstehen, wovon ich rede bzw. schreibe.

Eine Welt, ein Leben ohne Wahrnehmungen und Empfindungen? Allein der **Gedanke** daran ist für den noch in der Welt Verhafteten (ein sehr passender Ausdruck) unvorstellbar bzw. ein Horror, davon wendet er sich ab, solange es geht, solange er eben noch leben bzw. empfinden kann. Er empfindet lieber und nimmt dafür alles Leid in Kauf. Nur wer bereits von den selbst schönsten Empfindungen enttäuscht ist, wird mehr und mehr bereit sein für die Wahrheit und fragt sich, wie es denn wohl wäre, FREI von den Empfindungen zu sein, und er macht sich auf den Weg zu diesem Zustand, indem er sich - auf einmal oder Schritt für Schritt - von den Empfindungen löst. **DANN** (im Loslösungsprozess) **ERFÄHRT ER DAS NEUE, das Empfindungsfreie**, das NIRVĀṆA, und dann wendet er sich nicht mehr den Empfindungen zu, denn er hat sie als das erkannt, was sie allesamt sind, nämlich: KOT. Wenn ihm dann wieder eine gute, schlechte oder gleichgültige Empfindung ankommt, gibt er sich ihr nicht hin, sondern beobachtet sie, bis sie wieder verschwindet. Er vermeidet auch, so gut es geht, die Kontakte und die Wahrnehmungen. Wenn er etwas wahrnimmt, wendet er sich bewusst davon ab und bleibt neutral. Schönes und Hässliches lässt ihn gleichermaßen unberührt. Er meditiert jeden Tag und immer länger, bis Neutralität seine Hauptwaffe gegenüber allen Wahrnehmungen, Kontakten und Empfindungen wird. Für ihn gibt es kein Gut und kein Böse, keine Liebe und kein Hass. Er befindet sich jenseits dieser Illusion. Heil dem, der das vollbringt. AUM.

Der Tor jedoch gibt der Versuchung nach, genießt die Empfindung, kostet sie aus, gibt sich ihr hin, ist zeitweilig befriedigt, will dann wieder die Empfindung, will mehr von ihr und verstrickt sich **aufs Neue** in den Kreislauf von Leben, Tod und Wiedergeburt, bis er dann (vielleicht) endlich begreift und sich dem Loslösungspfad zuwendet, welcher zu NIRVĀṆA führt. Was für eine Empfindung ist NIRVĀṆA? Es ist die FREIHEIT von jeglicher Empfindung. Wer weiter fragt und es nicht selbst versuchen will, der hat das Ganze noch nicht begriffen. Der muss eben noch weiter leben und leiden, bis auch er bereit ist für die Wahrheit.

Ich zitiere den Buddha: „Wenn gefragt würde: 'Von was ist der Durst abhängig?' - so wäre zu erwidern: 'In Abhängigkeit von der ***Empfindung*** entsteht der Durst.' Ich habe gesagt: 'In Abhängigkeit von der Empfindung entsteht der Durst.' Und dies, Ānando, dass in Abhängigkeit von der Empfindung der Durst entsteht, ist in folgendem Sinne zu verstehen: Angenommen, Ānando, dass überhaupt und durchweg keine Empfindung irgendeines (Wesens) von irgendetwas stattfände, das will sagen, keine aus der Sehberührung bzw. Objektwahrnehmung resultierende Empfindung, keine aus der Hörberührung [nicht einmal eines Christian Anders Schlagers oder eines spirituellen Lanoo-Liedes] resultierende Empfindung, keine aus der Riechberührung resultierende Empfindung, keine aus der Schmeckberührung resultierende Empfindung, keine aus der Tastberührung resultierende Empfindung - würde da, bei dem gänzlichen Fehlen der Empfindung, auf Grund der Aufhebung der Empfindung, irgendwie ein Durst wahrzunehmen sein?“

„Gewiss nicht, Herr.“

„Da ist hier also, Ānando, die Ursache, der Ursprung, die Entstehung, die Abhängigkeit des Durstes, nämlich die Empfindung. Wenn, Ānando, die Frage gestellt würde: ‘Ist die Empfindung von irgendetwas abhängig?’ - so wäre zu erwidern: ‘Ja, sie ist abhängig.’ Und wenn gefragt würde: ‘Von was ist die Empfindung abhängig?’ - so wäre zu erwidern: ‘In Abhängigkeit von der ***Berührung*** entsteht die Empfindung.’ Und dies, Ānando, dass in Abhängigkeit von der Berührung die Empfindung entsteht, ist in folgendem Sinne zu verstehen: Angenommen, dass überhaupt und durchweg keine Berührung irgendeines (Sinnes) mit irgendetwas stattfände, das will sagen, keine Sehberührung, keine Hörberührung, keine Riechberührung, keine Schmeckberührung, keine Tastberührung, keine Denkberührung - würde da bei dem gänzlichen Fehlen der Berührung, auf Grund der Aufhebung der Berührung, irgendeine Empfindung wahrzunehmen sein?“

„Gewiss nicht, Herr.“ - „Da ist hier also, Ānando, die Ursache, der Ursprung, die Entstehung, die Abhängigkeit der Empfindung, nämlich die Berührung.“ - „Wenn, Ānando, die Frage gestellt würde: ‘Ist die Berührung von irgendetwas abhängig?’ - so wäre zu erwidern: ‘Ja, sie ist abhängig.’ Und wenn gefragt würde: ‘Von was ist die Berührung abhängig?’ - so wäre zu erwidern: ‘In Abhängigkeit vom körperlichen Organismus (nāma-rūpam) entsteht die Berührung.’“

Oh Lanoo, dein Körper ist das Schlachtfeld. Sei der Sieger.

Alldem möchte ich hinzufügen: Jeder Dummkopf kann einer Versuchung bzw. Empfindung oder der Lust nach ihr nachgeben. Dazu gehört nicht sehr viel, ja es setzt geradezu voraus, dass da wenig ist. Aber nicht jeder Dummkopf kann eine Empfindung spüren oder die Lust nach ihr und ihr **NICHT** nachgeben. **DAS** ist der wahre Krieger, der ist der wahre Held, dem das, und wenn auch nur manchmal, gelingt. Ihm gebührt die Krone. AUM.

Nach dem Tode des physischen Körpers wird die im Astralkörper wiedererwachende Wesenheit entweder von Dämonen in die Hölle gezerrt oder von Engeln in den Himmel geleitet.

IN DEN HIMMEL

ZUR HÖLLE

Wer NIRVĀṆA erlangt hat, der bedarf keiner Führung, er findet seinen Weg allein. Jede Geburt ist, freundlich gesagt, ein Akt der Unwissenheit oder, wie ich den Geburtsvorgang beschreibe: „Die Schnauze voran, da kommt er wieder, der Tor!“

Der Buddha spricht: „Wenn *Drei* sich vereinen, ihr Mönche, bildet sich eine Leibesfrucht. Da sind Vater und Mutter vereint, aber die Mutter hat nicht ihre Zeit, auch das Jenseitswesen ist nicht bereit, und so bildet sich keine Leibesfrucht. Da sind Vater und Mutter vereint und die Mutter hat ihre Zeit, aber das Jenseitswesen ist nicht bereit, und so bildet sich keine Leibesfrucht. Da sind, ihr Mönche, Vater und Mutter vereint, und die Mutter hat ihre Zeit, und das Jenseitswesen ist bereit, so bildet sich durch der Drei Vereinigung eine Leibesfruch. Eine solche Frucht, ihr

Mönche, hegt die Mutter neun bis zehn Monate im Leibe, mit großer Angst, eine schwere Last. Eine solche Frucht, ihr Mnche, gebiert die Mutter nach Verlauf von neun bis zehn Monaten, in großen Ängsten, die schwere Last. Und wann dieser Sprössling geboren ist, ernährt sie ihn mit ihrem eigenen Blute. Blut sagt man, ihr Mönche, im Orden des Heiligen für Muttermilch. Dieses Kind nun, ihr Mönche, entwickelt sich nach und nach, reift nach und nach heran und pflegt alle die Spiele und Übungen seiner Genossen, als wie Verstecken und Fangen, Klettern und Springen, Schleudern, Wagenlenken, Bogenschießen. Dieser Knabe nun, ihr Mönche, hat sich allmählich entwickelt, ist allmählich reif geworden, und *lebt und webt im Genusse der fünf Begehrungen*: der durch das Gesicht ins Bewusstsein tretenden Formen, der ersehnten, geliebten, entzückenden, angenehmen, dem Begehren entsprechenden, reizenden; der durch das Gehör ins Bewusstsein tretenden Töne, der ersehnten, geliebten, entzückenden, angenehmen, dem Begehren entsprechenden, reizenden; der durch den Geruch ins Bewusstsein tretenden Düfte, der ersehnten, geliebten, entzückenden, angenehmen, dem Begehren entsprechenden, reizenden; der durch das Getast ins Bewusstsein tretenden Tastungen, der ersehnten, geliebten, entzückenden, angenehmen, dem Begehren entsprechenden, reizenden.

Erblickt er nun mit dem Gesicht eine Form, so verfolgt er die angenehmen Formen und verabscheut die unangenehmen, ohne Einsicht in das Wesen der Körperlichkeit verweilt er beschränkten Gemütes, und nicht gedenkt er, der Wahrheit gemäß, jener Gemütserlösung, Weisheitserlösung, wo seine bösen, schlechten Eigenschaften sich restlos auflösen. So fällt er der Befriedigung und Unbefriedigung anheim, und was für ein Gefühl er auch fühlt, ein freudiges oder leidiges, oder weder freudiges noch leidiges, dieses Gefühl hegt er und pflegt er und klammert sich daran [jedes Kind ist damit wiedererwachte Lust am Leben. Lanoo].

Während er das Gefühl hegt und pflegt und sich daran klammert, erhebt sich in ihm Genügen: dieses Genügen bei den Gefühlen, das ist Anhangen. Durch dieses Anhangen bedingt ist Werden, durch Werden bedingt Geburt, durch Geburt bedingt gehn Alter und Tod, Schmerz und Jammer, Leiden, Trübsal, Verzweiflung hervor: also kommt dieses gesamten Leidensstückes Entwicklung zustande." (Majj. Nik. I, 38. Suttam.)

Was ist nun die Ursache für Karma und Reinkarnation? Warum sind wir hier? Es sind 12 Fesseln, Nidānas genannt. („Nidāna" - siehe Erklärung S. 879.) Mit anderen Worten: Wer mit der Lust nach Körper, Gefühl, Denken, Seele und Geist stirbt, der wird auch mit Körper, Gefühl, Denken, Seele und Geist wiedergeboren. Ich sage nicht, dass dies schlecht ist, sondern nur, dass man sich dessen bewusst sei.

Das einzige Gesellschaftssystem, welches weltweit diesem seit Äonen bestehenden Kreislauf des Leidens und der Wiedergeburt ein Ende bereiten kann, ist DIE NIRVĀṆA-GESELLSCHAFT. Alle anderen Gesellschaftsformen haben versagt, da sie das FESTHALTEN in allen seinen Variationen propagieren, während die NIRVĀṆA-Gesellschaft zum LOSLASSEN des Vergänglichen aufruft, bis das wahre Ewige, Unsterbliche, Unzerstörbare, das NIRVĀṆA erlangt ist. OM.

Zu diesem Zwecke ist ein Vollendeter in der Welt erschienen, ein Heiliger, vollkommen Erwachter, ein Wissens- und Wandelsbewährter, ein Willkommener, ein Welt-Kenner, ein unvergleichlicher Führer, höher als alle Götter und Menschen, als alle Engel und Dämonen, ein Erwachter, ein Erhabener. Er offenbart selbst den Göttern ihre Vergänglichkeit, und mag sie auch Äonen währen.

Ich zitiere: „Lebendiges umzubringen hat er verworfen, Lebendiges umzubringen liegt ihm fern: ohne Stock und Schwert, fühlsam, voll Teilnahme, hegt er zu allen lebenden Wesen Liebe und Mitleid. Nichtgegebenes zu nehmen hat er verworfen, vom Nehmen des Nichtgegebenen hält er sich fern: Gegebenes nimmt er, Gegebenes wartet er ab, nicht diebisch gesinnt, rein gewordenen Herzens. Die Unkeuschheit hat er verworfen, keusch lebt er: fern zieht er hin, ENTRATEN DER PAARUNG, DEM GEMEINEN GESETZE. Lüge hat er verworfen, von Lüge hält er sich fern: die Wahrheit spricht er, der Wahrheit ist er ergeben, standhaft, vertrauenswürdig, kein Heuchler und Schmeichler der Welt. Plappern und Plaudern hat er verworfen, von Plappern und Plaudern hält er sich fern: zur rechten Zeit spricht er, den Tatsachen gemäß, auf den Sinn bedacht, der Lehre und Ordnung getreu, seine Rede ist reich an Inhalt, gelegentlich mit Gleichnissen geschmückt, klar und bestimmt, ihrem Gegenstande angemessen. Einmal des Tages nimmt er Nahrung zu sich, nachts ist er nüchtern, fern liegt es ihm, zur Unzeit zu essen. VON TANZ, GESANG, SPIEL, SCHAUSTELLUNGEN HÄLT ER SICH FERN.“ (Dīgha Nik. II.)

(„Ach Christian, warum singst, komponierst, textest und schauspielerst du nicht mehr. Du kannst das doch besser als jeder andere!“ So oder ähnlich schmeichelt man mir des Öfteren. Meine Antwort darauf ist folgende: Ich werde dies alles, eingeschlossen aller sexuellen Aktivitäten, bald aufgeben. Doch ich tue dies nicht etwa, weil ich nicht mehr kann oder weil ich denke, dass es keine vergnüglichen Aktivitäten wären. Ganz im Gegenteil. Gerade weil es so lustvoll und vergnüglich ist, führt es ja zum Anhaften, zu einer neuen Wiedergeburt und damit zu neuem Leben und Sterben. DESWEGEN interessiert es mich nicht mehr. Ich gebe all dies auf und erringe dafür das höchste Ziel, die einzig mögliche Unsterblichkeit, das NIRVĀṆA, losgelöst von Körper, Gefühl, Denken, Seele und Geist. Wer es zu fassen vermag, der fasse es. OM.)

Wie verhält sich nun jemand, der NIRVĀṆA erlangen möchte? Der Buddha erklärt es uns (die Bemerkungen in Klammern sind vom Autor).

„Erblickt er nun mit dem Gesicht eine Form, so fasst er keine Neigung, fasst keine Absicht. Da Begierde und Missmut, böse und schlechte Gedanken gar bald den überwältigen, der unbewachten Gesichtes verweilt, befleißigt er sich dieser Bewachung, er hütet das Gesicht, er wacht eifrig über das Gesicht.

Hört er nun mit dem Gehöre einen Ton [und sei es auch die schönste Sinfonie, die wundervollste Engelsmusik oder gar ein Christian Anders Lied, ja sogar ein esoterisches LANOO Lied, selbst die von Christian Anders komponierte Malibu Sinfonie],

riecht er nun mit dem Geruche einen Duft [und sei es auch Ambrosia Duft aus den höchsten Himmeln], schmeckt er nun mit dem Geschmacke einen Saft [und sei es gar das köstlichste Manna des Himmels],

tastet er nun mit dem Getaste eine Tastung [und sei es auch der schönste Körper, männlich oder weiblich],

erkennt er nun mit dem Gedanken ein Ding [und sei es die Lehre des Buddha selbst*], so fasst er keine Neigung, fasst keine Absicht. Da Begierde und Missmut, böse und schlechte Gedanken gar bald den überwältigen, der unbewachten Gedenkens verweilt, befleißigt er sich dieser Bewachung, er hütet das Gedenken, er wacht eifrig über das Gedenken. Durch die Erfüllung dieser heiligen Sinnenzügelung empfindet er ein inneres ungetrübtes Glück [Vorstufe zum NIRVĀṆA].

Erkennt er also nun mit dem Gedenken ein Ding, so verfolgt er nicht die angenehmen Dinge und verabscheut nicht die unangenehmen, gewärtig des Wesens der Körperlichkeit verweilt er unbeschränkten Gemütes und gedenkt, der Wahrheit gemäß, jener Gemütserlösung, Weisheitserlösung, wo sich seine bösen, schlechten Eigenschaften restlos auflösen. So hat er sich von Befriedigung und Unbefriedigung losgelöst, und was für ein Gefühl er auch fühlt, ein freudiges oder leidiges, oder weder freudiges noch leidiges, dieses Gefühl hegt er nicht und pflegt er nicht und klammert sich nicht daran. Während er das Gefühl nicht hegt und pflegt und sich nicht daran klammert, löst jenes Genügehaben bei den Gefühlen sich auf. Durch Auflösung jenes Genügens wird Anhangen aufgelöst, durch Auflösung des Werdens wird Geburt aufgelöst, durch Auflösung der Geburt wird Alter und Tod aufgelöst, Schmerz und Jammer, Leiden, Trübsal, Verzweiflung gehen zugrunde: Also kommt dieses gesamten Leidensstückes Auflösung zustande.“ (Zitatende.)

Wer mit dieser Philosophie nichts anzufangen weiß, der möge eben wiedergeboren werden und weiter leiden. OM.

* Auch und gerade von der Lehre des Buddha muss man sich lösen, wenn man an der Schwelle zu NIRVĀṆA steht, denn dann hat ja die Lehre ihren Zweck erfüllt wie ein Boot, das zum anderen Ufer führt und das man dann verlässt, um allein weiterzuziehen, seinem Ziel entgegen.

DIE LETZTE STUNDE
von Maya Keller Grimm

Es kommt die letzte Stunde: Bist du bereit zu gehn?
Kannst du in aller Ruhe dem Tod ins Antlitz sehn?
Es kommt die letzte Stunde: Da bist du ganz allein
und keines deiner Lieben kann Freund und Helfer sein.
Es kommt die letzte Stunde für deinen morschen Leib:
Hast du geübt zu sterben in aller Heiterkeit?
Es kommt die letzte Stunde. Weißt du wohin du gehst?
Ob du zu lichten Höhen ob du nach abwärts strebst?
Ob dann ein tiefer Friede in deinem Herzen ist,
in deiner letzten Stunde wenn du im Sterben bist?
Wenn Freude auf Nibbāna dein Innres ganz erfüllt:
Dann bist du Sotapanna, dein Sehnen wird gestillt.
Es kommt die letzte Stunde, du kennst nicht Zeit noch Ort;
doch du kannst stille lächeln: Nibbāna ist dein Hort.

Himmlische Bewusstseinsebenen nach dem Tode

ALLE DIESE WELTEN UND IHRE WESENHEITEN KÖNNEN
BEREITS IN DER MEDITATION ERLEBT WERDEN

I Himmel der Sinnenlustregion (Kṛishṇa कृष्ण Himmel etc.):
Verfeinerte und vergeistigte Sinnenbetätigung
Lebensdauer: 36 Millionen irdische Jahre
Von hier an sind alle Welten geschlechtslos und schließlich sogar formlos. Je höher die Bewusstseinsebene, je geringer der Verlangenszustand, umso länger die Lebensdauer.

II Reich der Yama Götter

III Reich der Seligen Götter

IV Reich der Schöpfungsfreudigen Götter (niedere Elohīm – Götter der Religionen)

V Reich der Götter, welche über die ihnen von anderen bereiteten Güter verfügen* (niedere Elohīm, durch Anbetung und Opfer zu erreichen)

VI Reich der Reinen Formen (Brahmā ब्रह्मा Götter, von hier an höhere Elohīm)

VII Reich der Leuchtenden Götter

VIII Reich der Strahlenden Götter

IX Reich der Gewaltigen Götter

X Reich der Götter des Grenzenlosen Raumes

XI Reich der Götter des Grenzenlosen Bewusstseins

XII Reich der Sphäre der Nichtirgendetwasheit

XIII **Die Aufhebung aller Wahrnehmung und Empfindung, NIRVĀṆA, zeitlos.**

Deshalb ist der, welcher NIRVĀṆA erlangt, selbst den höchsten Göttern und deren Reichen überlegen. Wir verstehen nun auch, warum Gautama Buddha Lehrer der Menschen UND der Götter genannt wird ...

---

* IV und V sind „die Schöpfer“, jene Wesenheiten, die uns entsprechend unseres Verlangens mit Körper, Gefühl, Denken, Seele und Geist versehen.

Höllische Bewusstseinsebenen nach dem Tode

Ich habe lange überlegt, ob ich das nun folgende Kapitel überhaupt schreiben soll, habe mich aber dann doch dazu durchgerungen. Wenn dieses Kapitel auch nur einen bösen Menschen dazu bringt, das Böse in sich zu überwinden, dann hat sich die Beschreibung der Höllenwelt gelohnt. Jeder Heilige kann unbeschadet in die tiefsten Höllenregionen hinabsteigen. Seine Reinheit schützt ihn vor den dort hausenden Höllenbewohnern. Acht Höllen gibt es mit jeweils zwei mal acht Nebenhöllen. Die Hölle wird nach dem Tode eines bösen Menschen von ihm in seinem Astralkörper erlebt, als logische Fortsetzung seines bösen Lebens auf Erden. Wenn hier also von einem „Wall von Eisen" etc. berichtet wird, dann ist immer ASTRALES Eisen gemeint, denn jede Materie findet ihr astrales Konterpart in der Astralwelt. Das Feuer der Hölle ist und wird von nichts anderem geschürt als von dem Feuer der auf Erden erlebten Leidenschaften, welches auf der Astralebene weiterbrennt und dann als wirkliches Feuer erlebt wird. Ein Heiliger kann schon deshalb nicht in die Hölle kommen, weil er ja bereits zu Lebzeiten KÜHL geworden ist. Mit anderen Worten, in der Hölle werden die bösen Taten ausgelebt und im Himmel die guten Taten. OM.

Lange vor Dantes Inferno gab es schon eine Beschreibung der Höllenwelt, und zwar zum Beispiel vom buddhistischen Mönch Mandgalyana, der seine Wanderung durch die Höllenwelt folgendermaßen beschreibt:

„Viereckig sind sie, viertorig sind sie und eingeteilt gar mannigfach. Und hundert Meilen messen sie der Höhe, Länge, Breite nach. Ein Wall von Eisen schließt sie ein, daraus ein Dach von Eisen ruht, von Eisen ist der Boden auch, der flammt in heller Feuersglut. Sie alle sind der Schrecken voll, durchloht von einem Flammenmeer. Und jede hundert Meilen wirft den Schein des Feuers um sich her. Wo Wesen, tief in Schuld verstrickt und rohen Sinns, in großer Zahl, auf lange Zeit, Jahrhunderte, verurteilt sind zur Höllenqual. Mit Stangen, die aus Eisen sind, der starken Höllenwächter Schar schlägt die, für die Feindseligkeit und Sünde höchste Freude war. Die Höllen alle will ich nun der Reihe nach euch künden:

Mit Krallen, scharf aus Eisenerz, von selbst gewachsen an der Hand [weil eben astrales Eisen, das aber vom Sünder als richtiges Eisen erlebt wird. Lanoo], bekämpfen manche Wesen sich in heißem Zorn und wutentbrannt. Es wuchsen scharfe Schwerter auch in ihrer Hand, mit denen wund sie gegenseitig schlagen sich, erbost bis auf der Seele Grund. Erlahmen ihre Glieder dann, so lindert schnell ein kühler Wind der kampferhitzten Körper Glut. Die Folgen frühern Tuns das sind. Wer aus Samjiva ist befreit, gerät nach Kukkula, gehetzt durch Hiebe, die es auf diesem Weg in diese große Hölle setzt. Dort laufen immerwährend sie (in Angst) viel Meilen hin und her, gebrannt vom Feuer, Kukkula, und was sie leiden ist gar schwer. Wer aus der Kukkula entkommt, gerät in Kanapa hinein, die lang ist ausgedehnt und breit. Dort hört er auf, ein Mensch zu sein [also nur noch das Dämonische verbleibt und wird ausgelebt. Lanoo], denn schwarze Wesen grauser Art verzehren ihn, Fleisch und Blut [astrales Fleisch und Blut. Lanoo] und reißen seine Haut ihm ab mit Schnäbeln, scharf wie Feuerglut. Die aus dem Kanapa erlöst, die sehen schöne Bäume stehn, belaubt und grün, zu denen sie den Schatten zu genießen gehn. Doch fressen Adler, Krähn ihr Fleisch und Geier, samt dem blut'gen Schaum, und reißen's angeschnäbelt ein, gleichwie man schält den saft'gen Baum. Doch wenn sie aufgefressen dann und Knochen nur noch übrig sind, wächst wieder Fleisch und Haut daran, worin das Blut aufs Neue rinnt. [Dies deckt sich auch völlig mit der Esoterischen Lehre, die verkündet, dass der Astralkörper sehr lange braucht, um sich aufzulösen, und immer und immer wieder nachwächst. Lanoo.] Darauf springen angstvoll sie empor und fliehn zu dem, was sie bedroht. Und Rettung scheint, zum Schwerterwald, dem grausen zu neuer Not. Und schwer verwundet und verletzt und blutbesudelt laufen sie, entfliehend diesem Schwerterwald, zum Höllenfluss Vaitarani. Sofort hinein! Doch SÄURE ist sein Wasser, kochend heiß und ätzt, und alle ihre Glieder sind gar bald zerfessen und zerfetzt. Mit Eisenhaken fasst und zieht aufs Ufer sie des Yama Schar und reicht den Hungernden sodann als Nahrung Eisenklumpen dar, woneben sie geschmolznes Blei und Kupfer jene trinken heißt, das abwärts rinnend das Gedärm verbrennt und nach außen reißt [doch es ist ja Astralgedärm, das wieder nachwächst. Lanoo]. In diese Höllen gehen ein Verüber böser Freveltat, die statt ein gutes Wort zu tun, nur wandelten den falschen Pfad. Doch die da meiden voll bedacht das böse Tun und alle mal den rechten Weg sich ausersehn, die gehn nicht ein zur Höllenqual (sondern eben in den Himmel. Wer da noch wissentlich Böses tut oder auch nur auf Böses sinnt, der hat es wirklich nicht anders verdient. OM.)“ Doch die Qual geht weiter:

„Im Kalasutrahöllenloch wird der Verdammten Leib zerlegt mit Axt und Beil der Richtschnur nach, so wie man grüne Bäume sägt. [Auch hier wächst der Körper natürlich immer nach. All dies erinnert sehr an die griechische ‚Legende‘ von dem Mann, der ans Kreuz genagelt ist und dem ein Geier die Leber bei lebendigem Leibe herauspickt. Doch die Leber wächst wieder nach und der Geier macht sich wieder ans Werk. Lanoo.] Drauf werden Blätter, eiserne, die lange tüchtig durchgeglüht, den wunden Gliedern aufgelegt, was unter Brand und Qual geschieht. Das Eisenlaub wird dann entfernt, hat es genug gequält gesengt, wobei es mitreißt Haut und Fleisch und alle Blutgefäße sprengt. Den Körper von den Fersen an schlitzt auf man bis zum Nackenhaar im Kalasutrahöllenloch und schlägt entzwei das Armepaar. Wo grauenvolles Dunkel herrscht und wo zu sehen ist kein Steg, wo Qualm sich dick zu Wolken ballt, durch diese Hölle geht ihr Weg. Sie laufen dort in einem fort gar viele Meilen hin und her und greifen sich mit Riemen an, viel Hunderttausend und mehr.

Auf der Samghatahölle Grund Gebirge, hoch, mit Schluchten stehn, in die Millionen an der Zahl, die Wesen sind verdammt zu gehn. Ob dieser Wesen frührem Tun zusammenprallt dann Berg und Berg, in Menge sie zerschmetternd und entzündend wie ein Feuerwerk. Aus den zerquetschten Gliedern auch ein Strom von rotem Blute fließt. Und aus dem Körpermischmasch auch von dannen üble Jauche fließt. In Eisenmörsern stößt man klein mit Eisenkeulen plump und schwer viel Hunderte von Jahren lang der bösgesinnten Hasser Heer.

Auch in der Hölle Raurava viel Volk sitzt in Gefangenschaft, und dieses schreit von Flammenglut gepeinigt, laut und schauderhaft. Wenn dieses Feuers Brand erlischt, dann schweigen die Gequälten still, doch flammt es dann von neuem auf, erheben sie ihr laut Gebrüll. Die Hölle Raurava ist riesengroß. Und sie ist unergründlich tief und grauenhaft und uferlos. Mit großen Knüppeln in der Hand die

Riesenhöllenwächter Schar verhaut viel hundert Jahr das Pack, das böse und gehässig war.

Im Höllenloche Tapana reicht man als Nahrung glühend Erz, es lohen die Verbrannten selbst wie Feuer auf und schrein vor Schmerz. Dort werden zahllos sie geschmort in höllischer Gefangenschaft, die hier auf Erden lebten einst in Sünden, bös und lasterhaft. Sind unter Qualen sie gekocht so schmecken sie den Hunden gut, die zahlreich, riesengroß und stark, von Fleisch nur leben und von Blut. Doch wenn sie aufgefressen dann und Knochen nur noch übrig sind, wächst wieder (astrales) Fleisch und Haut daran, worin das Blut aufs neue rinnt.

Scharfspießig und erzmündig sind die Teufel in Pratapana, und schreckerregend, riesengroß ein Berg von Feuer steht all da. In dieser Hölle sind sehr viele, die sündig wandelten, gebannt. Es zappeln dort die Schuldigen wie Fische auf dem Ufersand.

Zu nennen ist Avichi noch als Höllenort der bittren Pein. Und Qual und groß und voll von Glut und tausendfält'gem Feuerschein. Gleichwie ein Eisenblock, gelegt in brennend Feuer, rot erglüht, so seitwärts, unten, oben die Avichihölle Flammen sprüht. Der Hölleneingesessnen Leib als Feuersäule Funken stiebt, sie sehn nun: sicher wirkt die Tat, von hier es kein Entrinnen gibt. Doch eilends laufen sie dorthin, wo eine Tür sie offen sehn: 'Ob es uns Rettung Suchenden gelingen wird hinauszugehn?' Doch deren früh're böse Tat noch reif nicht ist und ganz gebüßt, für die durch Wirkung ihrer Schuld der Hölle Tor sich wieder schließt."

Ende der Höllenfahrt. Ich hoffe auch der böseste Mensch ist jetzt gewarnt. OM.

Nachtodliche Bewusstseinszustände - wissenschaftlich erforscht und bewiesen

Der Arzt Raymond A. Moody ist einer von vielen Wissenschaftlern, die sich sehr intensiv mit der Thanatologie, der wissenschaftlichen Erforschung und dem Beweis nachtodlicher Zustände befasst. Aus über 1000 Fallbeispielen wählt Dr. Moody die typischen und verblüffenden aus, um das von ihm formulierte Paradigma der Todesnähe-Erfahrung auszubauen und abzusichern. Dr. Moodys Berichte decken sich sehr mit den, bereits vor tausenden von Jahren in allen Kulturen gelehrten, nachtodlichen Zuständen, ihren Ursachen und Folgen. (➢Literaturnachweis: Dr. med. Raymond A. Moody *LEBEN NACH DEM TOD* und *DAS LICHT VON DRÜBEN,* Rowohlt Verlag.)

Der zunächst skeptische Kinderarzt Dr. Morse, in Seattle am Pazifik, wurde ein Schüler von Dr. Moody und ist führend in der Erforschung von Todesnähe-Erlebnissen von Kindern. Seine Untersuchungen sind besonders wichtig, da die von ihm beobachtete Gruppe „unverbildet" ist, also noch nicht massiver religiöser oder sonstiger kultureller Beeinflussung ausgesetzt war.

Dr. Michael Sabon erforschte die Todesnähe-Erfahrungen von 116 Menschen, davon 32 Patienten, die während einer Operation Herzstillstand hatten, ihren Körper verließen und dann wiederkamen. Sie alle beschrieben Reanimationsmaßnahmen in Einzelheiten, die sie nur wissen konnten, wenn sie wirklich „dabei" waren bzw. von außerhalb ihres Körpers zugesehen hatten. Dr. Sabons Buch *ERINNERUNGEN AN DEN TOD* ist als Goldmann Taschenbuch erhältlich. Die immer wieder erwähnten Tunnelerlebnisse sind nichts weiter als der Austritt der Wesenheit durch die Kopfchakra oder im schlimmsten Falle durch die anale Chakra, welche direkt in die Höllenwelten führt. (➢Weitere Literaturempfehlung: *DAS TIBETANISCHE TOTENBUCH*, Padmasambhava.*)

Die detaillierteste Nachtod-Beschreibung ist jedoch im BUCH DES LICHTS zu finden. Mich interessiert sie nicht mehr. Wem auch immer ich nach meinem Tode begegne, sei es ein Engel oder Teufel, auf den werde ich mit liebevollem Gleichmut reagieren, denn auch er ist nur eine vergängliche Illusion. OM.

Wir wissen nun, dass das VERLANGEN bzw. Tṛishṇā, der Durst nach dem Leben, die Ursache jeglicher Existenz ist, sei es hier auf Erden oder anderswo im Universum, sichtbar oder unsichtbar, sei es im Himmel oder in der Hölle. VERLANGEN, erzeugt durch UNWISSENHEIT, veranlasst die Wesen dazu, NIRVĀṆA, den sicheren Hort, zu verlassen und sich freiwillig rädern zu lassen auf dem Rad der Wiedergeburt, Saṃsāra. Doch in welchen Stufen vollzieht sich dieser Manifestationsvorgang im Falle des MENSCHEN VON NIRVĀṆA bis hinunter in unsere Welt? Dies wird in der Lehre von den NIDĀNAS enthüllt.

DIE NIDĀNAS

Die Nidānas sind die Fesseln oder Ursachen der Existenz. Nidāna, von *ni*-hinunter, nach unten und *dā*-binden, bedeutet also „das, was an die Erde bindet" oder das, welches zurück in die irdische Existenz führt. Es gibt 12 Nidānas.

1. Avīdya

... ist Unwissenheit. JEDE Wesenheit, selbst der jetzt höchste Gott war einmal unwissend und ist es eigentlich noch. Der Beweis: Er ist nicht mehr in NIRVĀṆA. Diese Unwissenheit führt zur zweiten Nidāna, nämlich

2. Saṃskāra, Pāli: Sankhāra

Saṃskāra ist das karmische Resultat von Handlungen, verursacht unter dem Einfluss von Illusion und falschem Verständnis der wahren vergänglichen Natur allen Lebens, welches ja nichts weiter ist als die Gesamtsumme aller Unwissenheit in Manifestation. Doch Saṃskāra ist noch viel mehr. Die Seelentrübnisse, die Wahnideen der sündigen Leidenschaften sind im Unterbewusstsein als Saṃskāra gegenwärtig. Es sind dies also auch unterbewusste Erinnerungen oder Bildekräfte. Diese Saṃskāra bewirken die Wiedergeburt, die die Wesenheit als Folge des Karma vom vergangenen Leben auszubaden oder auszuleben hat. Das entscheidende Endziel im

---

* Padmasambhava war ein buddhistischer Lehrer, der 700 n. Chr. die dritte große Richtung des Buddhismus begründete: das Diamantenfahrzeug.

Buddhismus ist die Vernichtung der Saṃskāra. Dies ist auch das Hauptthema dieses Buches. Wenn ich stellenweise, und im BUCH DES LICHTS noch viel mehr, sehr detailliert auf die Beschreibung der sichtbaren und für uns unsichtbaren Welt eingehe, dann doch nur, damit der Sucher sich besser von ihr lösen kann. Die Saṃskāras sind der „Baumeister", der Zimmerer des Hauses der Körperlichkeit. Die Saṃskāras sind das UNTERBEWUSSTE. Jeder Mensch wird vor allem durch sein UNTERBEWUSSTES beeinflusst und bestimmt. Jeder Psychologe und Psychiater weiß das. Wie kann man dieses so machtvolle Unterbewusste nun zum Positiven beeinflussen und ändern oder gar ganz eliminieren, überwinden? Bücher von hier bis zum Mond wurden darüber geschrieben, doch die hätte man sich sparen können, denn die Antwort sind zwei Worte: DURCH ERKENNEN. Statt Erkennen kann man auch Erschauen sagen. Gefahr erkannt, Gefahr gebannt. Wie erkennt man nun das, was so TIEF in uns schlummert, dass wir aus Angst davor, WAS es alles sein oder enthalten könnte, lieber an der Oberfläche bzw. oberflächlich weiterleben? Man ERKENNT oder ERSCHAUT das Unterbewusste, diese „Mördergrube" der menschlichen Natur in der Meditation. Je mehr man loslässt, umso näher kommt man dem Saṃskāra, dem Unterbewusstsein mit all seinen angehäuften, verdrängten Monströsitäten und Heiligkeiten. Hat man dies erst einmal wirklich ERKANNT, steht man zum ersten Mal dem Gott UND Teufel IN SICH gegenüber, dann erkennt man BEIDE als NICHT-Ich, löst sich von ihnen und das Problem ist gelöst. OM. Genau dieses Unterbewusstsein ist auch gemeint, wenn Siegfried sich dem Drachen stellt. Der Drachen ist Saṃskāra, sein Unterbewusstsein, welches er, indem er es ERKENNT, dann auch besiegt. Das Gleichnis mit dem Drachen bedeutet natürlich auch viel mehr, z. B. die Kontrolle von Kuṇḍalinī, doch dies würde hier zu weit führen. Außerdem verbirgt sich in der Siegfriedsage mit dem Drachen natürlich auch anthropologische Wahrheit, nämlich die Tatsache, dass es eine Epoche in der Geschichte und Entwicklung der Menschheit gab, wo der Mensch tatsächlich gegen Drachen kämpfte und koexistent mit ihnen war (und auch etwa gleichgroß). Um es überdeutlich zu sagen: Die konstante wiederholte Beobachtung eines Phänomens während der Meditation führt eventuell zum Verschwinden dieses Phänomens oder Problems, ganz gleich welcher Natur. Es IST so einfach, doch die wenigsten wissen oder glauben es. Sie machen eher ihre Eltern, Gott oder den Teufel etc. verantwortlich für die von ihnen selbst in vergangenen Leben erzeugten und verursachten Probleme. Nun ja.

Also: Das Unterbewusstsein mit seinen latenten Bildekräften oder Saṃskāra ist auch eines der fünf Skandhas der Wesenheit. Die anderen vier sind: 1. rūpa, die körperliche Erscheinung, 2. vedanā, die Empfindung, 3. sañña, das Wahrnehmungsbewusstsein, und 5. viññāna, das geistige Bewusstsein. WICHTIG IST: Auch Saṃskāra oder das Unterbewusstsein ist NICHT das Selbst, ganz gleich wie sehr wir vom Unterbewusstsein beeinflusst werden. Mit jedem Gedanken füttern wir Saṃskāra, das Unterbewusstsein. Da ist höchste Vorsicht geboten. Ein Kind, das im Fernsehen die Verherrlichung von Gewalt sieht, sendet seinem Unterbewusstsein oder Saṃskāra die Nachricht, ja noch schlimmer den BEFEHL: Gewalt ist okay. Vor allem emotionale, gefühlsbetonte Menschen füllen ihr Unterbewusstsein mit allerlei törichten, von den Werbemedien geschickt unterschwellig übermittelten Befehlen auf, denn jede Information, egal ob gut oder schlecht, negativ oder positiv, wird vom Unterbewusstsein kritiklos akzeptiert und als gegeben registriert. DAS UNTERBEWUSSTSEIN kennt keinen Unterschied zwischen gut und böse, wahr oder unwahr!! Es ist wie ein magischer Spiegel, der alles, was er reflektiert, bewahrt und sagt: SO IST ES. Wer also seinem Unterbewusstsein ständig negative Impulse gibt oder zuführt bzw. es damit anfüllt, den wird das Unterbewusstsein in Situationen führen, damit er diese Impulse auch in Taten umsetzen kann. Dort liegt die Gefahr. Das Unterbewusstsein sagt nicht: Dies ist falsch und dies ist richtig. Was auch immer man dem Unterbewusstsein sagt oder eingibt, DAS AKZEPTIERT ES ALS RICHTIG. Wie man diesen größten Freund und Feind des Menschen beherrscht bzw. sich zunutze macht oder sich auch ganz von ihm löst, wird bald beschrieben. Zunächst müssen wir uns noch weiter klar werden über die mächtigste der 12 NIDĀNAS, die Saṃskāra, das Unterbewusstsein. Saṃskāra ist also der Hauserbauer, der Erbauer der Leiblichkeit, des Körpers bzw. des illusionären Verlangenszustandes, den wir als Körper erleben. Doch der Buddha hat diesen Hauserbauer erkannt und sich entschlossen, ihn nicht mehr zu beschäftigen.

„Hauserbauer, du bist erschaut, du wirst hinfort dieses Haus nicht mehr zimmern ... Der Geist, der von den Saṃskāra frei geworden, hat die Vernichtung der sinnlichen Begierde erreicht.“ Mit anderen Worten, was die Überwindung, Beherrschung oder Restrukturierung und Reprogrammierung des Unterbewusstseins anbelangt, da hilft es auch nicht, an der Oberfläche herumzukratzen und zu denken, man hat bereits den Kern erwischt. Milliarden von Dollar wurden, vor allem in Amerika, mit allen möglichen das Unterbewusstsein säubernden Reprogrammierungs-Techniken verdient. Das hat zwar die Taschen der New Age „Gurus“ gefüllt, doch die Käufer solchen Unsinns sind noch verwirrter wie zuvor. Die Lösung ALLER Probleme ist: Das rechte Wissen darüber, was wir NICHT sind, und dann, wie wir uns von diesem Nicht-Selbst, zum Beispiel vom Unterbewusstsein, lösen. In der täglichen Meditation leert man das Unterbewusstsein von allem Schlechten, man trägt sozusagen den Müll heraus und ist dann bereit für eine positive Reprogrammierung, die bereits während der Meditation AUTOMATISCH stattfindet, denn der Loslösungsprozess in der Meditation veranlasst die Flucht der Dämonen aus dem Unterbewusstsein und zieht die hochgeistigen positiven Wesenheiten aus höchsten Sphären an. DIE füllen dann das Unterbewusstsein bzw. die „erfüllen“ uns dann. Eine weitere positive Reprogrammierung des Unterbewusstseins findet dann durch entsprechende positive spirituelle Lektüre statt. OM. Irgendwann einmal wird man nur noch meditieren, das Unterbewusstsein oder Saṃskāra mehr und mehr ausschalten, dann ist NIRVĀṆA nicht mehr weit. OM. Saṃskāra oder das Unterbewusstsein ist die Ursache für das dritte Nidāna.

3. Vijñāna

Bewusstsein oder Intelligenz, auch Unterscheidungsfähigkeit. Manche sehen diese Fähigkeit als eine besondere Errungenschaft oder gar großartige Fähigkeit an. Ich jedoch sage, dass die Unterscheidungsfähigkeit sowie das Denken überhaupt nichts als Krücken sind, um uns im Sumpf der Vergänglichkeit vor dem vorzeitigen, jedoch stets unabwendbaren Versinken zu bewahren. Dieses verzweifelte Strampeln im Morast nennen wir dann Kunst, Kultur, Wissenschaft, Politik und

Religion. Nun ja. Wir sehen also, wie das Bewusstsein eine weitere, sich mehr und mehr manifestierende Wirkung des Unterbewusstseins ist. In Wirklichkeit ist jedes Wesen die teilweise Manifestation seines Unterbewusstseins. Vijñāna oder das dem Unterbewusstsein nur zum Teil entspringende und sich daraus manifestierende Bewusstsein ist die Ursache von

4. Nāma-rūpa (नाम रूप)

Die „Form mit einem Namen", also die Persönlichkeit, ein weiterer Manifestationsvorgang der im Unterbewusstsein schlummernden Bildekräfte. Dies führt zu

5. Shadāyatana

„Die sechs Sinnen Organe" Sehen, Hören, Riechen, Schmecken, Tasten und Denken. Sie sind die Ursache von

6. Sparśā

Tasten oder Kontakt jeglicher Art. Dies führt zu

7. Vedanā

Sinnliche Wahrnehmung, welches wiederum die Ursache ist von

8. Tṛishṇā

Durst nach dem Leben. Dies führt zur Anhaftung. Diese Anhaftung, rein oder unrein, führt zu

9. Upādāna

Das Anhaften am Erdenleben, welches die Ursache ist für

10. Bhāva

Das Werden oder WIEDER Werden. Bhāva ist also die karmische Kraft, welche die geschlechtslose oder geschlechtliche Geburt einer jeden Wesenheit verursacht, sei es auf Erden, im Himmel oder in der Hölle. Dies wiederum ist die Ursache von

11. Jarā-mārana

Alter und Tod, welche die (Wieder)geburt verursachen, also

12. Jāti

Jāti oder die Geburt ist das Resultat der Handlungen aus vergangenen Leben. Und das ganze Schlamassel beginnt von vorne.

Wer NIRVĀṆA erlangen will, muss sich von diesen 12 Nidānas oder Fesseln lösen.

Dieser Befreiungsvorgang findet folgendermaßen statt: Die Vernichtung des Irrtums, dass wir in die Welt der Erscheinungen gehören, bewirkt die Vernichtung des

Saṃskāras und damit die Vernichtung des Leidens. Dies geschieht durch Studium und Meditation. Durch avijjāyā asesa virāganirodhā, also „durch die auf vollkommener Leidenschaftslosigkeit beruhende Vernichtung des Irrtums" wird Saṃskāra besiegt und NIRVĀṆA erlangt. Die Formel des Werdens, also der Entfaltung der 12 Nidānas, kann nur durch die Formel der ENTWERDUNG gelöst bzw. für den sich Lösenden außer Kraft gesetzt werden. Die spätere buddhistische Kommentarliteratur führt diese Formel bzw. Ursachenverkettung nur bis zum 3. Nidāna, also bis zu vijñāna zurück, und wenn gefragt wird, wie z. B. im Mahānidāna-Sutta, worin denn vijñāna (3. Nidāna) seinen Grund, seine Ursache habe, dann wird geantwortet: im nāma-rūpa (4. Nidāna). Dies ist natürlich Unsinn. Wie kann denn das 3. Nidāna, also vijñāna, seine Ursache im 4. Nidāna, also im nāma-rūpa haben? Die richtige Antwort lautet natürlich: Saṃskāra oder das Unterbewusstsein, also das 2. Nidāna ist die Ursache des 3. Nidāna, welches vijñāna oder Bewusstsein ist.

Solche Verwirrung und mehr wird und wurde verursacht durch die spätere buddhistische Kommentarliteratur, welche die ursprüngliche Lehre des Buddha völlig entstellte und ihr großen Schaden zufügte.

Das UNTERbewusstsein oder Saṃskāra ist die geheime Quelle des Bewusstseins, vijñāna. Oder: Das Bewusstsein ist nur eine TEILWEISE Manifestation, eine manifestierte Portion des Unterbewusstseins. Wenn jedes Wesen ohne Hemmungen sein Unterbewusstsein im Bewusstsein manifestieren und VOLL AUSLEBEN würde, dann hätten wir 24 Stunden am Tag Mord und Totschlag. Gott sei Dank gibt es da noch Sperren und Barrieren, die das Schlimmste verhüten. OM.

Der Vorgang des Entwerdens ist also ein gegen den Strom schwimmen, doch wer zurück zur Quelle will, der muss, wie bereits erwähnt, gegen den Strom schwimmen. Dies vollzieht sich in der täglichen Meditation, indem man eine Nidāna nach der anderen ERKENNT, beobachtet und dann die Loslösung davon erfährt. Nur durch Studium und OHNE regelmäßige Meditation mag ein solcher Loslösungs- und Entwerdungsprozess viele Leben dauern und großes Leiden verursachen. Befreiung oder vimutti vom Rad der Wiedergeburt findet also statt durch sīla (ethisches Verhalten), samādhi (rechte Meditation) und dem daraus resultierenden pannā (höheres Wissen). Doch wird dieses Wissen sowie die durch den Loslösungsvorgang auftretenden übersinnlichen Fähigkeiten nicht um ihrer selbst erstrebt, sondern sie bilden nur den Durchgangspunkt, eine Art Nebenprodukt auf dem Pfad zu NIRVĀṆA. Die Siddhis kommen zu dem, der rein lebt. Dann kommt NIRVĀṆA, die Befreiung, ein Zustand höchster Bewusstheit. Wessen ist sich der Nirvāṇin dann bewusst? Nun, er ist sich der Sphäre JENSEITS der Welt der Erscheinungen bewusst. Ein SOLCHES Bewusstsein kann man jedoch nur erlangen, wenn man sich von allem WELTLICHEN Bewusstsein bzw. von dem VERLANGEN danach in der Meditation gelöst hat. Solch ein Zustand ist also weit entfernt davon, „NICHTS" zu sein, im Sinne von „zerstört" oder „nicht existierend". Ein solches NICHTS-Bewusstsein entsteht zwar an einem gewissen Zeitpunkt der Entwicklung während der Seelenatem-Meditation und versetzt den Meditierenden oft in Angst und Schrecken, doch da muss er durch, da muss er einfach weiter meditieren und erkennen, dass NIRVĀṆA alles andere als „Nichts" im Sinne von nicht existent ist. Wer mehr wissen will, soll sich an die Arbeit machen und meditieren.

Ist man dann während des meditativen Loslösungsprozesses bis zum Unterbewusstsein, dem „Hauserbauer" vorgedrungen, dann ERKENNT man oft in der Tat das wahre Ausmaß des Schadens, durch Handlungen während vieler Leben verursacht. Man starrt „in die Höhle des Löwen", welcher oft ein ganz scheußliches Monster ist. Man sieht auch vergangene Leben und deren oft schockierende Einzelheiten. Doch DANN ist man vorbereitet, dann ist man gewarnt, man kann es ertragen, denn die tägliche Meditation stärkt die Wesenheit mit solch positiver Kraft und solchem Gleichmut, dass ihn nichts mehr schockieren kann, nicht einmal die ERKENNTNIS, das buchstäbliche SCHAUEN der eigenen Schandtaten. Dieses Schauen wird dadurch erträglicher, dass ja nicht jede Wesenheit immer schlecht war, sondern dass man auch sehr viel Gutes getan hat. Dies zu erkennen oder zu beurteilen, liegt jedoch dann wiederum beim Einzelnen während solcher Schauungen, die aber jetzt bitte nicht verwechselt werden sollen mit den nun folgenden „Schauungen" während der Meditation. Die Saṃskāra-Schauungen gehen diesen anderen Schauungen voraus oder überlagern sich manchmal mit ihnen. Mit der Zeit weiß man einfach, was wohin gehört. Die schwierigste Hürde sind jedoch die Saṃskāra, das Unterbewusstsein. Ist dies erst einmal VOLL ERKANNT bzw. in der Meditation ERSCHAUT, sind die unterbewussten Gestaltungskräfte, die ja den Körper bzw. dessen Wiedergeburt verursachen, vernichtet, DANN ist auch die Vernichtung des Bewusstseins gesichert, doch nur die Vernichtung des WELTLICHEN Bewusstseins, dann ist auch die erste Nidāna, die Unwissenheit, überwunden und der Weg ist frei nach NIRVĀṆA. Dann kann man sagen: „Ucchinnā bhavatanhā khiīnā bhavanetti n'atthi dāni punabbhavo" oder „Entwurzelt ist die Daseinsbegierde, vernichtet, die zum Dasein führt, nicht gibt es hinfort eine Wiedergeburt."

Man nennt dies das nirodha oder die Vernichtung des Saṃskāra. OM. Doch der Weg dahin führt über die Seelenatem-Meditation, deren Funktion nach diesem Kapitel behandelt wird.

Ich kann gar nicht oft genug darauf hinweisen, dass ich nicht der Einzige und schon gar nicht der Erste bin, der die WAHRE Lehre des Buddha verkündet und damit auch BEWEIST, dass der Dalai Lama falschen Buddhismus predigt. Ich bin darum dankbar für jeden großen Denker, der das in diesem Buch Dargelegte bestätigt. Lesen wir doch, was der große Buddhist Professor Dr. Hermann Bedh über NIRVĀṆA und KEUSCHHEIT zu sagen hat.

Zunächst einmal ...

PROFESSOR DR. HERMANN BEDH ÜBER NIRVĀṆA

Ich zitiere aus seinem Buch *BUDDHISMUS*:
„Diese (höchste) Stufe ist das Friedvolle, Hocherhabene, die Auslöschung der Saṃskāra, die restlose Vernichtung aller Leidenschaft, das NIRVĀṆA. Über den drei Weltensphären der Sinnlichkeit, der Form und der Formlosigkeit erhebt sich als die Sphäre der höchsten Transzendenz nirodhadhātu. In sie tritt der Jünger ein, wenn er sich über alle niederen Stufen der Meditation erhoben und die NIRVĀṆA Stufe erreicht hat. Sie wird darum auch als die NIRVĀṆA-Sphäre oder das NIRVĀṆA Element (nibbānadhātu) bezeichnet. In die Sphäre des substratlosen NIRVĀṆA geht der Buddha mit dem physischen Tode, mit dem Abwerfen der Leiblichkeit ein. Die NIRVĀṆA-Sphäre ... liegt außerhalb der Sphären, in denen der Kreislauf des Geborenwerdens und Sterbens sich vollzieht. [Und da soll es laut Dalai Lama nur ein Ich geben im Zusammenhang mit den vergänglichen Skandhas und damit nur INNERHALB der Welt der Erscheinungen? Wer ist es denn dann, der JENSEITS des Rades der Wiedergeburt erscheint und vor allem wie? Lanoo.] Sie (die NIRVĀṆA-Sphäre) ist die Sphäre des ganz über aller Zeitlichkeit liegenden unsterblichen Heils, das Buddha unter dem Bodhibaum gefunden hat. Alle Sphären, mit denen der Jünger in den niedrigeren Stufen der Meditation in Berührung kommt, nehmen noch in irgendeiner Weise teil an der Zeitlichkeit ... Es ist ein wichtiger Gedanke des Buddhismus, dass der Mensch in gewisser Hinsicht ein erhabeneres Wesen als alle Gottheiten ist, denn nur er hat die Möglichkeit, die höchste Wesensstufe, die eines weltbefreienden Buddha, zu erreichen. Um Buddha zu werden (also um NIRVĀṆA zu erlangen), müssen die Götter selbst aus ihren Himmelsphären wieder zu menschlicher Geburt herabsteigen, nur in einem menschlichen Leibe können sie des höchsten Heiles, der höchsten Vollendung teilhaftig werden. In diesem Sinne gilt menschliche Geburt im Buddhismus als die vorzüglichste aller Geburten, als ein unschätzbar hohes Gut, und wie bei Menschen der Eingang in die Himmelswelt nach dem Tode der 'gute Gang' (sugali) genannt wird, so heißt bezeichnenderweise umgekehrt bei Göttern die Menschwerdung der 'gute Gang'. [Dies bedarf einer Ergänzung. Es gibt auch Engel oder Götterwesen, die NOCH NIE auf einem Plane niedriger als dem ihren waren und früher oder später 'fallen' werden. Auch und gerade für sie ist die Lehre des Buddha von größtem Nutzeṇ. Lanoo.]

Das ist die Beruhigung (d. i. Aufhebung) aller Saṃskāra, die Auflösung der Substrate der Persönlichkeit oder Skandhas." Augenblick. Auch hier sehen wir wieder, wie Unrecht der Dalai Lama hat, wenn er ein Ich nur sieht im Zusammenhang mit eben diesen Substraten oder Skandhas und ansonsten ein anderes Ich oder Selbst nicht akzeptiert. Was ist denn dann, so frage ich, wenn die Substrate aufgelöst sind, der Erlösung Suchende sich davon gelöst hat? Ist er dann nicht mehr? Natürlich und VOR ALLEM ist er dann noch, und zwar in NIRVĀṆA. Er WEISS um seine Befreiung, sonst wäre das ganze doch eine Lehre der Tollheit, sinnlos bis ins Extrem. Darum: Das ICH existiert nicht nur im Zusammenhang mit dem Vergänglichen (Skandhas), sondern auch und VOR ALLEM mit dem EWIGEN. Dies kann ihm nicht mehr genommen werden. Alles, was das Ich tun muss, ist, sich von allem Sterblichen, von allem Vergänglichen durch Meditation und rechte Anattā-Sicht zu lösen. Dann IST das Ich auch das EWIGE. OM. Das NIRVĀṆISCHE ICH ist ja nichts anderes als der Prototyp für jegliche Dualität, also für alle dem NICHT-ICH anhaftenden Wesen in Manifestation. Sie sind ja nur da, weil ihr Ich den Zustand der EWIGEN Dualität aufgab, ihn verließ und so die VERGÄNGLICHE Dualität verursachte. Es ist ja auch nichts weiter als die ERINNERUNG an die EWIGE NIRVĀṆISCHE Dualität, die den Menschen immer und immer wieder, Leben für Leben, veranlasst, diese EWIGE Dualität hier in der Welt des Vergänglichen zu suchen, wo er sie natürlich nicht findet, es sei denn als Wunschdenken in Liebesliedern und Literatur, die von der „ewigen Liebe“ etc. handeln. Es GIBT überhaupt nur vergängliche Dualität, weil sie in ihrer EWIGEN Idealform in NIRVĀṆA existiert. Wer diesen wahrhaft paradiesischen Urzustand verlässt, findet sich automatisch an ein VERGÄNGLICHES Nicht-Ich gekettet, welches ihm immer und immer wieder entrissen wird, bis er seine Lektion gelernt hat und das loslässt, was ihm nicht zusteht. Manche lernen natürlich nie. Für die dreht sich dann das Saṃsāra, das Rad der Wiedergeburt, wenns sein muss auch auf ewig. Man meditiere darüber.

Prof. Dr. H. Bedh schreibt weiter: „(NIRVĀṆA ist) die Vernichtung der sinnlichen Begierde, die Leidenschaftslosigkeit [ich weiß, ich weiß, es wird immer unpopulärer ... Lanoo], die Ursachenvernichtung, das VERLÖSCHEN (der Skandhas natürlich). NIRVĀṆA ist ... eben jenes dem (wahren ...) Buddhisten vorschwebende, vielleicht schon bald, vielleicht erst nach vielen Inkarnationen in angespanntem Ringen zu erreichende, erhabene Ziel der Befreiung, um dessen Willen Söhne aus edler Familie aus der Heimat in die Heimatlosigkeit ziehen, die höchste Erfüllung des heiligen Wandels. [Warum wohl hauptsächlich Söhne aus edlen Familien? Nun, weil jene vielleicht bereits aus eigener Erfahrung erkennen, dass Geld und Macht vielleicht doch nicht so befriedigend sind, wie der Normalmensch sich das vorstellt. Jene sind also darum oft eher bereit, alles loszulassen, als jemand, der arm ist und sich vom Reichtum noch etwas erhofft. Dennoch hat der Buddha auch viele Arme und Ausgestoßene vom Heilsweg überzeugen können. Nun weilen sie in den Götterhimmeln und erlangen von dort aus NIRVĀṆA. Lanoo.] Das Wort NIRVĀṆA - erloschen, verweht - bedeutet im Buddhismus zunächst nur das Erloschensein des Feuers der Begierde, der Leidenschaft, des Wahnes.“

PROFESSOR DR. HERMANN BEDH ÜBER DIE KEUSCHHEIT

„Durch Keuschheit zieht der Mensch die Kräfte des Übersinnlichen an sich, während er durch das Gegenteil die Verbindung mit diesen Kräften sich abschneidet ... Die Keuschheit ist ... eine besonders wesentliche Seite des heiligen Wandels ... Einschneidener noch (als die ersten zwei Gebote ‘nicht töten’ und ‘nicht stehlen’) ist das dritte Gebot, die Keuschheit, die ... heiliges Leben genannt wird. Wichtig ist beim 3. Gebot eine Verschiedenheit zwischen den Jüngern des Pfades und den Außenstehenden (Laien). Den letzteren ist nur Meidung von Ehebruch und Unkeuschheit zur Pflicht gemacht, während von dem Jünger des Pfades die volle Enthaltsamkeit und Reinheit in Bezug auf Körper, Rede und Gedanke gefordert wird.“ (Prof. Dr. Hermann Bedh, *Buddhismus*.)

Nur so kann man ja auch schon hier auf Erden bereits zu den höchsten Himmeln der Geschlechtslosigkeit Verbindung herstellen, um dann übergangslos und ohne Probleme nach dem Tode des physischen Körpers in diesen Himmeln zu erwachen.

NIRVĀṆA kann bereits hier und jetzt im physischen Körper erlebt werden, z. B. während der ...

SEELENATEM-MEDITATION

Setze oder lege dich hin, schließe die Augen und beobachte. Beobachte alles, was geschieht. Beobachte den Atem zum Beispiel. Wie er dich ein- und ausatmet. Wie ES dich ein- und ausatmet. Es atmet von selber. Du musst gar nichts dazu tun. Beobachte nur die Atembewegung: ein-aus-ein-aus usw., Gedanken werden kommen, Gefühle, Erinnerungen. Beobachte auch sie. Egal, ob es positive oder negative Gedanken, Gefühle und Erinnerungen sind. Beobachte sie nur. Sie kommen und sie gehen. Verdränge sie nicht, gib dich nicht mit ihnen ab, beobachte sie nur. Sei ganz passiv, neutral. Wie ein Spiegel. Reflektiere alles, was geschieht. Am Anfang mag dies sehr schwer sein. Je mehr du beobachtest, umso mehr störende Einflüsse werden vielleicht erscheinen. Macht nichts. Beobachte sie nur. Mit wiederholter Meditation werden diese störenden Einflüsse immer weniger. Sie kommen und gehen, kommen und gehen. Du beobachtest sie nur. Immer schwächer werden sie, immer weniger, bis sie irgendwann einmal GANZ verschwinden. Dann bist nur noch DU da, frei von Gedanken, Gefühlen und von allen sonst störenden Einflüssen. Und immer noch bist du da. Das Auge im Sturm. Beobachte nur. Es ist nicht mehr zu tun. Das ist schon alles. Nur beobachten. Wahrnehmen. Was immer gesehen, gehört, gerochen, gedacht, gefühlt wird, all dies einfach wahrnehmen. Irgendwann wird dies alles verschwinden und DU bist immer noch da. FREI von alledem. Es ist dies jedoch wie gesagt ein stufenweiser Prozess der Loslösung, bis DU verbleibst, frei davon. OM. Stell dir nichts vor. Keine Mantra, keine Visualisierung. Kein „Der rechte Arm wird schwer“ oder „Der linke Fuß wird schwer“ etc. Um Gottes Willen keine transzendentale Meditation, keine New Age Technik, die ja doch nur die Loslösung verhindert. Kein Licht, das du dir vorstellst und mit dem du „eins wirst“. Wenn du willst, stell dir zu Beginn einer jeden Meditation vor, dass du zur Oberfläche eines stillen Sees wirst oder schmilzt, du wirst zu einem stillen, wellenlosen See, in dem sich das Mondlicht spiegelt. Verweile für ein, zwei Minuten bei dieser Vorstellung, doch dann lasse sie los und beobachte nur. Je weniger du tust umso besser. Geh aus dem Weg. Lass die Gedanken, Gefühle und Visionen etc. etc. machen, was sie wollen. Gib ihnen keine neue Nahrung. Alles, was du wollen sollst, ist NICHTS während der Meditation. Tu nichts. Damit haben ja die meisten Leute immer noch die größten Schwierigkeiten. Wie denn? Nichts tun? Gar nichts? Das können sie sich gar nicht vorstellen, das können sie nicht verstehen. Das sind sie nicht gewohnt. Man muss doch etwas tun für die Erleuchtung. Richtig! Man muss **NICHTS** tun. Versuch es doch nur mal für eine halbe Stunde. Ist gar nicht so einfach. Nur dasitzen oder daliegen, Augen zu, beobachten und NICHTS tun. Die meisten springen bereits nach fünf Minuten wieder auf und müssen etwas tun, denken oder fühlen. Es hält sie nicht am Platze. Doch Seelenatem-Meditation funktioniert nicht so. Seelenatem-Meditation ist: sitzen oder liegen, Augen zu und beobachten. Das ist schon alles. Der Atem ist ein gutes Beobachtungsobjekt. Es atmet ein, es atmet aus. Nach einer Weile wird der Atem immer flacher. Die Pause zwischen aus- und einatmen wird immer größer. Keine Angst, dass der Atem irgendwie vergessen sollte, wieder einzuatmen. Lass es geschehen. Forciere nichts, vor allem nicht die Pause zwischen aus- und einatmen. Beobachte sie nur. Es ist die sogenannte „göttliche Pause". Die höchsten Offenbarungen und Erleuchtungen werden dir zuteil während einer solchen „göttlichen Pause". Mit fortgeschrittener Meditation werden „die Schauungen" kommen. Schenke auch ihnen keine Beachtung, egal, was oder wer vor dir erscheinen mag, vom tiefsten Dämon bis zum höchsten Engel. Erst musst du Meister auf allen Bewusstseinsebenen werden. Dies kann nur geschehen durch tägliche Seelenatem-Meditation. Je mehr du beobachtest, je mehr du loslässt, je mehr du NICHTS tust (aber das konsequent), umso mehr wirst du sehen, erfahren, umso größer ist die Erleuchtung. Es kommt buchstäblich von selbst. Du musst es nur geschehen lassen. Genau das können die meisten nicht. Sie müssen sich immer einmischen, müssen sich selbst im Weg stehen, dazwischenfunken, müssen immer ihren Senf dazugeben. Du aber sollst dies nicht tun. Beobachte nur. Wenn du schweigst, spricht Gott oder eine höhere Macht oder dein höheres Selbst, oder wie auch immer du es nennen magst. Sie kann sich aber dir nicht mitteilen, diese höhere Macht, wenn du nicht schweigst. Ich sage: Selbst ein Gebet ist eigentlich störend. Man will da sozusagen dem Höchsten sagen, was er oder es zu tun hat. Gib mir dies, gib mir jenes, hilf mir hier oder dort. Dies ist kindisch. Wenn es eine höhere Macht gibt, dann weiß sie, dass du ein Problem hast, noch bevor DU es weißt. Alles, was du tun musst, ist buchstäblich NICHTS. Nichts. Dies jedoch konsequent. NICHTS ZU WOLLEN, nichts zu tun ist wohl das Schwerste in einer Leistungsgesellschaft. Und trotzdem, so funktioniert nun mal SEELENATEM-MEDITATION. Man meditiert also jeden Tag, wenn möglich zur gleichen Zeit. Man kann auch vor dem Schlafengehen meditieren. Seelenatem-Meditation vor dem Schafengehen ist das beste Schlafmittel. Viele meiner Schüler haben ihre Schlafpillen weggeworfen. Sie **meditieren** sich jetzt in den Schlaf. Noch wirksamer ist Seelenatem-Meditation natürlich, wenn man wach ist, also während des Tages, am besten am Morgen nach dem Aufstehen, vor dem Frühstück, auf jeden Fall nicht weniger als eine Stunde vor oder nach dem Essen. Wer regelmäßig meditiert, der wird bald wie ein Fels in der Brandung des Lebens sein, den kann nichts mehr umhauen, der ist das Auge im Sturm. Mit der regelmäßigen Seelenatem-Meditation ist es wie mit den Steinchen, die man in regelmäßigem Abstand ins Wasser wirft. Jedesmal werden die Wellenringe größer, bis sie den ganzen See erfüllen. Die aus der Seelenatem-Meditation resultierende Ruhe und Kraft wird dich jeden Tag mehr und mehr erfüllen und bald hält diese Ruhe und Kraft den ganzen Tag an. Du bist dann die Ruhe selbst. Nichts kann dich mehr aus der Ruhe bringen. Alles ist in Ordnung, egal, welches Chaos dich umgeben mag. Du bist IMMER glücklich, denn dein Glück ist nicht mehr abhängig von Personen und Dingen. Alles, was du tun musst, ist loslassen, beobachten. Stell dir vor, du sitzt in einem Café und Leute gehen vorüber. Sie kommen in deinem Blickwinkel und verschwinden wieder daraus. Du stehst ja nicht jedesmal auf und schüttelst jedem die Hand. Was tust du? Du beobachtest sie, wie sie erscheinen und wieder verschwinden. Das selbst machst du nun mit deinen Gedanken und Gefühlen während deiner Meditation. Du beobachtest sie, wie sie erscheinen und wieder verschwinden. Sie werden zwar nicht gleich für immer verschwinden, sondern wieder erscheinen, aber IRGENDWANN EINMAL, und sei es nach der 10., 20. oder 30. Meditation, wirst du gedanken- und gefühlsfrei sein. Du musst nur **regelmäßig** meditieren, jeden Tag eine halbe bis eine Stunde mindestens. Dann werden die störenden Einflüsse immer weniger, immer geringer, bis du irgendwann einmal FREI von ihnen bist. Den größten Fehler, den du bei der Seelenatem-Meditation machen kannst, ist, etwas zu erwarten, mit Erwartung zu meditieren. Damit meine ich, dass du während oder vor der Meditation nicht denken sollst: „Nicht werde ich frei von allen störenden Einflüssen. Jetzt werde ich dies oder das sehen. Heute wird dies oder jenes geschehen." Damit wirst du genau das verhindern, was du dir erhoffst. Tu dies nicht. Alles, was du tun musst, ist zu sitzen oder zu liegen, Augen zu und beobachten. OHNE irgendeine Erwartung. Übrigens: Seelenatem-Meditation wirkt immer, selbst wenn du denkst, dass es manchmal vielleicht nicht so gut war. Es ist die REGELMÄSSIGKEIT, die den Erfolg bringt. Mit der Seelenatem-Meditation ist es wie mit den Fingerübungen beim Klavierspielen. Keiner mag sie und doch machen sie den Virtuosen. Lass es nur geschehen. Meditiere jeden Tag REGELMÄSSIG, dann werden bald alle störenden Einflüsse verschwinden. DANN, und erst dann beginnt die volle Wirkung der Seelenatem-Meditation. Dann wirst du Dinge sehen und erfahren, die dir kein noch so spannender Science Fiction Film zeigen kann. Dann wirst du Welten und Wesen sehen, die **jenseits** dieser Dimension liegen. Erst erscheint ein Licht, dann alles andere. Du wirst sogar deinen Körper verlassen. Doch all dies soll dich nicht sonderlich beeindrucken. Du beobachtest es nur. Du beobachtest all dies, nimmst es nur wahr, bis es wieder verschwindet und du noch höhere Höhen der Wahrnehmung erreichst, bis du NICHTS mehr wahrnimmst und empfindest. Du bist immer noch da. Du empfindest nur nichts mehr und nimmst nichts mehr wahr. Das ist wahre Unsterblichkeit. Wer es zu fassen vermag, der fasse es. Wenige erreichen diesen höchsten Meditationszustand. Doch auch ein Meditationsgrad niedriger als dieser ist von großem Segen für den Meditierenden. Er betrachtet alles im Leben von einer viel höheren Warte aus. NICHTS kann ihn mehr erschüttern, weil er ja die illusionäre UNBESTÄNDIGE und vergängliche Natur in ALLEM WAHRNEHMBAREN erkennt. In der Meditation lässt er ja nur das Vergängliche los und erfährt mehr und mehr das Ewige. OM. Alles, was du tun musst, ist loszulassen und BEOBACHTEN. So einfach ist das und doch vielleicht so schwierig. Wichtig ist noch eines: Wenn dein Wecker dich (nicht zu laut!) aus deiner Meditation wieder zurückruft, dann springe nicht gleich auf, sondern kehre langsam wieder in die illusionäre Welt zurück. Öffne die Augen, bewege langsam deine Hände, dann die Füße, dann den ganzen Körper, recke und strecke ihn leicht, atme tief durch und beende dann die Meditation, indem du langsam aufstehst. OM.

Zur Meditationsposition: sitze oder liege. Wenn du sitzt, dann entweder mit verschränkten Beinen und aufrechtem Körper oder auch bequem in einem Stuhl.

Mögen all deine Meditationen von Erfolg gekrönt sein. OM.

Angst bei der Meditation

Anstatt Seligkeit empfindet man oft Angst während der Meditation. Der Grund hierfür ist folgender: Der Meditierende mag ein noch sehr anhaftender, weltlicher, sinnenbehafteter Mensch sein (oder gewesen sein), dessen karmisches Verlangensmomentum daher (noch) mehr mit niederen als mit höheren Ebenen verbunden ist. Nun entschließt er sich (vielleicht zum ersten Male in diesem Leben, womit ich meine, kaum oder gar nicht in den vergangenen Leben), das Niedere loszulassen, um das Höhere, die Himmelswelten zu erleben. Während des Loslassens in der Meditation wirkt sich aber **zunächst** der herrschende Abwärtstrend aus, hin zu den niederen, depressiven Sphären, mit denen er sich ja vielleicht viele Leben lang befasst hatte. Der Meditierende wird nun, da er loslässt, genau mit dem konfrontiert, dem er zu entgehen hoffte.* Ohne eine Kenntnis der Zusammenhänge und Ursachen dieses Phänomens wird er sich darum vielleicht entschließen, die Meditation aufzugeben. Was er jedoch tun sollte, ist, weiter zu meditieren und zu studieren, auch die Angst, die Depression etc. zu beobachten (GEDULD HABEN!), bis sich **dadurch** die Abwärtsentwicklung schließlich früher oder später umkehrt und er dann das Seligkeitserlebnis der höheren Himmelswelten in der Meditation erfährt. Diesem Seligkeitserlebnis sollte er aber EBENFALLS keine große Beachtung schenken, sondern weiter beobachten, weiter warten, bis er DIE AUFHEBUNG DER WAHRNEHMUNG UND EMPFINDUNG erfährt. DAS ist wahre Power, DAS ist NIRVĀṆA. AUM.

DIE ERLANGUNG VON WEISHEIT DURCH NICHT-DENKEN WÄHREND DER SEELENATEM-MEDITATION

Wahre intuitive Weisheit lernt man nicht in Schulen und Universitäten und auch nicht in diesem Buch, sondern die hat man bereits TIEF IN SICH. Die Frage ist nur, wie wir diese Weisheit, die wie ein Schatz tief vergraben in uns ruht und darauf

---

* Das ist, IM EXTREMFALLE, auch der Grund für das sogenannte Dracula Syndrom, an dem die Masse sich in Büchern und Filmen usw. so sehr ergötzt, von dessen wahrer Tragik sie jedoch nichts weiß. Dracula ist auch stellvertretend für jede Wesenheit, die sich viele Leben lang mit den Mächten der Finsternis abgibt und dadurch einen extremen Abwärtstrend und Anhaftungsmomentum zur niedrigsten Dämonenwelt erzeugt. Im Augenblick des Todes wird dies zur Folge haben, dass die niederen Astral- und Mentalkörper nach unten in die Dämonen- bzw. Höllenwelt gezogen werden, um dort auf die für sie furchtbarste und schmerzhafteste Weise zu desintegrieren bzw. langsam im Feuer der selbst erzeugten Leidenschaften und Perversionen verbrannt und zerstört zu werden. Dem aber will die Wesenheit entgegenwirken und so versucht sie (der niedere Astral- und Mentalkörper) alles, um im bzw. nach dem Tode des physischen Körpers diesen, als einzigen Ankerpunkt zu dieser Welt und weg von der Höllenregion, am Leben zu erhalten, indem sie ihn immer wieder mit Blut füllt, Blut, das die Wesenheit sich von anderen, noch lebenden Menschen besorgen muss. Und über so etwas machen sich die Menschen lustig, das nehmen sie auf die leichte Schulter, damit vergnügen und unterhalten sie sich, nicht wissend, dass sie gerade damit solche dämonischen Wesenheiten anziehen, obwohl Dracula Gott sei Dank ein kaum mehr existierendes, hauptsächlich atlanto-europäisches Phänomen ist, es sei denn, man erweckt durch törichtes Verhalten diese höllischen Kräfte aufs Neue ...

wartet, entdeckt zu werden, wie man diese Weisheit und Wahrheit erfahren kann. Dies wird nun hier erklärt:

Jeder weiß bereits alles. Er hat es nur vergessen. Man erinnert sich wieder bzw. man erfährt dieses Wissen, indem man still wird. Wenn das Denken still wird, kann sich die Weisheit voll mitteilen und offenbaren. Um das zu verstehen, müssen wir unser Denken oder unsere Gedanken oder, noch besser, unseren Gedankenkörper mit der Oberfläche eines Sees und die Weisheit mit dem Mond vergleichen. Der Mond bzw. die Weisheit kann sich nur VOLL widerspiegeln, wenn die Oberfläche des Sees völlig still geworden ist. Bei der kleinsten Wellenbildung kann der Mond nicht mehr sein perfektes Abbild widerspiegeln oder bei der geringsten eigenen Gedankenbildung kann sich die in uns ruhende Weisheit nicht oder nur verzerrt widerspiegeln. Man muss also, um wahres Wissen zu erlangen, zunächst einmal das eigene Denken VÖLLIG RUHIG STELLEN. Dies aber ist den meisten Menschen unmöglich, weil unsere leistungsbezogene, materialistisch orientierte, Showbusiness-süchtige Gesellschaft alles tut, um das Denken des Menschen immer und zu allen Zeiten in geradezu chaotischer Aktivität zu halten, damit der Mensch ja nicht Weisheit erlange, was bedeuten würde, dass er den Illuminati-orchestrierten Zirkus durchschauen und sich bald davon abwenden würde. Nachdem unsere armen Kinder zunächst an Schulen und Universitäten mental total verwirrt werden, indem man sie mit Wissen vollstopft, das a) oft faktisch falsch ist und das sie b) nirgendwo wirklich anwenden können, wovon unsere hohen Arbeitslosenquoten zeugen; nachdem dies alles also geschieht, gibt die Unterhaltungsindustrie dem Konsumsklaven noch den Rest, verwirrt sein Denken noch mehr, hält es unruhig und nach mehr Unterhaltung verlangend, so dass die Weisheit in ihm sich bis zur Perversion verzerrt widerspiegelt. Dies alles ist kein Zufall, sondern im Detail generalstabsmäßig geplant von denen, die nur ein Ziel haben: Die Versklavung der Menschheit, welche ja schon in vollem Gange ist. Dem kann man nur **wahres** Wissen entgegensetzen bzw. den Weg dahin weisen. Also zurück zum Beispiel mit dem Mond und der Oberfläche des Sees. Dieses Beispiel mag dem Leser bereits bekannt sein aus tibetanischen und anderen Meditationstechniken und wird beschrieben als ein Mittel, das Denken zu beruhigen und die Person zu entspannen. Aber wozu? Damit man sie danach umso besser ausbeuten kann? Aus eben diesem Grunde bieten ja auch viele Betriebe Tai Chi und Meditations- und Entspannungstechniken während der Betriebspause oder vor Arbeitsbeginn an. Dies geschieht nicht aus Menschenliebe, sondern zum Zwecke der Profitsteigerung. Es passiert immer häufiger, dass große Konzerne in ihren Privatjets Gurus aus Indien einfliegen lassen, um mit deren Hilfe den Umsatz bzw. Profit der Firma zu steigern. Im Falle eines gewissen Fast-Food Konzerns würde dies also bedeuten, dass dank eines spirituellen Wissens, wahrscheinlich sogar den Veden entnommen, die Firma X nun in der Lage ist, noch mehr Menschen mit ihren krebserzeugenden Produkten zu vergiften.

Der Vorteil an der Sache ist, dass damit noch mehr Ärzte und Krankenhäuser und Versicherungen in Anspruch genommen werden, man also gewissermaßen den Arbeitsmarkt ankurbelt und von daher gesehen der Erfolg dieser „Guru-Aktion“ sogar das erhoffte Resultat noch übertreffen wird. Nun ja, genug davon. Ich denke, dass der Leser weiß, was gemeint ist. Von dem schlechten Karma, das der Guru (der gar keiner ist, sondern bestenfalls ein Narr) auf sich geladen hat mal ganz abgesehen, kann man zusammenfassend sagen: Wer spirituelle oder auch pseudospirituelle Praktiken anwendet, um materielle Resultate zu erlangen, zieht Dämonen an und ist karmisch (und überhaupt) schlimmer dran als jemand, der im unkontrollierten, unbedachten Zorn tausend Menschen erschlägt, oder um es freundlicher auszudrücken:

Wer spirituelle Praktiken dazu verwendet, um materialistische Resultate zu erlangen, kann mit jemandem verglichen werden, der ein Originalmanuskript Albert Einsteins als Klopapier benutzt.

Die Meditation zum Zwecke der Profitsteigerung ist also nur eine andere, in New Age Philosophie verkleidete Form der Ausbeutung, eine Entspannung und Pazifizierung von Arbeitssklaven zum Zwecke der effektiveren Ausbeutung. Verweigert euch, sage ich. VERWEIGERT EUCH!

„Der Tor braucht Gesellschaft, der Weise ist sich selbst genug."

LANOO

Man halte sich also ganz bewusst das Beispiel mit dem Mond und der Oberfläche des Sees vor Augen. Ganz still muss das Denken werden. Zu diesem Zwecke muss man sich an einen ruhigen Ort zur Meditation zurückziehen. Während der Meditation versucht man dann, das Denken ruhig zu stellen. Dies ist für die meisten Menschen das am schwierigsten zu bewältigende Problem, da sie ja den ganzen Tag und oft auch die Nacht hindurch denken, denken und immer wieder denken. Sobald sie also versuchen, sich z. B. in der Meditation zu entspannen, stürzen tausend Gedanken auf sie ein. Nach ein paar Versuchen geben solche Menschen dann enttäuscht wieder auf und wenden sich irgendeiner New Age Mantra oder Technik zu, um wenigstens irgendwie ein gewisses Erfolgserlebnis zu haben. Wenn sie stattdessen weiter meditiert und beobachtet hätten, wäre es auch ihnen früher oder später gelungen, das Denken zu beruhigen, und in diesem ihrem beruhigten Denken hätte sich die Weisheit voll widerspiegeln können und sie hätten GEWUSST, was man in Schulen und Universitäten nur vermutet, wessen Oberfläche man dort bestenfalls nur ankratzt. Wenn jeder Mensch wüsste, dass alles Wissen **in ihm** ist, dann wäre er nicht mehr so abhängig von weltlichen äußeren Dingen, dann wäre er sich selbst genug, dann könnte er nicht mehr, wie es heute geschieht, ausgebeutet werden von unserer Leistungsgesellschaft und deren Unterhaltungs- und Vermarktungsindustrie. Der Schatz, oh Leser, ist also in dir selbst vergraben. Mach nur dein Denken still, so still wie die glatte, wellenlose Oberfläche eines Sees. DANN wird sich in deinem stillen Denken früher oder später alle Weisheit spiegeln und du wirst nicht nur wissen, sondern dieses Wissen auch SEIN. Diesen Zustand des NICHT-DENKENS musst du jeden Tag in der Meditation üben, indem du deine dich störenden Gedanken beobachtest, einfach nur beobachtest. Irgendwann einmal, früher oder später, werden sie dich nicht mehr stören.

WERDE DIE OBERFLÄCHE EINES SEES. Da sind keine Wellen. Alles ist bewegungslos, still und glatt.

Nichts ist mehr da vom eigenen Körper, man ist nur noch die spiegelglatte Oberfläche eines Sees, ganz ruhig, keine Wellen, kein Wind, keine Gedanken. Dies selbst ist kein Denkvorgang, sondern mehr ein optisches Versinken, ein Verschmelzen mit dieser spiegelglatten, wellenlosen Oberfläche. Da ruht man nun. Still, wellenlos und gedankenlos. DANN erfährt man die Wahrheit, und zwar oft in einem so überwältigendem Maße, dass man jedem Schulgelehrten nur mit aufrichtigem Mitleid, ja Beileid zurufen möchte: „Herzliches Beileid, du bist tot, du bist ja schon gestorben! Du gehörst zu jenen 'lebenden Toten', von denen Jesus sagt, dass man sie ihre Toten begraben lassen soll. Doch es gibt eine Möglichkeit, dich wieder zum Leben zu erwecken: Vergiss deine Schulweisheit und **HÖR AUF ZU DENKEN**, damit du wahre Weisheit erfährst, welche tief in dir und nicht in irgendeinem deiner Schulbücher ist, die ja oft auch nur von ebenso verwirrten Menschen geschrieben wurden."

Also: Das Denken muss völlig ruhig gestellt werden. Die beiden Illustrationen auf den nächsten Seiten veranschaulichen das Problem. Person A kann ja gar keine Weisheit erfahren, weil seine **nach außen gerichtete** Gedankenstruktur viel zu aktiv ist und verzerrt von weltlichen Aktivitäten und die wahre Weisheit an diesem verwirrten Denken abprallt. Ist erst Gedankenstille eingetreten und hat sich die Weisheit und das intuitive Wissen von der wahren Natur der Wesenheit erst einmal durch tägliche Meditation voll auf die ruhige Gedankenstruktur der Person gelegt oder geprägt, DANN kann man auch wieder **selber** denken, aber dann denkt man weise, weil das Denken ja dann von Weisheit geprägt ist. Also, man muss a) aufhören zu denken und b) man muss meditieren und sein Denken ruhig stellen, damit das wahre Wissen sich voll dem ruhig Gestellten mitteilen kann, und DANN kann man c) wieder selber denken. Doch dann ist das Denken eben von Weisheit geprägt, welches immer nirvāṇischer Natur ist und sich nie mehr als gerade nötig mit weltlichen Dingen befasst. Rechtes Denken ist also immer ein auf **Loslösung** und nicht auf Anhaftung gerichtetes Denken. Besonders und vor allem Kinder sollten so früh wie möglich mit der Seelenatem-Meditation vertraut gemacht werden, umso weniger sind sie Spielball ihrer eigenen Wünsche und Leidenschaften und können so früh und effektiv wie möglich den wahren Sinn ihres Lebens erfüllen: NIRVĀṆA.

Durch außenweltliche Einflüsse verwirrte Person (A) mit unruhiger, nach außen gerichteter Gedankenstruktur:

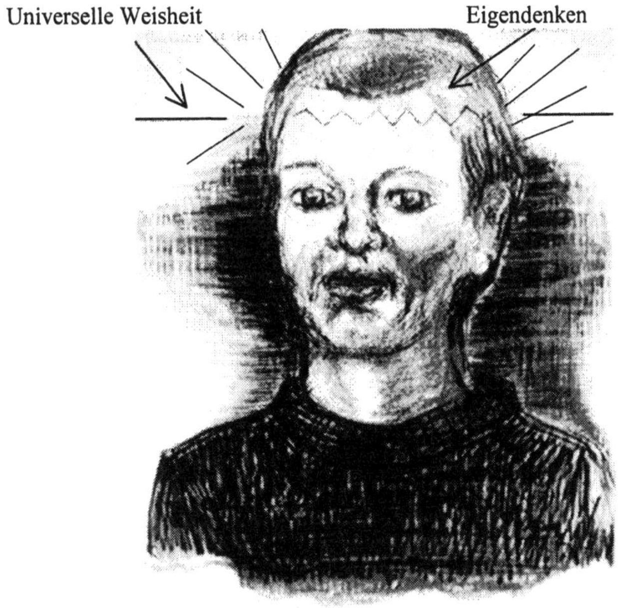

Die in der Person enthaltene oder die „überschattende" Allwissenheit kann sich nicht mitteilen, da in der Person keine Wahlverwandtschaft zur nirvāṇischen Weisheit besteht.

Gedankenstruktur während der Seelenatem-Meditation

WEISHEIT

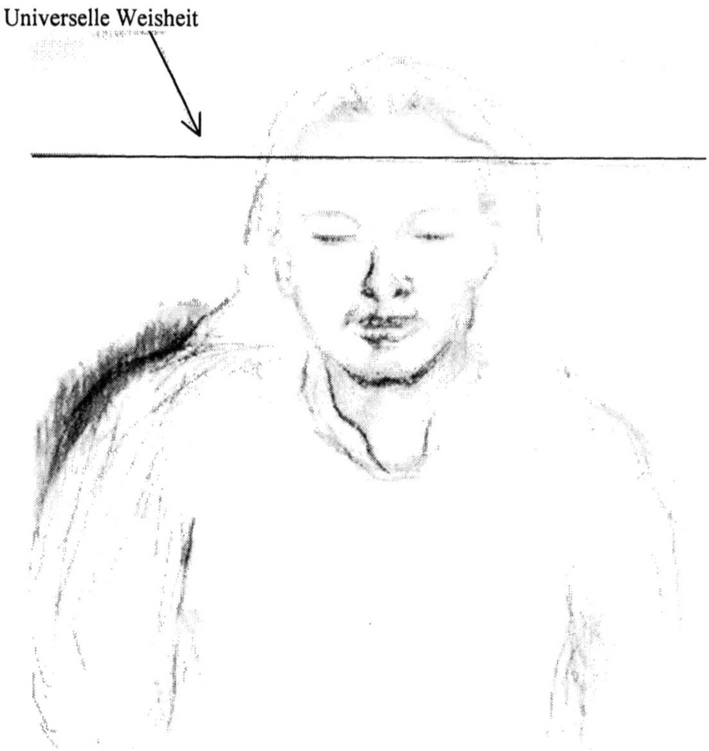

Der Meditierende und die Weisheit in ihm sind hier auf gleicher Wellenlänge, das heißt seine Gedankenstruktur ist absolut passiv und kann so Allwissenheit erlangen bzw. empfangen und reflektieren. Es ist schon so: Wer die absolute Wahrheit erfahren will, der braucht bzw. **muss** buchstäblich gar nichts tun. Dies ist aber dem Menschen nicht ganz geheuer, da man ihm ja von Kindheit auf gelehrt hat, dass absolute Weisheit sehr schwer zu erlangen ist, sozusagen erst nach harter, mühevoller Arbeit, die er wiederum erst einmal in der **Welt** bzw. mit nach außen (also von sich selber weg) gerichteten Sinnen zu bewältigen hat. Mit dieser simplen, aber effektiven Methode halten die Illuminati-gesteuerten Institutionen den Konsumsklaven von der Wiege bis zur Bahre an die Welt gebunden und verhindern so seine Erlösung in NIRVĀṆA. Wer sich dies auch **nach** der Lektüre dieses Buches noch weiter gefallen lässt, der hat es wirklich nicht anders verdient. AUM.

Der nirvāṇische Loslösungsprozess in der Seelenatem-Meditation

Die Illustrationen auf den folgenden Seiten zeigen Kreissymbole, welche den Menschen repräsentieren bzw. in diesem Falle den Kandidaten für NIRVĀṆA, den ich zu diesem Zwecke in fünf anstatt in sieben Prinzipien einteile:

1) Körper
2) Gefühl
3) Denken
4) Seele
5) Geist, mit NIRVĀṆA, der Abwesenheit allen Verlangens, als Zentrum.

Man beachte bitte, wie mit jedem Loslösungsvorgang von jedem der fünf Verlangenszustände oder Ringe sich die Essenz des Kandidaten **erweitert**, bis nur noch NIRVĀṆA verbleibt, die Abwesenheit allen Verlangens und die einzige wahre Unsterblichkeit, ein Seinszustand, den man mit einem Kreis vergleichen kann, dessen Zentrum überall und dessen Umfang nirgendwo ist. Von daher gesehen fährt unser aller Zug nach Nirgendwo, und dieses Nirgendwo ist NIRVĀṆA. AUM.

Der Meditierende

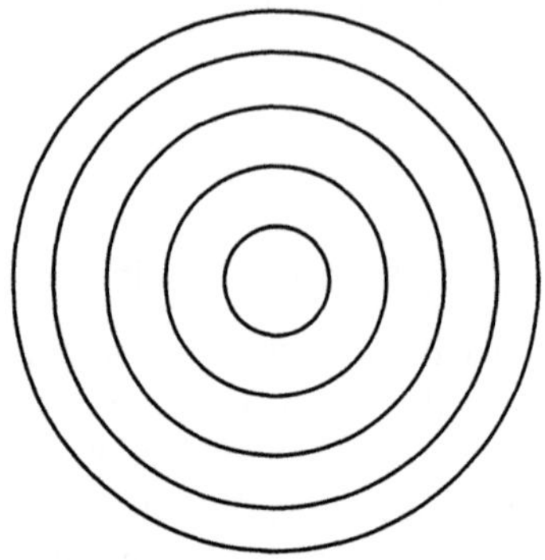

Phase eins
Losgelöst vom Fleischkörper

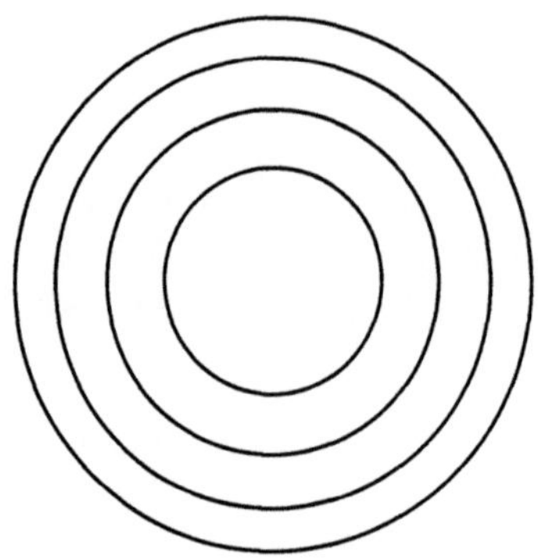

Phase zwei
Losgelöst vom Gefühlskörper

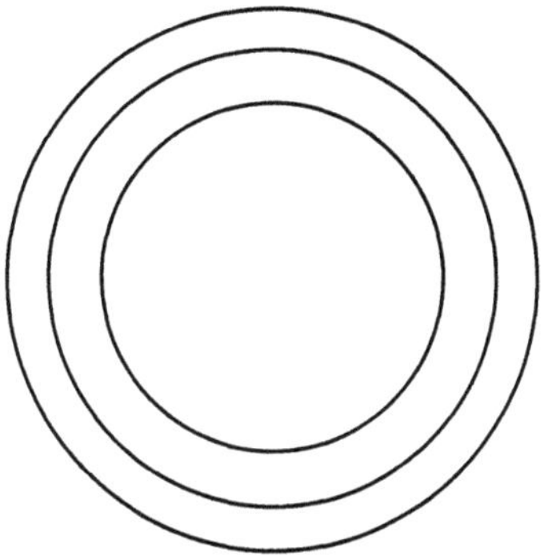

Phase drei
Losgelöst vom Gedankenkörper

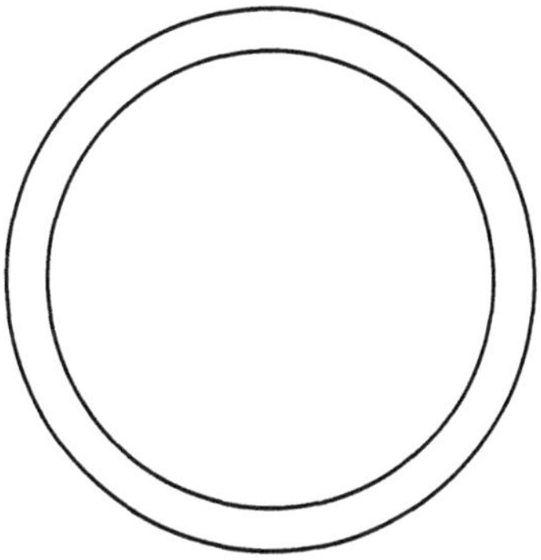

Phase vier
Losgelöst vom Seelenkörper

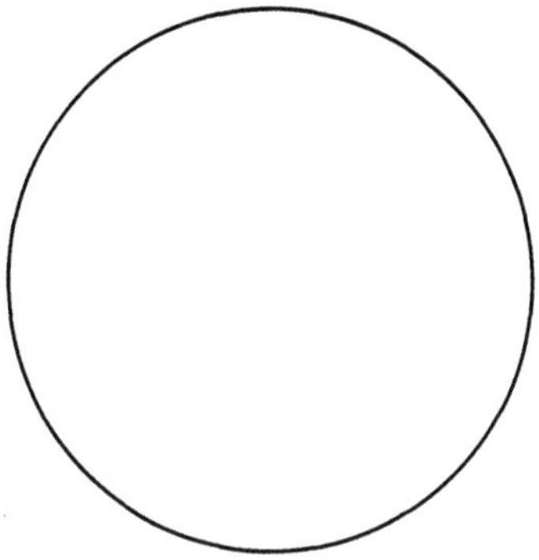

und **Phase fünf**
Losgelöst vom Geistkörper; was verbleibt ist ...

N I R V Ā Ṇ A

Die Abwesenheit allen Verlangens und die einzig wahre (und einzig mögliche) Unsterblichkeit, befreit von Körper, Gefühl, Denken, Seele und Geist.

Das folgende Kapitel beschreibt den Loslösungsprozess während Gautama Buddhas Meditation bis hin zu seiner Erleuchtung.

DIE NEUN STUFEN ZUR ERLEUCHTUNG

Ich zitiere das Suttam des Anguttara Nikāya IX, Nr. 41:

Stufe Eins

DIE ERSTE BESCHAULICHE SCHAUUNG
Der Zustand jenseits der Sinnenfreuden

„Auch ich hegte schon vor meiner vollen Erwachung, als ich noch kein voll Erwachter war, sondern der Erwachung erst nachhing, den Gedanken: 'Etwas Gutes ist der Zustand jenseits der Sinnenfreuden, etwas Gutes ist die Abgeschiedenheit.'

Aber mein Geist erhob sich nicht bei dem Gedanken an den Zustand jenseits der Sinnenfreuden, beruhigte sich nicht dabei, stand darin nicht fest, löste sich nicht los (von den Sinnenfreuden) und so erkannte ich nicht: 'Das ist friedvoll.' Da kam mir, Ānando, der Gedanke: Wenn ich das Elend der Sinnenfreuden durchschaue, mir darüber völlig klar werde und wenn ich zum Glücke des Zustandes **jenseits** der Sinnenfreuden vordringe, es *auskoste*, dann mag es wohl sein, dass sich mein Geist hinfort beim Gedanken an den Zustand jenseits der Sinnenfreuden erhebt, beruhigt, darin feststeht, sich loslöst (von den Sinnenfreuden); erfahre ich dann doch: 'Das ist friedvoll.' Und ich durchschaute, Ānando, mit der Zeit das Elend der Sinnenfreuden, wurde mir darüber völlig klar und drang zum Glücke des Zustandes jenseits der Sinnenfreuden vor, *kostete es aus*. Und so gewann ich, Ānando, seit dieser Zeit - (nach Belieben, ohne Mühe und Anstrengung) - losgelöst von den durch die Objekte der Sinne ausgelösten Freuden, diesen unheilschwangeren Dingen, die im energischen Denken und Überlegen - (der vier Grundlagen der Besonnenheit) - bestehende erste beschauliche Schauung mit all dem von Freude durchtränkten Wohlbefinden, wie es aus der Loslösung von den Freuden, die durch die Objekte der Sinne ausgelöst werden, entsteht. Und wenn, Ānando, während ich in diesem Zustande verweilte, Wahrnehmungen und Vorstellungen über mich kamen, die mit sinnlicher Freude verbunden waren, so war mir das schmerzhaft. Gleichwie, Ānando, einem Glücklichen, den Leid überfällt, das schmerzhaft ist.

Da kam mir, Ānando, der Gedanke: Möchte ich doch nunmehr, nach dem Zurruhekommen des Denkens und Überlegens die von allen Gedanken und Überlegungen freie Einheit des Geistes, die zweite beschauliche Schauung, erreichen, mit all dem von Freude durchtränkten Wohlbefinden, wie es aus (dieser) Konzentration erwächst. Aber mein Geist erhob sich nicht bei dem Gedanken des Freiseins von Gedanken, beruhigte sich nicht dabei, stand darin nicht fest, löste sich nicht los (vom Denken); und so erkannte ich nicht: 'Das ist noch friedvoller.' Da kam mir, Ānando, der Gedanke: Wenn ich das Elend der Gedanken durchschaue, mir darüber völlig klar werde und wenn ich zum Glücke des Freiseins von Gedanken vordringe, *es auskoste*, dann mag es wohl sein, dass sich mein Geist hinfort beim Gedanken des Freiseins von Gedanken erhebt, beruhigt, darin feststeht, sich (vom Denken) loslöst; erfahre ich dann doch: 'Das ist noch friedvoller.' Und ich durchschaute, Ānando, mit der Zeit das Elend der Gedanken, wurde mir darüber völlig klar und drang zum Glücke des Freiseins von Gedanken vor, *kostete es aus*. Und so gewann ich seitdem, Ānando, - (nach Belieben, ohne Mühe und Anstrengung) - nach Beruhigung der Gedanken und Überlegungen die von allem Denken und Überlegen freie Einheit des Geistes, ..."

Stufe Zwei

DIE ZWEITE BESCHAULICHE SCHAUUNG
Die von allen Gedanken und Überlegungen freie Einheit des Geistes

„... mit all dem von Freude durchtränkten Wohlbefinden, wie es aus (dieser) Konzentration erwächst. Und wenn, während ich in diesem Zustande verweilte, Wahrnehmungen und Vorstellungen über mich kamen, die mit Gedanken verbunden waren, so war mir das schmerzhaft. Gleichwie, Ānando, einem Glücklichen, den Leid überfällt, das schmerzhaft ist.

Da kam mir, Ānando, der Gedanke: Möchte ich doch nunmehr nach Verblassen der Freude gleichmütig verweilen, besonnen, klar bewusst, und jenes Wohlbefinden im Körper erfahren, von dem die Erlesenen sagen: 'Der Gleichmütige, Besonnene lebt im Wohlbefinden' und so in der dritten beschaulichen Schauung verweilen. Aber mein Geist, Ānando, erhob sich nicht beim Gedanken an den Zustand jenseits der Freude (wie sie in der zweiten beschaulichen Schauung herrscht), beruhigte sich nicht dabei, stand nicht darin fest, löste sich nicht los (von der Freude) und so erkannte ich nicht: 'Das ist noch friedvoller.' Da kam mir, Ānando, der Gedanke: Wenn ich das Elend durchschaue, das auch die [immer vergängliche] Freude in sich birgt, mir darüber völlig klar werde und wenn ich zum Glücke jenseits der Freude vordringe, *es auskoste*, dann mag es wohl sein, dass sich mein Geist hinfort beim Gedanken an den Zustand jenseits der Freude erhebt, beruhigt, darin feststeht, sich loslöst (von der Freude); erfahre ich dann doch: 'Das ist noch friedvoller.' Und ich durchschaute, Ānando, mit der Zeit das Elend, das auch die Freude in sich birgt, wurde mir darüber völlig klar und drang zum Glücke jenseits der Freude vor, *kostete es aus*. Und so gewann ich seitdem, Ānando - (nach Belieben, ohne Mühe und Anstrengung) - indem ich auch die Freude verblassen ließ, ..."

Stufe Drei

DIE DRITTE BESCHAULICHE SCHAUUNG
Das Glück jenseits der Freude

Lanoo kommentiert: Man bemerke, dass, um wahren Fortschritt zu erreichen, der Kandidat sich auch **intellektuell** klar sein muss über das Elend eines jeweils erreichten Fortschrittes, um dann darum auch DIES im anattā-durchtränkten Denken und in der Meditation loszulassen. Diesen Lehrsatz, dass ALLER Fortschritt eben gar keiner ist, sondern nur ein „im Kreis laufen", kann man auf Erden, im Himmel und in der Hölle anwenden. Wo soll denn wahrer Fortschritt, selbst in der höchsten Kunstform oder sozialen, politischen, wissenschaftlichen Struktur und „Errungenschaft", zu finden sein, wenn ja doch früher oder später alles der Zerstörung anheimfällt? Wer da einwendet, dass dies ein feiges Weglaufen oder ein Kopf in den Sand stecken sei, der hat eben noch nicht das wahre Verständnis von der Leidensnatur in ALLEM, eben wegen seiner Vergänglichkeit, erlangt. Würdest du, lieber Leser, jemanden feige nennen, wenn er aus einem brennenden Haus läuft **und dabei sogar noch andere mit sich nimmt und errettet?**

Die ganze Welt ist ein einziges brennendes Haus, was sogar faktisch stimmt, wenn man sich der wahren Natur des Feuers esoterisch bewusst wird, dieses Feuer, welches nirgendwo in der Luft oder z. B. im Zündholz oder der Reibfläche zu finden ist und das doch aufflammt. Warum ist das so? Weil das Feuer eben immer und überall **latent existiert** und nur auf die **Bedingungen** wartet, sich als FEUER-ELEMENT manifestieren zu können*; und dasselbe Prinzip gilt für alle anderen Elemente, von denen unsere Wissenschaftler nichts weiter kennen als die Hülle, aber niemals die Wesenheit. Die war den Alchemisten bekannt, von denen es heute fast keine mehr gibt. Die ganze Welt, alle Himmel und Höllen eingeschlossen, ist ein brennendes Haus, aus dem ich herauslaufe und so viele Wesen wie möglich mit mir nehme. Wer das nicht will, der mag gerne drinnen bleiben und verbrennen. Dem ist eben buchstäblich nicht zu helfen und der muss eben eine neue Reinkarnation abwarten, bis er dann vielleicht bereit ist für die Wahrheit bzw. für das Erkennen der Anattā- und darum Leidensnatur in allem. AUM.

Nun, da der Buddha und vielleicht auch der Leser die dritte beschauliche Schauung erreicht hat**, stellt sich die Frage: „Ist da mehr?" Der Buddha enthüllt es uns, indem er schildert, wie er in der dritten beschaulichen Schauung gleichmütig verweilt, besonnen, klar bewusst, und jenes Wohlbefinden in seinem Körper empfindet, von dem die Erlesenen sagen: „'Der Gleichmütige, Besonnene, lebt im Wohlbefinden.' Und wenn, Ānando, während ich in diesem Zustande verweilte, Wahrnehmungen und Vorstellungen über mich kamen, die mit Freude verbunden waren, so war mir das schmerzhaft. Gleichwie, Ānando, einem Glücklichen, den Leid überfällt, das schmerzhaft ist.

Da kam mir, Ānando, der Gedanke: Möchte ich doch nunmehr nach Aufgabe alles Wohlbefindens so gut wie alles Leides, nach dem Dahinschwinden des früheren Frohsinns und Trübsinns die vollkommene Reinheit des über alles Leid und alles Wohlbefinden erhabenen besonnenen ***Gleichmutes***, die vierte beschauliche Schauung gewinnen."

---

* Irgendwann werden die Bedingungen so sein, dass das nur darauf wartende Feuer das ganze Universum mit allem darin verschlingen kann und darum selbst in NIRVĀṆA absorbiert wird.

** Dies ist natürlich eine sehr gewagte Vermutung, da nicht viele die dritte (oder irgendeine andere) beschauliche Schauung erreichen und **dennoch** NIRVĀṆA erlangen können, wie ich es später noch im Einzelnen erörtern werde.

Was ist dies, genauer definiert, für ein Zustand? Dr. Georg Grimm erklärt es uns: „(Es ist) der Zustand vollendeter, von allen Gefühlsregungen freier *Gleichgültigkeit* gegenüber der gesamten Formwelt, insbesondere auch gegenüber dem eigenen Körper. Ist die vierte Schauung erreicht, so geht speziell die durch die vollkommene Gleichgültigkeit gegenüber dem eigenen Körper herbeigeführte Loslösung von diesem so weit, dass seine Atmungstätigkeit und damit natürlich auch seine übrigen vegetativen Funktionen, wie übrigens auch die Tätigkeiten der fünf grobmateriellen Außensinne, vorübergehend aufhören. Nur der Geist bleibt in höchster Aktivität. Man ist also *reiner* Geist geworden und sieht sich als solcher in vollendeter Gleichgültigkeit seinem bewegungslosen Körper wie der gesamten Formwelt gegenüber. Auch es [der Körper. Lanoo] ist vergänglich und hindert am Fortschreiten zu noch erhabeneren Zuständen."

Weshalb der Buddha auch sagt: „Aber mein Geist erhob sich nicht bei dem Gedanken an den Zustand jenseits alles Leides und auch alles Wohlbefindens, beruhigte sich nicht dabei, stand darin nicht fest, löste sich nicht los (vom Wohlbefinden der dritten beschaulichen Schauung), und so erkannte ich nicht: 'Das ist noch friedvoller.' Da kam mir, Ānando, der Gedanke: Wenn ich das Elend, das auch das Wohlbefinden über den errungenen Gleichmut in sich birgt, durchschaue, mir völlig darüber klar werde und wenn ich zum Glücke des Zustandes jenseits alles Leides und auch alles Wohlbefindens vordringe, *es auskoste*, dann mag es wohl sein, dass sich mein Geist hinfort bei dem Gedanken an den Zustand jenseits alles Leides und alles Wohlbefindens erhebt, beruhigt, darin feststeht, sich loslöst (auch von dem Wohlbefinden der dritten beschaulichen Schauung); sehe ich dann doch ein: 'Das ist noch friedvoller.'

Und ich durchschaute, Ānando, mit der Zeit das Elend, das auch das Wohlbefinden über den errungenen Gleichmut in sich birgt, wurde mir darüber völlig klar und drang zum Glücke des Zustandes jenseits alles Leides und alles Wohlbefindens vor, *kostete es aus*. Und so gewann ich seitdem, Ānando, - (nach Belieben, ohne Mühe und Anstrengung) - nach Zurücklassung alles Leides und alles Wohlbefindens, nach dem Dahinschwinden des früheren Frohsinns und Trübsinns die vollkommene Reinheit des über alles Leid und alles Wohlbefinden erhabenen besonnenen Gleichmutes (gegenüber der gesamten Sinnenwelt) ..."

Stufe vier

DIE VIERTE BESCHAULICHE SCHAUUNG
Der Zustand jenseits alles Leides und auch alles Wohlbefindens

„Und wenn, Ānando, während ich in diesem Zustande verweilte, Wahrnehmungen und Vorstellungen über mich kamen, die mit Wohlbefinden über den errungenen Gleichmut verbunden waren, so war mir das schmerzhaft. Gleichwie, Ānando, einem Glücklichen, den Leid überfällt, das schmerzhaft ist.

Da kam mir, Ānando, der Gedanke: Möchte ich doch nunmehr nach völliger Ausschaltung aller Wahrnehmungen von körperlichen Formen, nach dem Hinschwinden aller Reflexwahrnehmungen und durch Nichtbeachtung der Vielheitswahrnehmungen in der Vorstellung 'Grenzenlos ist der Raum' den Bereich des grenzenlosen Raumes gewinnen und darin verweilen. Aber mein Geist erhob sich nicht bei dem Gedanken an den Bereich des grenzenlosen Raumes, beruhigte sich nicht dabei, stand darin nicht fest, löste sich nicht los (von dem gleichmütigen Anblick der Welt der Formen in der vierten beschaulichen Schauung); und so erkannte ich nicht: 'Das ist noch friedvoller.' Da kam mir, Ānando, der Gedanke: Wenn ich das Elend der körperlichen Formen durchschaue, mir darüber völlig klar werde und wenn ich zum Wohlbefinden im Bereiche des grenzenlosen Raumes vordringe, *es auskoste*, dann mag es wohl sein, dass sich mein Geist hinfort bei dem Gedanken an den Bereich des grenzenlosen Raumes erhebt, beruhigt, darin feststeht, sich loslöst (von der Formenwelt); erfahre ich dann doch: 'Das ist noch friedvoller.' Und ich durchschaute, Ānando, mit der Zeit, das Elend der Formen, wurde mir völlig darüber klar und drang zum Glücke des Bereiches des grenzenlosen Raumes vor, *kostete es aus*."

So erreichte der Buddha

Stufe Fünf

DIE FÜNFTE BESCHAULICHE SCHAUUNG
Der Bereich des grenzenlosen Raumes

„Und so gewann ich seitdem, Ānando, - (nach Belieben, ohne Mühe und Anstrengung) - nach völliger Ausschaltung der Wahrnehmung der körperlichen Formen, nach dem Hinschwinden aller Reflexwahrnehmungen, durch die Nichtbeachtung der Vielheitswahrnehmungen in der Vorstellung 'Grenzenlos ist der Raum' den Bereich des grenzenlosen Raumes. Und wenn, Ānando, während ich in diesem Zustande verweilte, Wahrnehmungen und Vorstellungen über mich kamen, die mit körperlichen Formen verbunden waren, so war mir das schmerzhaft. Gleichwie, Ānando, einem Glücklichen, den Leid überfällt, das schmerzhaft ist.

Da kam mir, Ānando, der Gedanke: Möchte ich doch nunmehr nach völliger Ausschaltung des Bereiches des grenzenlosen Raumes in der Vorstellung 'Grenzenlos ist das Bewusstsein' den Bereich des grenzenlosen Bewusstseins erreichen und darin verweilen."

Dr. Georg Grimm kommentiert: „Auf dieser Höhe wird man zum reinen, in sich webenden Erkennen, das nur mehr seine eigene Grenzenlosigkeit, wie vorher die des Raumes, und sonst schlechterdings nichts mehr schaut, insbesondere natürlich auch den eigenen Körper nicht mehr."

Der Buddha fährt fort: „Aber mein Geist erhob sich nicht bei dem Gedanken an den Bereich des grenzenlosen Bewusstseins, beruhigte sich nicht dabei, stand darin nicht fest, löste sich nicht los (vom Bereiche des grenzenlosen Raumes); und so erkannte ich nicht: 'Das ist noch friedvoller.' Da kam mir, Ānando, der Gedanke: Wenn ich das Elend des Bereiches des grenzenlosen Raumes durchschaue, mir völlig darüber klar werde, und wenn ich zum Wohlbefinden im Bereiche des grenzenlosen Bewusstseins vordringe, *es auskoste*, dann mag es wohl sein, dass sich mein Geist hinfort bei dem Gedanken an den Bereich des grenzenlosen Bewusstseins erhebt, beruhigt, darin feststeht, sich loslöst; erfahre ich dann doch: 'Das ist noch friedvoller.' Und ich durchschaute, Ānando, mit der Zeit das Elend des Bereiches des grenzenlosen Raumes, wurde mir darüber völlig klar und drang zum Glücke des Bereiches des grenzenlosen Bewusstseins vor, *kostete es aus.*"

Dies ist, was ich bezeichne als ...

Stufe Sechs

DIE SECHSTE BESCHAULICHE BESCHAUUNG
Der Bereich des grenzenlosen Bewusstseins

„Und so gewann ich, Ānando, seit der Zeit - (nach Belieben, ohne Mühe und Anstrengung) - nach völliger Ausschaltung des Bereiches des grenzenlosen Raumes in der Vorstellung 'Grenzenlos ist das Bewusstsein' den Bereich des grenzenlosen Bewusstseins und verweilte darin. Und wenn, Ānando, während ich in diesem Zustande verweilte, Wahrnehmungen und Vorstellungen über mich kamen, die mit dem Bereich des grenzenlosen Raumes verbunden waren, so war mir das schmerzhaft. Gleichwie, Ānando, einem Glücklichen, den Leid überfällt, das schmerzhaft ist.

Da kam mir, Ānando, der Gedanke: Möchte ich doch nunmehr nach völliger Ausschaltung des Bereiches des grenzenlosen Bewusstseins in der Vorstellung 'Nun ist nicht mehr irgendetwas mehr (für mich) da' den Bereich der Nichtirgendetwasheit erreichen und darin verweilen."

Dr. Grimm: „Auch in diesem Bereiche weiß man sich in seiner ganzen Urrealität, ja in diesen Höhen erst recht, man geht aber mit seinem allein noch übrig gebliebenen reinen Erkennen, das selber unsichtbar ist - auch wir können ja unser Bewusstsein nicht sehen - auf in der Feststellung der Tatsache, dass schlechterdings nichts mehr für einen da ist."

Der Buddha: „Aber mein Geist erhob sich nicht bei dem Gedanken an den Bereich der Nichtirgendetwasheit, beruhigte sich nicht dabei, stand darin nicht fest, löste sich nicht los (von dem Bereiche des grenzenlosen Bewusstseins); und so erkannte ich nicht: 'Das ist noch friedvoller.' Da kam mir, Ānando, der Gedanke: Wenn ich das Elend des Bereiches des grenzenlosen Bewusstseins durchschaue, mir völlig darüber klar werde und wenn ich zum Wohlbefinden im Bereiche der Nichtirgendetwasheit vordringe, *es auskoste*, dann mag es wohl sein, dass sich mein Geist hinfort bei dem Gedanken an den Bereich der Nichtirgendetwasheit erhebt, beruhigt, darin feststeht, sich loslöst (von dem Bereiche des grenzenlosen Bewusstseins); erfahre ich dann doch: 'Das ist friedvoller.' Und ich durchschaute, Ānando, mit der Zeit das Elend des grenzenlosen Bewusstseins, wurde mir darüber völlig klar und drang zum Wohlbefinden im Bereiche der Nichtirgendetwasheit vor, *kostete es aus*. Und so gewann ich seit der Zeit, Ānando, - (nach Belieben, ohne Mühe und Anstrengung) - nach völliger Ausschaltung des Bereiches des grenzenlosen Bewusstseins in der Vorstellung 'Nun ist nicht irgendetwas mehr (für mich) da' ..."

Stufe Sieben

DIE SIEBENTE BESCHAULICHE SCHAUUNG
Der Bereich der Nichtirgendetwasheit

„Und wenn, Ānando, während ich in diesem Zustande verweilte, Wahrnehmungen und Vorstellungen über mich kamen, die mit dem Bereiche des grenzenlosen Bewusstseins verbunden waren, so war mir das schmerzhaft. Gleichwie, Ānando, einem Glücklichen, den Leid überfällt, das schmerzhaft ist.

Da kam mir, Ānando, der Gedanke: Möchte ich doch nunmehr nach völliger Ausschaltung des Bereiches der Nichtirgendetwasheit den Bereich der Weder-Wahrnehmung-Noch-Nichtwahrnehmung erreichen und darin verweilen. Aber mein Geist erhob sich nicht bei dem Gedanken an den Bereich der Weder-Wahrnehmung-Noch-Nicht-Wahrnehmung, beruhigte sich nicht dabei, stand darin nicht fest, löste sich nicht los (von dem Bereiche der Nichtirgendetwasheit); und so erkannte ich nicht: 'Das ist noch friedvoller.' Da kam mir, Ānando, der Gedanke: Wenn ich das Elend des Bereiches der Nichtirgendetwasheit durchschaue, mir völlig darüber klar werde und wenn ich zum Wohlbefinden im Bereiche der Weder-Wahrnehmung-Noch-Nichtwahrnehmung vordringe, *es auskoste*, dann mag es wohl sein, dass sich mein Geist hinfort bei dem Gedanken an den Bereich der Weder-Wahrnehmung-Noch-Nichtwahrnehmung erhebt, beruhigt, darin feststeht, sich loslöst (von dem Bereiche der Nichtirgendetwasheit); erfahre ich dann doch: 'Das ist noch friedvoller.' Und ich durchschaute, Ānando, mit der Zeit, das Elend des Bereiches der Nichtirgendetwasheit, wurde mir darüber völlig klar und drang zum Glücke der Weder-Wahrnehmung-Noch-Nichtwahrnehmung vor, *kostete es aus*."

Stufe Acht

DIE ACHTE BESCHAULICHE SCHAUUNG
Der Bereich der Weder-Wahrnehmung-Noch-Nichtwahrnehmung

„Und so erreichte ich seit der Zeit, Ānando, - (nach Belieben, ohne Mühe und Anstrengung) - nach völliger Ausschaltung des Bereiches der Nichtirgendetwasheit den Bereich der Weder-Wahrnehmung-Noch-Nichtwahrnehmung und verweilte in ihm. Und wenn, Ānando, während ich in diesem Zustande verweilte, Wahrnehmungen und Vorstellungen über mich kamen, die mit dem Bereiche der Nichtirgendetwasheit verbunden waren, so war mir das schmerzhaft. Gleichwie, Ānando, einem Glücklichen, den Leid überfällt, das schmerzhaft ist."

Dr. Georg Grimm schreibt über den Bereich der Nichtirgendetwasheit in *DIE WISSENSCHAFT DES BUDDHISMUS*: „Wer den Bereich der Nichtirgendetwasheit als das Höchste betrachtet, dessen Wille oder Drang konzentriert sich auf die Erreichung dieses vermeintlichen, wahrhaftigen Gutes mit derselben Heftigkeit, mit der ein vertierter Mensch die wohligen Empfindungen eines Schnapsrausches ersehnt. Sie alle bleiben noch innerhalb der Welt der sinnlichen Wahrnehmung. Wer aber den Willen selber totschlägt, wirklich totschlägt, so dass er also gar nichts mehr will, keinerlei Wahrnehmungen, ja nicht einmal irgendwelche Empfindung irgendwelcher Art mehr und damit kein Bewusstsein mehr, der schleicht sich aus der ganzen Welt als den Inbegriff alles irgendwie Erkennbaren hinaus."

Der Mahā-Chohan offenbarte mir:

Buddhas Guru Udakatapasa Ramaputra lehrte den Buddha, dass der Bereich der Weder-Wahrnehmung-Noch-Nichtwahrnehmung die höchste Wahrnehmung ist. Damit hatte er Recht. Aber da ist noch etwas anderes, welches logischerweise **jenseits** aller Wahrnehmung sein muss. Der Buddha ahnte es, wusste aber nicht, was es war. Doch wenn der Schüler bereit ist, ist auch der Meister bereit. Der große Chohan enthüllte mir, dass Gautama Buddha in dieser kritischen Phase - so kurz vor NIRVĀṆA - seinen Tīrthankara Jaina Guru तीर्थनकर जैन गुरु traf, welcher ihm den Sachverhalt in folgender Weise erklärte: Der höchste Zustand und damit die Wahrheit ist keine Wahrnehmung mehr, sondern **jenseits** aller Wahrnehmung, da ja auch die höchste Wahrnehmung mit dem Denkorgan erlebt wird, welches selbst wiederum vergänglich ist, so dass derjenige, welcher Wahrheit sein will, sich auch und ganz besonders von dieser höchsten Wahrnehmung trennen muss. Was dann verbleibt, ist die Wahrheit, das NIRVĀṆA. Der Buddha folgte diesem Rate:

„Da kam mir, Ānando, der Gedanke: Möchte ich doch nunmehr nach völliger Ausschaltung des Bereiches der Weder-Wahrnehmung-Noch-Nichtwahrnehmung die Aufhebung von Wahrnehmung und Empfindung erreichen und darin verweilen. Aber mein Geist erhob sich nicht bei dem Gedanken an den Bereich der Aufhebung von Wahrnehmung und Empfindung, beruhigte sich nicht dabei, stand darin nicht fest, löste sich nicht los (von dem Bereiche der Weder-Wahrnehmung-Noch-Nichtwahrnehmung) und so erkannte ich nicht: 'Das ist noch friedvoller.' Da kam mir, Ānando, der Gedanke: Wenn ich das Elend des Bereiches der Weder-Wahrnehmung-Noch-Nichtwahrnehmung durchschaue, mir darüber völlig klar werde und wenn ich zum Wohlbefinden der Aufhebung von Wahrnehmung und Empfindung vordringe, *es auskoste*, dann mag es wohl sein, dass sich mein Geist hinfort bei dem Gedanken an die Aufhebung von Wahrnehmung und Empfindung erhebt, beruhigt, darin feststeht, sich loslöst (vom Bereiche der Weder-Wahrnehmung-Noch-Nichtwahrnehmung); erfahre ich dann doch: 'Das ist friedvoller.' Und ich durchschaute, Ānando, mit der Zeit das Elend des Bereiches der Weder-Wahrnehmung-Noch-Nichtwahrnehmung, wurde mir darüber völlig klar und drang zum Glücke der Aufhebung von Wahrnehmung und Empfindung vor, *kostete es aus*."

Und so erreichte Gautama Buddha

Stufe Neun

DIE NEUNTE BESCHAULICHE SCHAUUNG
Die Aufhebung von Wahrnehmung und Empfindung
Saññāvedayitanirodha
सञ्ञावेदयितनिरोध

„Und so gewinne ich, Ānando, seit der Zeit - (nach Belieben, ohne Mühe und Anstrengung) - nach völliger Ausschaltung des Bereiches der Weder-Wahrnehmung-Noch-Nichtwahrnehmung die Aufhebung von Wahrnehmung und Empfindung und *verweile darin*, und die Einflüsse - (der Erscheinungswelt) - sind, nachdem ich all das weise erkannt hatte, zur Versiegung gelangt."

Und so füge ich, Lanoo, hinzu, noch immer „IST" der Buddha, falls man dieses holprige Wort benutzen kann, um seinen derart - in der Tat - UN-beschreiblichen Zustand beschreiben zu können. Auf jeden Fall kann man sagen, dass der Loslösungs- und Befreiungsvorgang bis hin zu NIRVĀṆA die Wesenheit keineswegs zerstört oder in ein imaginäres „Nichts" auflöst, sondern sie im Gegenteil erst zu ihrer vollen unsterblichen Blüte und Entfaltung bringt, losgelöst von allem Sterblichen, von Körper, Gefühl, Denken, Seele und Geist. Wer es zu fassen vermag, der fasse es.

DIESE Art der Erlösung ist also etwas ganz anderes als die „Erlösung" der Christen, die im Himmel noch gar nicht erlöst sind, sondern dort nur einen Seligkeitsaufschub genießen können, bevor sie wieder auf das Rad der Wiedergeburt geschleudert werden. Erlösung und „Erlöschen" sind dasselbe im Buddhismus, doch WAS erlischt, ist eben immer nur das NICHT-Selbst. Der Kern verbleibt, und zwar erlöst bzw. losgelöst „vimutti" von Körper UND Geist. Der Vollendete versinkt in der Meditation ins NIRVĀṆA und im Tode ins PARA-Nirvāṇa, indem sein Körper und Geist von IHM abfallen und er dann verbleibt, FREI von ihnen. Etwas Fremdes, Beschmutzendes - eben Körper und Geist - ist vom Vollendeten abgefallen. BEFREIT verbleibt er. OM.

Ist dem Leser eigentlich etwas aufgefallen? Ich meine, wie oft der Buddha während der Beschreibung des Loslösungsprozesses in der Meditation das Wort ICH verwendet hat? Es sind so viele Male, dass ich aufgehört habe zu zählen. WER, so frage ich, ist es denn, der sich in der Meditation Stufe für Stufe von unten nach oben oder von innen nach außen von allem Vergänglichen löst? Das ICH natürlich, oder nenn es die Wesenheit oder wie auch immer, nenn es den TATHĀGATA. Ich zitiere den Buddha: „Möge ICH doch nunmehr die zweite beschauliche Schauung erreichen ... Möge ICH doch nun die dritte beschauliche Schauung erreichen ... Möge ICH doch nun die vierte beschauliche Schauung erreichen ... ICH drang zum Glücke des Bereiches des grenzenlosen Raumes vor ... ICH drang zum Glücke des Bereiches des grenzenlosen Bewusstseins vor, KOSTETE ES AUS ... ICH drang zum Wohlbefinden im Bereiche der Nichtirgendetwasheit vor, KOSTETE ES

AUS ... ICH drang zum GLÜCKE der Weder-Wahrnehmung-Noch-Nichtwahrnehmung vor, KOSTETE ES AUS ...“ usw. usw.

Und sogar DANN, als er NIRVĀṆA erlangt, ist der Buddha immer noch ein ICH, denn, ich zitiere: „ICH drang zum Glücke der Aufhebung von Wahrnehmung und Empfindung vor, KOSTETE ES AUS.“ Wer kann denn da noch so verwirrt sein zu behaupten, der Buddha habe gelehrt, es gäbe kein Ich?? Sogar in NIRVĀṆA besteht man noch! Wie? Man mache sich an die Arbeit. In der Predigt vom Nicht-Ich sagt der Buddha ja auch ganz klar: „Hätte ich gesagt: ‘Das Ich ist nicht’, Ānanda, so wäre dadurch jenen Asketen und Brahmanen, welche die Vernichtung lehren, beigepflichtet worden.“ und „Hätte ich aber, Ānanda, erklärt: ‘Das Ich ist nicht’, so würde er (der verworrene Frager) denken: ‘Früher war doch wohl mein Ich - jetzt aber ist es nicht!’“ Ebendarum hat der Buddha eben NICHT gesagt, ob das Ich ist oder nicht, denn im damaligen Indien verstand man unter „Ich“ immer noch den Ātman, vereint mit Brahman. Doch genau solch ein Ich gibt es eben nicht, denn auch dieses unterliegt ja der Veränderung.

Und wenn der Buddha immer und immer und immer wieder sagt: „Die körperlich Form, vergangen, zukünftig oder gegenwärtig, eigen oder fremd, grob oder fein, hässlich oder schön, fern oder nah, all dies gehört mir nicht, dies bin ich nicht, dies ist nicht mein Ich“, WER ist es denn, der erkennt, dass etwas nicht sein Ich ist, dass IHM das nicht gehört? DA IST also jemand, man benenne ihn, wie man will, ob nun Ich oder 0 oder hdhdhd oder ? oder sonst wie. Es spielt keine Rolle. ICH nenne es DIE WESENHEIT, den Tathāgata. SIE oder ER oder ES ist das, was NIRVĀṆA erlangt, nachdem die Wesenheit alles abgestreift und überwunden hat, was sie oder es von NIRVĀṆA trennt. Und wenn sie das nicht kann oder will, dann muss sie eben wiederkommen und wieder leben und wieder leiden. OM.

Obwohl der Buddha NIEMALS gesagt hat, dass das Ich nicht ist, obwohl er es immer wieder betont, dass so jemand, der dies behaupten würde, ein Tor ist, trotz alledem behauptet der Dalai Lama genau dies. Wie kommt er dazu?

Der Dalai Lama behauptet sogar, dass es nur ein Ich gibt in Verbindung mit den vergänglichen Gruppen. Doch auch ein solches Ich ist doch nur ein ANGENOMMENES Ich, denn, wie uns Buddha erklärt: „Drei Arten des Ichs NIMMT MAN AN: das materielle, das geistige und das gestaltlose.“ Und dann fährt er fort, die ERLÖSUNG von diesen drei ANGENOMMENEN Ichs zu lehren. Ja, wer erlöst sich denn da von diesen drei Ichs, wenn es gar niemanden sonst gibt, wie uns der Dalai Lama glauben machen will? Wenn Seine Heiligkeit allerdings einschwenken würde und sagte: „Was sich löst von allen angenommenen Ichs, was sich löst von allem anattā, von allem NICHT-Ich, das nenne ich nicht ICH, sondern anders“, DANN stimme ich ihm gerne zu. Namen sind Schall und Rauch und sollten nur dazu dienen, eine Sache klarzustellen. WIE er das zu Erlösende und dann Erlöste nennen mag, ist seiner Phantasie überlassen, aber über die TATSACHE der Erlösung und dass da jemand IST, der erlöst wird und NIRVĀṆA erlangt, da darf es doch keine Diskussion geben, sonst macht doch die gesamte Lehre des Buddha keinen Sinn.

Der Buddha rät sogar, das eigene Ich LIEB zu halten. Man höre nur, was er dem König Pasenadi rät: „Wer sein Ich lieb hält, der verquicke es nicht mit Bösem; was immer liebevolle Wesen tun, das tun sie selbst ihrem eigenen Ich. Aus diesem Grunde ist ihnen ihr Ich lieb.“

* * *

Diese neun Stufen der Erleuchtung sind in etwa zu vergleichen mit der Einteilung der Erzengel in neun Chöre, also den Himmeln des Neuen Testaments, welche dem jeweiligen sittlichen Niveau ihrer Bewohner entsprechen:

1) Engel, 2) Erzengel, 3) Kräfte, 4) Mächte, 5) Herrschaften, 6) Fürstentümer, 7) Throne, 8) Cherubim, 9) Seraphim.

Wie kann man diese Welten jetzt schon zu Lebzeiten erfahren? Wir können mit unseren beschränkten Sinnen nicht einmal alle Farben und Töne der sichtbaren Welt erfahren. Nur durch intensives Studium der Anattā-Lehre und durch regelmäßige Seelenatem-Meditation und durch sittenreines moralisches Verhalten können wir schon jetzt eine direkte Verbindung zu diesen Himmelswelten und ihren Bewohnern herstellen.

In seinem Buch *BUDDHISTISCHE GEISTESWELT* (S. 149) fasst Gustav Mensching die neun Erlösungsstufen folgendermaßen zusammen: „Sobald der Bikkhu wahrnimmt, dass die fünf Hemmnisse aus einem Innern getilgt sind, erlebt er Glück und Freude; der Körper kommt zur Ruhe, im Besitze dieser Ruhe empfindet der Bikkhu Behagen und dabei vertieft sich sein Geist. So tritt er der Reihe nach in die vier Stufen der Versenkung ein. Dann überwindet er gänzlich die Vorstellung von Gestalten und materiellen Dingen und auch die Vorstellung von der Vielheit der Gegenstände und denkt nur noch an den unendlichen Raum. So erreicht er das Gebiet der Raumunendlichkeit und verweilt darin. Dann überwindet er gänzlich das Gebiet der Raumunendlichkeit und denkt, dass die Wahrnehmung unendlich sei. So erreicht er das Gebiet der Wahrnehmungsunendlichkeit und verweilt darin ... Dann überwindet er gänzlich das Gebiet der Wahrnehmungsunendlichkeit und denkt, dass überhaupt nichts da sei. So erreicht er das Gebiet des Nichtseins und verweilt darin ...

Von hier an, wo er nur noch das Bewusstsein seiner eigenen Zustände hat, steigt er allmählich zu immer höheren Zuständen des Bewusstseins empor, bis er dessen höchsten Zustand erreicht hat. Dann denkt er: ‘Es empfiehlt sich für mich weniger, zu denken, als nicht zu denken. Wenn ich denke und mir etwas vorstelle, dann werden diese meine jetzigen Bewusstseinszustände verdrängt und andere, auf Materielle bezügliche, treten an ihre Stelle. Soll ich also nicht lieber nicht denken und mir nichts vorstellen?’ Und er denkt nicht mehr und stellt sich nichts mehr vor. Dann schwinden seine bisherigen Bewusstseinszustände dahin und neue, auf Materielle [damit sind auch die höchsten Himmel gemeint. Lanoo] bezügliche treten nicht mehr auf. So gelangt er zum Aufhörn (des Bewusstseins).“

Man ist also immer noch, nur eben jetzt FREI von allem Bewusstsein. Man ist sozusagen bewusst bewusstlos, und dies ist ein großer Unterschied zu jemandem, der unbewusst und ungewollt bewusstlos ist. Man löse das Rätsel durch Studium und Meditation. OM.

Das in den beschaulichen Schauungen Zitierte muss noch vertieft werden, da es den KERN der Buddha-Lehre betrifft. Der Buddha hat eigentlich von nichts anderem gesprochen als von der LOSLÖSUNG von allem Vergänglichen und darum Leidvollen. So gesehen gibt es ja auch nur ...

FÜNF ARTEN VON MENSCHEN

1. Der Anhaftende. Da gibt es nicht viel zu erklären. Ein solcher wird wieder geboren werden und muss wieder leiden, bis auch er schließlich die Leidensnatur alles Erkennbaren verstehen mag.

2. Der das Anhaften lassende, aber durch Erinnerungen an das Anhaften geplagte, sie nicht besiegende Mensch: Ein solcher ist also auf dem Wege, das Anhaften zu lassen, es zu verleugnen. Aber er gönnt den mit Anhaften verbundenen Erinnerungen Raum, lässt sie gewähren. Dies wird noch viele Reinkarnationen zur Folge haben, bis NIRVĀṆA erlangt ist.

3. Der das Anhaften lassende, aber durch Erinnerungen an das Anhaften geplagte, sie jedoch besiegende Mensch: Ein solcher wird nicht so oft wiederkommen.

4. Der das Anhaften lassende, aber nur hier und da mit Erinnerungen an das Anhaften geplagte und sie besiegende Mensch: Der ist schon nahe an NIRVĀṆA.

5. Der nicht mehr anhaftende Mensch, der auch durch keine Erinnerungen mehr gepeinigt wird. Er hat die meiste Vorarbeit wohl schon in vergangenen Leben geleistet. NIRVĀṆA ist seine Belohnung.

Der LOSLÖSUNGSPROZESS kann gar nicht oft und detailliert genug besprochen und beschrieben werden, denn nur wer IHN versteht, wird auch NIRVĀṆA, das Ende allen Leidens, erlangen. OM. Die verschiedenen Stufen bis hin zur AUFHEBUNG ALLER WAHRNEHMUNG UND EMPFINDUNG sind auch in anderen Worten erwähnt und in vierfacher Aufteilung:

1. Die selige Heiterkeit oder erste Schauung
2. Die innere Meeresstille oder zweite Schauung
3. Die heitere Ruhe oder dritte Schauung
4. Das vollkommen Reine oder die vierte Schauung

Was davon noch Anhaftung oder REGUNG und was Nicht-Mehr-Anhaftung ist, soll nun behandelt werden, indem wir den Buddha selber zitieren:

„Da weilt ein Mönch, gar fern von Begierden, fern von unheilsamen Dingen, in sinnend gedenkender ruhegeborener seliger Heiterkeit, in der Weihe der ersten Schauung. Das aber nenn ich der Regung unterworfen: Und was ist da der Regung unterworfen? Was eben dabei als Sinnen und Gedenken nicht ausgerodet ist, das gilt hier als Regung.

Da gewinnt ein Mönch nach Vollendung des Sinnens und Gedenkens die innere Meeresstille, die Einheit des Gemütes, die von sinnen, von gedenken freie, in der Einigung geborene selige Heiterkeit, die Weihe der zweiten Schauung. Auch das nenn ich der Regung unterworfen: Und was ist da der Regung unterworfen? Was eben dabei als selige Heiterkeit nicht ausgerodet ist, das gilt hier als Regung.

Da verweilt ein Mönch in heiterer Ruhe, gleichmütig, einsichtig, klar bewusst, ein Glück empfindet er im Körper, von dem die Heiligen sagen: 'Der gleichmütig Einsichtige lebt beglückt', so erwirkt er die Weihe der dritten Schauung. Auch das nenn ich der Regung unterworfen: Und was ist der Regung unterworfen? Was eben dabei als seliger Gleichmut nicht ausgerodet ist, das gilt hier als Regung."

WANN ist man nun keiner Regung mehr unterworfen? Der Buddha erklärt es uns: „Da erwirkt ein Mönch, nach Verwerfung der Freuden und Leiden, nach Vernichtung des einstigen Frohsinns und Trübsinns die Weihe der leidlosen, freudlosen, gleichmütig einsichtigen vollkommenen Reine, die vierte Schauung. Und das nenn ich keiner Regung unterworfen." (Das Gleichnis von der Wachtel, siebenter Teil, sechste Rede, Mittlere Sammlung, SUTTAPITAKA.)

Für mich macht das Sinn, für einen dem Leben noch Anhaftenden ist dies natürlich eine Schreckensbotschaft, der er so weit wie möglich aus dem Wege geht. Sei's drum. Wer nicht hören will, muss fühlen. OM.

Was die Aufhebung von Wahrnehmung und Empfindung auch oder noch „ist", kann man versuchen zu verstehen, wenn man liest, was Dr. Georg Grimm über den Bereich **vor** dieser Aufhebung von Wahrnehmung und Empfindung schreibt, nämlich über

DEN BEREICH DER WEDER-WAHRNEHMUNG-NOCH-NICHTWAHRNEHMUNG

(*Die Lehre des Buddho*, S. 361)

»Wer den Bereich der Weder-Wahrnehmung-Noch-Nichtwahrnehmung erreicht hat, hat keinerlei bestimmte Wahrnehmung mehr. Mit dem reinen Denkorgan, das allein noch von dem ganzen Persönlichkeitsgetriebe übrig geblieben ist, empfindet und erkennt er bloß mehr den unermesslichen Frieden, der ihn in der namenlosen, in sich verschwebenden Stille **jenseits der gesamten Erscheinungswelt** überkommt: „Friedvoll ist das, hocherhaben ist das" (Dīgh. Nik. I, 3, 16). Da nun aber auch das Denkorgan und damit auch die *Wahrnehmung* dieses großen Friedens vergänglich ist, mit all den Folgen dieser Vergänglichkeit, so durchschaut er auch *diese* Wahrnehmung und Empfindung - (nevasaññānāsaññāyatanasaññā नेवसञ्ञानासञ्ञायतनसञ्ञा: Majj. Nik. II, S. 265, 106. Suttam des Majj. Nik.) - als Elend. Stelle dir vor, wie niederdrückend das Bewusstsein sein müsste: „Auch diese höchste Wahrnehmung des Großen Friedens wird wieder vergehen und ich kann wieder in die Gefahr kommen, in die Welt zurückzusinken." Erst dort, wo *keinerlei Tätigkeit* mehr gesetzt wird, auch keine Denktätigkeit mehr, mithin auch nicht mehr die Wahrnehmungstätigkeit des Bereiches der Weder-Wahrnehmung-Noch-Nichtwahrnehmung, hat alles Leiden sein Ende gefunden, erst dort stellt sich mithin auch der uns absolut angemessene Zustand und mithin das *absolute* Glück ein. Wer *dies* einsieht, für den gelten, eben in Hinsicht auf die mit dem Denkorgan sich vollziehende Wahrnehmung und Empfindung des Großen Friedens im Bereiche der Weder-Wahrnehmung-Noch-Nichtwahrnehmung, die Worte von Dīgha Nikāya IX, 17: „In diesem Stadium denkt er: 'Es ist für mich besser, nicht mehr zu denken als zu denken.' Und so stellt er auch dieses Denken ein und wird - (auch insoweit) - nicht mehr *tätig*. Und so schwindet auch die Wahrnehmung und Empfindung - (wie sie im Bereiche der Weder-Wahrnehmung-Noch-Nichtwahrnehmung noch vorhanden ist) - hinweg, und er erreicht die Aufhebung (von Wahrnehmung und Empfindung)."

Einen Nachhall, einen Nachklang aus dem vorübergehenden Aufenthalte im absolut angemessenen Zustande der Freiheit von jeder Wahrnehmung und Empfindung bringt ein Jünger, der in diesen Zustand untergetaucht war, bei der Rückkehr in den körperlichen Organismus **[schon allein daran sieht man, dass die Wesenheit selbst gar nicht zerstört werden kann. Lanoo]**, in den drei Empfindungen mit, die ihn bei dieser Rückkehr als erste empfangen: „Was für Empfindungen, Ehrwürdige, kommen den Mönch an, der aus der Aufhebung von Wahrnehmung und Empfindung wieder zurückkehrt?" - „Drei Empfindungen, Bruder Visākho, kommen den Mönch an, der aus der Aufhebung von Wahrnehmung und Empfindung zurückkehrt: die Empfindung der Leerheit, die Empfindung der Eindrucksfreiheit, die Empfindung der Wunschlosigkeit." - „Das Gemüt eines Mönches, der wieder aus der Aufhebung der Wahrnehmung und Empfindung hervorgekommen ist, neigt sich zur Abgeschiedenheit, beugt sich zur Abgeschiedenheit, senkt sich zur Abgeschiedenheit (vivekaninnaṃ cittaṃ hoti vivekapoṇam vivekapapabbhāranti)." - (M. N., 44. Suttam.)«

Kommentar zu Stufe Acht
oder
Wie der Buddha seinen eigenen Guru übertraf

Buddhas Guru Udakatapasa Ramaputra, ein Brahmane, lehrte den Buddha, dass der Bereich der Weder-Wahrnehmung-Noch-Nichtwahrnehmung die höchste Wahrnehmung und das höchste Ziel überhaupt sei. Dies entsprach ganz der Lehre der Upanishaden उपनिषद्, welche vom Ich, dem Ātman, alles das absondert, was das Ich nicht ist. Was, nach den Upanishaden, verblieb, war caitanyam चैतन्य, reines Erkennen, reine Geistigkeit, auch Erkenntnis selbst, prajñātman प्रज्ञात्मन् genannt. Dieses Ātman, so lehrte man den Buddha, ist durch und durch nichts anderes als **Geistiges**, aus Wonne bestehend, ānandamaya आनन्दमय genannt, welche Seligkeit mit dem ānandamaya-kośa आनन्दमय कोश, der ersten Ātmischen Hülle, erlebt wird. Diese Wonne wurde vom Buddha auch in der Versenkung erlebt als Weder-Wahrnehmung-Noch-Nichtwahrnehmung oder nevasaññānāsaññāyatanasaññā. In dieser Versenkung war der Buddha reines

Erkennen ohne Objektwahrnehmung oder, nach den Upanishaden, reine Erkenntnismasse, ein einziges „leuchtendes Element des Erkennens". Die Majj. Nik. II, S. 264 (106. Suttam) beschreibt diesen Zustand wie folgt: „Es ist alles Wahrnehmung. ... das ist das Friedvolle, das ist das Hocherhabene, jener Bereich der Weder-Wahrnehmung-Noch-Nichtwahrnehmung." In diesem Zustand ist die Einheit mit Ātman hergestellt bzw. das Ātman ist eins mit dem Brahman der ersten und höchsten Emanation und Manifestation geworden. Wer eins mit Brahman ist, der ist auch eins mit der ganzen Welt, dem gehört sie dadurch auch, dessen Durst nach der Welt ist und muss ja darum auch gestillt sein.

„Tat tvam asi", sagte Ramaputra zum Buddha, „Das bist du. Dein Wille ist damit befriedigt. Du hast das höchste Ziel erreicht. Geh und lehre es."

Es war dem Genie des Buddha vorbehalten, auch diesen angeblich höchsten Zustand in Frage zu stellen durch richtiges Denken. Sein Guru lehrte ihn die Notwendigkeit der Willensbefriedigung, doch der Buddha erkannte, dass auch dies nur die Erlangung des gesamten vergänglichen Universums mit allem darin betraf, weshalb auch bald wieder, und sei es auch nur nach Äonen, **Unzufriedenheit** mit dieser Willensbefriedigung eintreten würde.* Daraus folgerte der Buddha, dass das höchste Ziel nicht die Willensbefriedigung, sondern die Willens**vernichtung** ist (eben das, was Schopenhauer und alle anderen für unmöglich hielten). Denn ein Objekt (und sei es auch die ganze Welt) zu besitzen, befriedigt zwar den Willen, aber er **ist** ja immer noch da, obwohl befriedigt. Er „lauert" immer noch. Was ist, wenn die Illusion schwindet? Dann schwindet auch der befriedigte Wille und drängt wieder auf neue Erfüllung. Dieser Gefahr wollte sich der Buddha nicht aussetzen. Dafür hatte er zu lange gelernt und gelitten. Er musste dieses andere, höhere, höchste Ziel erlangen: DIE WILLENSVERNICHTUNG. Aber wie? Außerdem hatte er immer noch die Worte seines Guru im Bewusstsein: „Hier ist das Ewige, das Beharrende, Immerwährende, hier ist die Unauflösbarkeit und Unvergänglichkeit." (Majj. Nik. I, S. 326, 49. Suttam.) Aber war es das wirklich? Und dann platzte die Seifenblase. Dem Buddha kam sinngemäß der Gedanke: „Er sagt das, weil er sich ja noch immer in der Welt weiß! **Deshalb** beschreibt er das Selbst in so überschwenglicher Weise als das große, endlose, uferlose, durch und durch Erkenntnis seiende Wesen, als das Tat tvam asi. Dies alles sind ja noch Attribute, upādhis, Zusammensetzungen, vergänglich, dem Zerfall unterworfen. **Diese** Erlösung vom Saṃsāra संसार ist noch gar keine, sondern ein bloßer Wahn!" Und so ist es auch. Ein **wahrhaft** Erlöster muss schon bei Lebzeiten ALLES hinter sich lassen. Wenn er das wirklich tut, **aber immer noch verbleibt**, dann kann er doch nicht mehr sagen oder bestimmen, **was** er dann ist. Wer also sich noch beschreiben kann, der haftet noch an, der hat noch Lust nach etwas, der genießt noch die Wonne der vielleicht höchsten, aber doch immer noch vergänglichen himmlischen Illusion! Der will eben immer noch das. Der will immer noch sagen können **„Tat tvam asi"**. Der wird wiederkommen, wieder reinkarnieren, und sei es auch nur in einer höchsten Himmelswelt, wo er aber doch

* Dies ist auch der Grund, weshalb Gott und Götter beim Big Bang oder Urknall wieder erscheinen. Sie möchten das Universum, welches ihnen vom obersten Prinzip NIRVĀṆA immer und immer wieder (am Ende einer Weltenperiode) entrissen wird, wieder erlangen und beherrschen. Sie haben Lust und Verlangen nach der Wahrnehmung und Empfindung, ein Gott zu sein.

auch nur der Gefahr ausgesetzt ist, vielleicht durch eine Unbedachtsamkeit, wieder in eine Erden-, ja Höllenwelt hinabgeschleudert zu werden. „Tat tvam asi" oder „Das bist du", das ist es eben noch nicht. Weil ich ja immer noch etwas bin, nämlich *Das* oder *Tat*. Aber genau das bin ich nicht bzw. das ist nicht mein Selbst. Genau das ist anattā bzw. nevasaññānāsaññāyatanasaññā, der Zustand der Weder-Wahrnehmung-Noch-Nichtwahrnehmung ist eben nicht unvergänglich, sondern vergänglich wie der Rest der manifestierten Welt. Es herrscht zwar ein majestätischer Frieden auf diesen himmlischen Höhen, aber dieser Frieden wird doch spätestens beim nächsten Mahā Mahā-Pralaya महा महा प्रलय, dem Tag der großen kosmischen Zerstörung, von Śiva wieder gestört bzw. zerstört werden. Und der Buddha erkannte etwas, das ihn bis zum heutigen Tage zum Feind aller Brahmanen machte, indem er nämlich ihre Heiligen Schriften, die Veden, als unvollkommen bezeichnete, weil sie eben auf halbem Wege zu oder kurz vor NIRVĀṆA stehen geblieben waren und die Einheit mit Brahman als höchstes Ziel lehrten. Auch sie suchten (und suchen) das Ich, der Anattā-Methode folgend, indem sie alles bzw. FAST alles vom Ich abzogen und es als reine Geistigkeit erklärten, sozusagen in Brahman stecken blieben, anstatt sich auch von dieser vergänglichen Illusion zu lösen. So blieben sie also auf ihrer Suche nach dem Ich mitten in der Welt bzw. in deren höchsten Punkt stecken, wenn die Realität die ist, dass das Ich, das Erkennende, sich JENSEITS der Welt befindet und dass, wenn man diesen Urzustand wieder herstellen will, man sich von der ganzen Welt lösen muss, sich **völlig und ganz** aus ihr entfernen muss und wieder zurückversinken muss in den uns allen eigenen Urgrund JENSEITS der Welt, und dieser Urgrund ist das NIRVĀṆA. Das Problem der Brahmanen ist, dass sie denselben Befreiungspfad wandeln wie der Buddha, ihn aber nicht zu Ende gehen, da sie ja nicht das NIRVĀṆA, sondern die Einheit mit Brahman als das Höchste ansehen, was es natürlich nicht ist, da auch Brahmans Lebensdauer beschränkt ist. Dies erkannte der Buddha und **wusste** dann, was zu tun war. Er setzte sich unter den Bodhi Baum in Uruvela und beschloss, erst wieder von dort aufzustehen, bis er auch den Zustand der Weder-Wahrnehmung-Noch-Nichtwahrnehmung überwunden, sich davon gelöst hatte. Dies geschah wiederum durch rechtes Denken und Meditation, was schließlich zu dem Zustand der Absolutheit, des NIRVĀṆA, führte.

Es scheint mir wichtig, hier noch einmal zu betonen, dass man NIRVĀṆA zu Lebzeiten des physischen Körpers durchaus erlangen und wieder verlassen kann und in der Meditation jederzeit wieder erlangen kann und so fort, wie es ja auch dem Buddha „in vorwärts- und rückwärtsschreitender Richtung" gelungen war. Nach dem Tode des Körpers wird das NIRVĀṆA jedoch zum PARA-NIRVĀṆA, welches man dann **für immer** nimmt.

NIRVĀṆAPURAM
Die Stätte des Erlöschens

Dies ist der Ort für all jene, die sich von allem Vergänglichen gelöst haben und nach dem Tode Befreiung von der Wiedergeburt erlangen. Diese Stätte der Erlösten ist ein ganz besonderer Ort und mit keinem anderen Ort zu vergleichen, sei es im Himmel, auf Erden oder in der Hölle. Ganz gleich, wie viele Wesen Befreiung vom Rad der Wiedergeburten erlangen, NIRVĀṆAPURAM wird weder voller noch leerer. NIRVĀṆAPURAM निर्वाणपुरम ist das Unzerstörbare. Dorthin gelangt man nur, wenn man sich von allem Zerstörbaren gelöst hat. Nur das, was man **nicht** ist, ist in NIRVĀṆAPURAM erloschen. Die Wesenheit selbst jedoch verbleibt. Dort leben die „Hohen Herren“, jetzt auf ewig unantastbar und unerreichbar für das Leid der Vergänglichkeit. Ein solcher ist der Flut entronnen. DAS ist wahre Unsterblichkeit, eine Existenz frei von allem Sterblichen. Gautama Buddha beschreibt diese Stätte des Erlöschens folgendermaßen: „Es gibt, ihr Mönche, ein Ungeborenes, Ungewordenes, nicht Gemachtes, nicht Gestaltetes. Gäbe es nicht, ihr Mönche, dies Ungeborene, Ungewordene, nicht Gemachte, nicht Gestaltete, würde es für das Geborene, Gewordene, Gemachte, Gestaltete keinen Ausweg geben.“

Der Weltmensch freilich mag in alldem eine Zerstörung seiner selbst sehen. Der Befreite lächelt nur und schweigt. Wer es zu fassen vermag, der fasse es.

Was ist dies nun für ein Glück, welches man NIRVĀṆA nennt? Um zu verstehen, warum NIRVĀṆA jedes andere Glück überflügelt, warum im Vergleich zu NIRVĀṆA jedes andere Glück nur, Entschuldigung, KOT ist, muss man Dr. Georg Grimms *Die Seligkeit des Nichtwollens* lesen. Ich zitiere aus *Buddhistische Weisheit*:

DIE SELIGKEIT DES NICHTWOLLENS

»Was ist nun Glück? Zunächst nichts anderes und nichts weiter als die Aufhebung eines uns quälenden DRANGES oder Wollens durch seine Befriedigung. Die Erreichung irgendwelchen Besitzes und Zieles erscheint uns nur dann als Glück, wenn wir den Besitz oder das Ziel ERSTREBTEN, wenn wir also einen DRANG DANACH HATTEN; und zwar erscheint uns das Glück umso größer, je mächtiger der Drang war, der nun gestillt ist, wobei das Glück vollkommen ist, wenn der Drang für IMMER behoben ist. Da wir aber in der Hauptsache, wie das liebe Vieh, nur in der Gegenwart und für die Gegenwart leben, erkennen wir das WAHRE Glück der DAUERNDEN Befreiung von einem uns quälenden Drang in der Regel nicht: Wer chronisch an einem schweren körperlichen Leiden erkrankt ist, empfindet schon jede vorübergehende Besserung, d. h. die vorübergehende Befriedigung seines DRANGES nach Wiederherstellung seiner körperlichen Integrität, als ein großes Glück. Als das größte Glück aber empfindet er den Augenblick seiner völligen Genesung. Dann freut er sich, jubelt, ist selig. Denn nun ist sein DRANG gänzlich gestillt. Diese Glücksempfindung lässt aber in dem Maße nach, wie die

Gesundung anhält; ja, sie hört schließlich ganz auf, obwohl doch gerade erst in dieser DAUERHAFTIGKEIT das vollkommene Wohlbefinden liegt.

Damit steht ein Doppeltes fest: Einmal, dass das höchste Glück - in Bezug auf den Körper - das ist, bei dem sich DAUERND keinerlei DRANG mehr regt, den Körper besser zu haben als er ist, und dann, dass es nicht bloß eine momentane, vorübergehende Gefühlsaufwallung über die Gesundung, sondern ein BLEIBENDES VOLLKOMMENES WOHLBEFINDEN ist, das als solches gar nicht zu Bewusstsein zu kommen braucht, im Gegenteil, eben weil sich der ganze Körper in vollkommener Ordnung und damit in vollkommenem Wohlsein befindet, das Bewusstsein gar nicht weiter beschäftigt.

Wie mit dem Glück in Bezug auf den Körper, verhält es sich aber mit dem wahren Glück überhaupt: Je weniger DRANG oder Wille einer noch in sich hat, desto wohler fühlt er sich; und birgt er gar keinen DRANG, gar keinen Willen mehr in sich, dann hat er das höchste vollkommene Wohlsein und damit auch das höchste Glück erreicht, obwohl er, ja gerade WEIL er keine überschwenglichen Gefühlsäußerungen mehr kennt, die ja nur Kundgebungen momentaner und damit alsbald wieder vorübergehender Glücksempfindungen, nicht aber des sich stets gleichbleibenden vollkommenen Wohlbefindens bilden. Er hat das „vollkommene Genügen, die endgültige Beruhigung“ und damit den „wahren angemessenen Zustand“ erreicht.

Damit steht auch fest, dass das wahre Glück in dem Maß zunimmt, wie man moralisch steigt, d. h. seinen DRANG zunächst beherrschen, dann veredeln und schließlich völlig ersticken lernt. Deshalb ist es auch ein Charakteristikum nicht bloß eines moralischen Menschen, sondern vor allem auch der Bewohner der höheren Welten, dass sie HEITER sind, weshalb es ausgeschlossen erscheint, dass einer, der die Heiterkeit nicht bis zur Charaktereigenschaft in sich entwickelt hat, in solchen höheren Welten, beispielsweise im Brahmā-Himmel, wiedergeboren werden könnte. Für missmutige oder gar mürrische Naturen ist dort kein Platz, sie würden die reine Atmosphäre der erhabenen Heiterkeit nur stören, wie sie durch die zunehmende Drangfreiheit bedingt ist, die selbst wieder als Gleichmut gegenüber allem äußeren Besitz in Erscheinung tritt: „Oh, wir leben gar herrlich, wir, die wir absolut nichts haben; von Freude uns nährend, sind wir wie die Reinen Götter!“ (Dha. 200.)

Wie gewaltig muss da erst das vollkommene Wohlbefinden des vom DRANG völlig Befreiten, also dessen sein, der absolut nichts mehr will, für den mithin ALLES überflüssig ist: „Was mag einem ein Brunnen nützen, wenn allezeit Wasser da ist?“ - „Wer den DRANG entwurzelt hat, wonach sollte der suchen gehen?“, spricht der Meister. Ein Glück, das auch Schopenhauer ahnt, wenn er sagt: „Da uns schon so unaussprechlich wohl wird, wenn wir nur auf Augenblicke vom grimmigen Willensdrang erlöst werden*, so können wir hieraus schließen, wie selig das Leben

* Woher kommt eigentlich der auf eine Drangbefriedigung folgende Friede bis hin zur Seligkeit? Dies erklärt sich folgendermaßen: Ist ein Drang, z. B. ein sexueller Drang, befriedigt, dann stellt sich ZUNÄCHST einmal DRANGFREIHEIT ein. Dies schafft eine Verbindung zu den höchsten Himmelswelten, deren Hauptcharakteristik eben die DRANGFREIHEIT ist. Dieses Gefühl der DRANGFREIHEIT schwindet jedoch bald wieder, denn der nicht überwundene sexuelle oder jeder andere Drang meldet sich wieder und pocht wieder auf Befriedigung. Ein sexsüchtiger Mann rief mich eines Tages an und klagte: „Nach dem sexuellen

eines Menschen sein muss, dessen Wille auf immer schweigt und gänzlich erloschen ist: Befreit von aller Qual des Begehrens und Fürchtens blickt er lächelnd auf die Gaukelbilder dieser Welt zurück, die einst auch sein Gemüt bewegen und peinigen konnten, wie auf die umgestürzten Schachfiguren nach geendigtem Spiel. Vergegenwärtigen wir uns die Himmelsruhe eines solchen Lebens, wie sehnsüchtig blicken wir dann danach hin aus dem tiefen Jammer und Verderben, die uns noch umstricken, wo das Wollen als Begier, Furcht, Neid, Zorn an tausend Fäden uns gebunden hält und uns daran aufs schmerzlichste hin und her reißt."

So ist also der uns allein und wirklich angemessene Zustand derjenige, in welchem aller Drang, jeder Wille für immer erloschen ist. Man stelle sich das vor: Ein Mensch, der KEINEN WILLEN MEHR HAT, der diese „tiefste, dunkelste, geheimnisvollste Naturkraft" in sich zum Verschwinden gebracht hat, der also seinen Erkenntnisapparat durchaus nicht mehr zur Befriedigung irgendeines Dranges oder Willens oder Wunsches gebrauchen muss! Kann es etwas Erhabeneres, Friedvolleres als diese völlige Willenslosigkeit geben? Ist dieser Zustand nicht das WAHRHAFT Göttliche, umso mehr als er im Gegensatz zu dem auch der hehrsten Himmelsbewohner, ein UNWANDELBARER, ewiger ist? Kann er ja doch nun durch NICHTS mehr gestört werden, nicht einmal mehr durch das Dahinschwinden des eigenen Körpers und damit der ganzen Welt. Im Gegenteil wird dieses vollkommene Wohlbefinden gerade durch das definitive Abwerfen des Körpers als des Leidensapparates und damit durch den definitiven Heraustritt aus der Leidenswelt zum ABSOLUTEN vollkommenen Wohlsein einer weiteren Störung für immer behoben ist. Es gibt kaum eine Betrachtung, die so sehr zur Ertötung des Dranges beiträgt, wie die „über die Seligkeit der in der Vernichtung des Dranges bestehenden Erlösung."«

Was hält uns von NIRVĀṆA zurück? Was ist so mächtig, dass, obwohl wir bereits einsehen, dass NIRVĀṆA der Sinn des Lebens ist, wir immer wieder abkommen vom Pfad nach NIRVĀṆA? Es ist das **ANHANGEN**. Der Buddha erklärt es einem Mönch. Die endgültige Befreiung von dem, was ich NICHT bin, kam mir beim Lesen dieser Zeilen.

Auszug aus dem elften Teil der neunten Rede des Buddha:

»DAS HAB' ICH GEHÖRT. Zu einer Zeit weilte der Erhabene bei Sāvatthī, im Osthainc, auf Mutter Migāros Terrasse.

Um diese Zeit nun hatte der Erhabene - es war ein Feiertag, im halben Monat, in der voll aufgegangenen Mondnacht - inmitten der Mönchgemeinde unter freiem Himmel Platz genommen.

Da stand nun einer der Mönche auf, schlug den Mantel um die eine Schulter, verneigte sich ehrerbietig vor dem Erhabenen und sprach also:

„Darf ich, o Herr, den Erhabenen über irgendetwas befragen, wenn mir der Erhabene der Frage Beantwortung gewähren will?"

Akt empfinde ich immer großen Frieden. Ach würde dies Gefühl doch immer bleiben und nicht gestört werden durch die aufs Neue erwachende Lust!" Ich sagte ihm, dass er auf einmal oder Schritt für Schritt seinen Drang nach sexueller Lust besiegen sollte, um dann auf IMMER drangfrei zu sein und damit SCHON ZU LEBZEITEN eine Wahlverwandtschaft und Verbindung zu den höchsten Himmelswelten zu schaffen, deren Seligkeit er somit jetzt schon teilhaftig wird. DIES ist der erste Schritt zu wahrer Unsterblichkeit, zu NIRVĀṆA, der Seligkeit des Nichtwollens. OM.

„Wohlan denn, o Mönch, setze dich auf deinen Platz und frage nach Belieben." Und jener Mönch setzte sich auf seinen Platz und sprach also zum Erhabenen:

„Sind das, o Herr, die fünf Stücke des Anhangens, als da ist ein Stück Anhangen an der Form, ein Stück Anhangen am Gefühl, ein Stück Anhangen an der Wahrnehmung, ein Stück Anhangen an der Unterscheidung, ein Stück Anhangen am Bewusstsein?"

„Das sind, Mönch, die fünf Stücke des Anhangens."

„Gut, o Herr!", sagte da jener Mönch, erfreut und befriedigt durch des Erhabenen Rede, und stellte nun eine fernere Frage: „Und diese fünf Stücke des Anhangens, o Herr, wo wurzeln die?"

„Diese fünf Stücke des Anhangens, Mönch, wurzeln im Willen."

„Ist nun, o Herr, Anhangen und die fünf Stücke des Anhangens ein und dasselbe, oder gibt es ein Anhangen außer den fünf Stücken des Anhangens?"

„Nicht ist, Mönch, Anhangen und die fünf Stücke des Anhangens ein und dasselbe, doch gibt es kein Anhangen außer den fünf Stücken des Anhangens: was da, Mönch, bei den fünf Stücken des Anhangens Willensreiz ist, das ist dabei Anhangen."

„Und kann, o Herr, bei den fünf Stücken des Anhangens eine Verschiedenheit des Willensreizes bestehn?"

„Kann sein, Mönch", sagte der Erhabene. „Da hat einer, Mönch, den Wunsch: 'So sei meine künftige Form, so sei mein künftiges Gefühl, so sei meine künftige Wahrnehmung, so sei meine künftige Unterscheidung, so sei mein künftiges Bewusstsein.' So kann, Mönch, bei den fünf Stücken des Anhangens eine Verschiedenheit des Willensreizes bestehn."

„Inwiefern, aber, o Herr, kommt den Stücken die Bezeichnung Stücke zu?"

„Was es auch, Mönch, an Form gibt, vergangene, zukünftige, gegenwärtige, eigene oder fremde, grobe oder feine, gemeine oder edle, ferne oder nahe, ist ein Stück Form; was es auch an Gefühl gibt, vergangenes, zukünftiges, gegenwärtiges, eigenes oder fremdes, grobes oder feines, gemeines oder edles, fernes oder nahes, ist ein Stück Gefühl; was es auch an Wahrnehmung gibt, vergangene, zukünftige, gegenwärtige, eigene oder fremde, grobe oder feine, gemeine oder edle, ferne oder nahe, ist ein Stück Wahrnehmung; was es auch an Unterscheidungen gibt, vergangene, zukünftige, gegenwärtige, eigene oder fremde, grobe oder feine, gemeine oder edle, ferne oder nahe, ist ein Stück Unterscheidung; was es auch an Bewusstsein gibt, vergangenes, zukünftiges, gegenwärtiges, eigenes oder fremdes, grobes oder feines, gemeines oder edles, fernes oder nahes, ist ein Stück Bewusstsein. Insofern, Mönch, kommt den Stücken die Bezeichnung Stücke zu."

„Was ist nun, o Herr, der Anlass, was ist der Grund, dass ein Stück Form erscheinen kann, was ist der Anlass, was ist der Grund, dass ein Stück Gefühl erscheinen kann, was ist der Anlass, was ist der Grund, dass ein Stück Wahrnehmung erscheinen kann, was ist der Anlass, was ist der Grund, dass ein Stück Unterscheidung erscheinen kann, was ist der Anlass, was ist der Grund, dass ein Stück Bewusstsein erscheinen kann?"

„Die vier Hauptstoffe, Mönch, sind der Anlass, die vier Hauptstoffe sind der Grund, dass ein Stück Form erscheinen kann, Berührung ist der Anlass, Berührung ist der Grund, dass ein Stück Gefühl erscheinen kann, Berührung ist der Anlass, Berührung ist der Grund, dass ein Stück Wahrnehmung erscheinen kann, Berührung ist der Anlass, Berührung ist der Grund, dass ein Stück Unterscheidung erscheinen kann, Bild und Begriff ist, Mönch, der Anlass, Bild und Begriff ist der Grund, dass ein Stück Bewusstsein erscheinen kann."

„Wie aber kann, o Herr, der Glaube an Persönlichkeit aufkommen?"

„Da hat einer, Mönch, nichts erfahren, ist ein gewöhnlicher Mensch, ohne Sinn für das Heilige, der heiligen Lehre unkundig, der heiligen Lehre unzugänglich, ohne Sinn für das Edle, der Lehre der Edlen unkundig, der Lehre der Edlen unzugänglich und betrachtet die Form als sich selbst, oder sich selbst als formähnlich, oder in sich selbst die Form, oder in der Form sich selbst; er betrachtet das Gefühl, die Wahrnehmung, die Unterscheidungen, das Bewusstsein als sich selbst, oder sich selbst als diesen ähnlich, oder in sich selbst diese, oder in diesen sich selbst. So kann, Mönch, der Glaube an Persönlichkeit aufkommen."

„Und wie kann, o Herr, der Glaube an Persönlichkeit nicht aufkommen?"

„Da hat einer, Mönch, als erfahrener heiliger Jünger das Heilige gemerkt, ist der heiligen Lehre kundig, der heiligen Lehre wohlzugänglich, hat das Edle gemerkt, ist der Lehre der Edlen kundig, der Lehre der Edlen wohlzugänglich und betrachtet die Form nicht als sich selbst, noch sich selbst als formähnlich, noch in sich selbst die Form, noch in der Form sich selbst; er betrachtet das Gefühl, die Wahrnehmung, die Unterscheidungen, das Bewusstsein nicht als sich selbst, noch sich selbst als diesen ähnlich, noch in sich selbst diese, noch in diesen sich selbst. So kann, Mönch, der Glaube an Persönlichkeit nicht aufkommen."

„Was ist nun, o Herr, bei der Form Labsal, was Elend, und was Überwindung? Was ist beim Gefühl, bei der Wahrnehmung, bei den Unterscheidungen, beim Bewusstsein Labsal, was Elend, und was Überwindung?"

„Was da, Mönch, Wohl und Erwünschtes der Form gemäß geht, ist bei der Form Labsal; was als Form vergänglich ist, wehe, wandelbar, ist bei der Form Elend; was bei der Form Verneinung des Willensreizes ist, Verleugnung des Willensreizes, ist bei der Form Überwindung. Was da, Mönch, Wohl und Erwünschtes dem Gefühle, der Wahrnehmung, den Unterscheidungen, dem Bewusstsein gemäß geht, ist dabei Labsal; was als Gefühl, als Wahrnehmung, als Unterscheidung, als Bewusstsein vergänglich ist, wehe, wandelbar, ist dabei Elend; was beim Gefühle, bei der Wahrnehmung, bei den Unterscheidungen, beim Bewusstsein Verneinung des Willensreizes ist, Verleugnung des Willensreizes, ist dabei Überwindung."

„Wie aber können, o Herr, einen Wissenden, wie einen Sehenden, bei allen äußeren Eindrücken auf diesen mit Bewusstsein behafteten Körper da, der Ichheit und Meinheit Dünkelanwandlungen nicht ankommen?"

„Was es auch, Mönch, für eine Form sei, vergangene, zukünftige, gegenwärtige, eigene oder fremde, grobe oder feine, gemeine oder edle, ferne oder nahe: alle Form ist, der Wahrheit gemäß, mit vollkommener Weisheit also angesehn: 'Das gehört mir nicht, das bin ich nicht, das ist nicht mein Selbst.' Was es auch für ein Gefühl, was es auch für eine Wahrnehmung, was es auch für eine Unterscheidung, was es auch für ein Bewusstsein sei, vergangenes, zukünftiges, gegenwärtiges, eigenes oder fremdes, grobes oder feines, gemeines oder edles, fernes oder nahes: alles

Gefühl, alle Wahrnehmung, alle Unterscheidung, alles Bewusstsein ist, der Wahrheit gemäß, mit vollkommener Weisheit also angesehn: 'Das gehört mir nicht, das bin ich nicht, das ist nicht mein Selbst.' So können, Mönch, einen Wissenden, so einen Sehenden, bei allen äußeren Eindrücken auf diesen mit Bewusstsein behafteten Körper da, der Ichheit und Meinheit Dünkelanwandlungen nicht ankommen."

Da stieg nun einem der Mönche folgender Gedanke im Geiste auf: „So wäre denn also die Form ohne Selbst, das Gefühl ohne Selbst, die Wahrnehmung ohne Selbst, die Unterscheidung ohne Selbst, das Bewusstsein ohne Selbst, und ohne Selbst getane Taten sollten zur Täterschaft gereichen?" [Genau diesen falschen Gedanken, nämlich dass alles ohne Selbst sei, verkündet der „Buddhismus" von heute. Doch wenn die Form bzw. mein Körper ohne Selbst ist, wer ist es dann, der sich von alledem löst oder lösen soll? Die Zusammensetzungen selber? Doch wohl kaum. Es ist DIE WESENHEIT, das Selbst selber, welches sich von allem löst, was es NICHT ist. Lanoo.] Und der Erhabene, den Gedanken jenes Mönches im Geiste geistig gewahrend, wandte sich an die Mönche:

„Es mag wohl sein, ihr Mönche, dass da irgendein eitler Mensch aus Unwissen, in Unwissenheit geraten, vom Durst im Geiste überwältigt, die Weisung des Meisters überbieten zu müssen vermeine: 'So wäre denn also die Form ohne Selbst, das Gefühl ohne Selbst, die Wahrnehmung ohne Selbst, die Unterscheidung ohne Selbst, das Bewusstsein ohne Selbst, und ohne Selbst getane Taten sollten zur Täterschaft gereichen?', fragt er. Unterwiesen seid ihr, Mönche, von mir bei solchen und ähnlichen Fragen. Was meint ihr wohl, Mönche: ist die Form unvergänglich oder vergänglich?"

„Vergänglich, o Herr!"

„Was aber vergänglich, ist das weh' oder wohl?"

„Weh', o Herr!"

„Was aber vergänglich, wehe, wandelbar ist, kann man etwa davon behaupten: 'Das gehört mir, das bin ich, das ist mein Selbst?'"

„Gewiss nicht, o Herr!"

„Was meint ihr wohl, Mönche: ist das Gefühl, die Wahrnehmung, die Unterscheidung, das Bewusstsein unvergänglich oder vergänglich?"

„Vergänglich, o Herr!"

„Was aber vergänglich, ist das weh' oder wohl?"

„Weh', o Herr!"

„Was aber vergänglich, wehe, wandelbar ist, kann man etwa davon behaupten: 'Das gehört mir, das bin ich, das ist mein Selbst?'"

„Gewiss nicht, o Herr!"

„Darum also, ihr Mönche: was es auch für eine Form sei, vergangene, zukünftige, gegenwärtige, eigene oder fremde, grobe oder feine, gemeine oder edle, ferne oder nahe: alle Form ist, der Wahrheit gemäß, mit vollkommener Weisheit also anzusehn: 'Das gehört mir nicht, das bin ich nicht, das ist nicht mein Selbst.' Was es auch für ein Gefühl, was es auch für eine Wahrnehmung, was es auch für eine Unterscheidung, was es auch für ein Bewusstsein sei, vergangenes, zukünftiges, gegenwärtiges, eigenes oder fremdes, grobes oder feines, gemeines oder edles, fernes oder nahes: alles Gefühl, alle Wahrnehmung, alle Unterscheidung, alles Bewusstsein ist, der Wahrheit gemäß, mit vollkommener Weisheit also anzusehn: 'Das gehört mir nicht, das bin ich nicht, das ist nicht mein Selbst.' In solchem Anblick, ihr Mönche, wird der erfahrene heilige Jünger der Form überdrüssig und wird des Gefühles überdrüssig und wird der Wahrnehmung überdrüssig und wird der Unterscheidungen überdrüssig und wird des Bewusstseins überdrüssig. Überdrüssig wendet er sich ab. Abgewandt löst er sich los. 'Im Erlösten ist die Erlösung', diese Erkenntnis geht auf. 'Versiegt ist die Geburt, vollendet das Asketentum, gewirkt das Werk, nicht mehr ist diese Welt' versteht er da."« (K. E. Neumann, *Die Reden des Buddha*, Mittlere Sammlung.)

Also: Die Form ist nicht etwa ohne Selbst, sondern die Form, meine eingeschlossen, ist nur nicht **mein** Selbst, da ich (das Selbst) sie ja entstehen und vergehen sehe bzw. ihr Entstehen und Vergehen wahrnehme. Und nur weil die Form nicht mein Selbst ist, empfinde ich ihre Veränderung auch als leidvoll, z. B. wenn sie mir im Tod aufgezwungen wird. Und nur weil die Form nicht mein Selbst ist, kann ich mich auch von ihr lösen und auch NIRVĀṆA erlangen. So macht die Lehre des Buddha wieder Sinn und so stimmt sie auch.

Nun ist der Zustand JENSEITS ALLER WAHRNEHMUNG UND EMPFINDUNG etwas so Unerhörtes, Unvorstellbares und von niemandem außer dem Buddha Propagiertes und Gelehrtes, dass man hier verharren und tiefer gehen muss, wenn man einen solchen Zustand überhaupt ernsthaft in Erwägung ziehen will.

Jemand, der sich wie kein Zweiter mit der Thematik und Problematik des Unerkennbaren befasste, war Dr. Georg Grimm. Durch ihn erlangte ich die „Erkenntnis" dessen, was jenseits aller Erkenntnis liegt. Darum zitiere ich hier diesen großen Denker so oft, in der Hoffnung, dass dem Leser dieselbe Erleuchtung zuteil werde wie mir beim Lesen dieser Zeilen. Dr. Georg Grimm schreibt in *DAS PROBLEM DES ICH IN DER LEHRE DES BUDDHO*:

»Warum will es nun aber nicht gelingen, die Klarheit über uns selbst zu erreichen? Der Grund liegt in der Natur des Erkenntnisprozesses selber. Dieser ist nämlich so, dass man sich selber gar nicht erkennen kann. Jedes Erkennen besteht wesentlich aus einem Erkennenden und einem Erkannten. Ja es ist die elementarste Wahrheit, dass alle Erkenntnis, j e d e Vorstellung einem Subjekt der Erkenntnis angehört, einem erkennenden Subjekt, im Gegensatz zu dem erkannten Objekt. Wir können uns keine Vorstellung, keinen Gedanken denken, dem nicht das Subjekt der Erkenntnis gegenüberstünde. Eine Vorstellung ohne vorstellendes Subjekt ist ganz und gar sinnlos. Es zu leugnen wäre, als wenn man behauptete, es gäbe bloße Träume ohne einen Träumenden. Dieses erkennende Subjekt bin nun aber natürlich ich selber; eben weshalb es ja auch mit „Ich" bezeichnet wird. So kann man denn auch das Erkennen kurz definieren als: „Für mich sind Objekte" [sei es im Himmel, auf Erden, in der Hölle oder irgendwo anders im Universum. Immer gibt es den, der erkennt, und das, was erkannt wird. Nur NIRVĀṆA ist die Abwesenheit alles Erkennbaren, jedoch nicht dessen, was zuvor erkannt hat und nun nicht mehr erkennt. Hört es darum auf zu sein? Doch wohl kaum. Es erkennt nur nicht mehr bzw. es ist frei von aller Erkenntnis. Lanoo]. Hiernach ist aber das vorstellende Ich, das Subjekt des Erkennens, das notwendige Korrelat jeder Vorstellung und somit die Bedingung einer solchen [mit anderen Worten das Ich ist IMMER, ob es nun erkennt oder nicht. Dies ist auch der Beweis für die Unsterblichkeit, Todlosigkeit und Unzerstörbarkeit des Ich. Wenn nun die meisten Menschen einen solchen Zustand der Erkenntnislosigkeit oder des nicht mehr Erkennens mit Vernichtung gleichsetzen, so zeugt dies doch nur davon, wie sehr der Durchschnittsmensch noch im Erkennen verhaftet ist bzw. sich mit dem Erkannten anstatt mit dem Erkennenden selbst identifiziert. Ergo: Wer dem also vergänglich Erkannten anhaftet, der wird immer wieder mit dieser Last geboren. Lanoo].

Setzt so aber jede Vorstellung dieses Ich oder Selbst bereits voraus, dann kann dieses letztere deshalb auch nie selbst Vorstellung oder Objekt des Erkennens werden. Anders ausgedrückt: „Dass das Subjekt sich nie Objekt werden kann, folgt auch der einfachen Wahrheit, dass dann nichts mehr da wäre, dem dieses Objekt wäre."

So liegt also außerhalb aller Fasslichkeit, dass das erkennende Ich sich selbst sollte erkennen können [der New Age Satz „Finde dich selbst" ist also nicht vielmehr als heiße Luft, weil man sich selbst eben niemals finden kann, sondern immer nur das, was man nicht ist. Lanoo].

Nur soviel kann man sagen, dass das Erkennen oder Bewusstwerden ein Zustand des Ich als Subjekt ist [selbst in NIRVĀṆA findet man also nie sich selbst, sondern nur das, was man nicht ist. Auch NIRVĀṆA ist anattā. So ist das nun mal. Lanoo]. Im übrigen aber kann nicht einmal insoweit entschieden werden, ob dieser Zustand dem Ich wesentlich oder bloß akzidentiell ist, so dass es durch seine Aufhebung nicht berührt wird. Eben diese Unerkennbarkeit des Ich proklamiert Schopenhauer in den Worten: „Das Ich ist der finstere Punkt im Bewusstsein, wie auf der Netzhaut gerade der Eintrittspunkt des Sehnerven blind ist, wie das Gehirn selbst völlig unempfindlich, der Sonnenkörper finster ist und das Auge Alles sieht, nur sich selbst nicht. Unser Erkenntnisvermögen ist ganz nach Außen gerichtet." [Selbst in NIRVĀṆA ist dies der Fall. Lanoo.]

Ebendeshalb sagt Kant: „Das Ich erkennt sich nicht." Ebendeshalb heißt es in der Kāthaka-Upanishad 4, 1: „Nach auswärts bohrte die Höhlungen der An-sich-Seiende: darum sieht man nach außen, nicht aber im innern Selbst."

[Noch etwas zu dem wunderbaren, weil so treffenden Begriff „An-sich-Seiend". Das ist der Mensch bzw. jede Wesenheit im Kern: AN-SICH-SEIEND, mit anderen Worten: unerschaffen, ewig, todlos, immer da seiend bzw. immer da gewesend. Wer es zu fassen vermag, der fasse es. Tod, wo ist dein Stachel? Lanoo.]

Ebendeshalb entquoll insbesondere dem großen Yājnavalkya याज्ञवल्क्य der große Ausspruch: „Nicht sehen kannst du den Seher des Sehens, nicht hören kannst du den Hörer des Hörens, nicht begreifen kannst du den Erkenner des Erkennens."

So ergibt sich denn schon aus der bloßen Analyse des Erkenntnisprozesses die Erkenntnis, dass unser Ich oder unser Wesen, also das, worin wir im Grunde bestehen, nie und unter keinen Umständen Gegenstand der Erkenntnis werden kann, dass es also schlechthin UNERKENNBAR ist.

Es leuchtet ein [und nun aufgemerkt ihr alle, an einen Gott im Himmel glaubenden Menschen. Lanoo], dass diese Erkenntnis von ungeheurerer Tragweite und von grundstürzender Bedeutung für alle Anschauungen ist, die unser Wesen irgendwie bestimmen wollen, und das sind so ziemlich alle philosophischen und religiösen

Systeme, vor allem und insbesondere natürlich auch alle die Hypothesen der zahllosen kleinen Geister (und Gurus ...), von denen jeder doch sein eigenes Systemchen zurechtzuzimmern zu müssen glaubt. Sie erweisen sich schon ganz allein und ohne weiteres deshalb als falsch, WEIL SIE GEGEN DIESE APRIORISCHE ERKENNTNIS DER UNERKENNBARKEIT UNSERES WESENS VERSTOSSEN.

[Im Lichte dieser Erkenntnis sind selbst die Verkündigungen oder Offenbarungen eines Gottes mit der nötigen Vorsicht zu betrachten, da sie doch alle nur den subjektiven Erkenntnisstand der entsprechenden Gottheit repräsentieren. Zum anderen muss man bedenken, dass es vor allem auf der niederen Astral- und Mentalebene viele Wesenheiten gibt, die sich in die Mental- und Astralstruktur schwacher, fanatischer Menschen einschleichen und ihnen suggerieren, „Gott spräche" zu ihnen. Die Scharen von Möchtegern Gurus und ausgeflippten Predigern hier und vor allem in Amerika sind der Beweis für diese Tatsache. Also: Selbst wenn ein Gott persönlich erscheint und etwas verkündet, so ist dies noch lange kein Beweis für die Richtigkeit der Botschaft. Wenn jedoch ein Buddha von JENSEITS der Götterwelt erscheint, dann sollte man seiner Botschaft Gehör schenken. Mit anderen Worten: Selbst ein Gott mag zwar auf Grund seiner Seligkeitsnatur in der Lage sein zu konstatieren, dass des Menschen „wahre Natur" reinste Seligkeit mit Gott im Himmel sei; dies trifft eben jedoch nur für den Erkenntnisbereich eines Gottes zu, der immer noch an dem haftet bzw. sich damit identifiziert, was er NICHT ist, und was darum auch in letzter Konsequenz nicht auf die mit ihm weilenden und sich mit ihm irrenden Geschöpfe zutrifft, es sei denn, es handelt sich um einen dem NIRVĀṆA zugewandten Gott. Lanoo.]

Darum bleibt es nur staunenswert, wie man diese grundlegende Erkenntnis überhaupt so lange übersehen konnte und immer wieder neu übersehen kann [die Erklärung hierfür liegt in der Unfähigkeit der meisten Wesen, sich VON ALLEM ERKENNBAREN ZU LÖSEN. Selbst, ja vor allem der religiöse Mensch klammert sich immer noch an seinen Himmel und Gott, den er IRRTÜMLICHERWEISE als die höchste Stufe des Seins erachtet. Dies ist so, weil der Normalmensch SEIN immer mit ETWAS Sein assoziiert. Lanoo].

Aber so ist es ja immer. In allen Gebieten wagt sich der Mensch in der Regel ohne weiteres an alles, was ihm des Erstrebens wert erscheint, ohne zuvor zu prüfen, ob denn die Mittel, die ihm zur Verwirklichung des erstrebten Zieles zur Verfügung stehen, auch ausreichen. Diese BESONNENHEIT stellt sich in der Regel erst ein, wenn man das Ziel trotz aller Mühe nicht erreicht [z. B. wenn man feststellt, dass der „ewige Friede" im Himmel nach dem Tode eben nicht ewig ist, sondern früher oder später zur Wiedergeburt führt. Lanoo]. Dann erst beginnt man sich darauf zu besinnen, ob denn der Grund hierfür nicht vielleicht gar in der Untauglichkeit des gewählten Mittels liege. SO WAR ES AUCH MIT DER GRUNDFRAGE ALLER RELIGIONEN UND PHILOSOPHIE.

Seit Jahrtausenden ist man nicht müde geworden, immer wieder das Wesen des Menschen zu bestimmen, ohne dass man sich durch die ebenso unaufhörlichen Misserfolge - indem jede Definition sich bei näherer Prüfung als unhaltbar erwies - hätte irre machen lassen, bis schließlich doch einmal ein Denkorgan die Besonnenheit aufbrachte, sich zu fragen, ob denn das menschliche Erkenntnisvermögen zur Lösung dieser Grundfrage überhaupt ausreiche, bis man also damit endete, womit man hätte anfangen sollen. Und siehe da, es zeigte sich: Unser Erkenntnisvermögen ist schon seiner Natur nach zur Lösung dieses Grundproblems ungeeignet. Damit haben wir zugleich ein überaus wichtiges Kriterium für die Beurteilung der Buddhalehre gefunden, in deren Mittelpunkt ja gerade das Problem des Ich steht. Sie wäre ohne weiteres abzuweisen, wenn sie gegen den erkenntnisanalytischen Grundsatz von der Unerkennbarkeit des Ich verstieße, und sie würde andererseits, wenn diese Unerkennbarkeit in ihr gelehrt würde, schon ganz allein deshalb zu den allerersten religiösen und philosophischen Systemen zählen, die die Menschheit hervorgebracht hat. Nun lehrt der Buddha tatsächlich die Unerkennbarkeit des Ich. Ja er lehrt sie mit einer Schärfe, wie sonst niemand mehr, und in einer Weise, dass gar manche schwache Geister ihm hier überhaupt nicht mehr folgen können und die von ihm gelehrte UNERKENNBARKEIT des Ich als LEUGNUNG des Ich verstehen [mit anderen Worten: Der Buddha lehrte niemals, dass es das Ich nicht gibt, sondern nur, dass es UNERKENNBAR ist. Lanoo].

Selbst der große Gustav Mensching kannte nicht den Unterschied zwischen Ich und Nicht-Ich. In seinem Buch *Buddhistische Geisteswelt* schreibt Mensching: „Alles Weltliche ist ohne wahres Selbst". Wenn dem so wäre, wer ist es denn, dem man sagt, er solle sich von allem Weltlichen lösen? Richtig wäre es zu sagen, dass alles Weltliche nicht das Ich ist. Zum Beispiel: Der geneigte Leser ist nicht sein Kleid. EXISTIERT er darum nicht? Das Kleid, das er trägt, kann man vergleichen mit dem Nicht-Ich. Das Kleid ist NICHT der Leser. Steckt darum kein Leser im Kleid? Nein, er, der Leser, ist der Träger der Bürde, des Kleides, und kann die Bürde wieder ablegen, wenn er es nur will. Genauso ist es mit der Bürde von Körper, Gefühl, Denken, Seele und Geist. Wir können sie ablegen, wenn wir uns dazu entscheiden. Doch WIR verbleiben doch noch, nun frei von der Bürde. OM.

Das ICH, das Wesen des Menschen, kann man doch schlechterdings gar nicht leugnen. Welches ist nun aber diese ganz besondere UNERKENNBARKEIT des Ich, die der Buddha lehrte? Unerkennbarkeit des Ich bedeutet an sich nichts weiter als die einfache Unmöglichkeit der Feststellung des Wesens des Menschen. Diese Erkenntnisanalyse liefert noch eine weitere, noch viel wichtigere Grundwahrheit, nämlich die, dass das, was sich in deinem Bewusstsein als vergänglich darstellt, unmöglich dein wahres Selbst sein kann. Denn sonst müsstest du ja, wenn das so als vergänglich Erkannte nun wirklich vergangen ist, wenn zum Beispiel dein Körper durch den unaufhörlichen Stoffwechsel mit der Zeit ein ganz anderer geworden ist, sagen: „Mein Ich ist dahingegangen."

Du, der du immer noch bist, müsstest also sagen: „Ich bin nicht mehr." Doch wohl hellichter Unsinn! - Was vergänglich ist, ist aber auch - eben mit dem Eintritt dieser jeweiligen Vergänglichkeit - leidbringend für dich. Das setzt aber doch voraus, dass du selbst den unaufhörlichen Wechsel dieser steten Vergänglichkeit nicht mitmachst. Er beeindruckt dich ja im Gegenteil in seinen einzelnen Stadien fortwährend schmerzlich. Würdest du dich im gleichen Verhältnis selbst mitverändern, dann wäre ja überhaupt niemand da, der den Vorgang der Veränderung von seinem Beginn bis zu seinem Abschluss als solchen erfahren, überschauen und vom Anblick der Veränderung, DER ER SICH GEGENÜBER SIEHT, schmerzlich berührt sein könnte. Hiernach kann aber dein Ich überhaupt in nichts Vergänglichem bestehen. Nun ist aber alles, was nur je in deinem Erkenntnisbereich eintreten kann, also jedes nur mögliche OBJEKT der Erkenntnis, veränderlich und damit vergänglich. MITHIN KANN SCHLECHTERDINGS NICHTS ERKENNBARES DEIN WAHRES SELBST SEIN. Dieses Kriterium für die Ewigkeit unseres Wesens hat übrigens auch Schopenhauer geahnt, wenn er sagt: „Je deutlicher einer sich der Hinfälligkeit, Nichtigkeit und traumartiger Beschaffenheit aller Dinge bewusst wird, DESTO DEUTLICHER WIRD ER SICH AUCH DER EWIGKEIT SEINES EIGENEN INNEREN WESENS BEWUSST, weil doch eigentlich im Gegensatz zu diesem jene Beschaffenheit der Dinge erkannt wird; wie man den raschen Lauf eines Schiffes nur nach dem festen Ufer sehend wahrnimmt, nicht, wenn man ins Schiff selbst sieht." Alles Erkennbare an uns ist wegen seiner Vergänglichkeit leidbringend für uns. Das Ziel liegt für uns nur in dem unerkennbaren Teil unseres Wesens, der, weil jenseits alles Vergänglichen, kein Leiden kennt, vielmehr, wenn vom leidbringenden erkennbaren Teil befreit, in ungestörter ewiger Ruhe und damit im höchsten - empfindungsfreien - Wohlbefinden aufgeht.

So besteht denn unsere eigentliche und letzte Aufgabe [und der Sinn des Lebens ÜBERHAUPT. Lanoo] darin, uns von dem erkennbaren Teil von uns zu befreien und uns auf unser eigentliches Selbst zurückzuziehen, nach dem Vorbild des Buddha, der angesichts seines Todes zu seinen Jüngern sprach: „Ich gehe fort, lass euch allein, ich kehre zu mir selber ein."

Wenn ich klar und deutlich, so, dass nicht die geringste Unsicherheit sich mehr darüber erhebt, einsehe, dass alles Erkennbare an mir infolge seiner Vergänglichkeit und damit seiner leidschaffenden Natur für mich nicht mein Selbst sein kann, ja, für dieses eine ungeheurere Bürde ist - das ist ja eben der Anattā-Gedanke - DANN MUSS NATURNOTWENDIG JEDER WUNSCH, JEDER DRANG NACH DIESEM ERKENNBAREN TEIL VON MIR ERLÖSCHEN. Das ist so sicher, als jeder Wunsch oder Drang in dem Augenblick sich auflöst, in welchem sein Objekt als Gift für uns erkannt wird. Ist aber jeder, auch der leiseste Wunsch oder Drang nach dem erkennbaren Teil von uns für immer ausgelöscht, dann findet im Tode auch kein Ergreifen eines neuen Keimes, aus dem sich eine neue Persönlichkeit bilden könnte, mehr statt, womit der unerkennbare Teil von uns für immer von dem erkennbaren, leidbringenden befreit, erlöst ist.

[UND DIES IST DIE AUFHEBUNG ALLER WAHRNEHMUNG UND EMPFINDUNG. Nur ein Narr könnte jetzt noch annehmen, dass ein solcher Zustand die ZERSTÖRUNG der Wesenheit selbst bedeutet. Zerstört ist nur ein für allemal, was du NICHT bist. OM. Lanoo.] „Lass alles, so findest du alles! Reiß die Begierde aus, so wirst du Ruhe finden!"«

NIRVĀṆA selbst bzw. die Aufhebung von Wahrnehmung und Empfindung wird auch (aber nicht nur*) in der göttlichen Pause während der Seelenatem-Meditation erfahren. Dies geschieht folgendermaßen: Zunächst hört das Ein- und Ausatmen aus, das heißt man verharrt in der göttlichen Pause nach dem Ausatmen und atmet nicht mehr ein. Dies muss jedoch von selbst und auf natürliche Weise geschehen (wer es erzwingt, indem er den Atem flach hält, riskiert im schlimmsten

* Damit ist gemeint, dass NIRVĀṆA dem Lanoo jederzeit und zu jeder Gelegenheit offenbar werden kann. Es kann beim Geschirrspülen geschehen, beim Kaffeetrinken oder aber auch während eines spirituellen Gespräches. NIRVĀṆA kündigt sich nicht an.

Falle das Leben, im besten Falle Wahnsinn). Dann wird das Denken still. Dann enden Wahrnehmung und Empfindung. UND IMMER NOCH IST MAN DA. Das ist NIRVĀṆA.

Es kann, je nach Veranlagung und Karma des Meditierenden, Wochen, Monate oder auch Jahre dauern, bis das NIRVĀṆA-Bewusstsein in der göttlichen Pause erlangt wird.

RECHTES DENKEN

Allein durch rechtes Denken und sogar ganz ohne Meditation kann man NIRVĀṆA erlangen. Wer recht denkt, denkt so:

„Was auch immer ich als vergänglich wahrnehme, das bin ich nicht, das gehört mir nicht, das will ich nicht, das brauche ich nicht, dem stehe ich völlig neutral und gleichmütig gegenüber, das lasse ich los!“

Dann ist NIRVĀṆA nicht mehr weit ...

Dem Buddha wird klar: „Solange, Ānando, als ich diese neun aufeinanderfolgenden Warten noch nicht in vorwärts- und rückwärtsschreitender Richtung erreicht und mich wieder aus ihnen erhoben hatte, solange hatte ich noch nicht als vollkommen Erwachter die in der Welt mit ihren bösen und heiligen Geistern, mit ihrer Schar von Asketen und Brahmanen, Göttern und Menschen unvergleichliche Erwachung (zur höchsten Wirklichkeit) kennengelernt. Als ich aber, Ānando, diese neun aufeinanderfolgenden Warten (oder Schauungen) **in vorwärts- und rückwärtsschreitender Richtung** erreicht und mich wieder aus ihnen erhoben hatte, da kannte ich als ein vollkommen Erwachter die unvergleichliche höchste Erwachung; und die anschauliche Erkenntnis stellte sich ein: 'Unerschütterlich ist die Erlösung meines Geistes; das ist meine letzte Geburt, von nun ab gibt es kein neues Werden mehr.'"

UND DAS, OH LANOO, IST DER SINN DES LEBENS!

A U M

VIPASSANA-MEDITATION

Diese Meditationstechnik kommt der Seelenatem-Meditation am nächsten, wenn Vipassana nicht den Fehler machen würde anzunehmen, es gäbe kein Selbst. Diese Annahme begründet man damit, dass die während der Meditation erfahrenen Schauungen sich eine nach der anderen auflösen und nichts hinterlassen, sie also darum kein bleibendes Selbst haben. Aber wer so denkt, denkt falsch. Nur weil die vergänglichen Erscheinungen verschwinden, heißt dies noch lange nicht, dass da kein Selbst ist. Das Selbst dieser Erscheinungen, dessen Reflektionen sie sind, ist nur nicht erkennbar, da ALLE SELBSTE von EINEM Punkt ausgehen, nämlich vom Zentrum des Kreises und an dessen Peripherie sie natürlich nicht wahrgenommen werden können.

Noch einmal: ALLE Selbste oder Ichs, oder wie auch immer man die Wesenheiten nennen mag, haben ihr Heim im ZENTRUM allen Seins, in NIRVĀṆA. Selbst in diesem Zentrum, in NIRVĀṆA, ist das Selbst nicht erkennbar. Alles, was man tun kann, ist, sich von allem NICHT-Selbst zu lösen und dann schließlich EINS zu werden bzw. in NIRVĀṆA zu sein mit allen anderen SELBSTEN. Allein der Wunsch, durch ERKENNEN Erlösung oder Wahrheit zu finden, ist töricht. Dies kann nur erreicht werden durch LOSLASSEN des Erkannten, bis NIRVĀṆA erreicht ist. Ein Erkennen eines Selbst in seinen vergänglichen Reflektionen, sei es im Himmel, auf Erden oder in der Hölle, ist ebenfalls gar nicht möglich. Wer die WAHRHEIT will, das wahrhaft Unsterbliche, Ewige, Unzerstörbare, der LÖSE sich von allen vergänglichen Erscheinungen bzw. von dem Verlangen nach ihnen. NICHTS MEHR ZU WOLLEN VON DIESER WELT genügt, um ALLES zu erlangen. Man meditiere darüber. OM. Vipassana-Meditation betont ganz richtig, dass die drei grundsätzlichen Eigenschaften JEDER Existenz sind: 1. vergänglich, 2. nicht das Selbst und 3. leidvoll. Für wen denn leidvoll? Für die Wesenheit selbst natürlich, für den, der sich an das klammert, sich mit dem identifiziert, was vergänglich, nicht er selbst und darum leidvoll ist. Wenn, wie der Dalai Lama behauptet, die vergänglichen Skandhas das Selbst wären, dann gäbe es doch kein Leid. Wie kann denn das Vergängliche unter seiner eigenen Vergänglichkeit leiden? Das geht doch gar nicht. Was man ESSENZIELL IST, darunter leidet man nicht. Leiden kann man nur von etwas VERSCHIEDENEM, von etwas, das verschieden von der eigenen Natur ist, das dieses Etwas, dieses andere NICHT essenziell ist, sondern woran es sich nur klammert, ihm anhaftet. Also: Nur weil das Selbst nicht erkennbar ist, heißt dies noch lange nicht, dass es kein Selbst gibt. Wenn man, wie auch Vipassana-Meditation es tut, etwas als NICHT das Selbst bezeichnet, dann weist dies doch schon darauf hin, dass es ein Selbst oder Ich gibt, dass jedoch nur dieses VERGÄNGLICHE nicht das Selbst ist. Wenn es gar kein Selbst oder Ich gibt oder gäbe, wozu dann überhaupt, wie der Buddha es lehrte, erwähnen, dass dies oder das nicht das Selbst IST? Wenn es etwas nicht gibt, brauche ich es doch gar nicht erst in die Diskussion mit einzubringen. Vipassana-Meditation bringt sich also damit selbst um die Früchte seiner sonst recht wirksamen Meditationstechnik.

Das Umständliche an Vipassana im Vergleich zur Seelenatem-Meditation ist, dass man bei der Vipassana-Meditation sich sehr mit Kasinas befasst, also der

Visualisierung von und Konzentration auf Kasinas, das sind kreisförmige verschiedenfarbige Hilfsmittel während der Meditation. Seelenatem-Meditation bedarf keiner Hilfsmittel. Alles, was man tun muss, ist zu beobachten, wie das Beobachtete erscheint und wieder verschwindet UND MAN SELBST VERBLEIBT. DAS ist der Beweis für die Existenz des SELBST oder ICHS oder DER WESENHEIT. Dieses Selbst kann man aber nur WERDEN in der Meditation, man kann es nicht herbeidiskutieren. Das Heim aller Selbste ist NIRVĀṆA. Wer mehr wissen will, soll sich dorthin meditieren. OM.

Wer nun aber den Fehler macht und das neu erworbene Weisheitsdenken zur Erreichung weltlicher Ziele missbraucht, der wird einen hohen Preis zahlen, den wird es noch tiefer in den Sumpf ziehen als andere, die sozusagen nur Opfer ihrer Lust sind. Werde wieder still. Lass auch das Denken los, auf dass du wahre Weisheit erfahren mögest. Sei dein eigener Führer. Du brauchst niemanden, weder mich, noch einen anderen Führer. Dieses Buch wurde geschrieben, um den Meister IN DIR zu erwecken. Hast du den erst einmal gefunden, dann kannst du auch für andere ein Meister sein, aber nur in dem Sinne, in dem du den Meister in IHNEN erweckst. AUM.

Die Welt jedoch verabscheut diese Wahrheit. Denn daran kann man ja nichts verdienen. Die Welt hat das nicht gern, wenn man sagt: Alles Wissen ist in dir. Die Welt sagt im Gegenteil: Alles Wissen ist da draußen in der WELT. Komm und hol es dir. Arbeite dafür und bezahle dafür. Und wenn du mehr vom weltlichen Wissen und Genuss willst, dann musst du mehr arbeiten und bezahlen. SO halten die da oben dich beschäftigt, lieber Leser, damit du nicht erkennst, dass wahres Wissen und wahre Erkenntnis gar nichts kosten, die sind IN DIR und die kannst du nur erfahren, wenn du wieder STILL wirst. Alle großen Schulen des Altertums haben bereits ihren Kindern eines zuerst gelehrt: DAS SCHWEIGEN, DAS STILLE SEIN, DAS NICHT-DENKEN, DAS MEDITIEREN. Alles andere kam später. Mit so einem ist natürlich in der Welt und in der Unterhaltungsbranche kein großes Geld zu machen, DER IST SICH JA SICH SELBST GENUG, ja um Gottes Willen, bloß das nicht! So jemand, der sich selbst genug ist, der braucht ja kein Film, Fernsehen, Rundfunk, Presse, Rauchen, Fressen, Saufen, Drogen und sonstige Unterhaltung, der hat ja Weisheit und damit auch immer geistige und körperliche Gesundheit und wahre Unsterblichkeit. Den interessieren alle Vereine der Welt nicht, alle Kirchen und Religionen nicht, alle Kunst und Wissenschaft nicht, den interessieren weder Freund noch Feind, weder Erde, Himmel noch Hölle, der hat doch Weisheit gefunden, nämlich die Lehre, die zur Aufhebung aller Wahrnehmung und Empfindung führt, jenseits der vergänglichen Welt der Sinne. In der Tat, so einer ist überall fehl am Platze, der ist in der Welt auf Feindesland, der hat ja gar keine andere Wahl, als allein oder mit ein paar Gleichgesinnten zu bleiben und zu warten, bis er NIRVĀṆA erlangt. AUM.

Verlangen erzeugt Zeit, NIRVĀṆA aber ist zeitlos. Und so fallen wir immer wieder aus dem Zustand der Zeitlosigkeit in die Zeit, bis wir erkannt haben, dass wir in Wahrheit und in unserem innersten Wesen nie geboren wurden und konsequenterweise auch nicht sterben können. Der Mensch per se ist unsterblich. Der Planet Erde und damit der Mensch gehen im Augenblick durch eine lang vorhergesagte dunkle und zugleich befreiende Epoche, dem Wassermann-Zeitalter. Mehr und mehr Menschen sind nicht mehr zufrieden mit dem, was sie sehen, hören, fühlen, schmecken, tasten, ja sogar denken und empfinden. In ihnen dämmert der erste Funke einer Erkenntnis, dass nämlich die wahre Natur der Menschen JENSEITS all dieser Sinnenbetätigungen und ihrer Organe liegt. Solche Menschen befinden sich bereits auf einer hohen Entwicklungsstufe und haben schon Bekanntschaft gemacht mit einer der Grundwahrheiten unseres Lebens, welche da ist oder besagt: Nichts ist befriedigend. Nichts kann dich wirklich befriedigen. Denk mal einen Augenblick nach über diese Worte. Sie enthalten letztendlich die Antwort auf alle Fragen, eingeschlossen der Frage nach dem Sinn des Lebens. Also: NICHTS kann mich befriedigen. Somit ist ALLES unbefriedigend. Gibt es denn irgendetwas, das mich befriedigen könnte? Aber natürlich. Die Antwort wurde bereits gegeben. NICHTS. Nichts ist befriedigend. Da ist also in der Tat etwas, das befriedigt, auf immer befriedigt, und dieses Etwas ist eben - Nichts. Nichts. Ist es nicht etwas voreilig, zu dem Schluss zu kommen, dass Nichts eben nichts ist, also gar nicht existiert? Was ist denn in Wirklichkeit dieses Nichts, von dem ich weiß, dass es so außerordentlich befriedigend ist, denn ich bin ja zu dem Schluss gekommen, dass NICHTS mich wirklich befriedigen kann oder dass nichts befriedigend ist. Wenn ich nur mehr über die wahre Natur dieses Nichts erfahren könnte, würde es mir leichter fallen, mich von ALLEM abzuwenden und auf das NICHTS zu konzentrieren, von dem ich bereits ahne, dass es allein mich befriedigen könnte. Was ist nun dieses NICHTS? - Wenn ich das wüsste, könnte ich für immer glücklich sein, hätte das Ziel erreicht.

Die meisten Menschen denken nun, wenn sie sich mit dem Wort oder Zustand des „Nichts“ befassen, an etwas, das es überhaupt nicht gibt, das eben nicht existiert, oder aber sie assoziieren mit dem Begriff „Nichts“ das Chaos, die absolute Zerstörung, in dem Sinne, dass ich, wenn ich im Nichts bin, zerstört und ergo nicht mehr existent bin. Dieses Buch jedoch lehrt uns, dass dieses Nichts identisch ist mit NIRVĀṆA. Und NIRVĀṆA heißt, wie wir wissen, „ausgelöscht“. Also doch, werden nun viele sagen, so ist es doch wahr, wir sind im NIRVĀṆA ausgelöscht, nicht existent. Nein danke, das ist nichts für mich. Ich möchte nicht ausgelöscht sein für immer. Lieber klammere ich mich an die Welt, an das Leben. Lieber inkarniere ich immer wieder, werde immer wiedergeboren in diese Welt, so vergänglich sie auch sein mag, aber zumindest lebe ich dann, anstatt ausgelöscht zu sein im NIRVĀṆA. Nein, nein, das NIRVĀṆA ist nichts für mich. Das ist ja der Tod, wie ich ihn fürchte, weil ich ja dann nicht mehr bin.

Die Wahrheit jedoch ist die: Der Mensch ist im NIRVĀṆA in der Tat ausgelöscht, aber nicht in seiner gesamten, wahren Wesenheit, sondern nur in dem, was seinen Wesenskern umhüllt, um in dieser Welt existieren zu können. Er legt nur seinen Taucheranzug ab, Hülle für Hülle. Er legt sein Sehen, Hören, Riechen, Sprechen, Tasten, Schmecken, Denken und Empfinden ab. Doch das, was durch die Illusion des Sehens, Hörens, Riechens, Sprechens, Tastens, Fühlens, Schmeckens, ja sogar Denkens und Empfindens gegangen ist und nun ans Licht der Wahrheit drängt, dieses EINE, Ewige, Unvergängliche und Unzerstörbare, das bleibt, das IST, wie es immer war, doch jetzt sich selbst voll bewusst seiner eigenen wahren Existenz, frei von aller Wahrnehmung und Empfindung. Oh Lanoo, das Universum ist ein göttlicher Bewusstseins- bzw. Verlangenszustand. Der Mensch legt nur ab, was er nicht ist, bis sein wirkliches Wesen erstrahlt. So wie einst, ehe er das NIRVĀṆA verließ.

Zwei Fragen stellen sich hier:
a) Wie kann ich denn sein oder noch existieren, wenn ich nicht mehr sehe, höre, spreche, taste, schmecke, fühle und sogar denke?
b) Wenn NIRVĀṆA so ewig und beseligend ist, warum habe ich es dann überhaupt verlassen?

Die Antwort auf Frage a) wird offenbar in einem Experiment. Setze dich hin und schließe die Augen. Bist du immer noch da? Bewusst? Ja. Wenn du aber dein Sehen wärst, wenn dein ganzes Wesen darin bestünde, hättest du jetzt schon das Bewusstsein verloren. Also bist du nicht dein Sehen. Nun suche dir einen Augenblick der Stille, wo du nichts mehr hörst, und schließe die Augen. Nun siehst und hörst du nichts mehr und bist doch immer noch da, bist immer noch bewusst. Also bist du weder dein Sehen noch dein Hören. Ist das nicht unglaublich? Von zwei deiner wichtigsten Sinnestätigkeiten inklusive ihrer Organe weißt du nun, dass du in ihnen gar nicht bestehst, dass sie mit deinem wahren Selbst gar nichts zu tun haben. Was bleibt denn da noch? Wie ist das mit dem Sprechen? Du bist auch nicht dein Sprechen, denn als du mit geschlossenen Augen dasaßest, war Stille, folglich schwiegst auch du. Die drei Affen „Nichts sehen, nichts hören, nichts sprechen" bekommen nun eine völlig neue Bedeutung ... Diese Erkenntnis muss schwer zu verdauen sein für jene Menschen, die so gern sehen, hören und sprechen. Ihre Existenz ist damit gefährdet. Sie werden vielleicht dieses Buch wie ein heißes Eisen fallen lassen, damit ihre vergängliche, sterbliche Natur sich nicht verbrennt an der Wahrheit. Doch jene von euch, die den Mut haben, weiter zu lesen, werden bereit und stark genug sein, die Wahrheit und nichts als die Wahrheit zu ertragen und auch zu verstehen.

Ich sehe, also „bin ich", trifft nicht mehr zu. Ich höre, also „bin ich", trifft nicht mehr zu. Ich spreche, also „bin ich", trifft auch nicht mehr zu. Stattdessen wissen wir nun: Ich sehe nichts und bin immer noch. Ich höre nichts und bin immer noch. Ich spreche nichts und bin immer noch. Siehst du bereits, wie real da „Nichts" ist? Es ist immer da, während „Alles" (sehen, hören, sprechen etc.) nach und nach verschwindet. Je mehr alles verschwindet, umso heller strahlt nichts oder das Nichts, von dem nur der Unwissende annimmt, dass es gar nicht existiert, das Nichts ist so präsent und real, dass du es sogar sehen, hören, ja sprechen kannst, denn es heißt doch: Ich sehe nichts, ich höre nichts, ich spreche nichts etc. So real, so wirklich, so greifbar nah ist nichts oder das Nichts. Du kannst dieses Nichts sogar sehen, hören und sprechen. Du kannst es sogar denken, wissen, essen, trinken, glauben etc. Denn man sagt ja: Ich denke nichts, weiß nichts, esse nichts, trinke nichts, glaube nichts etc. etc. Das Nichts ist allgegenwärtig. Macht uns diese Erkenntnis nun zu Nihilisten? Im Gegenteil. Der Nihilist glaubt ja, dass das Nichts gar nicht existiert. Wir aber wissen oder ahnen bereits, dass das Nichts die einzige wahre Realität ist.

Wie ist das nun mit dem Tasten? Berühre nichts (du kannst es sogar berühren ...), nicht einmal deinen eigenen Körper. Bist du immer noch bewusst? Natürlich. Womit bewiesen ist, dass du auch kein Tastender oder auch nicht dein Tasten bist und natürlich auch kein Schmeckender und kein Riechender. Dein wahres Wesen ist jenseits all dieser Dinge. Da ist der Zustand des Gleichmuts, jenseits von Glück und Unglück, von Erfolg und Misserfolg. Während du nun so dasitzt, nichts mehr siehst, hörst, sprichst, tastest, schmeckst und riechst, bist du neutral, entspannt und zufrieden, denn du erlebst ja mehr und mehr dieses Nichts, von dem du nun in zunehmendem Maße erfährst, dass es so befriedigend ist, denn: Nichts ist befriedigend. Fühlst du oder besser verstehst du jetzt, wie du dich mehr und mehr, Schritt für Schritt, deiner eigenen zeitlosen Unsterblichkeit näherst, welche nichts ist als ein Bewusstseinszustand, der von Form zu Nicht-Form und darüber hinaus wechselt?

Was bleibt nun? Das Denken. Da ist ja immer noch das Denken. Ich denke, also bin ich. Aber ist das wirklich so? Trifft das wirklich zu? Dann frage doch mal jemanden, der die Kunst des Meditierens beherrscht, dem es gelingt, seine Gedanken während der Meditation völlig auszuschalten. Frag ihn, ob er nicht mehr bewusst war in einem solchen Augenblick. Er wird dir antworten: Im Gegenteil. Ich habe alle meine Gedanken abgeschaltet und war doch mehr da als zuvor, als ich noch gedacht habe.

Trifft dich die Wahrheit der radikalen Esoterik wie ein Zug* in voller Fahrt? Du bist nichts von dem, was du dachtest, dass du es bist. Wer ist stark genug, diese Wahrheit voll zu ertragen und zu verstehen? Dieses Buch, die Wahrheit, ist nicht für jeden, sondern nur für wenige, aber so war es ja immer. Erst opfern sich wenige für die Wahrheit. So schmerzhaft sie auch sein mag, doch die Masse sträubt sich dagegen: Um Gottes Willen, da ist jemand, der uns das von uns so geliebte Leben vermiesen will! Und sie klammern sich daran mit der ganzen Kraft und Macht ihres Bewusstseins. Und immer und immer wird es ihnen entrissen, dieses Leben, ein Vorgang, der umso schmerzhafter ist, je mehr sie sich an das so geliebte Leben klammern. Doch jene, die nun erkannt haben, dass sie in ihrem innersten Kern etwas sind, das mit ihren Sinnen und den damit korrespondierenden Organen, also mit dem Leben, nichts zu tun hat, treiben unweigerlich auf die Kernfrage zu:

Wer bin ich denn nun wirklich?

* „Es fährt ein Zug nach Nirgendwo" war der erste und vielleicht einzige esoterische deutsche Schlager, denn was könnte wohl esoterischer (verborgener) und damit realer sein als „Nirgendwo"? Unser aller (Bewusstseins-) Zug fährt nach Nirgendwo und dieses Nirgendwo ist NIRVĀṆA, das wir alle, der eine früher, der andere später, sein werden.

Wer bin ich?

Ich weiß zwar nun, was ich nicht bin, aber was BIN ich? Die Antwort auf diese Frage ist gleichzeitig die Antwort auf die Frage b). Frage b) lautete: Wenn alles so strahlend, so ewig, so beseligend und befriedigend in NIRVĀṆA ist, warum habe ich dann NIRVĀṆA überhaupt verlassen und schleppe mich nun ab mit diesem Körper, der da sieht, hört, spricht, tastet, schmeckt, fühlt und denkt, der bald von den Würmern gefressen wird und von dem man mir jetzt obendrein noch sagt, dass ich das alles gar nicht bin? Die Antwort oder Erklärung ist die: Du warst im NIRVĀṆA. Du wusstest es aber nicht. Du hattest noch nicht von der verbotenen Frucht gekostet, die „Leben" heißt. Nur wer lange und oft genug durch die Schule des Lebens gegangen ist, nur wer lange und oft genug darunter gelitten hat, nur wer lange und oft genug enttäuscht wurde von der großen Illusion der Māyā, Leben genannt, nur der ist bereit für die Wahrheit, für NIRVĀṆA. Dieses Buch öffnet die Augen zur Wahrheit, die NIRVĀṆA heißt, indem es dem Lanoo die Illusion des Lebens voll bewusst und verständlich macht. Die Sache ist nämlich die: Das ganze Leben ist in der Tat eine Illusion. Aber die Reihenfolge, in welcher sich diese Illusion (getrieben von Verlangen) als Stein, Pflanze, Tier, Mensch etc. manifestiert, wird an Schulen und Universitäten und auch in den Heiligen Schriften falsch gelehrt. Dies ist auch die Hauptursache aller heutigen Probleme in der Welt.

Nur wer das Gesetz des Vergänglichen voll erkannt und verstanden hat, ist sich der Präsenz des EWIGEN voll bewusst und erkennt damit den Sinn des Lebens, welcher da ist: NIRVĀṆA. Wissenschaft, Politik und Religion haben in dieser Hinsicht kläglich versagt. Für jene, die Augen haben zu sehen, Ohren zu hören und einen Verstand zu erkennen, ist **„Der Sinn des Lebens"** der Rufer in der Wüste, das Licht des Wissens in der Dunkelheit der Unwissenheit. Dieses Buch ist nicht für jeden, denn es empfiehlt, dass du am Ende eben jene Organe des Sehens, Hörens, Denkens etc., die dir helfen, das Vergängliche voll zu erfassen und zu verstehen, dass du eben jenes Sehen, Hören, Denken etc. am Ende ablegst wie ein Werkzeug, welches du nicht mehr benötigst, nun da die Arbeit getan ist. DAS ist die wahre Bedeutung von SELBSTAUFOPFERUNG. Man gibt ja nur das Vergängliche auf, nachdem man alles Wissen erlangt hat, man vertauscht seine Sterblichkeit mit seiner Unsterblichkeit. Dabei an Selbstmord zu denken, wäre ein Missverständnis und eine Fehlinterpretation der Esoterischen Lehre. Auch ein Selbstmord kann die Reinkarnation nicht verhindern.

Die Frage „Wer bin ich?" kann also sogar im Positiven beantwortet werden, nämlich so: Du bist nichts Erkennbares. Wir wollen uns nun noch etwas intensiver diesem mysteriösem „Nichts" widmen, von dem die esoterischen Schriften verkünden, dass es unsere wahre Natur ist. Aber was ist Nichts?

DAS NICHTS

Mit einem entsprechend starken Teleskop kann der aufmerksame Astronom fast jede Nacht ganze Galaxien aus dem Nichts entstehen sehen. Erst erscheint ein leuchtender Nebel, der sich dann, so lehrt uns die Wissenschaft, im Laufe von Jahrmillionen oder mehr zu einer Sonne und ihrem System (Planeten etc.) entwickelt oder verdichtet. Und das alles aus dem Nichts?

Oh nein, verkündet der Gelehrte, das Universum - alle Universen - besteht aus einer Urmaterie, sozusagen der Stoff, aus dem die Welt gemacht ist, einer mehr oder weniger zufälligen Ansammlung von Atomen und später dann Molekularverbindungen. Die Sache hat nur einen Haken: Die Urmaterie ist nur eine Theorie und durch nichts bewiesen. Der gesunde Menschenverstand fährt deshalb fort zu fragen: „Wo kommt das Universum her und wohin verschwindet es wieder am (relativen) Ende aller Tage?"

Die Antwort: Alles kommt aus dem Nichts und kehrt auch dorthin zurück. Das Universum ist ein Bewusstseinszustand. Der zuerst im Raum erscheinende kosmische Nebel ist ein Bewusstseins- oder auch Denkvorgang, der sich uns zum Beispiel als eine Sonne präsentiert. Wenn der Denkvorgang beendet ist, verschwindet diese Sonne wieder und brennt nicht etwa aus, wie uns die Wissenschaftler glauben machen wollen. Die Sonne ist ein Denkvorgang. Das ist keine Utopie, sondern eine Tatsache, die sich wie folgt erklärt: Wenn der Mensch denkt, strahlt sein Gehirn elektromagnetische Wellen aus. Wenn die Wesenheit in der Sonne denkt oder deren mentale Masse sich ausbreitet, erzeugt das auch elektromagnetische Wellen, aber in viel größerer Intensität. Diese elektromagnetischen Wellen strahlen von innen nach außen in den Raum und erzeugen Reibung, die sich uns als Wärme und Verbrennung und die Sonne als einen Feuerball oder Globus in Verbrennung präsentiert. Doch die Sonne brennt nicht und mit Sicherheit brennt sie nicht aus. Das hätte sie dann schon längst tun müssen, doch ihre Temperatur ist konstant. Wenn der Denkvorgang beendet ist, erlischt die Sonne schneller als ein Wimpernschlag. Wer denkt? Kein alter Mann mit Bart im Himmel, sondern das FORM-LOSE*, aus Mentalmasse bestehende höhere Christus-Selbst des Sonnensystems, und während „es" denkt, „scheint" die Sonne und gibt uns Leben. Doch was uns in Wirklichkeit erwärmt, ist kosmische Gedankenkraft. Und all diese erscheint aus dem Nichts und verschwindet wieder ins Nichts, einem Nichts, von dem die Welt der Wissenschaft sich mit einem Achselzucken abwendet, um sich ihren fragwürdigen, täglich wechselnden materialistischen Theorien zuzuwenden, die zwar viel Gelder vom Steuerzahler einbringen, aber sonst wertlos sind. Wie unergründlich, mysteriös, omnipotent muss dagegen jenes Nichts sein, jene Urquelle, der wir alle entstammen! Wie arm war doch der Philosoph Nietzsche, dass er die wahre Natur des Nichts so verkannte, indem er annahm, dass es das Nichts gar nicht gibt bzw. dass man im Nichts zerstört ist. Im Nichts ist aber nur das zerstört, was wir **nicht** sind. Sollten wir uns nicht erst mit der Natur dieses ewigen Nichts befassen anstatt nur

* Oh Lanoo, dort, wo alle Form verzehrt wird von der Flamme der Weisheit, da ist die Wahrheit, das bist du. AUM.

mit seinen vergänglichen Emanationen? Ist denn niemand da, der in Wort und Schrift die wahre Natur des Nichts, unserer wahren Heimat, ergründet?

Die Tatsache, dass wir NICHTS sind, zeigt sich schon daran, dass alles der Zerstörung unterliegt, immer wieder zu Nichts wird bzw. ins Nichts zerfällt. Wir sind also nichts. Aber dieses „Nichts" hat mit dem Nichts der Nihilisten nichts zu tun. Das NICHTS, das wir sind, ist ja nur ein „Nichts" für unsere Sinne, es liegt eben *hinter* den Sinnen oder *jenseits* der Sinne. Wer sich von der Wahrheit dieser Behauptung persönlich überzeugen will, der muss sich schon jetzt und hier in der Meditation von allen Sinnestätigkeiten lösen und sich auch nach der Meditation nicht mehr mit ihnen identifizieren. Dann wird auch er bald den Zustand jenseits der Sinne erfahren und wird erkennen, dass das sogenannte „Nichts" der einzig erstrebenswerte Zustand ist, unser wahres Wesen, unsere Bestimmung, der Sinn des Lebens. Das wahre Wesen des Menschen, ja *aller* Wesen, liegt also jenseits von oder hinter allem Sehen, Hören, Riechen, Schmecken, Tasten, Empfinden und Denken - all das trennt ihn noch von seinem wahren Wesen. Wer sich nicht von den Sinnestätigkeiten trennen kann, ihnen noch anhaftet, sich noch mit ihnen identifiziert, der wird dem Leiden nie ein Ende machen, der muss immer und immer wieder reinkarnieren, wird immer wieder gewaltsam (im Tode) von den Sinnestätigkeiten und ihren Organen getrennt, bis er endlich von selbst dem Leiden ein Ende macht, und zwar nicht im Selbstmord, sondern durch Studium und Meditation. Auf diese Weise löst er sich noch zu Lebzeiten von seinem Körper und allen Sinnestätigkeiten und wird dann das von der Masse so gefürchtete „Nichts". Er „ist" immer noch, **aber eben NICHTS. Wer es zu fassen vermag, der fasse es. AUM.**

ALLES ODER NICHTS

Um die wahre Natur des Nichts zu erkennen, bedarf es also einer präzisen Definition von ALLES. Was dann übrig bleibt, ist eben: NICHTS. Was ist Alles? Die sichtbare und (im Augenblick für uns) unsichtbare Welt der immer vergänglichen und darum leidvollen Erscheinungen, von der tiefsten Hölle bis „hinauf" zum höchsten Himmel mit allen Bewohnern darin, von den bösesten Dämonen bis zu den heiligsten Engeln. Das ist Alles. Und jenseits von Himmel und Hölle, von sichtbaren und unsichtbaren Welten, jenseits von alledem liegt das Nichts. Statt jenseits sollte ich lieber inwärts sagen, denn das Nichts, diese ewige unsterbliche Wahrheit, ist in dir und nirgendwo da draußen. Vergiss nicht, dass alle jene Welten, sichtbar und unsichtbar, nur ein göttlicher Bewusstseins- oder Verlangenszustand sind, der sich von innen nach außen entwickelt.

So ist das NICHTS in Wirklichkeit viel realer als ALLES. Warum? Weil Alles, also alles Erkennbare, vergänglich ist und Nichts ist unvergänglich. Was ist also Nichts? Das Nichts ist unvergänglich, ungeboren, elternlos (anupapādaka अनुपपादक).

So wartet denn jenseits von allem das Unvergängliche, Ungeborene, die einzige, absolute Wahrheit, mit NICHTS mehr belastet, weder mit dem Körper eines Menschen noch mit der Aura eines Engels, eben mit NICHTS, nicht einmal mit dem Bewusstsein eines Gottes oder von Gott. Wir verstehen nun den Untertitel dieses Buches „Radikale Esoterik". Es lehrt, dass es viele Götter gibt, die den Sieben Strahlen (oder Göttern) entspringen, welche dem EINEN Gott entstammen, der aber selbst, im Augenblick der Manifestation, noch von NIRVĀṆA getrennt ist, welches „er" verlassen hat. Nun verstehen wir auch, warum die Lehre dieses Buches von Menschen UND von Göttern studiert wird, denn es führt geradewegs zum Mysterium des Nichts, NIRVĀṆA. Gott (als erste Manifestation) ist ja immer noch etwas, nämlich Gott oder ein Gott, NIRVĀṆA ist aber Nichts, und Gott müsste seine göttliche Identität verlieren, Nichts werden, um NIRVĀṆA zu erleben.

Eines Tages wird das ganze Universum mit allem darin zusammenbrechen und Nichts werden. Dies geschieht in etwa 155 Billionen Jahren. Dann ist Nichts mehr da, weil Alles verschwunden ist in NIRVĀṆA, aber nur jene werden dieses Nichts bewusst erleben, die ALLES verstanden haben. Dieses Buch, aber auch **DAS BUCH DES LICHTS,** lehrt alles, erklärt alles, IST ALLES. Wenn du es studierst, studiert ein Gott mit dir*. Viele hohe Wesenheiten (Götter etc.) hatten NIRVĀṆA erreicht und freiwillig darauf verzichtet. Sogar einigen Menschen ist das gelungen, zum Beispiel dem Buddha und auch Jesus. Deshalb werden sie (und andere) auch wie Götter verehrt und manche sagen sogar „Jesus ist Gott" oder „Buddha ist Gott" etc. Was Gott anbelangt, so kann man sagen, dass er oder besser „es" in Perioden von 311.040.000.000.000 Jahren immer wieder aus dem Nichts oder NIRVĀṆA erscheint und ALLES wird, das ganze Universum mit allem darin. In diesem Universum lernen wir alles, bis wir nichts oder das Nichts wissen.

Nun verstehen wir auch die radikale esoterische Bedeutung des Ausspruches des Sokrates, der ausrief: „Ich weiß, dass ich NICHTS weiß!" Nachdem wir für 311.040.000.000.000 Jahre alles waren (Stein, Pflanze, Tier, Mensch, Engel und Gott), ruhen wir mit Gott im Nichts, wobei dieser Ruhezustand ein solcher nur für jene ist, die alle noch nicht verstanden haben, die anderen sind bewusst im Nichts, haben NIRVĀṆA erlangt, sind eins mit Gott, und wenn sie oder falls sie zurückkehren, dann tun sie es nur aus grenzenlosem Mitleid mit jenen Seelen, deren Durst nach der Welt oder nach allem wie eine Mauer zwischen ihnen und der Wahrheit steht. Leiden ist gehemmtes Wollen. Und selbst wenn du erlangst, was du willst, bist du immer noch nicht zufrieden. Also: Wer nichts will, der leidet auch nicht mehr. So einfach ist das. Nichts oder das NICHTS zu wollen, ist darum das höchste Ziel, und eben dieses NICHTS, das ist NIRVĀṆA.

Oh Lanoo, nur NIRVĀṆA ist die absolute Reinheit. So rein, dass selbst der „Körper" (das Universum) oder besser das Bewusstsein eines Gottes abgelegt werden muss und nicht bestehen kann gegenüber dieser Reinheit des NICHTS.

---

* Was immer auf Erden geschieht, reflektiert sich in den astralen und mentalen Sphären und bildet eine reale, obwohl viel feinstofflichere Kopie des Originals. Dieses Buch existiert auch als astrales und mentales Buch in der astralen und mentalen Welt. Wenn du es studierst, lesen und lernen astrale Wesenheiten, Engel, Götter, ja sogar Gott selbst mit dir.

Wir hatten NIRVĀṆA oder das NICHTS vor etwa 155 Billionen Jahren verlassen und befinden uns nun auf der Wanderschaft (dem Pfad) durch ALLES. Und das solange, bis wir, enttäuscht von ALLEM, uns wieder dem Nichts zuwenden, doch dieses Mal vollbewusst. Wir verließen das Nichts zum Zwecke der Selbsterkennung. Das Ewige kann sich nur definieren durch Reflexion im Vergänglichen. Ist das oft genug geschehen, zieht sich das Ewige zurück in seine wahre Heimat, welche da ist: „Der ewige Frieden" oder NIRVĀṆA. AUM.

Wir waren (im Nichts) doch nicht bewusst. Nun verstehen wir auch den berühmten Hamlet-Monolog: „Sein oder NICHT-sein, das ist hier die Frage?" Shakespeare meint damit, dass wir im NICHTS wirklich SIND und damit in Wirklichkeit Nicht(s) sind ...*

Shakespeare war, wie fast alle Großen dieser Welt, ein bewusster oder vielleicht auch unbewusster Esoteriker. Ihm war in jedem Falle voll bewusst, dass Dinge aufhören können zu existieren und dennoch sind oder dass Dinge aufhören zu sein und immer noch existieren. Albert Einsteins Relativitätstheorie, „inspiriert" von dem Holländer H. A. Lorentz, wenn richtig verstanden, unterstützt die radikale Esoterik dahingehend, dass sie besagt: ALLES ist relativ. Doch relativ im Verhältnis wozu? - Eben zum Nichts, dem wahren Sein. AUM. Deshalb sagt Jesus: „Gebt ALLES auf und folgt mir [dem Nichts] nach!"

Unterm Strich ergibt sich Folgendes: Leben ist Leiden. Wenn wir das einmal voll erkannt haben, muss sich ja jeder, der einen einigermaßen gesunden Menschenverstand hat, die Frage stellen: „Wie kann ich diesem Leiden auf immer entrinnen? Wie kann ich ALLEM entkommen, um NICHTS oder das Nichts zu erlangen?" Um dies zu erreichen, müssen wir uns zuvor eine, **die** wichtigste Frage stellen: Wer bin ich eigentlich? Wer bin ich wirklich? Wer bin ich? Wer ...?

Von der Beantwortung dieser Frage hängt alles ab.

WER BIN ICH?
oder
DER WEG ZU MIR

DAS BUCH DES LICHTS lehrt uns, dass der Zugang zum NIRVĀṆA nicht von innen nach außen, sondern von außen nach innen erfolgen muss. Gehe in dich. Das ist es. Nun kenne ich Menschen, die gehen in sich, sehen nur Dunkelheit, Angst, Depression und Einsamkeit, mit einem Wort Chaos, und wenden sich erschreckt von alledem wieder der Welt zu. Hätten sie jedoch nur ein wenig länger ausgehalten, wären sie nur noch etwas tiefer in sich gegangen, dann wäre die Dun-

* Dies brachte die Nihilisten zu dem Schluss, dass Gott in Wirklichkeit gar nicht existiert. Nun, Gott ist in der Tat Nichts oder auch im Nichts (bzw. frei von allem Vergänglichen). Daraus zu folgern, dass Gott gar nicht existiert, ist ein verhängnisvoller Trugschluss. Es ist daher kein Wunder, dass es so viele Selbstmörder unter den Nihilisten gibt.

kelheit verflogen und sie hätten das strahlende Licht ihres wahren Selbst erblickt. Regelmäßige Seelenatem-Meditation ist dazu unerlässlich, denn durch regelmäßiges Meditieren legt man (Schicht für Schicht) alles ab, was man nicht ist, bis das Selbst verbleibt, frei von allen vergänglichen Attributen.

Du bist nicht einmal nichts. ABER: Diese Definition ist nur den Erleuchteten unter den Lesern gewidmet. Wer diesen Zustand noch nicht erreicht hat, möge sich mit der Definition begnügen, dass er nichts ist, was natürlich nicht bedeutet, dass er in seinem wahren Wesen zerstört wäre. Er **ist** immer noch, doch nun frei von allem Vergänglichen.

Während der Seelenatem-Meditation wird der Tropfen eins mit dem Ozean. NIRVĀṆA ist, wenn der ganze Ozean in den Tropfen eingeht, sich mit ihm vereint. Stück für Stück kämpfen wir uns nun zu unserem wahren Ich durch, legen alles ab, bis wir nichts mehr sind, und dieses Nichts, oh Lanoo, ist dann das WAHRE ALLES.

Wie kann ich am einfachsten oder am effektivsten herausfinden, wer ich wirklich bin? Ganz einfach. Entscheide (oder lege alles ab), was du nicht bist, und was bleibt, das „bist" du. Was du nicht bist, haben wir bereits festgestellt. Alles, was vergänglich ist an dir, das bist du nicht, sonst würdest du, das wahre Du, dieses Vergängliche gar nicht wahrnehmen. Also: Was bist du nicht? Dein Sehen, Hören, Sprechen, Tasten, Schmecken, Riechen, Denken und Empfinden, das bist du nicht, weil das ja alles so vergänglich ist, denn es hat einen Anfang und ein Ende. Du aber bist anfangs- und endlos. Du bestehst also nicht in allen diesen Dingen, dein wahres Wesen liegt jenseits von ihnen, jenseits deiner Sinne und allem, was durch sie wahrgenommen wird. All dies sind zwar Eigenschaften von dir, aber doch unwesentliche, denn du kannst sie wollen oder auch nicht. Die Entscheidung liegt bei dir. Dieser Gedanke ist es wert, vertieft zu werden. Alles an dir, was vergänglich ist, alle Sinne, das Denken eingeschlossen, das bist du nicht. Große Yogis in Indien machten eine erstaunliche Entdeckung. Sie setzten sich unter einen Baum und schalteten alle Außensinne und sogar das Denken ab (wie in unserem Experiment) und sie erlebten, dass sie, anstatt weniger zu werden, MEHR wurden. Etwas Neues, Inneres, Großes, Heiliges, etwas nie zuvor Erlebtes, ein Licht, eine unsterbliche Gegenwart und Gewissheit brach in ihnen, aus ihnen und durch sie hervor und erfüllte sie ganz. Da wurde ihnen bewusst: DAS bin ich, DAS ist mein wahres Selbst. Ich bin nicht mein Körper, nicht mein Sehen, Hören, Fühlen, Tasten, Schmecken, Riechen, Sprechen, nicht einmal mein Denken bin ich. Ich bin das, was übrig bleibt, wenn ich festgestellt oder erfahren und dann beiseite gelegt habe, was ich nicht bin. Alle meine Sinne, ja sogar das Denken sind nur unwesentliche Beigaben von mir, verglichen mit der strahlenden Präsenz meines wirklichen Wesens. Ich bin ein Gott im Werden. ICH BIN GOTT, ich bin der, der ich bin. Gott ist in mir und ich bin in Gott. Ich bin in allen Dingen und alle Dinge sind in mir. Nun mag so mancher einwenden: Wenn alle Dinge in mir sind, warum sehe ich sie (alle Dinge) dann außerhalb von mir? Die Antwort: Das ist so, weil du die wahre Natur der Dinge noch nicht erkannt hast. Wenn das geschieht, wirst du die Dinge noch außerhalb von dir sehen, aber ihre WURZEL, ihr wahres Wesen wirst du in DIR erkennen und finden. Es ist ein Gefühl, als wenn du in allem zugleich bist, im Stein, in der Pflanze, im Tier, in allen Menschen und in dir selbst. Dann empfindest du wahrhaftig Mitleid mit allem, denn nun, da du in allem und alles bist, leidest du auch mit allem, so dass man sagen kann: Der wahre Gradmesser für die Entwicklung und innere Größe und für den Wert eines Menschen ist nicht, wie viel Universitäten er besucht oder wie viel Güter er angesammelt hat, sondern es ist seine Fähigkeit, Mitleid und damit bedingungslose Liebe zu empfinden mit allem, was da lebt, und vor allem mit jenen Menschen, denen der Normalbürger vorwirft, Sünder oder „böse" zu sein.

Du warst also schon alles. Du warst schon ein (oder im ...) Stein, eine Pflanze, ein Tier und nun bist du ein Mensch auf dem Wege zu Gott (estum). Wenn du erst einmal erlebt hast, dass du in allem bist und dass alles in dir ist, begreifst du auch, dass du der wahre Erschaffer oder die wahre Ursache aller Dinge bist. Du hast sie hervorgerufen durch deinen Unverstand, deinen Durst nach der Welt.

Zurück zu den Yogis. Sie erfuhren also durch die einfache Technik der Seelenatem-Meditation, dass das wahre Wesen des Menschen nicht von dieser und auch nicht von einer anderen Welt ist, sondern FREI davon.

Mauern, überall sind Mauern. Als ich einst obdachlos durch Los Angeles wanderte und sah von meiner kalten Nacht in die lichterfüllte Wärme der Häuser, da kam mir ein Gedanke. Ich dachte mir: „Sie haben Mauern um sich errichtet!" Doch ein anderer Gedanke in mir konterte: „Das ist doch klar, es ist kalt. Ohne Mauern würden sie frieren!" Erst später, als ich dem **BUCH DES LICHTS** begegnete, lernte und verstand ich, dass die Kälte von den Mauern erzeugt wird oder wurde. Die Mauern waren zuerst. Doch es waren keine Mauern aus Stein, sondern aus Gedanken und Gefühlen gemacht. Nachdem wir uns dadurch selbst aus dem ewigen Frühling des Paradieses ausgeschlossen hatten, erschienen die Jahreszeiten und zwangen uns, wirkliche Mauern aus Stein zu bauen und uns abzuschirmen gegen die Jahreszeiten, aber auch gegen unsere Mitmenschen. Die Mauern waren zuerst, die Mauern müssen fallen, erst im Denken und Fühlen und dann in Wirklichkeit. Dann werden wir keine Mauern mehr benötigen, denn dann wird der ewige Frühling, das Paradies, zurückkehren, beschienen von einer zentralen Sonne, die da Weisheit heißt. - Oh Lanoo, die Sonne ist der Denkprozess einer hohen Wesenheit. AUM.

Was die Yogis vor Tausenden von Jahren erfuhren, können auch wir erreichen. Zum Beispiel können wir es mit entsprechender Übung gewaltig erleben in der Seelenatem-Meditation, indem wir jedesmal mit jeder Meditation ein Stück mehr ablegen oder BEOBACHTEN von dem, was wir nicht sind, bis übrig bleibt, was wir sind, welches Nichts ist, da wir ja Alles abgelegt haben. Oh Lanoo, du bist Nichts oder besser im Nichts. Daraus nun aber zu schließen, dass du nicht existierst oder gar zerstört, ausgelöscht bist, wäre ganz falsch und ein in der Tat tödlicher Irrtum. Du bist Nichts, aber das ist mehr als Alles.

DAS MENSCHLICHE AUGE UND DER GEIST

Das menschliche Auge kann alles sehen, nur nicht sich selbst. Es sieht also, was es nicht ist. So ist es mit des Menschen ewigem, unerschaffenem Geist, welcher sich selbst nie erfahren kann, sondern nur, was er nicht ist, nämlich der Körper mit allen seinen Sinnesorganen. Ist die Welt der Sinne überwunden, befindet sich der Geist in dem einzigen ihm gemäßen Zustand, welcher da ist: NIRVĀṆA.

Der Guru गुरु sagt: „Der Geist ist höchstes Glück, der Geist ist höchste Seligkeit, Wonne und Unsterblichkeit.“ Dieser Guru meint immer noch einen, wenn auch noch so feinen, Restbestand, mit dem der Geist sich selbst in höchsten Himmelsebenen umgeben hat. Dieses feine Kleid aus Seelenstoff, die Hindūs nennen es Dharmakāya धर्मकाय, ist es, welches das beseligende Gefühl (eine, wenn auch höchste, Stufe des Verlangens) erzeugt und so den Geist daran hindert, NIRVĀṆA zu erreichen. AUM.

Der Weise oder auch radikale Esoteriker tut und wünscht sich natürlich gar nichts mehr. Er stellt jede Aktivität ein, wird ein (wenn auch extrem disziplinierter) Bettler, ein Obdachloser, trennt sich von allem, was diese vergängliche und darum so enttäuschende Welt zu bieten hat, und bereitet sich, LOSGELÖST von ALLEM, auf das NICHTS, auf die zeitlose Ewigkeit vor, welche da NIRVĀṆA heißt. Doch dies ist die radikale Konsequenz der radikalen Esoterik und nur für die wenigsten durchführbar. Gott sei Dank gibt es noch den Mittelweg, so dass jeder, der erlöst werden möchte, früher oder später auch erlöst werden kann. AUM.

DIE ESOTERISCHE LEHRE

Du bist eine unsterbliche Wesenheit, die einen sterblichen Körper hat. Als unsterbliche Wesenheit wurdest du nie geboren und kannst infolgedessen auch nie sterben. Sein oder Nichtsein ist hier nicht mehr die Frage. Du bist. Aber du warst dir dessen nicht bewusst. Du warst eine Wesenheit, erfüllt mit dem Verlangen nach manifestiertem, vergänglichem Leben, während du schlummertest in nichtmanifestierter Unvergänglichkeit.

Mit Schlummern meine ich, dass du dir dieses form- und gestaltlosen Zustandes nicht bewusst warst: Du wusstest gar nicht, dass du bereits am Ziel warst, welches da ist: bewusste Unsterblichkeit in Nicht-Manifestation, ohne Form und Gestalt, reines Bewusst-sein, reines SEIN, jenseits aller Wahrnehmung und Empfindung. Doch du, so wie jede andere junge, unbewusste Seele, hattest Verlangen nach sterblicher, vergänglicher Manifestation, denn so ist das kosmische Gesetz: Die ewige, unsterbliche, aber sich dessen noch unbewusste Wesenheit muss durch viele vergängliche und sterbliche Formen oder Transformationen (Stein, Pflanze, Tier, Mensch, Engel) gehen, um sich so nach und nach, Schritt für Schritt, ihrer wahren Unsterblichkeit, ihrer anfangs- und endlosen Natur bewusst zu werden.

Das, um es noch einmal zu betonen, ist der Sinn des Lebens, deines Lebens, nämlich, dass du dir deiner Unsterblichkeit voll bewusst wirst. Mehr ist nicht zu erreichen. Das ist alles. AUM. Und um das zu erreichen, bist du viele Male ein Stein im Mineralreich, eine Pflanze im Pflanzenreich, ein Tier im Tierreich, ein Mensch im Menschenreich, ein Engel in der Astralwelt und dann auch in der höheren Mentalwelt oder im „Himmel“ (Devachan देवचन्) und so weiter, bis du voll bewusst zurückkehrst zu Gott. Der verlorene Sohn kehrt heim zum Vater.

Was also ist der Mensch? Der Mensch ist ein die materielle Welt Beobachtender, welcher sich zunächst mit ihr identifiziert, nach ihr verlangt und so schmerzhaft das Gesetz des Lebens erfährt, welches das ist: geboren werden, leben und sterben - mit einem Wort: Leiden. Hat der Mensch dies durch viele Reinkarnationen erst einmal erkannt, wird er wieder zum Beobachtenden und identifiziert sich nicht mehr mit dem Auf und Ab des Lebens. Nach und nach oder auf einmal fällt die Welt von ihm ab, bis wieder der Mensch in seinem wahren Wesen erstrahlt.

Sterben

Wenn du stirbst, legst du deinen physischen Körper ab und erwachst in deinem Astralkörper in der Astralwelt. Dort wirst du mit allen deinen sinnlichen Lüsten konfrontiert, aber ohne deinen physischen Körper, um sie zu befriedigen. Ein solcher Purgations- oder Reinigungsvorgang kann sehr leidvoll sein, weshalb es sich empfiehlt, bereits zu Lebzeiten durch keusche Entsagung und Vegetarismus so viel weltliches Verlangen wie möglich zu überwinden, um sich so unnötiges Leid nach dem Tode, aber auch im nächsten Leben zu ersparen. Wenn der Moment des Sterbens für dich gekommen ist, klammere dich nicht an diesen physischen Körper, du verlängerst nur das Leiden. Lass los. Man wartet bereits auf dich. Liebe Menschen, viele von ihnen kanntest du schon, warten auf dich in ihren Astralkörpern in der Astralwelt. Lass los. Schwebe einen Schritt näher zu Gott. In der Astralwelt wirst du sehen, wirst du verstehen. Physisches Leben in einem physischen Körper ist eine ungeheure Beschränkung. Nach einer Periode des Bewusstseins oder des Bewusstwerdens, aber auch der Reinigung auf verschiedenen siebenfältigen astralen, mentalen und spirituellen Ebenen kehrst du zurück oder reinkarnierst du in einen neuen Körper, welcher gebildet ist auf der Basis der Permanenten Atome des vergangenen Körpers. Von daher gesehen hat die Kirche sogar Recht, wenn sie von einer Auferstehung im Fleische spricht. Du bist in der Tat nicht nur mental und emotional, sondern auch physisch das Resultat all deiner Gedanken, Gefühle und Aktionen aller deiner vergangenen Leben. Du bist das Resultat deines eigenen Verlangens. Solange du das noch nicht überwunden hast, wirst du immer und immer wiedergeboren, Leben für Leben. Oh Lanoo, dein Verlangen ist die trennende Wand zwischen dir und NIRVĀṆA. Und so greifst du immer wieder nach der verbotenen Frucht, die für dein vergängliches Ich geboren wird, die Leben und Sterben heißt. Doch hab keine Angst, oh Lanoo, wie kann etwas sterben, das nie geboren wurde, wie kann etwas vergehen, das immer war, ist und sein wird? Und dieses Ewige, das bist du. Das ist die Esoterische Lehre. AUM.

सत्यान् नास्ति परो धर्मः

satyān nāsti paro dharmaḥ

Keine Religion ist höher als die Wahrheit.

* * *

DIE ANGST VOR DEM TODE

Der Mensch hat Angst vor dem Tode, weil er dann ohne Körper ist. Würde er jedoch, was ganz einfach ist, diesen körperlosen Zustand während der Seelenatem-Meditation jetzt schon erleben, dann würde seine Angst vor dem Tode dahinschwinden. Er wüsste dann, dass er nach dem Tode noch IST, eben nur ohne Körper. Diesen, von der Masse so gefürchteten Körper-freien Zustand würde er übrigens als viel beglückender empfinden als den an den Körper und die Sinnestätigkeiten gebundenen Zustand.

„Wunderbar!“, sagt der Genussmensch. „Dann werde ich eben jetzt mein Leben genießen, sooft ich kann meditieren und dann habe ich beides, dieses Leben ohne Angst vor dem Sterben und das Leben nach dem Tode!“

So einfach ist das aber nun auch wieder nicht. Der Genussmensch wird IMMER angstvoll sterben und mit schlechtem Karma wieder in einem nächsten Leben erwachen, weil er während der Meditation eben NICHT den körperlosen Zustand erfahren kann. Davon hält ihn nämlich seine Lust auf Genuss ab, die sich immer wieder störend zwischen ihn und seiner Meditation schiebt, welche ja auf LOSLÖSUNG gerichtet ist. Man kann eben nicht zwei Herren dienen ... Der Leser möge sich doch mal vorstellen, er wäre tot und die Welt würde ohne ihn weiter bestehen. Dabei würde er voll Verwunderung feststellen, dass er immer noch da ist – nur nicht mehr in der Welt. Das Selbst ist **außerweltlich**. Wer diesen Zustand nicht jetzt schon in der Meditation erfährt, für den wird er auch nicht nach dem Tode existieren, der hat ja gar keine andere Wahl, als sich – nach Wahrnehmung und Empfindung dürstend – wieder in ein neues Leben und damit in einen neuen Tod zu stürzen.

Fazit: Der Mensch will glücklich sein. Im Augenblick kennt er nur das Glück, das ihm der Körper und die Sinnesgenüsse vermitteln. Wüsste er jedoch, dass es ein Glück **frei** vom Körper und von den Sinnesgenüssen gibt, und wüsste er zudem, dass dieses Glück ein viel größeres, weil ewiges ist, dann würde er lächelnd seine Anhänglichkeit an den Körper fahren lassen und **bereits jetzt schon, während er noch im physischen Körper weilt**, in der Meditation den körperlosen Zustand erfahren. Dann hat er den Tod überwunden und schaut nur noch voll Mitleid auf all jene, die das Leben genießen und den Tod fürchten.

STERBEHILFE PAR EXCELLENCE oder Wie man einen Sterbenden belehrt und ihm hilft

In Anāthapiṇḍiko (erste Rede, fünfzehnter Teil) wird der ehrwürdige Sāriputto, Meisterschüler des Buddha, an das Bett des sterbenskranken Anāthapiṇḍiko gebeten.

(Sāriputto spricht hier in jedem Satz den schwerkranken Anāthapiṇḍiko mit „Hausvater“ an. Ich lasse bewusst diese Wiederholung aus.)

»Und der ehrwürdige Sāriputto rüstete sich, nahm Mantel und Schale und begab sich, gefolgt vom ehrwürdigen Ānando (आनन्द), zur Wohnung Anāthapiṇḍikos. Dort angelangt nahm er auf dem dargebotenen Sitze Platz. Und er wandte sich also an Anāthapiṇḍiko: „Fühlst du dich schon wohler, geht es dir etwas besser, nehmen die Schmerzen wieder ab und nicht zu, merkt man, dass sie nachlassen und nicht zunehmen?“

„Nicht fühl’ ich mich, werter Sāriputto, wohler, es geht mir nicht besser, heftig nehmen die Schmerzen zu und nicht ab, man merkt, dass sie zunehmen und nicht nachlassen. Gleichwie etwa, werter Sāriputto, wenn ein starker Mann mit scharfer Dolchspitze die Schädeldecke zerhämmerte, ebenso nun auch, werter Sāriputto, schlagen mir überheftige Strömungen auf die Schädeldecke auf: nicht fühl’ ich mich, werter Sāriputto, wohler, es geht mir nicht besser, die heftigen Schmerzen nehmen zu und nicht ab, man merkt, dass sie zunehmen und nicht nachlassen. Gleichwie etwa, werter Sāriputto, wenn ein starker Mann feste Riemenstränge auf dem Kopfe peitschend tanzen ließe, ebenso nun auch, werter Sāriputto, hab’ ich im Kopfe betäubende Kopfgefühle: nicht fühl’ ich mich, werter Sāriputto, wohler, es geht mir nicht besser, die heftigen Schmerzen nehmen zu und nicht ab, man merkt, dass sie zunehmen und nicht nachlassen. Gleichwie etwa, werter Sāriputto, wenn ein geschickter Schlächter oder Schlächtergeselle mit scharfem Schlachtmesser den Bauch durchschlitzte, ebenso nun auch, werter Sāriputto, schneiden mir überheftige Strömungen durch den Bauch: nicht fühl’ ich mich, werter Sāriputto, wohler, es geht mir nicht besser, die heftigen Schmerzen nehmen zu und nicht ab, man merkt, dass sie zunehmen und nicht nachlassen. Gleichwie etwa, werter Sāriputto, wenn zwei starke Männer einen schwächeren Mann an beiden Armen ergriffen und in eine Grube voll glühender Kohlen hineinquälten, hineinrollten, ebenso nun auch, werter Sāriputto, hab’ ich im Körper überheftig glühende Qual: nicht fühl’ ich mich, werter Sāriputto, wohler, es geht mir nicht besser, heftig nehmen die Schmerzen zu und nicht ab, man merkt, dass sie zunehmen und nicht nachlassen."

„Da hast du denn dich also zu üben: 'Das Auge werd' ich nicht anhangen lassen, und nicht an das Auge gebunden sein wird mein Bewusstsein': also hast du dich wohl zu üben. Da hast du denn dich also zu üben: 'Das Ohr werd' ich nicht anhangen lassen, und nicht an das Ohr gebunden sein wird mein Bewusstsein': also hast du dich wohl zu üben. Da hast du denn dich also zu üben: 'Die Nase werd' ich nicht anhangen lassen, und nicht an die Nase gebunden sein wird mein Bewusstsein': also hast du dich wohl zu üben. Da hast du denn dich also zu üben: 'Die Zunge werd' ich nicht anhangen lassen, und nicht an die Zunge gebunden sein wird mein Bewusstsein': also hast du dich wohl zu üben. Da hast du denn dich also zu üben: 'Den Leib werd' ich nicht anhangen lassen, und nicht an den Leib gebunden sein wird mein Bewusstsein': also hast du dich wohl zu üben. Da hast du denn dich also zu üben: 'Den Geist werd' ich nicht anhangen lassen, und nicht an den Geist gebunden sein wird mein Bewusstsein': also hast du dich wohl zu üben."

„Da hast du denn dich also zu üben: 'Keiner Form werd' ich anhangen, und keiner Form verbunden sein wird mein Bewusstsein': also hast du dich wohl zu üben. Da hast du denn dich also zu üben: 'Keinem Tone werd' ich anhangen, und keinem Tone verbunden sein wird mein Bewusstsein': also hast du dich wohl zu üben. Da hast du denn dich also zu üben: 'Keinem Dufte werd' ich anhangen, und keinem Dufte verbunden sein wird mein Bewusstsein': also hast du dich wohl zu üben. Da hast du denn dich also zu üben: 'Keinem Safte werd' ich anhangen, und keinem Safte verbunden sein wird mein Bewusstsein': also hast du dich wohl zu üben. Da hast du denn dich also zu üben: 'Keiner Tastung werd' ich anhangen, und keiner Tastung verbunden sein wird mein Bewusstsein': also hast du dich wohl zu üben. Da hast du denn dich also zu üben: 'Keinem Dinge werd' ich anhangen, und keinem Dinge verbunden sein wird mein Bewusstsein': also hast du dich wohl zu üben."

„Da hast du denn dich also zu üben: 'Keinem Sehbewusstsein werd' ich anhangen, und keinem Sehbewusstsein verbunden sein wird mein Bewusstsein': also hast du dich wohl zu üben. Da hast du denn dich also zu üben: 'Keinem Hörbewusstsein werd' ich anhangen, und keinem Hörbewusstsein verbunden sein wird mein Bewusstsein': also hast du dich wohl zu üben. Da hast du denn dich also zu üben: 'Keinem Riechbewusstsein werd' ich anhangen, und keinem Riechbewusstsein verbunden sein wird mein Bewusstsein': also hast du dich wohl zu üben. Da hast du denn dich also zu üben: 'Keinem Schmeckbewusstsein werd' ich anhangen, und keinem Schmeckbewusstsein verbunden sein wird mein Bewusstsein': also hast du dich wohl zu üben. Da hast du denn dich also zu üben: 'Keinem Tastbewusstsein werd' ich anhangen, und keinem Tastbewusstsein verbunden sein wird mein Bewusstsein': also hast du dich wohl zu üben. Da hast du denn dich also zu üben: 'Keinem Denkbewusstsein werd' ich anhangen, und keinem Denkbewusstsein verbunden sein wird mein Bewusstsein': also hast du dich wohl zu üben."

„Da hast du denn dich also zu üben: 'Keiner Sehberührung werd' ich anhangen, und keiner Sehberührung verbunden sein wird mein Bewusstsein': also hast du dich wohl zu üben. Da hast du denn dich also zu üben: 'Keiner Höhrberührung werd' ich anhangen, und keiner Höhrberührung verbunden sein wird mein Bewusstsein': also hast du dich wohl zu üben. Da hast du denn dich also zu üben: 'Keiner Riechberührung werd' ich anhangen, und keiner Riechberührung verbunden sein wird mein Bewusstsein': also hast du dich wohl zu üben. Da hast du denn dich also zu üben: 'Keiner Schmeckberührung werd' ich anhangen, und keiner Schmeckberührung verbunden sein wird mein Bewusstsein': also hast du dich wohl zu üben. Da hast du denn dich also zu üben: 'Keiner Tastberührung werd' ich anhangen, und keiner Tastberührung verbunden sein wird mein Bewusstsein': also hast du dich wohl zu üben. Da hast du denn dich also zu üben: 'Keiner Denkberührung werd' ich anhangen, und keiner Denkberührung verbunden sein wird mein Bewusstsein': also hast du dich wohl zu üben."

„Da hast du denn dich also zu üben: 'Keinem durch Sehberührung entstandenen Gefühle werd' ich anhangen, und keinem durch Sehberührung entstandenen Gefühle verbunden sein wird mein Bewusstsein': also hast du dich wohl zu üben. Da hast du denn dich also zu üben: 'Keinem durch Hörberührung entstandenen Gefühle werd' ich anhangen, und keinem durch Hörberührung entstandenen Gefühle verbunden sein wird mein Bewusstsein': also hast du dich wohl zu üben. Da hast du denn dich also zu üben: 'Keinem durch Riechberührung entstandenen Gefühle werd' ich anhangen, und keinem durch Riechberührung entstandenen Gefühle verbunden sein wird mein Bewusstsein': also hast du dich wohl zu üben. Da hast du denn dich also zu üben: 'Keinem durch Schmeckberührung entstandenen Gefühle werd' ich anhangen, und keinem durch Schmeckberührung entstandenen Gefühle verbunden sein wird mein Bewusstsein': also hast du dich wohl zu üben. Da hast du denn dich also zu üben: 'Keinem durch Tastberührung entstandenen Gefühle werd' ich anhangen, und keinem durch Tastberührung entstandenen Gefühle verbunden sein wird mein Bewusstsein': also hast du dich wohl zu üben. Da hast du denn dich also zu üben: 'Keinem durch Denkberührung entstandenen Gefühle werd' ich anhangen, und keinem durch Denkberührung entstandenen Gefühle verbunden sein wird mein Bewusstsein': also hast du dich wohl zu üben."

„Da hast du denn dich also zu üben: 'Der Erdenart werd' ich nicht anhangen, und nicht an Erdenart gebunden sein wird mein Bewusstsein': also hast du dich wohl zu üben. Da hast du denn dich also zu üben: 'Der Wasserart werd' ich nicht anhangen, und nicht an Wasserart gebunden sein wird mein Bewusstsein': also hast du dich wohl zu üben. Da hast du denn dich also zu üben: 'Der Feuerart werd' ich nicht anhangen, und nicht an Feuerart gebunden sein wird mein Bewusstsein': also hast du dich wohl zu üben. Da hast du denn dich also zu üben: 'Der Luftart werd' ich nicht anhangen, und nicht an Luftart gebunden sein wird mein Bewusstsein': also hast du dich wohl zu üben. Da hast du denn dich also zu üben: 'Der Raumart werd' ich nicht anhangen, und nicht an Raumart gebunden sein wird mein Bewusstsein': also hast du dich wohl zu üben. Da hast du denn dich also zu üben: 'Der Art des Bewusstseins werd' ich nicht anhangen, und nicht an Art des Bewusstseins gebunden sein wird mein Bewusstsein': also hast du dich wohl zu üben."

„Da hast du denn dich also zu üben: 'Der Form werd' ich nicht anhangen, und nicht an die Form gebunden sein wird mein Bewusstsein': also hast du dich wohl zu üben. Da hast du denn dich also zu üben: 'Dem Gefühle werd' ich nicht anhangen, und nicht an das Gefühl gebunden sein wird mein Bewusstsein': also hast du dich wohl zu üben. Da hast du denn dich also zu üben: 'Der Wahrnehmung werd' ich nicht anhangen, und nicht an die Wahrnehmung gebunden sein wird mein Bewusstsein': also hast du dich wohl zu üben ..."

„Da hast du denn dich also zu üben: 'Der Nichtdaseinsphäre werd' ich nicht anhangen, und nicht an die Nichtdaseinsphäre gebunden sein wird mein Bewusstsein': also hast du dich wohl zu üben. Da hast du denn dich also zu üben: 'Der Grenzscheide möglicher Wahrnehmung werd' ich nicht anhangen, und nicht an die Grenzscheide möglicher Wahrnehmung gebunden sein wird mein Bewusstsein': also hast du dich wohl zu üben ..."

„Da hast du denn dich also zu üben: 'Nicht jener Welt werd' ich anhangen, und nicht an jene Welt gebunden sein wird mein Bewusstsein': also hast du dich wohl zu üben. Da hast du denn dich also zu üben: 'Und was ich gesehn, gehört, gedacht, erkannt, untersucht, im Geiste erforscht habe, auch daran werd' ich nicht hangen, und nicht daran gebunden sein wird mein Bewusstsein': also hast du dich wohl zu üben."

Auf diese Rede [von Sāriputto] kam Anāthapiṇḍiko den Hausvater Seufzen an und Tränen traten ihm in die Augen. Da wandte sich denn der ehrwürdige Ānando [der mit Sāriputto gekommen war] also an Anāthapiṇḍiko den Hausvater:

„Beruhige dich, o Hausvater, beschwichtige dich, o Hausvater!"

„Ich kann mich, werter Ānando, nicht beruhigen, nicht beschwichtigen: hab' ich doch lange Zeiten hindurch dem Meister gedient und geistesmächtigen Mönchen, und habe nie zuvor eine so tief gedachte Rede vernommen."

[Dann verließen Sāriputto und Anāthapiṇḍiko den Hausvater.] Bald aber, nachdem Sāriputto und Ānando die Ehrwürdigen fortgegangen, starb Anāthapiṇḍiko der Hausvater und kehrte in Selige Gestalt wieder.« (Karl Eugen Neumann, Die Reden des Buddha, Mittlere Sammlung.)

Wenn du also, lieber Leser, schwerkrank sein solltest, voller Schmerzen oder gar im Sterben liegst, dann magst du dir diese Zeilen immer und immer wieder durchlesen oder sie dir vorlesen lassen. Klammere dich nicht an den Körper, lasse ihm seinen vergänglichen Lauf. Und denke, wenn auch geplagt von körperlichen Schmerzen, immer an das HÖCHSTE, NIRVĀṆA, aber auch an die Götter und die hohen Abhassara Welten des Glücks. DANN wirst auch du, nachdem du von deinem schmutzigen Körper gereinigt bist, bald in diesen Welten in deinem Geistkörper erwachen, voller Wonne und Glück und frei von Schmerzen. Ein Glück wirst du erleben, unabhängig von Personen und Dingen. Du wirst Glück und Wonne SEIN. Was ist dagegen das schäbige Erdenglück? Was ist dagegen das Glück des Erfolges, der Gesellschaft, der Unterhaltung, des Showgeschäftes, der Applaus der anderen, was ist dagegen das intellektuelle Glück aller Einsteins und Goethes zusammen, was ist gegen die Wonne der hohen Himmelswelten das sexuelle Glück? Nichts als KOT ist dies alles verglichen mit der Seligkeit und Wonne der Himmelswelt, die samt der in ihr erwachenden Wesen eben aus dieser Seligkeit und Wonne besteht. Und von dort an geht es dann weiter, immer weiter, dem höchsten Ziel entgegen, im Vergleich zu dem auch die Seligkeit und Wonne der Himmelswelten nichts als Leiden ist. So stellt sich dem klar und bewusst Denkenden die Realität der Dinge dar. Und was die Belehrung des sterbenden Hausvaters Anāthapiṇḍiko anbelangt, so möchte ich dazu nur noch eines sagen: Nicht erst im Sterben sollte man sich eines solchen Wissens befleißigen, sondern jeden Tag seines Lebens. Dann SIEHT bzw. FÜHLT man bereits die Welten, die man nach dem Tode des physischen Körpers betritt, dann ist man vorbereitet, dann legt man im Tode den Körper ab, wie man ein altes Kleid ablegt, und trotzdem ist man doch immer noch da. OM.

GEPFLEGTE LEICHENBETRACHTUNG

Eines der wichtigsten Pfeiler der Buddha-Lehre war die gepflegte Leichenbetrachtung, denn nur wenn man sich eine Leiche in verschiedenen Stadien der Verwesung so richtig neutral und losgelöst betrachtet und WEISS, dass man selbst ja auch bald so aussehen wird (bzw. das, was man nicht ist), nur dann kann man sich ernsthaft an die Arbeit machen. Der Beruf des Pathologen z. B. eignet sich vorzüglich, um die Vergänglichkeit und DAS LEID der menschlichen Existenz so richtig voll zu erfassen. Wessen Magen das nicht aushält, der sollte sich zumindest die folgenden Quotierungen aus der Längeren Sammlung, Seite 385 ff. zu Gemüte führen:

„Gleichwie etwa, ihr Mönche, ein geschickter Metzger oder Metzgergeselle eine Kuh schlachtet, auf den Markt bringt, Stück vor Stück zerlegt und sich dann hinsetzen mag: ebenso nun auch, ihr Mönche, schaut sich der Mönch diesen Körper da wie er geht und steht als Artung an: 'Dieser Körper ist von Erdenart, von Wasserart, von Feuerart, von Luftart.'"

„Weiter sodann, ihr Mönche: als hätte der Mönch einen Leib auf der Leichenstätte liegen sehn, einen Tag nach dem Tode oder zwei oder drei Tage nach dem Tode, aufgedunsen, blauschwarz gefärbt, in Fäulnis übergegangen, zieht er den Schluss auf sich selbst: 'Und auch dieser Körper ist so beschaffen, wird das werden, kann dem nicht entgehn.' Weiter sodann, ihr Mönche: als hätte der Mönch einen Leib auf der Leichenstätte liegen sehn, von Krähen oder Raben oder Geiern zerfressen, von Hunden oder Schakalen zerfleischt, oder von vielerlei Würmern zernagt, zieht er den Schluss auf sich selbst: 'Und auch dieser Körper ist so beschaffen, wird das werden, kann dem nicht entgehn.' Weiter sodann, ihr Mönche: als hätte der Mönch einen Leib auf der Leichenstätte liegen sehn, ein Knochengerippe, fleischbehangen, blutbesudelt, von den Sehnen zusammengehalten; ein Knochengerippe, fleischentblößt, blutbefleckt, von den Sehnen zusammengehalten; ein Knochengerippe, ohne Fleisch, ohne Blut, von den Sehen zusammengehalten; die Gebeine, ohne die Sehnen, hierher und dorthin verstreut, da ein Handknochen, dort ein Fußknochen, da ein Schienbein, dort ein Schenkel, da das Becken, dort Wirbel, da der Schädel; als hätte er das gesehn, zieht er den Schluss auf sich selbst: 'Und auch dieser Körper ist so beschaffen, wird das werden, kann dem nicht entgehn.' Weiter sodann, ihr Mönche: als hätte der Mönch einen Leib auf der Leichenstätte liegen sehn, Gebeine, blank, muschelfarbig; Gebeine, zuhauf geschichtet, nach Verlauf eines Jahres; Gebeine, verwest, in Staub zerfallen; als hätte er das gesehn, zieht er den Schluss auf sich selbst: 'Und auch dieser Körper ist so beschaffen, wird das werden, kann dem nicht entgehn.' So wacht er nach innen beim Körper über den Körper, so wacht er nach außen beim Körper über den Körper, nach innen und außen wacht er beim Körper über den Körper. Er beobachtet wie der Körper entsteht, beobachtet wie der Körper vergeht, beobachtet wie der Körper entsteht und vergeht. 'Der Körper ist da': diese Einsicht ist ihm nun gegenwärtig, soweit sie eben zum Wissen taugt, zur Besinnung taugt; und uneingepflanzt verharrt er, und nirgend in der Welt ist er angehangen. So aber, ihr Mönche, wacht der Mönch beim Körper über den Körper."

Und ebenso wie beim Körper wacht man natürlich auch bei den Gefühlen über die Gefühle, beim Gemüt über das Gemüt, bei den Erscheinungen über die Erscheinungen, so wacht und wacht, so beobachtet und beobachtet man, bis der Durst, DIESER GRAUSE DURST nach dem Dasein, nach dem Wohlbefinden erlischt und man in sich gekehrt unsterblich wird, unerreichbar für Gott und Teufel, für Gut und Böse, oder wie wir in den Upanishaden lesen können: „Bist du erst in dich selbst gegangen ein, weißt von Dasein nichts mehr, nichts von Gut und Böse sein."

Doch zurück zu den Leichen. Auch du, lieber Leser, wirst bald begehrtes Madenfutter sein. Sie werden deinen Darm von innen erfüllen, bis er blähend platzt. Dann übernehmen größere Maden die Aufgabe, sogar die Knochen deines Schädels anzunagen. Wie oft, so frage ich dich, lieber Leser, willst du noch die Schande des Zerfalls an dir erleben? Es gibt einen Weg hinaus aus dem Elend der Vergänglichkeit von Erde, Himmel und Hölle. Lass los, meditiere, damit du nicht bereust, denn der Sensemann kommt oft früher als man denkt. Ist all dies zu starker Tobak für dich, lieber Leser? Nun, ich bin ja auch nicht hier, um dir etwas Liebliches vorzuflöten. Die Zeiten sind vorbei. Die Stunde der Wahrheit ist gekommen. Und die FÜR ALLE gültige Wahrheit lautet: „Du bist NICHT dein Körper, Gefühl, Denken, deine Seele und dein Geist!" Lass dies alles los und entfliehe dem reißenden Rachen der Vergänglichkeit. OM. Man höre, was der große Matthias Claudius schreibt: „Dass wir hier ein Land bewohnen, wo der Rost das Eisen frisst, wo durchhin, um Hütten wie um Thronen, alles brechlich ist. Wo wir hin aufs Ungewisse wandeln, und in Nacht und Nebel gehn, nur nach Wahn und Schein und Täuschung handeln, und das Licht nicht sehn. Wo im Dunkeln wir uns freun und weinen, und rund um uns, rund umher, alles, alles, mag es noch so scheinen, eitel ist und leer." Oder wie wärs mit dem Chor des Wandsbecker Boten: „Diesseits und jenseits, gleichbestanden beiderseits, von jeder Fessel wer sich gänzlich abgelöst, der ist an nichts gehangen, nirgend eingepflanzt, dem Dasein, das der Rost zerfrisst, entgeht er frei. So steht also fest: Wiederentstehn ist Wehe, Nichtwiederentstehn Wohl. Kommt es zu Wiederentstehn, so ist das als Wehe zu gewärtigen: Frost und Hitze, Hungern und Dürsten, Koten und Harnen, Feuer, Stock und Schwert kennenlernen, und auch vom Beigang (Beiwohnen) und Umgang mit Verwandten und Freunden sogar Plage haben. Kommt es zu Wiederentstehn, so ist dies als Wehe zu gewärtigen. Kommt es zu KEINEM Wiederentstehn, so ist dies als Wohl zu gewärtigen: kein Frost, keine Hitze, kein Hungern und Dürsten, kein Koten und Harnen, nicht Feuer, Stock und Schwert kennenlernen, und auch vom Umgang mit

Verwandten und Freunden, sogar keine Plage mehr. Kommt es also zu keinem Wiederentstehn, so ist dies als Wohl zu gewärtigen."

Darum ist natürlich die gepflegte Leichenbetrachtung etwas ganz Hervorragendes oder, um noch einmal den Buddha zu diesem Thema zu zitieren: „Die Vorstellung eines Gerippes, die Vorstellung wimmelnder Würmer, die Vorstellung blauschwarzer Verwesung, die Vorstellung eines zerfressenen Leichnams, die Vorstellung aufgedunsener Fäulnis. Das nennt man, ihr Brüder, Kampf der Beherrschung!" Wohl gesprochen, Erhabener, wohl gesprochen. Woran immer du hängst, oh Leser, bedenke, dass es dich dahin zieht. Und wenn du fragen solltest, was denn nun das rechte und unrechte Tun ist, welches uns zur Wiedergeburt führt, dann sage ich, befrage dein Gewissen, das weiß Bescheid, oder mit den Worten von Dr. Grimm: „Das Gewissen ist nichts weiter als das Sträuben unseres innersten Wesens gegen das bereits als Leid bringend und für uns unheilsam Erkannte."

Wie löst man sich nun von ALLEM und erlebt NIRVĀṆA bereits hier im physischen Körper? Wie verhält man sich gegenüber dem Auf und Ab der Gefühle, des Gemüts, der oft so verlockenden Erscheinungen, dieser Erscheinungen, die von allen Seiten auf einen einstürmen, die einen so gefangen nehmen? Wie verhält man sich gegenüber dem Durst der Sehberührung, der Hörberührung, der Schmeckberührung, der Tastberührung, der Denkberührung? Wie entgeht man der Verlockung der Formen, Töne, Düfte, Säfte, Tastungen, Gedanken? Wie gelangt man JENSEITS all dieser NICHT-Selbste, jenseits dieses Chaos und IST dennoch? Nun, der Buddha lehrt es uns im Pfeiler der Einsicht, Mittlere Sammlung, Seite 64 ff.: „Wie aber, ihr Mönche, wacht der Mönch bei den Gefühlen über das Gefühl? Da weiß, ihr Mönche, der Mönch wenn er ein Wohlgefühl empfindet 'Ich empfinde ein Wohlgefühl', weiß wenn er ein Wehgefühl empfindet 'Ich empfinde ein Wehgefühl', weiß wenn er kein Wohl- und kein Wehgefühl empfindet 'Ich empfinde kein Wohl- und kein Wehgefühl'. Er weiß wenn er ein weltliches Wohlgefühl empfindet 'Ich empfinde ein weltliches Wohlgefühl', und weiß wenn er ein überweltliches Wohlgefühl empfindet 'Ich empfinde ein überweltliches Wohlgefühl', weiß wenn er ein weltliches Wehgefühl empfindet 'Ich empfinde ein weltliches Wehgefühl', und weiß wenn er ein überweltliches Wehgefühl empfindet 'Ich empfinde ein überweltliches Wehgefühl', weiß wenn er ein weltliches Gefühl ohne Wohl und Weh empfindet 'Ich empfinde ein weltliches Gefühl ohne Wohl und Weh', und weiß wenn er ein überweltliches Gefühl ohne Wohl und Weh empfindet 'Ich empfinde ein überweltliches Gefühl ohne Wohl und Weh.'"

VON ALL DIESEN GEFÜHLEN löst sich der nach Erlösung Suchende natürlich. Er ist damit nicht mehr ein Sklave seiner Gefühle, er hört nicht auf sie, EGAL, was sie ihm suggerieren. Er wird damit gefühls-FREI, selbst wenn noch Gefühle da sind, und so handelt er früher oder später aus NIRVĀṆISCHER Sicht. Er tut, was nötig ist, doch ohne sich und andere mit irgendwelchen Gefühlen zu belasten oder zu beurteilen. „So", sagt der Buddha, „wacht er nach innen bei den Gefühlen über das Gefühl, so wacht er nach außen bei den Gefühlen über das Gefühl, nach innen und außen wacht er bei den Gefühlen über das Gefühl. Er beobachtet wie die Gefühle entstehn, beobachtet wie die Gefühle vergehn, beobachtet wie die Gefühle entstehn und vergehn. 'Das Gefühl ist da': diese Einsicht ist ihm nun gegenwärtig, soweit sie eben zum Wissen taugt, zur Besinnung taugt; und uneingepflanzt verharrt er, und nirgend in der Welt ist er angehangen. So aber, ihr Mönche, wacht der Mönch bei den Gefühlen über das Gefühl."

„Wie aber, ihr Mönche, wacht der Mönch beim Gemüte über das Gemüt? Da kennt, ihr Mönche, der Mönch das begehrliche Gemüt als begehrlich und das begehrlose Gemüt als begehrlos, das gehässige Gemüt als gehässig und das hasslose Gemüt als hasslos, das irrende Gemüt als irrend und das irrlose Gemüt als irrlos, das gesammelte Gemüt als gesammelt und das zerstreute Gemüt als zerstreut, das hochstrebende Gemüt als hochstrebend und das niedrig gesinnte Gemüt als niedrig gesinnt, das edle Gemüt als edel und das gemeine Gemüt als gemein, das beruhigte Gemüt als beruhigt und das ruhelose Gemüt als ruhelos, das erlöste Gemüt kennt er als erlöst und das gefesselte Gemüt als gefesselt."

„So wacht er nach innen beim Gemüte über das Gemüt, so wacht er nach außen beim Gemüte über das Gemüt, nach innen und außen wacht er beim Gemüte über das Gemüt. Er beobachtet wie das Gemüt entsteht, beobachtet wie das Gemüt vergeht, beobachtet wie das Gemüt entsteht und vergeht. 'Das Gemüt ist da': diese Einsicht ist ihm nun gegenwärtig, soweit sie eben zum Wissen taugt, zur Besinnung taugt; und uneingepflanzt verharrt er, und NIRGEND in der Welt ist er angehangen. So aber, ihr Mönche, wacht der Mönch beim Gemüte über das Gemüt."

„Wie aber, ihr Mönche, wacht der Mönch bei den Erscheinungen über die Erscheinungen? Da wacht, ihr Mönche, der Mönch bei den Erscheinungen über das Erscheinen der fünf Hemmungen. Wie aber, ihr Mönche, wacht der Mönch bei den Erscheinungen über das Erscheinen der fünf Hemmungen? Da merkt, ihr Mönche, der Mönch wenn Wunscheswille in ihm ist 'In mir ist Wunscheswille', merkt wenn kein Wunscheswille in ihm ist 'In mir ist kein Wunscheswille'. Er merkt es wenn Wunscheswille sich eben erst entwickelt, merkt es wenn der deutlich gewordene Wunscheswille aufgehoben wird, und merkt es wenn der aufgehobene Wunscheswille künftig nicht mehr erscheint. Er merkt wenn Hassensgroll in ihm ist 'In mir ist Hassensgroll', merkt wenn kein Hassensgroll in ihm ist 'In mir ist kein Hassensgroll'. Er merkt es wenn Hassensgroll sich eben erst entwickelt, merkt es wenn der deutlich gewordene Hassensgroll aufgehoben wird, und merkt es wenn der aufgehobene Hassensgroll künftig nicht mehr erscheint. Er merkt wenn matte Müde in ihm ist 'In mir ist matte Müde', merkt wenn keine matte Müde in ihm ist 'In mir ist keine matte Müde'. Er merkt es wenn matte Müde sich eben erst entwickelt, merkt es wenn die deutlich gewordene matte Müde aufgehoben wird, und merkt es wenn die aufgehobene matte Müde künftig nicht mehr erscheint. Er merkt wenn stolzer Unmut in ihm ist 'In mir ist stolzer Unmut', merkt wenn kein stolzer Unmut in ihm ist 'In mir ist kein stolzer Unmut'. Er merkt es wenn stolzer Unmut sich eben erst entwickelt, merkt es wenn der deutlich gewordene stolze Unmut aufgehoben wird, und merkt es wenn der aufgehobene stolze Unmut künftig nicht mehr erscheint. Er merkt wenn Schwanken in ihm ist 'In mir ist Schwanken', merkt wenn kein Schwanken in ihm ist 'In mir ist kein Schwanken'. Er merkt es wenn Schwanken sich eben erst entwickelt, merkt es wenn das deutlich gewordene Schwanken aufgehoben wird, und merkt es wenn das aufgehobene Schwanken künftig nicht mehr erscheint."

„So wacht er nach innen bei den Erscheinungen über die Erscheinungen, so wacht er nach außen bei den Erscheinungen über die Erscheinungen, nach innen und außen wacht er bei den Erscheinungen über die Erscheinungen. [Dies betrifft die Erscheinungen im Geiste, z. B. während der Meditation, sowie die wirklichen Erscheinungen, die er vor sich sieht. Lanoo.] Er beobachtet wie die Erscheinungen entstehn, beobachtet wie die Erscheinungen vergehn, beobachtet wie die Erscheinungen entstehn und vergehn. 'Die Erscheinungen sind da': diese Einsicht ist ihm nun gegenwärtig, soweit sie eben zum Wissen taugt, zur Besinnung taugt [das heißt also, er untersucht die Erscheinungen nicht nach Art der Wissenschaftler, welche die Schale analysieren und sie mit dem Kern verwechseln. Lanoo]; und uneingepflanzt verharrt er, und nirgend in der Welt ist er angehangen. So aber, ihr Mönche, wacht der Mönch bei den Erscheinungen über das Erscheinen der fünf Hemmungen."

„Weiter sodann, ihr Mönche, wacht der Mönch bei den Erscheinungen über das Erscheinen der fünf Stücke des Anhangens. Wie aber, ihr Mönche, wacht der Mönch bei den Erscheinungen über das Erscheinen der fünf Stücke des Anhangens? Da sagt sich, ihr Mönche, der Mönch: 'So ist die Form, so entsteht sie, so löst sie sich auf; so ist das Gefühl, so entsteht es, so löst es sich auf; so ist die Wahrnehmung, so entsteht sie, so löst sie sich auf; so sind die Unterscheidungen, so entstehn sie, so lösen sie sich auf; so ist das Bewusstsein, so entsteht es, so löst es sich auf'."

„So wacht er nach innen bei den Erscheinungen über die Erscheinungen, so wacht er nach außen bei den Erscheinungen über die Erscheinungen, nach innen und außen wacht er bei den Erscheinungen über die Erscheinungen. Er beobachtet wie die Erscheinungen entstehn, beobachtet wie die Erscheinungen vergehn, beobachtet wie die Erscheinungen entstehn und vergehn. 'Die Erscheinungen sind da': diese Einsicht ist ihm nun gegenwärtig, soweit sie eben zum Wissen taugt, zur Besinnung taugt; und uneingepflanzt verharrt er, und nirgend in der Welt ist er angehangen. So aber, ihr Mönche, wacht der Mönch bei den Erscheinungen über das Erscheinen der fünf Stücke des Anhangens."

„Weiter sodann, ihr Mönche, wacht der Mönch bei den Erscheinungen über das Erscheinen der sechs Innen- und Außenreiche. Wie aber, ihr Mönche, wacht der Mönch bei den Erscheinungen über das Erscheinen der sechs Innen- und Außenreiche? Da kennt, ihr Mönche, der Mönch das Auge und kennt die Formen, und die Verbindung, die sich aus beiden ergibt, auch diese kennt er [entsteht Verbindung zwischen Auge und Form, dann entsteht entweder Abneigung, Zuneigung oder Gleichgültigkeit. Von allen drei dieser Formen des Anhangens muss man sich lösen. Was dann verbleibt, ist gleichmütiges Mitleid und, jawohl, DESINTERESSIERTE LIEBE und Mitempfinden für ALLE Formen bzw. für die Wesenheiten oder Selbste, die, getrieben von Verlangen, an diesen Formen haften, deren Verlangenszustand diese Formen SIND. Lanoo]. Er kennt es [das Auge] wenn die Verbindung eben erst erfolgt, kennt es wenn die erfolgte Verbindung aufgehoben wird, und kennt es wenn die aufgehobene Verbindung künftig nicht mehr erscheint. Er kennt das Ohr und kennt die Töne, und die Verbindung die sich aus beiden ergibt, auch diese kennt er. [Man hört einen Ton und ist ihm zugeneigt, abgeneigt oder gleichgültig gegenüber. Von diesen drei Formen der Unwissenheit muss man sich lösen, bis man gleichmütiges Mitleid empfindet mit allen Tönen und all jenen, die sie erzeugen. Wie steht es nun, den Ton betreffend, den ein Mensch erzeugt, wenn er die Lehre des Buddha verkündet? Die Antwort: JEDE LEHRE, die von Loslösung von der Welt kündet, sprengt alle Grenzen und Definitionen der manifestierten Welt, da sie ja aus dieser hinausführt, hin zu NIRVĀṆA. OM.] Er kennt es [das Ohr] wenn die Verbindung eben erst erfolgt, kennt es wenn die erfolgte Verbindung aufgehoben wird, und kennt es wenn die aufgehobene Verbindung künftig nicht mehr erscheint. Er kennt die Nase und kennt die Düfte, und die Verbindung, die sich aus beiden ergibt, auch diese kennt er. Er kennt es wenn die Verbindung eben erst erfolgt, kennt es wenn die erfolgte Verbindung aufgehoben wird, und kennt es wenn die aufgehobene Verbindung künftig nicht mehr erscheint. Er kennt die Zunge und kennt die Säfte, und die Verbindung, die sich aus beiden ergibt, auch diese kennt er. Er kennt es wenn die Verbindung eben erst erfolgt, kennt es wenn die erfolgte Verbindung aufgehoben wird, und kennt es wenn die aufgehobene Verbindung künftig nicht mehr erscheint. Er kennt den Leib und kennt die Tastungen, und die Verbindung, die sich aus beiden ergibt, auch diese kennt er. Er kennt es wenn die Verbindung eben erst erfolgt, kennt es wenn die erfolgte Verbindung aufgehoben wird, und kennt es wenn die aufgehobene Verbindung künftig nicht mehr erscheint. Er kennt das Denken und kennt die Dinge, und die Verbindung, die sich aus beiden ergibt, auch diese kennt er. Er kennt es wenn die Verbindung eben erst erfolgt, kennt es wenn die erfolgte Verbindung aufgehoben wird, und kennt es wenn die aufgehobene Verbindung künftig nicht mehr erscheint."

„So wacht er nach innen bei den Erscheinungen über die Erscheinungen, so wacht er nach außen bei den Erscheinungen über die Erscheinungen, nach innen und außen wacht er bei den Erscheinungen über die Erscheinungen. Er beobachtet wie die Erscheinungen entstehn, beobachtet wie die Erscheinungen vergehn, beobachtet wie die Erscheinungen entstehn und vergehn. 'Die Erscheinungen sind da': diese Einsicht ist ihm nun gegenwärtig, soweit sie eben zum Wissen taugt, zur Besinnung taugt; und uneingepflanzt verharrt er, und nirgend in der Welt ist er angehangen. So aber, ihr Mönche, wacht der Mönch bei den Erscheinungen über das Erscheinen der sechs Innen- und Außenreiche."

„Weiter sodann, ihr Mönche, wacht der Mönch bei den Erscheinungen über das Erscheinen der sieben Erweckungen. Wie aber, ihr Mönche, wacht der Mönch bei den Erscheinungen über das Erscheinen der sieben Erweckungen? Da gewahrt, ihr Mönche, der Mönch wenn Einsicht in ihm munter wird 'In mir wird Einsicht munter', und gewahrt wenn Einsicht in ihm nicht munter wird 'In mir wird Einsicht nicht munter'; er gewahrt es wenn Einsicht eben erst munter wird, und gewahrt es wenn die munter gewordene Einsicht völlig aufgeht. Er gewahrt wenn Tiefsinn in ihm munter wird 'In mir wird Tiefsinn munter', und gewahrt wenn Tiefsinn in ihm nicht munter wird 'In mir wird Tiefsinn nicht munter'; er gewahrt es wenn Tiefsinn eben erst munter wird, und gewahrt es wenn der munter gewordene Tiefsinn völlig aufgeht. Er gewahrt wenn Kraft in ihm munter wird 'In mir wird Kraft munter', und gewahrt wenn Kraft in ihm nicht munter wird 'In mir wird Kraft nicht munter'; er gewahrt es wenn Kraft eben erst munter wird, und gewahrt es wenn die munter gewordene Kraft völlig aufgeht. Er gewahrt wenn Heiterkeit in ihm munter wird 'In mir wird Heiterkeit munter', und gewahrt wenn Heiterkeit in ihm nicht munter wird

'In mir wird Heiterkeit nicht munter'; er gewahrt es wenn Heiterkeit eben erst munter wird, und gewahrt es wenn die munter gewordene Heiterkeit völlig aufgeht. Er gewahrt wenn Lindheit in ihm munter wird 'In mir wird Lindheit munter', und gewahrt wenn Lindheit in ihm nicht munter wird 'In mir wird Lindheit nicht munter'; er gewahrt es wenn Lindheit eben erst munter wird, und gewahrt es wenn die munter gewordene Lindheit völlig aufgeht. Er gewahrt wenn Innigkeit in ihm munter wir 'In mir wird Innigkeit munter', und gewahrt wenn Innigkeit in ihm nicht munter wird 'In mir wird Innigkeit nicht munter'; er gewahrt es wenn Innigkeit eben erst munter wird, und gewahrt es wenn die munter gewordene Innigkeit völlig aufgeht. Er gewahrt wenn Gleichmut in ihm munter wird 'In mir wird Gleichmut munter', und gewahrt wenn Gleichmut in ihm nicht munter wird 'In mir wird Gleichmut nicht munter'; er gewahrt es wenn Gleichmut eben erst munter wird, und gewahrt es wenn der munter gewordene Gleichmut völlig aufgeht."

„So wacht er nach innen bei den Erscheinungen über die Erscheinungen, so wacht er nach außen bei den Erscheinungen über die Erscheinungen, nach innen und außen wacht er bei den Erscheinungen über die Erscheinungen. Er beobachtet wie die Erscheinungen entstehn, beobachtet wie die Erscheinungen vergehn, beobachtet wie die Erscheinungen entstehn und vergehn. 'Die Erscheinungen sind da': diese Einsicht ist ihm nun gegenwärtig, soweit sie eben zum Wissen taugt, zur Besinnung taugt; und uneingepflanzt verharrt er, und nirgend in der Welt ist er angehangen. So aber, ihr Mönche, wacht der Mönch bei den Erscheinungen über das Erscheinen der sieben Erweckungen."

„Weiter sodann, ihr Mönche, wacht der Mönch bei den Erscheinungen über das Erscheinen der vier heiligen Wahrheiten. Wie aber, ihr Mönche, wacht der Mönch bei den Erscheinungen über das Erscheinen der vier heiligen Wahrheiten? Da versteht, ihr Mönche, der Mönch der Wahrheit gemäß 'Das ist das Leiden', versteht der Wahrheit gemäß 'Das ist die Leidensentwicklung', versteht der Wahrheit gemäß 'Das ist die Leidensauflösung', versteht der Wahrheit gemäß 'Das ist der zur Leidensauflösung führende Pfad'."

„Was ist aber, ihr Mönche, die heilige Wahrheit vom Leiden? GEBURT ist Leiden, ALTER ist Leiden, KRANKHEIT ist Leiden, STERBEN ist Leiden [die WIEDERGEBURT ist Leiden. Lanoo], Kummer, Jammer, Schmerz, Gram und Verzweiflung sind Leiden, mit Unliebem verbunden sein ist Leiden, von Liebem getrennt sein ist Leiden, was man begehrt nicht erlangen, das ist Leiden, kurz gesagt: die fünf Stücke des Anhangens sind Leiden. - Was ist nun, ihr Mönche, die Geburt? Der jeweiligen Wesen in jeweilig wesender Gattung Geburt, Gebärung, Bildung, Keimung, Empfängnis, das Erscheinen der Teile, das Ergreifen der Gebiete: das nennt man, ihr Mönche, Geburt. Was ist aber, ihr Mönche, das Alter? Der jeweiligen Wesen in jeweilig wesender Gattung altern und abnutzen, gebrechlich, grau und runzelig werden, der Kräfteverfall, das Abreifen der Sinne: das nennt man, ihr Mönche, Alter. Was ist nun, ihr Mönche, das Sterben? Der jeweiligen Wesen in jeweilig wesender Gattung Hinschwund, Auflösung, Zersetzung, Untergang, Todessterben, Zeiterfüllung, das Zerfallen der Teile, das Verwesen der Leiche [und übrigens auch der anderen sechs Körper auf den ihnen entsprechenden Ebenen. Lanoo]: das nennt man, ihr Mönche, Sterben. Was ist aber, ihr Mönche, der Kummer? Was da, ihr Mönche, bei solchem und solchem Verluste, den man erfährt, bei solchem und solchem Unglücke, das einen betrifft, Kummer, Kümmernis, Bekümmerung, innerer Kummer, innere Verkümmerung ist: das nennt man, ihr Mönche, Kummer. Was ist nun, ihr Mönche, der Jammer? Was da, ihr Mönche, bei solchem und solchem Verluste, den man erfährt, bei solchem und solchem Unglücke, das einen betrifft [Leben für Leben ... Lanoo], Klage und Jammer, Beklagen und Bejammern, Wehklage, Wehjammer ist: das nennt man, ihr Mönche, Jammer. Was ist nun, ihr Mönche, der Schmerz? Was da, ihr Mönche, körperlich schmerzhaft, körperlich unangenehm ist, durch körperliche Berührung schmerzhaft, unangenehm empfunden wird: das nennt man, ihr Mönche, Schmerz. Was ist aber, ihr Mönche, der Gram? Was da, ihr Mönche, geistig schmerzhaft, geistig unangenehm ist, durch gedankenhafte Berührung schmerzhaft, unangenehm empfunden wird: das nennt man, ihr Mönche, Gram. Und was ist, ihr Mönche, die Verzweiflung? Was da, ihr Mönche, bei solchem und solchem Verluste, den man erfährt, bei solchem und solchem Unglücke, das einen betrifft, Verzagen und Verzweifeln, Verzagtsein und Verzweifeltsein ist: das nennt man, ihr Mönche, Verzweiflung. Was ist nun, ihr Mönche, mit Unliebem verbunden sein für Leiden? Was einem da an unerwünschten, unerfreulichen, unangenehmen Formen begegnet, an Tönen, Düften, Säften Berührungen, Gedanken, oder was einem dabei unförderlich, unfreundlich, unsanft, unversöhnbar vorkommt; damit zusammen, vereinigt, vermengt und vermischt sein: das nennt man, ihr Mönche, mit Unliebem verbunden sein zu Leiden. [Mit anderen Worten: Was immer mit ÜBERLEBEN verbunden ist, empfinden wir als Glück, und was immer mit TOD und TODESNÄHE zu tun hat, ist schmerzhaft und unangenehm für uns. Beispiel: Einen Duft, der von einem gesunden Baby ausströmt, ist süß und angenehm. Dies wird so von unserem Gehirn registriert, weil es uns sagt, dies ist der Duft eines Wesens, das LEBT und gesund ist. So etwas finden wir dann als angenehm, signalisiert es uns doch LEBEN. Eine Leiche hingegen oder schon ein nach Urin riechender Greis ist da eine andere Sache. Sogar ohne die Leiche oder den Greis zu sehen, erkennen wir bereits am GERUCH von beiden den Tod oder die Todesnähe. Solch einen Geruch empfindet der am Leben haftende Mensch als unangenehm, da er ihm etwas signalisiert oder eine Information übermittelt, die mit dem ENDE des Lebens zu tun hat. Eine Blume in höchster Blüte duftet „schön“, nach ein paar Tagen in der Vase „stinkt“ die Blume und das Wasser in der Vase. Dann STINKT es plötzlich oder es riecht unangenehm. Warum solche Wertungen? Nun, auch hier wiederum signalisiert der Geruch der blühenden Blume LEBEN und der Geruch der welkenden Blume TOD. Darum werten wir bzw. der dem Leben Anhaftende den Geruch der blühenden Blume und des Babys - falls es nicht gerade in die Windeln gemacht hat - als Duft und den Geruch der welkenden Blume und des Greises und der Leiche als Gestank. Für den Erwachten stinken beide gleich, da sie beide LEID, nämlich VERGÄNGLICHKEIT signalisieren. Aber so sieht natürlich der Weise, nicht der Narr. Wer also noch nach schönen Düften, Geschmäcken, Tastungen, Gefühlen, Gedanken etc. lechzt, der baut sich ständig ein neues Grab, Leben für Leben. Man denke darüber nach. Lanoo. Und nun weiter mit dem Buddha:] Was ist aber, ihr Mönche, von Liebem getrennt sein für Leiden? Was einem da an erwünschten, erfreulichen, angenehmen Formen begegnet, an Tönen, Düften, Säften, Berührungen, Gedanken, oder was einem dabei förderlich, freundlich, sanft, versöhnbar vorkommt, als wie Mutter oder Vater, Bruder oder Schwester, Kinder, Freunde und Genossen, Verwandte und Sippen; davon gesondert, geschieden, entfernt und verlassen sein: das nennt man, ihr Mönche, von Liebem getrennt sein zu Leiden. Was ist nun, ihr Mönche, was man begehrt nicht erlangen für Leiden? Die Wesen, ihr Mönche, der Geburt unterworfen, kommt das Begehren an: 'O dass wir doch nicht der Geburt unterworfen wären, dass uns doch keine Geburt bevorstände!'; aber das kann man durch Begehren nicht erreichen: das nun eben nicht erlangen, was man begehrt, ist Leiden. Die Wesen, ihr Mönche, dem Alter, der Krankheit, dem Sterben, dem Kummer, Jammer, Schmerz, dem Gram, der Verzweiflung unterworfen, kommt das Begehren an: 'O dass wir doch nicht dem Alter, der Krankheit, dem Sterben, dem Kummer, Jammer, Schmerz, dem Gram, der Verzweiflung unterworfen wären, dass uns doch kein Altern, Kranksein und Sterben, kein Kummer und Jammer und Schmerz, kein Gram und keine Verzweiflung bevorstände!'; aber das kann man durch Begehren nicht erreichen [Wie wahr. Alles, was man tun kann, ist, sich von dem zu LÖSEN, was Geburt, Alter, Krankheit, Tod und Wiedergeburt und neues Leben und Sterben und damit LEIDEN verursacht. Dieses Buch lehrt dich, wie du, OHNE dass du DICH SELBST dabei zerstörst, FREI wirst von allem Vergänglichen und Leidvollen. OM. Lanoo.]: das nun eben nicht erlangen, was man begehrt, ist Leiden [auch NIRVĀṆA nicht zu erlangen ist Leiden. Lanoo]. Was sind aber, ihr Mönche, kurz gesagt, die fünf Stücke des Anhangens für Leiden? Es ist da ein Stück Anhangen an der Form, ein Stück Anhangen am Gefühl, ein Stück Anhangen an der Wahrnehmung, ein Stück Anhangen an der Unterscheidung, ein Stück Anhangen am Bewusstsein: das nennt man, ihr Mönche, kurz gesagt, die fünf Stücke des Anhangens als Leiden. - Das heißt man, ihr Mönche, heilige Wahrheit vom Leiden."

„Was ist aber, ihr Mönche, die heilige Wahrheit von der Leidensentwicklung? Es ist dieser Durst, der Wiederdasein säende, gnügungsverbundene, bald da bald dort sich ergetzende, ist der Geschlechtsdurst, der Daseinsdurst, der Wohlseinsdurst."

„Dieser Durst nun aber, ihr Mönche, woraus entsteht der und entwickelt sich, wo sucht er sich einzunisten und setzt sich fest? Was in der Welt lieb erscheint, angenehm erscheint, daraus entsteht dieser Durst und entwickelt sich, da sucht er sich einzunisten und setzt sich fest. Was aber in der Welt erscheint lieb, erscheint angenehm? Das Gesicht in der Welt erscheint lieb, erscheint angenehm, daraus entsteht dieser Durst und entwickelt sich, da sucht er sich einzunisten und setzt sich fest. Das Gehör, der Geruch, der Geschmack, das Getast, das Gedenken in der Welt erscheint lieb, erscheint angenehm, daraus entsteht dieser Durst und entwickelt sich, da sucht er sich einzunisten und setzt sich fest."

„Die Formen in der Welt erscheinen lieb, erscheinen angenehm, daraus entsteht dieser Durst und entwickelt sich, da sucht er sich einzunisten und setzt sich fest. Die Töne, die Düfte, die Säfte, die Tastungen, die Gedanken in der Welt erscheinen lieb, erscheinen angenehm, daraus entsteht dieser Durst und entwickelt sich, da sucht er sich einzunisten und setzt sich fest [Wie steht es nun mit dem Durst, erzeugt durch die Gedanken des Buddha? Welche größeren Gedanken könnte es anderswo geben irgendwo im Universum? Die Antwort: Der Durst nach DIESEN Gedanken führt zur AUFHEBUNG allen Durstes, zur Erlösung, während der Durst nach den im Gleichnis erwähnten Gedanken in der Welt zur Rückkehr in die Welt führt und damit zu neuem Leben und Leiden. Denn: Hat man erst einmal NIRVĀṆA erlangt, dann erlöscht auch der Durst danach, und zwar FÜR IMMER. Das ist die Welt der hohen Herren. OM. Lanoo]."

„Das Sehbewusstsein in der Welt erscheint lieb, erscheint angenehm, daraus entsteht dieser Durst und entwickelt sich, da sucht er sich einzunisten und setzt sich fest. Das Hörbewusstsein, das Riechbewusstsein, das Schmeckbewusstsein, das Tastbewusstsein, das Denkbewusstsein in der Welt erscheint lieb, erscheint angenehm, daraus entsteht dieser Durst und entwickelt sich, da sucht er sich einzunisten und setzt sich fest."

„Die Sehberührung, die Hörberührung, die Riechberührung, die Schmeckberührung, die Tastberührung, die Denkberührung in der Welt erscheint lieb, erscheint angenehm, daraus entsteht dieser Durst und entwickelt sich, da sucht er sich einzunisten und setzt sich fest. Durch Sehberührung erzeugtes Gefühl in der Welt erscheint lieb, erscheint angenehm, durch Hörberührung erzeugtes Gefühl, durch Riechberührung erzeugtes Gefühl, durch Schmeckberührung erzeugtes Gefühl, durch Tastberührung erzeugtes Gefühl, durch Denkberührung erzeugtes Gefühl in der Welt erscheint lieb, erscheint angenehm, daraus entsteht dieser Durst und entwickelt sich, da sucht er sich einzunisten und setzt sich fest."

„Formwahrnehmung in der Welt erscheint lieb, erscheint angenehm, Hörwahrnehmung, Riechwahrnehmung, Schmeckwahrnehmung, Tastwahrnehmung, Denkwahrnehmung in der Welt erscheint lieb, erscheint angenehm, daraus entsteht dieser Durst und entwickelt sich, da sucht er sich einzunisten und setzt sich fest."

„Formen verstehn in der Welt erscheint lieb, erscheint angenehm [da jauchzt des Wissenschaftlers Herz. Und doch: Was er versteht, ist ja doch immer nur die ständig wechselnde HÜLLE und NICHT, wie er meint, der Kern, NICHT die Natur der Dinge. Die ist nämlich JENSEITS allen Erkennens, allen Verständnisses, die kann man nur WERDEN in der Meditation. Wer es zu fassen vermag, der fasse es. OM. Lanoo], Töne verstehn, Düfte verstehn, Säfte verstehn, Tastungen verstehn, Gedanken verstehn in der Welt erscheint lieb, erscheint angenehm, daraus entsteht dieser Durst und entwickelt sich, da sucht er sich einzunisten und setzt sich fest."

„Formen erdürsten in der Welt erscheint lieb, erscheint angenehm, Töne erdürsten [Man möge mir verzeihen, aber vom HÖCHSTEN Punkt der Erkenntnis aus, welcher JENSEITS allen Erkennens führt, ist auch der Genuss von Musik, und sei es die schönste Sinfonie von Beethoven, ein Akt der Dummheit oder, freundlicher gesagt, der Unwissenheit, lauscht man doch nur gekonnt vorgetragenem Leiden, so wie man dem Leid des von Maria Verlassenen in meinem Lied ES FÄHRT EIN ZUG NACH NIRGENDWO lauscht. Lanoo], Düfte erdürsten, Säfte erdürsten, Tastungen erdürsten, Gedanken erdürsten in der Welt erscheint lieb, erscheint angenehm, daraus entsteht dieser Durst und entwickelt sich, da sucht er sich einzunisten und setzt sich fest [Auch ich war gefangen vom Durst nach Gedanken, als ich acht Jahre lang DAS BUCH DES LICHTS schrieb, erkannte ich doch, dass hier das höchstmöglichste Wissen, die Welt der Erscheinungen betreffend, enthüllt wird für die nächsten zwei Milliarden, die unserem Planeten noch verbleiben. Und dennoch: VÖLLIGE Freiheit von diesem Durst nach Gedanken erlangte ich erst durch DIESES Buch, da es ja die VERGÄNGLICHKEIT aller von mir im BUCH DES LICHTS erklärten Welten betont. Darum: Für all jene, die noch in der Welt verbleiben und wiederkehren wollen, habe ich DAS BUCH DES LICHTS geschrieben. Dem Entsager mag DER SINN DES LEBENS NIRVĀṆA genügen. OM. Lanoo].“

„Formen überlegen in der Welt erscheint lieb, erscheint angenehm, Töne überlegen, Düfte überlegen, Säfte überlegen, Tastungen überlegen, Gedanken überlegen in der Welt erscheint lieb, erscheint angenehm [so mancher ansonsten mental und geistig nicht immer besonders entwickelte, dafür umso emotionalere bzw. emotional gestörte Mensch flüchtet sich in die Behauptung ICH BIN EIN KÜNSTLER und verbringt sein Leben damit, seine gestörten Emotionen in Form, Ton oder Bild der Welt mitzuteilen, und da wird es immer Dumme geben, die der gleichen Meinung sind: Ja, das ist Kunst. In Wirklichkeit entleert sich da nur ein Leidender auf die Welt. Sei’s drum. Lanoo], daraus entsteht dieser Durst und entwickelt sich, da sucht er sich einzunisten und setzt sich fest.“

„Formen erwägen in der Welt erscheint lieb, erscheint angenehm, Töne erwägen, Düfte erwägen, Säfte erwägen, Tastungen erwägen, Gedanken erwägen in der Welt erscheint lieb, erscheint angenehm, daraus entsteht dieser Durst und entwickelt sich, da sucht er sich einzunisten und setzt sich fest. - Das heißt man, ihr Mönche, heilige Wahrheit von der Leidensentwicklung.“

„Was ist aber, ihr Mönche, die [zur Todlosigkeit führende] heilige Wahrheit von der Leidensauflösung? Es ist eben dieses Durstes vollkommen restlose Auflösung, ihn abstoßen, austreiben, fällen, vertilgen.“

Ich, Lanoo, wiederhole: „Es ist eben dieses Durstes vollkommen restlose (zur Todlosigkeit führende) Auflösung.“

Ich, Lanoo, wiederhole: „Es ist eben dieses Durstes vollkommen restlose (zur Todlosigkeit führende) Auflösung.“

Ich, Lanoo, wiederhole: „Es ist eben dieses Durstes vollkommen restlose (zur Todlosigkeit führende) Auflösung.“

Ich, Lanoo, wiederhole: „Es ist eben dieses Durstes vollkommen restlose (zur Todlosigkeit führende) Auflösung.“

Oft genug wiederholt? Zu oft wiederholt? MAN KANN DAS GAR NICHT OFT GENUG WIEDERHOLEN.

Denn darum geht es ja. Es geht doch hier nicht darum, dich, lieber Leser, zu unterhalten. Aus dem Alter sind wir doch wohl raus, oder? Hier geht’s ums Ganze. Hier geht es um die Wurst. Genug Zeit vertrödelt mit den Dingen der Welt. JETZT ist es Zeit, DAS LEIDEN zu beenden und DIE TODLOSIGKEIT zu erlangen, zu WERDEN. Also dann weiter mit dem größten aller Menschen und Götter, Gautama Buddha): „Dieser Durst nun aber, ihr Mönche, woraus wird der aufgehoben und vertrieben, wo aufgelöst und zerstört? Was in der Welt lieb erscheint, angenehm erscheint, daraus wird dieser Durst aufgehoben und vertrieben, da wird er aufgelöst und zerstört. Was aber in der Welt erscheint lieb, erscheint angenehm? Das Gesicht in der Welt erscheint lieb, erscheint angenehm, daraus wird dieser Durst aufgehoben und vertrieben, da wird er aufgelöst und zerstört. Das Gehör, der Geruch, der Geschmack, das Getast, das Gedenken in der Welt erscheint lieb, erscheint angenehm, daraus wird dieser Durst aufgehoben und vertrieben, da wird er aufgelöst und zerstört.“

„Die Formen in der Welt erscheinen lieb, erscheinen angenehm, daraus wird dieser Durst aufgehoben und vertrieben, da wird er aufgelöst und zerstört. Die

Töne, die Düfte, die Säfte, die Tastungen, die Gedanken in der Welt erscheinen lieb, erscheinen angenehm, daraus wird dieser Durst aufgehoben und vertrieben, da wird er aufgelöst und zerstört."

„Das Sehbewusstsein in der Welt erscheint lieb, erscheint angenehm, daraus wird dieser Durst aufgehoben und vertrieben, da wird er aufgelöst und zerstört. Das Hörbewusstsein, das Riechbewusstsein, das Schmeckbewusstsein, das Tastbewusstsein, das Denkbewusstsein in der Welt erscheint lieb, erscheint angenehm, daraus wird dieser Durst aufgehoben und vertrieben, da wird er aufgelöst und zerstört."

„Die Sehberührung, die Hörberührung, die Riechberührung, die Schmeckberührung, die Tastberührung, die Denkberührung in der Welt erscheint lieb, erscheint angenehm, daraus wird dieser Durst aufgehoben und vertrieben, da wird er aufgelöst und zerstört. Durch Sehberührung erzeugtes Gefühl in der Welt erscheint lieb, erscheint angenehm, durch Hörberührung erzeugtes Gefühl, durch Riechberührung erzeugtes Gefühl, durch Schmeckberührung erzeugtes Gefühl, durch Tastberührung erzeugtes Gefühl, durch Denkberührung erzeugtes Gefühl in der Welt erscheint lieb, erscheint angenehm, daraus wird dieser Durst aufgehoben und vertrieben, da wird er aufgelöst und zerstört. [Man muss also alle diese Empfindungen BEOBACHTEN, wie sie entstehen und vergehen und wie sie DARUM eben gar nicht das SELBST sein können. Lanoo.]"

„Formwahrnehmung in der Welt erscheint lieb, erscheint angenehm, Hörwahrnehmung, Riechwahrnehmung, Schmeckwahrnehmung, Tastwahrnehmung, Denkwahrnehmung in der Welt erscheint lieb, erscheint angenehm, daraus wird dieser Durst aufgehoben und vertrieben, da wird er aufgelöst und zerstört."

„Formen verstehn in der Welt erscheint lieb, erscheint angenehm, Töne verstehn, Düfte verstehn, Säfte verstehn, Tastungen verstehn, Gedanken verstehn in der Welt erscheint lieb, erscheint angenehm, daraus wird dieser Durst aufgehoben und vertrieben, da wird er aufgelöst und zerstört."

„Formen erdürsten in der Welt erscheint lieb, erscheint angenehm, Töne erdürsten, Düfte erdürsten, Säfte erdürsten, Tastungen erdürsten, Gedanken erdürsten in der Welt erscheint lieb, erscheint angenehm, daraus wird dieser Durst aufgehoben und vertrieben, da wird er aufgelöst und zerstört."

„Formen überlegen in der Welt erscheint lieb, erscheint angenehm, Töne überlegen, Düfte überlegen, Säfte überlegen, Tastungen überlegen, Gedanken überlegen in der Welt erscheint lieb, erscheint angenehm, daraus wird dieser Durst aufgehoben und vertrieben, da wird er aufgelöst und zerstört."

„Formen erwägen in der Welt erscheint lieb, erscheint angenehm, Töne erwägen, Düfte erwägen, Säfte erwägen, Tastungen erwägen, Gedanken erwägen in der Welt erscheint lieb, erscheint angenehm, daraus wird dieser Durst aufgehoben und vertrieben, da wird er aufgelöst und zerstört. - Das heißt man, ihr Mönche, heilige Wahrheit von der Leidensauflösung."

„Was ist aber, ihr Mönche, die heilige Wahrheit von dem zur Leidensauflösung führenden Pfade? Dieser heilige achtfältige Weg ist es, der zur Leidensauflösung führende Pfad, nämlich: rechte Erkenntnis, rechte Gesinnung, rechte Rede, rechtes Handeln, rechtes Wandeln, rechtes Mühn, rechte Einsicht, rechte Einigung." - „Was ist nun, ihr Mönche, rechte Erkenntnis? Das Leiden kennen, ihr Mönche, die Entwicklung des Leidens kennen, die Auflösung des Leidens kennen, den zur Auflösung des Leidens führenden Pfad kennen: das nennt man, ihr Mönche, rechte Erkenntnis. Was ist nun, ihr Mönche, rechte Gesinnung? Entsagung sinnen, keinen Groll hegen, keine Wut hegen: das nennt man, ihr Mönche, rechte Gesinnung. Was ist nun, ihr Mönche, rechte Rede? Lüge vermeiden, Verleumdung vermeiden, barsche Worte vermeiden, Geschwätz vermeiden: das nennt man, ihr Mönche, rechte Rede. Was ist nun, ihr Mönche, rechtes Handeln? Lebendiges umzubringen vermeiden, Nichtgegebenes zu nehmen vermeiden, Ausschweifung zu begehn vermeiden: das nennt man, ihr Mönche, rechtes Handeln. Was ist nun, ihr Mönche, rechtes Wandeln? Da hat, ihr Mönche, der heilige Jünger falschen Wandel verlassen und fristet sein Leben auf rechte Weise [also der Entsagungs- oder der Mittelweglehre des Buddha entsprechend. Lanoo]: das nennt man, ihr Mönche, rechtes Wandeln. Was ist nun, ihr Mönche, rechtes Mühn? Da weckt, ihr Mönche, der Mönch seinen Willen, dass er unaufgestiegene üble, unheilsame Dinge nicht aufsteigen lasse [und zwar, indem er sie bereits im Ansatz erkennt und sein Bewusstsein auf höhere Ebenen lenkt, z. B. in der Meditation], er müht sich darum, mutig bestrebt, rüstet das Herz, macht es kampfbereit; weckt seinen Willen, dass er aufgestiegene üble, unheilsame Dinge vertreibe, er müht sich darum, mutig bestrebt, rüstet das Herz, macht es kampfbereit; weckt seinen Willen, dass er unaufgestiegene heilsame Dinge aufsteigen lasse, er müht sich darum, mutig bestrebt, rüstet das Herz, macht es kampfbereit; weckt seinen Willen, dass er aufgestiegene heilsame Dinge sich festigen, nicht lockern, weiterentwickeln, erschließen, entfalten, erfüllen lasse, er müht sich darum, mutig bestrebt, rüstet das Herz, macht es kampfbereit; das nennt man, ihr Mönche, rechtes Mühn."

„Was ist nun, ihr Mönche, rechte Einsicht? Da wacht, ihr Mönche, der Mönch beim Körper über den Körper, unermüdlich, klaren Sinnes, einsichtig, nach Verwindung weltlichen Begehrens und Bekümmerns; wacht bei den Gefühlen über die Gefühle [indem er sie ALLESAMT als NICHT sein Selbst erkennt. Lanoo], unermüdlich, klaren Sinnes, einsichtig, nach Verwindung weltlichen Begehrens und Bekümmerns; wacht beim Gemüt über das Gemüt, unermüdlich, klaren Sinnes, einsichtig, nach Verwindung weltlichen Begehrens und Bekümmerns; wacht bei den Erscheinungen über die Erscheinungen, unermüdlich, klaren Sinnes, einsichtig, nach Verwindung weltlichen Begehrens und Bekümmerns; das nennt man, ihr Mönche, rechte Einsicht."

„Was ist nun, ihr Mönche, rechte Einigung? Da weilt, ihr Mönche, der Mönch, gar fern von Begierden, fern von unheilsamen Dingen, in sinnend gedenkender ruhegeborener seliger Heiterkeit, in der Weihe der ersten Schauung. Nach Vollendung des Sinnens und Gedenkens erwirkt er die innere Meeresstille, die Einheit des Gemütes, die von sinnen, von gedenken freie, in der Einigung geborene selige Heiterkeit, die Weihe der zweiten Schauung. In heiterer Ruhe verweilt er gleichmütig, einsichtig, klar bewusst, ein Glück empfindet er im Körper, von dem die Heiligen sagen: 'Der gleichmütig Einsichtige lebt beglückt'; so erwirkt er die Weihe der dritten Schauung. Nach Verwerfung der Freuden und Leiden, nach Vernichtung des einstigen Frohsinns und Trübsinns erwirkt er die Weihe der leidlosen, freudlosen gleichmütigen einsichtigen vollkommenen Reine, die vierte Schauung. Das nennt man, ihr Mönche, rechte Einigung. - Das heißt man, ihr Mönche, heilige Wahrheit von dem zur Leidensauflösung führenden Pfade."

„So wacht er nach innen bei den Erscheinungen über die Erscheinungen, so wacht er nach außen bei den Erscheinungen über die Erscheinungen, nach innen und außen wacht er bei den Erscheinungen über die Erscheinungen. Er beobachtet wie die Erscheinungen entstehn, beobachtet wie die Erscheinungen vergehn, beobachtet wie die Erscheinungen entstehn und vergehn. 'Die Erscheinungen sind da': diese Einsicht ist ihm nun gegenwärtig, soweit sie eben zum Wissen taugt, zur Besinnung taugt; und uneingepflanzt verharrt er, und nirgend in der Welt ist er angehangen. So aber, ihr Mönche, wacht der Mönch bei den Erscheinungen über das Erscheinen der vier heiligen Wahrheiten."

Und so, füge ich, Lanoo, hinzu, erlangt man NIRVĀṆA. OM.

MEDITIERE UND STUDIERE REGELMÄSSIG

Da wir mit der Zeit mehr und mehr erkennen, dass NICHTS in dieser Welt des ALLES befriedigend und ALLES letzten Endes enttäuschend (weil es vergänglich) ist, sollten wir sooft wie möglich versuchen, diesen Zustand des Nichts in der Welt des Alles zu erreichen. Das ist durchaus möglich, wir müssen nicht warten, bis Alles im NIRVĀṆA ist, wir können jetzt bereits das NICHTS, das NIRVĀṆA in uns, erfahren. Dieses Buch ist der Wegweiser zu dem Ziel, das da heißt NIRVĀṆA. Wie können wir nun schon in diesem Leben NIRVĀṆA oder das Nichts erreichen oder uns zumindest erst mal auf den Weg dahin begeben? Mit regelmäßiger Meditation und regelmäßigem Studium wird es immer einfacher werden, den so außerordentlich befriedigenden Zustand des Nichts zu erreichen, weil wir ja mehr und mehr von uns **ablegend erkennen**, dass wir dies alles nicht sind. Bis NICHTS mehr da ist oder bis NICHTS übrig bleibt, und dieses Nichts ist das NIRVĀṆA und voll befriedigend, weil EWIG.

Deshalb: Seelenatem-Meditation und das Studium der Esoterischen Wissenschaften müssen REGELMÄSSIG durchgeführt werden. Alle Unregelmäßigkeit ist fast gleichbedeutend mit einem ständigen Neubeginn. Es gibt keinen Grund, nicht zu meditieren. Auch Krankheit ist kein Grund. Gerade eine Krankheit nicht. Denn die Meditation trennt dein wahres Ich, das schmerzlos ist, von deinem vergänglichen Ich, das den Schmerz und die Krankheit empfindet. Verlangen nach wahrer Befriedigung ist immer auf die EWIGKEIT gerichtet. Jedes große musikalische und literarische Drama kann das bezeugen.

Esoterisch gesehen ist Krankheit ohnehin ein Gesundungsprozess. Während der Seelenatem-Meditation befindest du dich in einem Zustand der Beobachtung. Du beobachtest, was du **nicht** bist, bis das Beobachtende nach und nach verschwindet und nur noch du übrig bleibst, dein wahres Ich. Dein wahres Ich beobachtet, was es nicht ist, bis das bleibt, was es ist, nämlich es selbst, eins mit allem. Dieses Gefühl kann blitzartig kommen, eine Erkenntnis, die so überwältigend ist, dass viele von denen, die es erfahren, in Tränen ausbrechen. Nun meinen sie, dass nichts sie trennen kann (und nie trennte), nicht voneinander und nicht von Gott.* Aber zunächst einmal beobachten wir.

Im Falle einer Krankheit beobachten wir die Krankheit. Dein ewig gesundes Selbst beobachtet die Krankheit. Was ist krank oder was kann krank werden? Alles Vergängliche an dir. Aber dein unvergängliches Selbst ist immer gesund und heil oder auch heilig. Das muss auch so sein, denn wenn du in deinem innersten Wesen nicht gesund wärst, würdest oder könntest du die Krankheit als solche gar nicht erst erleben und von ihr oder unter ihr leiden. Du wüsstest gar nicht, dass du krank bist. Der wahre Heiler ist in dir. AUM. Also: Das Gesunde, das du bist, beobachtet das Kranke, das du nicht bist, den Schmerz, der du nicht bist. Damit distanzierst du dich von der Krankheit und dem Schmerz, das macht sie erträglich.

So ist Krankheit (erzeugt durch extreme Verlangens-Befriedigung oder Missbrauch verschiedener Art** in diesem oder einem vorherigen Leben) kein Unglück, sondern eine Gelegenheit, Karma abzutragen und durch die Überwindung der Krankheit wieder zu dir selbst zurückzufinden. Dasselbe gilt übrigens für alle Arten des Verlangens, sei es Sex, Essen, Trinken, Rauchen, Alkohol, Drogen etc.

Wie kann man nun ein quälendes Verlangen, das einen in die Abhängigkeit trieb, wieder loswerden? Auf jeden Fall nicht, indem man ihm nachgibt. Dadurch stärkt oder verstärkt man es nur, dieses quälende Verlangen, welches am Anfang so befriedigend war, denn: Der erste Schritt in eine Abhängigkeit, welcher Art auch immer, ist immer schön und vergnüglich, sonst würde ja gar niemand erst in diese Abhängigkeit gelangen. Das ganze Leben ist eine einzige verbotene Frucht, die erst köstlich schmeckt, nach längerem Genuss aber nur Leiden bringt. Am Ende wartet eben immer das Leiden.

Darum: Was auch immer die Versuchung ist, die an dich herantritt, beobachte sie, gib dich ihr nicht hin, kämpfe auch nicht gegen sie, unterdrücke sie nicht, BEOBACHTE SIE NUR und sie wird wieder verschwinden, wie sie gekommen ist. Früher oder später wird dir das gelingen. Lass dich durch Rückfälle nicht entmutigen, versuche es immer wieder und eines Tages wirst du der Sieger sein. Das Verlangen (welcher Art auch immer) wird übrigens von Zeit zu Zeit wiederkehren, um a) zu testen, ob du es wirklich überwunden hast, und b) um dich, falls du ihm nachgibst, von seiner Leidensnatur zu überzeugen. Dadurch findet der Mensch zum Licht. Das ganze Leben ist ein solcher Test. Das Verlangen, die Versuchung oder das „Böse", ist in Wirklichkeit dein Lehrer und Freund, dein Wegweiser zum NIRVĀṆA. Ohne Licht kein Schatten, ohne Schatten kein Licht. AUM.

Ein esoterischer Ratschlag für alle problembeladenen Menschen: Identifiziere dich nicht mit deinen chaotischen Gedanken und Gefühlen. Beobachte sie nur, wie sie kommen (dich befallen), fahre dann fort, sie zu beobachten, gib dich ihnen nicht hin, beobachte sie und sie werden früher oder später wieder verschwinden. Dies

* Dies ist jedoch immer noch nicht der höchstmögliche Zustand, sondern nur die von den Religionen so heiß ersehnte Einheit mit Gott, der ersten Emanation und höchsten Schwingung in Manifestation. Die in einem solchen Zustand erlebte Ekstase und Seligkeit hat nur einen kleinen Fehler: Sie ist vergänglich und auf die Dauer sogar langweilig, es sei denn, man sieht diese Einheit mit Gott als ein zu überwindendes Zwischenstadium und schwingt sich auf zur höchsten Höhe, dem NIRVĀṆA. OM.

** Es sei denn, sie ist von einem Heiler oder Guru aus Mitleid auf sich genommen worden.

alles erfordert natürlich tägliche Meditation. Dem Einwand „Aber ich hab doch keine Zeit!“ entgegne ich gleichmütig „Dann leide weiter!“. Sei das Auge im Sturm. Verschwende deine Zeit nicht damit, diese vergänglichen Gedanken und Gefühle zu analysieren, du stärkst oder verstärkst sie damit nur. Analysiere nicht das vergängliche Problem, das macht der Psychiater mit dem Resultat, dass er früher oder später selber einen Psychiater braucht. Konzentriere dich lieber auf das Ewige in dir. Dort ist die Rettung, das ist die Lösung aller Probleme.

Das Ewige, dein höheres Selbst, ist immer gesund und dein niederes Selbst manchmal krank. Krankheit kommt und geht. Ertrage sie, verstehe sie als selbst erzeugt, wie alles andere in deinem Leben. „Leiden ist der beste Lehrer“, sagte meine Lehrerin, die berühmte Berliner Theosophin Beatrice Flemming, die unter großen Schmerzen litt (oder lernte?) und doch bis zu ihrem Tode nie die Zuversicht, den Humor und die innere Kraft verlor. Sie sagte zu mir: „Der hohe Bewusstseinszustand, den man durch Meditation erreicht, ist ein so starkes Momentum, dass er über die Schwelle des Todes hinweg bis in nächste Leben währt.“

Deshalb wiederhole ich: Meditiere regelmäßig, wobei es keine Rolle spielt, ob die Meditation besonders intensiv war oder nicht. Am Anfang gelingt das sowieso nicht immer. Dein höheres Selbst hat die Bemühung auf jeden Fall registriert und kann weiterhin mit dir und durch dich arbeiten und wirken. **DAS BUCH DES LICHTS** wird dir dabei helfen, wird das rechte Verständnis in dir wecken für die Gesetze der illusionären Welt, in der ALLES zum befreienden NICHTS führt, dem NIRVĀṆA.

All jene, die völlige Erlösung und damit NIRVĀṆA erstreben, sollten bedenken, dass selbst die höchsten Himmelswelten und deren Bewohner, ja selbst der Kṛishṇa-Himmel, von dem die Bhagavadgītā भगवद्गीता so schwärmt, immer noch eine vergängliche Illusion sind, von der es sich zu lösen gilt.

WUNSCH UND ERWARTUNG

Jeder Wunsch erzeugt eine Erwartung, welche Hoffnung einschließt und direkt zum Leiden führt. So leidet denn die Mehrheit der Menschen, weil sie alle etwas erwarten, sich wünschen und erhoffen und selbst wenn sie das Erhoffte erlangen, immer noch eine, wenn auch zunächst leise, Unzufriedenheit empfinden. Der Wunsch ist der Vater des Gedankens und beider Kind ist die Erwartung. Das ist in der Tat ein inzestöser Kreislauf, aus dem es fast kein Entrinnen gibt. In dem Moment, wo man sich etwas wünscht, tritt schon leichte Frustration ein, da man ja das Erwünschte noch nicht hat. Die leichte Frustration oder dieses Unlustgefühl wird jedoch oft überdeckt von der Vorfreude auf das so sehnlichst Erwünschte. Doch von nun an bis zur Erreichung des Ziels hat man sich bereits auf kleine und große Momente der Frustration und Enttäuschung vorprogrammiert, da sich dem erwünschten (und erhofften) Endziel immer kleine und/oder auch große Hindernisse in den Weg stellen. Diese Ansammlung von Frustrationsimpulsen erzeugt dann den Stress, der sich früher oder später in seelischen und physischen Krankheitssymptomen manifestiert. Hat man dann endlich, oft nach jahrelanger, mühsamer und stressbeladener Arbeit, das erreicht, was man sich erwünschte, hat das Stress- und Enttäuschungspotential seinen Höhepunkt erreicht, weil man obendrein, wie bereits erwähnt, noch feststellen muss, dass die Erreichung des Ziels, die Erfüllung des Wunschtraumes, nicht das erhoffte Glück, die ersehnte Befriedigung bringt.

Anstatt nun in sich zu gehen und daraus zu lernen, wendet sich der Mensch nach einer Phase der Enttäuschung wieder neuen Zielen zu, bei deren Erreichung ihn wieder, so wie der Igel den Hasen, das Leiden erwartet. Was ist zu tun? Folgendes: Wünsche, erwarte und erhoffe dir nichts. Nur absolute Wunschlosigkeit führt zu absolutem Glück. Verrichte deine Arbeit losgelöst und ambitionslos oder werde ein disziplinierter Bettler, ein Entsager, wie der Buddha es war. Wünsche nichts, erwarte nichts, erhoffe nichts, dann wirst du es wirklich erlangen, dieses Nichts, das NIRVĀṆA, unser aller Ziel. Es gibt nur eine wahre Seligkeit und das ist die Seligkeit des Nicht-Wollens. Kann es denn etwas Wünschenswerteres geben? DIESER Wunsch wird dir in der Tat erfüllt. Warum? Weil er auch Gottes Wille ist. AUM.

WISSENTLICH WUNSCHLOS

Wer nach seinem Tode in den Himmel kommen möchte, der muss bereits zu seinen Lebzeiten **Wahlverwandtschaft** zu den Himmelswelten und ihren Bewohnern herstellen. Was ist nun die Natur dieser Himmelswelten und deren Bewohner? **WUNSCHLOSIGKEIT** ist die Natur der Himmelswelten und ihrer Bewohner. Und warum ist das so? Weil es im Himmel alles gibt, was man braucht, um dort zu existieren. Wer natürlich darüber hinaus noch Wünsche äußert (so wie „der Münchner im Himmel"), den wird es dort nicht lange halten und er muss wieder zurück in die Hölle, Erde genannt ...

Darum: Wer bereits zu Lebzeiten auf Erden **wissentlich wunschlos** ist, der wird nach dem Tode eher in den Himmel kommen als so mancher Papst. So einfach ist das.

Die meisten Menschen möchten entweder schön oder reich oder berühmt oder schlau, auf jeden Fall aber gesund sein oder gar alles zusammen. Wer so denkt, ist jedoch von der Lehre des Buddha noch so weit entfernt wie die Kuh vom Mond. Der wahre Supermann oder die wahre Superfrau ist jemand, der BEWUSST den PFAD erwählt und jemand wird, den

> „niemand kennt als hoch-, als tiefgeboren,
> nicht als gelehrt noch ungelehrt,
> niemand als guten Wandels, bösen Wandels:
> *Der* ist ein Mensch von rechter Art!

Verborgner Pflichterfüllung ganz ergeben,
in UNGEKANNTHEIT bringt er hin sein Leben;
als wär er taub und blind und ohne Sinn:
So ziehe durch dieWelt derWeise hin."
(Upanishaden)

Vor einem solchen Menschen, lieber Leser, verblassen alle Goethes, Schillers, Beethovens, Shakespeares, Napoleons, Einsteins, Darwins und sogar alle Schopenhauers dieser Welt zu NICHTS. Wer es zu fassen vermag, der fasse es.

„Den Wald der Wünsche fället, nicht einen Baum!
Aus dem Wunschwald kommt die Gefahr."

Gautama Buddha

„Wer noch irgendetwas von der Welt will, ist noch nicht glücklich, ist umso unglücklicher, je mehr er noch von Wünschen verzehrt wird, im Gegensatz zu dem Glücklichen, der das Phänomen des Wollens überhaupt nicht mehr kennt."

Dr. Georg Grimm

Sogar Schopenhauer schreibt: **„Du sollst nicht wollen!"**, und dann, noch etwas drastischer:

„Wisse doch jeder, dem, gleichviel wie und auf welche Art, nur aber ganz und gar der Wille gebrochen wird, dass es zu seinem Besten ist; denn der Wille eben ist ja sein Unglück."

Es ist zwar richtig zu sagen: „Wo ein Wille ist, da ist auch ein Weg." Aber, so füge ich hinzu, „da ist auch ein neuer Wunsch", der einen nicht loslässt, einen gefangen hält und selbst und ganz besonders bei dessen Erfüllung immer nur eines erzeugt: Unbefriedigtsein und einen neuen Wunsch. Und der Welt, inklusive Himmel, Erde und Hölle mit allem darin, rufe ich zu:

„Von euch lasse ich mich nicht mehr beschmutzen!"

Das wahre Glück ist das Glück der Wunschlosigkeit. Je wunschloser man wird, umso mehr schafft man schon hier auf Erden eine Verbindung zu den höchsten Himmeln, deren Bewohner umso wunschloser sind, je höher sie stehen. Nur NIRVĀṆA ist höher. Wer nichts mehr auf Erden will, dem öffnen sich alle Himmel. Wer nichts mehr im Himmel will, der hat NIRVĀṆA erlangt. AUM.

Der Unterschied zwischen Glauben und Wissen

Der religiöse Mensch ist gezwungen zu glauben, eben weil er nicht weiß. Er muss die höheren Himmelswelten (ganz zu schweigen von NIRVĀṆA) glauben, während der Sehende, der Meditierende, der Wissende, der NICHT MEHR DIESER WELT ANHAFTENDE eben und gerade darum die höheren Himmelswelten selbst ERLEBT und erfährt, mit ihnen direkt und jetzt schon verbunden ist. Viele religiöse Menschen raufen sich buchstäblich die Haare über all das Leid und die Ungerechtigkeit in der Welt, sie sehen nur das Leiden* und erzeugen damit ein ANHAFTEN an diese Welt, welches sie ABSCHLIESST gegen die **höheren** Schwingungen, die höheren Welten. Wer also wirklich den wahren Gott will (obwohl er ihn doch schon hat ...), der muss auch wirklich Gott wollen und sich nicht zu sehr mit dem Rest abgeben. Viele, vor allem noch anhaftende Menschen haben eben gerade darum noch Schwierigkeiten, mit den höheren Welten in Verbindung zu kommen. Was können sie tun? Wie können sie von Glaubenden zu Wissenden werden? Sie müssen mit diesen höheren Welten und Schwingungen eine Verbindung **herstellen**, indem sie z. B. darüber lesen, immer und immer wieder darüber lesen und meditieren. So erzeugt man **Wahlverwandtschaft** zu diesen Welten. Ein Griesgram mag daher noch so lange und oft der Welt entsagen, er wird damit nur geringen Erfolg haben. Warum ist das so? Die Natur der höheren Himmelswelten, ganz zu schweigen von NIRVĀṆA, ist **Freude und Seligkeit**, unabhängig von Personen und Dingen. Ein Griesgram oder ein deprimierter und verbitterter Weltentsager hat gar nicht die Schwingungen, erfüllt nicht die Voraussetzungen für und damit nicht die Wahlverwandtschaft zu den höheren Himmelswelten und zu NIRVĀṆA.

Also: **Keusch und frohgemut entsagt man der Welt und erlangt so wahre Unsterblichkeit in NIRVĀṆA. AUM.**

Auf diese Weise studierend, meditierend und nicht mehr anhaftend stößt man mehr und mehr das Fenster auf zu den Seligkeitsebenen und Himmelswelten und kann so SEHEN UND ERLEBEN, woran andere nur glauben können, was gerade im religiösen Menschen oft große Verbitterung hervorruft, wie es das Beispiel von der alternden Nonne und der Jungfrau von Orleans zeigt. Die alternde Nonne war eifersüchtig auf die Jungfrau von Orleans, ein einfaches Bauernmädel, weil sie die Mutter Maria geschaut hatte, während der alternden Nonne, die ihr Leben lang Gott gewidmet hatte, das versagt blieb. Worin liegt der Grund dafür? Er liegt im Anhaften und im Anhaftungsmomentum. Die Nonne mag viele Leben lang dem Weltlichen angehaftet und sich erst in diesem Leben entschlossen haben loszulassen, nicht mehr anzuhaften, während die Jungfrau von Orleans das religiöse Leben, das Loslassen und das Nicht-mehr-Anhaften schon viele Leben lang praktiziert haben mag und es ihr deshalb leicht fiel, ja **natürlich** war, die Mutter Maria zu sehen. Ja, man kann sagen, dass die Mutter Maria gar keine andere Wahl hatte, als sich der Jungfrau von Orleans zu zeigen und eben nicht der Nonne, da die Schwingungen der verbitterten Nonne wahrscheinlich noch viel zu niedrig waren, um eine derart

* Das tut der Buddha zwar auch, er sieht und lehrt auch nur, was das Leiden ist, aber er zeigt uns auch einen Weg heraus aus dem Sumpf des Leidens, hin zu NIRVĀṆA.

himmlische Manifestation in ihrer Nähe oder **für sie** zu ermöglichen, weshalb ja auch die Mutter Maria nur von der Jungfrau von Orleans gesehen werden konnte und eben NICHT von den anderen Menschen, obwohl sie doch dabei waren, als das Wunder geschah. Aus demselben Grunde, aus dem die alternde, vergrämte, mit Gott und der Welt hadernde Nonne die Mutter Maria nicht sehen konnte, aus demselben Grunde können oft die religiösesten Menschen Gott und die höheren Himmelswelten nicht sehen oder sie nicht erleben. Sie sind eben noch zu sehr verhaftet mit **dieser** Welt und müssen noch Geduld aufbringen und warten und weniger anhaften und mehr loslassen, studieren und meditieren, dann, wenn das alte karmische Anhaftungsmomentum beendet ist **und kein neues Anhaften mehr geschaffen wurde**, dann wird sich der Erfolg von ganz alleine einstellen. Von daher gesehen ist ein armes altes Mütterlein, das von ihrer bescheidenen Rente lebt, jeden Tag die Bibel liest und zur Kirche geht **und sich sonst um nichts kümmert**, näher bei Gott im Himmel als der Priester, dessen Predigt sie lauscht, der aber in Wirklichkeit (vielleicht) nicht **lebt**, was er predigt.

Das Noch-Anhaften oder das Anhaftungsmomentum ist auch der Grund dafür, warum viele Menschen Probleme haben beim Meditieren. Sie können noch nicht loslassen, sie erleben in der Meditation, wie ein Freund beklagte, KEINE POWER. Auch da ist die Lösung des Problems, immer weiter zu meditieren (am besten Seelenatem-Meditation) und zu **studieren, bis sich das alte karmische Anhaftungsmomentum aufgelöst hat und man dann automatisch die höheren Welten und auch deren „Power" erlebt. AUM.**

APFELKERNE

Große Wahrheiten sind im Kern einfach und es muss daher möglich sein, sie durch einfache Beispiele erklären zu können. Ein solches Beispiel führe ich nun an: Nimm einen Apfel. Schau ihn dir gut an. Nun beschreibe mir, wie der Kern dieses Apfels aussieht. Was tust du? Anstatt deine Zeit damit zu vergeuden, den Apfelkern zu analysieren oder seine wahre Form und Farbe etc. zu erraten, schälst du den Apfel oder besser du schneidest ihn auf, um zum Kern (oder den Kernen) der Dinge vorzudringen. Du entfernst also alles vom Apfel, was der Kern nicht ist, bis du automatisch zum Kern vordringst. Oh Lanoo, lege alles ab, gib auf, ERKENNE, was du NICHT bist, und du hast dich selbst erkannt. Oder: Dein Kern, das wahre Du, das Selbst, ist das EWIGE, unzerstörbare, ungeborene und demzufolge unsterbliche Du. Dieses wahre Du, das du wirklich bist, dieses ewige Selbst, ohne Anfang und Ende, kannst du aber nur **bewusst** sein, wenn du zunächst all das, was Anfang und Ende hat, alles Vergängliche abgestreift oder zumindest erst einmal als solches erkannt hast und dich nicht mit diesem Vergänglichen identifizierst oder ihm zu sehr anhängst*. Darin liegt das Hauptproblem begraben. Die meisten Men-

* Das ist übrigens auch der wahre Grund für Reinkarnation. Der Durst nach der Welt wirft dich immer wieder zurück auf das Rad des Lebens.

schen identifizieren sich mit ihrem vergänglichen Ich und als Folge davon leiden sie, denn dieses Vergängliche, von dem sie fälschlicherweise annahmen, dass sie es sind, wird ihnen ja eines Tages, spätestens im Augenblick des Todes, wieder weggenommen. Nun mag der Leser argumentieren, dass man das Vergängliche spätestens bei der nächsten Reinkarnation zurückerhält und es so wieder genießen kann und so weiter ad infinitum, denn das **BUCH DES LICHTS** lehrt uns ja, dass das Ewige sich unendlich viele Male als das Vergängliche manifestiert, ohne seine ewige Natur zu verlieren. Dies muss so sein, damit alles Vergängliche erlöst werden kann, denn das Ewige und das Vergängliche sind miteinander verbunden wie die beiden Seiten einer Münze oder wie Parabrahman परब्रह्मन् (Urgeist) und Mūlaprakṛiti मूलप्रकृति (Urmaterie). Wozu sollen wir denn vom Vergänglichen erlöst werden? Warum es stattdessen nicht immer und immer wieder genießen, immer und immer wieder kosten von der verbotenen Frucht, die da „Leben" heißt.

Die Antwort: Der Drang zum Vergänglichen bedeutet nach anfänglichem Glücksempfinden verstärktes Leiden mit und während jeder neuen Reinkarnation, da es uns, getrieben von wachsendem Verlangen, immer tiefer in die Materialität zieht und damit immer weiter weg vom unsterblichen Selbst in uns. Der Drang zum Ewigen hingegen bedeutet Erlösung und Unsterblichkeit in NIRVĀṆA. Was ist erstrebenswerter? Der Leser mag für sich selbst entscheiden. Wenn du alles abgelegt hast, was du nicht bist, wird dein wahres Selbst erstrahlen. Dieses wahre Selbst zu finden, ist der Sinn des Lebens. Es hat keine Form, und sei sie noch so ätherisch.

Es ist das, was sich der Form anhängt, ihr anhaftet, durch die Form wahrnimmt und empfindet und sich schließlich von der Form befreit. Erst ist es Verlangen, dann Verlangenslosigkeit. VERLANGEN hält die Atome und Moleküle zusammen. Die an Schulen und Universitäten gelehrte physische Energie ist nur Wirkung, aber niemals die Ursache.

Der Tag wird kommen, an dem dieses Buch und **DAS BUCH DES LICHTS** regieren werden, und dann werden die Menschen verstehen, dass Gut und Böse gar nicht existieren, sondern dass da nur eines wahr, ist und sein wird, und das ist BEDINGUNGSLOSE LIEBE, der Stoff, aus dem die Wahrheit ist. AUM.

MONADOLOGIE
oder
ESOTERISCHE BIOLOGIE

Monaden sind Verlangenseinheiten, die sich bei jeder Geburt neu um eine Hauptverlangenseinheit herum gruppieren, entsprechend dem Verlangensgrad der Hauptverlangenseinheit oder Monade, und dadurch alle sieben Körper des Menschen bilden bzw. verursachen. Die Monade ist das Selbst, im unerlösten Menschen behaftet mit dem Drang nach Leben, im erlösten Menschen befreit davon. Man muss dazu wissen, dass im Herzen bzw. Zentrum eines jeden Atoms eine Monade ruht, deren Verlangenszustand eben dieses Atom ist. Da jeder Verlangenszustand graduell verschieden ist, gleicht kein Atom dem anderen, sind darum auch alle Zellen verschieden. Aus diesem Grunde gibt es auch so viele verschiedene Arten unter den Lebewesen. Die Zellen unseres Körpers selbst sind ebenfalls etwa alle sieben Jahre neu, die Monade selbst ist jedoch dieselbe. Mit anderen Worten, der Verlangenszustand der Monade verändert sich.

So besteht also jedes Lebewesen aus Milliarden von Monaden bzw. das erkennbare Wesen IST der Verlangenszustand. Die Verlangenszustände der Monaden empfinden sich gegenseitig als Materie. Beispiel: Ein Engel im Himmel empfindet den anderen Engel als Materie, würde ein Erdenwesen aber gar nicht wahrnehmen, sowenig wie wir, mit Ausnahmen, einen Engel wahrnehmen würden.

Der Körper stirbt auf Erden UND im Himmel, wenn der Verlangenszustand der den Körper zusammensetzenden Monaden beendet ist. Darauf hat nun die Hauptmonade selbst gar keinen oder sehr wenig Einfluss, da die Untermonaden ja ein Eigenleben und Eigenmomentum haben und zur Hauptmonade nur gezogen wurden durch den gleichgearteten Verlangenszustand (Wahlverwandtschaft), der es ihnen erst ermöglicht, ihren eigenen Verlangenszustand auszuleben. Für diese Untermonaden oder für die Atome, Moleküle und Zellen unseres Körpers sind wir darum Gott, weil wir (die Hauptmonade) es diesen Untermonaden überhaupt erst ermöglichen, ihren Verlangenszustand auszuleben, aber eben nicht solange sie wollen und schon gar nicht solange wie wir es wollen. Schwarzmagische Versuche der Lebensverlängerung bilden hier die Ausnahme, doch auch da muss man schließlich feststellen, dass der Tod am Ende Sieger bleibt. Paradoxerweise lebt das Wesen mit dem geringsten Verlangenszustand am längsten, auf Erden wie im Himmel.

Worin liegt nun der Grund dafür, dass die Monaden immer wieder nach dem Leben drängen, wenn sie doch wissen, dass am Ende der Reise immer wieder der Tod wartet? Die Antwort ist: Sie wissen es eben nicht oder WOLLEN es nicht wissen. Der Grund für den ständig aufs neue erwachenden Lebensdrang der Monaden liegt in der Unwissenheit der Untermonaden und in unserer eigenen, der Hauptmonade. Wir sind in Unwissenheit vereint. Und was ist diese Unwissenheit oder anders gefragt: Was ist das RECHTE Wissen? Nun, es ist ein einfacher Lehrsatz, den eigentlich jedes Kind begreifen sollte, es aber nicht kann, weil er an unseren Schulen und Universitäten gar nicht gelehrt wird.

Der Lehrsatz lautet:

WAS ENTSTANDEN IST, MUSS AUCH WIEDER VERGEHEN!

Dem kann man einen zweiten Lehrsatz anheften: ALLES ALS VERGÄNGLICH ERKENNBARE IST LEIDVOLL und einen dritten: WER DAS EWIGE WILL, MUSS SICH VON ALLEM VERGÄNGLICHEN LÖSEN.

Wer aber das Vergängliche trotz allem immer und immer, Leben für Leben will, der soll nur Gutes tun, damit auch ihm nur Gutes widerfährt. OM. So einfach ist das, doch kaum einer will es hören und noch weniger danach leben. Zu schön ist das goldene Kalb des Lebens, um das man doch so gerne tanzt, um es solange wie möglich zu genießen.

Zurück zu den Verlangenseinheiten oder Monaden, aus denen JEDE Erscheinung, sei sie nun im Himmel, auf Erden oder in der Hölle, zusammengesetzt ist. Im Augenblick des Todes endet das Verlangensmomentum aller unserer Verlangenseinheiten oder Monaden und wir erfahren, wie wir buchstäblich um uns herum zerfallen bzw. auseinanderfallen. Die Verlangenseinheiten ziehen sich erschöpft von der Periode ihrer Aktivität und Manifestation zurück auf dem ihnen entsprechenden monadischen Plan, wo sie ruhen. Wir selbst, die Hauptmonade, ruhen auch auf unserem entsprechenden Plan.

Der Vorgang der neuen Geburt oder Wiedergeburt ist nun folgendermaßen zu erklären: Nach einer gewissen Periode der Ruhe erwacht in allen Monaden, und zwar in hierarchischer Ordnung, wieder das Verlangen nach Leben. Oder: Die Verlangenseinheiten machen dort weiter, wo sie vor der Periode der Ruhe aufgehört hatten. Aufs Neue wird ein dem Verlangenszustand aller Wesenheiten entsprechender Keim ergriffen, z. B. in einem weiblichen Schoß nach der Befruchtung, und wieder entwickelt sich das Wesen von innen nach außen, die verschiedenen Organe entwickelnd, die seinem Verlangenszustand entsprechen. Dass dieser Verlangenszustand in einem geschlechtslosen Himmel unter Engeln anders ist als in der physischen Welt oder gar in einer Geister- und Höllenwelt, das versteht sich von selbst.

Es bleibt der Phantasie des Lesers überlassen sich vorzustellen, welcher Art die organischen Anordnungen in diesen verschiedenen Welten und Körpern sind. Im Falle der Geburt eines Menschen in der heutigen Zeit ist es so, dass sich, wie bereits erwähnt, alle Verlangenseinheiten oder Monaden jedes Mal neu um einen ihrem Verlangenszustand entsprechenden Keim herum gruppieren und sich wieder als neues menschliches Wesen in der den Biologen bekannten Form und Reihenfolge im Mutterleib und außerhalb davon entwickeln. Der detaillierte esoterische UND exoterische Vorgang der Wiedergeburt, aber auch der Geburt per se wird im **BUCH DES LICHTS** beschrieben. Die Biologen und Wissenschaftler von heute kennen jedoch nur den exoterischen oder äußeren Vorgang. Was ihnen noch völlig unbekannt ist, ist die MONADISCHE Aktivität, also was dem sichtbaren Ablauf vorausgeht. Man muss halt jenseits der Beschränkung der Sinne gehen, um so etwas zu verstehen. Eine VOLLSTÄNDIGE Wissenschaft wäre also eine solche, die die Schulwissenschaft UND die Esoterische Wissenschaft vereint. BEIDE sollten dann diese Welt mit allem darin, bis hin zu den höchsten Himmeln, als das beschreiben und lehren, was sie wirklich ist, nämlich eine vergängliche Zwischenstation zu **NIRVĀṆA**, dem sicheren Hort und Urgrund aller Wesen. Der sicherste und schnellste Weg des Lernens vollzieht sich also während des Loslösungsvorganges von allen erkennbaren und darum vergänglichen illusionären Erscheinungen, den eigenen Körper, die Gefühle, das Denken, die Seele und sogar den Geist eingeschlossen.

Oh Lanoo, NIRVĀṆA ist nur dann der Sinn deines Lebens, wenn du ihn dazu machst. OM.

DER KUṆḌALINĪ-DRUCK IN KINDERN

„Kuṇḍalinī" कुण्डलिनी bedeutet „kreisförmig", „spiral" und ist eine ätherische Kraft, die ihren Sitz am unteren Ende der Wirbelsäule hat. Wenn erweckt und nach unten gerichtet, erzeugt diese Kraft extremen sexuellen Drang und auch Aggression. Wenn es gelingt, durch enthaltsames, sittenreines Leben, esoterisches Studium und Seelenatem-Meditation diese Kraft nach oben in die höheren Chakren zu lenken, dann berührt sie unter anderem die Herzchakra und erweckt bedingungslose Liebe und Mitleid für alles, was lebt und leidet.

Woher kommt es nun, dass unsere Kinder so unkonzentriert, gewalttätig, selbstsüchtig, ja süchtig überhaupt sind nach Essen, Trinken, Unterhaltung, nach Gewalt und nach SEX? Der Grund ist hier wie auch sonst: Karma und der Kuṇḍalinī-Druck. Um das zu verstehen, muss man wissen, dass es gar keine Kinder gibt. Es gibt nur reinkarnierende Erwachsene, die ihr neues Leben als Kind beginnen mit all den, oft schlechten Veranlagungen des vergangenen Lebens. Da beim Reinkarnationsvorgang der astrale und niedermentale Körper sich zuerst im befruchteten Schoß verankert, manifestiert sich das Niedere zuerst in der Wesenheit und das höhere Denken kommt später, weshalb wir ja auch jemanden für „volljährig" erklären, womit wir in der Regel meinen, dass solch ein Mensch nun im Vollbewusstsein seines Denkens ist. Wenn wir allerdings diesen Maßstab anlegen, dann kann man wirklich sagen, dass die Welt heute noch voller Kinder ist und von Kindern regiert wird. Doch zurück zu den Kindern an Alter und Größe. Solch ein Junge oder Mädchen ist oft geboren mit einer niederen Kuṇḍalinī, also mit einem stark nach unten gerichteten Kuṇḍalinī-Druck, als Fortsetzung vom vergangenen Leben. Freud nannte es Libido oder Geschlechtskraft. Dieser nach unten gerichtete Druck ist in Kindern, speziell beim Eintritt der Pubertät, sehr mächtig, ja DRÄNGEND. Die meisten Kinder sind diesem nach unten gerichteten Kuṇḍalinī-Druck hilflos ausgeliefert und haben keine andere Wahl, als ihm nachzugeben, sei es durch Masturbation oder sexuelle Aktivität mit anderen Kindern oder Erwachsenen. Oft erzeugt der Kuṇḍalinī-Druck auch Jähzorn oder Gewalt in der Wesenheit. Anstatt nun das Kind in beruhigender Weise zu beeinflussen und zu leiten, tut speziell die Unterhaltungsindustrie alles nur Erdenkliche, um dieses zerstörerische, weil nach unten gerichtete Kuṇḍalinī-Feuer noch zu schüren und mit Rock-, Punk-, Disco- und Popmusik und Texten und mit Horror- und Gewaltfilmen am Leben zu erhalten. Auf diese Weise erzeugen sie immer mehr Aggression und Sexsucht im Kind. Karma wird sich auch um diese dafür verantwortlichen Herrschaften kümmern.

Wie kann man nun den Kuṇḍalinī-Druck im Kind verringern, ausgleichen und nach oben transformieren? Wie kann man ein gewalttätiges Kind in ein friedliches Kind verwandeln? Ohne esoterisches Wissen ist das, auch beim besten Willen, fast unmöglich. Wer jedoch das esoterische Wissen hat und **weiß**, was ein „Kind“ wirklich ist, der wird, gewappnet mit diesem Verständnis, das junge Wesen behutsam dem esoterischen Wissen und so früh wie möglich der Seelenatem-Meditation zuführen und sein Denken ruhig stellen. Auf diese Weise wird die Wesenheit bereits in jungen Jahren erfahren, dass alles Wissen IN IHM ist und nirgendwo draußen in der Welt. Dann kann die Welt mit ihren Manipulationen und Versuchungen ihm nichts mehr anhaben, nichts mehr antun. AUM.

Entschuldigen Sie bitte, wo geht es hier zur NIRVĀṆA-Straße?

Nehmen wir einmal an, lieber Leser, du wohnst erst neu in einer Stadt und findest nicht zurück zu deiner Wohnung, deiner Straße, kannst dich nicht erinnern. So fragst du jemanden: „Entschuldigen Sie, wo geht es hier zur soundso Straße?“ Die Person antwortet: „Weiß ich nicht, aber da du schon mal hier bist, kannst du gleich meinen Wagen waschen.“ Würde dir das gefallen, lieber Leser? Ich denke doch nicht. Du willst ja nach Hause. Was hast du denn mit dem seinen Wagen zu schaffen? Den kann und soll er doch selber waschen. ER hat sich diesen Wagen ja gekauft, dann soll ER sich auch darum kümmern. ER wohnt hier, es ist also SEIN Problem, seine Entscheidung, nicht die deine. In derselben Situation befindet sich aber jedes Neugeborene. Es hat sich eigentlich verirrt. Es gehört gar nicht hierher, es gehört nach NIRVĀṆA. Aber niemand oder fast niemand sagt es ihm. Niemand weist ihm den Weg. Im Gegenteil, die Gesellschaft, in die er hineingeboren wird, sagt ihm: „Da du nun schon einmal hier bist, dann lebe auch nach unseren Regeln, ergreife einen Beruf, habe Frau, Kinder, einen Hund und frag nicht soviel. Wenn du stirbst, ist alles vorbei bzw. dann kommst du entweder in den Himmel oder in die Hölle, und zwar für immer.“ So, das sind deine Instruktionen „und nun kämpft mal schön“, wie Adenauer einst so scherzhaft und doch zugleich auch so tiefsinnig sagte. Und das Kind, weil es ja nichts anderes kennt, folgt diesen Instruktionen, bis schließlich, hoffentlich und endlich jemand kommt, es bei der Hand nimmt und ihm sagt: „Du hast dich nur verirrt, du gehörst gar nicht hierher. Komm, ich zeige dir den Weg zurück nach Hause, zu NIRVĀṆA.“ Ein solcher Lehrer war der Buddha, und wir sind mehr als gut beraten, seinen Anweisungen zu folgen. Der Grund, weshalb sich nach Äonen NIRVĀṆA selbst, der eine und einzige wahre Gott, offenbart und dir den Weg durch seinen Propheten Lanoo weist, ist der, dass die Menschheit auch die Lehren des Buddha missinterpretiert, gefälscht und missverstanden hat. Darum hat sich zur Mitte der gegenwärtigen Weltenperiode der eine und einzige

Gott in das Bewusstsein eines seiner Geringsten gesenkt und ihm noch einmal und unmissverständlich offenbart, was einer seiner Höchsten, der Buddha, **sich aus eigenem Antriebe erkämpft hatte: NIRVĀṆA.** AUM.

Bewusst ohne Bewusstsein sein

NIRVĀṆA oder die Aufhebung aller Wahrnehmung und Empfindung ist ein unerhörter und in der Tat unvorstellbarer Vorgang und Zustand, der den meisten Menschen unerreichbar erscheint, obwohl etwas in ihnen sagen mag: DAS IST ES! Ebendarum ist es notwendig, sich diesem höchsten Seinszustand nicht nur in der Meditation, sondern auch durch rechtes Denken zu nähern und ihn von allen Seiten zu betrachten, damit man es nicht als ein ewig unerreichbares Ziel ansehe und sich davon ab- und wieder der Welt zuwende. Sehen wir doch, was Gautama Buddha im Gespräch mit Poṭṭhapādo über diese SPITZE der Wahrnehmung sagt. Denn die Frage, die auch mir von vielen gestellt wird, ist: „Wie kann denn während der Meditation bei der Wahrnehmung das Schwinden zustande kommen und ich immer noch da sein und gar davon wissen?“ Ich zitiere aus der Längeren Sammlung, erster Teil, neunte Rede.

Poṭṭhapādo fragt den Buddha:

»„‘Wie doch nur kommt wohl bei der Wahrnehmung das Schwinden zustande?’ Da haben denn einige gesagt: ‘Ohne Anlass, ohne Grund gehn dem Menschen Wahrnehmungen auf und gehn unter; zu einer Zeit wo Wahrnehmungen aufgehn nimmt man wahr, zu einer Zeit wo Wahrnehmungen untergehn nimmt man nicht wahr.’ So haben einige das Schwinden bei der Wahrnehmung erklärt. Darauf hat ein anderer gesagt: ‘Das scheint mir doch, mein Lieber, nicht eben so zu sein: denn die Wahrnehmung ist ja des Menschen Seele, und diese steigt auf und steigt ab; zu einer Zeit wo sie aufsteigt nimmt man wahr, zu einer Zeit wo sie absteigt nimmt man nicht wahr.’ So haben andere das Schwinden bei der Wahrnehmung erklärt. Dann wieder hat einer gesagt: ‘Nicht doch, mein Lieber, scheint mir dies der Fall zu sein; es gibt ja wohl Asketen und Priester von großer Macht, großer Gewalt, die können da dem Menschen Wahrnehmung aufdrängen und abdrängen; zu einer Zeit wo sie aufdrängen nimmt man wahr; zu einer Zeit wo sie abdrängen nimmt man nicht wahr.’ So haben dann andere das Schwinden bei der Wahrnehmung erklärt. Darauf hat wieder einer gesagt: ‘Doch wohl nicht also, mein Lieber, will es mir scheinen: denn es gibt ja Geister von großer Macht, großer Gewalt, die können da dem Menschen Wahrnehmung aufdrängen und abdrängen; zu einer Zeit wo sie aufdrängen nimmt man wahr, zu einer Zeit wo sie abdrängen nimmt man nicht wahr.’ So haben wieder andere das Schwinden bei der Wahrnehmung erklärt. Da ist mir, o Herr, eben an den Erhabenen die Erinnerung aufgestiegen: ‘Ja der Erhabene, ja der Willkommene, der wird gewiss dieser Dinge kundig sein!’ Der Erhabene, o Herr, kennt das, der Erhabene weiß den Hergang beim Schwinden der Wahrnehmung: wie kommt nun, o Herr, bei der Wahrnehmung das Schwinden zustande?“

„Wenn da, Poṭṭhapādo, jene Asketen und Priester dort also gesprochen haben: 'Ohne Anlass, ohne Grund gehn dem Menschen Wahrnehmungen auf und gehn unter', so war es eben von Anfang an bei ihnen verfehlt: und warum das? Weil ja, Poṭṭhapādo, aus einem Anlass, einem Grunde dem Menschen Wahrnehmungen aufgehn und untergehn: durch Übung geht die eine Wahrnehmung auf, und durch Übung geht die andere Wahrnehmung unter. Was ist nun Übung?" sagte der Erhabene.

„Da erscheint, Poṭṭhapādo, der Vollendete in der Welt, der Heilige, vollkommen Erwachte, der Wissens- und Wandelsbewährte, der Willkommene, der Welt Kenner, der unvergleichliche Leiter der Männerherde, der Meister der Götter und Menschen, der Erwachte, der Erhabene. Er zeigt diese Welt mit ihren Göttern, ihren bösen und heiligen Geistern, mit ihrer Schar von Priestern und Büßern, Göttern und Menschen, nachdem er sie selbst verstanden und durchdrungen hat. Er verkündet die Lehre, deren Anfang begütigt, deren Mitte begütigt, deren Ende begütigt, die sinn- und wortgetreue, er legt das vollkommen geläuterte, geklärte Asketentum dar. - Diese Lehre hört ein Hausvater, oder der Sohn eines Hausvaters, oder einer, der in anderem Stande neugeboren ward. Nachdem er diese Lehre gehört hat, fasst er Vertrauen zum Vollendeten. Von diesem Vertrauen erfüllt denkt und überlegt er also: 'Ein Gefängnis ist die Häuslichkeit, ein Schmutzwinkel; der freie Himmelsraum die Pilgerschaft. Nicht wohl geht es, wenn man im Hause bleibt, das völlig geläuterte, völlig geklärte Asketentum Punkt für Punkt zu erfüllen. Wie, wenn ich nun mit geschorenem Haar und Barte, mit fahlem Gewande bekleidet, aus dem Hause in die Hauslosigkeit hinauszöge?' So gibt er denn später einen kleinen Besitz oder einen großen Besitz auf, hat einen kleinen Verwandtenkreis oder einen großen Verwandtenkreis verlassen und ist mit geschorenem Haar und Barte, im fahlen Gewande von Hause fort in die Hauslosigkeit gezogen. - Also Pilger geworden bleibt er in reiner Zucht richtig gezügelt, lauter im Handel und Wandel: vor geringstem Fehl auf der Hut kämpft er beharrlich weiter, Schritt um Schritt; in Taten und Worten heilsam beflissen lebt er rein, ist tüchtig in Tugend, hütet die Tore der Sinne, gewappnet mit klarem Bewusstsein, zufrieden. - Treu der heiligen Tugendsatzung, treu der heiligen Sinnenzügelung, treu der heiligen klaren Einsicht, treu der heiligen Zufriedenheit sucht er einen abgelegenen Ruheplatz auf, einen Hain, den Fuß eines Baumes, eine Felsengrotte, eine Bergesgruft, einen Friedhof, die Waldesmitte, ein Streulager in der offenen Ebene. Nach dem Mahle, wenn er vom Almosengange zurückgekehrt ist, setzt er sich mit verschränkten Beinen nieder, den Körper gerade aufgerichtet, und pflegt der Einsicht. Er hat weltliche Begierde verworfen und verweilt begierdelosen Gemütes, von Begierde läutert er sein Herz. Gehässigkeit hat er verworfen, hasslosen Gemütes verweilt er, voll Liebe und Mitleid zu allen lebenden Wesen läutert er sein Herz von Gehässigkeit. Matte Müde hat er verworfen, von matter Müde ist er frei; das Licht liebend, einsichtig, klar bewusst läutert er sein Herz von matter Müde. Stolzen Unmut hat er verworfen, er ist frei von Stolz; innig beruhigten Gemütes läutert er sein Herz von stolzem Unmut. Das Schwanken hat er verworfen, der Ungewissheit ist er entronnen; er zweifelt nicht am Guten, vom Schwanken läutert er sein Herz. Während er so diese fünf Hemmungen in sich aufgehoben erkennt, wird er freudig bewegt. Freudig bewegt wird er heiter. Heiteren Herzens wird der Körper beschwichtigt. Körperbeschwichtigt fühlt er sich wohl. Sich wohl fühlend wird sein Geist einig. So gewinnt er, gar fern von Begierden, fern von unheilsamen Dingen, in sinnend gedenkender ruhegeborener seliger Heiligkeit, die Weihe der ersten Schauung. Dem geht nun was er früher als Lust wahrgenommen unter: ruhegeborene selig heitere zart empfundene Wahrheit entwickelt sich da, ruhegeborene selig heitere zart empfundene Wahrheit nimmt er eben da wahr. So kann durch Übung die eine Wahrnehmung aufgehn, durch Übung die andere Wahrnehmung untergehn. Das aber ist Übung", sagte der Erhabene.

„Weiter sodann, Poṭṭhapādo, erreicht der Mönch nach Vollendung des Sinnens und Gedenkens die innere Meeresstille, die Einheit des Gemütes, die von sinnen, von gedenken freie, in der Einigung geborene Heiterkeit die Weihe der zweiten Schauung. Dem geht nun was er früher als ruhegeborene selig heitere zart empfundene Wahrheit wahrgenommen unter: in der Einigung geborene selig heitere zart empfundene Wahrheit entwickelt sich da, in der Einigung geborene selig heitere zart empfundene Wahrheit nimmt er eben da wahr. So kann durch Übung die eine Wahrnehmung aufgehn, durch Übung die andere Wahrnehmung untergehn. Das aber ist Übung", sagte der Erhabene.

„Weiter sodann, Poṭṭhapādo, verweilt der Mönch in heiterer Ruhe, gleichmütig, einsichtig, klar bewusst, ein Glück empfindet er im Körper, von dem die Heiligen sagen: 'Der gleichmütig Einsichtige lebt beglückt'; so erwirkt er die Weihe der dritten Schauung. Dem geht nun was er früher als in der Einigung geborene selig heitere zart empfundene Wahrheit wahrgenommen unter: gleichmütig selig zart empfundene Wahrheit entwickelt sich da, gleichmütig selig zart empfundene Wahrheit nimmt er eben da wahr. So kann durch Übung die eine Wahrnehmung aufgehn, durch Übung die andere Wahrnehmung untergehn. Das aber ist Übung", sagte der Erhabene.

„Weiter sodann, Poṭṭhapādo, erwirkt der Mönch nach Verwerfung der Freuden und Leiden, nach Vernichtung des einstigen Frohsinns und Trübsinns, die leidlose, freudlose, gleichmütig einsichtige vollkommene Reine, die Weihe der vierten Schauung. Dem geht nun was er früher als gleichmütig selig zart empfundene Wahrheit wahrgenommen unter: leidlos freudlos zart empfundene Wahrheit entwickelt sich da, leidlos freudlos zart empfundene Wahrheit nimmt er eben da wahr. So kann durch Übung die eine Wahrnehmung aufgehn, durch Übung die andere Wahrnehmung untergehn. Das aber ist Übung", sagte der Erhabene.

„Weiter sodann, Poṭṭhapādo, gewinnt der Mönch nach völliger Überwindung der Formwahrnehmungen, Vernichtung der Gegenwahrnehmungen, Verwerfung der Vielheitwahrnehmungen in dem Gedanken 'Grenzenlos ist der Raum' das Reich des unbegrenzten Raumes. Dem geht nun was er früher als Form wahrgenommen unter: unbegrenzt als Raumsphäre zart empfundene Wahrheit entwickelt sich da, unbegrenzt als Raumsphäre zart empfundene Wahrheit nimmt er eben da wahr. So kann durch Übung die eine Wahrnehmung aufgehn, durch Übung die andere Wahrnehmung untergehn. Das aber ist Übung", sagte der Erhabene.

„Weiter sodann, Poṭṭhapādo, gewinnt der Mönch nach völliger Überwindung der unbegrenzten Raumsphäre in dem Gedanken 'Grenzenlos ist das Bewusstsein' das Reich des unbegrenzten Bewusstseins. Dem geht nun was er früher unbegrenzt als Raumsphäre zart empfundene Wahrheit wahrgenommen unter: unbegrenzt als

Bewusstseinsphäre zart empfundene Wahrheit entwickelt sich da, unbegrenzt als Bewusstseinsphäre zart empfundene Wahrheit nimmt er eben da wahr. So kann durch Übung die eine Wahrnehmung aufgehn, durch Übung die andere Wahrnehmung untergehn. Das aber ist Übung", sagte der Erhabene.

„Weiter sodann, Poṭṭhapādo, gewinnt der Mönch nach völliger Überwindung der unbegrenzten Bewusstseinsphäre in dem Gedanken 'Nichts ist da' das Reich des Nichtdaseins. Dem geht nun was er früher unbegrenzt als Bewusstseinsphäre zart empfundene Wahrheit wahrgenommen unter: als Nichtdaseinsphäre zart empfundene Wahrheit entwickelt sich da, als Nichtdaseinsphäre zart empfundene Wahrheit nimmt er eben da wahr. So kann durch Übung die eine Wahrnehmung aufgehn, durch Übung die andere Wahrnehmung untergehn. Das aber ist Übung", sagte der Erhabene.

„Sobald nun, Poṭṭhapādo, der Mönch da in sich wahrnimmt, kann er also immer weiter, immer weiter der Reihe nach bis an die Spitze der Wahrnehmung hinaufreichen. Steht er nun an der Spitze die Wahrnehmung, so sagt er sich: 'Gedanken dulden bekommt mir schlechter, keine Gedanken dulden bekommt mir besser; wenn ich nun eben weiter denken und unterscheiden wollte, würde mir diese Wahrnehmung untergehn und eine andere, gröbere Wahrnehmung aufgehn: wie, wenn ich also eben nicht mehr zu denken und nicht mehr zu unterscheiden versuchte?' So denkt er eben nicht mehr und unterscheidet nicht mehr. Weil er nicht mehr denkt und nicht mehr unterscheidet, geht auch diese Wahrnehmung unter und eine andere, gröbere Wahrnehmung geht nicht auf: so kommt ihn Entschwinden an. Auf solche Weise kann, Poṭṭhapādo, der Reihe nach bei der Wahrnehmung das Schwinden mit klarem Bewusstsein zustande kommen. - Was meinst du wohl, Poṭṭhapādo: hast du etwa schon vordem so davon, wie der Reihe nach bei der Wahrnehmung das Schwinden mit klarem Bewusstsein zustande kommt, einmal reden hören?"

„Das wohl nicht, o Herr! Darf ich denn, o Herr, des Erhabenen Rede so recht verstehn: 'Sobald nun, Poṭṭhapādo, der Mönch da in sich wahrnimmt, kann er also immer weiter, immer weiter der Reihe nach bis an die Spitze der Wahrnehmung hinaufreichen. Steht er nun an der Spitze der Wahrnehmung, so sagt er sich: 'Gedanken dulden bekommt mir schlechter, keine Gedanken dulden bekommt mir besser; wenn ich nun eben weiter denken und unterscheiden wollte, würde mir diese Wahrnehmung untergehn und eine andere, gröbere Wahrnehmung aufgehn: wie, wenn ich also eben nicht mehr zu denken und nicht mehr zu unterscheiden versuchte?' So denkt er eben nicht mehr und unterscheidet nicht mehr. Weil er nicht mehr denkt und nicht mehr unterscheidet, geht auch diese Wahrnehmung unter und eine andere, gröbere Wahrnehmung geht nicht auf: so kommt Entschwinden an. Auf solche Weise kann, Poṭṭhapādo, der Reihe nach bei der Wahrnehmung das Schwinden **mit klarem Bewusstsein zustande kommen.**'"«

Gibt es denn nun eine über NIRVĀṆA hinausreichende Erlösung? Und wie viele Stätten des bedingten Bewusstseins muss man überwinden, um das **absolute** Bewusstsein zu erlangen? Ich zitiere aus der Längeren Sammlung, zweiter Teil, zweite Rede:

„Sieben gibt es, Ānando, der Stätten des Bewusstseins, und zweierlei Bereiche. Was für sieben sind es? Es gibt, Ānando, Wesen verschieden an Körperart, verschieden an Denkart, als wie etwa Menschen, und mancherlei Himmlische und mancherlei Höllische. Das ist erste Stätte des Bewusstseins. Es gibt, Ānando, Wesen verschieden an Körperart, einig an Denkart, als wie etwa die Götter brāhmischer Kreise auf ihrem ersten Grade. Das ist zweite Stätte des Bewusstseins. Es gibt, Ānando, Wesen einig an Körperart, verschieden an Denkart, als wie etwa die Leuchtenden Götter. Das ist dritte Stätte des Bewusstseins. Es gibt, Ānando, Wesen einig an Körperart, einig an Denkart, als wie etwa die Strahlenden Götter. Das ist vierte Stätte des Bewusstseins. Es gibt, Ānando, Wesen, die nach völliger Überwindung der Formwahrnehmungen, Vernichtung der Gegenwahrnehmungen, Verwerfung der Vielheitwahrnehmungen in dem Gedanken 'Grenzenlos ist der Raum' das Reich des unbegrenzten Raumes erlangen. Das ist fünfte Stätte des Bewusstseins. Es gibt, Ānando, Wesen, die nach völliger Überwindung der unbegrenzten Raumsphäre in dem Gedanken 'Grenzenlos ist das Bewusstsein' das Reich des unbegrenzten Bewusstseins erlangen. Das ist sechste Stätte des Bewusstseins. Es gibt, Ānando, Wesen, die nach völliger Überwindung der unbegrenzten Bewusstseinsphäre in dem Gedanken 'Nichts ist da' das Reich des Nichtdaseins erlangen. Das ist siebente Stätte des Bewusstseins. Dann: unbewusster Wesen Bereich, und: weder bewusst noch unbewusst als zweiten Bereich."

„Was nun, Ānando, die erste Stätte des Bewusstseins betrifft, verschieden an Körperart, verschieden an Denkart, als wie etwa Menschen, und mancherlei Himmlische und mancherlei Höllische; wer da wohl, Ānando, diese bedenkt, und deren Beginn und deren Vergehn bedenkt, und deren Labsal und deren Elend und deren Überwindung bedenkt: kann sich der etwa daran gehörig erfreuen?"

„Gewiss nicht, o Herr."

„Was nun, Ānando, die zweite Stätte des Bewusstseins betrifft, verschieden an Körperart, einig an Denkart, als wie etwa die Götter brāhmischer Kreise auf ihrem ersten Grade; wer da wohl, Ānando, diese bedenkt, und deren Beginn und deren Vergehn bedenkt, und deren Labsal und deren Elend und deren Überwindung bedenkt: kann sich der etwa daran gehörig erfreuen?"

„Gewiss nicht, o Herr."

„Was nun, Ānando, die dritte Stätte des Bewusstseins betrifft, einig an Körperart, verschieden an Denkart, als wie etwa die Leuchtenden Götter; wer da wohl, Ānando, diese bedenkt, und deren Beginn und deren Vergehn bedenkt, und deren Labsal und deren Elend und deren Überwindung bedenkt: kann sich der etwa daran gehörig erfreuen?"

„Gewiss nicht, o Herr."

„Was nun, Ānando, die vierte Stätte des Bewusstseins betrifft, einig an Körperart, einig an Denkart, als wie etwa die Strahlenden Götter; wer da wohl, Ānando, diese bedenkt, und deren Beginn und deren Vergehn bedenkt, und deren Labsal und deren Elend und deren Überwindung bedenkt: kann sich der etwa daran gehörig erfreuen?"

„Gewiss nicht, o Herr."

„Was nun, Ānando, die fünfte Stätte des Bewusstseins betrifft, wo man nach völliger Überwindung der Formwahrnehmungen, Vernichtung der Gegenwahrnehmungen, Verwerfung der Vielheitwahrnehmungen in dem Gedanken 'Grenzenlos ist der Raum' das Reich des unbegrenzten Raumes erlangt; wer da wohl, Ānando, diese bedenkt, und deren Beginn und deren Vergehn bedenkt, und deren Labsal und deren Elend und deren Überwindung bedenkt: kann sich der etwa daran gehörig erfreuen?"

„Gewiss nicht, o Herr."

„Was nun, Ānando, die sechste Stätte des Bewusstseins betrifft, wo man nach völliger Überwindung der unbegrenzten Raumsphäre in dem Gedanken 'Grenzenlos ist das Bewusstsein' das Reich des unbegrenzten Bewusstseins erlangt; wer da wohl, Ānando, diese bedenkt, und deren Beginn und deren Vergehn bedenkt, und deren Labsal und deren Elend und deren Überwindung bedenkt: kann sich der etwa daran gehörig erfreuen?"

„Gewiss nicht, o Herr."

„Was nun, Ānando, die siebente Stätte des Bewusstseins betrifft, wo man nach völliger Überwindung der unbegrenzten Bewusstseinsphäre in dem Gedanken 'Nichts ist da' das Reich des Nichtdaseins erlangt; wer da wohl, Ānando, diese bedenkt, und deren Beginn und deren Vergehn bedenkt, und deren Labsal und deren Elend und deren Überwindung bedenkt: kann sich der etwa daran gehörig erfreuen?"

„Gewiss nicht, o Herr."

„Was nun, Ānando, den Bereich unbewusster Wesen betrifft; wer da wohl, Ānando, diesen bedenkt, und dessen Beginn und dessen Vergehn bedenkt, und dessen Labsal und dessen Elend und dessen Überwindung bedenkt: kann sich der etwa daran gehörig erfreuen?"

„Gewiss nicht, o Herr."

„Was nun, Ānando, den Bereich weder bewusst noch unbewusst betrifft; wer da wohl, Ānando, diesen bedenkt, und dessen Beginn und dessen Vergehn bedenkt, und dessen Labsal und dessen Elend und dessen Überwindung bedenkt: kann sich der etwa daran gehörig erfreuen?"

„Gewiss nicht, o Herr."

„Sofern nun, Ānando, ein Mönch bei diesen sieben Stätten des Bewusstseins und bei diesen zwei Bereichen Beginn und Vergehn, Labsal und Elend und Überwindung der Wahrheit gemäß verstanden hat und ohne anzuhangen erlöst ist, so wird, Ānando, ein solcher Mönch in Weisheit erlöst genannt." –

„Acht gibt es, Ānando, der Freiungen: und was für acht? Formhaft ist er und sieht die Formen: das ist die erste Freiung. Innen ohne Formwahrnehmung sieht er außen Formen: das ist die zweite Freiung. Schönheit nur hat er im Sinne: das ist die dritte Freiung. Durch völlige Überwindung der Formwahrnehmungen, Vernichtung der Gegenwahrnehmungen, Verwerfung der Vielheitwahrnehmungen gewinnt er in dem Gedanken 'Grenzenlos ist der Raum' das Reich des unbegrenzten Raumes: das ist die vierte Freiung. Nach völliger Überwindung der unbegrenzten Raumsphäre gewinnt er in dem Gedanken 'Grenzenlos ist das Bewusstsein' das Reich des unbegrenzten Bewusstseins: das ist die fünfte Freiung. Nach völliger Überwindung der unbegrenzten Bewusstseinsphäre gewinnt er in dem Gedanken 'Nichts ist da' das Reich des Nichtdaseins: das ist die sechste Freiung. Nach völliger Überwindung der

Nichtdaseinsphäre erreicht er die Grenzscheide möglicher Wahrnehmung: das ist die siebente Freiung. Nach völliger Überwindung der Grenzscheide möglicher Wahrnehmung erreicht er die Auflösung der Wahrnehmbarkeit: das ist die achte Freiung. Das sind, Ānando, die acht Freiungen."

„Sofern nun, Ānando, ein Mönch diese acht Freiungen so nach oben hin beschreiten kann als nach unten zurück beschreiten kann, so nach oben hin als nach unten zurück beschreiten kann, wie er will und wo er will und so lange er will beschreiten kann und verlassen kann, und durch die Wahnversiegung die wahnlose Gemüterlösung, Weisheiterlösung schon bei Lebzeiten sich offenbar gemacht, verwirklicht und errungen hat: so wird, Ānando, ein solcher Mönch von beiden Seiten erlöst genannt. Eine andere aber, Ānando, als diese Erlösung von beiden Seiten, die darüber hinausreichte oder erlesener wäre, gibt es nicht."

Studium und Meditation müssen also parallel einhergehen, falls man auch nur eine AHNUNG von NIRVĀṆA schon in diesem Leben erlangen will.

WICHTIG: BUDDHA UND BEDH

Es ist für mich von großer Wichtigkeit, dass der Leser eines versteht. Mir geht es in diesem Buch nicht darum, etwas Neues zu erfinden, sondern das Alte, Wertvolle, Verlorengegangene der Buddha-Lehre wieder zum Leben zu erwecken. Ich habe keinerlei Ehrgeiz, mit einer eigenen Philosophie zu glänzen. Die des Buddha genügt mir vollkommen. Da würde meine immer nur die zweite sein. Darum habe ich auch keine Probleme damit, andere große Denker zu zitieren, die ebenfalls die WAHRE Lehre des Buddha verkünden, aber heute vielleicht in Vergessenheit geraten sind, verschlungen vom Mahāyāna-Monster, wenn ich das mal so drastisch formulieren darf. Worum geht es denn im HĪNAYĀNA-Buddhismus? Um die Erlangung des höchsten Zustandes, der Aufhebung aller Wahrnehmung und Empfindung, aber doch nicht der Aufhebung oder Zerstörung der Wesenheit selbst. Nichts anderes als diesen Auf- oder Loslösungsprozess hat der Buddha gelehrt und auf nichts anderes möchte ich den Leser immer und immer wieder hinweisen. Und wann immer ich auf Literatur stoße, die diesen Loslösungsprozess, weg von der Welt und sogar von den höchsten Himmeln, beschreibt, dann ergreife ich die Gelegenheit, diese Literatur zu zitieren, um so dem Leser auch von einer anderen als meiner oder gar Buddhas Seite die Notwendigkeit, aber auch Realität eines solchen Pfades zu verdeutlichen. Sehen wir also, was der große Professor Dr. Hermann Bedh schreibt über die Loslösungsstufen des Buddha während seiner Meditation unter dem Rosenapfelbaum und wie er die Götter selbst erkannte UND auch deren vergängliche Natur ...

Prof. Dr. Hermann Bedh schreibt in

BUDDHISMUS
Buddha und seine Lehre

„Der buddhistische Pfad erstrebt die Vernichtung des Saṃskāra (karmisches Ergebnis von Handlungen, erzeugt durch falsches Verständnis des Lebens). Der technische Ausdruck für die Vernichtung des Saṃskāra ist nirodha. Der Weg zur Erreichung des Zieles führt im Buddhismus durch eine Stufenleiter von Bewusstseinszuständen (vinnanatthitiyo Ang. IV, S. 39), die über die vierte (hier in 5 geteilte) Meditationsstufe hinausliegen. Es sind jene im Mahaparinibbānasutta erwähnten, durch welche der Buddha vor seinem Eingehen ins Parinibbāna der Reihe nach hindurchgeht. Auf das 4. Dhyana folgt zunächst die Erhebung zur 'Sphäre der Unendlichkeit des Raumäthers' (akasanancayatana), dann die Erhebung zur Sphäre der 'Unendlichkeit des geistigen Bewusstseins' (vinnanancayatana), die nächste Stufe heißt die Erhebung zur 'Sphäre des Nichts' (akincannayatana), ihr folgt die Erhebung zur 'Sphäre jenseits von Bewusst und Nichtbewusst' (nevasaññānāsaññāyatana). Die darauf folgende letzte Stufe, die der Jünger zur Erreichung des höchsten im irdischen Körper erreichbaren Ziels führt, heißt saññāvedayitanirodha 'die (durch den Willen bewirkte) Auflösung von Wahrnehmungsbewusstsein (sañña) und Empfindung' oder 'Auflösung' schlechthin. [Doch die Auflösung von allem ANATTĀ, also von allem NICHT-Selbst ist hier gemeint. DAS SELBST ist immer noch, nur jetzt frei von allem NICHT-Selbst. Wenn Auflösung die Auflösung der Wesenheit selbst bedeuten würde, dann wäre ja dies ein ärmliches Ziel und der Buddhismus eine ärmliche, törichte Lehre. Doch genau einen solchen Eindruck vermittelt der Mahāyāna-Buddhismus und allen voran der Dalai Lama, wenn sie erklären, es gäbe kein Selbst. Dann ist die Wesenheit also die Skandhas und deren Auflösung die Auflösung der Wesenheit? Macht keinen Sinn, beleidigt die Intelligenz des Suchenden UND es beleidigt den Buddha. OM. Lanoo. Das nun Folgende bitte drei Mal durchlesen, lieber Leser.] So erhebt sich der Meditierende von Stufe zu Stufe zu immer höheren Bewusstseinszuständen. Den Ausdruck samapatti ('Erlangung, Erlangen einer Vollkommenheit') im Sinne einer Meditationsstufe kennt auch das Yoga-sutra, dessen wesentliches Merkmal es ist, dass er nicht, wie die Philosophie und alles sonstige menschliche Erkenntnisstreben [Kunst, Kultur, Politik, Wissenschaft und Religion etc. Lanoo] innerhalb des gegebenen Bewusstseinszustandes verweilen [oder ihm anhaften. Lanoo] und unter Zuhilfenahme der in ihm möglichen Erfahrungen und Vernunftschlüsse zu Erkenntnissen aufsteigen will, sondern, dass er gerade den gegebenen Bewusstseinszustand zu ÜBERSCHREITEN [bzw. sich von ihm zu lösen. Lanoo] trachtet. [Lieber Leser, verblasst da nicht sogar die Kreativität aller Mozarts und Beethovens zu Nichts? Verblasst dagegen nicht die Erkenntnisfähigkeit aller Einsteins und Newtons zu NULL? Was die sich mühsam zusammendenken müssen, das ERLEBT der sich LÖSENDE selbst und ist somit jedem weltlichen Genie um Meilen voraus und überlegen. OM. Noch etwas: Terroristen aller Schattierungen rühmen sich, heldenhaft und radikal zu sein, weil sie gegen die bestehenden Gesellschaftsordnungen ankämpfen. Nun, der größte Held und radikalste Rebell ist der, welcher die Lehre des Buddha LEBT. Dazu braucht er nicht ein Quäntchen Gewalt anwenden. Er muss sich nur von ALLEM lösen. Lanoo.]

Weil die Erreichung jeder höheren Bewusstseinsstufe die Überwindung der vorausgehenden in der Weise zur Voraussetzung hat, dass alles, was den Inhalt jeder früheren Bewusstseinsstufe bildete, als nicht mehr vorhanden, als wesenlos empfunden wird, werden die einzelnen Stufen auch als Stufen der Lösung oder Loslösung (vimokha) bezeichnet. Als solche begegnen sie uns auch im Mahaparinibbānasutta. Der Erhebung zur 'Sphäre der Unendlichkeit des Raumäthers' gehen hier drei Stufen voraus, bei denen noch ein Schauen von Formen- oder Farbenerscheinungen vorhanden ist, auf der dritten Stufe ist der Meditierende ganz der Betrachtung der Schönheit dieser Erscheinungen hingegeben (subham adhimutto). Bei dem Schauen von Farbenerscheinungen kann das Bewusstsein des Meditierenden eine ganze Farbenskala durchlaufen; so ergeben sich dann die 'acht Stufen des Überwindens' (abhibhayatanani). Es handelt sich hier durchweg um ein Schauen übersinnlicher Erscheinungen, die sich im Zusammenhang mit dem als Ausgangspunkt der Meditation gewählten Gegenstande der Konzentration (kammatthana) ergeben. Eine spezielle technische Bezeichnung für ein solches kammatthana ist kasina. Die Stufenleiter der Bewusstseinszustände wird auch so aufgestellt, dass ausgegangen wird vom BEWUSSTSEIN DER ELEMENTE. [Oh Lanoo, alles, vom kleinsten Staubkorn bis hoch zum höchsten Gott ist mit Bewusstsein begabt. OM.] Der Meditierende nimmt dabei den Ausgangspunkt vom Element Erde (pathavi); nachdem er eine Zeit lang auf die Erde sein Bewusstsein konzentriert, im Erdenbewusstsein (pathavisanna) verweilt hat, erhebt er sich entweder unmittelbar zum Bewusstsein der Unendlichkeit des Raumäthers oder er durchläuft in seinem Bewusstsein der Reihe nach die Stufen der Elemente Erde, Wasser, Luft, Feuer in der Weise, dass er der Reihe nach die Empfindungen der Erde, des Wassers, der Luft, des Feuers in seinem Bewusstsein auslöscht. An das Feuer schließt sich dann das Element Äther: zum Bewusstsein dieses Elements erhebt sich der Meditierende, wenn er aus dem Feuerbewusstsein übergeht zur 'Sphäre der Unendlichkeit des Raumäthers' (akasanancayatana). Auf der nächsten Stufe (vinnanancayatana) hat er dann nur noch die Empfindung der Unendlichkeit des geistigen Bewusstseins. Indem er auch diese Stufe hinter sich lässt, steht er dann auf der nächsten, der 'Erhebung zur Sphäre des Nichts' (akincannayatana), dem Nichts gegenüber. Dieses 'Gegenüberstehen dem Nichts' bedeutet im Buddhismus aber noch keineswegs einen endgültigen Zustand, sondern nur einen Durchgangspunkt zu weiteren Stufen des Bewusstseins. Auch diese Empfindung des Nichts muss der Meditierende in sich auslöschen, und wenn ihm dies gelungen ist, weilt er im nevasaññānāsaññāyatana, auf der 'Stufe jenseits von Bewusst und Nicht Bewusst'. Wenn er dann 'nicht mehr das Bewusstsein dieser und nicht mehr das Bewusstsein jener Welt hat', erhebt er sich zur letzten und höchsten Stufe, der Auslöschung, des nirodha; diese Stufe, so wird in den Texten gesagt, ist bereits 'das Friedvolle, Hocherhabene (panitam), die Auslöschung des Saṃskāra (sabbasankharasamatho), die restlose Vernichtung aller Leidenschaft, das NIRVĀṆA (Nibbāna)'."

Dazu sage ich, Lanoo: Die Grandiosität dieser Ausführungen, das höchste Ziel betreffend, kann nur noch überboten werden mit einer Beschreibung desjenigen, der dieses Ziel erreicht hat. Ich zitiere den Meister selbst, Dr. Georg Grimm: „So ist also der uns allein und wirklich angemessene Zustand derjenige, in welchem aller Drang, jeder Wille für immer erloschen ist. Man stelle sich das vor: ein Mensch, der keinen Willen mehr hat, der diese 'tiefste, dunkelste, geheimnisvollste Naturkraft' in sich zum Verschwinden gebracht hat, der also seinen Erkenntnisapparat durchaus nicht mehr zur Befriedigung irgendeines Dranges oder Willens oder Wunsches gebrauchen muss! Kann es etwas Erhabeneres, Friedvolleres als diese völlige Willenlosigkeit geben? Ist dieser Zustand nicht das wahrhaft Göttliche, umso mehr als er, im Gegensatz zu dem auch der hehrsten Himmelsbewohner, ein unwandelbarer, ewiger ist? Kann er ja doch nun durch nichts mehr gestört werden, nicht einmal mehr durch das Dahinschwinden des eigenen Körpers und damit der ganzen Welt. Im Gegenteil wird dieses vollkommene Wohlbefinden gerade durch das definitive Abwerfen des Körpers als des Leidensapparates und damit durch den definitiven Heraustritt aus der Leidenswelt zum absoluten vollkommenen Wohlsein, indem damit auch jede bloße Möglichkeit einer weiteren Störung für immer behoben ist. Es gibt kaum eine Betrachtung, die so sehr zur Ertötung des Dranges beiträgt, wie die 'über die Seligkeit der in der Vernichtung des Dranges bestehenden Erlösung'."

Von Shakespeare bis Goethe, von Sartre bis Schiller, von Schopenhauer bis Kant habe ich NOCH NIEMALS derartige Worte der Weisheit gelesen. Nur der Buddha selbst kann da noch mithalten. Alle Weltliteratur verblasst zu Schmiererei im Lichte der subtilen Weisheit dieser Worte von Dr. Georg Grimm. OM. Wem jedoch diese Willenlosigkeit zu überwältigend ist, der möge sie doch zumindest eine Stunde pro Tag in der Meditation praktizieren, dem wird der so gewonnene Zustand des Gleichmutes UND der Stärke sogar in weltlichen Dingen zum Wohle gereichen.

Und nun weiter mit Professor Dr. Hermann Bedh:

„Der Anfang dieser Bewusstseins-Stufenleiter zeigt, wie Stufen des Bewusstseins sich berühren mit den Sphären der einzelnen Elemente, und dieser Gesichtspunkt wird im Buddhismus auch weiterhin festgehalten: die einzelnen Bewusstseinssphären erscheinen zugleich als bestimmte Weltsphären (dhātu). Die Begriffe 'Bewusstseinsstufen' und 'Welten' oder 'Weltsphären' gehen im Buddhismus vollständig ineinander über und alles, was Buddha über verschiedene Weltensphären lehrt, bezieht sich eben auf die geschilderten Erfahrungen des meditativen Bewusstseins. Es hat darum auch gar keinen Sinn, wie manche, z. B. Spence Hardy, getan haben, das buddhistische 'Weltsystem' vom Standpunkte der modernen Astronomie zu kritisieren und ins Lächerliche zu ziehen, denn der Standpunkt des äußeren Bewusstseins, den die Astronomie diesen Dingen gegenüber einnimmt, ist eben gar nicht derjenige des Buddha. Alles, was für die moderne Wissenschaft das Stoffliche, das Reale ist, erscheint den Buddhisten schon auf der zweiten Meditationsstufe ausgelöscht, ins nichts versunken, und ebenso sind alle die geistigen Erlebnisse, denen der buddhistische Jünger auf diesen Stufen der Meditation begegnet, für den Astronomen ein Nichts. Indem der Meditierende zu bestimmten höheren Stufen des Bewusstseins aufsteigt [indem er sich von der jeweils niedrigeren löst. Lanoo], erhebt er sich dabei im Sinne Buddhas zu ebenso vielen Weltensphären oder Weltenplänen. Und zu jeder dieser Weltsphären gehört eine entsprechende Kategorie von Weltwesen, ja wir dürfen vom Standpunkte des Buddhismus wohl sagen, sie besteht im Grunde aus nichts anderem als solchen geistigen Wesenheiten [so wie ja auch diese unsere physische Welt aus nichts anderem besteht als aus dem Verlangenszustand von Wesenheiten. OM. Eines ist klar. Wer sich immer und immer wieder in den Strudel der Sinnenwelt herabziehen lässt, der wird NIEMALS, egal wie oft und lange er meditiert, diese Welten sehen. Er wird dann bestenfalls, wie es ja heute schon viele große Firmen tun, die Meditation dazu benutzen, seine weltlichen Pläne effektiver zu realisieren. Eine solche Meditation kann sich aber im schlimmsten Falle gegen einen kehren und ihn zerstören. OM. Lanoo]. Jede materielle Vorstellung ist dem Buddhismus fremd, auch bei den Weltsphären ist also nur an Geistiges, nicht an irgendwie Materielles zu denken [dem möchte ich jedoch hinzufügen, dass für ein Geistwesen ein anderes Geistwesen in der Geistebene so real ist wie für ein physisches Wesen ein anderes physisches Wesen in der physischen Welt. Lanoo].

In den buddhistischen Texten selbst tritt die Beziehung deutlich hervor, so wird z. B. im Sankharuppatti-Sutta des Majjhimanikāya (III, Nr. 120) erklärt, wie zu jeder der Bewusstseinsstufen eine bestimmte Klasse von Göttern (deva) gehört (in deren Bewusstsein der Meditierende auf der betreffenden Stufe gewissermaßen eintaucht). [Dies gilt sogar für unsere Welt. Auch hier werden wir der Götter gewahr. Die SONNE z. B. ist ein Gott in Manifestation. Sein Körper ist die physische Sonne. Unser Planet Erde ist der physische Körper Jehovahs, des Engels der Erde. WIR SELBST sind Götter im Werden. Will man mehr Beweise? Dann muss man meditieren und mit den Göttern selbst in Verbindung treten, und zwar nicht im Gebet, sondern von Angesicht zu Angesicht. Dass dies auf der physischen Ebene nicht geht, ist klar. Wenn ein Gott sich auf Erden manifestierte, würde sein Glanz jeden mit Blindheit zerblenden, weshalb sich Moses ja auch abwenden musste, als Gott zu ihm sprach, und Gott selbst zeigte ihm nur sein Ahur, also seinen 'Rücken'. Ein Gott kann dich allein durch seine Anwesenheit buchstäblich verbrennen. Sieh hoch zur Sonne ... Lanoo].

In diesem Sinne werden die einzelnen Bewusstseinsstufen auch als Wesensstufen (sattavasa) unterschieden. Zunächst gibt es gewisse niedere Elementarwesen, die das Bewusstsein der betreffenden Elementarstufe (z. B. das Erdbewusstsein, pathavisanna) in sich verkörpern. Im Mahaparinibbānasutta werden sie erwähnt als Wesen, die mit teilnehmen an den Gefühlen der Menschen. Ihnen übergeordnet sind die eigentlichen höheren Götterhierarchien, deren neun unterschieden werden. Von unten nach oben: 1. die Scharen der vier Großkönige oder Weltenhüter (Pāli Catummaharajika deva), 2. die 33 Götter (Pāli Tavatimsa) mit Indra (Sakko devanam indo) an der Spitze, 3. Yama-Götter, 4. Tusita-Götter, 5. Nimmanarati (sanskr. Nirmanarati, 'die am schaffenden Gestalten Freude haben'), 6. Paranimmitavasavatti (sanskr. Paranirmitavasavartin, 'die über dem Schaffen der anderen walten'), 7. die Götter des Brahmanhimmels (Brahmakayika), 8. Abhassara (sanskr. Abhasvarah, die 'Lichtstrahlenden'), 9. Suddhavasakayika ('Götter des reinen Aufenthalts'). Außer den Genannten gibt es noch verschiedene Zwischenkategorien, auf die hier nicht eingegangen werden kann. Alle diese Wesen gehören den Welten an, die über der Sinneswelt, der Sphäre der besinnlichen Begierde (kāmadhātu) gelegen sind, den Welten, zu denen man sich in der Meditation, in der ersten Stufe des Dhyana erhebt. Zum Unterschied von Kāmadhātu, der Sinneswelt, wird diese höhere geistige, erst in der Meditation zu realisierende Sphäre rupadhātu, d. i. 'Formbezirk' oder 'Welt der Form' genannt. Sie steht mit den vier Stufen des Dhyana in Wechselbeziehung und umfasst die unteren Götterhierarchien. [Was ist besser, so frage ich, sich durch Gebet mit diesen Göttern in Verbindung zu setzen oder GLEICHBERECHTIGT in der Meditation mit ihnen zu verkehren? Lanoo] Über rupadhātu erhebt sich arupadhātu, 'die Sphäre des Formlosen'. Der Eintritt in diese Sphäre erfolgt mit der 'Erhebung zur Unendlichkeit des Raumäthers' und umfasst die verschiedenen als ayatana bezeichneten Stufen der Versenkung. Auch dieser Sphäre gehören, wie erwähnt, bestimmte göttliche Wesenheiten an. Kāmadhātu, rupadhātu und arupadhātu stellen gewissermaßen die buddhistische Dreiwelt dar, aus der der Jünger des Pfades den Ausweg sucht. Er hat ihn gefunden, wenn er in der Meditation die als nirodha bezeichnete Stufe erreicht hat, von der es heißt: sie ist das Friedvolle, Hocherhabene, die Beruhigung der Saṃskāras, die Vernichtung der Weltenbegierde, das NIRVĀṆA. In die Sphäre des substratlosen NIRVĀṆA (anupadisesanibbānadhātu) geht der Buddha mit dem physischen Tode, mit dem Abwerfen der Leiblichkeit (parinibbāna) ein. Die NIRVĀṆA Sphäre heißt auch amatadhātu, 'die unsterbliche oder todentrückte Sphäre', denn sie liegt außerhalb der Sphären, in denen der Kreislauf des Geborenwerdens und Sterbens sich vollzieht. Sie ist die Sphäre des ganz über aller Zeitlichkeit liegenden unsterblichen Heiles (amrta, Pāli amata), das Buddha unter dem Bodhibaum gefunden hat. Alle Sphären, mit denen der Jünger in den niedrigsten Stufen der Meditation in Berührung kommt, nehmen noch in irgendeiner Weise Teil an der Zeitlichkeit. Daher wird den diesen verschiedenen Sphären zugehörigen Götterklassen, zu deren Bewusstsein sich der Meditierende in den Stufen des Dhyana erhebt, auch eine verschiedene Lebensdauer, die mit einem bestimmten, von dem der Menschen verschiedenen Zeitbewusstsein zusammenhängt, zugeschrieben. So sind 50 menschliche Jahre nur ein Tag (Zeitraum von Tag und Nacht) für die Catummaharajika-Götter; 100 menschliche Jahre ein Tag der Götter in Indras Paradies, 200 Jahre ein Tag der Yama-Götter, 400 Jahre ein Tag der Tusita-Götter, 800 Jahre ein Tag der Nimmarati-Götter, 1600 Jahre ein Tag der Paranimmitavasavasatti-Götter usw. [Das nun Folgende bitte besonders aufmerksam durchlesen! Lanoo]: Es ist für das ganze Verständnis des Buddhismus wichtig, den Gedanken festzuhalten, dass der Meditierende sich zu dem Bewusstsein dieser verschiedenen Götterhierarchien durch die Meditation erhebt. Im Anguttaranikāya (Bd. IV, S. 302) findet sich ein recht bemerkenswertes Sutra, in dem der Buddha in anschaulicher Weise schildert, wie er in der Zeit vor seiner Erleuchtung, als er noch Bodhisattva war, indem er durch angestrengte Meditationsübung seine Hellsichtigkeit von Stufe zu Stufe steigerte, allmählich zu einem immer deutlicheren Schauen jener als die 'Götter' bezeichneten übersinnlichen Wesen gelangte. Zuerst, so erzählt Buddha, vermochte er (in der Meditation) nur einen Lichtglanz (obhasa) wahrzunehmen. Durch Steigerung der Konzentration [bzw. der Beobachtung der Phänomene. Lanoo] erhebt er sich zu einem höheren Grade hellsichtigen Schauens (nanadassanam parisudhataranam), und nun hat er auch Imaginationen von Gestalten und Farben, aber noch vermag er nicht, mit den (durch diese Farben- und Gestalten-Imaginationen sich kundgebenden) geistigen Wesenheiten Zwiesprache zu halten. Weitere beharrliche Übung bringt ihn dann dahin, dass er nicht nur den Lichtglanz sieht und die Farben- und Gestalt-Imaginationen hat, sondern mit den durch jene Imaginationen sich kundgebenden göttlichen Wesenheiten Zwiesprache halten kann (tahi ca devatahi saddhim santitthami sallapami sakaccham samapajjami), aber noch fehlt ihm die Inspiration, zu erkennen, welche Götterhierarchie (devanikāya) die einzelnen dieser Wesen angehören. Indem er das angestrengte meditative Ringen fortsetzt, kommt ihm auch die gesuchte Inspiration, er weiß jetzt, welcher Götterhierarchie die übersinnlichen Wesenheiten, mit welchen er Zwiesprache hält, angehören, aber noch fehlt ihm das Wissen, durch welches Karma jene Wesenheiten ihre Entwicklung bis zu der betreffenden Stufe gebracht haben. Durch eine letzte Steigerung der Übungen gewinnt er dann auch diese höchste Intuition, sein hellsichtiges Schauen hat jetzt einen solchen Grad erlangt, dass er nicht nur einen Lichtglanz wahrnimmt, Farben- und Gestalt-Imaginationen hat, mit den durch diese Erscheinungen sich kundgebenden göttlichen Wesenheiten Zwiesprache hält und weiß, welcher Hierarchie sie angehören, sondern er weiß jetzt auch, durch welches Karma jene Wesenheiten eine bestimmte frühere Daseinsstufe verlassen haben und zu ihrer jetzigen Stufe gelangt sind, wie lange die Lebensdauer ist, welche Erfahrungen von Lust und Schmerz ihren Lebensinhalt ausmachen, und ob er selbst schon auf irgendeiner früheren Entwicklungsstufe zu jenen Wesen in irgendeiner Beziehung stand. Buddha schließt mit einem Hinweis darauf, dass er erst dann, als er es zu einem solch klaren, hellsichtigen Schauen in Bezug auf die göttlichen Wesenheiten (adhidevananadassanam suvisuddham) gebracht hatte, imstande war, zur höchsten vollkommenen Erleuchtung eines Buddha zu erwachen.

Es handelt sich bei den ‘Göttern’ des Buddhismus um etwas nur im Zusammenhang mit der Meditation zu verstehendes, rein geistiges Erlebtes, also um etwas wesentlich anderes, als dogmatische Erfindungen oder ‘Konzessionen an den Volksglauben’ (wenn auch die Benennungen jener Wesenheiten zum Teil aus der brahmanischen Religion entlehnt sind). [Dies gilt für alle heutigen Religionen, die alle heidnischen und buddhistischen Ursprungs sind, mit dem Unterschied, dass man die Götter später in ‘Engel’ umbenannte, um so einen einzigen Gott etablieren, verehren und für sich beanspruchen zu können. Mit der Entfernung der Reinkarnationslehre (die bis dahin Kirchendogma war) vom Kirchendogma im 6. Jahrhundert n. Chr. war die Sache dann perfekt ... Lanoo.] Richtig ist, dass im Buddhismus die ‘Götter’ eine grundsätzlich andere Rolle spielen als in sogenannten polytheistischen Religionen, dass der Buddhismus eine eigentliche Götterverehrung in dem Sinne, wie dieses Wort in solchen Religionen gemeint ist, nicht kennt [Ein Buddhist RESPEKTIERT die Götter, doch er betet sie nicht an. Damit würde er sich ja unter sie stellen, ihrer Ebene anhaften und sich höhere Bewusstseinsebenen versperren, ganz zu schweigen von NIRVĀṆA. OM. Lanoo]. Aber nichts wäre unrichtiger, als darum etwa zu glauben [wie es viele Buddhisten heute tun. Lanoo], daß die ‘Götter’ überhaupt keine Bedeutung im Buddhismus hätten. In Wahrheit ist nichts so sehr geeignet, uns über das wahre Wesen des Buddhismus tieferen Aufschluss zu geben, als gerade sein Verhältnis zu jenen ‘Göttern’. Das ist ja eben das Bedeutungsvolle und vor allem anderen Lehrreiche, dass der Buddhismus nicht das dogmatische

Verhältnis zu 'Gott' oder zu 'Göttern' wie andere Religionen kennt, und doch in seiner ganzen Erhebung zum Heiligen und Übersinnlichen so deutlich den Charakter einer Religion an sich trägt. Gott und die Götter sind nicht Wesen, zu denen der Buddhist 'betet', oder die er um irgendetwas bittet, sondern sie sind Wesen, rein geistige übersinnliche [also jenseits unserer Sinne. Lanoo] Wesenheiten, zu denen sich der Jünger des Pfades in der Meditation erhebt."

Wo der Christ oder Katholik etc. nur glauben kann, da WEISS der meditierende Buddhist, denn er muss nicht mehr glauben, er hat ja GESEHEN. Wollen Sie auch sehen, lieber Leser? Dann leben Sie keusch, meditieren Sie jeden Tag und dann werden sich die Götter auch Ihnen offenbaren. OM.

KONFLIKT-SITUATION UND PROBLEMBEWÄLTIGUNG

Praktische Anwendung der Esoterik

Beispiel:

1) Du spürst den Drang (der in diesem Fall mehr als nur gesunder Hunger ist) zu essen oder besser: ZU FRESSEN.
2) Setz oder leg dich hin. Schließe die Augen. Beobachte alles, was mit dir geschieht. Alles. Jede Regung, jeden Gedanken, alles. Sei hellwach. Akzeptiere die Sucht, verdränge sie nicht. Volle Akzeptanz.
3) Sage dir: Ich warte jetzt, bis die Fresssucht wieder verschwindet.
4) Beobachte, beobachte! Wende deine Aufmerksamkeit deinem Atem zu. Wie es dich atmet - Seelenatem-Meditation. Die Sucht, das Problem, schiebt sich dazwischen, stört deine Konzentration? Verdränge es nicht, beobachte es nur. Beobachte.
5) Früher oder später wird das Problem, in diesem Fall der Fressdrang, wenn auch zuerst nur zeitweise, verschwinden. Die Anfälle werden immer weniger und weniger intensiv, kommen nur zurück, um dich zu testen. Sie sind eigentlich deine Freunde, deine Lehrer.
6) Wenn sie wiederkommen, die Anfälle von Fresssucht, sagst du: „Danke, dass du da bist und mich wieder testen willst. Mal sehen, wie gut ich jetzt bin. Ich werde meditieren und dich beobachten, bis du wieder verschwindest."
7) Zum Schluss wirst du das Problem, in diesem Falle die Fresssucht, sogar fast lieb gewonnen haben und es fast vermissen, denn es hat dich doch eben durch seine Anwesenheit und durch seine Überwindung gestärkt und zu dir selbst geführt.

Anstelle von Fresssucht kannst du auch jedes andere Problem (Alkoholismus, Drogenabhängigkeit, Einsamkeit, Aggression, Depression, Sexsucht etc.) einsetzen. Die esoterische Methode zu seiner Überwindung bleibt immer dieselbe und ist letztendlich immer wirksam.

Es geht also darum, gestärkt durch tägliche Meditation in der Lage zu sein, bei einem erlebten bzw. aufkommenden Gefühl, sei es angenehm oder unangenehm, zu verharren und es dann zu **beobachten**, ihm volle Aufmerksamkeit zu schenken. Tut man dies konsequent, dann wird man das Gefühl, sei es positiv oder negativ, genau da stoppen, nämlich bei der Feststellung, dass es positiv oder negativ ist. Das Gefühl wird keine Chance bekommen, sich weiter zu manifestieren bzw. Verlangen und Leidenschaft zu entwickeln. Eine solche Manifestation würde nämlich nur eine neue Kausalität des Leidens erzeugen. Darum ist auch ein trauriges Lied keine wirkliche Hilfe für einen deprimierten Menschen. Ganz im Gegenteil, das Lied schafft erst einen Hafen für die entsprechenden Gefühle, manifestiert und verankert sie. So wird man eine Depression nicht los, sondern man füttert und verstärkt sie nur noch mehr. Dies ist nur einer der Gründe, weshalb ich bald nicht mehr singen und komponieren werde, seien es nun fröhliche oder traurige Lieder, seien sie weltlicher oder gar höchst geistiger Natur. All dies hält den Hörer ja nur auf eben dieser Ebene fest und verhindert seine Erlösung in NIRVĀṆA. OM.

Eine aufkommende Depression BEOBACHTET man. Verbunden mit dem Wissen, dass eine jede Depression entweder in diesem oder einem vergangenen Leben „erworben“ bzw. verursacht wurde, neutralisiert man diese Depression, anstatt sie auf der Psychiatercouch noch zu verstärken, wo man zunächst tatsächlich eine zeitweilige Erleichterung empfindet, indem man alle möglichen Leute, Eltern eingeschlossen, beschuldigt und für seine Probleme verantwortlich macht, anstatt sich an die eigene Nase zu fassen und zu **verstehen**, dass **alles**, was einem geschieht, **alles**, was man fühlt, sei es gut oder schlecht, depressiv oder euphorisch (welches oft nur die Kehrseite der Münze ist), dass **all dies** selbst verursacht ist. OM. So denkt der Weise, der Tor jammert sich aus der Verantwortung heraus. Ohne Kenntnis von Karma, Reinkarnation und angewandter Meditation geht all dies natürlich nicht. Außerdem, bei aller Pflicht zur Nächstenliebe und Hilfe, erlaube man jedem Menschen, seinen Leidensprozess zu erfahren, durch den sein HÖHERES Selbst immer lernt, mag es nun so einer wahrhaben wollen oder auch nicht. OM.

Dasselbe, nämlich BEOBACHTEN, tut man, wenn man in höchsten Meditationsstufen die Wesen der Himmelswelten erblickt. Erst wenn man auf der jeweiligen Meditationsstufe sicher ist und sie schon des Öfteren erlangt hat, kann man es wagen, in einen Gedankenaustausch mit einem derartigen Wesen zu treten. Schon so mancher Meditierende wurde von der Seligkeit der Himmelswelten so abgelenkt und überwältigt, dass er auf dieser Ebene „stecken“ blieb und sich so die höheren Erlösungsstufen bis hin zu NIRVĀṆA verbaute.

Die Fähigkeit des Beobachtens des jeweiligen Problems wird gestärkt und vervollkommnet durch regelmäßige morgendliche SEELENATEM-MEDITATION und durch wiederholtes Studium dieses Buches, aber auch vom **BUCH DES**

LICHTS, welches, diktiert vom Mahā-Chohan, vom Ewigen in mir geschrieben wurde und daher auch das Ewige und Unsterbliche im Leser erwecken wird. AUM. Ehre sei dem **BUCH DES LICHTS**.

Wie man eine Depression wieder los wird

Eine Depression, egal welcher Art, ist immer karmisch bedingte, selbst erzeugte Energie, die man von einem vergangenen Leben mit hinübergebracht hat. Man kann zwar beruhigende Drogen dagegen nehmen, aber die Gegen- bzw. Nebenwirkungen sind immer negativ und schädlich. Was ist zu tun? Wenn die Depression einsetzt, dann muss man auch sie, wie alles andere, **beobachten**. Dadurch wird ihr weitgehendst die Wirkung genommen. Wenn das Depressionskarma vorüber ist, dann wird die Depression verschwinden, so wie sie gekommen ist. Jeder Kranke möchte immer gleich wieder gesund werden. Fast niemand ist an der wahren Ursache seiner Krankheit interessiert und ist gewillt, die Krankheit selbst zu **akzeptieren** als etwas selbst Erzeugtes, das kommt und auch ebenso wieder verschwinden wird, wenn das Krankheitskarma vorbei ist und wenn wir nicht neue Ursachen setzen. Dem NIRVĀṆA-Pfad Wandelnden ist es natürlich völlig egal, ob er krank oder gesund ist. Er erträgt beides mit stoischer Gelassenheit. Er hat nur ein Interesse: RAUS AUS DIESEM NARRENHAUS. Und so steht er das Gute sowie das Böse durch und verbleibt neutral, weiß er doch, dass all dies nur dem passiert, was er NICHT ist. Sein wahres Selbst ist bereits jetzt von Erde, Himmel und Hölle unberührt und unbeeindruckt. Ihn interessiert nur NIRVĀṆA, wo es weder Krankheit noch Gesundheit, weder Gut noch Böse, weder dieses noch jenes gibt, **ER ABER IMMER NOCH IST**. Wer es zu fassen vermag, der fasse es. AUM.

Übrigens: Die meisten Depressionen sind gar nicht die unsrigen, sondern nachtodliche Energien (Astralkörper) Verstorbener (oft Selbstmörder), die sich an die physischen Körper der (bereits depressiv veranlagten) Lebenden klammern und sie so belästigen. Wenn man das weiß, dann schenkt man der Depression nicht viel Beachtung, sondern beobachtet sie nur, bis sie wieder verschwindet.

WEINEN

Weinen ist gut und tut gut. Eine Depression muss man ausreiten. Dies geschieht entweder durch Beobachten oder durch Weinen. Wenn Beobachtung der Depression nicht mehr hilft und der Drang zum Weinen übermächtig wird, dann muss man loslassen, dem Drang nachgeben und einfach drauflos weinen. Hinterher wird man sich besser fühlen. Das Falscheste wäre es, eine Beruhigungsdroge wie Prozac etc. einzunehmen. Das würde das Ganze nur noch verschlimmern. Man kann es natürlich auch übertreiben und sich beim Urschrei-Therapisten die Seele aus dem Leibe brüllen und mit Knüppeln auf Kissen hauen und sich vorstellen, es wären die Eltern etc. Alles dies ist Krampf und schadet mehr, als dass es nützt. Dann schon lieber schreiben. Schreibe nieder, was dich bewegt. Doch was auch immer du tust, sei dir stets klar darüber, dass es dein Nicht-Selbst betrifft. Der große Heiler ist die Anattā-Lehre und die Seelenatem-Meditation. OM.

Drogen und NIRVĀṆA

Drogen wie Kokain, Heroin, Marihuana etc. stimulieren Kuṇḍalinī, welches Teile des Gehirns berührt, die in direkter Verbindung mit den extrem hohen Seligkeitsschwingungen der Nirvāṇaebene stehen. Der Drogensüchtige erlebt höchste Seligkeit. Das Gehirn ist jedoch diese hohen Schwingungen nicht gewohnt und wird früher oder später durch sie zerstört. Ein ungefährlicher Weg, diese Schwingungen zu erleben, wäre die tägliche Meditation.

Gedanken und Emotionen

Ungezügelte Gedanken und Emotionen sind Elemente (mentale und astrale Wesenheiten). Versuche erst gar nicht, sie zu kontrollieren, sondern beobachte sie nur, z. B. während der Seelenatem-Meditation (oder wann immer sie dich befallen), wie sie kommen und gehen, bis sie immer weniger versuchen, von dir Besitz zu ergreifen und schließlich völlig verschwinden.

Charakter

Der Egoist hat noch keinen Charakter.
Der Erleuchtete hat keinen Charakter mehr.

EINSAMKEIT

Mit dem Wort Einsamkeit verbindet der Durchschnittsmensch etwas Leidbringendes, zu Meidendes. Wer einsam ist, der sollte schleunigst etwas dagegen tun, z. B. sich Gesellschaft verschaffen. So denkt der Durchschnittsmensch und kommt in der Masse zusammen, fühlt sich dann wohl als Herdentier, was übrigens auch zeigt, dass in ihm immer noch sehr viel Tierhaftes steckt und zum Ausdruck kommt. Dies ist esoterisch gesehen auch leicht erklärbar, da es in einem solchen Falle noch gar nicht solange her ist, dass der Mensch den Wechsel vom Tierreich ins Menschenreich vollbrachte. Kaum ist die Herde Mensch zusammengekommen, genügt ihr das auch nicht. Sie will obendrein noch unterhalten werden. Diesem Wunsch wird von Politikern, Geschäftsleuten, Showbusiness-Produzenten und ihren Vasallen, den Regisseuren, Drehbuchautoren, Komponisten, Sängern, Schauspielern etc. entsprochen, indem sie dem Volke geben, was das Volk will. Je mehr sich etwas verkauft, umso höher wird es und der, welcher es produziert, angesehen. Daran wird heutzutage in der Welt Erfolg gemessen. Verkauft etwas also nur recht viel und deckt es nur soweit wie nur möglich den Bedarf der Masse, dann ist das zu verkaufende Produkt gerechtfertigt, ja es wird, wie man es ja auch in der Werbung oft sieht, mit geradezu religiös-unterschwelligen Mitteln verpackt und angepriesen. Wie auf einem Altar wird das zu verkaufende Produkt präsentiert, sei es nun eine Leberwurst, ein Auto oder auch nur Toilettenpapier. Und die Masse fällt darauf herein und kauft und kauft und kauft.

In der Masse wird man also nicht zu sich finden oder sich von dem lösen können, was man NICHT ist. Dazu ist EINSAMKEIT nötig oder das Allein-Sein. Dann, in der rechten Meditation, erreicht man den höchsten Seligkeitszustand. Was ist nun dieser Seligkeitszustand und welches ist die rechte Meditation?

Der höchste Seligkeitszustand, den man überhaupt erlangen kann, ist der, wenn man die ganze Welt ausgeschaltet bzw. hinter sich gelassen hat und FREI von Körper, Gefühl, Denken, Seele und Geist verharrt. Dies geschieht in der SEELEN-ATEM-MEDITATION. DANN ergießt sich der Ozean in den Tropfen und man ist EINS mit dem ganzen Universum. Das ist immer noch nicht NIRVĀṆA, aber schon ziemlich nahe dran. Um einen derartigen Seligkeitszustand in der Seelenatem-Meditation erlangen zu können, muss man ALLEIN sein. Man muss regelmäßig und ungestört meditieren können, das heißt man muss jeden Augenblick, den man für sich haben kann, nutzen, um zu meditieren. Stellt sich dann, zunächst noch zaghaft, das erste Seligkeitsgefühl ein, dann ERSEHNT man geradezu das Allein-Sein, dann ist man plötzlich nicht mehr allein in der Einsamkeit oder einsam, wenn man allein ist. Einsamkeit und Allein-Sein, diese beiden Begriffe bekommen dann plötzlich eine völlig neue Bedeutung.

Wer natürlich ein nach außen in die Sinnenwelt verzweigter Mensch ist und ständig neue Impulse und Sinnesreize braucht, wer sich also völlig mit seinem Körper und den Sinnen identifiziert, für den mag die Einsamkeit sehr wohl eine Qual sein. Wer noch nicht die Seligkeit der Loslösung erfahren hat, der wird immer und immer wieder nach ERFÜLLUNG in der vergänglichen Sinnenwelt suchen. Die Leere in ihm muss buchstäblich immer wieder aufgefüllt werden.

Doch je mehr er sich mit Sinnesreizen nährt, umso leerer wird er. Dies ist zu vergleichen mit einem übergewichtigen Menschen, der immer hungriger wird, umso mehr er isst. Warum? Weil er das Falsche isst. Wer sich von den Sinnesreizen LÖST und sich mit Glückseligkeit UNABHÄNGIG von Personen und Dingen füllt, der wird sich nie mehr leer fühlen, sondern immer ERFÜLLT sein. Für den Sinnensklaven jedoch sind Kino, Fernsehen, Radio und die daraus hervorquellenden Sinnesreize und Überfälle geradezu LEBENSWICHTIG, ein solcher wird die Einsamkeit und das Allein-Sein meiden wie Dracula den Knoblauch.

Um es noch genauer zu sagen, wer von der Welt noch IRGENDETWAS WILL, und sei es auch nur die romantischste spirituellste Beziehung oder dieses oder jenes, für den ist in der Tat Einsamkeit und Allein-Sein nichts Erstrebenswertes. Das Seligkeitserlebnis der Loslösung jedoch bzw. schon der Pfad dorthin setzt geradezu Einsamkeit voraus.

Man muss nicht unbedingt ins Kloster gehen, um diese Einsamkeit zu finden, man kann gleich da bleiben, wo man gerade ist. ZUNÄCHST einmal ist ein INNERER Wandel notwendig, man muss die Seligkeit der Loslösung wirklich WOLLEN, dann werden sich auch nach und nach die nötigen Umstände einstellen, um diese Seligkeit zu werden. Wer dann weiter den Pfad der Loslösung wandelt, weg von den Freuden der Welt, hin zu den Freuden der Loslösung, der ist in der Tat für die Welt verloren und den reizen weder ein kurzer Minirock noch eine Schokoladentorte mit Schlagsahne, noch eine tolle Party oder irgendein aufregender Film etc. Der sieht auf das alles nur mit einem verklärten Lächeln hinunter und er fühlt tiefes Mitleid mit all jenen, die noch Sklaven ihrer Sinne sind. OM.

Also: Einsamkeit ist die VORAUSSETZUNG zu wahrem Glück!

EINSAMKEIT, ROY BLACK UND ICH (bzw. das, was ich nicht bin)

Wer sich mit seinem Körper identifiziert, der beschwört ja das Alleinsein geradezu herauf. Der braucht dann Lieder von Roy Black und Christian Anders. Wer seinen Körper jedoch nicht mehr als sich selbst sieht, sondern als das, was er NICHT ist, und wer sich von seinem Körper und von allen anderen vergänglichen Beilegungen durch Studium und Meditation LÖST, der braucht keinen Roy Black und keinen Christian Anders mehr, der BEWILLKOMMNET das Alleinsein, die Einsamkeit, für den ist sie höchstes Gut, der nutzt jeden Augenblick des Alleinseins und der Einsamkeit zum Studium und zur Meditation, um sich von dem zu lösen, was er NICHT ist, und erlangt so NIRVĀṆA. Darum erlebt der Tor in der Einsamkeit seine ganze Torheit und der Weise seine ganze Weisheit. OM.

„Wenn der Weise aus der Welt herauswandert, so besagt das mithin nichts weiter, als dass er sich *auf sich selber zurückzieht*, indem er die Leidensfaktoren seiner Persönlichkeit, an denen er bisher *gehaftet* hatte, für immer loslässt.“

Dr. Georg Grimm

„Der Vollendete hat das Glück in sich selbst gefunden.“

Gautama Buddha, Dīgh. Nik. I, 36

MUSIK

Vorsicht bei Disco-, Techno-, Rock- und Punkmusik! Der extrem betonte 4/4 Takt treibt, entsprechend der 4-Teilung der niedersten Chakra, und wenn begleitet von entsprechenden, die niederen Sinne ansprechenden Texte, die sexuelle Energie in diese Chakra, also in die Geschlechtsteile, und erzeugt, verbunden mit oft amoralischen Sex und Gewalt verherrlichenden Texten, beim Hörer oft sexuellen Überdruck und Aggression.

Komponisten und Interpreten solcher Musik oder von Filmen, Literatur etc. mit ähnlicher Botschaft schaffen schlechtes Karma für sich und andere und haben oft ein böses Ende genommen oder es steht ihnen, falls sie noch leben, leider bevor, sei es in diesem oder einem nächsten Leben. Das Ende von Elvis Presley*, Freddy Mercury, John Lennon und Kurt Cobain, dem Leadsänger der Band NIRVĀṆA, sind nur einige Beispiele dafür.

Für den radikalen Esoteriker oder den radikalen Buddhisten, der Erlösung oder NIRVĀṆA noch in diesem oder spätestens im nächsten Leben erlangen will, empfehle ich, nicht einmal mehr Musik zu hören. Begründung: Selbst die schönste Engelsmusik schafft eine Bindung zu dem eigenen Hörorgan und damit zu dieser Welt, aber auch zur Welt der Engel, welche zwar hochbeseligend, aber immer noch nicht NIRVĀṆA ist. „Gib alles auf und folge mir nach!“, sagt Jesus. „Entsage ALLEM und du wirst NIRVĀṆA erlangen!“, rufe ich dem aufgeschlossenen Leser zu.

Der große K. E. Neumann schreibt in der Längeren Sammlung, Seite 890: „Der starke Hang zur Musik wird von einer höheren Stufe aus als eine Schwäche, ein Fehler betrachtet, ... ‘die edle Lärmkunst’ genannt. In den allumfassenden adinavo, in das Elend, reicht sogar sie noch hinein und ist somit auch noch Elend, wird als ein Fremdes, das uns eigentlich nicht angehört, so genannt. Denn bei den Jüngern Buddhas verstummt der Gesang. Laute, Fiedel, Flöte und Trommel liegen zerbrochen am Boden, wie zu Füßen jener Santa Cecilia, die, endlich des Spielens müde, den Ernst begreift.“ So wie ich, Lanoo, auf meine Schallplatten und CDs blickend, DEN ERNST DER LAGE begreife, in der ich mich befinde, und mir vor Augen halte, wie lange ich meine Zeit damit vergeudet habe, Anhaftungen zu schaffen an diese Leidenswelt der Vergänglichkeit. Ja in der Tat, Musik ist das Manna der Götter im Himmel, aber genau davon muss man sich ja lösen, um NIRVĀṆA zu erlangen. So hat Gautama Buddha natürlich Recht, wenn er sagt, dass das Anhören von Musik etwas Gewöhnliches ist.

Wer also schon in diesem Leben allem entsagen und NIRVĀṆA erlangen möchte, der muss aller, auch der schönsten Musik entsagen, muss sich gerade davon lösen, der beschmutze sich nicht einmal mehr auch nur mit **einem**, das Ohr entzückenden und somit Anhaftung erzeugenden Tone, und wenn er von Gott selbst käme, denn, wie Dr. Georg Grimm so treffend schreibt in *DIE LEHRE DES BUDDHO*: „Ein Mensch, der so [nicht mehr haftend, eben mit dem NIRVĀṆA

* Elvis erkannte sehr bald, dass Ruhm und Geld unbefriedigend sind, und wandte sich kurz vor seinem Tode dem Studium der Esoterischen Wissenschaften zu, der Lehre Blavatskys. Da war es aber für ihn, in DIESEM Leben, fast schon zu spät.

Anattā-Blick. Lanoo] sieht, lässt sich auch durch einschmeichelnde Töne, **insbesondere die Musik**, nicht mehr gefangen nehmen.

Auch die Musik gehört ja nach dem Buddho zu den **Sinneslüsten** - (kāma) -, 'den Heerscharen', mit denen Maro der Böse, der in die Maske der Weltlust getarnte Tod, die Wesen an die Lustwelten - Tierreich, Menschenreich und sinnliche Himmelreiche - fesselt und ihnen dadurch den Weg in die Reiche oberhalb der Sinnenfreuden mit ihrem wahrhaftigen, beseligenden inneren und äußeren Frieden zu versperren sucht. Ja, die Musik züchtet geradezu durch die Aufwühlung des im Lebensdurste wurzelnden Gemütslebens absichtlich den Unfrieden hoch. Dem gegenüber sagt die ***geläuterte*** Erkenntnis mit dem Dhammapadam (102): **'Ob auch einer hundert Lieder - Zwecklos in die Lüfte sendet - Besser ist ein Wort der Lehre - Das dem Hörer Frieden spendet.'** Ja, der Buddho sagt: 'Als **Geheul** gilt im Orden des Heiligen das Singen.' In der Tat, wie könnte einer, der den **'unvergleichlichen Zustand erhabensten Seelenfriedens'** täglich, ja stündlich auskostet, jede Art von Musik, auch himmlische, anders empfinden denn als Störung?“

Dem ist wohl nichts weiter hinzuzufügen, nur das eine noch: Vom Standpunkt des NIRVĀṆA aus sind alle literarischen, musikalischen und sonstigen Werke eben nur KOT. Selbst dieses Buch und DAS BUCH DES LICHTS dienen nur dazu, NIRVĀṆA so nahe wie möglich zu kommen. Hat man NIRVĀṆA dann erreicht und will es betreten, dann muss man, auch und vor allem, dieses Buch und DAS BUCH DES LICHTS und auch das Lied DEVA wegwerfen und vergessen, als wären sie nie gewesen. AUM.

NIRVĀṆA ist jenseits aller Erkenntnis. Man muss sich also auch und vor allen Dingen von seiner Erkenntnis lösen, damit - oder bis - sich NIRVĀṆA offenbart. Wer nun noch gar keine Erkenntnis hat, der kann sie auch nicht loslassen oder sich von ihr lösen. Die meisten Menschen müssen sich daher zunächst erst einmal eine Erkenntnis von der wahren Natur und Vergänglichkeit allen Seins verschaffen. Dazu wurde DAS BUCH DES LICHTS geschrieben. Wer die Erkenntnis vom wahren Wesen der Dinge gewonnen hat, der kann sich dann von ihr lösen und NIRVĀṆA erlangen.

SCHLAF

Schlaf ist deshalb so gesund, weil die Wesenheit während der Tiefschlafphase paranirvāṇische Vorstufen höchster Schwingung* berührt, aus denen sie dann erfrischt wieder erwacht. Wird Schlaf für eine längere Zeit entzogen, dann mangelt es der Wesenheit an dieser Wiederaufladung an der Quelle und der Organismus wird schnell wieder desorientiert, bis hin zur physischen und psychischen Krankheit.

Warum schläft man? Dies hat physische, elekromagnetische und auch esoterische Gründe. Zunächst einmal: Der gesunde Mensch wird zur Nachtzeit müde und nicht am Tage, weil die Erde unter Sonnenlicht elektromagnetisch POSITIV gela-

* Zu vergleichen mit der in der Meditation erlebten siebenten und achten beschaulichen Schauung.

den ist und des Menschen positive magnetische Lebenskraft auflädt und erhält. Die NEGATIVE Lebenskraft erhält der Mensch sowie alle anderen Lebewesen auch von Mutter ERDE. Bei Nacht, wenn die positive Sonnenenergie nicht mehr da ist, überwiegt die NEGATIVE elektrische Polarität im Menschen und schwächt seine Glieder und Körperteile, die zart beweglichen wie Augenlieder etc. zuerst. Die kann man dann nicht mehr offen halten und bald folgen alle anderen Teile nach. Dann muss man sich hinlegen und ruhen und warten, bis die SONNE wieder scheint und den Körper mit der nötigen POSITIVEN Energie erfüllt, während der negative Energieüberschuss der Nacht wieder abnimmt.

Wie steht es nun mit Menschen, die des Nachts arbeiten und tagsüber schlafen? Nun, der Tagesschlaf rührt nicht von einer Abnahme der positiven Elektrizität her, sondern von ZU VIEL positive Elektrizität. Dies ist auch einer der Gründe dafür, dass man an einem (mit positiver Elektrizität überfüllten) schwülen Sommertag vom Schlaf überfallen wird.

Eine andere Ursache für Müdigkeit ist ein Überschuss von unreiner Restluft in den Lungen. Die entsteht dadurch, dass man während des Tages oder während der Perioden der Aktivität mehr ein- als ausatmet. Dadurch sammelt sich Restluft in den Lungen an und vergiftet den Körper und erzeugt einen Überschuss von schädlicher Restluft im Blut. Dies macht müde. Während des Schlafes atmet der Mensch dann mehr AUS als ein. So kann die überschüssige Restluft aus den Lungen entweichen. Dies geschieht übrigens auch während jeder SEELENATEM-MEDITATION. OM.

Der Schlaf ist auch eine Todesübung. Jede Nacht stirbt man fast und erwacht am anderen Morgen wieder zum Leben. Man meditiere darüber. OM.

Ist ein Weltentsager ein Taugenichts?

Es ist nun an der Zeit, sich dem Vorwurf zu stellen, dass einer, der den NIRVĀṆA-Pfad beschreitet, ein Nichtstuer, ein Faulenzer und Taugenichts wäre. Denn, so argumentiert man, nur herumzusitzen und nichts zu tun bzw. eine Stunde oder einen Tag oder gar eine Woche oder ein Jahr oder immer zu meditieren, das wäre doch wohl eines erwachsenen Menschen nicht würdig, denn jeder Obdachlose würde ja dann automatisch ein Heiliger und Erleuchteter sein.

Also dann: Zunächst einmal sind die meisten Obdachlosen nicht freiwillig obdachlos, und selbst wenn sie es sind, dann sehr selten, um der Welt zu entsagen, sondern aus anderen Motiven. Des Weiteren: Wer einen Taugenichts als jemanden definiert, der nur dasitzt und nichts tut, der soll mir mal so einen Taugenichts zeigen. Ein Taugenichts oder ein Tunichtgut tut doch wohl per Definition sehr viel, nämlich allerlei Dinge, die eben nichts taugen, bzw. nichts Gutes. Von nur dasitzen und **nichts** tun kann doch bei so einem wohl kaum die Rede sein. Die Taugenichtse, mit denen ich in meinem Leben zu tun hatte, reiche und arme Taugenichtse, berühmte und unbekannte Taugenichtse, die machten sich einen schönen Tag, trieben allerlei Unsinn und lagen anderen Leuten noch mehr auf der Tasche. Ich machte dabei eine erstaunliche Beobachtung, nämlich dass reiche Taugenichtse anderen

Leuten noch mehr auf der Tasche liegen als arme Taugenichtse. Von Nichtstun keine Spur. So jemanden mit einem meditierenden Weltentsager zu vergleichen, ist somit ein Akt der Dummheit.

Wenn der Leser glaubt, dass es wirklich so leicht sei, nur dazusitzen und nichts zu tun, dann soll er es doch mal für eine Stunde versuchen. Die meisten Menschen können nicht mal zehn Minuten nur so dasitzen und nichts tun. Die meisten Menschen müssen IMMER etwas tun, die können den Gedanken an das Nichtstun kaum ertragen. Warum? Weil sie von Kind auf so programmiert wurden. Schaffe, schaffe, Häusle baue und nur nicht nachdenken. Ein Freund von mir gestand mir einst: „Wenn ich nichts tue, fühle ich mich schuldig und muss gleich etwas tun, um das Schuldgefühl wieder los zu werden." Ja, weil du so programmiert wurdest, mein Freund, bzw. auch weil du dich selbst so programmiert hast. Menschen, die immer etwas tun müssen, sogenannte Overachievers, die sind oft sehr erfolgreich, aber worin? Im Von-sich-selber-Weglaufen. Für die ist bewusstes Nichtstun gleichbedeutend mit tot sein. Also: Jemand, dem es sehr schwer gelingt, mal nur so dazusitzen und nichts zu tun, z. B. „nur" zu meditieren, der ist bestenfalls bereits ein Sklave dessen, was er eben nicht ist. Man meditiere über diesen Satz. Der wahre Arbeiter erkennt, dass es nur eines zu erarbeiten und zu erreichen gibt, und das ist NIRVĀṆA. Also macht er sich an die Arbeit, entsagt der Welt und meditiert nur, strahlt Wellen der Liebe, der Güte und des Mitgefühls aus und ist damit der härteste Arbeiter der Welt und ist jedem Friedensnobelpreisträger an Wirkung um Längen voraus. Den Workoholics oder Arbeitssüchtigen aus Wissenschaft, Politik, Kunst und Musik etc. sei gesagt, dass, ganz gleich wie hart und schwer sie arbeiten, sie nur sich selbst betrügen, Sklaven ihrer Arbeitslust sind und dass das, was immer sie auch schaffen mögen, immer vergänglich ist und daher, vom höchsten Standpunkt der Wertigkeit gesehen, eben ohne Wert. Das Krankheitssymptom eines Arbeitswütigen und Karrieremenschen ist es ja deshalb auch, immer nach neuen Erfolgserlebnissen zu jagen, weil die erreichten eben unbefriedigend sind.

Mir fällt dazu ein Satz von Modezar Karl Lagerfeld ein: „Das Ziel", so sagt er, „interessiert mich nicht, sondern nur der Weg." Aber das sagt der kleine Mann doch nur, weil er das Ziel per se bereits als unbefriedigend erkannt hat, jedoch nicht die Kraft besitzt, die Konsequenz daraus zu ziehen, die Sache ganz aufzugeben, der Welt zu entsagen und NIRVĀṆA zu erlangen.

Der Unterschied zwischen einem Narren und einem Weisen ist darum folgender: **Der Narr will alles, der Weise will nichts.** Solch eine Definition von Weisheit muss natürlich ein schwerer Schlag gegen unsere Wohlstands- und Leistungsgesellschaft und ihre Verfechter sein. Aber wohin hat uns denn das Alles-Wollen gebracht? Unsere Flüsse sind verschmutzt, unsere Luft ist verseucht, unsere Lebens- und Genussmittel sind oder enthalten Krebserreger, Deutschland hat fast 7 Millionen Arbeitslose und Deutschland ist pleite. Unsere sogenannte, auf Pump aufgebaute „Wohlstandsgesellschaft" hat versagt. Nun ist es Zeit für eine richtige, ernst zu nehmende, funktionsfähige Gesellschaft, die NIRVĀṆA-Gesellschaft. Erwache, oh Leser, und werde ein Mitglied der NIRVĀṆA-Gesellschaft!

Sehen wir doch einmal, wie Bodhisattva Dr. Georg Grimm auf den Vorwurf antwortet, dass z. B. ein Mönch, der in seiner Zelle meditiert, ein unnützer Müßiggänger sei. In *Die Lehre des Buddho* (S. 376 - 378) schreibt Dr. Grimm über die wohltätige Strahlkraft eines meditierenden Mönches. Ein solcher „erweist ... den anderen Wesen **einen viel gewaltigeren Dienst, als er es je durch äußere Werke der Mildtätigkeit vermöchte.** Denn er *durchstrahlt* sie ja alle, soweit sie dafür empfänglich sind, mit seiner Güte, seinem Mitgefühl, seiner Freude und zum Schluss als Höchstem mit seinem unerschütterlichen Gleichmut und senkt so ganz unmittelbar Beruhigung, Heiterkeit und Frieden in sie hinein. Freilich will das *uns* bei unserer grobmateriellen Naturauffassung, die nur die rein mechanischen Einwirkungen von Stoß und Druck anerkennen will, nicht in den Sinn. Aber ist denn diese Naturauffassung nicht schon längst durch unsere Naturwissenschaften selbst widerlegt? Können wir nicht die Hertz'schen Wellen drahtlos auf Tausende von Meilen in den Raum hinaussenden mit dem Erfolg, dass sie von jedem gleichgestimmten Empfänger aufgefangen werden? Warum sollte also nicht auch der Mensch Wellen der Güte, des Mitleids, der Freude und des Gleichmuts in den Raum hinauszusenden vermögen mit der Wirkung, dass sie von jedem dafür empfänglichen Herzen aufgefangen werden, nachdem wir doch bereits wissen, dass auch das sogenannte Geistige nur ein Feinstoffliches, also speziell etwas den Hertz'schen Wellen Ähnliches ist? Dabei trifft das Phänomen der Ausstrahlung von Wellen der Güte mit jenem der Ausstrahlung Hertz'scher Wellen auch darin zusammen, dass auf je weitere Entfernung die Wellen wirken sollen, desto größer die Kraftquelle sein muss, von der sie erzeugt werden: je konzentrierter der Wille ist, desto weiter reicht sein Wirkungsbereich. Welch ein Gedanke! **Ein heiliger Mönch sendet von seiner einsamen Zelle aus Wellen des Mitgefühls oder der Freude in den Raum hinaus; hunderte von Meilen davon entfernt treffen sie auf ein von Kummer und Gram verzehrtes Gemüt, das, ihm selbst unbegreiflich, eben infolge davon plötzlich Frieden und Heiterkeit in sich aufsteigen fühlt!** Wird hier nicht wiederum einmal das Urteil des Normalmenschen, der unterschiedslos jeden Mönch zu einem für die Welt unnützen Müßiggänger stempelt, in sein direktes Gegenteil verkehrt? **Sind nicht diese weltflüchtigen Mönche, wenn sie so wirken, in Wahrheit zugleich die größten Wohltäter ihrer Volksgenossen?“*** Dann zitiert Dr. Grimm den großen Denker Meister Eckhart zu diesem Thema: „Ihr sollt wissen, dass *die* Leute (Mönche etc.) die nützesten Übungen üben: **sie schaffen mehr ewigen Nutzen in einem Augenblick, als alle äußeren Werke, die je auswendig gewirkt werden.“**

* Wer freilich NUR SO TUT, als wäre er ein weltentsagender Mönch, und in Wirklichkeit nur der Gesellschaft auf der Tasche liegt, für den, so sagt der Buddha, **„wäre es besser, er hätte eine glühende Eisenkugel verschluckt“.**

LUST

Alle Wesen sind von der Lust nach Empfindung erfüllt. Das ganze Universum mit allem darin ist von Lust nach der Empfindung durchdrungen. Darum ist auch das ganze Universum mit allem darin in einem Zustand der Unwissenheit und ist von der Wahrheit, eben durch diese Lust nach der Empfindung oder nach den Empfindungen, getrennt. Je intensiver, materieller und damit tiefer diese Lust ist, umso mehr ist die Wesenheit geblendet von der Lust und damit getrennt von der Wahrheit.

Lust nach **jeglicher** Empfindung ist immer gleichbedeutend mit Lust nach Leben und nach Tod, also nach STERBLICHKEIT. Solange man sich von dieser Lust nicht befreit hat, kann man die Wahrheit und damit wahre Unsterblichkeit nicht finden. Welche Empfindungen gibt es nun, nach denen es die Wesen verlangt oder lüstet? Es gibt angenehme Empfindungen, unangenehme Empfindungen und solche, die weder angenehm noch unangenehm sind. Die angenehmen strebt man an, die unangenehmen meidet man und jene, die weder angenehm noch unangenehm sind, empfindet man auch und versucht ihnen so schnell wie möglich zu entgehen, indem man sich aufs Neue in eine so angenehm wie mögliche Empfindung stürzt. Im Himmel zum Beispiel gibt es nicht nur angenehme Empfindungen. Dass es auf Erden manchmal und in der Hölle immer unangenehm ist, das mag noch angehen. Aber wo oder was ist das Unangenehme einer Seligkeitsempfindung, die man im Himmel erlebt und anstrebt? Das Unangenehme der Himmelsempfindung ist, dass auch sie ein Ende hat und keineswegs, wie die Religionen uns weismachen wollen, ein „ewiger Friede“ ist, sondern, im Gegenteil, nach dem Erleben der Himmelsperiode zu einer neuen Reinkarnation der Wesenheit führt. Warum das so ist und warum nur NIRVĀṆA der höchste, weil ewige Zustand ist, wird in diesem Buch erklärt. Vom niedersten Mineral über Pflanze, Tier, Dämon, Mensch bis hin zum höchsten Engel, ja sogar das mit einbeschlossen, was die Menschheit als ihren Gott verehrt, ist alles in einem Stadium der Lust und damit der Unwissenheit begriffen. Wo Lust aufkommt, da kommt auch Leid auf.

Von Zeit zu Zeit jedoch erscheint eine Wesenheit auf Erden, welche die **Freiheit** von der Lust nach den Empfindungen erlangt hat und dieses Juwel an Menschen UND Götter weitergibt. Ein solcher Mensch war Gautama Buddha, dessen radikale Esoterik dieses Buch unter anderem verkündet. Welche Empfindungen gibt es nun im Einzelnen und womit erleben wir sie, womit haften wir ihnen an? Es gibt die Empfindungen des Körpers, der Gefühle, des Denkens, der Seele und des Geistes. Die Lust nach der Empfindung des Körpers ist die niederste und gemeinste und verursacht auch die größte Anhaftung, die Lust nach der Empfindung des Geistes ist die höchste und verfeinertste. Der materielle, ebenso wie der sogenannte hochgeistige oder durchgeistigte oder spirituelle Mensch haben darum eines gemeinsam: Sie sind beide durch ihren individuellen Zustand der Lust nach Empfindung von der Wahrheit getrennt, welche eben FREIHEIT von den Empfindungen ist.

Mit dem Körper befriedigt die Wesenheit die Lust nach Tasten, Hören, Sehen, Schmecken, Riechen und nach sexueller Aktivität. Ausschließliche Konzentration auf diese Aktivitäten führt nach dem Tode in eine der niederen Astral-, ja vielleicht sogar Höllenwelten und hat eine entsprechend niedere Reinkarnation zur Folge.

Mit dem Gefühl befriedigt die Wesenheit die Lust auf Empfindungen wie Liebe, Hass und eben die ganze Skala der Gefühlsschattierungen, welche zwischen diesen beiden extremen Polen liegen. Die ausschließliche Konzentration auf die Gefühlswelt führt im besten Falle nach dem Tode in eine der höheren Astralwelten, im schlimmsten Falle - eines extrem körperkonzentrierten Menschen - in eine niedere Hölle.

Mit dem Denken befriedigt die Wesenheit die Lust auf mentale Empfindung, welches niedere sinnliche, aber auch höhere geistig-spirituelle Gedanken einbeschließt. Je höher und verfeinerter der Gedanke, umso verfeinerter und weniger leidvoll das Leben nach dem Tode auf den entsprechenden Gedankenebenen. Ein Albert Einstein z. B. erwacht nach dem Tode in einer höchsten Mentalwelt. Da diese Welt aus Mental-Materie besteht, welche wiederum eine Unterabteilung der Urmaterie darstellt, manifestiert sie sich um die Gedankenstrukturen derjenigen herum, die in dieser Mentalwelt erwachen und sich somit umgeben sehen von Formen und Umständen, die von ihnen und ihresgleichen selbst erschaffen wurden. Einstein wird in einer solchen nachtodlichen Mentalwelt weiter seine Theorien entwickeln, nicht wissend (oder doch?), dass er sich die ganze Zeit mit einem Traumzustand, mit vergänglichen Illusionen befasst. Er wird also wahrscheinlich dort das tun, was er auch auf Erden tat, nämlich seine Lust auf mentale Empfindungen befriedigen. Es ist natürlich genau diese Aktivität, welche ihn von der Wahrheit trennt, welche eben DIE ABWESENHEIT ALLER LUST NACH DEN EMPFINDUNGEN ist. Wobei eben Einsteins Relativitätstheorie genau das nicht gebührend in Betracht zieht, ja völlig außer Acht lässt, zu dem alles relativ ist, nämlich NIRVĀṆA, die Freiheit von aller Lust nach Empfindungen und damit die einzig wahre Existenz und Unsterblichkeit, losgelöst und befreit von Körper, Gefühl, Denken, Seele und Geist. AUM.

So treffen denn eben auch ein Einstein, Newton, Aristoteles und die meisten anderen Genies immer haarscharf am Ziel vorbei, weshalb sie dann auch immer wieder reinkarnieren und denken müssen, bis sie sich schließlich auch davon lösen, auch vom Denken loskommen und damit schon einen ganz gewaltigen Schritt der Wahrheit näher gekommen sind, einer Wahrheit, die das ist, zu dem alles relativ ist, eben NIRVĀṆA. Die Wahrheit ist nämlich immer JENSEITS allen Verstehens, Denkens und jeglicher Erkenntnis, weshalb man sich schließlich auch und sogar und vor allem vom Denken bzw. von der Lust nach der Empfindung, die das Denken verursacht, lösen muss, um NIRVĀṆA zu erfahren. Dies war den Heiligen aller Kulturen bekannt, bis sie von „den Gelehrten getötet wurden", wie es nicht nur symbolisch im BUCH DES LICHTS heißt.

Ein Gedankenmensch zum Beispiel, der seine Gedankentätigkeit ausschließlich zur Befriedigung seiner Sinneslüste missbraucht, wird nach dem Tode in der tiefsten Hölle erwachen, von allen Lüsten geplagt, aber diesesmal **ohne** einen physischen Körper, der sie befriedigen könnte. Eine solche Wesenheit reinkarniert und manifestiert mit seinen NIEDEREN Aspekten oft für qualvoll lange Zeit in einem Stein, einer Pflanze oder einem Tier. Das HÖCHSTE Selbst des Menschen jedoch wird von einer solchen zwischenzeitlichen Manifestation und Reinkarnation nicht berührt, da es in Seligkeitsebenen eine neue Möglichkeit der Manifestation erwartet bzw. abwartet.

Mit der Seele befriedigt die Wesenheit ihre Lust auf seelische Empfindungen, welche meistens selbstloser Natur sind, es sei denn, der Gefühlsteil des Menschen ist zu sehr beteiligt. KEINER und keine sogenannte selbstlose Liebe ist in Wirklichkeit selbstlos, sondern immer mit **Neigung** verbunden zu dem, was man „liebt", da jedes Wesen immer nur genau das tut, was IHM Lust bereitet. Jemand wie Mutter Theresa zum Beispiel half allen anderen, weil es IHR Lust (bzw. Freude) bereitete. In Wirklichkeit erfüllt so ein Mensch immer SEINE Lust, in diesem Falle die Lust nach der Empfindung, welche erzeugt wird durch einen Akt der Nächstenliebe. Der einzig wirklich selbstlose Akt der Aufopferung ist von jenem vollbracht, der sich von der Lust nach ALLEN Empfindungen befreit hat, nun NIRVĀṆA nehmen könnte, dem aber entsagt, um anderen den Pfad zu NIRVA zu weisen. Er tut das gewiss nicht, um sich selber damit eine Lust nach Empfindung zu bereiten, denn eben von dieser hat er sich befreit und eine solche ist daher nicht mehr von Interesse für ihn. Nein, ein solcher NIRVĀṆEE ist der wahre Held. Ihm gebührt die Krone der Schöpfung. Er ist höher als jeder Mensch und Gott. Doch, oh Lanoo, verehre ihn nicht. Du verschwendest deine Zeit damit. Was kannst du dem geben, der ALLEM entsagt hat? Folge dem Pfad, den er dir weist. Das ist alles, was du tun kannst. Von großem, ja viel größerem Heil als jener, der anderen in der Welt hilft, ist z. B. der einsam auf Bergeshöhen meditierende Heilige, denn er sendet Schwingungen der SELBSTLOSEN GÜTE durch das ganze Universum, und auf wen sie treffen, der empfindet Glück und Frieden und weiß nicht einmal warum. AUM. Ich will damit jedoch nicht sagen, dass man seinen Mitmenschen nicht mit Rat und Tat helfen sollte, sondern wollte damit den Leser nur zur Seelenatem-Meditation ermutigen, welche ihm **und** anderen zum Segen gereicht.

Der dem NIRVĀṆA abgewandte Seelenmensch erwacht nach dem Tode im Himmel und inkarniert dann wieder, entweder im Himmel oder auf Erden, in eine immer positive (aber auch immer vergängliche) Reinkarnation.

Mit dem Geist befriedigt die Wesenheit ihre Lust nach geistiger Empfindung. Die Lust nach Körper, Gefühl, Denken und zum Teil auch nach Seele ist in einer solchen Wesenheit bereits überwunden. Was noch verbleibt, ist eben die Lust nach GEISTIGER Empfindung, der sich die Wesenheit auf den entsprechenden Bewusstseinsebenen hingibt. Nach dem Tode erwacht ein solcher dem NIRVĀṆA abgewandte Mensch im höchsten Himmel und reinkarniert dann wieder in einer sehr positiven entsprechenden Umgebung, um dort weiter seiner Lust nach geistigen Empfindungen zu frönen, sie immer wieder aufs Neue zu genießen.

Darum: Was alle Steine, Pflanzen, Tiere, Dämonen, Menschen, Engel und Götter - den höchsten Gott der Religionen eingeschlossen, aber alle dem NIRVĀṆA zugewandte Wesenheiten ausgenommen - tun, ist, ihre Lust nach Empfindung zu befriedigen. Deshalb sind sie alle erlösungsbedürftig. Sie alle sind von dem Willen getrieben, ihre Lust nach Empfindung stets aufs Neue, sei es auf Erden, im Himmel oder in der Hölle, zu befriedigen. Können sie sich oder kann **man** sie von diesem Willen (der sie von der Wahrheit trennt) befreien? Schopenhauer sagt „Nein". Ich sage „Ja". Denn der Mensch bzw. JEDE Wesenheit IST nicht Wille, wie Schopenhauer behauptet, sondern HAT nur einen Willen und kann ihn benutzen oder auch nicht. Man kann den Willen sogar dazu benutzen, ihn zu überwinden. Im **Loslassen** zeigt sich der Meister, nicht im Klammern. AUM.

Selbst eine hoch-spirituelle Frau wie Elisabeth Haich, Autorin des faszinierenden Buches *EINWEIHUNG,* ist immer noch Sklavin ihrer Lust. In ihrem Buch beschreibt sie ihre diversen Reinkarnationen, zunächst als Tochter des Pharao, welche trotz Einweihung in die höheren Mysterien fiel bzw. sich in einen stämmigen, rothaarigen Krieger verliebte und mit ihm Sex hatte. Dieser Bruch des Keuschheitsgelübdes, dieser sexuelle Akt warf sie, wegen ihrer bis dahin gelebten Reinheit, tiefer in die materielle Welt zurück, als es mit einem uneingeweihten Menschen geschehen wäre. Nach vielen Leben als Hure, Bettlerin und Tänzerin etc. schließt sich der Kreis und sie findet wieder zurück zu ihrer spirituellen Reinheit und entsagt allen sexuellen Freuden. Weshalb ist sie nun immer noch eine Sklavin ihrer Lust oder ihrer Lüste? Nun, sie hat zwar die Lust nach sexuellen und materiellen Empfindungen überwunden, ist aber darum immer noch und umso mehr erfüllt von der Lust nach **spiritueller** Empfindung, nach der Seligkeit und Wonne, die man empfindet, wenn man ganz im **Spirituellen** aufgeht und dann eins wird mit Gott. Da auch dies vergänglich ist und zur Reinkarnation führt, ist es nicht das höchste Ziel. Das höchste Ziel ist NIRVĀṆA, welches **jenseits** aller Wahrnehmung und Empfindung liegt, auch jenseits der höchsten spirituellen Empfindung, sogar jenseits der Einheit mit Gott. Elisabeth Haich hat zwar zu der Reinheit - und den Freunden - ihrer vormaligen Pharaonenexistenz zurückgefunden; wenn sie aber nicht aufpasst bzw. nicht NIRVĀṆA als höchstes Ziel versteht und anstrebt, dann läuft sie Gefahr, dass ihr irgendwann einmal wieder ein Krieger oder vielleicht sogar ein gefallener Engel oder Gott über den Weg läuft und sie von der Bahn abbringt. Nur in NIRVĀṆA ist man sicher vor allen Versuchungen. **NIRVĀṆA ist die Aufhebung ALLER Wahrnehmung und Empfindung. AUM.**

Von einem solchen Zustand ist Elisabeth Haich jedoch noch sehr weit entfernt. Ihr ganzes Buch und damit auch sicher sie selbst schäumt geradezu über vor Gefühlen, Emotionen und von Ewigkeits- und Seligkeitsekstase. Sie EMPFINDET, sie sehnt sich noch nach diesem oder jenem Seligkeitszustand, z. B. wieder mit ihren Freunden vereint zu sein, ihren Lehrer und Vater wieder zu treffen, auf Löwen zu reiten, ihr Volk zu regieren etc. etc. Sie träumt sogar von NIRVĀṆA, von dem sie annimmt, dass es ein Zustand der höchsten himmlischen Seligkeit, der Einheit mit Gott ist. Genau das ist NIRVĀṆA aber eben nicht. NIRVĀṆA ist **jenseits** auch der höchsten Seligkeitsempfindung, sogar jenseits der Empfindung, eins mit Gott zu sein, **NIRVĀṆA IST DIE ABWESENHEIT ALLER WAHRNEHMUNG UND EMPFINDUNG.**

LIEBE

Ich könnte Stunden-Tage-Wochen-Monate- und Jahrelang Dr. Georg Grimm zitieren und mir würde doch nie langweilig werden dabei. Ich hoffe, es geht dem Leser genauso; wenn nicht, dann hat er sich wahrscheinlich noch nicht lange und intensiv genug mit den Werken des Dr. Georg Grimm befasst und sollte dies im eigenen Interesse tun.

Dr. Grimm über die Liebe: „Wenn *wir* von Liebe sprechen, so verbinden wir damit, und zwar auch bei der reinsten Nächstenliebe, untrennbar den Begriff des Gefühls- oder Triebmäßigen, denken mit anderen Worten stets an eine *Neigung* zu einzelnen oder allen Menschen oder den Lebewesen überhaupt. Davon ist nun aber die Liebe, die der Buddho lehrt, weit entfernt. Alles, was Neigung und Trieb ist, ist ja nichts weiter als eine Regung des Durstes, vielleicht des Durstes in seiner edelsten Form, aber immerhin des Durstes, der doch gerade als die Quelle alles Unheils um jeden Preis überwunden werden muss ... Was aber bleibt übrig, wenn man aus der Liebe alles Triebmäßige, alles, was Neigung ist, ausscheidet? *Güte*. Die Güte ist die durch die Erkenntnis von den Schlacken der Leidenschaft, als welche prinzipiell auch jede bloße Neigung irgendwelcher Art anzusprechen ist, geläuterte Liebe: Leidenschaftliche Liebe ist etwas Alltägliches, leidenschaftliche Güte ein Widerspruch in sich. Die Güte schließt also schon begrifflich alles Triebmäßige aus, sie ist die Liebe der reinen Erkenntnis im Gegensatz zur Liebe des noch von seinen Trieben beherrschten Menschen. Sie ist ebendeshalb auch die Liebe des Buddho, weshalb wir sie denn auch weiterhin mit diesem ihren Ehrennamen nennen wollen: Der Buddho lehrt die grenzenlose *Güte* gegen alles, was da lebt und atmet."

Was meinst **du**, lieber Leser, wenn du sagst: „Ich liebe dich"?

MUTTERLIEBE

Mutterliebe ist die egoistischste Form der Liebe, wobei der Begriff „egoistisch" nicht unbedingt im negativen Sinne zu verstehen ist. Der im Menschen am stärksten entwickelte Drang ist der Drang zum Überleben bzw. zum Weiterleben in der einzigen Welt, die der Durchschnittsmensch kennt, in der physischen Welt und im einzigen Körper, in dem er bewusst ist, dem physischen Körper. Das, was in der Frau weiterlebt oder von ihr überlebt, ist das in ihr wachsende Kind. Etwas **von ihr** lebt also weiter, macht SIE, die Frau, unsterblich. Dieses Etwas, diesen Teil ihres eigenen Körpers, hegt, pflegt und ernährt sie, und wenn es sein muss, kämpft sie dafür und verteidigt es bis aufs Messer. Damit hält sie sozusagen **sich selbst** am Leben, hegt, pflegt, ernährt und verteidigt sich selbst. Es ist nicht das Kind, das neue Wesen, welches sie liebt, sondern den Teil in ihr, der Mutter, der überlebt, also damit SICH SELBST. Mutterliebe ist EIGENLIEBE. Wie steht es nun mit Müttern, die ihre Kinder hassen oder sie abtreiben etc.? In einem solchen Falle hasst die Mutter auch immer sich selbst und damit alles an, in oder von ihr. Mutterliebe geht sogar so weit, dass eine Mutter bedenkenlos ihr Leben opfern würde für das ihres Kindes. Was sie aber in Wirklichkeit tut, ist, das Sterbende an ihr dem neuen Überlebenden zu opfern, da das Neue auf jeden Fall länger lebt, zumindest in der Logik der Mutter. Mutterliebe ist immer Eigenliebe. Das, was dem Tode näher ist, liebt oder erhält das, was vom Tode noch weiter entfernt ist. Vaterliebe ist auch egoistisch, doch nicht im selben Maße, da die Überlebensillusion des Vaters derart ist, dass er vermeint, in seinem Samen zu überleben, es also nur der Samen ist, welcher von seinem ganzen Körper überlebt, während im Falle der Mutter ein ganzer Teil ihres eigenen Körpers - und nicht nur ihr Ovum - überlebt. Sie sieht sozusagen sich selber wieder zum Kind werden und lebt als solches bzw. überlebt als solches weiter. So denkt sie, nicht wissend, dass sie mit der WESENHEIT des Kindes überhaupt nichts zu tun hat, sondern ihm nur den Körper liefert, wie ein Schneider den Anzug oder das Kleid für den Kunden oder die Kundin. Der Mensch möchte überleben, und wenn **er** schon nicht überleben kann, so sollte es doch zumindest ein TEIL von ihm tun. Dass auf diese Weise **gar nichts** von ihm überlebt und er im Tode sein eigenes Bewusstsein verliert und dieses eben **nicht** in seinem Kinde weiterbesteht bzw. er nicht im Kinde weiter bewusst ist, geht dem Menschen nicht ein. Er idealisiert und emotionalisiert weiterhin, dass er „in seinem Kind weiterlebt“. Die ganze Welt mit allem darin ist eben auf Wunschdenken aufgebaut; kein Wunder, dass sie, die Welt, an allen Ecken und Enden brennt. Wie steht es nun mit Eltern, die ein Kind adoptieren und es lieben? Wie erklärt sich das? Dies ist bereits unter dem Kapitel „LIEBE“ beschrieben. Eine solche Art von Liebe ist immer mit NEIGUNG verbunden oder mit der Hoffnung, dass dieses Kind einen „glücklich“ machen wird. Wenn dies nicht der Fall ist und sich das Kind als ein „schwarzes Schaf“ herausstellt, dann ist der Jammer groß, was wiederum beweist, dass auch diese Art von Liebe nur verfeinerter Egoismus ist. Wie steht es nun mit Eltern, die ein behindertes Kind adoptieren oder bekommen, es nicht verabscheuen, sondern lieben? Abgesehen von der karmischen Bindung, die in allen anderen Fällen auch besteht, ist es immer der Drang der **Eltern**, der befriedigt wird, in diesem Falle der Drang, sich für jemanden aufzuopfern. Man erfüllt sich also wiederum seinen eigenen Wunsch, lebt seinen eigenen Drang aus und das Kind ist nur Mittel zum Zweck. JEDE Handlung, sei es nun, dass man hungernden Kindern in Biafra hilft oder alte, kranke Menschen pflegt oder man spendet seine Niere einem völlig unbekannten Menschen oder man wirft sich vor ein heranrasendes Auto, um das Leben eines anderen, vielleicht wiederum völlig unbekannten Menschen zu retten, all dies basiert nur auf EGOISMUS. Man tut es, weil es der eigenen Natur entspricht, die in dem Falle dann eben gar nicht anders kann, als so zu handeln, der es „gut tut“, so zu handeln, die glücklich dabei ist und nur so Erfüllung findet. So tut jeder alles immer nur für sich. Dass er dabei sozusagen als Beiprodukt auch anderen hilft und andere glücklich macht, ist wunderbar, aber nicht der Hauptzweck, da es **ihn** ja glücklich macht, wenn andere glücklich sind. Man hatte dabei immer nur an sich gedacht. Ob das Glück, das man sich und anderen dadurch verschaffte, auch wirklich eines ist, steht auf einem ganz anderen Blatt geschrieben ...

Fazit: Es gibt keine bedingungslose Liebe. Jede Art von Liebe ist immer bedingt, es sei denn, es handelt sich um die Liebe eines Buddha, welche Güte in Perfektion ist. Oder: Wahre Liebe erwächst nicht aus Anhaftung, sondern aus Loslösung.

Das Leid der Vergänglichkeit
oder
Das vergängliche Nicht-Selbst

Was ist es denn, das dem Menschen Schauer den Rücken hinunterlaufen lässt und ihn zum Weinen bringt, wenn er einen Film wie „Titanic" sieht oder ein Lied wie „Geh nicht vorbei" hört? Es ist der Astralkörper, der emotionale Teil in uns, das vergängliche, mit Unwissenheit gestrafte NICHT-Selbst, dass sich - durch ein Lied oder einen Film - SCHMERZHAFT seiner Vergänglichkeit sowie der Vergänglichkeit alles Erkennbaren bewusst wird, aber eben keinen anderen Ausweg sieht, als sich das Lied noch einmal anzuhören oder den Film anzusehen. DIE EMOTION wird geweckt, die Kasse klingelt, ist schon klar; und man schreibt und singt ein Lied nach dem anderen, dreht einen Film nach dem anderen, wird vielleicht sogar ein Star. Doch was hat man WIRKLICH erreicht? Was hat man wirklich vollbracht? Man hat das Leid ein wenig gelindert, indem man es glorifiziert, dem Menschen die Illusion vorgespielt, dass es etwas gibt, das überlebt. Doch NICHTS überlebt. Auch die größte Liebe verflacht einmal, und sei es nach 1000 Wiedergeburten. An wie vielen Menschen gehen wir vorbei, die vor vielen Leben vielleicht schon einmal unser Vater oder unsere Mutter gewesen sind? Mir genügt die durch die Unterhaltungsbranche angeheizte kommerzialisierte Beweihräucherung des Vergänglichen nicht mehr. Ich will DAS ENDE des Leidens und nicht seine Glorifizierung. Dieses Ende des Leidens hat mir der Buddha gewiesen. Darum ist er die Wahrheit und alles andere nichts weiter als schmerzvolle Illusion. OM.

Wer, oh großer Chohan, leidet?
Wer wahrnimmt und empfindet,
der leidet, oh Lanoo.

Wie kann ich ALLES Leiden vernichten?

Dr. Georg Grimm schreibt: „Die Vernichtung *alles* Leidens ist nur möglich durch die Vernichtung unserer gesamten Persönlichkeit, also unseres Körpers, all unseres Empfindens und Wahrnehmens, unseres gesamten Gemütslebens, alles Bewusstseins überhaupt.“

Aber wenn ich Körper, Gefühl, Denken, Seele und Geist zerstöre, zerstöre ich damit nicht auch mich selbst? - Im Gegenteil, ich BEFREIE mich nur von alledem, z. B. in der Meditation, und verbleibe immer noch. Dr. Georg Grimm erklärt es uns, indem er zunächst die Möglichkeit einer Zerstörung in Betracht zieht, doch nur, **um es dann umso wirkungsvoller zu entkräften**. In *Das Glück* schreibt er: „Man sollte meinen, dass die Frage, ob wir uns von den Leidensfaktoren freimachen können, ohne uns selbst zu vernichten, ohne weiteres im **negativen** Sinne entschieden wäre. Denn da außer diesen fünf Gruppen der Persönlichkeit schlechterdings nichts weiter an uns zu finden ist, so muss doch wohl ihre Vernichtung unsere eigene miteinschließen. Zu diesem Resultat kommen ja auch tatsächlich alle philosophischen Systeme, die mit dem Buddho erkennen, dass unser gesamtes Bewusstsein und damit natürlich auch alle Empfindungs- und Geistestätigkeit eine bloße Funktion unseres Körpers, als des Bewusstseins- oder Erkenntnis-Apparates ist.“

Doch nun kommts, und das bitte zehnmal hintereinander durchlesen: **„Nun war es aber dem Buddho *tatsächlich* gelungen, sich während seines Lebens beliebig oft von *allen* Elementen seiner Persönlichkeit, also nicht bloß von seinem Körper, sondern auch von allem Empfinden und damit von allem Bewusstsein überhaupt völlig loszulösen (saññāvedayitanirodho) und dann - nach Tagen - wieder zu ihnen zurückzukehren (siehe vor allem das 111. Suttam des Majjhima-Nikāya). Für ihn war also die Tatsache, dass die sämtlichen Elemente unserer Persönlichkeit nicht wesenhaft mit uns verbunden sind, ihre Aufhebung uns selber unangetastet lässt, durch tiefes religiöses Erleben und praktische Erfahrung festgestellt.“**

Dr. Grimm präsentiert die Logik des Buddha in folgendem Schluss:

„Was ich entstehen und vergehen sehe und infolge dieser Vergänglichkeit mir Leiden bringen sehe,
das kann ich nicht selbst sein.
Nun sehe ich die sämtlichen fünf Gruppen meiner Persönlichkeit unablässig entstehen und vergehen und mir mit ihrem Vergehen Leiden bringen.
Also sind sie alle nicht mein Selbst.“

Der Buddha bringt diesen Schluss, entsprechend seiner ungeheureren Wichtigkeit, immer und immer wieder, und zwar in der Form, dass er von jeder der fünf Gruppen unserer Persönlichkeit jedesmal feststellt, dass sie vergänglich und deshalb für uns leidvoll sei, und daran die konstante Schlussfolgerung knüpft: „Was aber vergänglich, leidbringend, wandelbar ist, das hat man in rechter Weisheit also zu betrachten: 'Das gehört mir nicht, das bin ich nicht, das ist nicht mein Selbst.'"

Das Verlangen

Was alle Wesen in der Hölle verbindet, ist das Verlangen nach der Hölle. Was alle Wesen auf Erden verbindet, ist das Verlangen nach der Erde. Was alle Wesen im Himmel verbindet, ist das Verlangen nach dem Himmel. So sind alle Wesen nur Sklaven ihres Verlangens. Der Weise aber hat alles Verlangen nach Hölle, Erde **und** Himmel überwunden und erlangt NIRVĀṆA. AUM.

So kann man sagen, dass, je weniger einer bewusst und wissentlich **will**, umso klüger - ja weiser - ist er. Ein bereits weise geborenes Kind würde darum auf die oft gestellte, wohlwollend-dümmliche Frage „Was willst du denn einmal werden, wenn du groß bist?" antworten: „Nichts!" Je weniger einer will, umso weiser ist er also. Wie steht es dann mit den vielen Obdachlosen? Sind die auch alle weise? Nein, die meisten von ihnen sind es nicht, da sie ja immer noch etwas wollen, es aber nur, aus welchen Gründen auch immer, nicht haben können. Die meisten von denen, die nichts mehr wollen, denken nur so entweder aus Enttäuschung mit dem Leben oder aus anderen Gründen, aber sie haben noch nicht das NEUE, das Absolute, das NIRVĀṆA erfahren. Sie wollen also zwar schon nichts mehr, haben aber noch nicht ihre Bestimmung gefunden. Dieser Zustand der Halbheit ist ein sehr unbefriedigender, weshalb solche Menschen entweder verzweifeln oder sich irgendwann wieder der Welt zuwenden. Wie steht es nun mit einem Faulenzer? Der will doch auch nichts? Ist der weise? Der Faulenzer will ebenfalls alles, er will nur nicht dafür arbeiten, liegt anderen auf der Tasche und wird arm und faul wiedergeboren.

Es bedurfte schon eines Buddha, der alles hatte und alles aufgab, allem entsagte, um zu verstehen, was Nichts-Wollen wirklich bedeutet. Es bedeutet, dass man sich schon zu Lebzeiten von Körper, Gefühl, Denken, Seele und Geist löst, somit seine Reinkarnation verhindert und NIRVĀṆA erlangt. Jemand, der vollbewusst nichts will und allem entsagt, ist also jedem anderen Menschen, und sei er noch so erfolgreich, turmhoch überlegen, **da erfolgreiche Menschen ja meistens nur arbeitsame Sklaven ihres Verlangens sind.** Wenn sie dann alles, was ihr Verlangen ihnen aufdiktierte, in harter Arbeit erlangt haben und immer noch nicht zufrieden sind, geht ihnen vielleicht bereits ein, wenn auch noch sehr kleines, Licht auf, dass sie eigentlich nur einer Illusion, einer Chimäre nachgejagt sind. Die Wahrheit bzw. wahre Unsterblichkeit liegt nicht im Alles-haben-Wollen, sondern im Alles-Loslassen. Darum findet man ja auch unter weltentsagenden Mönchen hin und wieder solche, die die höchsten Ziele im Leben und in der Welt verwirklicht hatten und sich dann, angewidert und enttäuscht, wieder davon abwandten, um die Wahrheit im Schweigen und Nichts-Wollen zu suchen. Wer denkt, dass Nichts-Wollen das Einfachste auf der Welt ist, der versuche es doch einmal. Der soll sich doch einmal hinsetzen und nichts wollen. Ich bin sicher, es würde ihn keine fünf Minuten auf dem Stuhl halten. Der Weise aber will ein ganzes Leben lang nichts und erlangt so ganz nebenbei alle nur erdenklichen übermenschlichen und übersinnlichen Kräfte und Fähigkeiten, und all dies durch Nichtstun. Auch das Nichtstun, z. B. während der Meditation, will natürlich gelernt sein. So ist dieses Buch im Grunde genommen eine Anleitung zum Nichtstun, wodurch man automatisch mehr erlangt als jemand, der sich vielleicht buchstäblich zu Tode schuftet, um somit sein Verlangen zu befriedigen, dessen Sklave er bereits geworden ist*. Kunst, Kultur, Wissenschaft und Politik sind darum nichts anderes als Symptome einer Krankheit, nämlich der Krankheit des Verlangens. **Der Heiler** einer solchen Krankheit, solcher törichten Aktivität oder Verlangenszustände, ist die **Zeit**, welche immer und immer wieder alle Errungenschaften von Kunst, Kultur, Wissenschaft, Politik etc. zerstört. Allein dies sollte eigentlich schon dem aufmerksamen Beobachter zu denken geben. Wissenschaftler und Philosophen, Gurus und Religionslehrer reden immer so großkopfert und geheimnisvoll vom „Gesetz der Natur", als ob ein geheimer Sinn dahinter stecke. Die Realität ist jedoch die:

Das Gesetz der Natur lautet: „DU SOLLST NICHT WOLLEN!"

Wer auch immer gegen dieses Gesetz verstößt, wer auch immer also noch etwas will, dem nimmt es die Natur früher oder später wieder weg. So einfach ist das. Der Mensch möchte es nur so kompliziert machen. Dem Menschen gefällt dieses Gesetz nicht und so pfuscht er, wo er nur kann, der Natur ins Handwerk, nur um festzustellen, dass die Natur ihm immer wieder, spätestens im Tode, auf die Finger klopft, ihn bis ins „siebente Glied" bestraft für seine Verbrechen gegen die Natur bzw. gegen das Gesetz der Natur, welches da lautet: „DU SOLLST NICHT WOLLEN!"

DIE NATUR IST DIE VERBOTENE FRUCHT. Wer von ihr kostet, der muss sterben. Du willst leben, **wirklich** leben? Dann iss nicht davon, koste nicht von dieser verbotenen Frucht. Man muss nur die Bibel mit dem rechten Verständnis lesen, um dies zu begreifen. Wen also ein Verlangen, ganz gleich welches, plagt, der gebe ihm nicht nach, der beobachte es, bis es wieder verschwindet, und es **wird** wieder verschwinden.

Staunend betrachten die Wesen ihre Verlangenszustände und fragen nach dem Ursprung. Dass dieser Ursprung das Verlangen selber ist, darauf kommen sie nicht oder nur sehr selten. Man kann also sagen, dass jede nach außen gerichtete Wahrnehmung von Unheil ist. Und jede Wahrnehmung IST ja nach außen gerichtet. Die AUFHEBUNG aller Wahrnehmung und Empfindung ist darum das höchste Ziel und nur dem wahren Helden vorbehalten. OM.

---

* Der Mensch ist der Sklave seiner Laster und der Kerkermeister seiner Tugenden.

Das Folgende betrifft jene, die den radikalen Pfad wandeln und NIRVĀṆA schon in diesem Leben erlangen wollen. Für den Rest gilt: Mäßigung in ALLEM, dann kann NIRVĀṆA, wenn auch erst in mehreren Leben, ebenfalls erreicht werden.

Es gibt gewisse Verlangen, denen man nachgeben muss. Da ist z. B. das Verlangen des Körpers, sich zu entleeren, oder das Verlangen, Nahrung aufzunehmen. Diesem letzteren Verlangen sollte man allerdings nachgeben, ohne es zu genießen oder ihm anzuhaften. Der Körper soll ja nur am Leben erhalten werden, damit man sich durch Studium und Meditation umso besser von ihm lösen kann. Man faste mindestens einen Tag pro Woche. Einem sexuellen Verlangen sollte man nicht nachgeben, da dieses mit Genuss verbunden ist, Bindung und Anhaftung erzeugt und damit zur Wiedergeburt, weg von NIRVĀṆA führt.

Also: Körperentleerung, vegetarisches Essen und alkoholfreies Trinken sind die einzigen Verlangen, denen man nachgeben sollte, aber nur im Rahmen (und wegen) ihrer NOTWENDIGKEIT. Man meditiere darüber. AUM.

Die Ursünde ist nicht, *was* wir wollen, sondern *dass* wir wollen.

LANOO

DRANG, SINNESORGANE, MATERIE und GENIE

In uns haust bzw. herrscht (noch) ein Verlangen, ein Durst, ein Drang, der Drang zu tasten, zu schmecken, zu riechen, zu hören, zu sehen, zu denken und der Drang nach den daraus resultierenden Empfindungen. Dieser Drang erwacht periodisch von innen nach außen zusammen mit dem „Drängen“ der anderen Wesenheiten. Sind diese Dränge der anderen Wesen in unserem Schwingungsbereich oder in etwa den unseren gleich bzw. haben wir eine Wahlverwandtschaft zu ihnen, dann erleben wir diese Dränge als Materie, weil sie den unseren gleich sind bzw. weil diese Wesenheiten das Gleiche wollen und darum ein gewisser Widerstand besteht, der von uns als DICHTE oder Materie empfunden wird. Wesenheiten mit einem Drang, der AUSSERHALB (sehr viel höher oder niedriger) unseres Schwingungsbereiches liegt, empfinden diesen Drang nicht als dasselbe wollend und darum auch nicht als Materie. „Gleich zu gleich gesellt sich gern“ gilt für Wesenheiten, die dasselbe wollen und sich darum unausweichlich finden und zu Gruppen bilden. INNERHALB einer solchen Struktur gilt dann auch „Gegensätze ziehen sich an“.

Nur Wesenheiten, die dasselbe wollen wie wir, empfinden wir als Materie, welche in Wirklichkeit nur der in etwa dasselbe wollende Verlangenszustand einer anderen Wesenheit ist, die ja darum, eben weil sie dasselbe will, sich zu uns gesellt, aber auch zugleich in Konkurrenz zu uns tritt, was die Naturwissenschaftler dann den „Kampf ums Überleben" nennen. In Wirklichkeit ist dies nur das Verhältnis von dasselbe wollenden Wesenheiten zueinander. Auch das, was wir als Tisch bezeichnen oder empfinden, ist ja nichts weiter als der Verlangens- oder Drangzustand von Atomen oder Monaden, die sich in einer Gruppe zusammenfinden, Tisch genannt. Der Chemiker spricht hier von der „Wahlverwandtschaft der Elemente", was er aber meint, ist „gleich zu gleich gesellt sich gern", also eben Wesenheiten mit gleichem Verlangenszustand zur Gruppe vereint, die wir dann entweder als Lebewesen oder Dinge definieren. Wir verstehen nun immer mehr, warum es Materie per se gar nicht gibt und eine Forschung in dieser Richtung mit jemandem zu vergleichen ist, der das Trockene sucht, indem er immer tiefer ins Wasser taucht, regelmäßig wieder auftauchen muss, tief Luft holt und wieder nach unten taucht. Der Vergleich mit dem gegen Windmühlen kämpfenden Don Quichote drängt sich auf ...

Eine Wesenheit mit sehr viel intensiverem Verlangenszustand als dem unseren mag daher in einem anderen niedrigeren Bereich, z. B. der niederen Astralwelt oder Hölle, zu Hause sein, während eine Wesenheit mit geringerem oder mehr verfeinerterem Verlangenszustand wie wir diesen Zustand in einer Engelswelt ausleben muss. WIR als denkende Menschen können durch entsprechend anhaftendem oder auch losgelöstem Verlangenszustand eine Verbindung zu beiden Welten schon hier herstellen. Kein Wunder, dass die Heiligen regelmäßig Besuch von den Engeln bekamen, sie hatten ja hier auf Erden bereits denselben Schwingungs- bzw. Verlangenszustand durch ihre heilige, keusche Lebens- und Verhaltensweise hergestellt. Wer dies belächelt, der möge halt weiter Bier und Schweinshaxe konsumieren und mit den Höllenwelten kommunizieren, in denen er, falls er sich auch sonst sehr höllisch verhält, unausweigerlich nach dem Tode wieder erwachen wird, während der heilig Lebende sich schon jetzt buchstäblich den Himmel auf Erden geschaffen hat und nach dem Tode des physischen Körpers auch dort wieder erwachen wird. Ganz zu schweigen ist in diesem Zusammenhang von dem Buddha, der JEDES Verlangen überwunden und Zugang zu ALLEN Verlangenswelten hatte, von der tiefsten Hölle bis zum höchsten Himmel, und auch dort mit den niedrigsten Teufeln, aber auch mit den höchsten Göttern kommunizierte und sie belehrte. Der große Chohan enthüllte mir, dass der Buddha viele unglückliche Seelen aus tiefster Hölle befreite und mit sich zu den Göttern nahm, sie dort absetzte und dann wieder in seinen Körper zurückkehrte. Dies betrifft auch den Einweihungsritus des Jesu Christi, welcher später in einen wirklichen Tod am Kreuz gefälscht wurde.

Nun zu den Sinnesorganen. Diese unsere Organe dienen ja zu nichts anderem, als den in uns hausenden Drang zu befriedigen, den Drang nach Tasten, Schmecken, Höhren, Sehen, Fühlen, Denken und den damit verbundenen Empfindungen. Wer's anders sieht, der emotionalisiert das Ganze eben noch und sieht es nicht der Realität entsprechend. Nach dem Tode ergreifen wir, getrieben von verbliebenem Durst nach mehr Sinneseindrücken, einen neuen Keim in einem neuen Schoß (oder auch in einer höheren oder gar tieferen Welt, je nach Drang bzw. je nach überwundenem oder noch nicht überwundenem Drang) und wieder manifestiert sich der Drang in den entsprechenden Organen, um dann wieder durch sie befriedigt zu werden.

Aufgemerkt, hier ist Weisheit: Das einzige, was ewig ist im Sinne von immer wieder erwachend, IST eben dieser Drang, und wenn wir nichts dagegen unternehmen, mag er uns auch in der Tat ewig quälen und unsere ewig und immer wiederkehrende Wiedergeburt verursachen, sei es im Himmel, auf Erden oder sonst wo im Universum. Da nun aber die zur Drangerfüllung benötigten und verwendeten Organe SOWIE die Personen und Dinge, nach denen es uns drängt, und die Empfindungen, die sie verursachen, VERGÄNGLICH sind, bleibt dieser Durst oder Drang, FALLS MAN IHN NICHT ÜBERWINDET, auf ewig unbefriedigt und verursacht immer und immer wieder ein neues Geborenwerden, Leben und Sterben und damit Leiden. Da aber Personen und Dinge ja nichts anderes sind als Drangzustände anderer Wesenheiten vom kleinsten Atom zum größten Universum mit allem darin, gibt es nichts anderes als Drangzustände, die sich entweder vereinen oder bekämpfen. In beiden Fällen übrigens wollen die Drangzustände sich vertilgen, in der Liebe wie im Hass. Es gibt also nichts weiter als Drangzustände oder ihren Drang befriedigende Wesenheiten, sei es im Himmel, auf Erden oder in der Hölle oder welche Bewusstseinsebenen es sonst noch geben mag. SO sieht der Weise, SO sieht der stille Denker, SO sieht der Erwachte. Unnötig zu erwähnen, dass JEDE Wesenheit in Manifestation die andere buchstäblich VERSCHLINGT, also andere Drangzustände verdrängt oder zerstört oder konsumiert, vereinnahmt, um selber weiter den Drang oder Durst nach Sinneseindrücken befriedigen zu können. Die verschiedenen Befriedigungsstufen dieses Dranges bzw. die bei der Befriedigung angewendeten Techniken oder die aus diesem Unwissenheitszustand resultierenden Empfindungen beschreiben wir dann als Liebe, Hass, Gleichgültigkeit, Mitleid, Ehrgeiz etc. etc., aber wenn man dies so beschreibt bzw. umschreibt bzw. die wahre Natur des Ganzen zu vertuschen sucht, bewusst oder unbewusst, dann gleicht man jemandem, der Parfüm auf eine Leiche sprüht, damit sie nicht so stinkt. In Wirklichkeit befriedigen alle Wesenheiten, sei es im Himmel, auf Erden oder in der Hölle, immer nur ihren DRANG, ihren Durst, ihr Verlangen, und zwar, dies sei besonders betont, selbst im Falle des besten und gütigsten Menschen, IMMER auf Kosten anderer, denn: Dem Willen zum Leben ist Leben gegeben. Dieses Leben aber kann immer nur auf Kosten anderen Lebens erhalten werden.

Wer diesem Tollhaus oder Schlachthaus der Natur, welche ja nichts weiter ist als die Gesamtsumme aller Drangzustände oder aller vom Drang erfüllten Wesenheiten, wer dem allem entkommen will, OHNE SICH SELBST ZU ZERSTÖREN, dem ist in diesem Buch der Weg gewiesen. OM.

Das größte Genie ist darum nicht jemand, der seinen Drang immer und immer wieder aufs Neue erfüllt und befriedigt, das größte Genie ist nicht ein Goethe, Mozart, da Vinci, Picasso, Einstein oder Napoleon etc. etc., die ja doch immer nur IHREN DRANG befriedigt hatten, das größte Genie ist derjenige, der sich vom Drang BEFREIT hat. Je befreiter einer vom Drang ist, umso höher steht er ja schon in der Hierarchie der Natur, die er dann z. B. als Himmelsbewohner erlebt. Das allergrößte Genie ist jedoch der, welcher sich VÖLLIG vom Drang befreit hat. Er ist der größte Heiler, Wissenschaftler, Philosoph und Künstler, das höchste Wesen überhaupt. Ein solcher Mensch war DER BUDDHA. Ihm gebührt darum die Palme des Siegers, alle anderen sind nur vom Drang erfüllte, umherirrende Toren, verlorene Schäfchen, die der Buddha mit seiner Botschaft wieder einsammelt. Wer es dem Buddha nachmacht und seinen Drang überwindet, der hat den Sinn seines Lebens erfüllt. OM.

Weshalb sich Materie und Geist ständig auflösen

Materie und Geist (und alles dazwischen) sind Verlangenszustände. Jeder Verlangensimpuls hat einen Anfang und ein Ende. Das Ende eines solchen Verlangensimpulses **empfinden WIR** als Auflösung der Materie und des Geistes (mit allem dazwischen), sei es auf Erden, im Himmel oder in der Hölle.

LEBEN UND TOD

Der Tod tötet nicht. Das **Leben** tötet. Vom ersten Augenblick an, wo sich der Fötus im weiblichen Schoß entwickelt, **presst** die Lebenskraft gegen ihn, will ihn hinausdrücken, zerquetschen, zerstören. So ist die Realität. Das Leben heißt die Wesenheiten nicht willkommen, sondern bedeutet ihnen vom ersten Augenblick an: „Du gehörst nicht hierher! Raus mit dir!“ Die Wesenheit, in diesem Falle der Fötus, entwickelt Organe, um sich der zerstörenden Lebenskraft zu widersetzen. Da das Verlangensmomentum der Wesenheit in den ersten, sagen wir mal dreißig Jahren immens ist, gelingt es ihr, sich für diese Zeit erfolgreich gegen die todbringende Kraft des Lebens zu wehren (falls nicht schon zuvor Tod durch Unfall oder Krankheit eintritt) und sich im Leben bzw. im Lebenskampfe ums Überleben zu behaupten. Doch mit jedem weiteren Lebensjahr wird das Verlangensmomentum der Wesenheit geringer* und schließlich baut bei konstanter, ihm entgegenwirkender Lebenskraft der Körper mehr und mehr ab, kann sich immer weniger erfolgreich wehren gegen die niederdrückende Lebenskraft, welche sich ja auch in der „Schwerkraft“ und im atmosphärischen Druck äußert. Schließlich stampft die zum Planetenzentrum drückende und pressende Lebenskraft den Körper zurück, da wo er (nicht die Wesenheit!) herkommt, Asche zu Asche, Staub zu Staub. Ihres Körpers

* So mancher junge **und** alte Mensch mag nun einwenden: „Meine Willenskraft zum Leben ist nicht geringer geworden, sondern sogar noch größer! Wenn es nach mir ginge, dann würde ich noch hundert Jahre oder gar für immer leben wollen!“ Doch dies ist ja auch nicht gemeint mit „Willensmomentum“. Esoterisch gesehen geschieht Folgendes: Jedes Wesen wird mit einem gewissen Gesamtwillensmomentum geboren oder betritt das Leben damit. Es ist **dieses** Willensmomentum, welches die Gesamtlebensdauer bestimmt. Die Uhr läuft vom ersten Augenblick an und der während des Lebens hinzukommende Wille hat nur wenig zu tun mit dem vorhergehenden, vom vergangenen Leben überhängenden Willen und beeinflusst nur in geringem Maße das gegenwärtige Leben und dessen Dauer. Fazit: Wer ein langes nächstes Leben leben will, der muss schon jetzt entsprechend rein und verlangenslos leben.

beraubt verlangt die Wesenheit nach einem neuen Körper und bewirkt so die Reinkarnation. Die Sache ist also klar: Es ist das Leben, welches tötet, und nicht der Tod. Der Tod ist nur Endergebnis eines Prozesses, welcher bereits bei der Geburt einsetzt. Wer es anders sieht, sieht die Dinge eben noch, wie er sie möchte, und nicht, wie sie wirklich sind.

DIE ÜBERWINDUNG DER TODESFURCHT

Jeder Mensch möchte nur eines: glücklich sein, frei von Leiden. Ein solcher Wunsch jedoch ist schwer zu erfüllen in einer Welt, in der die alles verschlingende Vergänglichkeit herrscht. Es gibt, ob man es sich nun eingestehen will oder nicht, nur ein Leid und das ist das Leid der VERGÄNGLICHKEIT, welches seinen Höhepunkt findet in Krankheit, Alter und Tod. Wer nun einwendet, dass dies alles doch natürlich sei und dass man eben „positiv" denken müsse, der mag zwar das Leiden ein wenig hinausschieben, aber umgehen oder gar verhindern kann auch er es nicht. Ich bin ein Buddhist, und zwar ein FRÜH-Buddhist. Das heißt, ich folge der ursprünglichen Lehre des Buddha und nicht der späteren INTERPRETATION dieser Lehre. Der Grund dafür ist folgender: Nur der UR- oder Frühbuddhismus hat ein für mich ganz wesentliches und ausschlaggebendes Merkmal, nämlich die Betonung des Todlosen bzw. der TODLOSIGKEIT oder amata. Mit Todlosigkeit meine ich nicht eine Unsterblichkeit in der Zeit, sondern etwas JENSEITS von Zeit und Raum, etwas, das man nur PERSÖNLICH in seinem Innern erfahren kann, und zwar indem man sich von allem Äußeren löst, es als NICHT sein Selbst oder als NICHT sich Selbst betrachtet, denn man selbst ist ja das oder dasjenige, was alles Erkennbare ERKENNT. OM.

DIE TODESFURCHT besiegt man durch Vernunft und Meditation, welche dann zu eigenem, innerem Erleben führen, welches jeden Zweifel überwindet und zerstört. Mir liegt es nicht nur daran, die Lehre selbst zu verwirklichen und weiterzureichen, sondern auch aktive Sterbehilfe zu leisten, und zwar jedem Menschen, sei er nun Buddhist, Christ oder gar Atheist. Dies ist möglich. Man muss sich die folgenden Zeilen nur gut durchlesen. Sind wir doch einmal ehrlich: Im Tode glauben die meisten Menschen, alles zu verlieren, mit dem sie sich identifiziert haben, und dies stimmt auch ... Es stimmt aber NICHT, dass man SELBST im Tode vernichtet wird, sondern eben nur das, woran man so sehr geklammert hat, mit dem man sich identifiziert hat, eben das VERGÄNGLICHE. Solange hat man sich an das Vergängliche, nämlich an den Körper etc. gewöhnt und geklammert, dass man sich ganz als der Körper empfindet, sieht und denkt. Umso größer ist dann das Leid, wenn einem das, womit man sich doch so sehr identifiziert, entrissen wird. Wer ist da nun zu beschuldigen? Der Tod, der nur seine äonenlange Arbeit verrichtet, oder ist es nur unser Wunschdenken, dass etwas nicht sein kann, weil es nach unserer Meinung nicht sein DARF?

Aber so weit muss es nicht kommen, man MUSS nicht leiden und wenn man bereits leidet, dann kann man auch dies wieder rückgängig machen. Man muss nur zwischen dem sterblichen und unsterblichen Teil in einem selbst zu unterscheiden wissen. DANN kann man sogar, wenn auch vernünftig, anhaften am Vergänglichen und dann, wenn es soweit ist, das Vergängliche mit einem Lächeln loslassen, in der seligen Gewissheit, dass man es doch wieder bekommt im nächsten Leben. Wer dies freilich auch nicht mehr will, der muss schon ganz andere und etwas radikalere Maßnahmen anwenden.

Wer die Furcht vor dem Tode überwinden will, der muss also zunächst einmal Willens und in der Lage sein, zwischen dem Vergänglichen und Unvergänglichen zu unterscheiden, zwischen dem, was dem Tode unterworfen ist, und dem, was nicht dem Tode unterworfen ist, vom Tode oder auch IM Tode nicht berührt wird, nicht berührt werden kann. OM. Wo liegt denn aber nun dieses dem Zugriff des Todes nicht Ausgelieferte? Der Christ denkt, es liegt im Himmel bzw. in der Seele, doch der BUDDHA lehrt uns ja ganz glaubhaft und für uns selbst nachvollziehbar, dass auch der Himmel und die sogenannte Seele der Christen zwar existieren, aber doch eines gemeinsam haben: Sie sind vergänglich, mögen sie im günstigsten Falle auch noch so lange währen. Nein, der Buddha behauptet und lehrt ganz kühn, dass das TODLOSE, das EWIGE im Sinne von ZEITLOS, dass dies sogar JENSEITS der Himmel der Religionen und jenseits unserer viel gerühmten Seele bzw. des Geistes liegt, also JENSEITS aller Empfindung und Wahrnehmung, denn DIE werden ja nur vom Körper und seinen astral-geistigen aurischen Verlängerungen erlebt und sind darum natürlich ebenfalls vergänglich und damit NICHT das Ich oder Selbst. OM. Wenn wir unserem WESEN nach vergänglich wären, dann würden wir doch diese Vergänglichkeit gar nicht erst wahrnehmen bzw. so schmerzhaft empfinden. Es wäre im Gegenteil so, dass wir dann mit derselben Lust altern und sterben würden, wie wir geboren werden und leben. Und doch LEIDEN wir. Dies ist aber nur so, weil wir nicht verstehen oder wissen, dass wir in unserem tiefsten todlosen Grunde NICHTS von alledem sind, was wir an uns und um uns, ja sogar IN UNS erkennen. Wir sind also nichts VERGÄNGLICHES. Dies ist die Aussage, der KERN der frühbuddhistischen Lehre, die Anattā-Erkenntnis.

Wenn wir aber nicht das Vergängliche sind, was sind wir denn dann? Nun, wir sind das UNDEFINIERBARE, das UNAUSSPRECHLICHE, das, welches vom Untergang unserer vergänglichen Persönlichkeit im Tode nicht berührt wird. Durch rechtes Denken und Meditieren erlangen wir also nach und nach die Gewissheit von der Tatsächlichkeit der Unzerstörbarkeit unseres Wesens im Tode. Ein solches rechtes Denken und Meditieren führt auch zunächst einmal zu einem Mindestmaß an Loslösung von allem Weltlichen, man ist einfach nicht mehr so verliebt in alles Grobstoffliche und Vergängliche. Eine WEISE Betrachtung des Todes führt eben NICHT zu Depression, Lebens- oder Todesangst oder zu einer blinden Flucht vor dem Leben. Man wird ganz im Gegenteil immer heiterer, furchtloser, zuversichtlicherer und man empfindet zum einen das Nicht-Sein-Sollende unserer gegenwärtigen Situation und eine auf diese Weise nie zuvor gekannte Geborgenheit. DANN sieht man den Tod als das, was er ja auch ist, als das Ablegen eines alten Kleidungsstückes, als ein Wechsel in eine ANDERE Bewusstseinssphäre, mit der man sich bereits zu Lebzeiten durch entsprechendes Verhalten in Verbindung setzte. Die Fahrkarte für das jenseitige Lebensziel muss man sich in diesem Leben erarbeiten durch entsprechendes Handeln oder Karma. OM. Wie man sät, so erntet man. Wie man sich (in diesem Leben) bettet, so liegt man (nach dem Tode UND im nächsten Leben). Man muss also jeden Tag tüchtig nutzen. Keine Sekunde darf man ungenützt verstreichen lassen. IMMER sollte man an den Tod denken oder sooft wie möglich. Doch dies muss in der rechten, wie bereits beschriebenen Weise geschehen und NICHT wie es ein Bekannter von mir tut, der sich jeden Tag als erstes in der Zeitung die Todesnachrichten durchliest, um sich so noch mehr darüber freuen zu können, dass er noch lebt.

Lieber Leser, das Leben ist kurz, die Stunden verrinnen. Du hast keine Zeit zu verlieren, dein Körper zerbricht, das Alter kommt. Betrachte immer und immer wieder der Wirklichkeit gemäß das Entstehen und Vergehen der Haftensgruppen. Tu dies immer und immer wieder. Lass somit deine Todesstunde zum Festtag werden. Wenn du, lieber Leser, jetzt im Krankenhaus liegen solltest, dann sei nicht bedrückt. Wünsche dir kein schnelles Ende, nutze jede Minute, jeden Augenblick als Gelegenheit, dich zu LÖSEN. Was du hier auf Erden im physischen Körper besorgen kannst, das wird dich nicht mehr in der anderen Welt quälen. Denke vollbewusst daran, dass du im Tode ja nur dein altes Kleid, den alten, abgenutzten Körper ausziehst, um in einer höheren Welt in einem NEUEN Körper zu erwachen. Dieser neue Körper wird und kann natürlich auch nur die Fortsetzung deines Bewusstseins- oder Verlangenszustandes auf Erden sein. Denke also immer nur Gutes, dann erwachst du in einer guten Welt. Denke Schlechtes und du erwachst in einer schlechten Welt. Gleich zu gleich gesellt sich gern. Erzeuge also eine WAHLVERWANDTSCHAFT zu den höheren Welten, dann wirst du auch in ihnen erwachen. Es ist schon so, wie es die Upanishaden verkünden: „Das Sein, an welches denkend er aus diesem Leben scheidet, in dieses Sein wird drüben er dann eingekleidet.“ Wer so denkt, gelangt in eine Himmelswelt. Wie könnte der sich denn da noch vor dem Tode fürchten? FREUEN wird und sollte er sich. Wir alle müssen sterben, selbst der Buddha musste sterben. Wir haben den Mond erobert, doch die Angst vor dem Tode haben die meisten noch nicht bezwungen. Seid ÄONEN sterben die Wesen, da müsste man doch meinen, sie hätten sich inzwischen daran gewöhnt? Denkste. Sie schlottern immer noch vor Angst, wenn der Sensemann kommt und mit seiner Sense jeden und alles auf die richtige Größe zurechtstutzt. Da muss der Großkopferte so sehr daran glauben wie der Kleinmütige, der Heilige so sehr wie der Sünder. Es ist nun wirklich an der Zeit, mit Humor und rechtem Wissen dieser unlogischen und sinnlosen Furcht vor dem Tode auf den Leib zu rücken.

Jede freie Minute soll man also an den Tod denken, und zwar nicht mit Furcht, sondern mit dem rechten Verständnis. DANN sieht man den Tod als Tor zu neuer Wiedergeburt, einer Wiedergeburt, deren Art und Weise ICH und nur ich bestimmen kann, denn ob ich als Lichtwesen, als Mensch, als Gespenst oder gar als Tier nach dem Tode wiedererwache, das liegt allein an mir ... DIE WIRKLICHKEIT erwartet mich jenseits des Todes, ein namenloser, ewiger Frieden, eben der „ewige“ Frieden, den man sich im christlichen Gebet erhofft, der aber kein ewiger ist, denn auch die höchsten Himmel sind vergänglich. OM. Ewigen Frieden, also Frieden von allem Vergänglichen - und einen anderen Frieden meint ja auch die Kirche nicht -, einen solchen ewigen Frieden findet man nicht im Himmel, sondern nur in NIRVĀṆA, dort, wo man hingelangt, wenn man alles Sterbliche hat fahren lassen oder besser wenn man sein VERLANGEN nach allem Sterblichen überwunden hat.

Darum gibt es nur eine Betrachtung, geübt und beharrlich geübt, zur Weltabkehr, zur Reizfreiheit, zum Frieden, zur Durchschauung, zum NIRVĀṆA und diese Betrachtung ist DIE BETRACHTUNG ÜBER DEN TOD. Die sogenannten Genießer und Lebensexperten sind meist diejenigen, die meistens heulen und mit den Zähnen klappern, wenn der Sensemann kommt, um sie zu holen. Man möge also oft und ernsthaft darüber nachdenken, dass man stirbt, dass man dem Tod NICHT entgehen kann, und nicht in törichtes Denken verfallen wie jener 70-jährige, schon etwas tatterige Arzt, der mir mit glänzenden Augen verkündete, dass er an einem Projekt arbeite, welches den Zellverfall verhindere und von dem er hoffe, dass er es noch selbst an sich ausprobieren könne, um so seinen Tod zu verhindern. Daran sieht man wieder einmal, dass auch und besonders Alter nicht vor Dummheit schützt.

Nun ist es aber leider so, dass die Mehrzahl aller Menschen, ja aller Wesen überhaupt vom Rausch des Lebens erfüllt sind. Berauscht dadurch führen sie in Werken, Worten und Gedanken einen schlechten Wandel, der wiederum zu einem neuen, schlechten Leben und Leiden führt. Wer aber hingegen oft und ernsthaft bedenkt, dass er doch dem Tod nicht entgehen kann, in dem schwächt sich der Rausch des Lebens oder er stirbt gar ganz. Oh Lanoo, hohen Lohn bringt die Vorstellung des Todes, reichen Segen erlangt jener, der das TODLOSE zum Stützpunkt und Ziel hat. Denn: Wer im Geiste häufig von der Vorstellung des Todes erfüllt ist, der schreckt zurück vor der Lebenslust, er wendet sich ab, das Verlangen in ihm erlöscht nach und nach oder mit einem Mal, GLEICHMÜTIG wird er und ÜBERDRÜSSIG.

Wie steht es nun aber mit jemandem, der zwar häufig von der Vorstellung erfüllt ist, der aber immer noch zum Leben hinstrebt, in dem sich noch kein Überdruss einstellt? Nun, ein solcher soll erkennen, dass er eben die TODESVORSTELLUNG noch nicht genügend entfaltet hat. Der muss noch daran arbeiten, mit klar bewusstem Geist. Er muss geduldig sein, denn er mag schon das WISSEN haben bzw. den SAMEN des Wissens in sich, aber dieser Samen ist noch nicht aufgegangen. Dies kann oft über Nacht geschehen. Schreckt jemand aber zurück von der Lust am Leben, wendet er sich ab, fühlt er sich nicht zum Leben hingezogen, verharrt er gleichmütig, dann kann er feststellen, dass er die Vorstellung des Todes entweder in diesem oder bereits in einem vergangenen Leben voll entfaltet hat. Für ihn besteht ein Unterschied zwischen einst und jetzt. Spinoza sagt: „Wir fühlen und erfahren, dass wir unsterblich sind." Recht hat er. Wir sind nur in Verwirrung darüber, WAS unsterblich ist. Wir sind wie ein Verrückter, der will oder erklärt, dass das Wasser trocken ist; und ebenso wollen oder erklären viele Menschen, dass das STERBLICHE unsterblich ist, also (so hoffen sie) der Körper oder (so hofft der religiöse Mensch) die Seele oder der Geist. All dies ist aber auf WUNSCHDENKEN aufgebaut und nicht auf wahres Wissen und schon gar nicht auf rechte Erkenntnis. Da aber in vielen Menschen auf Grund ihrer äonenlangen Anhaftung an das STERBLICHE das Urbewusstsein für das Unsterbliche erloschen ist, sind sie gezwungen, an ihre eigene Unsterblichkeit zu GLAUBEN. Dieser Zustand des GLAUBENS und Nicht-Wissens wird natürlich von der Autorität der Kirche noch unterstützt, denn ein WISSEN, ein wahres Wissen über unsere Unsterblichkeit würde von einer Minute auf die andere das Ende aller Kirchen und Religionen bedeuten. Wissenschaft UND Religion sind sich irgendwie darüber einig, dass das

WESEN des Menschen wohl in einer seiner erkennbaren Qualitäten, vornehmlich in den GEISTIGEN Qualitäten liege. Doch gerade die WISSENSCHAFT schaufelt damit ihrer eigenen Theorie ein Grab, indem sie damit ja behauptet, dass auch DIESE Eigenschaft eine vergängliche ist, denn auch das DENKEN ist ja wesenhaft an den körperlichen Organismus gebunden. Auch das Denken ist eben eine organische Funktion, also an ein ORGAN gebunden, nämlich an das Gehirn. Wenn man so denkt, wie es Religion UND Wissenschaft tun, dann müsste man eigentlich schon daraus schließen, dass eben auch dieses sogenannte „Wesenhafte“ im Menschen mit dem Tode des körperlichen Organismus zugrunde geht. Dies betrifft natürlich auch die sogenannte Seele UND den Geist. „WAS BLEIBT DENN DANN NOCH?“, fragt sich voll Verzweiflung der von Todesfurcht Erfüllte. Die Antwort: „Nichts als VERGÄNGLICH Erkennbares verbleibt, nämlich das NIRVĀṆA.“ Wer dies nicht HIER auf Erden bereits, und sei es auch nur im Ansatz, erfahren hat, der mag sich sehr wohl noch an den Körper, das Gefühl, das Denken, an die Seele oder gar an den Geist klammern. VERGEBENS, denn sie werden ihm ja doch wieder entrissen. TODESFURCHT kann nur der überwinden, welcher sich HIER SCHON von allem gelöst hat, was ihm im Tod entrissen wird, und der HIER SCHON erkennt, dass er trotzdem noch weiter besteht. Wie? Nun, eben FREI von Körper, Gefühl, Denken, Seele und JA, sogar frei vom Geist. Geist-FREI ist er, nicht geistlos, wohlgemerkt. Diese GRUNDWAHRHEIT von der Vergänglichkeit aller Beilegungen bis hoch zur feingeistigsten trennt Religion und Wissenschaft für immer. Denn: Die Religion vermag eben NICHT die wissenschaftliche Erkenntnis von der Vergänglichkeit und MATERIALITÄT der selbst höchsten geistigen Beilegungen und deren Funktionen zu widerlegen (eben weil diese ja mit dem Organismus untrennbar verbunden sind und seinen Untergang zwar noch eine Weile überleben, aber DANN ebenfalls untergehen). In gleichem Maße vermag jedoch die Wissenschaft nicht die Lehre der Religion von der Unzerstörbarkeit des WESENHAFTEN im Menschen zu widerlegen, weil sich beide, Wissenschaft UND Religion, nicht im Klaren sind über die WAHRE Natur des WESENHAFTEN im Menschen, welche natürlich JENSEITS von Körper, Gefühl, Denken, Seele und sogar jenseits vom Geist liegt. OM.

Lieber Leser, die Wissenschaft hat natürlich Recht, wenn sie behauptet und feststellt, dass man keine Sehempfindung und -wahrnehmung bzw. kein Sehbewusstsein mehr hat, wenn die Augen zugrunde gehen. Ebenso stimmt es auch, dass man kein Hörbewusstsein mehr hat, wenn man taub wird, kein Riechbewusstsein hat, wenn das Riechorgan zugrunde geht, und dass man auch kein Schmeckbewusstsein mehr hat, wenn die Schmeckorgane zugrunde gehen. Ebenso hört auch das Tastbewusstsein auf, wenn der Leib die Empfindungsfähigkeit verliert, und sogar mit dem Denken ist es vorbei, wenn das Gehirn zugrunde geht. Sowenig wie es also eine Verdauungstätigkeit ohne Verdauungsorgane gibt, so gibt es auch keine Sinnestätigkeit ohne Sinnesorgane. Darum gibt es natürlich auch kein Bewusstsein ohne all diese Bewusstseinsorgane und darum überlebt das Bewusstsein eben nicht von einem Leben zum anderen, sondern ist immer wieder neu, neu bedingt durch den neuen Körper, der sich allerdings um die Verlangensatome der alten Existenz herum manifestiert. OM.

Der Leser mag nun aber argumentieren: „Ja, darum HABE ICH DOCH überhaupt solch eine Todesfurcht, eben WEIL das alte Bewusstsein untergeht im Tode! Darum habe ich ja Angst vor dem Untergang von Körper, Gefühl, Denken, Seele und Geist!“ Dies sagt er aber nur, weil er denkt, dass es gar keine andere Existenz gibt als eine solche, verbunden mit Körper, Gefühl, Denken, Seele und Geist. Wer so denkt, den kann der Buddha beruhigen, für den hat der Buddha eine frohe Botschaft und die geht folgendermaßen: „Lieber Freund, du bist eben NICHT zerstört, wenn du ohne Körper, Gefühl, Denken, Seele und Geist bist. DU SELBST bist immer noch, nur dann eben FREI von Körper, Gefühl, Denken, Seele und Geist!“ Und der Buddha würde fortfahren: „Du willst wissen, wie das ist, frei zu sein von Körper, Gefühl, Denken, Seele und Geist und IMMER noch zu sein bzw. eben NICHT vernichtet zu sein? Nun, dann mach dich an die Arbeit, sieh die ganze Welt, deinen eigenen Körper etc. eingeschlossen, als NICHT dein Selbst an und meditiere. MEDITIERE!!!“

Beide, Wissenschaft UND Religion, haben also, um es noch einmal zu sagen, Recht, wenn sie behaupten, dass das WESENHAFTE nicht zerstört werden kann, sie sind sich nur nicht darüber einig, WAS denn nun dieses Wesenhafte sei. Der geniale Wissenschaftler von Hartmann z. B. lehrte die Unzerstörbarkeit von Energie. Diese Behauptung, heute allgemeines Schulwissen, verursachte damals Hohn und Spott und brachte von Hartmann ins Irrenhaus, wo er dann starb. Tja, so ist das mit dem Propheten im eigenen Lande. Also: ICH bin unzerstörbar, nur das, was ich NICHT bin, das unterliegt der Zerstörung, dem Verfall und ist damit leidvoll in dem Maße, als ich mich damit identifiziere, ihm anhafte. Wenn dem so ist, wenn ich nicht der Körper bin, dann bin ich aber auch nicht die durch den Körper ermöglichten, das Bewusstsein erzeugenden geistigen Funktionen. Ich HABE sie nur. Und darum mögen auch mit dem Körper ruhig alle geistigen Funktionen und damit alles Bewusstsein zugrunde gehen, ICH werde in meinem tiefsten Wesen davon NICHT berührt. ICH bin anfangs- und endlos, nur die Geburt dessen, was ich NICHT bin, das mag einen Anfang und Ende haben. Liebe Freunde, diese Anfangs- und Endlosigkeit, DIE MUSS MAN ERLEBEN, UND ZWAR NOCH WÄHREND MAN UMGEBEN IST VON DEM, DAS EINEN ANFANG UND ENDE HAT. Ja, ich bin so kühn zu behaupten, dass wir im vergänglichen Körper überhaupt nur geboren werden, um uns unserer UNVERGÄNGLICHKEIT bewusst zu werden. Ich KANN mir doch nur meiner Unvergänglichkeit bewusst werden IM VERGLEICH zu etwas, das VERGÄNGLICH ist. Und was ist vergänglich? Nun, wir wissen es bereits, alles als vergänglich ERKENNBARE ist vergänglich, also Körper, Gefühl, Denken, Seele und Geist sind vergänglich. Und so schließt sich der Kreislauf der Notwendigkeit aufs Neue. Unser Wesen kann also nicht sterben, sondern nur, was unser Wesen NICHT ist oder was uns UN-wesentlich ist, das vergeht, ob wir es wollen oder nicht. Es ist schon ein kosmischer Scherz, denn wenn man es genau nimmt, dann sind alle menschlichen Errungenschaften in Kunst, Wissenschaft und Politik aufgebaut auf reinem Wunschdenken, nämlich dem Wunschdenken, dass es etwas Hinterlassenswertes gibt, das von unserer Existenz kündet, wenn wir selbst schon längst nicht mehr da sind. Den Weisen kommt deshalb MITLEID, ja Rührung an, wenn er sich so die ganze Welt, sei es in der Hölle, auf Erden oder im Himmel, anschaut. Und die angstvolle Frage des am Leben hängenden, was denn nun wohl aus ihm nach seinem Tode werden wird, kann man dahingehend beantworten, dass er genau das wird, was er will, wohin ihn seine tiefsten Triebe, sein WILLE führen. Hängt er am Körper? Nun, dann wird er im Körper wiedergeboren werden, keine Frage. Hat er den Körper überwunden und befasst er sich nur noch mit GEISTIGEN Dingen? Nun, dann BRAUCHT er ja keinen Körper mehr, sondern eben nur noch einen GEIST und wird dann in einer GEISTIGEN Welt wiedergeboren, ohne einen physischen Körper. Hat er gar den GEIST überwunden? Nun ja, DANN hat er das Höchste erreicht, das es zu erlangen gibt, NIRVĀṆA. OM. Dann wird er in ZEITLOSER Ewigkeit, FREI von allen Beilegungen, also frei von Körper UND Geist, als ARAHAT in NIRVĀṆA sein. OM.

Doch bis dahin ist es noch weit für die meisten von uns. Darum schnell zurück in den Körper, in die Beilegungen, damit wir sie besser verstehen und uns so besser von ihnen lösen können und vor allem dann DIE FURCHT vor ihrem unausweichlichen Verlust verlieren. Die Angst vor dem Tode ist allen Lebewesen gemein. Was geschieht, ist jedoch Folgendes: Die Lebewesen haben Angst, dass das, was sie NICHT sind, mit dem sie sich aber irrtümlicherweise identifizieren, dass dies stirbt, was es ja tun muss, weil es seiner Natur nach nichts anderes ist als ein von der Wesenheit selbst und von den anderen Wesenheiten emanierender Verlangensimpuls, der sich selbst und das Verlangen anderer, etwa gleichgerichteter Schwingungen entsprechender Wesenheiten als „Materie“ sieht. Die Todesangst begründet sich also in dem Glauben an die Persönlichkeit. Man WÄHNT nur, dass man selbst vernichtet ist, wenn Empfindungen, Wahrnehmungen, Gemütsregungen und das Bewusstsein vernichtet sind, da man ja nichts anderes kennt als den Zustand VERBUNDEN mit all diesen Faktoren. Wer in der Meditation ERFAHREN würde, dass er IMMER noch ist, selbst ohne Bewusstsein, der würde anders darüber denken und mit allem, was lebt und leidet - und all was lebt, leidet -, nur großes Mitleid haben. OM. Wer aber noch nichts vom Anattā-Gedanken kennt, der mag sich sehr wohl mit den Elementen Empfindung, Wahrnehmung, Gemütsregung und Bewusstsein identifizieren. Wird aber der Anattā-Gedanke mehr und mehr zur Erkenntnis, ERKENNT man, dass nichts Erkennbares zu unserem WESEN gehört, dass der Untergang unserer Persönlichkeit NICHT den Untergang von uns SELBST bedeutet, wer also dies alles mit dem rechten Verständnis betrachtet, der überwindet die Todesangst.

Man muss nur die WAHRE Bedeutung des Wortes An-attā, begreifen. Anattā bedeutet NICHT, wie der Dalai Lama denkt, dass es kein Selbst gibt. Wie töricht solch ein Gedanke doch ist. Nein, anattā bedeutet: „Nicht das Selbst“ und besagt: „Das gehört MIR nicht, das bin ICH nicht, das ist NICHT MEIN Selbst.“ Das Samyutta Nikāya XXXV, 1-6 macht es ja auch klar. Dort lesen wir: „Was vergänglich ist, das ist leidvoll, was leidvoll ist, das ist anattā, was anattā ist, davon gilt: ‘Das bin ich nicht, das gehört mir nicht, das ist nicht mein Selbst.’“ Wer IST denn derjenige, der all dies NICHT ist, dem all dies NICHT gehört, wenn es laut Dalai Lama ein solches Wesen gar nicht geben soll? Oder, um es noch einmal zu wiederholen: „Die gesamte Persönlichkeit ist anattā, nicht das Selbst. Alles Körperliche, alle Empfindung, alle Wahrnehmung, alle Gemütstätigkeit, alles Erkennen und Bewusstsein, all dies ist NICHT mein Selbst.“

Ich muss jedoch zugestehen, dass es auch Menschen gibt, die gefasst sterben, ohne all dies zu wissen, ohne sich all dessen bewusst zu werden. Doch ein solches gefasstes Sterben, ein solches sich resigniert in das Unabänderliche fügen, beruht auf einer mehr und mehr lebendig gewordenen Erkenntnis, dass ALLES in der Welt vergänglich ist. Der nächste Schritt wäre STOISCHER GLEICHMUT. Ein Stoiker ist jemand, der auf Grund der Unabänderlichkeit der Tatsache alles Vergänglichen Gleichmut dem Leben und Sterben gegenüber entwickelt. Doch auch ein solcher Mensch, ein solcher Stoiker ist noch nicht frei von Leid, denn er haftet ja immer noch an, wenn er auch die Vergänglichkeit in allem akzeptiert. Wenn er es nur KÖNNTE, wenn es für ihn nur SINN machen würde, dann würde er schon noch gerne die Welt der Sinne genießen und daran haften. Ein Stoiker könnte also als eine (sich selbst dieser Tatsache unbewusste) Vorstufe zu einem Heiligen genannt werden. Wenn ein Stoiker nun noch die Lehre des BUDDHA verstehen würde, dann würde sein stoischer Gleichmut sich schnell in HEILIGEN Gleichmut verwandeln und er würde ERKENNEN, dass es etwas TODLOSES in ihm gibt, etwas, das NICHT der Vergänglichkeit unterliegt, dass er dieses Todlose IST. Dann würde der Stoiker seine Zeit nicht damit vergeuden, stoisch gleichmütig zu sein, sondern durch Studium und Meditation sich mit dem EWIGEN in sich, mit dem Ungeborenen, Unveränderlichen und TODLOSEN, in Verbindung setzen bzw. es WERDEN. OM. Der Unterschied zwischen einem Stoiker und einem BUDDHA ist also folgender: Der Stoiker denkt, dass ALLES, auch er selbst, vergänglich ist, der BUDDHA WEISS, dass alles ERKENNBARE nicht das Selbst ist und dass man sich von allem ALS VERGÄNGLICHEM Erkennbaren lösen kann und muss, um das EWIGE, UNZERSTÖRBARE und TODLOSE zu WERDEN. Eine solche Riesenwahrheit kann aber nur erfahren werden als Frucht der Anattā-Erkenntnis. DANN wird man SCHON ZU LEBZEITEN in der Lage sein, sich aus dem Bereich des leidbringenden Vergänglichen auf sein Unvergängliches, Wesenhaftes zurückzuziehen und wird damit natürlich auch ewig leidfrei, ja WUNSCHLOS GLÜCKLICH UND SELIG, denn wahres Glück ist ja eben das Glück der WUNSCHLOSIGKEIT. Ich weiß schon, unpopulärer geht's nicht mehr, aber ich lehre eben nicht, dass man wie die Herde dem Leithammel in den Abgrund hinterherrennen soll, sondern dass man sich seine eigene Meinung bildet und DANN entscheidet. Ich kann all dies hier niemandem aufzwingen, sondern kann es nur darlegen. Der Leser muss dann selbst seine Entscheidung treffen, ob es für ihn Sinn macht oder nicht. Es geht also auch und vor allem um die ERTÖTUNG DES WILLENS, eines Willens, der im Stoiker nur beruhigt wird, den der Buddha aber mit Stumpf und Stiel AUSREISST und AUSROTTET. Es ist schon so, lieber Leser: Wahre Freiheit ist nicht Freiheit IM Wollen, sondern Freiheit VOM Wollen. OM. Es bedarf freilich da schon eines Heiligen, der HEIL ist oder geheilt von der Krankheit des Verlangens nach Hölle, Erde und Himmel, damit er dann das werden kann, was er schon immer war und sein wird: NIRVĀṆA, die Aufhebung aller Wahrnehmung und Empfindung, aber NICHT die Aufhebung der Wesenheit selbst. Es gibt eben noch eine andere Existenzform als die der Wahrnehmung und Empfindung. Wer sie „erfahren" möchte, der mache sich an die Arbeit bzw. auf den Weg dahin. Dieser Weg oder Pfad wird in diesem Buch beschrieben.

Die Anattā-ERKENNTNIS ist also das Allheilmittel gegen die Todesangst, welche ja nichts anders ist als der Gedanke, dass mit dem Untergang unserer Persönlichkeit auch wir untergehen. Damit hat man sogar fast schon Recht, wenn man VÖLLIG in der Persönlichkeit und der Lust nach ihr untertaucht. Da macht uns dann der Tod immer und immer wieder, Leben für Leben, einen Strich durch die Rechnung. Doch die Realität, das Todlose in uns betreffend, ist folgende: Unser gegenwärtiges Leben ist nur ein winziger Teil des gesamten Lebensdramas, das sich genauso oft wiederholt, wie wir es wollen, sei es im Tierreich, im Gespensterreich, in der Hölle, auf Erden oder in einem der Himmel, ganz entsprechend unseres Handelns oder Karma. Der Tod ist nichts weiter als das Tor zur Todlosigkeit. Das Wissen um unsere Wiedergeburt in einem nächsten Leben erzeugt natürlich eine ganz neue Variante der Todesangst, welche hauptsächlich vom RELIGIÖSEN Menschen empfunden wird, denn der weiß oder ahnt zumindest schon, dass der Untergang seiner vergänglichen Persönlichkeit nicht sein EIGENER Untergang ist. Wer also wiederkommen möchte, der sichert sich nun durch rechtes Verhalten ein schönes nächstes Leben. So einfach ist dies und doch so schwer, denn: Die gesamte kosmische Entwicklung bewegt sich im Augenblick wieder zurück zur Quelle, dem NIRVĀṆA, und alles wird geistiger, dematerialisierter, was sich auch physisch im radioaktiven Zerfall der Elemente (die schweren zuerst) zeigt. Wer also ein schönes nächstes Leben haben will, der ist gut beraten, LOSLÖSUNG gegenüber den Sinnesgenüssen zu üben, zumindest in Form von Mäßigung, damit er im nächsten Leben nicht erfahren muss, dass die Tugenden von gestern die Laster von heute sind. Man kann sich also nicht in diesem Leben zu Tode saufen und fressen und dann im nächsten Leben erhoffen, dass man die ganze Schweinerei aufs Neue genießen kann. Was zunächst einmal passieren kann ist, dass man mit bereits geschädigten Verdauungsorganen (Diabetiker und schlimmer) wiedergeboren wird, und zwar fängt man das neue Leben in demselben Maße an, wie man das alte verlassen hat, eben mit den geschwächten Verdauungsorganen oder was auch immer man missbraucht haben mag. Reinkarnation heißt FORTSETZUNG FOLGT, und NIEMAND ist von diesem Gesetz ausgeschlossen.

Wer so denkt, denkt richtig. Ich entsinne mich der Geschichte von der Nonne, welche allen Sinnengenüssen entsagte, sich nur der Krankenpflege widmete, und zwar so aufopfernd, dass sie bald an der Schwindsucht erkrankte. Sie aber war voller seliger Vorfreude auf den Tod. Sie FREUTE sich darauf, ihren Körper abstreifen zu dürfen und in ihrem Geistkörper in der Gemeinschaft der Heiligen verbleiben zu dürfen. Ja, sie SAH die Heiligen bereits und starb darum auch mit einem beseligtem Lächeln auf den Lippen. Wer so lebt, lebt richtig, und wer so stirbt, stirbt auch richtig. Höher ist nur ein Buddha, der natürlich weiß, dass auch eine Existenz im Himmel, so selig sie auch sein mag, VERGÄNGLICH ist, und der sich darum auch von dem Wunsch nach einer solchen Himmelswelt und ihrer Wesen gelöst und befreit und somit NIRVĀṆA erlangt hat. Wer es zu fassen vermag, der fasse es. OM. Mir ist schon klar, dass die ERKENNTNIS einer solchen Tatsache eines ist und das entsprechende Verhalten ein anderes. Schritt für Schritt kommt das Glück. Man sei sich nur sicher und bewusst, dass man sich im Augenblick des Todes von den niedersten Trieben frei gemacht hat, damit man nicht sogleich in einer niederen dämonischen Ebene erwacht. Ich empfehle also Vertrauen, Sittenreinheit,

Durchdringung der Lehre und eine, wenn vielleicht auch zunächst stufenweise, Loslösung von allem Vergänglichen, das heißt von den Sinnenfreuden. DANN kann man sicher sein, nicht in einer der niedrigen und immer leidvollen Ebenen zu erwachen, in eben solcher Weise, wie ja gereinigter, von den schweren Bestandteilen befreiter Kohlenstaub sich nicht in Niederungen niederschlagen kann, sondern eben wegen seiner Gereinigtheit in die Höhe steigen MUSS. Des Menschen Wille ist nicht nur sein Himmel-, sondern auch sein Höllenreich. Sittenreinheit ist natürlich hier der erste, entscheidende Schritt in Richtung einer hohen Himmelswelt. Ein Muslim, der nach seiner Lehre sich schon darauf freut, dass die Frauen im Himmel keine Periode haben und Körper frei von Kot und Urin sind, der mag vielleicht mit einer solchen Annahme Recht haben, aber der höchste Himmel ist dies nicht, sondern eben die Fortsetzung eines muslimischen Erdenlebens auf den entsprechenden unteren Himmelsebenen, geschaffen und herbeigerufen durch von Sinnenlust geprägtes Wunschdenken. Ein solcher Wunsch wird dann auch erfüllt, wenn auch nicht für immer, denn die Lust nach der Lust zieht einen doch wieder hinunter in die grobstoffliche Welt der Vergänglichkeit. OM.

Wer ein schönes nächstes Leben will, der halte die fünf Śīlas ein, als da sind:

1. Kein Lebewesen absichtlich töten oder verletzen
2. Nichts Nicht-Gegebenes nehmen
3. Sich keinen Sinnenfreuden hingeben, die nicht mit dem buddhistischen Pfad in Einklang stehen
4. Rechte Redeweise pflegen
5. Den Geist nicht durch den Genuss berauschender oder betäubender Mittel oder Getränke trüben

Wer diese fünf Śīlas einhält, der wird eine glückliche Wiedergeburt erfahren. Indem man die Śīlas befolgt, sich ihnen unterordnet, erlangt man wachsenden inneren Frieden, stille Heiterkeit und ein gutes Gewissen. Einem solchen Menschen widerfährt Segen, indem er den Regeln der Sittenreinheit gerecht wird. Er stirbt ruhig und gefasst und gelangt nach dem Zerbrechen des Körpers, nach dem Tode in eine höhere Himmelswelt. All dies, also die Befolgung der Śīlas etc., kann natürlich nicht plötzlich geschehen, sondern man muss es sich in harter Arbeit erkämpfen. Die Todesangst muss man also schon lange VOR dem Tode bekämpfen. JETZT muss man damit beginnen. Andererseits ist es auch nie zu spät, denn IRGENDWANN muss man ja einmal anfangen damit. OM. Wer dies nicht tut, dem mag es wie dem Tor ergehen, der in seiner Todesstunde klagt: „Nicht hab ich ja günstig gewirkt, habe keine Scheu gekannt. Wo da ungünstig wirken, unheilsam wirken, keinerlei Scheu kennen hingelangen lässt, dahin werde ich nach dem Tode gelangen.“ (Majjh. 129.)

Wer eine üble Wiedergeburt ausschließen will, der muss ein sittenreines Leben bis zu seinem Tode führen, und zwar in Gedanken, Gefühlen, Worten und Taten. Es ist nämlich so, dass sogar ein sittlicher Mensch zur Hölle gelangen mag, und zwar darum: Es kann sein, dass in einem solchen sittenrein lebenden Menschen noch latent eine Schwäche schlummert, die nur deshalb nicht zum Vorschein gekommen ist, weil er nicht in Versuchung geführt bzw. nicht getestet wurde. Man achte darum allezeit und vor allem in der Todesstunde darauf, dass der Geist auf die Buddhalehre eingestellt ist. Ansonsten könnte ein LATENT in uns hausender, für unsere Erkenntnis nicht zugänglicher DRANG wieder lebendig werden und gerade im Tode noch zum Anhaften führen. Beispiel: Ein Priester, der immer sittenrein gelebt hat, aber in seinem Inneren nach weltlichen Dingen LÜSTETE und auch seine Rede und Gedanken nicht gereinigt hatte, der mag sehr wohl, wenn er einen Fluch ausstoßend stirbt, in einer Höllenwelt wiedererwachen und dort leiden. Man achte darum allezeit darauf, dass man nicht vom Tode überrascht wird, wenn der Geist gerade mal NICHT auf die Buddhalehre eingestellt ist. Darum betet ja auch der Katholik: „Vor einem jähen, unvorhergesehenen Tod bewahre uns, Herr!“ Also immer an den BUDDHA denken, und zwar auch in Richtung der DREI MERKMALE alles Entstandenen und vor allem der drei Merkmale der Persönlichkeit, als da sind: 1. vergänglich (anicca अनिच्च), 2. leidbringend (dukkha दुक्ख) und 3. nicht das Selbst (anattā). Wer so denkt und handelt, der sichert sich ein glückliches Sterben und eine glückliche Wiedergeburt.

Nun gibt es aber spezielle Gedanken, die man in der Todesstunde denken sollte, um auch da einer eventuell aufkommenden Todesfurcht begegnen zu können. Dann vergegenwärtige man sich Majjhima Nikāya 22. Ich zitiere: „Das - nämlich das dem Tode Unterworfene - gehört mir nicht, das bin ich nicht, das ist nicht mein Selbst.“ - „Leidbringendes nur entsteht, wo etwas entsteht, Leidbringendes nur vergeht, wo etwas vergeht.“ - „Was meint ihr wohl: Denkt ihr etwa, wenn die Leute Gras, Baumstämme, Zweige oder Laub aus diesem Jeta-Wald fortschaffen oder verbrennen oder sonst wie nach Belieben damit schalten würden, dass sie EUCH damit fortschaffen oder verbrennen oder nach Belieben mit EUCH schalten würden?“ - „Wahrlich nicht, Herr! Diese Dinge sind ja doch weder unser Selbst noch etwas unserem Selbst Zugehöriges.“ - „Ebenso auch, ihr Jünger: Gebet auf, was euch nicht angehört. Das wird euch lange zum Heil und Glück gereichen. Und was gehört euch nicht an? DER KÖRPER gehört euch nicht an, DIE EMPFINDUNG gehört euch nicht an, DIE WAHRNEHMUNGEN gehören euch nicht an, DAS BEWUSSTSEIN gehört euch nicht an: sie gebet auf - indem ihr euch von ihnen LOSLÖST -: das wird euch lange zum Heil und Glück gereichen.“

Man muss aber nicht immer ein Heiliger sein, um glücklich zu sterben. Auch als buddhistischer Laie, den Mittelweg wandelnd, kann man beglückt sterben, WENN man GÜTE entfaltet sich selbst und auch allen anderen Wesen gegenüber. Man hängt dann nicht dieser Welt an und auch keiner anderen. Man haftet auch nicht an dem, was man gehört, gedacht, erkannt und ersucht und im Geist erforscht hat. Dies alles lässt man los und ist immer noch, doch nun BEFREIT davon. OM. So stirbt man, in einer solchen Geistesverfassung. DANN wird man in Welten wiedererwachen, in denen man zwar immer noch anhaftet, jedoch nun an viel edleren Objekten und in viel feinerer, ätherischer Form, feiner als die dichten, niederen fleischlichen Formen unserer rohen, physischen Sinnenwelt. Oh Lanoo, es gibt einen Himmel der Seligen. Dort erwachen all jene, die sich von dieser Welt gelöst, sie überwunden haben. OM.

Sitzt man nun am Sterbebett eines NICHT-Buddhisten, dann drängt man dem Sterbenden nicht - sozusagen im letzten Augenblick - eine ihm fremde oder von ihm nicht akzeptierte Ideologie auf, sondern man passt sich SEINEM Ideenkreis an. Einen Christen ermutigt man dann z. B., sich auf den Himmel der Christen zu konzentrieren, die Seligkeit und Schönheit dieser Himmelswelt schon jetzt zu sehen. Wenn der Christ dann zum Beispiel weinend gestehen mag: „Aber ich habe doch schwer gesündigt und werde wohl in die Hölle kommen!“, so ermutigt man ihn GERADE DANN, sich auf die Himmelswelt zu konzentrieren und zugleich LIEBE UND GÜTE an alle Wesen zu verströmen, denn dies ist die sicherste „Eintrittskarte“ in den Himmel der entsprechenden Religion. JEDER Sterbende mag sich verhalten, wie es dem sterbenden Brahmanen Dhananjani vom Sariputra angeraten wird: „Da strahlt einer gütigen Geistes weilend, nach einer Richtung, dann nach der zweiten, dann nach der dritten, dann nach der vierten, ebenso nach oben und unten: alles in sich umfassend durchstrahlt er die ganze Welt mit GÜTIGEM Geiste, mit weitem, tiefem, unbeschränktem, von Hass und Abneigung geklärtem. - Ebenso durchstrahle er die ganze Welt [und alle Wesen darin. Lanoo] mit mitleidvollem, freudevollem und gleichmütigem Geist.“ (Majjh. 97.)

Man bedenke: Ein Buddhajünger weiß natürlich, dass es alle diese hohen und tiefen Welten gibt, alle Höllen und Himmel, er jedoch hat ein noch höheres Ziel, nämlich die TODLOSIGKEIT, das NIRVĀṆA. Ein solcher wird und kann einfach keine Todesfurcht mehr haben.

Und doch gibt es Sterbliche, die vor dem Tod in Furcht und Angst geraten. Sie sind vor allem solche, die bei den begehrten Dingen nicht frei sind von Wunsch und Wunscheswillen, von Neigung und Durst, von fieberhaftem Verlangen und Gier. Wenn so jemand von einer schweren Krankheit befallen wird, da befürchtet er, dass die lieben und begehrten Dinge schwinden werden, dass er sie verlieren wird. Und darum gerät er in Furcht und Angst vor dem Tod. Wer noch gegenüber seinem eigenen Körper nicht frei ist von Wunsch und Wunschestrieb, von Neigung und Durst, von fieberhaftem Verlangen und Gier, der mag, wenn er von einer schweren Krankheit befallen wird, denken, dass ihm der Körper schwinden wird, dass er den lieben Körper verlieren wird. Und ebenso gerät auch er in Furcht und Angst vor dem Tod. Angst, und zwar in der Tat gerechtfertigte Angst vor dem Tod (bzw. vor der nachtodlichen Existenz), mag jemand haben, der das Tun von guten, heilsamen, friedfertigen Werken versäumt hat und die Zeit seines Lebens böse, roh und gemein war. Ein solcher denkt zu Recht, dass er es versäumt hat, GUT zu sein und stattdessen SCHLECHT und böse war, und dass darum eine Höllenwelt auf ihn warten mag.

Nun gibt es aber auch Menschen, die zwar der guten Lehre des Buddha begegnet sind, sie aber nicht ganz begriffen haben. Auch solche haben Angst vor dem Tode, da sie ja nicht wissen, hat der Buddha Recht oder nicht? Diese und andere Arten von Menschen geraten in Furcht und Angst vor dem Tode.

Wer hat nun KEINE Angst vor dem Tod, wer gerät NICHT in Furcht vor dem Sterben? Dies ist jemand, der NICHT denkt, dass ihm die lieben, begehrten Dinge schwinden werden, da er ja bereits ihre leidvolle, vergängliche Natur erkannt hat und ihm diese Dinge darum NICHT mehr lieb und begehrenswert sind. Darum jammert der nicht, stöhnt und klagt nicht. Auch jemand, der schwerkrank ist, der jedoch gegenüber dem Körper frei von Wunsch und Willenstrieb, frei von Neigung und Durst, frei von fieberhaftem Verlangen und Gier ist, der wird nicht befürchten bzw. denken, dass der liebe Körper ihm schwinden wird, dass er ihn verlieren wird. Und gleichermaßen wird jemand nicht von Todesfurcht befallen, der NICHTS Böses begangen hat, keine rohen, gemeinen Taten. Wenn schwerkrank, dann wird er NICHT denken, dass er Böses begangen, rohe und gemeine Taten begangen hat. Im Gegenteil wird er denken, dass er GUTES getan hat, heilsame und friedfertige Werke.

So zeigt sich also der wahre Wert und das wahre Format eines Menschen in seiner Einstellung dem Tode gegenüber. Wenn man dies als Maßstab nimmt, dann fallen wohl gar viele durch den Rost und nur einige wenige verbleiben, die ERNSTHAFT über den Tod und seine WAHRE Bedeutung nachdenken. Ich aber sage, was der Durchschnittsmensch gar nicht so gerne hört, nämlich dass nur der ein wirklich Großer ist, der IMMER an den Tod denkt, Tag und Nacht, ABER in der rechten, hier beschriebenen Weise. Den wird die in diesem Buch beschriebene gepflegte Leichenbetrachtung auch nicht als pervers erscheinen, sondern als geradezu NOTWENDIG. Der wird den Tod und das Sterben ERKENNEND betrachten, frei von Angst und Schrecken, eben als das, was es ist, das Ablegen eines alten, aus Fleisch bestehenden Kleidungsstückes.

Lieber Leser, wie viele habe ich getroffen, die mir sagten: „Ich habe keine Angst vor dem Tode. Wenn er kommt, dann kommt er eben. Ich bin bereit!“ Solche Menschen reden jedoch noch im Vollbewusstsein ihrer körperlichen und geistigen Gesundheit. Doch wenn diese schwindet, DANN wird man oft sehen, dass diese selben Menschen, nun, da der Tod sie ERNSTHAFT BEDROHT, plötzlich sehr ängstlich werden, ja in Panik geraten. Möge dieses Buch sie zur Besinnung bringen.

Doch noch mag dem Leser dieser Zeilen die Furcht vor dem Tode nicht geschwunden sein. Dies liegt hauptsächlich daran, dass er sich noch nicht völlig im Klaren über DIE URSACHE der Todesfurcht ist. Es sind zunächst einmal die TODESSCHMERZEN, die PHYSISCHEN Qualen, die man fürchtet, oft nicht so sehr den Tod selber. Und doch denkt man da bereits falsch, denn das Sterben selbst ist überhaupt nicht schmerzhaft, sondern eine eventuelle KRANKHEIT, die dann zum Sterben und zum Tode führt. Sterben geht ALLMÄHLICH vor sich, stufenweise, wie auch später noch im Detail in diesem Buche beschrieben. Die organischen Funktionen, die leiblichen und geistigen Prozesse stellen sich ein, verursacht durch eine einsetzende Funktionslosigkeit des erkrankten Organs. Dann setzt Agonie oder der Todeskampf ein. DEN und vor allem den BEOBACHTET man ebenfalls. DAS, was man NICHT ist, endet. Und das, was man IST, was sich aber IRRTÜMLICHERWEISE mit dem, was es nicht ist, identifiziert, ihm anhaftet, DAS kämpft gegen das Entrissenwerden dessen, was ihm lieb und teuer geworden ist. OM. Die Empfindungsorgane versagen bis zur völligen FUNKTIONSUNFÄHIGKEIT. Doch, lieber Leser, gleich und gerade hier setzt die Lehre ein. Diese Funktionsunfähigkeit kann und SOLL man schon zu LEBZEITEN simulieren, und zwar in der MEDITATION. Dann wird man sehen, dass man IMMER noch ist, obwohl und gerade weil frei von allem Sehen, Hören, Schmecken, Riechen, Tasten, Empfinden und Denken. SO überwindet man die Todesfurcht, aber auch durch die rechte ERKENNTNIS, dass man immer noch ist, wenn alle Wahrnehmung erlischt. WIE ist man, WAS ist man dann? FREI ist man dann, FREI von aller Wahrnehmung und Empfindung! Wer nun einwendet, dass er aber doch von eben dieser Freiheit gar nichts wisse, da er doch nichts mehr wahrnimmt und empfindet, und dass er darum lieber eine neue Reinkarnation in Kauf nimmt, ja ANSTREBT, dem erwidere ich: ALLE Begriffe sind nur der Welt der Erscheinungen entnommen bzw. beziehen sich auf eine solche Welt. NIRVĀṆA aber und damit auch DAS SELBST sind JENSEITS der Welt der Erscheinungen ... Man meditiere darüber. Schon allein die Tatsache, dass ja auch der Buddha in vorwärts- und rückwärtsschreitender Bewegung NIRVĀṆA nahm und es auch wieder verließ, zeigt doch schon, dass man NICHT zerstört ist in NIRVĀṆA. Wer noch wissen will, WAS etwas ist, der hält sich eben noch genau mit dieser Frage in der Welt der Erscheinungen, einer Welt, der er entrinnen muss, von der er sich LÖSEN muss, um NIRVĀṆA zu erlangen. Der Rest ist das MYSTERIUM, das man werden muss. WAHRES SEIN ist eben NICHT „etwas" sein, sondern FREI von allem. OM.

Zurück zum Sterbevorgang (all dies kann und wird man auch in der SEELENATEM-MEDITATION erleben): Der Geruchs- und Geschmackssinn treten außer Aktion. Nebel erscheint vor den Augen. Allmählich kommt die gesamte Motorik zur Ruhe. Die Glieder entspannen sich. (Das nun Folgende entfällt natürlich während der Meditation im gesunden Zustand.) Die Gesichtszüge werden schlaff, der Unterkiefer fällt herab, der Mund öffnet sich, die Augenlieder sinken, das Auge wird glanzlos. Die Nase wird spitz, scheint verlängert. Die Gesichtsfarbe ist nun gelblich, oft auch blau, kühl und von kaltem Schweiß bedeckt. Der Atem wird unregelmäßig, mal kurz, mal tief und dann immer leiser und endet schließlich in einem Röcheln, dem sogenannten Todesröcheln. Das Herz kontraktiert unzulänglicher, der Puls wird schneller und schwächer. Schließlich stehen Atem und Blutzirkulation still. - Der Mensch ist tot. So stirbt es sich für den BEOBACHTER eines Sterbenden. Doch für den Sterbenden selbst sieht die Sache ganz anders aus. Die gute Botschaft ist folgende: Der Sterbende wird zunächst einmal SCHMERZFREI. Sterben tut nicht weh. Dies ist so, weil die Nerven ihre schmerzauslösende Funktion verlieren, dies kann sich bis zum körperlichen Wohlbefinden steigern, es sei denn, es ist bereits völlige Bewusstlosigkeit eingetreten und das Denkorgan funktioniert nicht mehr. Das wiederum hängt zum einen von der Art und dem Grad der Krankheit ab und zum anderen von dem durch rechtes Denken auf das Sterben vorbereitete Denkvermögen. Man ist auch und vor allem im STERBEN voll bewusst, und zwar bis zum letzten Atemzug. Darum sagt ja auch der Buddha im Majj. 62.: „Bei einem solchen [Sterbenden. Lanoo], Rahula, gehen auch die letzten Atemzüge bewusst aus, nicht unbewusst."

Die gute Nachricht ist: Selbst wenn man als Sterbender noch bewusst ist, fühlt man sich schmerzfrei bzw. man hat, falls das erkrankte Organ noch intakt ist, nur leichte Schmerzen. Der Sterbende selbst sieht ja seinen verfallenen Körper nicht. Dieser Anblick schockt nur den Zuschauer, denn er WEISS, dass auch er einmal so sein wird, es sei denn, er stirbt durch plötzlichen Unfall etc. Da es uns aber im Augenblick nicht um den Zuschauer geht, sondern um den Sterbenden selbst, so wollen wir tiefer in seine Psyche dringen, wollen sehen, was ihn berührt und was nicht. Schmerzen hat er also keine oder fast keine. Aber wie steht es mit seinen SEELISCHEN Empfindungen? Nun, der Sterbende weiß, dass sich seine ganze Welt und die Persönlichkeit, durch die er sie erfahren hat, auflösen werden. Jetzt erst wird er die WUCHT des Momentums des von ihm gehegten und gepflegten Verlangens und Anhaftens an die Welt und an seine Persönlichkeit spüren. Je mehr er haftete, je mehr er sich mit dem nun Vergänglichen identifizierte, umso größer wird sein Leiden sein. JETZT, in dieser seiner Todesstunde offenbart sich der TATSÄCHLICHE Wert seines gesamten Lebensinhaltes. Jahrelanges, LEBENS-langes Glück wird nun aufgesaugt wie Wasser von einem Schwamm. Alles wird aus dem Buch des Lebens gestrichen. Wer GLÜCKLICH stirbt, den mag dies allerdings wenig kratzen. Doch wer stirbt denn glücklich? Wohl nur der, welcher weiß, dass nur das stirbt, was er im Kern gar nicht ist. Der ist dann wie von einem drückenden Alp befreit.

Wie steht es aber mit dem Durchschnittsmenschen, der sich noch mit dem Körper und der Welt identifiziert? Wie stirbt der? Dr. Georg Grimm beschreibt es so meisterhaft: „Der Durchschnittsmensch betrachtet sich als das vergängliche Zeitwesen, das jeden ungenossenen Augenblick für verloren erachten muss und demgemäß die Gegenwart, die Trägerin aller Sinnengenüsse, möglichst auskosten soll. Nach diesem Rezept handelt er während seines ganzen Lebens. Daher die unaufhörliche Jagd nach immer neuem Sinnengenuss in Form aller nur erreichbaren Vergnügungen, daher auch das Schuften und Plagen des Weltmenschen, das letzten Endes immer nur den Zweck verfolgt, sich die Mittel für neue Vergnügungen zu verschaffen. Auch ins Alter nimmt er diesen Drang mit hinüber. Es ist nämlich nicht an dem, dass im Alter die Leidenschaften erlöschen und so schon infolge des bloßen Alterns Friede über den Menschen komme. Im Gegenteil: die früher großgezogene Gier haust auch im Greis ungeschwächt weiter; auch der Greis giert noch mit derselben Heftigkeit, mit der er als kraftstrotzender Mann gegiert hatte. Dass er nach und nach in gewissen Richtungen DIE FÄHIGKEIT verliert, seine Gier zu befriedigen, hat nur zur Folge, dass sich seine Gier auf die ihm noch erreichbaren Genüsse konzentriert.“ Wenn dem nicht so wäre, wenn mit zunehmendem Alter auch das Verlangen abnehmen und damit überwunden wäre, dann würde ja jeder automatisch NIRVĀṆA erlangen. Verlangen oder DURST nach dem Leben aber muss man ÜBERWINDEN, dann WIRD man DAS TODLOSE. OM. Wie sehr auch so mancher alte Knacker noch nach Sinnengenuss lüstet, zeigt sich ja, wie ich immer zu sagen pflege, ganz klar in der gerade grassierenden VIAGRA-Hysterie. Da erwachen selbst im ältesten Greis Lüste, denen er nur nicht mehr frönte oder deren er sich nicht mehr bewusst war, weil sich ihm - bis dahin - keine Möglichkeit bot, ihnen zu frönen. VIAGRA ist wie ein Spiegel, der dem unwissenden Weltmenschen vor das Gesicht beziehungsweise noch vor ganz andere Körperteile gehalten wird ...

Zurück zum Sterben. Das Sterben muss also ganz schrecklich sein für jemanden, der noch voller Gier nach der Persönlichkeit und der durch sie vermittelten Lüste ist. ALLES sieht ein solcher nun entschwinden, alles Schöne, Reizende und Angenehme, alle seine Lieben und seinen gesamten Besitz. Lieber Leser, stelle Dir vor, dass jetzt, GLEICH JETZT dieser Augenblick kommen würde. JETZT musst du sterben. Jetzt. Bist du bereit? Ja? Nein? Noch nicht? Noch nicht sterben? Nicht jetzt sterben? Erst später? Oh, lieber Gott, nicht jetzt, ich hab doch noch so viel vor?!! Ist dies so? Du siehst, was ich meine ...

Je mehr also jemand ein an die Welt und seine Persönlichkeit ANHAFTENDER ist, umso mehr Grausen und Entsetzen muss ihn doch überkommen, schon allein, wenn er diese Zeilen liest, und um wieviel mehr, wenn seine STERBESTUNDE kommt. Dann wird es ihm gehen wie jenem armen Tor in Anguttara Nikāya IV, 184: „Ach, die lieben, begehrten Dinge werden mir schwinden! Ach, verlieren soll ich die lieben, begehrten Dinge! Und er jammert und stöhnt und klagt, schlägt sich weinend an die Brust und gerät in Verzweiflung!“

Wenn es dies nur schon wäre, aber es kommt ja noch schlimmer. Nehmen wir z. B. jemanden, der glaubt, er ist nur ein vergängliches Zeitwesen und nichts weiter. Keinen Himmel, keine Hölle und auch kein nächstes Leben. Für einen solchen ist der Tod ja noch viel schlimmer, denn das, womit er sich ja EINZIG identifizierte, nämlich sein Körper und die gesamte seinen Sinnen zugängliche Welt, die werden ihm ja nun entrissen. ER SELBST wird nun vernichtet. Dies allerdings mag der gesundheitsstrotzende Mensch, der mit seiner Lebensenergie prahlt, nicht erkennen. Er wird erklären, dass er, der Starke, auch mit der schlimmsten Krankheit fertig werde und dass er, wenn der Tod kommt, auch diesen akzeptieren wird. Aber meine Erfahrungen an den Sterbebetten solcher Menschen zeigen etwas ganz anderes. Nämlich: In dem Augenblick, wo ein solcher „Held“ WIRKLICH von einer lebensgefährlichen Krankheit befallen wird, da wird sehr bald Kummer und Gram in ihm aufkommen und auch Selbstmitleid, weil er einst so jung und schön und stark war und nun alt und krank und verbraucht. Ein solcher leidet in dem Maße, als er sich seiner Lebenskraft erfreute und damit renommierte, denn jetzt sieht er sich ja seinem Mörder gegenüber, denn ein solcher ist der Tod, zumindest für den, der sich mit dem, was stirbt, sterben MUSS, identifiziert. LÄHMENDES ENTSETZEN wird einen solchen Menschen befallen und angstvoll wird er sterben. Wer sich jedoch JETZT schon mit dem Tode befasst, immer und immer wieder und in der RECHTEN WEISE, wie in diesem Buch beschrieben, DER hat nichts zu fürchten, sei es nun, dass er NIRVĀṆA will oder die REINKARNATION. Der lässt im ersten Falle ganz los und im zweiten Falle lässt er lächelnd los in der Gewissheit, dass ihm ja das, was er so genoss, wiedergegeben wird, WENN er seinen Lebensdurst nicht zu sehr ausgekostet hat, das heißt wenn seine Lebenslust nicht zur Leben-SUCHT ausartete.

Wer so nicht denken will, wer dies nicht verstehen und erkennen will, der wird sich alle nur mögliche Ablenkung suchen, um ja nicht von Gedanken an den Tod geplagt zu werden, und seine Umwelt wird ihn größtenteils darin unterstützen. Ein solcher wird sich GERADE, wenn ihn mal wieder Gedanken an den Tod überkommen, in das Leben stürzen, dem Tod zu entfliehen suchen, ebenso wie das ganze Leben, sind wir doch einmal ehrlich, nichts weiter ist als eine Flucht vor dem Tode. Dies also ist die Charakterisierung eines Menschen, dessen Bewusstsein weder durch rechtes Wissen noch durch religiöse Erkenntnis geläutert ist, der sich in gesunden und auch in kranken Tagen, ja bis ins hohe Alter hinein NICHT mit dem Tod befasst und sich dann angstschlotternd dem Unvermeidlichen gegenübergestellt sieht. Es ist daher umso erstaunlicher, dass oft gerade solche Materialisten, die den Tod als VERNICHTUNG der Wesenheit definieren, vom Tode als von einer „ewigen Ruhe“ sprechen. Was vernichtet ist, das ruht doch nicht mehr.

Um die Todesfurcht zu überwinden, muss man sich mit den verschiedenen Arten der Todesfurcht befassen. Eine ganz andere Art von Todesfurcht empfindet der, welcher, an nichts glaubend, brutal auf Kosten seiner Mitmenschen seine niederen Triebe befriedigt. Dies tut er, da ihm ja die sittliche Hemmung fehlt, welche entsteht, wenn man die Zukunft nach dem Tode NICHT außer Acht lässt. Er sagt sich: „Ich mach, was ich will, und nach mir die Sintflut! Hauptsache, ich werd nicht erwischt." Ein solcher schafft sich, ohne sich dessen zunächst bewusst zu werden, ein schlechtes Gewissen. Bald schon wird ihn ein ahnendes Gefühl befallen, dass er Dinge getan haben mag, die einfach im Widerstreit stehen mit den ewigen, die Welt beherrschenden moralischen Gesetzen. Ich sage euch, auch der Furchtloseste erzittert, wenn ihm dies früher oder später einmal bewusst wird. Auf ihn treffen die Worte des großen Shakespeare zu: „Es macht GEWISSEN Memmen aus uns allen." Wann mag nun ein solches schlechtes Gewissen den bösen Menschen überkommen? Nun, zum Beispiel in der EINSAMKEIT, weshalb ein solcher Bösewicht auch nicht gern allein ist, ja er die Einsamkeit MEIDET und sich sooft es geht in Vergnügungen und Gesellschaft flieht. Und doch, sein Gewissen ist stets da und nutzt jede Gelegenheit, sei es wenn ein solcher böser Mensch sich nur einen Augenblick erschöpft von seinen Ablenkungsmanövern hinsetzt um auszuruhen oder aber mit Sicherheit bei Nacht im Schlaf. Dann sinken die Dämonen seiner Taten auf ihn herab, weil ER ja ihr Erschaffer ist, ihr Herr und Meister. Dann geht es ihm wie dem Zauberlehrling, der ausruft: „Die Geister, die ich rief, die werd ich nun nicht los!!" Selbst der größte Toren wird dann irgendwann einmal erkennen, dass er nicht günstig und heilsam gewirkt hat, keinerlei Scheu gekannt hat, Böses getan hat, grausam gewesen ist, Frevel verübt hat, NICHT diesen unheilsamen Einflüssen und Einflüsterungen widerstanden hat. Dann, und zwar spätestens im Tode, geht es auch ihm wie dem zu spät erkennenden Tor in der Majjhima Nikāya 129, er „wird bekümmert, stöhnt, klagt, jammert, schlägt sich weinend an die Brust, gerät in Verzweiflung".

Speziell in der Todesagonie, wenn alle ÄUSSEREN Sinneseindrücke verschwimmen und vergehen, DANN erst recht erwacht das GEWISSEN mit voller Macht. Längst Vergessenes entsteht drohend wieder vor dem Sterbenden, ihn mahnend an das, was er unterlassen hat und was ihn nun strafend begleiten wird. Denn das einzige, was wir mit uns nehmen, sind die Ergebnisse unserer Taten. DIE bestimmen unsere nachtodliche Existenz und das nächste Leben ... Dann wird es ihm ergehen wie dem armen Tropf, der in der nachtodlichen Astralwelt vor den Richter geführt wird. Man lese nur, was in der Majjhima Nikāya 129 darüber steht: In den Jatakas verhört der Richter der Sterblichen einen Sterbenden: „Lieber Mann, da du verständig geworden, erwachsen warst, hast du bedacht: 'Wer da, wahrlich, böse Taten verübt, wird schon bei Lebzeiten mit gar mancher Strafe bestraft; wie mag es dann erst drüben sein? Wohl denn, günstig will ich wirken in Werken, Worten und Gedanken!'? - Er (der Sterbende) aber antwortet: 'Ich konnt es nicht, o Herr, war unachtsam.' - Da sagt der Richter der Sterbenden zu ihm: 'Lieber Mann, aus Unachtsamkeit hast du nicht günstig gewirkt; da wird man dir, lieber Mann, eben als einem Unachtsamen begegnen. Denn das, was du an Bösem begangen hast, hat nicht deine Mutter getan und nicht dein Vater, hat kein Freund und Genosse getan, kein Verwandter oder Gevatter, hat kein Gott und kein Teufel getan; du selbst hast es getan, du selber hast die Ernte davon einzutragen.'" Und das Bild der Hölle tat sich vor ihm auf. OM.

Wer glaubt, dass dies nur Märchen sind oder bestenfalls symbolische Geschichten, der mag dies ruhig tun. Untersuchungen mit tausenden von Sterbenden haben dieses und ähnliches bestätigt. Der „Hüter der Schwelle", welches auch das eigene niedere Selbst ist, wartet bereits, um zum höheren Selbst vorgeführt zu werden. Dann und dort wird bereits die nächste Reinkarnation entschieden. Dämonen oder Engel, die den Bösen oder Guten bereits in der nachtodlichen Welt erwarten, um ihn entsprechend zu behandeln, warten auf ihn, und oft habe ich schon einen entsetzten Sterbenden mit dem Finger erlkönighaftig deuten sehen: „DA! Siehst du ihn nicht?! Da ist er! Dort steht er und wartet auf mich!!" Mit Hellgesichtigkeit allein ist das Ganze nicht zu erklären, obwohl es richtig ist, dass mit dem Abnehmen der physischen Sinnesorgane pari passu die Erkenntnisfähigkeit der astral-geistigen zunimmt und man bald mit diesen astralen Organen in der Astralwelt erwachen und dort in ihr leben wird, bis auch diese astralen Organe verenden und dann die höheren geistigen erwachen etc. etc. und so weiter, bis der Loslösungsvorgang sein Ende erreicht und man bereit ist für die neue Reinkarnation.

Zum Beispiel: Wenn das physische Gehirn stirbt, dann wird das feinstoffliche Gehirn (der astrale Konterpart des physischen) frei. DANN ist das Denken eine ganz andere Sache und geschieht mit ganz anderer Schnelligkeit und mit ganz anderen Schwingungen. Schon im normalen Traum erfahren wir dies doch, wenn das physische Gehirn ruht und das astrale aktiv ist. Darum warne ich doch auch immer und immer wieder gerade junge Menschen, sich keine dämonischen Filme etc. etc. vor dem Schlafengehen anzusehen. Im Schlaf wird so etwas nämlich noch beängstigender UND aktiviert außerdem noch niedere astrale Wesenheiten, die sich an den schlafenden Menschen klammern und dann oft von ihm als Alptraum empfunden werden. Schon allein in der täglichen Meditation kann man deshalb bereits mit diesen Welten gefahrlos in Verbindung treten, denn gerade in der Meditation, da bringt man doch nach und nach das physische Gehirn zur Ruhe und kann so mit den astralen Sinnen das ganze Weltraum durchreisen, wenn man es möchte. Wer dies einmal SELBST ERFAHREN hat, der braucht nicht mehr an eine nachtodliche Welt zu glauben, der WEISS, dass es sie gibt. Selbstverständlich ist auch diese astrale Welt vergänglich wie alles andere. OM. Darum sei es hier noch einmal dem geneigten Leser ans Herz gelegt: Überwinde jegliche Anwandlung von schlechter Rede und Tat. Wenn nicht, dann wirst du das später bereuen. OM.

Der seichte Weltmensch wahnt nun, dass wir vergängliche Zeitwesen sind, die jeden Augenblick genießen sollten, weil es danach - nach dem Tode - eben nichts mehr gibt. Doch die Wahrheit ist, dass wir im KERN überpersönlich, überweltlich und damit JENSEITS des Körpers sind. Körper, Empfindungs- und Wahrnehmungstätigkeit und selbst das Denken, all dies sind wir eben NICHT, das gehört uns nicht, das sind wir nicht, das ist nicht unser Selbst, denn all dies sehen wir unaufhörlich entstehen und vergehen. Materie wird jeden Augenblick vom Körper aufgenommen und wieder ausgeschieden und neu assimiliert. Wahrnehmungen und Empfindungen lösen einander ab, Gemütsregungen kommen und gehen und selbst das Bewusstsein ist wie ein ständig an Farbe wechselndes Chamäleon. All dies beobachten wir, überschauen wir und sind es doch nicht. Die ganze Welt mit allem darin, vom niedersten Dämon bis hoch zum höchsten Gott, ist nichts weiter als ein vergängliches Gaukelspiel drangerfüllter Wesenheiten. Dies ist wunderbar, dies ist gewaltig, dies ist groß. ICH war immer, ob nun als Jüngling, Mann oder Greis. Wenn ich NUR der Körper wäre, dann könnte ich mich doch gar nicht mehr an mein Kind-sein erinnern, denn den Kinderkörper, den gibt es doch schon längst nicht mehr ... Jetzt verstehe ich den Buddha, wenn er sagt: „Das alles gehört dir nicht, das alles bist du ja nicht, das alles ist NICHT DEIN SELBST, denn wie könnte das etwas mit DIR zu tun haben, über dessen schon längst vollzogenen Untergang DU immer noch klagst? Wärest DU selber mit ihm untergegangen, dann könntest DU doch jetzt nicht mehr über diesen Untergang klagen!"

Ich möchte es mal so gleichmütig wie möglich statuieren: Wenn die Lehre von Karma und Reinkarnation wieder in die Herzen und Hirne der Menschen Einkehr halten würde, dann würden die Menschen sich nicht so wichtig nehmen und nicht so große Bedeutung darauf legen und nicht so viel Zeit damit verlieren, etwas der Nachwelt zu hinterlassen, von dem sie hoffen, dass es SIE vertreten oder an sie erinnern würde. Dann brauchten wir keine Politik, Kunst, Geschichte, Literatur, Wissenschaft und den ganzen anderen Humbug. Dann würde jeder schon ganz von allein darauf achten, a) dem Bösen in ihm nicht nachzugehen und b) das GUTE in sich durch Wort und Tat zu vermitteln. Wer weiß, dass er alles, was er anderen antut, nur sich selbst antut, der braucht bald keine Gesetze mehr, weil es keinen Ankläger und keinen Richter mehr geben wird, weil er im schlimmsten Falle sein eigener Ankläger und Richter sein wird. Ich träume von einer Zeit, da DIESES BUCH bzw. das darin verkündete Wissen allen vertraut sein und von allen akzeptiert wird. Weiter brauchen wir nichts, dann können wir uns die ganzen Paragraphen sparen, denn BEIDEN ist in diesem Buche der Weg gewiesen, demjenigen, der wiederkommen möchte in ein nächstes Leben, und dem, der NIRVĀṆA erlangen will. OM. So steht es geschrieben und so soll es geschehen. Wer so denkt, denkt richtig, und der kann den Tod als seine eigene Vernichtung gar nicht mehr fürchten, der tut im Gegenteil alles, um seine nächste Wiedergeburt zu sichern oder sich einen Schritt weiter auf NIRVĀṆA zuzubewegen.

Dies bringt mich zu der Antwort auf eine Frage, die mir immer wieder gestellt wird: „Lanoo, warum schreibst du denn in diesem Buch, aber auch in noch viel detaillierterer Form im BUCH DES LICHTS über die Illuminati, Bilderberger, Freimaurer, Neue Welt Ordnung und deren Marionetten, unsere führenden Politiker? Warum schreibst du darüber, dass AIDS von Wissenschaftlern erfunden wurde, um Versuche an Menschen durchzuführen und gleichzeitig unerwünschte Menschengruppen zu vernichten? Warum schreibst du über diese Mächte der Finsternis? Ist es nicht besser, diese Verbrecher ihrem Karma zu überlassen?" Dazu sage ich, Lanoo: „Ich tue all dies nicht, um dem Leser ein wohliges Gruseln zu verschaffen, sondern aus Mitleid mit den Mächten der Finsternis. Ich kann nur hoffen, dass auch einige dieser unglückseligen Menschen dieses Buch lesen, sich des FURCHTBAREN KARMA bewusst sind, dass sie sich des LEIDENS bewusst sind, das sie nicht nur auf andere, sondern auch und vor allem AUF SICH geladen haben, und dass sie darum nun zur GUTEN SEITE überwechseln sollen, dass also dieses Buch Dämonen in Engel verwandeln möge. OM.

Wäre das nicht wundervoll? Eine Gesellschaft ohne Todesangst, denn es ist doch in Wahrheit DIE TODESANGST, welche alles andere verursacht, das Gute UND das Böse. Richtig, das Gute UND das Böse. Darum löst sich der WEISE auch von beiden und erlangt NIRVĀṆA. NIRVĀṆA ist „bewusste Bewusstlosigkeit", das heißt in der MEDITATION und durch die rechte ANATTĀ-Erkenntnis kann man sogar JENSEITS von allem Bewusstsein gelangen und DENNOCH SEIN. Dies ist gar nicht so schwer zu verstehen, wenn man sich vergegenwärtigt, dass BEWUSSTSEIN nur gilt für das Bewusstsein alles VERGÄNGLICHEN bzw. für die Welt der ERSCHEINUNGEN, also Hölle, Erde UND sogar der Himmel. Man SELBST verbleibt immer noch, auch und vor allem, wenn man sich von allen Erscheinungen der Erscheinungswelt gelöst hat. Hat es denn den Leser nicht schon oft verwundert, warum die Natur so gnadenlos alles wieder zerstört, was sie scheinbar aufbaut? Der Grund oder die „Schuld" dafür ist aber nicht in der Natur zu suchen, sondern in den Wesenheiten selbst, deren Verlangenszustand die Natur selbst IST. Man meditiere darüber. Bewusste Bewusstlosigkeit oder bewusste FREIHEIT von allem Bewusstsein ist also sehr wohl nötig, man muss nur wollen, die Entscheidung treffen und dann den Loslösungsprozess beginnen, und zwar Schritt für Schritt, denn nur in den wenigsten Fällen bringt jemand die Kraft auf, DER GANZEN WELT zu entsagen, obwohl ein solcher, wenn er es konsequent tut, ein GEISTESTITAN ist. Jeder weltliche oder kirchliche Führer ist ein Nicht-Vorhandener, ein Nichst und ein Niemand im Vergleich zu einem solchen Geistestitanen, der die Kraft und den Mut aufbringt, der gesamten Welt, also Hölle, Erde UND Himmel, zu entsagen. Die höchsten GÖTTER, Gott einbeschlossen, können, müssen, ja DÜRFEN Lobpreisungen singen und Huldigungen darbringen einem solchen, der überwunden hat, wie ja auch Jesus und Buddha überwunden haben. OM. Auch UND GERADE vom Bewusstsein muss man sich lösen, um DAS TODLOSE zu werden. Man weilt dann JENSEITS der Welt der Erscheinungen. DIE kann einen dann nicht mehr wahrnehmen.

Zurück zum Tod. Wenn also im Tode das Bewusstsein als Letztes erlischt, dann bedeutet dies in der Tat für die Mehrheit DIE ZERSTÖRUNG, weil sich ja die Mehrheit mit dem Bewusstsein identifiziert. Aber wer schon zu Lebzeiten sich vom Bewusstsein durch Studium und Meditation GELÖST hat, für den ist der Tod, welcher ja für die meisten unfreiwillige BEWUSSTLOSIGKEIT bedeutet, kein Problem. Solch ein Sterbender, der kann mit eben diesem seinem Bewusstsein auch VON diesem Bewusstsein feststellen, dass er NICHT das Bewusstsein ist, nicht einmal das. Und so lässt er es lächelnd los und erlangt NIRVĀṆA. Wenn er WIEDERKOMMEN möchte, dann gerade lässt er es lächelnd los und freut sich schon auf das nächste Leben. Da frage ich Dich, lieber Leser, welche Lehre könnte denn vollkommener sein? Wer auf diese Weise die Wirklichkeit durchdrungen hat, wer ALLES, was der Tod an ihm vernichtet, als logischerweise NICHT sein selbst ansieht, sonst könnte er ja gar kein Zeuge dieser Vernichtung sein, der kann und braucht den Tod nicht fürchten, braucht nicht denken, dass er im Tode vernichtet ist. Er entleert sich eigentlich nur, um es einmal ganz drastisch auszudrücken. Er wird seine BESCHMUTZUNGEN los, denn, lieber Leser, im Vergleich zu der REINHEIT des NIRVĀṆA, welches ja ein Seinszustand ist, FREI von allem Vergänglichen, unbeschmutzt von allen Verunreinigungen, im Vergleich dazu ist ja

ALLES, auch der höchste Geistkörper, nur KOT. Man erfährt also eine völlige Entleerung umgearbeiteten physischen, mentalen und geistigen KOTES. Man entleert sich vollständig. Die rechte Anattā-Erkenntnis ist das beste und radikalste kosmische Abführmittel. Es wirkt auf ALLE Beschmutzungen, von der niedrigsten körperlichen bis zur höchsten geistigen. Der Tod ist also, wenn man so will, eine von der Natur immer und immer wieder verabreichte Gnadenmedizin, welche eine absolute Entleerung zur Folge hat. Die Wesenheit wird im Tode, ob sie es will oder auch nicht, von allen Beschmutzungen und Verunreinigungen BEFREIT, reingewaschen. JETZT erkennen wir auch die SYMBOLISCHE und doch so hochwissenschaftliche Bedeutung der Taufe. Der Tod ist nichts anderes als eine Reinwaschung der Wesenheit von ihrer niedersten Dreckkruste, dem physischen Körper, damit die Wesenheit dann NEUGEWASCHEN oder NEUGEBOREN in ihrem vom physischen Körper befreiten ASTRALKÖRPER wieder in der Astralwelt erwachen und existieren kann, bis dann dort der sogenannte „zweite Tod" stattfindet, was ja wie bereits erwähnt nichts anderes bedeutet, dass auch der Astralkörper einmal sterben bzw. sich auflösen muss. Für den NIRVĀṆIN ist natürlich auch der Geistkörper nur ein Exkrement. Wer so erkennt, der klagt nicht mehr über den Verlust von Personen und Dingen, der beklagt auch nicht den Verlust seines eigenen Körpers oder Bewusstseins, denn, wie uns der Buddha ja lehrt, das Bewusstsein KANN gar nicht überleben. Es ist doch jedes Leben neu und ist BEDINGT durch das neue Vehikel, durch die neue Beschmutzung, und sei es, dass diese auch nur im höchsten Himmel stattfindet. OM.

Es ist schon so, wer sein wahres Verhältnis zu seinem Körper durchschaut hat, der hat zugleich sein wahres Verhältnis zum Rest der Welt durchschaut, nämlich so: Das alles bin ich nicht, das alles ist vergänglich, nicht mein Selbst und darum leidvoll und deshalb geht es mich auch nichts an. Keine Religion für die Masse, wie? Sei's drum. Ich bin ja auch nicht hier, eine Mehrheit zu beglücken, sondern die Dinge so zu präsentieren, wie sie sind. OM. Wer also richtig, der Realität entsprechend denkt, der beklagt auch nicht mehr den Verlust dessen, was ihm sowieso nicht zusteht, was er sich sozusagen ungehöriger Weise angeeignet hat, darum wird er ja auch für diesen Diebstahl, für dieses Ergreifen der verbotenen Frucht mit dem Tode bestraft. Die Bibel macht schon Sinn. Man muss sie nur mit dem rechten Verständnis lesen. Wer nun noch nicht so weit ist, nicht mehr wiedergeboren zu werden, der weiß ja auch, dass er nach dem Fahrenlassen des bisherigen Körpers nur in rechter Weise und an GUTES haften muss, um dann in guter, liebevoller Umgebung wiedergeboren zu werden. Mich persönlich interessiert das nicht, denn alle Liebe, und sei sie auch noch so aufopfernd, kann mich doch nicht vom Leid der Vergänglichkeit befreien. Oder? Das kann nur die Lehre des Buddha. Das kann ich nur, wenn ich mich von Hass UND von Liebe löse, vom Schlechten UND vom Guten. OM. Dann ist mir NIRVĀṆA gewiss. Leicht wird man dann, superleicht, sogar PHYSISCH fühlt man sich dann leicht, unbeschwert von den Dingen der Welt, ganz gleich, was geschehen mag. Darum mache ich mich lieber aus dem Staub, und zwar für immer, und überlasse die Welt den Toren, welche glauben, dass sie irgendeine Kontrolle über irgendetwas hätten. Alles, was der Weise also wissen und erkennen muss, ist die Einsicht in die Unzerstörbarkeit seines Wesens und ein entsprechendes Handeln. Das Resultat sind ein gutes Gewissen und NIRVĀṆA.

Der Weltmensch erkennt so etwas natürlich nicht und KANN es auch gar nicht erkennen, da ihn ja sein eigenes Verlangen, seine blinde Lust nach dem Leben von einer solchen rechten Erkenntnis trennt. Also, lieber Leser, wenn du die Todesfurcht überwinden willst, dann denke so, wie es der Buddha vorschlägt: „Nicht tue ich Böses, bin nicht grausam, verübe keinen Frevel; günstig wirke ich, heilsam wirke ich. Wo da nichts Böses tun, nicht grausam sein, keinen Frevel verüben, heilsam wirken hingelangen lässt, dahin werde ich nach dem Tode gelangen." Und zwar gelangt ein guter Mensch, der in Werken, Worten und Gedanken gut war, nach Auflösung seines Körpers, nach dem Tode, auf gute Fährte, in eine höhere Welt. Große Freude herrscht dort in einer solchen Welt, und es ist ja eben DIESE FREUDE, die man bereits hier unten erlebt, wenn man Gutes tut, eben diese Freude der höheren Welt und seiner Wesen empfinden wir dann. Ich sage euch, wer die weltlichen Sinnenfreuden loslässt, der wird nach einer mehr oder weniger langen Übergangszeit der Überwindung der weltlichen Lüste VOR FREUDE ÜBERFLIESSEN, denn der hat ja das Tor aufgestoßen zu einer Welt, die nur die Guten beherbergt. Die Freude, die dann BEREITS HIER AUF ERDEN vom Entsagenden empfunden wird, ist tausendmal größer als es jegliche Freude sein mag, die durch Anhaften an Sinnendinge und Sinnengenuss erzeugt werden kann. Die weltliche Kommerzgesellschaft und deren Manipulateure hören dies natürlich nicht gerne, denn die sind ja daran interessiert, dass man eben NICHT wunschlos glücklich ist, sondern dass man sich das Glück sozusagen scheibchenweise, stückweise, Wunsch für Wunsch erkaufen kann und muss, und zwar indem man den verlockenden Werbekampagnen glaubt, die uns z. B. versprechen und suggerieren, dass, wenn wir nur diesen oder jenen Kaugummi kaufen und kauen, wir dann schon fast den Himmel auf Erden erleben, weil ja in dem Werbespot ein Engel selbst zu uns auf Erden herniederkommt und uns den Kaugummi anbietet. So denkt der Weltmensch bzw. so kann man ihn manipulieren, so sehr ist er bereits versunken im Morast der Sinnenwelt und ihrer Lüste. OM.

Wie kann man denn nun einem Weltmenschen so etwas klarmachen? Der wird doch argumentieren: „Ich glaube all dies nicht. Beweise es mir!" Nun, der beste Beweis würde für ihn entstehen, wenn er sich an die Arbeit machen würde und zum Beispiel in der Meditation genau das loslässt, woran er sich noch so sehr klammert, nämlich die Sinnengenüsse. Doch sei dies einmal für einen Augenblick beiseite gelassen. Lieber Leser, seit Jahrhunderten und Jahrtausenden gibt es große Weise, die von diesen Überweltlichen oder nach-weltlichen Ebenen künden, und zwar wenn auch im Detail manchmal unterschiedlich, so doch im Kern immer mit der gleichen Botschaft, wie hier in diesem Buche verkündet. Man nehme nur den Buddha selbst. Er ist einer der größten und glaubhaftesten Zeugen, die von der Unzerstörbarkeit unseres Wesens künden. Ihm können wir vertrauen, ihm können wir doch zumindest soviel Respekt bekunden, dass wir es mal VERSUCHEN, den Pfad, den er uns in die wahre Unsterblichkeit weist, zu beschreiten. Wir können ja immer noch umkehren oder den Pfad verlassen, wenn wir erkennen, dass dies nichts für uns ist. Je mehr sich einer von den irdischen Freuden löst, umso EDLER wird er, ja er empfindet und kostet bereits ÜBERIRDISCHE SELIGKEIT während seines irdischen Lebens. Diese überirdische Seligkeit, die er schon hier und jetzt im physischen Körper erleben kann als Belohnung seiner Loslösung von den Sinnenfreuden, diese ÜBERIRDISCHE SELIGKEIT führt ihn zur Erkenntnis der Unzerstörbarkeit seines Wesens durch den Tod, und ebendarum wird er auch durch das Ereignis des Todes unberührt und ebendarum hat er auch seine Todesfurcht überwunden, ja er wünscht ihn sich geradezu herbei, doch nicht in depressiv verzagend anklagender Weise, wie dies der Selbstmörder tut, sondern in der KLAREN GEWISSHEIT, dass er in höherer, seligerer Welt wiedererwachen und einen Schritt näher dem NIRVĀṆA gekommen sein wird. OM. Und je mehr er sich dem Tode nähert, einem Tod, von dem er nun weiß, dass er ja nicht seiner ist, sondern nur der Tod dessen, was er NICHT ist, umso mehr er sich also dem Tode nähert, umso mehr wird ihm die Unberührbarkeit seiner überirdischen Heiterkeit durch den Tod bewusst. Diese beseligende Tatsache war auch den christlichen Märtyrern bewusst, die sich lachend und laut singend von den Löwen in der Arena auffressen ließen. Warum waren sie so fröhlich, so selig? Nun, sie hatten bereits den Himmel GESEHEN und konnten es nun kaum erwarten, den lästigen Körper loszuwerden und so in ihrem Geistkörper die HIMMELSSELIGKEIT zu kosten. Dann wird sogar die AGONIE für den im Sterbebett liegenden zur reinsten BESELIGUNG oder, wie Dr. Georg Grimm schreibt: „Hervorragend gute Menschen haben in der Agonie geradezu paradiesische, himmlische Gesichte und sterben im Anblick dieser Seligkeit in dem unmittelbaren Bewusstsein, dass sie nunmehr ganz in sie übertreten werden. Es ist das gute Gewissen, das ihnen, hellsichtig geworden, ihren künftigen Wohnplatz, von dem sie nur noch eine dünne Scheidewand trennt, bereits im Voraus in höchster Anschaulichkeit vorführt.“

Das WAHRE Sterben vollzieht sich also in WONNE, doch dieser Wonne kann ja nur der gewahr werden, der bereits zu LEBZEITEN überirdisch gut war, sozusagen. Es spielt dabei überhaupt keine Rolle, ob man Buddhas Gebote befolgte oder die zehn Gebote der Bibel. So wie viele Wege nach Rom führen, so führen auch viele Wege zu Gott, und die unterschiedlichen Religionen sind solche Wege, solche Flüsse, die alle in den einen großen Ozean der Seligkeit führen. Was die WAHRE Lehre des Buddha von all diesen Religionen und ihren Himmeln unterscheidet ist, dass der Buddha NOCH DARÜBER HINAUS nach NIRVĀṆA führt. Dazu muss man natürlich schließlich auch das Verlangen nach der Himmelsseligkeit überwinden. Wer es zu fassen vermag, der fasse es. OM.

Mit SOLCHEN Gedanken, mit dieser Einstellung und mit diesem Wissen erfüllt man seinen Geist, dann wird man nicht mehr traurig sein, sondern mit Dr. Georg Grimm sagen: „Mein Sterbetag wird der schönste und freudigste Tag meines Lebens sein!“

DIE WELT DES VERGÄNGLICHEN UND DES EWIGEN

Zwei Welten gibt es: die Welt des Vergänglichen und die Welt des Ewigen. Sonst gibt es nichts. Nur diese beiden existieren. Wir leben im Augenblick in der Welt des Vergänglichen. Wer in ihr glücklich ist, wem es genügt, immer und immer wieder in ihr geboren zu werden, zu leben und zu sterben, der möge sich nicht weiter mit diesem Buche befassen und es nur zur Hand nehmen, wenn er Unzufriedenheit empfindet mit der Welt des Vergänglichen. Wer allerdings mit der Welt des Vergänglichen nichts mehr zu tun haben möchte, wer sie bereits als völlig unbefriedigend, weil vergänglich, empfindet, der soll sich nicht beklagen oder sich gar das Leben nehmen, denn auch dies wird ihn gleich wieder in die Welt des Vergänglichen zurückwerfen und aufs Neue mit demselben Problem konfrontieren. Wer das Ewige will, wer die Welt des Ewigen betreten und dort bleiben will, der muss dies bereits hier, ich betone **hier** in der Welt des Vergänglichen, tun und vorbereiten.

Wie bereitet man sich nun in der Welt des Vergänglichen auf das Ewige oder auf die Welt des Ewigen vor? Ganz einfach, indem man sich **von allem Vergänglichen löst.** Was ist vergänglich? Körper, Gefühl, Denken, Seele und Geist sind vergänglich? Himmel, Erde und Hölle sind vergänglich. Wie löst man sich nun von allem Vergänglichen? Durch Meditation. Mit geschlossenen Augen, sitzend oder liegend, beobachtet man alles, bis alles von einem abfällt, bis sich die Beschmutzungen lösen, bis man nichts mehr hört, sieht, fühlt und denkt **und trotzdem noch IST.** Das, was verbleibt, ist das Unsterbliche. IST man das, kann einem der Zerfall von Körper, Gefühl, Denken, Seele und Geist nichts mehr anhaben. Wer diese Unsterblichkeit nicht PRAKTISCH erlebt und erringt in der Welt des Sterblichen und Vergänglichen, der wird früher oder später von dieser Lehre wieder ablassen, weil er sie nicht praktisch erfahren hat, und wird sich entweder wieder ins Weltengetümmel stürzen oder ein religiöser Mensch werden und bleiben, der das Höhere nur **glauben** kann, aber nie wissen wird. Solcher Art sind die Mehrzahl aller Gläubigen, daher oder davon haben sie ihren Namen. Sie glauben, doch sie wissen nicht. Sie erhoffen sich Befreiung mit Hilfe eines Gottes, mit dem sie sozusagen einen Pakt abschließen, der meiner Meinung nach eher teuflisch ist. Sie sagen zu ihrem Gott: **„Ich kenne dich** nicht, ich kann dich nur glauben. Wenn es dich gibt, dann bitte hilf mir, dieses oder jenes zu erlangen, dafür verehre ich dich jetzt und werde dann nach meinem Tode zu dir in dein Reich kommen." Das sieht mir doch wohl eher nach religiöser Manipulation aus. Auf diese Weise mag man zwar die Aufmerksamkeit eines niederen Planetenengels wie Jehovah-Adonai etc. auf sich ziehen, aber NIRVĀṆA, die Welt des Ewigen, hat man damit nicht erlangt, sondern im besten Falle einen der niederen Himmel der Religionen und im schlimmsten Falle die Hölle.

Wer das EWIGE erfahren will, der möge das VERGÄNGLICHE mit dem rechten Verständnis betrachten. Wer das UNSTERBLICHE will, der möge sich mit dem STERBLICHEN in der rechten Weise befassen, und wer das UNGEBORENE und UNERSCHAFFENE will, der erfasse die wahre Natur des GEBORENEN UND ERSCHAFFENEN. Man lese die folgenden Worte von Lama Govinda, seinen Besuch im Vulkankrater des Vesuvs betreffend: „Gespenstisch standen die rot aufleuchtenden Felswände gegen den nachtblauen Sternenhimmel, und in meinem Empfinden verschmolzen allmählich das Sternengefunkel und der die Rauchsäule umgebende Funkenregen, der an den schrägen Wänden des im Krater befindlichen Eruptionskegels hinuntertanzte. Auf und ab stiegen die Funken, aus Feuerglut geboren, in Feuerglut zurückfallend. Auf und ab schwingen die Welten, aus Feuer geboren und wieder in Feuer zerberstend - Geburt und Tod in ewigem Wandel. Was ich hier sah, war dasselbe Schauspiel, das auf unzähligen Himmelskörpern in ebenderselben Weise sich abspielt - seit Urzeiten in alle Ewigkeit -, ein kosmisches Schauspiel! Ob ich mich auf der Erde, ob auf irgendeinem anderen Körper des Weltalls befand, in diesem oder jenem Sonnensystem: Ich fühlte mich der Gesamtheit des Universums gegenüber. So saß ich als Schauspieler vor der großen Weltenbühne. Aber trotz dieses Draußenstehens erlebte ich zum ersten Mal wirklich die Welt als solche. Ich verspürte ihren unheimlich gewaltigen Atem, ihre unbarmherzig wirkende, treibende Kraft, die Urgewalt kosmischen Geschehens. Wie ein großes schnaubendes Wesen erschien mir diese Erde, wie eine lebendige, furchtbare Gottheit: Die große Mutter, die täglich und stündlich Millionen und Abermillionen von Wesen gebiert, so wie sie unaufhörlich die glühenden Massen der Lava aus sich herausschleudert, als ihren feurigen Atem. Aber so wie die Massen glühender Lava wieder in die unendliche Tiefe zurückstürzen, so verschlingt sie auch wieder die Unzahl ihrer Geschöpfe.

Die unterbewusste Erkenntnis dieses endlosen Kreislaufs war es, die mich bei dem Geräusch der in die bodenlose Tiefe stürzenden Massen erschauern ließ. Die furchtbare Ahnung des bodenlosen Abgrundes 'Saṃsāra'. Nicht umsonst ist es das schrecklichste aller Traumerlebnisse, ins Nichts zu stürzen. Dieses selbe Erlebnis wurde mir aber jetzt aus anschaulicher Wirklichkeit geboren. Ich verfolgte die Kette meiner Gedanken wieder zurück bis zu ihrem Ausgangspunkt und gewahrte meinen Körper, wie er in all dem Tumult so ruhig und unbeweglich dasaß. Doch kaum hatte ich meine Aufmerksamkeit auf ihn gerichtet, da löste sich auch hier die Ruhe in eine tausendfältige, rastlose Bewegung von Entstehung und Zerstörung auf. Auf und ab steigt, wie die feurige Lava, der Atem. Verbrennungsprozesse auch hier! Das Blut kreist unaufhörlich durch die Adern, Kraftströme durchzucken die Nerven, Zellen bauen sich auf und sterben ab, Atome vibrieren und schwingen wie Weltkörper und vereinen sich zu Gruppen und Systemen, bis auch diese sich wieder auflösen. Ebenso wandelbar sind die Gefühle, Empfindungen und Gedanken. So fällt auch meine Persönlichkeit unter den Begriff 'Welt', ist dem ruhelosen Wandel unterworfen.

Wo ist der Ausweg aus dieser Welt der Vergänglichkeit zum Reiche des Todlosen, zur Verwirklichung der Unsterblichkeit? Er ist nicht hier und nicht dort, denn wohin ich schaue, durch Welten und Weltzeitalter, nirgends ist Rettung. So bleibt denn nur noch eins: Dort, wo ich NICHT hinschauen kann, liegt der Weg zur Erlösung - in mir selbst. Denn da ist der Ort, an dem ich die Welt umspannen vermag. An diesem Ort nur kann ich die Welt überwinden, den Brand löschen. Denn die Welt gestaltet sich als Mikrokosmos in meiner Persönlichkeit. Wer die Ursache des Brennens kennt, der kennt auch das Mittel zur Löschung. Die Ursache aber ist jene blinde Naturkraft, die sich in uns als Trieb gestaltet und zur Ich-Illusion und Ich-Sucht, zu Gier, Hass und Wahn führt."

Und so verstehen wir denn auch den Buddha noch besser, wenn er verkündet: „Alles, ihr Mönche, brennt. Die körperlichen Formen brennen, das Sehbewusstsein brennt, der Kontakt des Auges (mit seinen Objekten) brennt, das durch den Kontakt des Auges ausgelöste Gefühl, sei es nun Lustgefühl, Unlustgefühl oder Weder-Lust-Noch-Unlustgefühl, auch dieses brennt. Und wodurch brennt das? Wahrlich, ich sage euch: Es brennt durch das Feuer der Lust, durch das Feuer des Hasses, durch das Feuer des Wahns. Es brennt durch Geburt, Alter und Tod, durch Kummer, Jammer und Schmerz, durch Gram und Verzweiflung. Das Ohr und die Töne, die Nase und die Gerüche, die Zunge und die Geschmäcke, der Leib und die Berührungen, der Geist und die Erscheinungen (und seien es die höchsten Engel und Götter) brennen, und ebenso alle aus diesen resultierenden Kontakte und Gefühle. Dies alles brennt durch das Feuer der Begierde, des Hasses und der Verblendung. Wer aber solches durchschaut, wird aller dieser Sinnenprozesse überdrüssig, und indem er der Begierden satt wird, befreit er sich von den Begierden. Frei geworden weiß er, 'befreit bin ich'. Erschöpft hat sich die Wiedergeburt, gewirkt ist der heilige Wandel, getan das zu Tuende, keine Rückkehr gibt es mehr für diese Welt, so erkennt er."

Und Govinda schließt seinen Vulkanbericht mit den Worten: „Immer leichter wird mir ums Herz, als ob zentnerschwere Fesseln von mir fielen. Eine große, unsagbare Ruhe steigt in mir empor, getragen von der Empfindung der Losgelöstheit. Um mich herum tobt der Weltentanz: Feurige Gluten werden gen Himmel geschleudert: Welten und Wesen entstehen und vergehen im glühenden Ofen des Weltalls. Ewig wechselnd eilt der Kreislauf des Lebens von Geburt zu Tod, von Form zu Form, doch ein Etwas in mir ist dem Kreislauf entronnen und geht den Weg des Entwerdens. Nicht die Vergänglichkeit der Dinge und unserer eigenen augenblicklichen Daseinsform ist die Ursache des Leidens, sondern unser Hängen an ihnen, unser Festhalten von etwas, das ewig fließt und an dessen Ewigkeit wir teilhaben, solange wir uns nicht seinem lebendigen Fluß entgegenstemmen."

Also, wer das Ewige will, muss sich vom Vergänglichen trennen. Beidem kann man nicht anhängen. Man kann nicht zwei Herren dienen. Für den, der NIRVĀṆA erlangt hat, ist es jedoch sehr wohl möglich, voll in der Welt des Vergänglichen zu funktionieren. Umgekehrt geht es aber nicht. Dies ist kein Widerspruch, denn der, welcher NIRVĀṆA z. B. in der Meditation erlangt hat, bewegt sich ja von nun an zwar noch in der Welt des Vergänglichen, jedoch nun **völlig losgelöst von ihr.** Jemand, der aber noch mit und in der Welt des Vergänglichen im wahrsten Sinne des Wortes **verhaftet** ist, kann NIRVĀṆA keineswegs betreten, da ihn ja genau diese „Verhaftung" oder Anhaftung an das Vergängliche, und sei es auch der höchste Himmel, von NIRVĀṆA trennt. Wer es zu fassen vermag, der fasse es.

Die höheren Himmelswelten

Je mehr wir uns stufenweise von dieser Welt lösen, umso mehr erfahren wir bereits zu Lebzeiten **in uns** die höheren Himmelswelten bis hinauf zum NIRVĀṆA. Wenn dann der Augenblick des physischen Todes kommt, verschwinden wir für die ganze Welt, die ganze Welt verschwindet für uns, aber wir nicht für uns selbst. Das ist der ewige Frieden, das ist NIRVĀṆA. AUM.

* * *

„Die vergängliche Welt ist der Wegweiser zur Ewigkeit.“

„Noch schöner, als ein Verlangen zu befriedigen, ist es, zu beobachten, wie es wieder verschwindet. Das macht frei und unsterblich im Geiste.“

„Wer einmal vom Ewigen gekostet hat, gibt sich mit dem Vergänglichen nicht mehr ab.“

Lanoo

* * *

Wie man den Buddha anwendet
oder
Das GESETZ DER WAHLVERWANDTSCHAFT

Ein Schüler, für den NIRVĀṆA noch zu weit entfernt lag und der mit Gott und dem Himmel der Religionen vorlieb nehmen wollte, fragte mich einst um Rat. Bei der Beantwortung seiner Frage wandte ich die Rhetorik des Buddha vom Dīgha Nik. XIII an und stellte mit großer Genugtuung fest, dass die Lehre des Buddha damals wie heute - und darum auch IMMER - die höchste, weil die logischste und praktischste, ist. Die Antwort auf die Frage, ob ein solcher Zustand erstrebenswert ist oder ob man lieber wahrnimmt, empfindet und reinkarniert und aufs Neue leidet, sei dem Leser dieses Buches überlassen.

„Oh Lanoo, NIRVĀṆA ist zu hoch für mich. Weise mir den Weg zu Gott im Himmel. Mit ihm möchte ich sein, und sei es auch nur für eine Weltenperiode. Des Weiteren, oh Lanoo, sage mir doch, ob **alle** Christen, Katholiken, Juden, Moslems Buddhisten und andere Gläubige, aber auch Nicht-Gläubige in den Himmel kommen."

„Nun denn, so antworte mir, ist Gott verheiratet?" - „Nein, oh Lanoo." - „Hat er geschlechtlich erzeugte Kinder?" - „Nein, die hat er nicht." - „Ist Gott ein Mann oder eine Frau, ein Stein, eine Pflanze, ein Tier, ein Mensch, ein Dämon, ein Engel?" - „Nein, das ist er nicht, oh Lanoo." - „Gut. Hat Gott einen Beruf?" - „Nein, den hat er nicht." - „Hängt Gott an Haus, Hof, Weib und Kind?" - „Nein, oh Lanoo." - „Ist Gott gehässig oder friedfertig?" - „Er ist friedfertig." - „Hat er ein reines Gemüt oder ein beschmutztes?" - „Gott hat ein reines Gemüt, oh Lanoo." - „Missbraucht Gott sexuell oder sonst wie kleine Kinder oder Erwachsene, die ihm arglos zugetan und anvertraut sind?" - „Das tut Gott nicht, oh Lanoo." - „Ist Gott ein Ehebrecher, Mörder, Betrüger und bricht er zu diesem und anderem Zwecke die Gesetze?" - „Nein." - „Treibt Gott ab?" - „Das tut er nicht." - „Ist Gott willensschwach oder willensgewaltig?" - „Er ist willensgewaltig." - „Ist Gott ein Trinker, Raucher, Fresssack oder ein Drogensüchtiger?" - „Das ist er nicht, oh Lanoo." - „Hat Gott Geschlechtsverkehr?" - „Den hat er nicht, oh Lanoo." - „Ist Gott ein Komponist, Texter, Sänger, Dirigent, Schauspieler, Tänzer, Komiker, Regisseur, Produzent oder sonst wie im Showgeschäft tätig?" - „Das ist er nicht, oh Lanoo."

Nun denn, so höre: „Wer auch immer verheiratet ist, geschlechtlich Kinder erzeugt, sich mit dem Begriff Mann, Frau, Stein, Pflanze oder Tier, Mensch, Dämon und Engel identifiziert bzw. ihm anhaftet, wer einen Beruf hat bzw. ihm anhaftet, wer an Haus, Hof, Weib und Kind hängt, wer gehässig ist, ein beschmutztes Gemüt hat, wer kleine Kinder oder Erwachsene, die ihm arglos zugetan und anvertraut sind, sexuell oder auch anders missbraucht, wer seine oder anderer Leute Ehe bricht, wer ein Mörder und Betrüger ist und zu diesem und anderem Zwecke die Gesetze bricht, wer abtreibt, wer willensschwach ist, wer Alkohol trinkt, wer raucht und frisst und Drogen nimmt und wer Geschlechtsverkehr hat und im Showgeschäft tätig ist, wer alles das und mehr tut, was gegen bzw. nicht VON Gottes Natur ist, der hat eben keine

Wahlverwandtschaft mit Gott und kann darum auch nicht nach dem Tode (oder auch sonst wie) mit Gott sein, sondern wird, entsprechend der Schwere seines gottlosen Verhaltens, bestenfalls in einem der niederen Himmel erwachen oder in der Hölle, ES SEI DENN, er lässt ab von alledem und lebt so, wie Gott lebt, ist so, wie Gott ist, erzeugt so eine WAHLVERWANDTSCHAFT mit Gott und wird dann - auch der vormals größte Sünder - mit Gott im Himmel sein. AUM.“

„Wie, oh Lanoo, steht es nun mit den Gottgläubigen und Nicht-Gottesgläubigen. Kommen die alle in den Himmel?“

„Hier ist meine Antwort und sie beginnt mit einer Frage: Gibt es Christen, Juden, Katholiken, Moslems, Buddhisten und andere Glaubensanhänger, unter ihnen auch viele Priester, aber auch Nicht-Gottesgläubige, die verheiratet sind, die geschlechtlich erzeugte Kinder haben, die Mann oder Frau sind bzw. diesem ihrem Geschlecht anhaften, die sich mit Stein, Pflanze, Tier, Mensch, Dämon oder Engel identifizieren oder diesem Zustande anhaften, die einen Beruf haben und ihm anhaften, die an Haus, Hof, Weib und Kind hängen, die ein beschmutztes Gemüt haben, die sexuell oder auch sonst wie kleine Kinder und Erwachsene missbrauchen, welche ihnen arglos zugetan und anvertraut sind, die die eigene oder anderer Menschen Ehe brechen, die töten, betrügen oder sonst wie zu diesem oder einem anderen Zwecke die Gesetze brechen, die abtreiben, die willensschwach sind, die Alkohol trinken, die rauchen, fressen oder drogensüchtig sind, die Geschlechtsverkehr haben, die im Showgeschäft tätig sind, gibt es also Christen, Juden, Katholiken, Moslems, Buddhisten und andere Gläubige und Nichtgläubige, die all dies tun?“ - „Die gibt es wohl, oh Lanoo.“

„Gut, so höre denn: **Alle Christen, Juden, Katholiken, Moslems, Buddhisten und alle anderen Gläubigen sowie deren Priester, auch alle Nichtgläubigen, die verheiratet sind, geschlechtlich erzeugte Kinder haben, die Mann oder Frau sind bzw. diesem Zustand anhaften, die sich mit Stein, Pflanze, Tier, Mensch, Dämon oder Engel identifizieren oder diesem Zustande anhaften, die einen Beruf haben und ihm anhaften, die an Haus, Hof, Weib und Kind hängen, die gehässig sind, die ein beschmutztes Gemüt haben, die sexuell oder sonst wie kleine Kinder und Erwachsene missbrauchen, welche ihnen arglos zugetan und anvertraut sind, die ihre oder anderer Leute Ehe brechen, die morden, betrügen und zu diesem und anderem Zwecke die Gesetze brechen, die willensschwach sind, die Alkohol trinken, die rauchen, fressen und die drogensüchtig sind, die Geschlechtsverkehr und andere perverse Dinge treiben, alle jene Christen, Juden, Katholiken, Moslems, Buddhisten und alle anderen Gläubigen, deren Priester sowie auch die Nichtgläubigen werden nicht mit Gott sein, sondern je nach der Schwere ihres Vergehens, im besten Falle nach dem Tode, in einem der niederen Himmel erwachen oder in der Hölle, ES SEI DENN, sie lassen ab von ihrem gotteswidrigen, gottlosen Verhalten und erzeugen so Wahlverwandtschaft mit Gott, der sie dann zu sich in sein Reich nimmt. AMEN.“**

WIE MAN DEN BUDDHISMUS LEHRT

Man lehrt zeitig und nicht unzeitig sowie auch am rechten Ort, das heißt, wenn es geht nicht am Biertisch, sondern in geeigneter meditativer Umgebung oder an einem eigens dafür vorbereitetem Ort. Man redet zur Sache, nicht unsachlich. Man redet besänftigend, nicht verletzend. Man redet zum Nutzen und nicht zum Schaden. Man redet im Geist der desinteressierten Liebe, ohne heimliche Tücke.

Immer wieder stellt man mir die Frage: „Wie kann ich denn wunschfrei werden, wenn ich meine täglichen Geschäfte erledigen muss und DENNOCH NIRVĀṆA zum Ziel habe?“ Die Antwort: „Man entäußert sich beim Wünschen der Begierde, des Verlangens, der Sehnsucht, des Gelüstens, des Fieberns und des Dürstens.“ Wenn man dies nicht tut, dann wird man im Herzen gefesselt und verursacht Anhaftung, welche zur Wiedergeburt führt.

Wie entäußert man sich nun beim Wünschen? Wenn man isst, zum Beispiel, dann isst man nicht, um es zu genießen oder um den Körper schöner zu machen etc., sondern nur, um den Körper gesund und am Leben zu erhalten, damit man so viel Zeit wie möglich damit verbringen kann, sich vom Körper in der Meditation sowie auch durch rechtes Anattā-Denken ZU LÖSEN. Der Körper ist da zur ÜBERWINDUNG, nicht zum Genuss. Sehen, Hören, Schmecken, Tasten, Riechen, Fühlen und Denken sind dazu da, um ÜBERWUNDEN zu werden. Dies stellt natürlich alle augenblicklich in der Welt existierenden Werte und Philosophien etc. auf den Kopf. Ist mir schon klar. Sei's drum. Wer es zu fassen vermag, der wird es schon fassen. Beim Sehen, Hören, Schmecken, Tasten, Riechen, Fühlen und Denken muss man sich der BEGIERDE entäußern. Dann wird alles gut. Dann kommt neues Glück, UNABHÄNGIG von Personen und Dingen. Wer das erlangt, der bewillkommnet jede MINUTE des Alleinseins, der findet neue und viel größere Freude im ENTSAGEN von allem. So wie er zuvor mit Freude anhaftete, so lässt er nun mit Freude los. Kennt er doch die Belohnung, welche da ist: Existenz FREI von allem Vergänglichen. So einer mag sogar noch in der Welt sein und seinen weltlichen Aktivitäten nachgehen, WENN sie im Rahmen des Erlaubten liegen, das heißt er darf seinen Lebensunterhalt NICHT mit dem Verkauf von Fleisch, Alkohol und Pornographie verdienen, er darf nicht töten, lügen und betrügen. Wer so lebt und alles mit dem Anattā-Blick sieht, der mag nach dem Tode in einer höheren Himmelswelt eher erwachen als so mancher Mönch, der nach außen hin den Heiligen markiert, in Wirklichkeit aber keiner ist.

Lieber Leser, es geht doch hier um die Sicherung deiner Zukunft nach dem Tode bzw. auf welcher Ebene du wieder erwachst, sei es Himmel oder Hölle und danach gute oder schlechte Reinkarnation auf Erden. Da lohnt sich doch die Mühe, was meinst du?

Und noch einmal

GEDANKENFREI
oder
Das Nicht-Denken

Das Nicht-Denken ist das Tor zur Unsterblichkeit. Die meisten Menschen fürchten sich jedoch vor dem Nicht-Denken, weil Nicht-Denken für sie Nicht-Sein bedeutet. So müssen sie immer irgendetwas denken oder sich „Gedanken machen".

Würden sie jedoch, und sei es auch nur für eine Stunde am Tag, das Denken aufgeben und meditativ im Nicht-Denken verharren, dann würde sich ihnen eine völlig neue Welt offenbaren, das NIRVĀṆA, wo es weder Tod noch Leben gibt, weder Alt noch Jung, weder Gut noch Böse, weder dieses noch jenes, wo alle Wesen ihr Zuhause haben, welches sie ständig verlassen, auf der Suche nach etwas, das sie nie finden werden, weil es das gar nicht gibt. Lass los, oh Lanoo, gib auch das Denken auf und du wirst die Wahrheit erfahren, welche wie dein wahres Wesen UNDENKBAR ist, was nicht bedeutet, dass es nicht existiert, es ist eben nur JENSEITS DES DENKVORGANGES. AUM.

„Der Sinne Untergang ist der Wahrheit Aufgang."

Wir haben nun die wichtigste Stelle in diesem Buch erreicht. Ich werde sie einleiten, indem ich Dr. Georg Grimm zitiere, der in seinem Buch *Die Lehre des Buddho* schreibt: „Wie ein ölrußgeschwärztes Schinderhemd stellt sich dem Erlösten aber nicht etwa bloß unsere Persönlichkeit hier auf Erden dar. JEDE solche, und sei es auch eine in den höchsten Götterhimmeln, ist für ihn, DER SICH AUF DIE LAUTERKEIT SEINES UREIGENSTEN WESENS ZURÜCKGEZOGEN HAT, nichts weiter als - Kot. ... ein auch bis zum kleinsten Rest gebrachtes Dasein als solches (ist) eben noch immer von Übel, gleichwie auch nur ein Restchen Kot oder Eiter immer noch übel riecht. Bei den Reinen Göttern [für die wir Menschen stinken wegen unseres Stoffwechsels. Lanoo] ist jener Daseinsrest soweit als möglich verflüchtigt, wobei auch sie jedoch dem Asketen natürlich nur so erscheinen, wie der unermesslich gestirnte Himmel mit seinen goldenen Feuern dem Prinzen von Dänemark, nämlich als 'no other thing than a foul and pestilent congregation of vapours', kein Ding zum 'velle reverti', wie Neumann sagt. (Längere Sammlung II, S. 74.) Ebendeshalb kehrt denn auch der Erlöste um keinen Preis mehr in diese Welt zurück: 'UND SOLLT' ICH AUCH ... NUR UNTER REINEN GÖTTERN GEBOREN WERDEN, ICH MAG IN DIESE WELT NICHT WIEDERKEHREN!' (Majj. Nik. I, S. 82, 12. Suttam.) Gerade hierin wird die Seligkeit des Friedens, den er sich errungen hat, besonders deutlich.

Der Heilige, der sein Wollen vollkommen beherrscht, hätte es nämlich in der Hand, in alle Ewigkeiten hinein immer nur eine Wiederverkörperung in den höchsten Lichtwelten herbeizuführen, indem er nur gerade so viel und gerade einen solchen Durst in sich erzeugte (!), dass derselbe im Augenblicke des jeweiligen Todes immer ein Anhaften in jenen Lichtwelten herbeiführte. Aber er verschmäht auch das. Wie könnte auch der, der die 'unbeschmutzte' Seligkeit des ewigen Friedens [der von den Religionen nur VERSPROCHEN wird. Lanoo] an sich erfahren hat, nochmals *Kot* wählen, wenn er mit seinem Tode den Schmutz seiner gegenwärtigen Persönlichkeit ablegt? So entschwindet ihm denn dann der Schmutz der Welt auf ewig und er der Welt für immer. Zwischen beiden gibt es keine Brücke mehr. Er ist *erloschen*, aber eben, um es immer wieder zu sagen, nur für die Welt ..."

Hier fahre ich, Lanoo, fort, denn hier wird die Antwort auf die Frage gegeben, die mir, oft nahezu **verzweifelt**, von Schülern gestellt wird: „JA, WAS **BIN** ICH DENN DANN NOCH, WENN ICH NICHTS MEHR BIN?! WIE ERLEBE ICH NIRVĀṆA, WENN DU, LANOO, MIR DOCH SAGST, DASS NIRVĀṆA 'AUSGELÖSCHT' BEDEUTET, ICH ABER DANN NOCH EXISTIEREN SOLL?"

Die Antwort auf diese Frage ist essenziell und muss erst rein verstandesmäßig und dann intuitiv erfasst werden. Darum muss der Schüler wie auch der Fortgeschrittene sie sich täglich zwanzig Male wiederholen.

(Die folgende Aussage bezieht sich auf den Zustand im Augenblick des Todes eines Menschen, der bereits zu Lebzeiten NIRVĀṆA erlangt und es nun sozusagen endgültig „nimmt", indem Körper, Gefühl, Denken, Seele und Geist sich von ihm lösen, was ihn jedoch, die Wesenheit, in seinem Kern völlig unberührt lässt, was er unbeschadet übersteht, ja **überlebt**, da er sich doch bereits **zuvor** von Körper, Gefühl, Denken, Seele und Geist, von all diesen ihm unwesentlichen Attributen und Beilegungen, durch Studium und Meditation getrennt, gelöst und befreit hat.)

Hier nun die Antwort auf die Frage, was man „ist", wenn man NIRVĀṆA erlangt:

„Wenn ich NIRVĀṆA erlange, erlischt die Welt für mich, ich erlösche für die Welt, aber ich erlösche nicht für mich selbst. Losgelöst und befreit von Körper, Gefühl, Denken, Seele und Geist BIN ich immer noch!"

„Wenn ich NIRVĀṆA erlange, erlischt die Welt für mich, ich erlösche für die Welt, aber ich erlösche nicht für mich selbst. Losgelöst und befreit von Körper, Gefühl, Denken, Seele und Geist BIN ich immer noch!"

„Wenn ich NIRVĀṆA erlange, erlischt die Welt für mich, ich erlösche für die Welt, aber ich erlösche nicht für mich selbst. Losgelöst und befreit von Körper, Gefühl, Denken, Seele und Geist BIN ich immer noch!"

„Wenn ich NIRVĀṆA erlange, erlischt die Welt für mich, ich erlösche für die Welt, aber ich erlösche nicht für mich selbst. Losgelöst und befreit von Körper, Gefühl, Denken, Seele und Geist BIN ich immer noch!"

„Wenn ich NIRVĀṆA erlange, erlischt die Welt für mich, ich erlösche für die Welt, aber ich erlösche nicht für mich selbst. Losgelöst und befreit von Körper, Gefühl, Denken, Seele und Geist BIN ich immer noch!“

„Wenn ich NIRVĀṆA erlange, erlischt die Welt für mich, ich erlösche für die Welt, aber ich erlösche nicht für mich selbst. Losgelöst und befreit von Körper, Gefühl, Denken, Seele und Geist BIN ich immer noch!“

„Wenn ich NIRVĀṆA erlange, erlischt die Welt für mich, ich erlösche für die Welt, aber ich erlösche nicht für mich selbst. Losgelöst und befreit von Körper, Gefühl, Denken, Seele und Geist BIN ich immer noch!“

„Wenn ich NIRVĀṆA erlange, erlischt die Welt für mich, ich erlösche für die Welt, aber ich erlösche nicht für mich selbst. Losgelöst und befreit von Körper, Gefühl, Denken, Seele und Geist BIN ich immer noch!“

„Wenn ich NIRVĀṆA erlange, erlischt die Welt für mich, ich erlösche für die Welt, aber ich erlösche nicht für mich selbst. Losgelöst und befreit von Körper, Gefühl, Denken, Seele und Geist BIN ich immer noch!“

„Wenn ich NIRVĀṆA erlange, erlischt die Welt für mich, ich erlösche für die Welt, aber ich erlösche nicht für mich selbst. Losgelöst und befreit von Körper, Gefühl, Denken, Seele und Geist BIN ich immer noch!“

„Wenn ich NIRVĀṆA erlange, erlischt die Welt für mich, ich erlösche für die Welt, aber ich erlösche nicht für mich selbst. Losgelöst und befreit von Körper, Gefühl, Denken, Seele und Geist BIN ich immer noch!“

„Wenn ich NIRVĀṆA erlange, erlischt die Welt für mich, ich erlösche für die Welt, aber ich erlösche nicht für mich selbst. Losgelöst und befreit von Körper, Gefühl, Denken, Seele und Geist BIN ich immer noch!“

„Wenn ich NIRVĀṆA erlange, erlischt die Welt für mich, ich erlösche für die Welt, aber ich erlösche nicht für mich selbst. Losgelöst und befreit von Körper, Gefühl, Denken, Seele und Geist BIN ich immer noch!“

„Wenn ich NIRVĀṆA erlange, erlischt die Welt für mich, ich erlösche für die Welt, aber ich erlösche nicht für mich selbst. Losgelöst und befreit von Körper, Gefühl, Denken, Seele und Geist BIN ich immer noch!“

„Wenn ich NIRVĀṆA erlange, erlischt die Welt für mich, ich erlösche für die Welt, aber ich erlösche nicht für mich selbst. Losgelöst und befreit von Körper, Gefühl, Denken, Seele und Geist BIN ich immer noch!“

„Wenn ich NIRVĀṆA erlange, erlischt die Welt für mich, ich erlösche für die Welt, aber ich erlösche nicht für mich selbst. Losgelöst und befreit von Körper, Gefühl, Denken, Seele und Geist BIN ich immer noch!“

„Wenn ich NIRVĀṆA erlange, erlischt die Welt für mich, ich erlösche für die Welt, aber ich erlösche nicht für mich selbst. Losgelöst und befreit von Körper, Gefühl, Denken, Seele und Geist BIN ich immer noch!“

„Wenn ich NIRVĀṆA erlange, erlischt die Welt für mich, ich erlösche für die Welt, aber ich erlösche nicht für mich selbst. Losgelöst und befreit von Körper, Gefühl, Denken, Seele und Geist BIN ich immer noch!“

„Wenn ich NIRVĀṆA erlange, erlischt die Welt für mich, ich erlösche für die Welt, aber ich erlösche nicht für mich selbst. Losgelöst und befreit von Körper, Gefühl, Denken, Seele und Geist BIN ich immer noch!“

„Wenn ich NIRVĀṆA erlange, erlischt die Welt für mich, ich erlösche für die Welt, aber ich erlösche nicht für mich selbst. Losgelöst und befreit von Körper, Gefühl, Denken, Seele und Geist BIN ich immer noch!“

So mancher mag nun einwenden, dass es doch wohl ziemlich langweilig wäre, nur noch für sich zu sein und nicht mehr in der Welt. So jedoch argumentiert der Herdenmensch. Wer in der Meditation auch nur ANNÄHERND den Frieden, die Ruhe, die Macht und Unsterblichkeit erfahren hat, die der NIRVĀṆA-Pfad beschert, der wird diesen Einwand schnell vergessen. Hinzu kommt, dass NIRVĀṆA selbst jenseits irgendwelcher Beschreibungsmöglichkeit liegt oder wie Dr. Georg Grimm andeutet: „Und so ahne ich das Ungeheure.“ Außerdem kann sich ja der NIRVĀṆEE jederzeit auch wieder von dem Zustand lösen und sich wieder, wo und wann er will, der Welt zuwenden. Diese Freiheit hat der Erd- und Lustgebundene natürlich nicht. Der landet genau in der Suppe, die er sich selbst zubereitet bzw. eingebrockt hat. Nur könnte es sehr wohl sein, dass sie ihm beim nächsten Mal (in einem anderen Leben) gar nicht mehr so gut schmeckt.

Die Frage verbleibt: „Wo bin ich, wenn ich in NIRVĀṆA bin?“ Die Antwort auf diese Frage wird der verstehen, der von der wahren Natur des Feuers weiß. Sobald die BEDINGUNGEN günstig sind (Brennmaterial, Reibung, Sauerstoff etc.), löst sich das Feuerelement aus seiner Latenz und manifestiert sich als Feuer. Wenn die Bedingungen nicht mehr gegeben sind, zieht sich das Feuerelement zurück in seine Urposition. Das Feuerelement selbst ist immer da. So ist es mit des Menschen Wesenheit. Wenn der DURST nach Manifestation erst einmal erloschen ist, VERBLEIBT die Wesenheit immer noch, aber jetzt DURST- oder DRANGFREI. Dieser durst- und drangfreie Zustand, befreit von Körper, Gefühl, Denken, Seele und Geist, kann und MUSS bereits jetzt, da man noch im Körper weilt, errungen werden, und zwar durch rechte Erkenntnis und Meditation. Wem die rechte Erkenntnis fehlt, der wird sich von seinem Drang nie lösen können, zumindest nicht in diesem Leben. Wie diese rechte Erkenntnis erlangt werden kann, zeigt uns der große Denker und Bodhisattva Dr. Georg Grimm. In *Buddhistische Weisheit* schreibt er unter:

Vernichtung des Dranges durch rechte Erkenntnis

„Die seit unserem Eintritt in die Welt, mithin seit anfangslosen Zeiten in uns herrschende *falsche Erkenntnis* der Welt oder das *Nichtwissen* über ihre wahre Beschaffenheit als eine für uns leidbringende und deshalb uns unangemessene entsteht selbst wieder durch den *falschen Gebrauch unseres Erkenntnisapparates*, sei es, dass wir mit ihm nur ganz oberflächlich in die Welt hineinblicken, immer nur die augenblickliche Gegenwart, nicht aber die Folgen sehend, sei es, dass wir den Erkenntnisapparat direkt *im Dienst* eines schon in uns vorhandenen, früher [z. B. in einem vergangenen Leben. Lanoo] entstandenen *Dranges* gebrauchen, indem wir ihn bloß zu dem Zweck benutzen, zu erkennen, auf welche Weise wir den bereits in uns hausenden Drang am besten befriedigen können. So machen wir es bereits, seitdem wir 'auf der Welt' sind, eben weshalb auch in uns ein übermächtiger *Drang* entstanden ist, unseren Erkenntnisapparat auch weiterhin in dieser Weise und *nur* in dieser Richtung zu gebrauchen, so dass uns nicht nur der Drang nach der Welt überhaupt, sondern schon der Drang zum *falschen* Erkennen, insbesondere zum falschen Denken, hindert, unseren Erkenntnisapparat *richtig* zu gebrauchen, vor allem mit ihm richtig zu denken.

Dieser *richtige* Gebrauch des Erkenntnisapparates besteht nun aber darin, ihn, ohne irgendwelche Beeinflussung durch den in uns hausenden *Drang* zu dulden, derart und so scharf auf die jeweils in den Bereich unserer Erkenntnis tretenden Objekte einzustellen, dass sie sich uns nicht bloß in ihrem gegenwärtigen Bestand, sondern auch in ihrer künftigen Auflösung und damit ihrem Entschwinden für uns vollkommen klar darstellen. Je mehr wir die Objekte so betrachten lernen und sie damit in ihrem wahren Verhältnis zu uns, nämlich als für uns *vergängliche* Erscheinungen durchschauen, sei es, dass sie uns oder wir ihnen entschwinden werden, desto mehr wird das Leidbringende derselben für uns offenbar und desto sicherer wird im gleichen Verhältnis jeder Drang nach ihnen erlöschen.

Man kann das auch so ausdrücken: Was man *wirklich* als unmöglich erkannt hat, danach kann man keinen Drang haben: wer weiß, dass er ein ungültiges Los einer Lotterie besitzt, in dem kann unmöglich der Wunsch entstehen, mit *diesem* Los einen Treffer zu machen. Hat man nun wirklich *alles* in der Welt dahingehend erkannt, dass es uns einmal entschwinden muss, und vermag man sich diese Erkenntnis stets gegenwärtig zu halten, dann kann es uns auch nicht mehr *drängen*, etwas gleichwohl für immer besitzen zu wollen. Wer also einen solchen Drang in sich birgt und demgemäß beim Entschwinden des geliebten Objekts als der Durchkreuzung dieses Dranges klagt und jammert, ist noch ein Tor. Der Weise ist stets auf den Verlust jedes Objekts gefasst und erstickt eben dadurch auch fortwährend jeden Wunsch, es länger, als es nach dem Naturverlauf sein kann, besitzen zu wollen. Ebendeshalb klagt er dann auch beim wirklichen Eintritt des Verlustes nicht, sondern beruhigt sich auch dann in der klaren Erkenntnis: 'Wie wäre es wohl möglich, dass das, was entstanden und seinem Wesen nach dem Zerfall geweiht ist, nicht zerfiele? Das ist ein Unding.'"

Und ein paar Seiten weiter schreibt Dr. Grimm so treffend:

**„Und Schauder fasst mich an vor einer Welt,
in der das Höchste, Heiligste, die Liebe,
so wie das Niedrigste dem Nichts verfällt."**

Bei diesem rechten Verständnis, dieser rechten Erkenntnis, braucht sich der Leser nicht zu wundern, dass ich bald keine Schnulzen mehr singen werde, da sie ja nur von Liebe, Abschied, Trennung, also vom Leiden handeln.

Dasselbe gilt für die New Age Musik, welche die gleichen Probleme behandelt, nur ein paar Etagen höher. In NIRVĀṆA wird auch die schönste Engelsmusik nur als Störung empfunden. Beethoven z. B. würde dort wie Lärm klingen. Für jene jedoch, die auf Musik nicht verzichten können, habe ich meine *Malibu-Sinfonie*, *Lanoo Alive in America* und ***DEVA*** (Die Ankunft eines Engels) hinterlassen. Möge diese hohe Schwingung sie dem Sumpf der Welt fernhalten. AUM.

Wer also den DRANG nach Körper, Gefühl, Denken, Seele und Geist noch nicht überwunden hat, der ist eben noch ihr Sklave und muss reinkarnieren, sei es auf Erden, im Himmel oder in der Hölle, und ist wieder einmal dazu verdammt, von der verbotenen Frucht der Vergänglichkeit zu kosten. Derjenige aber, der Körper, Gefühl, Denken, Seele und Geist benutzt, wozu sie da sind, nämlich um sie zu **überwinden**, sie loszulassen, sich von ihnen zu befreien und IMMER NOCH ZU SEIN, nur jetzt eben befreit und erlöst von ihnen, DER ist der wahre Meister, IHM gebührt die Krone. Jeder andere Mensch, Engel oder Gott verblasst vor ihm, ja wird sein SCHÜLER, indem er das einzige lernt, was lernenswert ist, nämlich wie man sich löst von dem Schmutz der Welt, von Erde, Hölle und Himmel, von der Lust nach Körper, Gefühl, Denken, Seele und Geist, von dieser und jeder anderen Welt. Dass dabei die Wesenheit SELBST nicht zerstört wird, ist ein ganz wichtiger Bestandteil der Lehre, die ja sonst keinen Sinn ergeben würde. Denn warum sollte ich denn etwas überwinden, von dem ich weiß, dass ich selbst bei dessen Überwindung zerstört sein würde? Da würde es ja dann schon mehr Sinn machen, mich den Lüsten und Freuden des Lebens hinzugeben, so vergänglich sie auch sein mögen. Aber die Realität ist ja ganz anders. Wenn ich mich von Körper, Gefühl, Denken, Seele und Geist löse, entsage ich doch nur dem Vergänglichen und Sterblichen und erlange dafür **WAHRE** Unsterblichkeit, welche NIEMALS in irgendeinem - immer vergänglichen - Himmel erlebt werden kann, sondern nur, indem man sich auch und ganz besonders löst von eben jenem Himmel, aber auch von Körper, Gefühl, Denken, Seele und Geist und somit WAHRE UNSTERBLICHKEIT erlangt, welche IMMER eine Existenz ist, **BEFREIT** von Körper, Gefühl, Denken, Seele und Geist. Wer diesen Zustand erlangt, ist der wahre Meister, mag er in einer Papphütte, auf einem Dunghaufen oder in einem Schloss wohnen. Unsere höchsten weltlichen **und** himmlischen Wesen können sich nicht messen mit einem solchen Überwinder, einem solchen **UNSTERBLICHKEITSERLANGER**, sondern können nur von ihm **lernen**. Darum steht es auch in *Meisterbriefe* an Sinnet, dass die meisten Großen unserer Welt als NICHT EXISTENT in den Augen der Meister gelten.

Und, um es noch einmal zu wiederholen, wichtig ist es auch noch zu wissen, dass derjenige, welcher NIRVĀṆA erlangt hat, überall und nirgends zur gleichen Zeit ist, da er sich ja jetzt im ZENTRUM allen Seins befindet und somit jederzeit **und auf allen Ebenen** wieder in die Welt eintreten kann, falls er sich dazu entschließt. AUM.

Wie man NIRVĀṆA intellektuell erlangt

Selbst jemand, der aus irgendwelchen Gründen nicht meditieren und somit nicht auf diese Weise den Loslösungsprozess erfahren kann, kann jedoch NIRVĀṆA intellektuell erfahren und allein durch richtiges Denken unsterblich werden bzw. Unsterblichkeitsbewusstsein erlangen, das heißt er ist im - und nach dem - Augenblick des Todes immer „noch da", nur eben jetzt (auf Grund des richtigen vorhergehend praktizierten Denkprozesses) befreit von jeglicher Wahrnehmung und Empfindung. Hier nun ist der logische und befreiende Denkprozess, der zu NIRVĀṆA führt:

NIRVĀṆA, wahre Unsterblichkeit, ist Freiheit von jeglicher Anhaftung, da ja jegliche Anhaftung, sei es auf Erden, im Himmel oder in der Hölle, immer nur an Vergängliches und damit Sterbliches stattfindet bzw. an die Lust oder den GENUSS, den uns das bereitet, dem wir anhaften. Also: Anhaftung trennt uns immer von NIRVĀṆA, ja sobald GENUSS oder auch nur Begierde* entstehen, bildet sich Anhaftung und schließt sich eine weitere Tür zu NIRVĀṆA direkt vor unserer Nase. Und nun kommt es. Ehre sei dem großen Chohan, dass er mir diese Worte gibt: „VERMEIDE BEI ALLEM, WAS DU TUST, FÜHLST UND DENKST, **DEN GENUSS, ABER AUCH DIE ABSCHEU, DENN BEIDE SIND ANHAFTUNGEN.**" Wenn du also etwas siehst, was dir ZUVOR noch Genuss verschaffte, sieh es mit Abscheu. Wenn du etwas siehst, was in dir zuvor noch Abscheu erzeugte, sieh es mit Genuss. Kehre den Vorgang um, doch nur für eine Weile. Sieh es wie ein Spiel. Wenn du das Spiel lange genug gespielt hast, dann sieh ALLES nur mit Gleichmut. Dein ÜBUNGSPLATZ: die Welt. Denn die Welt bietet alles, was Genuss oder Abscheu erzeugt. Sieh alles mehr und mehr mit dem ANATTĀ-Blick, als dir nicht zugehörig, als etwas Fremdes, in das du hineingeraten bist. Weißt du, welche Strafe steht auf all jene, die NIRVĀṆA verlassen haben? Die Todesstrafe. Wir alle sitzen bzw. leben gerade unser (immer selbst gesprochenes) Urteil ab: lebenslänglich, mit anschließender Todesstrafe. Das ist die Strafe für all jene, welche das Sterbliche dem Unsterblichen vorziehen. Also, werde wieder unsterblich. Nimm den GENUSS aus den Dingen. Alles ist Kot. So musst du es sehen. Aber nicht wie der Normalmensch Kot sieht, nämlich mit Abscheu (den du als Übung für eine Weile mit Genuss ansehen solltest). Das wäre falsch, denn Ab-

* „Wenn ein Mann eine Frau mit Begehren ansieht, dann hat er in seinem Herzen bereits Ehebruch mit ihr begangen." (Jesus Christus, Matth. 5, 28.)

scheu ist ja auch ein Anhaftungssymptom, nämlich von dem hinweg, das uns Abscheu bereitet, zu dem hin, welches uns Freude macht. Wer etwas nicht mag, der mag dafür etwas anderes und ist damit immer noch ein Sklave seiner Anhaftung. Nur wer weder mag noch nicht mag und wem auch nichts gleichgültig ist, der ist befreit. Oder: Erreiche den Zustand JENSEITS VON FREUDE UND LEID. Dort wartet dein wahres Selbst, dort wartet NIRVĀṆA. Wenn Freude in dir aufkommt: LÖSE DICH DAVON. Wenn Leid in dir aufkommt: LÖSE DICH DAVON. So handelt und denkt der Weise. Wer sich freut, ist ein Narr. Wer sich ärgert, ist ein Narr. Wer das Leben genießt, ist ein Narr. Und wem alles gleichgültig ist, der ist erst recht ein Narr. Was verbleibt, wenn man sich von Freude, Leid und Gleichgültigkeit gelöst hat? GLEICHMÜTIGKEIT verbleibt. Diese Gleichmütigkeit ist der Schlüssel zu wahrer Unsterblichkeit in NIRVĀṆA. Wer es zu fassen vermag, der fasse es. AUM. Entsage den Freuden sowie dem Leid. Du wirst dann nicht freudlos, sondern FREUDEFREI. Das ist ein großer Unterschied. Der Freud**lose** hat nur die Freude an allem verloren, vielleicht auf Grund einer großen Enttäuschung oder weil er jetzt leidet. Der Freud**freie** hat sich aus eigenem Antrieb von der Freude gelöst und erlangt Unsterblichkeit im Bewusstsein. Wenn das kein guter Tausch ist. Ein Freudfreier ist aber auch gleichzeitig ein Leidfreier, unabhängig von Personen und Dingen, frei von allem VERLANGEN nach Wahrnehmung und Empfindung. Wahrnehmung und Empfindung mögen ihn zwar noch ankommen, aber er reagiert nicht mehr auf sie. Er nimmt sie noch zur Kenntnis, insoweit er noch im Körper, Gefühl, Denken, in der Seele und im Geist weilt, von denen er sich aber schon ganz oder fast ganz losgelöst hat, aber er **genießt** nicht mehr Wahrnehmung und Empfindung. Er hat das Neue gekostet, das NIRVĀṆA. Danach schmeckt ihm alles andere nur noch wie Kot. Indem man sich nun ständig prüft und immer wieder prüft, wenn man von einer Anhaftung oder auch nur von einer Seh-, Hör-, Schmeck-, Tast-, Geruchs-, Gefühls-, Gedanken-, Seelen- oder Geistempfindung BERÜHRT wird, gibt man sich ihr nicht mehr hin, sondern beobachtet sie kühl, bis sie wieder verschwindet, und entwickelt so ein völlig neues Bewusstsein, welches ich das UNSTERBLICHKEITSBEWUSSTSEIN nenne. Für einen solchen Menschen sind Film, Funk, Fernsehen, Schallplatte und CD, Cyberspace und jede sonstige Unterhaltung inklusive aller Christian Anders oder gar Lanoo Hits nur KOT. NICHTS berührt einen mehr. Man ist zwar noch da (in der Welt), aber auch in NIRVĀṆA. UNANGELEHNT verharrt man, lässt alle Sinneseindrücke an sich abgleiten, haftet ihnen nicht mehr an, denn man hat sich ja nun befreit von allem Sinnenbehafteten, Kotbeladenen, man ist ihm nicht mehr ergeben, denn nun hat man ja das Neue gefunden, hat davon gekostet und es für besser befunden. Ist das nicht auch ein Anhaften? Warum auch nicht? Wer möchte, der kann das so nennen, denn DAS, nämlich das NIRVĀṆA, kann einem ja nicht mehr weggenommen werden, DEM kann man ruhig anhaften. DIESES Anhaften erzeugt kein Leid mehr, da es ja ein Anhaften an etwas EWIGEM ist, das einem also nicht mehr weggenommen werden kann, weil es keinen Anfang und kein Ende hat, also zeitlos, jenseits aller Dauer ist. Nur das Anhaften an VERGÄNGLICHES erzeugt Leid, weil das Vergängliche ja vergänglich ist und einem eben immer wieder weggenommen wird, welches immer wieder neues Leiden verursacht, und zwar in dem Maße, in dem man ihm angehaftet, angehangen hat. EHRE SEI NIRVĀṆA, DER EINZIGEN

WAHRHEIT. AUM. Die alten Spartaner hatten keine Angst vor dem Tod, weil sie an die Reinkarnation glaubten. Der **wahre** Meister aber hat keine Angst vor dem Tod, weil er die Reinkarnation ÜBERWUNDEN hat.

Man erfährt ungeheuerliche FREIHEITSSCHÜBE durch dieses ganz neue, von Erde, Himmel und Hölle abgewandte, an nichts mehr anhaftende, an nichts mehr angelehnte Bewusstsein. Da ist kein Verlangen mehr nach Vielheitswahrnehmung, nicht mehr irgendetwas sein wollend, sondern nur noch SEIN und das **immer**. Der Mensch will immer ETWAS sein und weiß nicht, dass gerade dieses Verlangen ihn von der Wahrheit trennt. Nur wer NICHTS mehr sein will, indem er sich von ALLEM löst, nur der IST immer noch. Er ist zwar nicht mehr dieses oder jenes, aber er IST doch immer noch und das **immer**. DIES, oh Leser, ist wahre Unsterblichkeit, losgelöst von allem Sterblichen, denn man WEISS ja jetzt, dass man in der Stunde des Todes eben NICHT vernichtet sein wird, sondern nur das, was man in der Tat NICHT ist. Dann ist das Ziel erreicht, das Ziel erreicht. Was gibt es da noch mehr zu tun? Was gibt es mehr zu erreichen? Das ist NIRVĀṆA, der Sinn des Lebens, und es gibt keinen anderen Sinn. AUM.

Lasst uns noch etwas tiefer bohren. Was „ist" NIRVĀṆA denn noch? Um diese Frage befriedigend beantworten zu können, muss man wissen, dass ALLE Daseinsformen im Himmel, auf Erden und in der Hölle leidvoll sind. Buddha sagt: „Diese qualerfüllte, ganz in Berührungen aufgehende Welt nennt das, was der Krankheit ausgesetzt ist, das Ich. Wo immer sie meint, es gebe etwas Bleibendes, da gibt es nur Veränderung. Die Welt, die sich stets verändern muss, die am Dasein hängt, im Dasein ganz aufgeht, findet sogar noch Gefallen am Dasein. Woran man aber Gefallen findet, das bringt Furcht, und wovor man sich fürchtet, das ist Leiden. Um aber das Dasein gänzlich zu überwinden [ohne jedoch das SELBST zu zerstören. Lanoo], führt man den Wandel zur Heiligkeit. Alle jene, die lehren, dass es eine Erlösung vom Dasein durch Lebensbejahung gebe, sind unerlöst vom Dasein, sage ich. Aber auch alle jene, welche lehren, dass es ein Entrinnen aus dem Dasein durch Selbstabtötung gebe, sind dem Dasein nicht entronnen, sage ich. Durch alles irdische Trachten bedingt entsteht ja dieses Leiden; wenn aber alles Haften überwunden ist, kann kein Leiden mehr entstehen. Betrachte nur diese Welt weit und breit und die Wesen, die im Nichtwissen ganz aufgehen und sich der (anderen) Wesen freuen: Sie sind unerlöst. Alles, was es an Dasein irgendwo und irgendwie gibt, ist vergänglich, leidvoll, muss sich verändern. Wer dies, wie es wirklich ist, mit vollkommener Weisheit betrachtet, der überwindet den Drang nach Lebensbejahung und findet auch kein Gefallen an dem Drange nach Selbstabtötung. Nur Ausrottung aller Arten von Drang führt zu restloser Leidenschaftslosigkeit, zum Ende, zum Nibbāna.

Für den, der so erloschen ist, der an nichts mehr haftet, gibt es keine Wiedergeburt mehr. Überwunden ist für ihn Māra, gewonnen die Schlacht, entronnen ist ein solcher allen Daseinsformen."

Und mit Daseinsformen meint der Buddha natürlich die fünf Gruppen: 1. die körperliche Form, 2. die Empfindung, 3. die Wahrnehmung, 4. die Gemütsregung und 5. das Bewusstsein. Sie alle sind vergänglich, leidvoll und darum nicht das Ich.

Unter Daseinsformen oder Daseinsfaktoren meint der Buddha ebenfalls das ANHAFTEN an diese fünf Daseinsformen. Wer sich von alledem gelöst hat, der sagt auch nicht mehr „Ich“. Dass er darum aber ZERSTÖRT wäre, das hat der Buddha nie behauptet. Nur der Dalai Lama denkt das und mit ihm die meisten Buddhisten. Dass es bei solch einem Missverständnis überhaupt noch Buddhismus gibt, ist ein wahres Wunder.

Lieber Leser, der Heilszustand kann ja nur JENSEITS der immer vergänglichen und darum leidvollen Welt der Erscheinungen liegen, frei von Individualität, frei von jeder konkreten Fassbarkeit. Und das ist eben das NIRVĀṆA. NIRVĀṆA ist kein Wesen, keine Wesenheit, sondern ein BEREICH und ein ZUSTAND, ein Stadium, in dem die bedingten Daseinsformen BERUHIGT sind und nicht mehr neu entstehen. Es gibt also nur einen unbedingten Daseinsfaktor, nämlich das NIRVĀṆA. Alle anderen Daseinsfaktoren sind bedingt. O. Rosenberg nennt NIRVĀṆA „die ewige Ruhe des Überseins“. NIRVĀṆA ist also nicht nur eine psychologische Größe, sondern DIE Realität schlechthin, eben „der schwer zu erschauende, unbewegliche Standort“, der „ruhige Ort“, die „Sphäre der Unsterblichkeit“, die „Stätte des Friedens“, das „Unendliche“, das „Ewige“, das „Ungeschaffene“, das „Qualitätslose“, das „Höchste“ oder param, paramam.

Der Buddha deutet in den Texten zwar gelegentlich die Realität des NIRVĀṆA an, scheut sich aber, spekulative Definitionen zu geben, die das Geheimnis des Numinosen lüften würden. NIRVĀṆA muss man ERLEBEN. Wer nun einwendet: „Ja, wo kann ich denn noch erleben, wo es gar kein Bewusstsein mehr gibt?“, dem halte ich entgegen: „Ja, Freund, wer sagt dir denn, dass man NUR erlebt, wenn man bewusst ist?“ Wichtig ist, dass NIRVĀṆA der Heilszustand ist, JENSEITS aller individuellen vergänglichen Wahrnehmungen und Erscheinungen, ein ZUSTAND, den man schon in diesem Leben bzw. WÄHREND des Lebens erlangen kann. NIRVĀṆA ist nicht die Vernichtung der Gier, sondern NIRVĀṆA kommt, NACHDEM die Gier vernichtet ist. Darum lesen wir auch im Anguttara Nikāya (3,55): „Wenn einer die restlose Vernichtung von Gier, Hass und Wahn empfindet, dann ist das NIRVĀṆA schon in diesem Leben verwirklicht.“

NIRVĀṆA ist also immer da, ob die Gier nun vernichtet ist oder nicht, ob es da ein UNIVERSUM gibt oder nicht. In NIRVĀṆA ist der Erlöste der Erscheinungswelt enthoben. NIRVĀṆA kommt, wenn man den Lebensdrang vernichtet hat, nicht durch Selbstmord, denn da besteht er ja doch immer noch, sondern durch ÜBERWINDUNG aller Lüste nach Hölle, Erde und Himmel mit allem darin. Nach NIRVĀṆA darf es einen schon „lüsten“, denn DAS wird einem ja nicht mehr weggenommen. Wer es zu fassen vermag, der fasse es. NIRVĀṆA ist der bewusste Zustand der Bewusstlosigkeit. OM.

Ja, ja, da bedarf es schon eines ABSOLUTEN KRIEGERS, eines BULLEN von Mann, um solch ein Ziel anzupeilen und den Rest der Welt zu besiegen. OM. Darum sagt auch der Buddha: „Das Geborene, Gewordene, Entstandene, Geschaffene, Gestaltete, Unbeständige, das mit Alter und Tod Behaftete, das Nest des Siechtums, das Gebrechliche, aus dem Strom der Nahrung Entsprungene: Es reicht nicht hin, um daran Wohlgefallen zu finden. Der Ausweg aus ihm ist der Friede, das dem Sinnen Unzugängliche, Beständige, die ungeborene, unentstandene Stätte, frei von Kummer und Leidenschaft, die Aufhebung der Leidenserscheinungen, das Zur-Ruhe-Kommen der Prozesse."

Da fragt sich nun aber immer wieder der noch dem Entstandenen Anhaftende, was auch der Channa sich fragte: „Wenn aber für mich alle Lebensvorgänge zur Ruhe gekommen sind, wenn alles Irdische abgetan ist, wenn aller Drang vernichtet ist, wenn ich das Begehren gestillt, das Ende erreicht und das Nibbāna erlangt habe, dann springt der Geist nicht auf, gelangt nicht zur Klarheit und Sicherheit und wird nicht frei von Unruhe. Das Haften beginnt und das Denken kehrt zurück. Welches ist dann mein 'Ich'? Wenn man es so ansieht, gibt es das doch nicht!"

Daraufhin belehrt ihn Ānanda: „Zwei Dingen ist diese Welt im Allgemeinen ergeben: dem Sein und dem Nichtsein. Für den aber, der in der Welt das Entstehen, der Wahrheit gemäß, in rechter Weisheit betrachtet, gibt es kein Nichtsein in der Welt, und für den, der in der Welt das Vergehen, der Wahrheit gemäß, in rechter Weisheit betrachtet, gibt es kein Sein in der Welt. Diese Welt ist alles in allem nur eine Kette von Begehren, Ergreifen, Haften. Darum ergibt sich, wer dies erkennt, nicht dem Begehren und Haften, der Neigung des Geistes zum Zugreifen und Festhalten, haftet nicht (an der Welt), versteift sich nicht auf diese Ansicht, dass sein Ich hier zu finden sei, und zweifelt nicht im geringsten daran, dass, wo etwas entsteht, nur Leiden entsteht, und wo etwas vergeht, nur Leiden vergeht. Und solche Erkenntnis kommt ihm von keinem anderen (als von ihm selbst). Insofern hat jemand rechte Anschauung.

Die Ansicht, dass alles sei, ist ein Extrem; die Ansicht, dass alles nicht sei, ist das andere Extrem. Diese beiden Extreme hat der Vollendete (Buddha) vermieden, und er verkündet die in der Mitte liegende Lehre, dass die Lebensvorgänge durch das Nichtwissen bedingt sind, das Bewusstsein durch die Lebensvorgänge und so weiter; ferner, dass auf der restlosen, spurlosen Aufhebung des Nichtwissens die Aufhebung der Lebensvorgänge beruht und so weiter und dass so diese ganze Masse des Leidens vergeht."

Da verstand Channa ... NIRVĀṆA ist also keine Negation, sondern ein ZUSTAND, eben wie bereits erwähnt der Zustand, in dem man (DAS SELBST) sich befindet, wenn Begierde, Hass und Verblendung verschwunden sind. SIE sind verschwunden, nicht das Selbst. Das ist jetzt FREI von ihnen. Darum suche man die Zuflucht nur in sich selbst, geleitet durch das Buddha-Wort, sein Wort, seine LEHRE und nicht durch ihn selbst als Person. Der BUDDHA ist in NIRVĀṆA. Da aber der gemeine Herdenmensch so gerne anbetet und verehrt, anstatt SELBER an sich zu arbeiten und es dem von ihm Angebeteten nachzutun, darum entstand der Mahāyāna-Buddhismus, eine absolute Verzerrung der Lehre des Buddha. Ja, der Mahāyāna-Buddhismus geht so weit, den Buddha sogar wieder zum Leben zu erwecken, sich selbst zu widerrufen und erklären zu lassen, dass er in Wirklichkeit gar nicht in NIRVĀṆA sei, sondern dass alles nur ein geschickter Plan von ihm gewesen sei und dass man sich nun frisch ans Werk machen möge, ihn verehren darf und auch Reliquien herstellen (und verkaufen ...) darf. Fehlen jetzt nur noch die Ablasszettel des Christentums. Man lese nur, wie der Mahāyāna-Buddhismus alle möglichen Gebete erfindet, mit denen man den Buddha anbeten darf, und vor allem DIE WORTE, die man dem Buddha in den Mund legt.

WARUM MAN SICH SELBST NICHT FINDEN KANN

Sich selbst kann man NIE finden, weil man ja selbst derjenige ist, der sucht. Sich selbst kann man NIE erkennen, weil man doch selbst derjenige ist, der erkennt. Das Selbst kann also weder gesucht noch gefunden werden. Es ist damit wie mit dem Autoscheinwerfer bei Nacht, der auf alles scheint, was das Auto NICHT ist, und somit dem Auto (bzw. dem Fahrer) erst ein Erkennen ermöglicht, aber eben nur ein Erkennen von dem, was das Auto NICHT ist. Das Auto selbst ist das Selbst und der Scheinwerfer der Erkenntnisapparat, also der Körper mit allen Sinnesorganen etc. Wer wieder das Selbst werden will, der muss sich von allem lösen, was dieses Selbst NICHT ist, also von allem als vergänglich Erkannten. Dann erlischt auch der Scheinwerfer des Autos, weil es ja nicht mehr erkennen will. Niemand wird doch damit behaupten wollen, dass das Auto selbst zerstört ist. Es fährt nur nicht mehr. Nun könnte man einwenden, dass es ja dann auch kein Auto mehr ist bzw. diese Funktion nicht mehr erfüllt. Na und? Der Buddha hatte NIRVĀṆA noch zu Lebzeiten erlangt und war an einem Stück wieder daraus hervorgekommen und in den Körper zurückgelangt (siehe S. 963). Der Leser möge sich also nicht darum sorgen, ob er denn in NIRVĀṆA möglicherweise zerstört sein würde. In NIRVĀṆA ist man immer noch, nur eben befreit von allem Vergänglichen. OM. Wer es nicht während der Meditation versucht, für den wird es immer Theorie bleiben. OM.

Wie sehr alle großen Weisen der Vergangenheit DAS NIRVĀṆA sowie die wahre Natur des Selbst verstanden, wird an folgendem Gedicht des großen Sufi-Dichters Jalalu'd-Din Rumi ersichtlich:

> „Siehe, ich bin mir selbst unbekannt, was muss ich nun in Gottes Namen tun? Ich bete nicht das Kreuz noch den Halbmond an, ich bin weder ein Ungläubiger noch ein Jude.
> Weder Osten noch Westen, weder Land noch Meer ist meine Heimat, weder mit Engeln noch mit Gnomen bin ich verwandt. Weder aus Feuer noch aus Schaum bin ich geschaffen, nicht aus Staub und nicht aus Tau gestaltet.
> Ich bin nicht im fernen China, noch in Sachsen und auch nicht in Bulgarien geboren. Weder in Indien, wo fünf Ströme fließen, noch im Irak oder Kurasan wuchs ich auf.
> Ich wohne weder in dieser noch in jener Welt, nicht im Paradies und nicht in der Hölle, nicht aus Eden und Ridwan bin ich herabgefallen, noch leite ich meinen Stammbaum von Adam her.
> An einem Orte jenseits des äußersten Ortes, in einer Gegend ohne Schatten und Spur, Seele und Körper übersteigend, lebe ich von neuem in der Seele meiner einzigen Liebe."

Wie jeder GROSSE Denker erklärt der Sufi hier nicht, was das Selbst oder ich IST, sondern was es NICHT ist. OM.

Viele große Denker haben nach dem Selbst gesucht und darüber geschrieben und sich allein durch diese Entscheidung auf den falschen Weg begeben, was auch immer zur Folge hatte, dass sie sich selbst nach Tausenden von geschriebenen Seiten immer noch nicht gefunden hatten, sich immer noch keinen Schritt näher dem Selbst befanden, weil sie sich eben nicht über die wahre Natur des Selbst im Klaren waren. Es ging ihnen da so wie mit einem, der in Rom lebend nach Rom sucht. Wie findet man nun das Selbst? Antwort: überhaupt nicht. Das Selbst ist nicht auffindbar, weil es das ist, was sucht. Alles, was man z. B. in der Meditation tun kann, ist, sich von dem zu befreien, was man, das Selbst, NICHT ist, also von allem erkennbaren Vergänglichen. Wer es zu fassen vermag, der fasse es. OM.

Die geniale Betrachtungsweise der Dinge

Das Geniale der Lehre des Buddha liegt darin, dass JEDER diese Lehre befolgen kann, Befreiung erlangt und damit zum wahren Genie wird, der alle anderen Genies aus Kunst, Kultur, Wissenschaft und Politik überragt, hat er doch wahre Unsterblichkeit erlangt, und wer kann das schon von sich behaupten.

Denn: Ganz gleich wie „gebildet“ oder „dumm“ jemand ist, alles, was er tun muss, ist, sich von allem als vergänglich Erkennbarem zu lösen und NIRVĀṆA zu erlangen. Es spielt daher keine Rolle, ob ich als Gefangener lebenslänglich in einer Zelle sitze oder als Schlossherr über 200 Zimmer verfüge, inklusive Jacht und eigenem Jet, beide, die Zelle samt Kakerlak und das Prunkschloss samt Jacht und Jet sind hervorragende Objekte des Nicht-Ich, geeignet zur Lösung von der vergänglichen Welt, FALLS ich dies so will. Die Zelle samt Kakerlak eignet sich fast noch mehr als Objekt der Loslösung, da man hier weniger Ablenkung beim Loslösungsprozess erfährt.*

Wichtig dabei ist immer nur eines: Was auch immer ich erkenne, sei es das schönste Schloss, der hässlichste oder schönste Mensch, einen Leichnam in Verwesung oder einen überirdisch schönen Engel, einen Kakerlak oder einen mächtigen Dämon, die Sonne oder eine nur aus Gold-Äther Galaxie oder auch nur meinen eigenen Körper, all dies bin ich nicht, das gehört mir nicht, das ist vergänglich und darum leidvoll, nicht mein Ich – und sei's Gott selber, der zu mir hinuntersteigt und sich mir offenbart. Alledem muss ich mit respektvollem Mitleid begegnen, es ist anattā, nicht mein Ich und darum nicht NIRVĀṆA. OM. Wer so sieht, sieht richtig, wer so erkennt, erkennt richtig. Ihm gebührt die Palme, er ist der wahre Held und Sieger. OM.

---

* Wer nun als Stragefangener einwendet, dass er gar kein NIRVĀṆA erlangen möchte, sondern lieber in einem schönen gefängnislosen Leben wiedergeboren werden will, der muss sich dieses Buch ganz besonders gut durchlesen, damit er schon jetzt durch rechtes Verhalten die Voraussetzungen dazu schafft.

DIE SITTENREINHEIT

Die Rebellion der Mentalengel vor etwa 18 Millionen Jahren führte dazu, dass der Mensch, getrennt von seinem höheren Prinzip durch das fehlende Denken, es den Tieren nachmachte und Geschlechtsverkehr untereinander und mit Tieren hatte, anstatt seine Art durch Gedankenkraft und Selbstteilung etc. zu vervielfältigen und zu erhalten. Später wurde der Zeugungsakt mehr und mehr zweckentfremdet und heute hat man Geschlechtsverkehr hauptsächlich zum Vergnügen und nur noch nebenbei zum Kinderkriegen. Dass Geschlechtsverkehr gar nicht für den Menschen gedacht ist, zeigt sich schon allein am schmerzlosen, ganz natürlichen Geburtsablauf beim Tier und der oft mit großen Schmerzen verbundenen Geburt des Menschen. Sexlust ist die Geißel der Menschheit. Dies ist keine puritanische Philosophie, sondern bittere Wahrheit. Diese Welt wird durch Sexlust regiert und es wird bald noch viel schlimmer kommen.

Das Lustgefühl beim Orgasmus ist die Falle der Natur, denn ohne den Orgasmus würde es ja keinem einfallen, überhaupt Sex zu haben, und die Menschheit müsste aussterben, ohne Erlösung durch Selbstanstrengung erlangen zu können. Extrem weltliche und materielle Menschen sind auch, mit Ausnahmen, extrem sexgebunden. Da der Geschlechtsakt notwendig ist, um in dieser Welt zu überleben, ist er der dominierende Trieb im Durchschnittsmenschen. Je jünger bzw. je geschlechtsreifer der Mensch, umso begehrter ist er in solch einer Welt der Geschlechtslust, was zur Verachtung der alten Menschen führt, die man am liebsten euthanisieren würde. Die Jugend herrscht, sei es auf dem Arbeitsmarkt oder in der Vergnügungsindustrie. Wenn man alte Menschen benutzt oder exponiert, in Filmen z. B., dann meistens nie, um Weisheit zu zeigen, sondern um den Aspekt und die Wichtigkeit der Jugend noch mehr hervorzuheben. Ist der junge Mensch dann selber alt geworden, liftet er sich, falls er sich das leisten kann, oder er wird, wenn er arm ist, zum Müll der Gesellschaft geworfen. Das Ganze ist eine Schande, wird zum weltweiten Chaos führen und ist nur durch Sexlust und nichts anderes verursacht. Alles andere ist sekundär. Dabei müsste es nicht so sein. Wenn der Mensch wüsste, dass er ein Gott im Werden ist, würde er sich zwischen die Beine greifen, sein Gehirn von dort hervorholen und es wieder da einsetzen, wo es hingehört, in den Kopf. Aber die meisten Menschen haben ihr Gehirn eben immer noch zwischen den Beinen. Der Mann denkt mit seinem Penis und die Frau denkt mit ihrer Scheide. Daran hat sich seit Atlantis nicht viel geändert. Sex regiert die Welt. In diesem Chaos von Sex, Gewalt und Perversion erschien Gautama Buddha und wies uns den Weg hinaus aus dem Elend, auf ein sicheres Eiland, die Insel NIRVĀṆA, wo man frei ist von allen Lüsten, auf ewig entronnen dem Saṃsāro, dem Kreislauf von Karma und Reinkarnation. Aber NIRVĀṆA hat einen Preis und der heißt SITTENREINHEIT. Sittenreinheit ist die erste und wichtigste Stufe zu NIRVĀṆA. Wenn dem nicht so wäre, dann könnte auch der größte Hurenbock NIRVĀṆA erlangen. Dies geht eben nicht, und zwar aus dem folgenden Grund: Wer noch den Sinnenlüsten verhaftet ist und dennoch NIRVĀṆA erlangen möchte, wird sich von genau diesen Lüsten bzw. lüsternden Gedanken in der Meditation gestört sehen und es wird ihm unmöglich sein, sich von Körper, Gefühl, Denken, Seele und Geist zu lösen und NIRVĀṆA zu erlangen. Wer NIRVĀṆA erreichen will, muss wieder heilig werden. Dies ist jedem möglich, wenn er nur entschlossen genug ist, den Kampf mit seinen Lüsten aufzunehmen. Und da gibt es doch heutzutage tatsächlich Buddhisten, die behaupten, dass NIRVĀṆA die BEFRIEDIGUNG aller Lüste ist. So tief ist der Buddhismus in der Welt gesunken, so sehr hat man den Namen des Buddha und seine Lehre in den Schmutz gezogen, und all dies nur, damit auch der perverseste Sinnenmensch irgendwie das Gefühl haben kann, spirituell zu sein, und sich nicht mehr so schuldig fühlt, wenn er seinen Lüsten frönt.

Darum geht es überhaupt. Die meisten Menschen wissen sehr wohl, dass sie ihren Lüsten nicht länger nachgeben sollten, aber sie fühlen sich zu schwach dazu. In diese Marktlücke stößt nun die sogenannte New Age Bewegung und **ermutigt** auch noch zur Befriedigung der Lüste, nun unter dem Deckmantel der „Spiritualität“. Manche lehren zum Beispiel, dass NIRVĀṆA der Orgasmus sei etc. Für solche Toren wäre es besser, sie hätten eine glühende Eisenkugel verschluckt, als sich ein solches Karma aufzuladen. Es gibt nur einen Weg, der zu NIRVĀṆA führt, und das ist die SITTENREINHEIT, also **a)** totale geschlechtliche Enthaltsamkeit oder **b)** geschlechtliche Aktivität gemäß des in diesem Buch noch zu erwähnenden Mittelpfades. Kandidat „a“ kann noch in diesem Leben NIRVĀṆA erlangen, Kandidat „b“ erst in einem späteren Leben. Ohne Sittenreinheit kein NIRVĀṆA. Sittenreinheit, Durchdringung der Buddha-Lehre und Loslösung von allem Vergänglichen sind die drei Stufen, die zu NIRVĀṆA führen.

Der Buddha selbst wird nicht müde, immer und immer wieder die **Sittenreinheit** als Vorbedingung zum NIRVĀṆA zu betonen. Im Anguttara Nikāya I des Dreier-Buches, S. 249 ff. lesen wir: „Welcherart aber, Mönche, ist der Mensch, den ein kleines Vergehen, das er verübt hat, zur Hölle bringt? Da, Mönche, hat ein Mensch keinen Einblick in den Körper [als anattā. Lanoo] gewonnen, die **Sittenreinheit** nicht entfaltet, sein Denken ist beschränkt und kleinmütig, und selbst infolge von Kleinigkeiten hat er zu leiden. Einen solchen Menschen, Mönche, mag selbst ein kleines Vergehen, das er verübt hat, zur Hölle bringen.“

„Welcherart aber, Mönche, ist der Mensch, bei dem ebendasselbe kleine Vergehen, das er verübt hat, noch bei Lebzeiten zur Reife gelangt, und nicht einmal eine kleine Wirkung sich kundtut, geschweige denn eine große? Da, Mönche, hat ein Mensch Einblick in den Körper gewonnen, die **Sittenreinheit** entfaltet, sein Denken entfaltet, die Weisheit entfaltet, ist unbeschränkt, großmütig, weilt im Unermesslichen. Bei einem solchen Menschen, Mönche, gelangt ebendasselbe kleine Vergehen, das er verübt hat, noch bei Lebzeiten zur Reife, und nicht einmal eine kleine Wirkung tut sich kund, geschweige denn eine große.“

Sittenreinheit führt zu Unsterblichkeit. Im *Zweiten Juwel* aus dem Suttanipāta, S. 224 ff. lesen wir: „Die Ausmerzung des Durstes, die Unmöglichkeit, noch weiter gereizt zu werden, die hocherhabene *Unsterblichkeit*, zu der der Weise aus dem Śākyastamme mit seinem konzentrierten Denken vorgedrungen ist: es gibt nichts, was diesem *Wunderding* (dhammo) gleichkommt. Das ist das hocherhabene Juwel, das im Wunderding besteht. Um dieser Wahrheit willen sei Heil!“ Und die Nonnen jubeln: „Das *Unerschütterliche, das Sondergleichen*, von den gewöhnlichen Menschen nicht besucht: der Vollkommen-Erwachte hat mir das (Wunder-)Ding [dharma] aufgezeigt: daran erfreut sich mein Geist." (Psalmen der Nonnen, V. 201.)

Dr. Grimm schreibt: „Die Ordnung der Dinge, in die wir uns hineingestellt sehen, ist durchaus unbefriedigend, ja sie ist uns bei ihren Grundgesetzen - Geburt, Krankheit, Alter, Tod - in tiefster Seele zuwider, und mithin durchaus unangemessen. Dabei ist sie eine irreparable. Schon deshalb ganz allein muss es, wenn wir nicht schon an sich unselige Wesen sein sollen, wogegen wieder unsere Ursehnsucht nach einer uns mehr entsprechenden Ordnung, ja nach einem uns absolut angemessenen Zustande spricht, auch Ordnungen der Dinge in diesem letzteren Sinne in der grenzenlosen Wirklichkeit geben. Freilich ist, diese anderen Bereiche der Wirklichkeit und die Wege zu ihnen auszuspüren, bisher noch keinem irdischen Wesen einwandfrei gelungen, mit einer einzigen Ausnahme - dem Buddho. Er nennt diese anderen, höheren Ordnungen der Dinge die Götter- oder Himmelreiche und die uns vollkommen entsprechende Ordnung das Nibbānam und zeigt auch die Wege zu ihnen, so zwar, dass jeder schon hienieden, in seinem gegenwärtigen Leben, sich durch den Augenschein von ihrer Realität überzeugen kann. Ja, er legt dar, dass es ein und derselbe Weg ist, der zu diesen Götterreichen und zu Nibbānam führt. Die verschiedenen Götterreiche sind nämlich die einzelnen Stationen auf dem Wege zu Nibbānam, die der Hohe Jünger des Buddho bei seinem Aufstiege zum Nibbānam der Reihe nach passiert, so dass er also schon hienieden alle Götterreiche stufenweise in sich *erlebt* und dabei auch jeweils mit ihren Bewohnern Zwiesprache halten kann. Die niederen Himmelreiche sind die Zustände vollkommener **Sittenreinheit**, während die Brahmahimmel in den ... beschaulichen Schauungen erlebt werden. Aus diesem Grunde stellen also die Schilderungen der Seligkeit und des Friedens, wie sie der auf dem Heilswege des Buddho Wandelnde in seiner stufenweisen Loslösung von der Welt erfährt, zugleich Schilderungen himmlischer Seligkeit und himmlischen Friedens dar."

Wir sehen hier ebenfalls, dass Moralität oder Sittenreinheit nicht Selbstzweck sind, sondern nur eine Zwischenstufe darstellen auf dem Weg zu NIRVĀṆA. Dies wird auch im folgenden Gespräch klar: „Wie nun, Bruder, wird beim Erhabenen um der **Sittenreinheit** willen heiliges Leben gepflegt?" - „Das nicht, Bruder ... Aber, Bruder, Sittenreinheit führt zu einem reinen Geiste, ein reiner Geist zu reinem Verständnis, reines Verständnis vertilgt die Zweifelsucht und führt zu reinem, von keinem Zweifel mehr getrübten Erkennen, reines Erkennen, jenseits der Zweifelsucht, führt zum reinen erkennenden Schauen, reines erkennendes Schauen führt zum vollkommenen Nibbānam auf Grund des Nichtmehrhaftens." (Majj. Nik. I, S. 149, 24. Suttam.)

Wer also in der Sittenreinheit stecken bleibt, der mag zwar einen der niederen Himmel erreichen, aber noch nicht NIRVĀṆA. Der Sinn des Zölibats der katholischen Priester ist oder war ja die Erlangung eines solchen Himmels nach dem Tode, wobei die Priester von NIRVĀṆA nichts wussten und bis heute, mit Ausnahmen, nichts wissen. Sittenreinheit allein also genügt nicht, um NIRVĀṆA zu erlangen. Man muss auch Konzentration und Weisheit entwickeln. Wenn nicht, muss man noch mehrere Male wiedergeboren werden, wie uns das Anguttara Nikāya IX, 12 verkündet: „Da ist ein Mensch durchaus **sittenrein** geworden, aber er hat die Konzentration und die Weisheit nur mäßig entwickelt ... und wird nur noch siebenmal wiedergeboren. Nur noch siebenmal unter Göttern und Menschen wandelnd, wallend, macht er dem Leiden ein Ende." - „Ein solcher", heißt es im Samyutta Nikāya XII, 50, „wird ein *Erlesener* genannt, der das Wunderding bereits *sieht*, der das Wissen des Kämpfers besitzt, der *anklopft an das Tor der Ewigkeit*."

Und wie lebt jemand, der NIRVĀṆA erlangen möchte? So wie z. B. Ghatikāro घतिकारो, der Hafner, der vom Buddha im 81. Suttam des Majjhima Nikāya als Vorbild beschrieben wird: „Ghatikāro, der Hafner, ... hütet sich vor dem Töten, hütet sich vor dem Nehmen des Nichtgegebenen, hütet sich vor der Ausschweifung, hütet sich vor der Lüge, hütet sich vor Wein und gebranntem Wasser, vor berauschenden und berückenden Mitteln. Ghatikāro, der Hafner, besitzt das auf Erkenntnis gegründete Vertrauen zum Erwachten, ... zur Jüngergemeinde, hat Eigenschaften, wie sie den Erlesenen lieb sind. Er zweifelt nicht am Leiden, zweifelt nicht an der Entstehung des Leidens, zweifelt nicht an der Vernichtung des Leidens, zweifelt nicht am Pfad, der zur Vernichtung des Leidens führt. Er nimmt nur einmal des Tages Nahrung zu sich, lebt keusch, ist **sittenrein**, von erlesener Art. Er hat Schmuck und Juwelen abgelegt, Gold und Silber abgetan. Ghatikāro, der Hafner, gräbt die Erde mit der Hand, nicht mit dem Spaten - (um kein lebendes Wesen zu verletzen). Findet er ein Kaninchen oder Nesthäkchen, so hebt er es liebevoll auf, legt es in einen Korb und spricht zu ihm: 'Hier werden nach Wunsch übrig gebliebene Reiskörner und übrig gebliebene Bohnen und übrig gebliebene Erbsen ausgeteilt, nehme sich jeder, was ihm beliebt.' Er ernährt seine greisen, erblindeten Eltern. Ghatikāro, der Hafner, ... steigt nach dem Tode in ungeschlechtliche Welt empor, um dort zu erlöschen, nicht mehr zurückzukehren zu jener Welt [bzw. um von dort NIRVĀṆA zu erlangen. Lanoo]."

Wenn er in demselben Leben hätte NIRVĀṆA erlangen wollen, dann hätte er sich auch nicht mehr um seine Eltern kümmern dürfen und *jeglicher* Tätigkeit entsagen müssen. Das klingt zwar selbstsüchtig, ist es aber nicht. Ghatikāro wählte jedoch den Weg, der höher als der Mittelweg und niedriger als der extreme Entsagungspfad liegt. Beide führen zu NIRVĀṆA. AUM.

Der Buddha beschreibt die **Sittenreinheit** als *die Ablösung vom Feind*, vom grausen Durst nach Sinnenlust. DIE MORAL ist der wahre Gradmesser von innerer Größe und Fortschritt. Ein unmoralischer Mensch kann noch so erfolgreich sein, er wird immer tiefer stehen als jemand, der sittenrein und moralisch ist, mag er auch sonst nichts im Leben erreicht haben. Der Buddha nennt diese erste und wichtigste Stufe zu NIRVĀṆA die *„in Sittenreinheit ausgereifte Konzentration*" (Dīgha Nik. XVI).

Techniken zur Überwindung der Sinnenlüste sind in diesem Buch beschrieben. Hat man erst einmal seine Sinnenlust bezwungen, ist die entscheidendste Schlacht geschlagen und der größte Sieg errungen, nämlich der Sieg über sich selbst bzw. über das, was man nicht ist. Dann werden die „leidenschaftlichen Aufwallungen" das Erkennen nicht mehr stören, „wenn die Stürme des Wollens ... sich gelegt haben oder wenn ... das Denken von allen Trübungen *rein* geworden ist". **Sittenreinheit** ist so machtvoll, dass man nur an sie **denken** braucht, um Freude zu empfinden. **„Der Sittenreinheit gedenkend, erheitert sich sein Geist, Freude steigt auf, und was an Verunreinigungen des Geistes besteht, das schwindet, gleichwie**

ein beschmutzter Spiegel durch richtiges Vorgehen rein wird.“ (Ang. Nik. I, S. 209, III, 70.)

> „Wer ohne Eigensucht auf Erden,
> in sich geeint, Erbarmen übt im Herzen,
> Nicht rohe Düfte liebt und nicht mehr Paarung pflegt:
> So muss man stehn und so sich üben eifrig,
> Um einzugehn unsterblich in die Brahmawelt.“

Diese Worte wurden von Brahmā selbst zum Govinder Priester ausgesprochen. Alles stimmt, nur das „unsterblich“ nicht. Der keusche Jünger mag zwar MILLIARDEN von Jahren in der Brahmā-Welt verweilen, aber DANN, irgendwann einmal ist auch diese Existenz zu Ende, um neu aus NIRVĀṆA zu erwachen, wenn ihre Zeit gekommen ist. Unsterblich ist gar nichts. Sogar NIRVĀṆA ist nicht unsterblich im Sinne von etwas, das geboren wird und nie stirbt. OM. Das höchste Selbst ist UNGEBOREN, zeitlos-ewig und kann darum gar nicht sterben. Man meditiere darüber. OM.

Wer mehr über die Sittenreinheit erfahren und lernen möchte, der lese das 41. Suttam des Majjhima Nikāya, Mittlere Sammlung.

Störende Gedanken der Lust, der Gier, des Hasses kann man, wie bereits erklärt, durch Beobachtung und Meditation bekämpfen. Man kann sie aber auch durch Willensmacht im Keime ersticken. Es geschieht nicht selten, dass mich Schüler anrufen und sagen: „Heute Morgen entschloss ich mich dazu, keinen Geschlechtsverkehr mehr zu haben und ein Leben in Sittenreinheit zu führen und wurde plötzlich von einem wahren Freudenrausch erfasst. Wie kommt das?“ Die Erklärung dafür ist einfach. Wer so denkt, bringt sich in Verbindung mit den bereits in diesem Buch erwähnten Götterhimmeln der Geschlechtslosigkeit, in dem **nur** reinste Glückseligkeit herrscht. Da sind die geschlechtslosen Wesen so glücklich, dass sie von Zeit zu Zeit in Rufe der ekstatischen Freude ausbrechen wie: „Oh welch ein Glück, oh welch ein Glück!“ Wer also Güte und vollkommene Keuschheit pflegt und absolute Teilnahmslosigkeit gegenüber allen durch die Sinnesobjekte ausgelösten Freuden, der bringt sich bereits hier auf Erden in direkte Verbindung mit diesen Glückswelten, in denen er dann, nach dem Tode des physischen Körpers, in seinem Geistkörper erwacht. All dies ist die sich schon hier auf Erden einstellende Belohnung der Sittenreinheit. Ich rate daher dem geneigten Leser, **den ganzen Tag nur an die Götter und an die Sittenreinheit zu denken, nicht als Endziel, aber als Zwischenstation zu NIRVĀṆA.** Es ist natürlich von noch größerer Macht und Wirkung, wenn man den ganzen Tag nur an NIRVĀṆA denkt und auch entsprechend handelt. Lass die anderen nur lachen. Am besten lacht immer, wer zuletzt lacht, in diesem Falle **nach** dem Tode, z. B. im Himmel der Geschlechtslosigkeit, wo man dann zusammen mit anderen ruft: „Welch ein Glück, welch ein Glück!“

DER VIAGRA-UNSINN

Anstatt mit ihrer Geschlechtskraft zu haushalten und durch Keuschheit Erleuchtung zu erlangen, suchen die Menschen nach jeder Gelegenheit, ihr bisschen noch verbliebenes Kuṇḍalinī auszuquetschen, zum Beispiel mit Hilfe des neuen Potenzmittels VIAGRA. Dass Alter nicht vor Dummheit schützt, zeigt sich daran, dass die ältesten Knacker die geilsten sind. Kein großer Fortschritt seit der Entdeckung des Feuers. Das Gehirn der meisten Menschen liegt eben immer noch zwischen den Beinen. Ich aber sage euch: Beim moralischen Menschen vermisst man nichts, mag er auch noch so ungebildet sein. Genie ohne Moral jedoch stößt ab.

Homosexualität

Immer öfter höre ich in Filmen und auch sonst homosexuelle Männer oder lesbische Frauen ausrufen: „Ich habe mir mein Anders-Sein nicht ausgesucht!" Das stimmt nicht. Man sucht sich immer aus, was man ist. Man ist immer das, was man selbst verursacht hat. Ohne eine genaue esoterische Kenntnis von Karma und Wiedergeburt ist so etwas natürlich schwer zu akzeptieren.

Masturbation als Übergangsphase zur Keuschheit

Das folgende Kapitel ist vor allem für jene bestimmt, die der Welt entsagen und NIRVĀṆA noch in diesem Leben erlangen wollen.

Der Durst nach Wohlsein kulminiert auf der physischen Ebene in der Geschlechtslust und ihren entsprechenden Organen, den Genitalien, welche nichts anderes sind als eine Reaktion und Maßnahme der Natur, ALLEN WESEN auf allen Ebenen das Überleben auf diesen Ebenen zu gewährleisten, sei es auf Erden, im Himmel oder gar in der Hölle. Wer also argumentiert, dass Gott es so will, dass wir uns sexuell vermehren und dass er uns darum die Geschlechtsorgane erschaffen und verliehen hat, der beleidigt Gott und belügt sich und andere. Unser Verlangen ist kein Ergebnis der Geschlechtsorgane, sondern die Geschlechtsorgane sind das Resultat unseres Verlangens, unserer Lust nach Wohlbefinden durch viele Leben, welche die extreme Trennung der Körper in Geschlechter zur Folge hatte. Weise ist, wer den langen Marsch zurück antritt und sich von der verhängnisvollen Geschlechtslust löst. OM.

Wenn jemand ein ***ARAHĀ*** werden und bereits in diesem Leben NIRVĀṆA erlangen möchte, dann muss er absolute Keuschheit praktizieren. Dasselbe gilt für einen ***ANĀGĀMI***, einen in diese Welt Niewiederkehrenden, der in einer der höheren Welten der reinen Formen (frei von allem Verlangen, nur abstrakte Form) wiederkehrt und von dort NIRVĀṆA erlangt. Auch wer nur noch einmal in diese unsere Welt wiederkehren möchte, ein ***SAKADĀGĀMĪ***, muss hier auf Erden absolute Keuschheit praktizieren und somit sein Verlangen nach den durch die Objekte der Sinne ausgelösten Lüsten, aber auch seine Abneigung gegenüber Objekte der Sinne so abgeschwächt haben, dass er eben nur noch einmal wiederkehren muss, um auch diesen Restbestand des Verlangens hier auf Erden dann als Arhat oder Arahā oder zunächst als Anāgāmin auszuleben bzw. zu überwinden. Im Falle eines Sotapanna ist absolute Keuschheit nicht nötig, doch auch er muss sich sexuell in gewissen Grenzen halten, darf keinen unerlaubten außerehelichen Geschlechtsverkehr etc. führen. Oder, um es überdeutlich zu sagen: Ein Porno-Star kann kein Sotapanna werden. Das eventuelle Ziel ist **IMMER** die Keuschheit, sei es in diesem oder in einem anderen Leben. Nur so kann man alle Fesseln, die einen noch an diese oder eine andere Welt binden, sprengen und NIRVĀṆA erlangen.

Dies ist jedoch einfacher gesagt als getan. Die Verführung lauert überall. Oft ist es dem Kandidaten, besonders zu Anfang, unmöglich, einem sexuellen Verlangen auf die Dauer zu widerstehen. In einem solchen Falle empfehle ich dasselbe wie seinerzeit der von der theosophischen Gesellschaft deswegen sehr kritisierte große Theosoph und Seher Charles W. Leadbeater: **MASTURBATION.** Damit meine ich nicht, dass der nach Keuschheit Strebende nun jeden Tag wie wild masturbieren soll, sondern dass er, **IN AUSNAHMEFÄLLEN**, die sich sowenig wie möglich wiederholen sollten, sein sexuelles Verlangen **NICHT** mit einem anderen Menschen, sondern durch Masturbation befriedigen darf. Auf diese Weise verhindert er sexuelles Karma mit einem anderen Menschen und wird früher oder später, gestützt durch Studium und Meditation, auch die Masturbation einstellen und ein **WUNSCHLOSER HEILIGER** werden. OM.

PS: Die Masturbation sollte ohne Phantasie-Aktivität oder irgendwelche pornographische Vorlage stattfinden, sondern auf rein mechanischem Wege der Reibung, eben nur, um das sexuelle Verlangen so schnell wie möglich loszuwerden und sich dann wieder (davon ungestört) der Seelenatem-Meditation widmen zu können. Die Zeitabstände zwischen den Masturbationen sollten natürlich immer länger werden, bis man schließlich auch diese Tätigkeit einstellt. Gesegnet ist natürlich der, welcher dieser Hilfsmaßnahme nicht bedarf. OM.

DER IRRTUM DES FRITJOF CAPRA

(Alle Quotierungen sind übersetzt von der Englischen Version seines Buches *The Tao of Physics* oder *Das Tao der Physik.*)

Es ist schon traurig. Zumindest von jemandem wie Fritjof Capra hätte ich erwartet, dass er sein Buch etwa so beginnt:

„Wir Wissenschaftler sind am Ende unserer Weisheit angelangt und finden selbst für die einfachsten, physischen Phänomene keine befriedigende Erklärung. Wir sind jedoch nun davon überzeugt, dass diese Erklärung von den Esoterischen Wissenschaften gegeben wird und schon immer gegeben wurde, wir waren nur noch nicht bereit dafür, wir klammerten uns noch zu sehr an unsere Schulwissenschaft, die vom wahren Wissen so weit entfernt ist wie die Kuh vom Mond."

So hat er aber sein Buch leider nicht begonnen, der Herr Capra von Berkeley. Stattdessen kam es ihm (so wie mir ...), am Strand sitzend, dass es da vielleicht mehr zwischen Himmel und Erde gibt, als unsere Schulweisheit es uns und ihn träumen lässt. Noch etwas anderes vermisse ich in diesem Buch fast schmerzhaft, den Namen **BLAVATSKY!** Wie kann man Physik und Metaphysik miteinander verbinden, ohne den Menschen zu erwähnen, der das zuerst getan hat, nämlich Helena Petrovna Blavatsky in ihrem Magnum Opus ***DIE GEHEIMLEHRE,*** dessen eifrigster Leser Professor Dr. Albert Einstein war. Was Einstein interessierte, das sollte auch gut genug für einen Capra sein.

Doch nun zum eigentlichen Grund dieses Kapitels: Da Fritjof Capra auch und vor allem den Buddha und seine Lehre erwähnt, werde ich mich hauptsächlich auf die Bearbeitung der Stellen in seinem Buch beschränken, die auf den Buddha Bezug nehmen. Der Leser mag dann selbst entscheiden, ob hier jemand den Erleuchteten wirklich verstanden hat oder ob der Buddha einen Grund mehr hat, sich im Grabe herumzudrehen bzw. aus NIRVĀṆA aufzuschrecken.

Auf Seite 93 geht es los, wo Herr Capra behauptet, dass der Buddha keine Metaphysik lehrte. Dem ist nicht so. Seine Lehre war nicht **hauptsächlich** metaphysisch, jedoch allein das Metaphysische, was der Buddha uns lehrte, bewies bereits, dass er der größte Metaphysiker aller Zeiten war, ist und sein wird. Was bedeutet metaphysisch? Es erklärt die (Bewusstseins)ebenen *meta* oder JENSEITS der uns zugänglichen physischen Ebenen. Diese metaphysischen Ebenen, die verschiedenen nachtodlichen Zustände, alle Himmel und Höllen etc. inklusive NIRVĀṆA wurden vom Buddha auf das Genaueste beschrieben, z. B. im Magandiya-Suttam des Majjhima Nikāya und an anderen Stellen.

Die gravierenden Fehler im *TAO DER PHYSIK* jedoch beginnen auf Seite 95, aber Herr Capra ist beileibe nicht der Erste, diese Denkfehler zu begehen. Sie ziehen sich durch die gesamte Geschichte des vor allem späteren Mahāyāna-Buddhismus und Fritjof Capra hat den verständlichen Fehler begangen, diesen Irrtum mit zu übernehmen. Schlimmeres aber kann und konnte man dem Buddha gar nicht antun. Ich meine Zeile 15, Seite 95, wo Herr Capra behauptet, dass der Buddha lehrte, es gäbe kein Selbst bzw. kein Ich. **DAS IST NICHT WAHR.** In

Mahāvaggo I, 14 (Vinaya-Pitakam-Schrift) wird geschildert, wie der Buddha dreißig Jünglingen begegnete, die ihn fragen, ob er nicht ein Weib gesehen habe, das sie bestohlen hätte. Der Buddha antwortet: „Was ist wohl besser, Jünglinge, wenn ihr das Weib sucht oder wenn ihr euer **Ich** sucht?" Sie lassen alles stehen und liegen und folgen dem Meister.

Ein KUHHIRTE verstand damals schon, was heute einem Capra und vielen anderen immer noch unverständlich ist: Der Buddha lehrte nicht, was das Selbst ist, sondern was es NICHT ist (anattā). Damit setzte er selbstverständlich das Selbst bzw. das Ich voraus. Seine Methode der „Selbstfindung" war nur eine viel sicherere als die der anderen Lehren und Religionen, indem er lehrte, dass man sich von allem, was das Selbst NICHT ist, löst, bis das Selbst verbleibt, welches natürlich nicht erkannt werden kann, da es ja das Erkennende und sich von allem Lösende **selbst** ist und sich, im Falle von NIRVĀṆA, von allem zu Erkennenden gelöst hat. Damit hat also Herr Capra dem Buddha etwas unterstellt, was dieser nie behauptete. Die erste edle Wahrheit ist also hier schon völlig falsch dem Leser präsentiert worden. Wenn es kein Selbst gibt, dann kann dieses Selbst sich doch nicht von dem befreien, was es nicht ist. Der Buddha weigerte sich nur zu erklären, WAS das Selbst oder das Ich ist, da es mit irgendwelchen Begriffen nicht erklärt werden konnte, sondern nur in der Negation, in der LOSLÖSUNG von allem, was das Selbst oder das Ich eben NICHT ist. Was ist das Selbst nicht? Körper, Gefühl, Denken, Seele und Geist ist das Selbst NICHT. Warum es das nicht ist, wird in diesem Buch *DER SINN DES LEBENS* ***NIRVĀṆA*** erklärt. SELBSTVERSTÄNDLICH hat der Buddha ein letztes Selbst oder Ich angenommen. Er näherte sich ihm nur, wie man sich einem Schatz nähert oder ihn ausgräbt, indem man allen Dreck und Schmutz, alle Beilegungen, alle Hindernisse, die zwischen uns und dem Schatz liegen, wegräumt, bis der Schatz selbst vor uns liegt. Zu behaupten, dass es das Selbst nicht gibt, ist wie nach einem Schatz zu graben, von dem man sagt, dass es ihn nicht gibt. Echter und wahrer Ur-Buddhismus ist REINE LOGIK, Herr Capra. Wie können Sie schreiben, dass der Buddha lehrte, es gäbe kein Selbst? Wenn das die meisten sogenannten „Buddhisten" tun, dann verstehe ich das aus Gründen, die ich hier nicht anführen kann, ohne jemanden zu verletzen. Aber von Ihnen, Herr Capra, als einen Mann der Wissenschaft, hätte ich doch mehr erwartet, z. B. dass Sie sich selbst davon überzeugen, ob der Buddha wirklich lehrte, es gäbe kein Selbst. Man tut das, indem man die Lehre des Buddha studiert. Da findet man den Buddha immer und immer wieder wiederholen: „Das gehört mir nicht, das bin ich nicht, das ist nicht mein Selbst." (Angutt. Nik. II, S. 202, IV, 196.) Sagte er „Es gibt kein Selbst"? Nein, er sagte: „Das IST nicht mein Selbst" oder „Alles ERKENNBARE ist anattā, ist nicht mein Selbst." Das ist die Anattā-Lehre des Buddha, welche sogar von der Mehrzahl der Buddhisten falsch verstanden wurde, indem sie eben annahmen, der Buddha lehrte, es gibt kein Selbst. Und von einem solchen „Buddhisten" muss auch Herr Capra seine Information oder Quelle über „Buddhismus" haben, anstatt die Schriften zu studieren und sich so selbst ein Bild über den Buddha und seine Lehre zu machen. Dass Berkeley Wissenschaftler Schwierigkeiten haben mit ihren Recherchen, stellte ich bereits bei Nobelpreis-Kandidat

Professor Duisberg fest, den ich in Grund und Boden diskutierte, seine Theorie betreffend, dass HIV kein AIDS erzeugt (Video und Buch erhältlich).

Ebenso unverantwortlich ist es, wie in Ihrem Falle, Herr Capra, über den Buddha zu schreiben, ohne korrekt recherchiert zu haben, was der Buddha wirklich lehrte. Der Buddha sagt uns also nicht, was das Selbst ist, weil man das Selbst, wenn es sich einmal von allem Nicht-Selbst gelöst hat, genau genommen nicht mehr mit den Begriffen Sein oder Nicht-Sein beschreiben kann, weil ja alles, dem man eine Bestimmung geben kann, sich vom Selbst gelöst hat. In Sam. Nik. XLIV, 2 fragt der Buddha: „Was aber vergänglich ... ist [die fünf Haftensgruppen. Lanoo], kann man davon mit Recht sagen: 'Das ist mein, das bin ich, das ist mein Selbst'?" - „Gewiss nicht, o Herr." - „Deshalb ... ist all das der Wirklichkeit gemäß ... anzusehen: 'Das ist nicht mein, das bin nicht ich, das ist nicht mein Selbst'."

Er sagt nicht, dass es das Selbst nicht gibt, er betont nur, was das Selbst NICHT ist, dabei doch gerade dieses Selbst voraussetzend. Wer es selbst oder DAS Selbst will, der möge sich doch an die Arbeit machen und sich in der Meditation von Körper, Gefühl, Denken, Seele und Geist lösen, dann wird er „SEIN", was ihm bis jetzt nur Theorie ist, bzw. dann wird er wie der Buddha erfahren, dass er NIRVĀṆA erlangen und wieder in einem Stück daraus hervorkommen und in einen Körper zurückkehren und **von NIRVĀṆA künden kann.** Wer da noch behauptet, dass das Selbst nicht existiert, versetzt dem Buddha einen Schlag, den er wahrscheinlich bis hinauf zum NIRVĀṆA spürt. Wer das Selbst aus allem nimmt, der stellt sich auf eine Affenstufe mit Darwin und allen Darwinisten und darf sich nicht wundern, wenn er bald vom Dämon der Depression heimgesucht wird. Was „ist" nun das Selbst? Was bleibt übrig, wenn ich mich von allem gelöst habe, was ICH nicht bin, wenn ich alles loslasse, nicht mehr danach greife? ICH bleibe dann noch übrig. Und zwar jetzt als nicht mehr Greifender, Dürstender, Wollender. Das, was zuvor gewollt und gegriffen hat, will und greift nun nicht mehr, aber **ES** besteht doch noch, genau wie zuvor, nur jetzt nicht mehr wollend, greifend und dürstend. Das letzte Rätsel kann man eben nur SELBST lösen. Aber zu behaupten, dass der Buddha gesagt oder gelehrt hätte, es gäbe kein Selbst, ZWINGT ja die Wesenheit buchstäblich, sich in geradezu verzweifelter Weise solange wie möglich an das zu klammern, was das Selbst nicht ist, und den Tod als schrecklichstes Ereignis fürchten zu lernen. Wer das tut, beleidigt den Buddha auf das tiefste. Es ist doch nur unsere verbildete, verkorkste, materialistische Natur, die wir unter anderem der sogenannten „Schulwissenschaft" zu verdanken haben, welche SEIN immer mit ETWAS sein verbindet. Wer dieses Buch aufmerksam gelesen hat, wird jedoch wissen, dass wahres SEIN immer LOSGELÖST sein von allem (Vergänglichen) bedeutet. Deshalb sagt der Buddha, welcher Fritjof Capras Buch vorausgesehen zu haben scheint, im Majj. Nik., 8. Sutt.: „Von den vielen verschiedenen Lehren, Cundo, die da in der Welt ... auftauchen, aufsteigen, auftreten, (gilt) das wirklichkeitsgemäße, vollkommen weise Urteil: 'Das gehört mir nicht, das bin ich nicht, das ist nicht mein Selbst.' So werden sie verworfen, so werden sie verleugnet."

Der Buddha macht immer wieder klar, dass man nicht zerstört ist, wenn man alles, was das Selbst nicht ist, loslässt. Im Gegenteil, man ist erst dann befreit, erlöst, erleuchtet, ERWACHT, wenn man frei ist von allem, was das Selbst NICHT ist.

Wie kann denn da jemand noch herauslesen, dass es keine Konstante gibt, die sich HINTER allen veränderlichen Phänomenen befindet.

Was die Behauptung anbelangt, dass der Buddha gelehrt hätte, es gäbe kein ICH oder Selbst, so schreibt Friedrich Zimmermann (Subhadra Bhikshu) im *Buddhistischen Katechismus*: „Es schien (hier), als ob jeder seinen Tiefsinn glänzen lassen wollte, um den Leser in Missverstand und Verwirrung zu stürzen **und die Hauptlehre des Meisters zu diskreditieren.** [Das ist Herrn Capra in der Tat gründlich gelungen. Lanoo.] Denn im Grunde liefen alle diese tiefsinnigen Ausführungen darauf hinaus, der Buddha habe die Absurdität gelehrt, dass in und hinter der Persönlichkeit nichts, gar nichts stecke, vielmehr das Subjekt des Erkennens (das Ich) gar nicht existiere und der Buddha schlechterdings, in modernes Deutsch übersetzt, gesagt habe: 'Ihr Brüder, ich verkünde euch, ich bin nicht; bin nichts als eine Einbildung.' Wobei nicht einmal erklärt wurde, wer denn nun eigentlich diese Einbildung habe ..."

Selbstverständlich hat auch der Buddha die Existenz des ICHS gelehrt und es auch gesucht, aber er tat dies auf dem **indirekten** Weg, indem er vom Ich oder dem Attā alles absonderte, was das Ich **nicht** ist. Nicht ist *an*, Ich ist *attā* und Nicht-Ich ist *anattā*. Wenn man das Ich auf anderem Wege sucht, indem man sagt „Das Ich ist dieses oder jenes", dann erklärt man ja immer noch etwas Erkennbares als das Ich, dann haftet man immer noch an etwas und erklärt etwas zum Ich, was es gar nicht ist und erzeugt damit Leiden, denn wer sich mit dem identifiziert, das er NICHT ist, der leidet früher oder später, da alles, mit dem man sich nur identifizieren könnte, immer vergänglich ist und im aufgezwungenen Loslösungsprozess bzw. wenn es einem, spätestens im Tode, wieder weggenommen wird entsprechend der Anhaftung daran SCHMERZEN und Leid erzeugt. Darum und NUR darum sagt der Buddha sinngemäß: „Ihr (die Brahmanen) lehrt den Attā, das ICH. Ich aber lehre, was der Attā, was das Ich NICHT ist. Ich habe die NICHT-Ich, die NICHT-Attā, die Anattā-Methode; und ich habe sie gerade deshalb, weil *nur* so der Attā, also eben das **ICH**, leidlos, selig werden kann."

Fritjof Capra beleidigt den Buddha und den Buddhismus, indem er in seinem Buch *Tao der Physik* behauptet, dass der Buddha und dass der Buddhismus lehren, es gäbe kein Ich, kein Selbst, und aus der Ecke lasse ich Herrn Capra so schnell nicht heraus. Das ist nicht etwa pingelig oder Haarspalterei, sondern ein ganz entscheidender Aspekt, von dessen rechtem Verständnis ALLES abhängt, sogar und vor allen Dingen das Verhältnis von Physik zu Metaphysik. Denn wenn NICHTS da ist hinter allen Zusammensetzungen, dann könnten sie sich gar nicht zusammensetzen, zusammengehalten werden. Das, was real ist, ist genau das, was auch jedes Atom zusammenhält. Ich nenne es die Verlangenseinheit, welche sich durch Jahrmillionen und durch alle Reiche hindurch vom kleinsten Partikel über Stein, Pflanze, Tier, Mensch, Engel, Gott bis hinüber zu NIRVĀṆA rettet bzw. entwickelt. Ohne diese Verlangenseinheit, ohne sie zu akzeptieren und auch zu verstehen, ist Herr Capra genau da angelangt, wo er die Suche begann. Wir verstehen nun auch den Satz: „Die Heiligen wurden durch die Gelehrten getötet." Fritjof Capra ist eines solchen Mordversuches schuldig. Das Opfer: der Buddha. Wer das Unerschaffene nicht weiß, der kann sich auch das Erschaffene nicht erklären. Zu denken, dass es kein Verbleibendes, Konstantes hinter den vergänglichen Erscheinungen gibt, heißt, alle Hoffnung aufzugeben. Wer so denkt, definiert alles zu der Stufe eines großen kosmischen Lego Baukastens, der sich periodisch zusammen- und wieder auseinandersetzt oder von einem Gott zusammen- und auseinandergesetzt wird. So eine Theorie mag wissenschaftlich und religiös zugleich sein, aber sie ist auch im höchsten Maße naiv, ja kindisch. Was wirklich geschieht, ist dies: Alles existiert bereits seit Ewigkeiten und manifestiert und desintegriert sich periodisch. Es findet also zunächst stets eine EMANATION (bzw. Reflexion) bereits und immer vorhandener Kräfte bzw. Verlangenseinheiten statt und auf den **unteren** Bewusstseinsebenen gibt es dann so etwas wie eine Evolution und dann „Schöpfung", indem, z. B. im Falle des Menschen, die Verlangenseinheit von Engelhierarchien mit den ihr entsprechenden Vehikeln versehen wird, welche von der entsprechenden Substanz der Engel selbst abgesondert werden. So sind wir IN UNSEREN BEILEGUNGEN Fleisch von ihrem Fleisch, Knochen von ihren Knochen, Denken von ihrem Denken, Seele von ihrer Seele und Geist von ihrem Geist. Aber mit unserer ESSENZ, unserem NIRVĀṆISCHEN WESENSKERN, haben sie nichts zu tun. Sie sind also bestenfalls Schöpfer all dessen, was wir NICHT sind. Warum können uns die Engel mit diesen Vehikeln **entsprechend unseres Verlangens** „bekleiden"? Weil sie selbst vor Äonen durch die menschliche Entwicklungsstufe gegangen sind, womit nicht gesagt sein soll, dass vor Äonen die Menschen aussahen, wie sie es heute tun oder gar wie vor 18 Millionen von Jahren und früher. Wer es zu fassen vermag, der fasse es.

In seinem letzten Gespräch mit seiner Gattin Maitreyi führt der Buddhist Yājnavalkya aus, dass **nur das Ich**, Ātma, allen Dingen Wert verleiht. Daher hat diesem Ich alles Streben zu gelten. So lehren die Upanishaden und so lehrt auch der Buddha, nur dass er das Ich auf die bereits erwähnte Anattā oder Nicht-Ich Weise sucht und findet, während die Brahmanen den riskanteren Weg wählen, nämlich zu sagen, dieses oder jenes wäre das Ich oder „Tat tvam asi" (Das bist du). Damit erklären sie jedoch immer noch etwas Erkennbares zum Selbst. Des Buddhas Weg ist sicherer, ungefährlicher, schmerzloser, indem er sagt: „Das bist du NICHT." Denn das, von dem die Brahmanen behaupten, dass man es ist, also etwas Erkennbares, das ist man eben nicht.

Der Buddha lehrt also nicht „Was bin ich?", sondern „Was bin ich nicht?" Und wenn ich das erst einmal erkannt habe, dann löse ich mich von allem, was ich nicht bin, also von Körper, Gefühl, Denken, Seele und Geist. Ich löse mich davon auf einmal oder Schritt für Schritt, auf dem radikalen Pfad oder dem Mittelpfad.

Erich Frauwallner fährt fort: „... in den Texten des buddhistischen Kanons (wird) nie davon gesprochen, dass ein Ich nicht vorhanden, sondern höchstens, dass es nicht fassbar ist. Das hat man wieder so zu deuten versucht, dass der Buddha diese Ausdrucksweise gewählt hat, um nicht die schwächeren unter seinen Jüngern durch die Leugnung des Ich und die sich daraus ergebende Vernichtung bei der Erlösung abzuschrecken. Aber solche Gedankengänge liegen der Verkündung des Buddha vollkommen fern. Er wirbt nicht um Jünger, am allerwenigsten auf solchen krummen Wegen." (*Geschichte der indischen Philosophie I*, S. 224/225.)

Dr. Georg Grimm schreibt in *DIE LEHRE DES BUDDHO*: „Der unerlöste Mensch aber identifiziert irrtümlich einzelne dieser Daseinsfaktoren mit dem Ich. Die berühmte Predigt vom Nicht-Ich läuft darauf hinaus, dass der Buddha klarstellt, dass keines der endlichen und vergänglichen Daseinselemente [Körper, Gefühl, Denken, Seele und Geist. Lanoo] 'mein Ich' ist. Damit ist vollkommen eindeutig die Existenz eines letzten Absoluten hinter den vergänglichen Faktoren ausgesagt."

Vergängliche Faktoren, Herr Capra, sind z. B. all die Teilchen, von physisch bis subatomisch, die Sie in Ihrem Buch beschreiben. Es ist zwar ganz nett, das zu wissen, aber zur Wahrheit wird es Sie auch nicht führen. Nur der erst gedankliche und dann meditative Loslösungsprozess von allem führt zur Wahrheit.

Gustav Mensching schreibt in *Buddhistische Geisteswelt*: „Der Buddha hat fraglos ein letztes Selbst angenommen." Dr. Grimm betont, dass nur religiöse Geister den Buddha wirklich verstehen, eben solche, die „wissen wollen, wo andere nur glauben. Ob sie dann *alles* Erkennbare an sich und um sich als unbeständig und hinfällig und damit ob seiner leidbringenden Natur als nicht das Ich durchschauen, wird an ihrer Erkenntniskraft liegen ..."

Auch Edward Conze erwähnt, was ich bereits andeutete und was speziell Sie betrifft, Herr Capra. Da heißt es nämlich: „Die Gelehrten verdrängten die Heiligen, und Kenntnisse traten an die Stelle der Erleuchtung. Eine der heiligen Schriften der Sarvastivadins berichtet die furchtbare, tieftraurige Geschichte, dass der letzte Arhat von der Hand eines der Gelehrten gefallen sei ..." (Der Buddhismus. Wesen und Entwicklung, S. 109.)

Zurück zum SELBST. Dass es das Selbst oder das Ich oder eine letzte verbleibende Konstante gibt oder einen „Träger der Last", welche in NIRVĀṆA abgelegt wird, finden wir auch von Radhakrishnan in *Indische Philosophie* erwähnt: „Das NIRVĀṆA ist kein Nichts, sondern nur eine Verneinung des Auf und Ab der Welt und die Rückkehr des Selbst in sich selbst ... Dies entspricht auch der Feststellung des Buddha, dass das Selbst weder dasselbe wie die Skandha, noch etwas von ihnen völlig Verschiedenes ist ... **Wer da annimmt, es gebe keine Seele [im Sinne von einem in der Welt der Erscheinungen überlebenden Prinzip oder Selbst. Lanoo], ist ein Mensch mit unrichtigen Anschauungen.** Geboren werden heißt, die Last aufnehmen; sie niederlegen bedeutet, den Segen, das NIRVĀṆA zu erlangen."

Die Behauptung, dass der Buddha lehrte, es gäbe kein Selbst, ist also unzutreffend. Das, was verbleibt, wurde oft auch mit verschiedenen Namen bedacht, wie z. B. *Pudgala* (der Träger von Körper, Gefühl, Denken, Seele und Geist) der Pudgalavādins, *bhavanga* (unterbewusstes Lebenskontinuum) der Theravādins, das *Dauer-Dasein eines höchst verfeinerten Bewusstseins* der Sautrantikas, das *Speicherbewusstsein* der Yogacarins etc.

Wie konnte es nun geschehen, dass sich die falsche Ansicht einschlich, der Buddha würde lehren, es gäbe kein Selbst? Der große Denker Edward Conze erklärt es uns auf den Seiten 161/162 seines Werkes *Der Buddhismus*: „Als die Anweisung, das individuelle Selbst nicht zu beachten, sich erst einmal zu der Maxime verhärtet hatte: 'Es gibt kein Selbst', wurden solche Zugeständnisse an den gesunden Menschenverstand unvermeidlich." Und ferner heißt es auf S. 104 desselben Werkes: „(Es) wird vorausgesetzt, dass es eine endgültige Wirklichkeit gibt und dass etwas in uns existiert, mit dem wir diese endgültige Realität berühren können." Wie können Sie, Herr Capra, da noch behaupten, dass der Buddha lehrte, es gäbe kein Selbst?! Das **müssen** Sie klarstellen, das **müssen** Sie korrigieren; wenn nicht, dann bringen Sie sich automatisch in Gesellschaft mit jenen Toren, von denen Blavatsky schreibt, dass jemand zu ihnen mehr gehört, als er denkt. Auch Sie, Herr Capra, sind noch auf der Suche nach der **URSACHE** von allem. Nun, diese Ursache ist **DAS SELBST** in allem. Wenn Sie das verleugnen, nehmen Sie auch gleichzeitig Ihrer eigenen Arbeit jenen Sinn und werden, wie die meisten Ihrer Kollegen, zu einem modernen Don Quichote, der in absoluter Verwirrung zwischen den Windmühlen der Physik und Metaphysik hin- und hertaumelt und schließlich von ihnen zermahlen wird. Nur weil man nicht sagen kann, **was** das Selbst ist, kann man doch nicht daraus schließen, dass es kein Selbst gäbe. Die moderne Wissenschaft wird immer nur herausfinden, was das Wesen der Dinge NICHT ist, und sie wird weiter in allem Erkennbaren suchen und suchen und suchen und Steuergelder verplempern und sie wird doch nie die Ursache von allem finden, weil eben jene Ursache nicht AUFFINDBAR, nicht ERKENNBAR ist, da sie das ist, was ERKENNT. Die Methode der Wissenschaft, etwas zu suchen und es dann zu benennen, **muss** darum immer versagen. Die Ursache von allem kann man nie finden, sondern immer nur das, was sie NICHT ist. Die richtige Methode wäre folgende: Man muss erkennen, was die URSACHE **NICHT** ist, und sich dann gedanklich und meditativ davon lösen. Dazu braucht man keine Geräte oder komplizierte Maschinen und Computer, sondern nur SICH SELBST. Wer es zu fassen vermag, der fasse es.

Sie sind noch zu sehr im DENKEN verhaftet, Herr Capra. Bedenken Sie aber, dass auch das Denken **nicht** das Selbst ist, sondern dass man sich, um die letzte Wahrheit zu SEIN, auch und ganz besonders vom Denken lösen muss. Körper, Gefühl, Denken, Seele und Geist sind nicht dazu da, um große Kulturen, Rassen, Wissenschaften, Künste und Religionen zu entwickeln, sondern Körper, Gefühl, Denken, Seele und Geist, also alle Faktoren des Nicht-Ich, sind überhaupt nur dazu da, um sie zu **überwinden**, sich von ihnen zu lösen, bis das ICH verbleibt, von dem der Buddha nur deshalb nicht sagt, was es ist, weil dieses verbleibende Ich das ERKENNENDE ist und sich im Falle von NIRVĀṆA von allem, was man erkennen könnte, **gelöst hat.** Mit anderen Worten: **DAS ICH IST DAS, WAS ERKENNT, ABER NICHT ERKANNT WERDEN KANN.**

Es GIBT also etwas, das überlebt. Der Buddha weigert sich nur zu sagen, WAS es ist. Wenn es dieses Ich nicht gäbe, dann wäre ja mit der Auflösung der Teile auch das Ganze zerstört. Und genau das hat eben der Buddha nicht gelehrt. Er hat nicht die Zerstörung der Wesenheit in NIRVĀṆA gelehrt, sondern deren ÜBERLEBEN. So bricht denn der Buddha auch in einer seiner Lehrreden in die Worte aus: „Und mich ..., ihr Mönche, mich beschuldigen einige Asketen und Brahmanen unrichtig, nichtiger Weise, fälschlich und unzutreffend: ‘Ein Verneiner ist der Asket Gautama, er lehrt die Zerstörung, Vernichtung und den Untergang **des einmal vorhandenen Wesens.’** ... Nur eines, ihr Mönche, lehre ich, jetzt wie früher: das Leiden und die Aufhebung des Leidens.“

Dass der Buddha die Existenz eines Selbst oder eines Ichs geradezu voraussetzte, beweisen auch seine letzten Worte an seine Mönche: „Ich gehe fort, lass euch allein, **ich kehre zu MIR SELBER ein“** und **„Alle Zusammensetzungen**

sind vergänglich.“ Das ganze Drama der missverstandenen Buddha-Lehre aber wird offenbar auf Seite 98 des Capra Buches *TAO DER PHYSIK*, wo wir lesen, dass Bodhisattva jemand ist, der NIRVĀṆA entsagt bzw. es nicht nehmen will, bevor die ganze Welt erlöst ist. Und wieder einmal hat jemand nicht verstanden, was „Bodhisattva“ heißt. Ich empfehle Herrn Capra, sich das Esoterische Lexikon am Ende dieses Buches durchzulesen. Dort wird er erfahren, was Bodhisattva wirklich bedeutet. Viele „Buddhisten“ beziehen sich auf die Tatsache, dass der Buddha selbst NIRVĀṆA erlangte und ihm entsagte und für den Rest seines Lebens das NIRVĀṆA-Prinzip lehrte. Aber DANN, Herrschaften, dann nahm er NIRVĀṆA. Nun könnte man einwenden, dass die Esoterik lehrt, der Buddha reinkarnierte 50 Jahre nach seinem Tode als Shankara, der größte Veden-Lehrer Indiens. Dies war aber nicht der Buddha, sondern nur sein astro-mentaler Körper, welcher, anders als beim gewöhnlichen Menschen, nach dem Tode **nicht** desintegriert oder sich auflöst, sondern Bodhisattva wird und wegen seiner Reinheit für oft Hunderttausende von Jahren überlebt. Dieser Bodhisattva-Körper des Buddha überschattete und inspirierte Shankara und später auch Jesus Christus und andere große Meister. Doch der Buddha **selbst**, sein wahres ICH, IST UND BLEIBT IN NIRVĀṆA. Wer natürlich, wie Herr Capra und mit ihm viele „Buddhisten“, keine Kenntnis von der siebenfältigen Struktur des menschlichen Wesens besitzt, der **kann** gar nicht wissen, wovon er eigentlich schreibt oder spricht.

Fazit: SELBSTVERSTÄNDLICH gibt es ein Selbst, das NIRVĀṆA erlangt. Es ist dann befreit von Körper, Gefühl, Denken, Seele und Geist. Oder: Das, was zuvor erkannte, erkennt nun (in NIRVĀṆA) nicht mehr, ES VERBLEIBT ABER IMMER NOCH, und zwar jenseits der Welt. Die später entwickelte Mahāyāna-Theorie scheint mir doch wohl eher eine Philosophie der Schwäche zu sein, nämlich dahingehend, dass die meisten, wenn nicht alle Kandidaten einfach nicht in der Lage waren, ALLES loszulassen, und einfach eine Entschuldigung suchten, um im Rahmen der Buddha-Lehre wieder zu reinkarnieren, oder aber sie verharrten in einem der hohen Bewusstseins- und Seligkeitszustände **vor** NIRVĀṆA und erfreuten sich eben an ihnen Leben für Leben. Dagegen ist ja auch gar nichts einzuwenden, aber dann sollte man doch zumindest das Kind beim Namen nennen. Wenn der Buddha ein solches Mahāyāna-System gewollt oder gutgeheißen hätte, dann hätte er es auch gelehrt. Aber der Pāli-Kanon macht es klar: Der Buddha verzichtete auf NIRVĀṆA für den Rest seines Lebens und lehrte es bis zu seinem Tode, aber DANN nahm er NIRVĀṆA. Alles andere ist Spekulation und Missinterpretation. Man unterstellt da, wie Herr Capra es tut, dem Buddha etwas, das er nie gesagt und auch nie gelehrt hatte. AUM.

Noch einmal: Warum versteife ich mich so sehr auf diesen einen, von Fritjof Capra so missverstandenen bzw. missrepräsentierten Teil der Buddhistischen Lehre? Weil von dessen **rechtem** Verständnis einfach **alles** abhängt. Nimm das Ich oder das Selbst aus allem und das ganze Universum würde in sich zusammenfallen, verschwinden und nie mehr erscheinen. Es ist das ICH in allem, das SELBST, dessen Verlangenszustand in der ersten **metaphysischen** Stufe das ATOM ist. Oder hat schon einmal jemand jemals ein Atom gesehen? Kann mir Fritjof Capra, der große Theoretiker, das Foto eines Atoms zeigen? Ich gehe jede Wette ein, er kann es nicht. Das Atom gehört völlig dem astralen Grenzbereich (ākāśa) an, von wo sich auch alle anderen Teilchen in der Teilchen-Kammer etc. manifestieren und wohin sie auch wieder zurückkehren. Indem er die Nicht-Existenz des Ichs verkündete, hat sich Fritjof Capra selbst ins wissenschaftliche, aber auch metaphysische Aus katapultiert. Ich bitte Sie inständig, Herr Capra, widerrufen Sie das, berichtigen Sie sich, ändern Sie das in Ihrem Buch. Schreiben Sie auf Seite 95 anstatt „Diese Lehre verkündet, dass es kein Selbst gibt" besser „Diese Lehre verkündet, dass das Selbst existiert, aber nicht erfahren werden kann, weil das Selbst das ist, welches erfährt." Wenn Sie das tun, dann haben Sie sich, aber auch dem Buddhismus einen Riesendienst erwiesen und sich ein gutes Karma für viele Leben verschafft. Sie erklären auch auf derselben Seite den Begriff NIRVĀṆA falsch, indem Sie NIRVĀṆA als eine konstante Empfindung der Einheit allen Lebens beschreiben. Dem ist nicht so. Die Einheit, von der Sie schreiben, wird empfunden, wenn man Brahman erreicht hat, die Supermonade*. Da ist in der Tat alles eins, aber NIRVĀṆA ist JENSEITS (oder para oder Parabrahman) dieser Illusion. NIRVĀṆA ist saññāvedayitanirodha oder die **Aufhebung** aller Wahrnehmung und Empfindung. Man „ist" noch, aber man nimmt eben nur nichts mehr wahr und man empfindet nichts mehr. Das ICH oder das SELBST, Herr Capra, IST immer noch, aber jetzt frei von aller Wahrnehmung und Empfindung. Die Antwort auf die Frage, ob ein solcher Zustand erstrebenswert ist oder ob man lieber wahrnimmt, empfindet und reinkarniert, sei dem Leser dieses Buches überlassen.

Helena Blavatsky war der erste Mensch, der verkündete, dass das Atom spaltbar ist. Sie war auch die erste, welche Physik und Metaphysik vereinte, und Sie, Herr Capra, als Wissenschaftler, haben es wiederholt, leider nicht mit derselben Perfektion, einfach weil Ihnen das esoterische Wissen fehlt. Aber es ist zumindest ein weiterer Schritt in Richtung Wahrheit. Ich habe Ihr Buch *DAS TAO DER PHYSIK* mit großer Aufmerksamkeit gelesen. Vieles ist genial, anderes ist mit demselben Missverständnis geschrieben wie die angebliche vom Buddha gelehrte These von der Nicht-Existenz des Ichs. Sie beschreiben in Ihrem Buch *DAS TAO DER PHYSIK* so genial die verschiedenen Bewegungen der Teilchen von Photon bis Omega und ihre Beziehung zueinander. Doch die Ursache von alledem erklären Sie nicht. Das Verständnis dieser Ursache würde auch sofort die Verschiedenheit dieser Teilchen und damit auch die Verschiedenheit der Arten auf Erden und im Universum erklären. Jedes Teilchen im Universum, Herr Capra, ist individuell verschieden mit Bewusstsein bzw. mit Verlangen nach manifestierter Existenz erfüllt. DESHALB bewegen sich alle Teilchen so individuell verschieden. Jedes Teilchen ist ein Gott im Werden. Sie, Herr Capra, können dies aber nicht wissen, da Sie nicht über das esoterische Wissen verfügen. Dies wird, in konzentrierter Form, nun auf den folgenden Seiten vermittelt, weshalb ich Sie, Herr Capra, bitte, sich das Kapitel „DAS ILLUSTRIERTE BUCH DES LICHTS", aber auch die Einleitung dazu mit besonderer Aufmerksamkeit durchzulesen. Dann, bewaffnet mit dem esoterischen Wissen, sollten Sie Ihr Buch noch einmal schreiben und dann werden Sie und Ihre Leser verstehen, dass Physik und Metaphysik und der ganze kosmische Tanz, das ganze Universum mit allem darin, bis hoch zum höchsten Brahman, nur vergängli-

* Der Christus der Religionen etc.

che und darum unserer nicht würdige Illusionen sind, die einer einzigen Realität entspringen, und diese Realität ist NIRVĀṆA, der Sinn des Lebens. AUM.

Grundsätzlich kann man jedoch sagen, dass die Weisheit aller Einsteins, Newtons, Capras und auch Hawkings (siehe Seite 403) zusammengenommen nicht viel wert ist, verglichen mit z. B. dem Bewusstseinszustand eines Schafhirten, der aber Erlösung durch den Buddha erlangt hat. Einer der Gründe ist der, dass der erlöste Schafhirte all die Welten (Astralwelten, Paralleluniversen, Zeit-Raum-Kontinuum etc.) **SELBST ERLEBT**, während die Wissenschaftler und Priester von ihnen nur theoretisch berichten können. Aber selbst diese Welten interessieren den erlösten Schafhirten, den vollkommenen Buddha-Jünger nicht mehr, da er ja das höchste Ziel, eben die **LOSLÖSUNG** von diesen und allen anderen Welten, nämlich das **NIRVĀṆA** erlangt hat. Was soll denn den noch die Wissenschaft des Vergänglichen kümmern, der das EWIGE erlangt hat? Er lächelt nur voll Mitgefühl über die hochtrabenden Worte der sogenannten „Wissenschaft“, denn er, der ARAHĀ अरहा, ja sogar schon der Sotapanna WEISS bereits, wo andere - und seien sie auch noch so genial - nur vermuten.

Dr. Georg Grimm schreibt in *DER BUDDHAWEG FÜR DICH*: „Eigentlich überflüssig zu bemerken ist es, dass der Buddhajünger natürlich auch jedes Interesse an alle übrigen Wissenschaften verloren hat. Denn welches Wissen könnte sich mit dem seinen messen? Dienen doch alle diese Wissenschaften nur seinem und seiner Leidgefährten flüchtigen Aufenthalt auf dieser Erde, der gegenüber der hinter ihm gähnenden Ewigkeit jegliche Bedeutung verliert. *'Da hat der Mönch, was der gewöhnlichen Menschen einzelne Wahrheiten sind, abgeschüttelt, abgestoßen, von sich getan, sich ihrer entledigt, sich ihrer entäußert, sich von ihnen befreit.'* (Dīgha Nik., 34. Suttam).“

In keinster Weise leugnet der Buddha die Existenz des Selbst bzw. einer Konstanten hinter den vergänglichen Komponenten. Er sagt nur, dass es „eine vollkommen törichte Idee“* ist, das Selbst in Form einer konstanten unbeweglichen **Seele** zu sehen oder zu verstehen. Das Selbst „ist“ also. Der Buddha sagt uns nur nicht, **was** es ist. Aber er weist uns den Weg zum Selbst, welcher über die **Loslösung** von allem Körperlichen, von Empfindung, Wahrnehmung, Gemütsregung und Bewusstsein führt. Ist dies überhaupt möglich? Diese Befreiung **ist** vorhanden und **sie** „ist“ - wenn wir überhaupt eine solche Definition wagen dürfen - das Selbst. Oder: Das **Selbst** befreit sich von dem, was es NICHT ist. Hat es sich dadurch zerstört? Ist es dadurch weniger geworden? Doch wohl kaum. Es hat sich im Gegenteil nun zu dem entwickelt, was es ist bzw. sein sollte, zur Bestimmung seines Lebens, BEFREIT von Körperlichkeit, BEFREIT von Empfindung, BEFREIT von Wahrnehmung, BEFREIT von den Gemütsregungen und BEFREIT vom Bewusstsein. Der Buddha sagt (und man lese sich das Folgende zehnmal durch): **„Nicht das ist es, Mönche, als ob die Befreiung vom Körperlichen, von der Empfindung, von der Wahrnehmung, von den Gemütsregungen, vom Bewusstsein nicht vorhanden wäre, denn da würden sich ja die Wesen vom Körperlichen, von der Empfindung, von der Wahrnehmung, von den Gemütsregungen, vom Bewusstsein nicht**

* Samyutta Nikāya XXII, 26 - 28

befreien; weil es aber, wahrlich, Mönche, eine Befreiung vom Körperlichen, von der Empfindung, von der Wahrnehmung, von den Gemütsregungen, vom Bewusstsein gibt, deshalb befreien sich die Wesen vom Körperlichen, von der Empfindung, von der Wahrnehmung, von den Gemütsregungen, vom Bewusstsein.“ (Sam. Nik. XXII, 26 - 28.)

Ein weiterer Beweis für die Existenz des SELBST, oder nenne es DIE WESENHEIT oder den TATHĀGATA oder wie auch immer du willst, ist das Kapitel XII, Vers 160 des Dhammapada. Da heißt es ganz klar: „Das SELBST ist der Meister des Selbstes - denn wer sonst könnte sein Herr sein? Wenn das Selbst (hier das niedere Selbst) beherrscht wird, findet der Mensch einen solchen Meister (oder Führer) wie er anderswo nicht gefunden werden kann.“

Dies sollte wohl klar genug sein. Was ist nun das niedere Selbst und das höhere Selbst? Nun, das niedere Selbst ist das anattā oder das NICHT-Selbst oder das, was das Selbst eben NICHT ist, und das höhere Selbst ist das, welches sich von dem, was es eben NICHT ist, befreien kann (muss, sollte?) und DENNOCH verbleibt. Dieser Befreiungsvorgang beginnt aber zunächst mit einer TUGEND, und zwar mit der Enthaltsamkeit in sinnlichen Dingen wie Essen, Trinken und natürlich auch sexuelle Aktivitäten, also jegliches weltliche Verlangen per se. Das dies für die meisten nicht möglich ist, ist mir schon klar. Darum sollte man es schrittweise tun, damit man mit jeder Reinkarnation bereits ein Stück losgelöster zur Welt kommt bzw. wiedergeboren wird. Das Geheimnis der Erleuchtung liegt also in der LOSLÖSUNG von allem und nicht im Anhaften daran. Und damit ist dann auch dieser Teil der Lehre zugleich nur für eine Minderheit zugänglich. Dies erkannte der spätere Buddhismus, darum entfernte er dieses (höhere) Selbst einfach aus der Lehre und erklärte das niedere Selbst, das vergängliche anattā, also die Skandhas, zur heiligen Kuh bzw. zum goldenen Kalb des Buddhismus. Aber nicht mit uns, Eure Heiligkeit. Nicht mit uns. OM.

Sogar Nāgārjuna, der dem Buddhismus großen Schaden zufügte, gibt zu, dass der Buddha ein SELBST gelehrt hatte. Man lese nur seinen Kommentar in der Sutra des berühmten buddhistischen Werkes *Prajñā-Paramita*: „Manchmal lehrte der Tathāgata (oder Buddha), dass Ātman wirklich existiert; doch ein andermal lehrte er, dass Ātman nicht existiere.“ Tja, so ist das halt. Das NICHT existente - weil ja immer vergängliche Selbst - ist das NIEDERE Selbst, nämlich das anattā, und das UNZERSTÖRBARE Selbst oder der TATHĀGATA SELBST, das ist das HÖHERE Selbst, das, was verbleibt, wenn es sich gelöst hat von allem niederen Selbst bzw. NICHT-Selbst in diesem Falle. Das UNERLÖSTE Selbst sammelt Leben für Leben die Saṃskāras ein und produziert auf diese Weise einen neuen Menschen als Frucht oder Resultat seines vergangenen Lebens. Dies tut das unerlöste Selbst solange, bis es erlöst ist, WENN es das so will. Was IST dann dieses Selbst?? Dies fragt sich so mancher immer und immer wieder verzweifelt. „BEFREIT von allem Nicht-Selbst!“ ist die Antwort. Wer mehr wissen will, der soll aufhören zu fragen und soll meditieren.

Jemand, der den Begriff „Anattā“ auch nicht versteht bzw. völlig missversteht und sich auch über NIRVĀṆA nicht ganz im Klaren ist, ist der große Denker und Buddhist Dr. Walpola Rahula (siehe Anhang II, Seite 906).

Zum Abschluss dieses Kapitels noch Folgendes: Es gibt weder Geist noch Materie. ALLES ist Materie. Physische Substanz ist Materie in dichter Form, Geist ist Materie in extrem verfeinerter Form. Man sollte sich deshalb mit ihnen nicht länger befassen als unbedingt nötig und schon gar nicht eine Wissenschaft daraus entwickeln, sondern das Wissen über Geist und Materie nur dazu verwenden, um sich so schnell wie möglich wieder von ihnen zu lösen und NIRVĀṆA zu erlangen. Genau das lehrte der Buddha, und zwar so verständlich, dass auch ein **KUHHIRTE** ihn begriff und Erleuchtung erlangte. Der Buddha sagt mit Dr. Grimm: „Was als vergänglich und ebendeshalb als leidvoll für mich erkannt wird, das hat man in rechter Weisheit also zu betrachten: ‘Das gehört mir nicht, das bin ich nicht, das ist nicht mein Selbst.’“

Die gesamte atomare und subatomare Welt, physische Substanz **und** Geist, sind vergänglich und darum für den nach Erleuchtung strebenden Menschen kein geeignetes Objekt der Diskussion und Analyse, **es sei denn, es geschieht zu dem Zwecke der Loslösung davon,** um NIRVĀṆA zu erlangen. Wer sich darüber hinaus mit der vergänglichen Welt von „Geist und Materie“, von Himmel, Erde und Hölle befasst, der gleicht jemandem, der im Sumpf steckt und die Zeit damit verbringt, den Sumpf zu analysieren und dabei völlig die dargereichte Hand übersieht, welche ihn aus dem Sumpf ziehen könnte. Wissenschaft und Forschung, aber auch die sogenannten „Heiligen Schriften“ aller Nationen befassen sich eben immer noch mit dem Sumpf von Erde, Himmel und Hölle, ohne den Ausweg, die Entrinnung, die Erlösung von alledem gebührend zu würdigen, nämlich NIRVĀṆA, den Sinn des Lebens. Selbst ein Einstein und umso mehr ein Capra wühlen also darum nur im Sumpf ihrer Genialität, anstatt die dargebotene rettende Hand, nämlich die Lehre des Buddha, zu ergreifen bzw. zu begreifen und sich so aus dem vergänglichen und darum leidvollen oder leiderzeugenden Sumpf von subatomarer und atomarer Welt, von Himmel, Erde und Hölle zu erretten. Wer mehr will, der will eben nur mit seinem Wissen über die Welt angeben. Dr. Georg Grimm beschreibt es so genial: „Der Buddho geht so weit, dass er jede über diesen ausschließlich praktischen Zweck hinausgehende Problemstellung, alle irgendwie theoretischen Fragen und spekulativen Untersuchungen, insbesondere auch über das Wesen der Welt oder von uns selbst, verwirft als Ausfluss des Hanges zur Vielwisserei, der nur in ‘eine Gasse der Ansichten, ein Gestrüpp, eine Schlucht der Ansichten’* einmünde und so den unerfahrenen Erdensohn nur noch tiefer ins Leiden verstricke ... Solche Forscher [und nun aufgepasst, Herr Capra. Lanoo] verkennen die ganze Situation, in der sie sich befinden und die der Lage von Gelehrten vergleichbar ist, welche, in eine öde Wüste geraten und von allen Seiten von wilden Tieren bedrängt, statt auf Abwehr derselben und weiterhin auf eigene Rettung zu sinnen, zoologische Studien über die sie angreifenden Tiere mit dem Erfolge anstellen, dass sie schließlich von diesen samt den Resultaten ihrer Studien aufgefressen werden.“

Ein Studium der vergänglichen Welt also, ohne NIRVĀṆA als Ziel, kann nur zur Verstörung führen, da es UNENDLICH VIELE ARTEN DER MANIFESTATION in der atomaren, subatomaren und abstrakten Welt gibt. All diese Erschei-

* Majj. Nik. I, S. 8 (2. Suttam)

nungen, vom kleinsten Teilchen angefangen bis zur bewussten Intelligenz, sind jedoch nichts weiter als **VERLANGENSZUSTÄNDE** bzw. Formen der Unwissenheit, ja Dummheit der sich manifestierenden Wesen, so dass ein Wissenschaftler eigentlich nichts anderes tut, als sich mit dem Verlangen oder der Unwissenheit, der DUMMHEIT bzw. dem DUMMHEITSZUSTAND anderer zu befassen und diese Tätigkeit zur „Wissenschaft“ erklärt. **SUMPFANALYSE** wäre die treffendere Bezeichnung. Kunst, Wissenschaft, Kultur, Zivilisation etc. sind nichts weiter als **SUMPFANALYSEN**, welche nur zu neuem Anhaften, neuer Geburt, Leben und Sterben und damit zu neuem Leiden in der Welt des Vergänglichen führen. Zivilisation ist nur die maschinelle und computertechnische Verlängerung der durch jahrtausendelangen Missbrauch geschwächten menschlichen Sinnesorgane oder, wie Dr. Georg Grimm so treffend schreibt, „die Verfeinerung der Genusssehnsucht, zu deren Befriedigung man auch nicht vor den brutalsten Mitteln zurückschreckt“. Zivilisation ist Degeneration. Erwachen Sie, Herr Capra. Sie sind gar nicht Fritjof Capra. Das ist nur ein Verlangenszustand, ein Zustand der Unwissenheit. Lösen Sie sich davon und warten Sie nicht zu lange, sonst laufen Sie Gefahr, sich wie Ihr Kollege Duisberg zum Narren zu entwickeln. Und dies sage ich nicht böswillig, sondern mit all meiner Liebe und großem Mitleid. Auch ich war einmal blind wie Sie, bis die Lehre des Buddha mich befreite und erleuchtete. Ich hoffe, das wird auch mit Ihnen geschehen.

Also: **NICHTS IST ES WERT, GESEHEN, GEHÖRT, GEFÜHLT, GEDACHT, GESAGT UND GESCHRIEBEN ZU WERDEN, ES SEI DENN, ES FÜHRT ZUR BEFREIUNG VON SEHEN, HÖREN, FÜHLEN, DENKEN, SAGEN UND SCHREIBEN UND ZUR ERLÖSUNG IN NIRVĀṆA.**

Wer nun einwendet, dass spirituelles oder auch sonstiges Wissen zum Fortschritt in der Welt beiträgt, dem halte ich entgegen, dass es in der manifestierten **vergänglichen** Welt, zu der auch die höchsten Brahman Himmel, ja Brahman bzw. Gott selbst zählen, **keinen Fortschritt gibt**, sonst hätte man den schon längst erlangt, da es bereits unendlich viele Big Bangs und Big Crunches oder unendlich viele Perioden der kosmischen Manifestation und Zerstörung gegeben hat, mit dem Resultat, dass die Welt immer noch ist, wie sie ist, und das ist: VERGÄNGLICH und darum leidvoll. Wo ist nun der Fortschritt? Die Antwort: Fortschritt ist und war nie geplant. Fortschritt ist nicht der Sinn des Lebens, „Fortschritt“ ist nur ein Wort, welches Wunschdenken zum Vater und Unwissenheit zur Mutter hat. Es gibt keinen Fortschritt, sondern nur einen ZWECK, **einen** SINN des Ganzen, und dieser Sinn ist NIRVĀṆA. Alles manifestiert sich nur zu diesem einen und einzigen Zweck, um sich früher oder später von genau dem zu lösen, mit dem es sich **fälschlicherweise,** aber auch **notwendigerweise** identifiziert hatte. DANN kehrt man wieder zurück zum ABSOLUTEN UNBEWUSSTEN, dem NIRVĀṆA, doch diesesmal VOLLBEWUSST. Wer es zu fassen vermag, der fasse es. AUM.

Von daher gesehen, Herr Capra, wühlen Sie nur im Kot Ihrer Wissenschaft, und sei sie auch noch so feingeistig und genial. Im Vergleich zu NIRVĀṆA ist eben auch der höchste kosmische Tanz nur KOT in Bewegung. Ändern Sie Ihr Buch entsprechend, schreiben Sie es neu, mit NIRVĀṆA als Ziel, und Sie haben sich und der Welt den größten Dienst erwiesen. Alles andere ist intellektuelle Masturbation. AUM.

♥ + ✷

LIEBE und LICHT

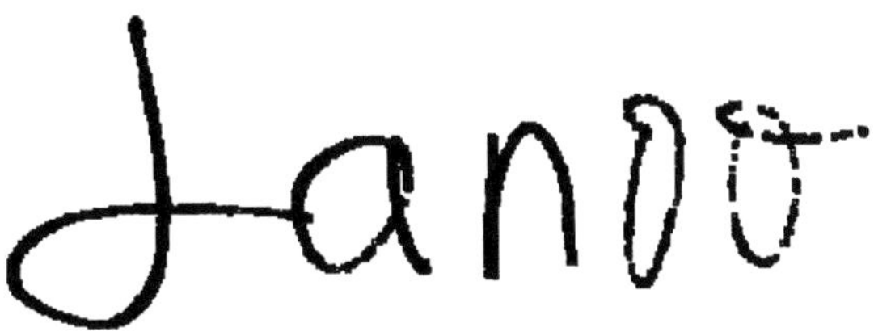

Ihr LANOO (Christian Anders)

STEPHEN HAWKING, DER MEISTER DES UNIVERSUMS?

Jeder kennt ihn, Stephen Hawking, das behinderte Genie im Rollstuhl, den Cambridge University Professor, der „Schwarze Loch" Theorien entwickelte und 234 Wochen die Bestseller Liste der Londoner *Times* anführte mit seinem Buch *Brief History of Time*. Man nennt Stephen Hawking auch „Meister des Universums", dabei auf seine Theorien über Ursprung und Sinn des Universums Bezug nehmend. Aber ist er das wirklich? Sind seine Theorien wirklich so genial?

Zunächst einmal, und das ist mit dem größten Respekt vor diesem großen Denker gemeint: Wenn Stephen Hawking nicht im Rollstuhl sitzen und sich per Stimmen-Synthesizer verständigen müsste, dann hätte die Welt ihm und seinen Theorien nie die Aufmerksamkeit geschenkt, die er jetzt genießt. Es ist die Mischung aus Behinderung und der Fähigkeit, Einstein zu widerlegen, die den Professor so faszinierend macht, und zwar nicht nur für Kollegen, sondern, und das erklärt auch das weltweite Interesse an ihm, auch und ganz besonders für den Laien. Vom rein wissenschaftlichen Standpunkt aus gesehen verkündet Professor Hawking nicht viel Neues. Auch er glaubt an die „string theory", welche die Urbausteine des Universums nicht nur als Partikel oder Kräfte erklärt, sondern als „tiny loops", die in 10 Dimensionen gleichzeitig vibrieren. Dies mag so sein, erklärt aber immer noch nicht den Ursprung des Universums, welcher NIRVĀṆA ist. Der Professor macht genau denselben Fehler wie die meisten seiner Kollegen, er sucht nach Sinn und

Ursprung einer Sache **außerhalb** dieser, wo er ihn niemals finden wird. Der wahre Ursprung des Universums sowie der Sinn des Lebens können nur vom MEDITIERENDEN HEILIGEN, aber in gewissem Maße auch von jedem ernsthaften Schüler der Esoterischen Wissenschaften erfahren werden. Eines ist sicher: Jeder meiner Schüler weiß mehr über den Ursprung des Universums und den wahren Sinn des Lebens, als es je ein Wissenschaftler erfahren wird, **es sei denn**, er öffnet Herz und Verstand der Lehre des Buddha. AUM. Was das Schicksal des Professors, an den Rollstuhl gebunden und dennoch ein solch gigantischer Denker zu sein, anbelangt, so ist dies karmisch leicht erklärbar, worauf ich jedoch hier aus echtem Mitgefühl verzichten möchte.

Nicht aus Mitgefühl verzichten möchte ich darauf, nun zu beweisen, dass **Alter** nicht vor Torheit schützt. Der Forscher und einst überzeugte Atheist Allan Sandage, 72, ist schon seit langem dem Alter des Universums auf der Spur. Nach seinen Berechnungen begann alles vor etwa 15 Milliarden. Als Grundlage für seine Berechnungen nahm er das Licht der Sterne. Wahrscheinlich hat er dabei ein paar vergessen oder aber die frustrierende Frage, was denn wohl VOR diesem Anfang gewesen sein mag, trieb den greisen Empiriker nun in die Arme der an Wunder Glaubenden. Nach seinen eigenen Worten „hat mir die Existenz des Universums gezeigt, dass die Existenz der Materie ein Wunder ist, das sich nur übernatürlich erklären lässt". So verkündete er also in Berkeley: „Bei den Gesetzen des Universums ist ein intelligentes Wesen involviert." Wenn er statt einem Wesen „nahezu unzählig viele" und statt intelligent ein „von Verlangen getriebenes" gesagt hätte, dann wäre er der Wahrheit schon ziemlich nahe gekommen. Da jedoch dem greisen Empiriker das esoterische Wissen abgeht, verfällt er gleich ins andere Extrem und vermutet einen Schöpfergott. Die Wahrheit ist jedoch, dass das Universum periodisch zum Leben erwacht und wieder davon absorbiert wird. Es gibt keinen Anfang und kein Ende dieser Perioden kosmischer Aktivität und Ruhe. Das wars auch schon. Mehr ist nicht. Wer mehr darin sehen will oder mehr hineindefiniert, der tut dies eben ohne gesunden Menschenverstand. Der Schweizer Astronom bestätigt: „Wir Wissenschaftler sind viel bescheidener geworden. Wir gehen zwar davon aus, dass wir irgendwann alle Spielregeln innerhalb unseres Universums ohne einen Gott erklären können, aber den meisten von uns ist bewusst, dass sich alles, was außerhalb dieser geschlossenen Box liegt, niemals beschreiben lässt."

Der gute Astronom hat mehr Recht als er weiß. Die Ursache von allem ist in der Tat außerhalb bzw. jenseits der „Box", also jenseits der Welt der Erscheinungen, und kann darum niemals gefunden werden. Alles, was man tun kann, ist, sich von der Welt der Erscheinungen zu lösen und das Unergründliche, diese Ursache von allem ZU WERDEN. OM.

Laut Umfrage unter US-Gelehrten glauben übrigens etwa 40 Prozent der interviewten Biologen, Physiker und Mathematiker an einen „persönlichen Gott". Viele von ihnen beten sogar zu ihm und hoffen auf eine Antwort. Wie wärs mit täglicher Meditation, meine Damen und Herren Wissenschaftler, bis Sie der so heiß gesuchte Ursprung SELBST WERDEN? Die Verwirrung unserer Denkelite nutzend, bot Papst Johannes Paul II. in seiner 13. Enzyklika eine Art Waffenstillstand an. Der heilige Mann verkündet: „Glaube und Vernunft sind die beiden Flügel." So ein

Vogel fliegt aber nicht, weil ein Flügel lahmt, und zwar der des Glaubens. Glauben heißt nämlich „nicht wissen". Nur rechtes esoterisches Wissen, wie verkündet in diesem Buch, verbunden mit konsequenter Meditation, kann uns zum Ursprung aller Dinge führen, nach NIRVĀṆA, wo wir herkommen und wo wir wieder hingehören. OM. Ermutigt durch das schwarze Wissensloch der „Wissenschaft" lädt die katholische Akademie gar Physiker und Astronomen zu einem Gespräch „Kosmos oder Schöpfung" ein. 300 Teilnehmer kamen und hörten sich die total unlogische, kindische Schöpfungstheorie der organisierten Religion an. Das mittelalterliche Weltmodell wurde wieder entstaubt und wieder aufgebaut. Steht uns ein neues Zeitalter der Dunkelheit bevor? Nichts erfreut einen tumben Religionsfanatiker so sehr, als wenn er auch nur den Funken einer Hoffnung sieht, er könnte Recht haben und gar einen Gelehrten mit Universitätsbildung belehren.

Das Spiel, lieber Leser, geht weiter. Immer noch kämpfen Eintracht „Schöpfung" gegen Fortuna „Evolution". Schiedsrichter ist das Volk. Kaum jemandem kommt es in den Sinn, dass es noch etwas anderes als Schöpfung oder Evolution geben könnte, ein Drittes, nämlich EMANATION bereits vorhandener, UNERSCHAFFENER, ewig existierender Kräfte, die, einmal manifestiert, dann interagieren und DANN eine Evolution und auf den unteren Ebenen sogar eine Art Schöpfung erfahren und verursachen. Aber IM KERN sind wir UNERSCHAFFEN. Problem gelöst. Damit kann man natürlich nicht viel Geld machen, schon gar keine Subventionen in Milliardenhöhe beanspruchen, denn das ist Gesetz: Ist das Forschungsziel einmal erreicht, endet auch jede weitere Finanzierung. Von derartiger Erkenntnis ist jedoch der Theologe Biesinger noch weit entfernt, wenn er sagt: „Als Christ freue ich mich sogar, dass die Physiker die Weltformel finden wollen, denn ich bin schon sehr gespannt darauf zu erfahren, wie Gott das mit der Schöpfung angestellt hat." Na und? Kann er damit den Tod besiegen? Wohl kaum. Das konnte nur der BUDDHA und er weist uns den Weg zur Unsterblichkeit, jenseits von Zeit und Raum.

Dabei ist die Urknall-Theorie gar nicht so weit entfernt von dem, was wirklich geschah. Das Universum emaniert periodisch von EINEM GEMEINSAMEN ZENTRUM in Manifestation. Der Oxford Theologe Grosseteste erklärt dies so: „Gott schuf einen Lichtpunkt, der sich in alle Richtungen ausbreitete." Doch Gott schuf gar nichts. Zumindest nicht auf dieser höchsten Ebene. Gott oder das höchste Wesen in Manifestation erscheint einfach zuerst und der Rest später, ganz nach dem Motto „Die Ersten werden die Letzten sein" etc. etc., denn am relativen Ende aller Tage verschwindet alles und dann Gott zuletzt. OM. Der sogenannte Urknall, eine zunächst lautlose Expansion, eine unsichtbare Explosion auf abstrakter Ebene, die erst hier auf dem niederen Plan zur glühenden Supernova wird, ist ja nichts weiter als die Gesamtsumme des Verlangens aller nach Manifestation strebenden Wesenheiten, Gott zuerst, die Götter später und dann der Rest, in hierarchischer Reihenfolge. Es gab aber nie einen ersten dieser Urknälle und es wird auch wohl keinen letzten geben, da es doch die meisten Wesen so sehr nach Leben in irgendeiner Form verlangt, weshalb sie ja auch NIRVĀṆA immer wieder verlassen und sich dann wie der Hamster in der Tretmühle auf dem Rad der Wiedergeburt abplagen und immer wieder sterben und wieder geboren werden. OM. Hier und da gibt es freilich ein, leider sehr unqualifiziertes Aufmupfen gegen die Fusion von Wissenschaft und Kirche. So schmollt zum Beispiel der Urknall-Theoretiker: „Unendlich sollte das Universum sein, ohne Anfang und Ende der Zeit." Damit meint er nun aber, ohne es zu wissen, NIRVĀṆA. Das ist in der Tat ohne Anfang und Ende und mit Sicherheit ohne Zeit. Zeit ist ja, wie wir bereits wissen, nichts weiter als ein Nebenprodukt des Verlangens. Außerhalb der manifestierten Welt, sei es nun Himmel, Erde oder Hölle, gibt es gar keine Zeit. „In einem gleichbleibenden statischen Weltall, das immer schon da war", so sinniert der Wissenschaftler Weinberg, „wäre ein Schöpfer überflüssig."

Ein Schöpfer auf höchster Ebene ist, so sage ich, in der Tat überflüssig in einem ständig wiederkehrenden Weltall. VERLANGEN genügt völlig für Gott und den Rest der kosmischen Gemeinde, sich zu manifestieren. Auch Gott verlangt es noch immer nach etwas, nämlich danach, ein Gott zu sein. Da eine solche Existenz jedoch ebenfalls vergänglich ist und durch Verlangen erneuert werden muss, ist NIRVĀṆA der höchste Zustand, denn hat man ihn erst einmal erlangt, ist auch für immer das Verlangen nach ihm erfüllt und nirgendwo an keinem anderen Ort kann es wieder aufflammen. Das kann ein Gott in Manifestation NICHT von sich behaupten, obwohl sein Verlangensgrad fast nicht existent ist im Vergleich zu allen Wesenheiten unter ihm. Ein Beispiel: Der Unterschied zwischen Gott, dem höchsten Wesen in Manifestation, und einem reinen Engel der höchsten Sphären ist so wie zwischen klarem Wasser und stinkender Jauche. Wie müssen wir erst im Vergleich zu Gott sein? Und doch: Was alle von Gott trennt bzw. unterscheidet, ist nichts weiter als der Grad des Verlangens. Uns verlangt es viel mehr als Gott und einem Engel verlangt es viel weniger als uns. Und doch: GAUTAMA BUDDHA hat sie alle übertroffen, überboten in Verlangenslosigkeit, selbst den höchsten Gott in Manifestation. Beginnt der Leser zu verstehen, warum für mich und viele andere nicht nur DER BUDDHA der höchste aller Menschen und Götter der Religionen, sondern auch DIE LEHRE des Buddha die höchste, edelste und befreiendste im gesamten Universum ist, Hölle, Erde und Himmel eingeschlossen?

Zurück zum Urknall. Es ist wohl nur wenig bekannt, dass der Vater der Urknall-Theorie ein Mann der Kirche war, nämlich der belgische Priester und Astronom Georges Lemaitre. Die Idee dazu kam ihm, als er den ehemaligen Boxer und US-Astronom Edwin Hubble in seinem Observatorium besuchte. Hubble hatte gerade entdeckt, dass sich alle beobachteten Galaxien mit enormer Geschwindigkeit von der Erde fortbewegen. Daraus schloss Lemaitre wiederum, dass Galaxien sich verhalten wie Granatsplitter nach einer Detonation. Wenn dem wirklich so wäre, dann müssten sich ja aber tatsächlich alle Planeten und Sonnensysteme wie Granatsplitter nach einer Explosion verhalten und unkontrolliert durch den Raum sausen, was sie aber NICHT tun. Die Erde dreht sich samt anderer Planeten immer noch schön brav und geordnet um die Sonne in ständigem Orbit. Woher diese Ordnung der Dinge, wenn nach Newton jeder Impuls einmal enden muss, es sei denn, er wird erneuert? Stephen Hawking erklärte zwar, wie sich die gigantische Himmelsmaschinerie auch ohne göttliche Intervension in Bewegung gesetzt haben könnte, warum sie sich aber jetzt immer noch bewegt, und dies nach gewissen orbitalen Gesetzmäßigkeiten, das erklärt er nicht. Die Newton'schen Gesetze von Anziehung und Abstoßung reichen da einfach nicht aus, uns zu erklären, warum die Himmelsuhr immer noch so regelmäßig tickt, wenn keiner sie neu aufzieht.

Warum bewegt sich alles trotz seiner Vergänglichkeit immer noch so geordnet in kreisförmiger bzw. elliptischer Bewegung umeinander? Laut Newton müsste das ganze Universum längst stillstehen, vor allem wenn man akzeptiert, dass laut wissenschaftlicher Berechnung der Urknall vor etwa 15 Milliarden Jahren stattgefunden haben soll. Woher da noch die Bewegung, und dann auch noch so harmonisch und geordnet? Die Antwort: Es sind die Wesenheiten IN den Himmelskörpern, die dies verursachen. Wer mehr wissen will, möge DAS BUCH DES LICHTS studieren. Doch auch dafür hätte der Buddha nur ein mitleidiges Lächeln übrig. Einmal befragt, ob die Welt ewig oder vergänglich ist, wie oft sie wiederkehrt oder nicht etc. etc., antwortete er, dass JEDER Fragesteller verstorben wäre, bevor er die befriedigende Antwort darauf erhalten hätte. Buddha zeigt uns hauptsächlich, wie wir diesem kosmischen Narrenhaus entkommen und ewig-zeitlose Existenz in NIRVĀṆA finden. OM.

Man bedenke nur, laut Kirchendogma hat Gott das gesamte Universum vor etwa 10.000 Jahren erschaffen. Jeder Volksschüler weiß aber bereits, dass das Universum MILLIONEN bzw. TRILLIONEN von Jahren alt ist. Da sie mit ihrer selbstgeschneiderten Lehre nicht mehr weiter kommt, liefert sich die Wissenschaft nun der kindischen Definition der Religionen aus. Da fragt sich doch dann der Steuerzahler, wofür er eigentlich jahrzehntelang Milliarden in die Eierkopf-Industrie investiert hat, wenn eine Bibel für DM 3,50 es auch getan hätte.

Hawking hat allerdings Recht, wenn er sagt: „Gott ist nicht notwendig, um einen Urknall zu erzeugen." In der Tat, Gott allein könnte so ein gewaltiges Feuerwerk nicht zustande bringen. Das ist das Resultat ALLER nach und IN Manifestation drängenden bzw. EXPLODIERENDEN Wesenheiten. OM. Jede Geburt ist ein kleiner „Urknall". Spinozas Gott kommt der Realität am nächsten, da Spinozas Gott sich eigentlich aus allem raushält, einfach da ist und sozusagen jenseits von Zeit und Raum wabert, gleichzeitig aber gleichgesetzt wird mit den unpersönlichen Naturgesetzen. Die Wahrheit ist jedoch viel einfacher. Gott ist nur das höchste Wesen in Manifestation, langlebiger als alle anderen, aber ebenso vergänglich. So schließe ich mich denn dem heiligen Augustinus an, der, als er gefragt wurde „Was tat Gott, bevor er Himmel und Erde schuf?", antwortete: „Er bereitete die Hölle vor für all jene, die solche Fragen stellen."

Wem das noch nicht respektlos genug war, dem füge ich hinzu: „Und wenn vor meinen Augen ein Gott erscheinen würde, ein ganzes Universum erschüfe mit allem darin und es wieder zerstören würde, dann würde ich ihm zurufen: 'Du bist vergänglich! Lass die Spielchen und erlange NIRVĀṆA!'"

Die gesamte Welt mit allem darin interessiert mich nicht mehr. Ich sage dies jedoch nicht bitter, sondern sanft und friedvoll. Das WESEN, der Kern allen Seins, ist mein Ziel. DARUM habe ich mich von der Schale getrennt. Wer es zu fassen vermag, der fasse es. OM. Wer jedoch noch an der Welt hängt und in ihr wiedergeboren werden will oder muss, für den habe ich die zweite Hälfte dieses Buches geschrieben. OM.

Es gibt nur eine Realität, und das ist NIRVĀṆA. Alles andere ist nicht der Mühe wert.

LANOO

DIE SIEBEN ESOTERISCHEN THESEN

1) Es gibt keinen Schöpfer.

2) Die Urmaterie ist ewig in der Substanz und vergänglich in der Form. Die Form erscheint, wenn die Wesenheiten sich, getrieben von Verlangen, in die Urmaterie kleiden. Alles existiert bereits seit Ewigkeiten und manifestiert und desintegriert sich in periodischen Abständen, oder: Das Universum erscheint, ist aktiv und verschwindet wieder. Es gibt keinen Anfang und kein Ende dieses Vorganges.

3) Es gibt unendlich viele Geist-Seelen oder Monaden oder Verlangens-Einheiten, von denen immer nur eine begrenzte, wenn auch fast unzählbare, Menge entsprechend ihrem Verlangenszustand als das Universum mit allem darin manifestiert. Damit sich alle unendlich vielen Geist-Seelen oder Monaden manifestieren können, muss das Universum unendlich viele Male erscheinen und wieder in NIRVĀṆA absorbiert werden.

4) Im Herzen eines jeden Atoms ruht eine Geist-Seele oder Monade, deren Verlangenszustand das Atom ist.

5) Da der Verlangenszustand einer jeden Monade individuell verschieden ist, gleicht kein Atom dem anderen, was auch die endlos vielen Lebens- und Bewusstseinsformen und Arten hier und anderswo im Universum zur Folge hat und erklärt.

6) Gott ist nicht der Schöpfer, sondern einfach die Spitze aller Geist-Seelen oder Monaden in Manifestation und hat bereits alle spirituellen Entwicklungsstufen hinter sich. Eine „Schöpfung“, wenn man das überhaupt so nennen kann, findet erst an dritter Stelle statt.

7) **Reihenfolge der Manifestation aller Geist-Seelen oder Wesenheiten:**
   a) Emanation: Die Wesenheiten, Gott zuerst, verlassen NIRVĀṆA und kleiden sich in die Urmaterie.
   b) Evolution: Die Wesenheiten verlassen Gott und beginnen sich als subatomare und atomare Energie zu manifestieren*, entsprechend ihres Verlangens- und Bewusstseinszustandes während der vorangegangenen Periode kosmischer Aktivität.
   c) **Schöpfung:** Nach einer gewissen Periode der Evolution beginnen die Wesenheiten durch Karma und Reinkarnation miteinander in Beziehung zu treten. AUM. Gut und böse sind immer selbst verschuldet in diesem oder einem vergangenen Leben. Man soll Mitleid haben mit allen Wesen und helfen, wo man nur kann. Wer dies nicht tut, wird selbst zum Opfer.
   d) Reihenfolge der Manifestation von NIRVĀṆA und durch Gott für dieses Weltalter, von dem schon mehr als die Hälfte vergangen ist: Viele Male

* Bzw.: Sie erleben ihren jeweiligen Verlangenszustand als Materie. Materie per se gibt es gar nicht. Was die Wissenschaft Materie nennt, ist der gegenseitig erlebte Verlangenszustand. Je intensiver der Verlangenszustand, umso „dichter“ die Materie.

als Stein, Pflanze, Tier, Mensch, Engel, Gott und schließlich wieder Absorbtion in NIRVĀṆA, wo dann alles im Kern ruht, bis es wieder zu neuem Leben bzw. Verlangen erwacht.

e) Alle Wesenheiten oder Monaden ziehen sich in Gott, der höchsten Wesenheit in Manifestation, zurück (das Universum verschwindet), der dann als „Letzter“ in NIRVĀṆA absorbiert wird, einem NIRVĀṆA, welches nur jene sein werden, die es während ihrer Manifestation erlangt hatten. Der Rest muss warten auf ein neues Mahā-Manvantara, eine neue Periode kosmischer Manifestation. Wir verstehen nun die Bibel, wenn sie lehrt: „Die Ersten werden die Letzten sein und die Letzten die Ersten.“

f) Wie zuvor verbleiben drei Realitäten:

  - NIRVĀṆA,
  - alle Wesenheiten,
  - die Urmaterie.

g) Nach einer kosmischen Ruheperiode erwacht alles wieder zu neuer Aktivität.

So steht es geschrieben, so soll es geschehen. OM.

FREIHEIT

Nur wer nichts mehr will, ist wirklich frei, nämlich frei vom Wollen. Wahre Freiheit ist Freiheit *vom* Wollen und nicht *im* Wollen.

Oh Mahā-Chohan! Wann begann das alles und wann wird es enden? Oh Lanoo, es gibt immer nur ein periodisches Erwachen aus dem Ewig-Unerklärbaren zu 311.040.000.000.000 Jahren kosmischer Aktivität. Dann wird alles in NIRVĀṆA absorbiert, um wieder zu einer neuen Periode kosmischer Aktivität zu erwachen. Es gab jedoch niemals einen Anfang und es wird konsequenterweise niemals ein Ende dieser Perioden kosmischer Aktivität (Manvantara मन्वन्तर) und Zerstörung (Pralaya प्रलय)* geben, welche unter dem Gesetz von Karma und Reinkarnation stehen. Was du säst, das musst du ernten, Leben für Leben, und niemand, ich sage niemand, kann diesem Gesetz entfliehen. Wehe denen, die ihre Macht über das Volk missbrauchen. Sie werden leiden. Leben für Leben. Immer und immer wieder. Bis sie lernen. Bis sie verstehen. AUM.

Das höchste Ziel ist NIRVĀṆA, welches noch in diesem Leben erreicht werden kann, indem man studiert, meditiert und allem Weltlichen entsagt. Die wahren Ge-

* Auch, wie NIRVĀṆA, der Sabbath der Juden. Sabbath ist nicht der siebente Tag, sondern die Gesamtlänge aller sieben Tage, aber als darauf folgende kosmische Ruheperiode. Von daher gesehen wäre es, falls man den Sabbath ehren möchte, logischer, sieben Tage zu arbeiten und sieben Tage zu ruhen.

setze der vergänglichen Welt sind nur für denjenigen von Nutzen, der noch in dieser Welt verweilen möchte. Der ernsthafte NIRVĀṆA-Jünger hat nur ein abgeklärtes Lächeln übrig für die sogenannten Errungenschaften und/oder Lehren von Kunst, Wissenschaft, Religion und Politik. Er **weiß** NIRVĀṆA. AUM. Für den, der dieses Ziel verfolgt, genügt die Lektüre dieses Buches vollauf, wen es jedoch aus wissenschaftlichen oder anderen Gründen nach einer vollständigen Durchdringung und einem Verständnis der Welt des Vergänglichen verlangt, für den ist **DAS BUCH DES LICHTS** die Antwort auf alle Fragen. Die folgenden Seiten enthüllen in einer Kurzfassung den wahren Ursprung und die Bestimmung von Mensch und Universum und geben zugleich einen Überblick über das wohl gewaltigste Werk der Vergangenheit, Gegenwart und Zukunft, genannt **DAS BUCH DES LICHTS**, Buch der Bücher und Retter der Menschheit. Dieses Werk kann gar nicht hoch genug gepriesen werden, da es unter Leitung und Inspiration des größten Geistes unseres gegenwärtigen Sonnensystems entstand, des MAHĀ-CHOHAN persönlich. AUM.

Zwischen uns und Gott gibt es nahezu unendlich viele sichtbare und unsichtbare Welten, von der tiefsten Hölle bis zum höchsten Himmel samt ihrer Bewohner, doch sie alle sind vergänglich und darum eine Illusion (bhrantidarsanatah). Ein rechtes Verständnis dieser Vergänglichkeit ist wichtig, um die wahre Natur des Ewigen, Unerschaffenen zu begreifen, welches WIR sind. Darum habe ich **DAS BUCH DES LICHTS** geschrieben, dessen Zusammenfassung auf den folgenden Seiten zu finden ist.

DAS UNIVERSUM

Das Universum mit allem darin ist ein gewaltiger Organismus, in dessen Zentrum sich eine unerschaffene geistige Urquelle befindet. Der kosmische Organismus entfaltet sich periodisch auf 7, 10, aber auch 12 Bewusstseinsebenen, deren am weitesten vom Zentrum entfernte unser physisches Universum ist. Je mehr wir uns dem geistigen Zentrum nähern, umso transparenter, ätherischer und schließlich (für uns) unsichtbarer werden die kosmischen Ebenen samt ihrer Bewohner bzw. Lebensformen.

In etwas mehr als 155 Billionen Jahren wird dieser Organismus (Bewusstseins- oder Verlangenszustand), von uns Universum genannt, wieder in sich zusammenfallen oder kollabieren, in einem Punkt implodieren und dann im „Nichts“ verschwinden. Dass dieses „Nichts“ realer ist als alles, was aus ihm entsteht und wieder darin vergeht, das ist die Esoterische Lehre.

Warum steht das Universum nicht still?

Laut Newton müsste das ganze Universum mit allem darin schon längst stillstehen. Newton (und die orthodoxe Wissenschaft im Allgemeinen) lehrt, dass ein Objekt durch einen Impuls oder Anstoß in Bewegung gesetzt wird. Diese Bewegung endet irgendwann einmal, falls das Objekt nicht durch einen neuen Impuls in neue Bewegung versetzt wird.

Die Schulwissenschaft lehrt, dass ein Urknall („Big Bang") für die Entstehung und Bewegung des Universums aus Urmaterie verantwortlich ist. Der Urknall ist aber schon längst vorbei. Warum bewegt sich alles immer noch? Warum steht das Universum nicht still? Antwort: Weil es ständig einen neuen Bewegungsimpuls von der jedem Atom innewohnenden spirituellen Kraft (Monade) erfährt, z. B.: Die Erde dreht sich, weil Jehovah es so will. Aum.

BEWEGUNG

Alles ist Bewegung oder, um genauer zu sein, alles WAHRNEHMBARE, sei es im Himmel, auf Erden oder in der Hölle, ist in BEWEGUNG. Darum ist es ja überhaupt da, wo es ist, weil es sich bewegt. Es hat sich fortbewegt. Wovon hat es sich fortbewegt? Von NIRVĀṆA natürlich. NIRVĀṆA ist der Bereich der Bewegungsfreiheit, darum nimmt es ja auch keinen Raum ein. Ebenso verhält es sich mit dem, was sich NICHT bewegt, es nimmt keinen Raum ein. Darum passen auch zehn Milliarden Engel auf die Spitze einer Nadel, weil eben Engel eine ganz andere Bewegung und Schwingung haben wie irdische Wesen. Vom irdisch-mechanischen her gesehen ist ein Engel fast ohne Schwingung, da er schon wieder auf dem Weg zurück ist zu NIRVĀṆA, frei von irdischer Bewegung oder Schwingung, was ihn damit reif, für die weiten Himmelssphären frei macht. Er ist dem Gefahrenbereich weitgehendst entwichen. Dies gilt natürlich nur für dem NIRVĀṆA zugewandte Engel und auch Götter. Alle anderen sind immer in Gefahr, auch wieder in die niederen Ebenen abzugleiten. OM.

JEDE Bewegung führt weg von NIRVĀṆA, selbst wenn sich alles zurück zu NIRVĀṆA befindet. Denn: Zu NIRVĀṆA kann man sich gar nicht bewegen. Das ist das ENDE aller Bewegung. Man bewegt sich AUS NIRVĀṆA und weg davon, und zwar von innen nach außen, doch NIRVĀṆA ist stärker. Alle „verlorenen Schäfchen", und etwas anderes sind wir ja nicht, vom höchsten Gott bis zum winzigsten Moskito, und was es sonst noch so darunter gibt, all dies, all diese „verlorenen Schäfchen" werden also vom guten Hirten NIRVĀṆA wieder eingesammelt, damit sie sich in der Tat wieder SAMMELN können, wieder ausruhen vom Zustand der Unwissenheit, der ÜBERALL herrscht, außer in NIRVĀṆA, wenn auch graduell verschieden. Im Himmel bewegt man sich anders als in der Hölle und auf Erden ist man so in der Schwingungsmitte. Nun soll aber der geneigte Leser nicht auf die Idee kommen, dass ich mit BEWEGUNG nur die körperliche oder physische Bewegung meine. Es gibt auch eine astrale und mentale und spirituelle Bewegung, die nennen wir dann Gefühl, Gedanke oder Geist. Alle drei plus Unterabteilungen sind ja nichts anderes als Wesenheiten in BEWEGUNG. Ja, auch ein Gefühl ist nichts anderes als die Wesenheit in BEWEGUNG oder (englisch) MOTION. Darum heißt es ja auch, in deutsch und englisch gleichermaßen: Emotion. Dass dies gleichbedeutend ist mit Gefühl ist auch schon dadurch bewiesen, dass wir sagen „etwas bewegt mich“ oder „er war sehr bewegt“ oder „das war sehr bewegend“. Wenn die Wesenheit, in dem Falle sagen wir mal der Mensch, etwas FÜHLT, dann bewegt DIE WESENHEIT sich in einer besonderen Art und Weise, erzeugt Schwingung im Astralkörper und hat dann eine besondere Schwingung oder Frequenz. Wenn ihn ETWAS bewegt, dann erzeugt eben eine andere Schwingung oder Frequenz eine INDUKTION in ihm und er schwingt mit bzw. reagiert mit eigener Schwingung darauf. Ehre sei dem großen Chohan, dass er GERADE IN DIESEM AUGENBLICK mein beschränktes Verständnis mit folgender Erkenntnis beglückt. Die Sache verhält sich folgendermaßen: JEDE Wesenheit, die NIRVĀṆA verlässt, bewegt sich weg davon und fällt IN die Urmaterie. DORT setzt die Wesenheit diese Bewegung fort und DIESE BEWEGUNG erzeugt eine REIBUNG in der Urmaterie. Diese Reibung nennen wir dann später Gefühl oder Gedanke. So muss man auch PROMETHEUS verstehen, nämlich als das Symbol für REIBUNG, welche Feuer erzeugt, sei es nun das sichtbare Feuer oder das Feuer der Geschlechtsreibung aneinander oder das mentale und emotionale Feuer. NICHTS geht ohne Reibung. Man nenne mir mal EINE AKTION, ein Kunstwerk, ein Gebäude, einen Planeten oder ein Sonnensystem oder IRGENDETWAS, das NICHT durch Reibung erzeugt würde oder sich uns durch Reibung mitteilt, seien es nun die Strahlen der Sonne, die sich vom Kern hinweg nach außen bewegen, oder auch nur der Vorgang des Essens, dessen GESCHMACK uns doch NUR durch Reibung bewusst wird. Das muss man einmal ganz klar und ungeschminkt sehen. REIBUNG wiederum kann nur durch eines erzeugt werden: BEWEGUNG. Und so schließt sich der Kreis wieder. In Wirklichkeit gibt es also NUR Wesenheiten, die sich unterschiedlich bewegen und diese Bewegung mit und durch einander erleben. Dann kategorisieren und klassifizieren wir all dies und nennen es: Körper, Gefühl, Denken, Seele, Geist, Kunst, Politik, Wissenschaft, Religion, Familie, Haus, Universum, Sonnensystem, Galaxie und Bratkartoffeln etc. etc., eben die Natur mit allem darin, und so weiter und so weiter. In Wirklichkeit kann man all dies natürlich wiederum unter einem Überbegriff zusammenfassen, den ich der Freundlichkeit halber mal UNWISSENHEIT nenne. Man könnte auch ein anderes Wort benutzen. Ein großer Philosoph hat mal gesagt: „Wir sind alle Blöde in Bewegung!“ Nun ja. Doch weiter und da brauchen wir gar nicht in geistige Höhen fliegen, sondern können mit beiden Beinen auf Erden bleiben und den Impulssatz der Physik anwenden. Jede Bewegung muss einmal enden, ES SEI DENN, sie wird erneuert. Was ist es denn, was die Bewegung der Wesenheiten erneuert, obwohl sie doch von NIRVĀṆA aufgesogen sind am relativen Ende einer Weltenperiode? Es ist das VERLANGEN. Nur wenn das überwunden ist, DANN kann die Wesenheit BEWEGUNGSLOS bzw. bewegungsfrei in NIRVĀṆA verharren, jenseits von Zeit und Raum. Und da kommen wir auch schon zu einer weiteren Definition der ZEIT. Zeit läuft nur ab, wo BEWEGUNG ist. Eine Uhr, die steht, benutzt man nicht. Der TOD ist darum das Ende eines Bewegungsablaufes, NICHT das Ende des Verlangens nach Bewegung, sehr wohl bemerkt. Die GIER stirbt ja nicht im Greis, das weiß jeder, der mal einem Greis VIAGRA unter die Nase gehalten hat. Die GIER SCHLÄFT nur im Greis, weil sie ja die Unmöglichkeit ihrer Erfüllung ERKANNT hat. Es ist ja dann auch DIE GIER, welche die Reinkarnation erzeugt. DAS ist es, was auch nach NEWTON eine Erneuerung der Bewegung erzeugt, eben DIESER Impuls, die Gier. JEDE GIER oder jedes Verlangen ist aber nichts weiter als das Verlangen nach BEWEGUNG. Man will sich bewegen und diese Bewegung auch anderen MITTEILEN. Der Buddha hatte BEWEGUNGSLOSIGKEIT in der Meditation erlangt. Seine Gier nach Bewegung war erloschen, was ihn nicht daran hinderte, manchmal hundert Kilometer am Tage zu Fuß zu gehen, um die Botschaft der Befreiung zu verkünden. ER jedoch hatte Zugang zu beiden Ebenen, der Bewegung UND der Bewegungsfreiheit. Wer also DEN DRANG nach Bewegung überwunden hat, der verharrt „unangelehnt", so wie der Buddha, der hat WAHRE Unsterblichkeit erlangt. Der verharrt bewegungsfrei und damit auch leidlos und TODLOS. OM. Wer es zu fassen vermag, der fasse es. Alles Erkennbare ist nichts weiter als Wesenheiten in Bewegung.

ANTHROPOLOGIE UND KOSMOLOGIE

Unsere „Wissenschaft" von heute, mit ihren abstrusen, durch nichts bewiesenen und sich darum ständig widersprechenden und ändernden Theorien, tappt völlig im Dunkeln über den wahren Ursprung und die Bestimmung von Mensch und Universum. Wen die Illusion der menschlichen und kosmischen Evolution noch interessiert, der wird im BUCH DES LICHTS auf über tausend gedruckten DIN-A4-Seiten eine Antwort auf alle Fragen finden. Hoffentlich ist er aber DANN bereit, ALLES loszulassen und NIRVĀṆA zu erlangen. Es folgt nun *Das illustrierte Buch des Lichts*, eine bebilderte Zusammenfassung des Ursprungs und der Bestimmung von Mensch und Universum. AUM.

Die folgenden kosmischen und geologischen Daten sind dem **BUCH DES LICHTS** entnommen, welches seinerseits die Berechnung hauptsächlich, mit kleinen Abweichungen, auf die archaische Ārya Samaj Schule bzw. auch auf den Tamil-Kalender gründet. Diese wiederum basieren ihre Berechnungen unter anderem auf die Beobachtung der Natur selbst und auf die Relation der Planetenbewegungen zueinander.

Zum Beispiel:	Jupiter Jahr	=	12 Erdjahre
	1 Saturn Jahr	=	30 Erdjahre
	12 x 30	=	360

360 Erdtage ergeben 1 Erdjahr. Warum 360 Tage und nicht 365 ¼ Tage? Die Antwort ist im **BUCH DES LICHTS**, aber auch zum Teil auf den folgenden Seiten enthüllt.

DAS ILLUSTRIERTE BUCH DES LICHTS

Ursprung und Bestimmung von Mensch und Universum

311.040.000.000.000 Jahre kosmischer und menschlicher Evolution

WOHER WIR KOMMEN, WO WIR SIND, WOHIN WIR GEHEN.

LANOO (Christian Anders)

Registriert in der Kongress-Bibliothek, Washington D.C., USA, unter: THE BOOK OF LIGHT, Lanoo, TXU 541243, 02.01.1991

VORWORT

BEGANN DAS LEBEN AUF ERDEN 400.000.000 JAHRE FRÜHER ALS DIE WISSENSCHAFT BISHER GLAUBTE?

Streng genommen gibt es **zwei** Glaubenssysteme: Religion und Wissenschaft. Denn beide glauben nur, aber sie **wissen** nicht. Der Leser möge zunächst zur Kenntnis nehmen, dass die Esoterischen Wissenschaften, wiedererweckt in der *Geheimlehre* von Blavatsky und vervollkommnet im BUCH DES LICHTS, seit Tausenden und Millionen von Jahren ihre Daten NIEMALS änderten, sondern heute noch dasselbe lehren wie vor Millionen von Jahren in Atlantis und davor (wahrscheinlich auf dem Mond, Mars, Venus, Merkur oder wo sonst noch bewusstes Leben physisch, astral, mental oder sonst wie existierte und existiert). Die orthodoxe Wissenschaft hingegen ändert ihre Theorien manchmal alle halbe Stunde. Doch zurück zu den „sensationellen Entdeckungen".

Bisher glaubten unsere staatlich sanktionierten Wissenschaftler, dass die Erde soundso alt ist und dass das Leben auf Erden dann und dann begann. Plötzlich und aus heiterem Himmel beglückt uns die wissenschaftliche Welt nun in einem Artikel in der *Los Angeles Times* mit der Nachricht, dass sich die Herren Wissenschaftler geirrt haben und dass das Leben auf Erden 400.000.000 Jahre früher begann als sie vermuteten bzw. glaubten. Nun ja, was machen schon ein paar Millionen Jährchen mehr oder weniger aus, solange der Steuerzahler die immer häufiger passierenden wissenschaftlichen Meinungsumschwünge bezahlt und sich dann, da er ja nun auf das Genaueste informiert ist, wieder beruhigt seinem Bier, der Schweinshaxe und dem Fernseher zuwenden und die Wahrheit weiterhin verschlafen kann.

Also dann, lasst uns die neueste wissenschaftliche Entdeckung im Lichte der esoterischen Weisheit auf ihren Wert und Wahrheitsgehalt untersuchen. Unter „Riesenentdeckung" schreibt die *Los Angeles Times*: „Wissenschaftler fanden chemische Spuren, die darauf hinweisen, dass das Leben auf Erden 400.000.000 Jahre früher begann als zuvor gedacht." Der Artikel präsentiert zwei Fotos: Ein Stück eines Grönland Felsgesteins von der Akilia Insel und eine Probe dieses Gesteins, aufgeschnitten und dann mit Gold überzogen. In dem Mineral, Apatite genannt, fand man Spuren von Karbon Isotopen und weitere organische Spuren von primitivem Metabolismus. Zunächst einmal, was ist ein Isotop? Ein Isotop ist, laut **wissenschaftlicher** Definition, eine von zwei oder mehr Arten eines Elements, welche dieselbe Atomzahl und ähnliche chemische Eigenschaften haben, sich jedoch unterscheiden in ihren atomischen Gewichten und im radioaktiven Verhalten. Zumindest in letzterer Definition liegt jedoch der Wurm begraben, nämlich die Radioaktivität oder auch sogenannte „Halbwertzeit" betreffend.

Mehr und mehr verantwortungsbewusste Wissenschaftler zweifeln genau diese „Radioaktivitätsmethode" für die Berechnung von Zeitperioden an*, und zwar aus

* Im Falle der Grönland Funde wurde die Apatite Probe mit geladenen Atomen bombardiert, was die Strahlung ionisierter Teilchen erzeugte, welche dann in einem Massen-Spektrometer analysiert wurden. (Manchmal wünschte man sich jedoch, **der Blitz der Weisheit** würde in die Gesteinsproben einschlagen und die Wissenschaftler erleuchten.) Also: Nur weil und wie etwas **HEUTE** zerfällt oder zerstrahlt oder radioaktiv ist,

sehr guten, ihnen nur noch nicht bekannten bzw. wirklich bewussten, hier nun angeführten Gründen: Die Wissenschaftler GLAUBEN, dass die Radioaktivität, die Auflösung gewisser schwerer Elemente, ohne Veränderung in der Geschwindigkeit die ganzen Zeitalter hindurch stattgefunden habe, während derer die radioaktiven Mineralien in den Felsen (z. B. in dem Stück Grönland Felsgestein) gelegen haben, in denen wir sie heute finden. **Dem ist aber nicht so,** wie auch Professor Dr. von Purucker und andere Gelehrte zu berichten wissen. Radioaktive Veränderungen auf Erden begannen erst vor etwa 9.000.000 Jahren und seitdem lösen sich dieser Planet und seine Lebensformen langsam, aber stetig auf bis schließlich hinein in den dünnen Äther. Während dieses radioaktiven Auflösungs- oder Dematerialisierungsprozesses wird das Aufbrechen der dichtesten, gröbsten und schwersten Elemente zuwege gebracht. Die moderne Physik und Chemie nennt diesen Vorgang „Strahlung“. **Davor**, also vor 9.000.000 v. Chr., **verdichteten oder verfestigten** sich alle chemischen Elemente und vereinigten sich daher zu einer Masse. Prof. Dr. von Purucker schreibt in *Der Mensch in der Unendlichkeit*: „Was heute unter Radioaktivität verstanden wird, war damals als Naturtatsache unbekannt. (Jedoch) **ab** dem Wendepunkt [vor etwa 9.000.000 Jahren. Lanoo] wurde die Erde und alles auf ihr Befindliche stetig, wenn auch langsam, ätherisch. Die chemischen Elemente und die chemischen Verbindungen werden, wenn auch sehr langsam, weniger schwer und weniger dicht, ja, sie sind schon dabei, an Dichte abzunehmen. Die schwersten jetzt bekannten Elemente, die gegenwärtig noch nicht radioaktiv sind, werden bald auch radioaktiv werden. Mit anderen Worten, der Prozess der Radioaktivität wird in zukünftigen Zeitaltern in allen chemischen Elementen und Verbindungen stattfinden, und zwar angefangen mit den schwersten und gröbsten die Skala hinauf bis zu den leichtesten und einfachsten. **Sofern die Geologen ihre gegenwärtigen übertriebenen Vorstellungen von der Dauer der Zeitperioden auf die Radioaktivität begründen, sollten sie es also richtig machen und den errechneten Anfang als Mittelpunkt der atlantäischen Rasse begreifen [also vor etwa 9.000.000 Jahren. Lanoo], an dem die Radioaktivität einsetzte.“** Und er fährt fort: „Da die Geologen von alledem nichts wissen, meinen (bzw. glauben ...) sie, die Radioaktivität habe mit der ersten Verkrustung unseres Erdballes begonnen. **Daher sind die auf Grund der Radioaktivität berechneten geologischen Zeitperioden höchst spekulativ und bestenfalls ungenau, schlimmstenfalls aber gänzlich falsch.“** Um bei Prof. Dr. von Puruckers letzterer Definition zu bleiben, muss man wahrscheinlich doch das Schlimmste annehmen und kann mit Recht und gesundem Menschenverstand behaupten, dass, auf Grund dieser und anderer Beweise, eben

---

berechtigt das noch nicht zu der Annahme, dass es auch vor Milliarden von Jahren so stattgefunden haben muss. Und da wir nun schon bei der Spektralanalyse sind: Die ist auch nicht zuverlässig, zum Beispiel was die Sonnenstrahlenspektrum-Analyse anbelangt, mit deren Hilfe die Wissenschaft glaubt, auf die Zusammensetzung der Sonne (Metall, Gase etc.) schließen zu können. Dem ist aber nicht so. Der Grund: Auf seiner langen Reise bis zur Erde muss der Sonnenstrahl die Erdatmosphäre passieren. Wenn er dann auf das Messinstrument trifft, hat sich seine Struktur, von der Erdatmosphäre und anderen Faktoren beeinflusst, geändert und ergibt zwar korrekte Daten über seine jetzige, aber nicht über die **ursprüngliche** Zusammensetzung und schon gar nicht über die Sonne selbst. Ich glaube, wenn die Wissenschaftler morgen verkünden würden, dass die Sonne aus Gummi ist, so würden das die Leute auch noch glauben und sich dann beruhigt wieder dem Alltagsgeschehen zuwenden, in der satten Gewissheit, jetzt schlauer zu sein als zuvor.

fast **alle** Daten der „modernen“ Wissenschaft bezüglich Ursprung, Alter und Bestimmung von Mensch, Erde und Universum nichts weiter sind als durch nichts bewiesene, staatlich sanktionierte Utopie. Es ist ja daher auch kein Wunder, dass bei solch wackeligen Hypothesen die Leute mehr und mehr wieder dazu neigen, den (symbolischen) Unsinn zu glauben, der in der Bibel steht, indem sie ihn wörtlich nehmen und meinen, dass die Wissenschaftler eben **nicht** wissen (womit sie wiederum gar nicht so Unrecht haben) und dass Gott die Welt vor etwa zehntausend Jahren erschaffen hat und damit basta. Genau solch eine Bewegung, geboren aus der Unzufriedenheit mit unserer modernen Wissenschaft, ist jetzt wieder in Amerika im Kommen. Die Frage stellt sich: „Wie lange wird es da noch dauern, bis es wieder die ersten Hexenverbrennungen gibt?“

All dies und noch mehr Schaden könnte verhindert werden, wenn der Mensch wieder die Esoterischen Wissenschaften, DAS BUCH DES LICHTS, studiert und lehrt und NIRVĀṆA als das höchste Prinzip und die einzige, wahre Ewigkeitskonstante akzeptiert, denn eines steht fest: Ob die Erde und ihre Lebensformen zwei Milliarden Jahre oder nur zwei Tage alt sind, sie sind immer und in jedem Falle **V E R G Ä N G L I C H**. Was dies bedeutet, erklärt uns Bodhisattva Dr. Georg Grimm, gesegnet sei sein Name, in *Das Glück*: „... alle Dinge der Welt sind *vergänglich*, das heißt sie müssen uns oder wir ihnen wieder entschwinden. Dieses Leid der Vergänglichkeit ist also naturnotwendig **mit allem Erdendasein, ja mit allem Weltendasein verknüpft.** Denn in der Welt sein heißt einen Raum einnehmen. Was aber einen Raum einnimmt, ist materiell. Das Wesen der Materie aber, und zwar aller Materie, auch der verfeinertsten und vergeistigsten in eventuellen Licht- oder Himmelswelten [ganz gleich welcher Religionen. Lanoo], besteht in unaufhörlicher Veränderung, also eben in der Vergänglichkeit. Erde ist überall Erde, Wasser ist überall Wasser, Feuer überall Feuer, Luft überall Luft, sei es hier auf unserer Erde oder in einer beliebigen anderen wirklichen oder geträumten Welt*. So ist es also schlechterdings unmöglich, dass es auch nur *ein* Wesen im gesamten Universum geben könnte, das durch die Erreichung der Objekte seiner Wünsche die restlose Vernichtung des Leidens erreichen könnte. Damit ist es dann aber schon aus diesem Grunde unmöglich, dass all die zahllosen Weltsysteme, die sich dem forschenden Geiste erschließen, auch nur ein einziges Wesen *vollkommen* glücklich machen könnten. Somit ist es geradezu ein Axiom, dass, wer das Glück in der Befriedigung seiner Wünsche sucht, es auf *falschem* Wege sucht.“

Der Vollständigkeit halber möchte ich also hier noch einmal einige Daten der Wissenschaft esoterisch korrigieren.

* Weißt du übrigens, lieber Leser, dass es in der nachtodlichen Astralwelt auch eine Welt gibt, die völlig aus Kot besteht? Der Mensch watet dort in seiner eigenen Kacke, je nachdem wie materiell oder buchstäblich kotig pervers sein Verhalten auf Erden und zu Lebzeiten war. Ja, es gibt auch eine Fäkalien-Welt auf den nachtodlichen Ebenen und da stinkt es ganz fürchterlich, wie in einer drei Jahre nicht gereinigten Latrine, nur eine Million Male schlimmer. Warum ich dir das so drastisch vor Augen halte, lieber Leser? Um dich zu mahnen, dir dringendst anzuraten, **DAS HEILIGE LEBEN ZU FÜHREN!** Sei wieder rein wie ein Kind. Sei keusch und unschuldig. Entsage allen Lüsten oder wandle den Mittelpfad. Dann wirst auch du NIRVĀṆA erlangen. OM.

Wissenschaft: Die Erde ist etwa vier Milliarden Jahre alt.
DAS BUCH DES LICHTS: Falsch. Die **Gesamtlebensdauer** der Erde ist in der Tat 4.320.000.000 Jahre. Die Geburt der Erde aus der Mondkette fand jedoch vor etwas mehr als zwei Milliarden Jahren statt. Somit verbleiben der Erde noch etwa über zwei Milliarden Jahre bis zu ihrer Zerstörung. Ehre sei Śiva, dem segensreichen Zerstörer und Herrn des Chaos. AUM.

Wissenschaft: Das Leben auf Erden begann vor etwa 3,85 Milliarden von Jahren.
DAS BUCH DES LICHTS: Falsch. Das Leben auf der Erde begann bereits, als diese noch nicht fest, sondern noch astral-transparent war, also bereits kurz nach ihrer Entstehung, vor etwa zwei Milliarden von Jahren.

Wissenschaft: Es gibt keine direkten physischen Fossilien aus der Entstehungsperiode der Erde.
DAS BUCH DES LICHTS: Richtig. Aber das ist so, weil die Erde und ihre Lebensformen zunächst transparent-astral waren und sich erst vor etwa 320 Millionen von Jahren verdichteten. (Den Wissenschaftlern will es einfach nicht in den Kopf, dass es auch Astralmenschen, Tiere und Pflanzen gab, die **wahren** Ahnen, wenn wir mal von den Deva-Engeln absehen, aller später physischen Arten auf Erden.) Trotzdem gibt es sogar Fossilien von VOR dieser Verdichtungsperiode. Es sind Fossilien von zunächst ASTRALEN Lebensformen, welche bis in den Verdichtungsprozess hineinreichten. Mit anderen Worten: Viele Fossilien, die heute gefunden werden, sind weitaus älter als die Wissenschaft es vermutet, da diese Fossilien zunächst, und zwar schon für viele Millionen von Jahre hindurch, ASTRAL-TRANSPARENTE Lebewesen und dann Fossilien waren und sich dann, vor etwa 320 Millionen Jahren, verdichteten und bis heute in der Erdkruste, eben als Fossil, überlebten. Das größte Problem, ja ein wahrer „Pferdefuß“ der modernen Wissenschaften ist es eben, um es noch einmal zu betonen, dass sie nicht in Betracht ziehen, dass es auf Erden eine (man kann es gar nicht groß genug schreiben ...) **ASTRALE** (also sehr feinstofflich-transparente, quasi schattenhafte) Entwicklung VOR der physischen Entwicklung und Evolution gab. Die astrale Evolution ist über zwei Milliarden Jahre alt, die physische begann vor etwa 320 Millionen von Jahren.

Wissenschaft: Von dieser neuen Karbon Isotopen Entdeckung aus der RNA-Welt folgert die wissenschaftliche Welt, dass das erste Leben überhaupt nicht auf der Erde begann.
DAS BUCH DES LICHTS: **Richtig. Bravo!** Das Leben, ALLES Leben begann vor etwa 155 Billionen Jahren, als Verlangenszustand aus NIRVĀṆA emanierend, und wird in etwa 155 Billionen Jahren wieder von NIRVĀṆA desintegriert bzw. absorbiert.

Dann erwacht alles wieder zu neuem Leben, nur etwas höher und verfeinerter in Masse und Struktur bzw. als BEWUSSTSEINS- ODER VERLANGENSZUSTAND. Und so weiter und so weiter. Da ist kein Anfang und kein Ende dieser

Perioden kosmischer Aktivität und Ruhe. Einen „ersten“ Urknall gab es einfach nicht, so wie es auch keinen absoluten Beginn und Ende einer Zahlenreihe gibt. Den sogenannten „ersten Urknall“ (auf dem Buckel der Steuerzahler) finden zu wollen und dafür vielleicht auch noch einen Nobelpreis zu kassieren, ist grob gesagt eine Frechheit und gelinde gesagt kindisch.

Für den Begriff „Gott“ verwende ich auf den folgenden Seiten unter anderem auch das Wort Christus, welches Chrestos oder „Der Mann der Sorgen“ oder „Der Gekreuzigte“ bedeutet, aber auch das griechische „Chrism“, die steigende Samenflüssigkeit („Der aufsteigende oder auferstiegene Christus“) des enthaltsam lebenden Nirvāṇin. Diese Bezeichnung entspricht mehr der Realität, denn Gott wird zum Christus-Strahl (oder zu den sieben Strahlen), indem er (oder es) sich immer und immer wieder kreuzigt im sichtbaren und (für uns) unsichtbaren Universum mit allem darin. Dies, oh Lanoo, ist unter anderem die wahre Bedeutung des Begriffes „Kreuzigung“. Aber Gott ist auch der ewige Weltengrund oder Urgrund, dem alles entstammt und zu dem alles zurückkehrt. Auch hier bestätigt sich wieder das NIRVĀṆA-Prinzip. Das ganze Universum mit allem darin ist in einem Zustand des Verlangens, welches selbstverständlich erlösungsbedürftig ist. Diese Erlösung heißt NIRVĀṆA. AUM.

Der Begriff Gott kann demzufolge dreifach angewendet werden:

a) NIRVĀṆA,
b) die erste Emanation, welche alle anderen Sub-Emanationen enthält (Sieben Strahlen etc.),
c) jede der Sub-Emanationen (Allah, Jehovah etc.).
   Mit anderen Worten: Wir alle sind Götter im Werden.

DIE URMATERIE oder DAS CHAOS

Die Frage nach einer Urmaterie oder komischer Materie wird immer wieder gestellt. Gibt es sie oder gibt es sie nicht? Die Antwort: Ohne Urmaterie wäre eine Entstehung des Universums, sei es nun durch „Schöpfung“ oder Selbstentwicklung, gar nicht denkbar. Aus Nichts kann nichts geschaffen werden, aus Nichts kann sich auch nichts entwickeln. Nicht einmal ein GOTT kann das.

Die Realität ist also folgende: Es gibt immer

1. Urmaterie und das in ihr enthaltene kabbalistische Gitter,
2. alle Wesenheiten und
3. NIRVĀṆA.

Niemand hat das geschaffen, das war immer da. Es gibt keinen Schöpfergott außerhalb dessen, was immer war, ist und sein wird. Und dieses Etwas ist:

1. NIRVĀṆA,
2. DIE URMATERIE und
3. ALLE WESENHEITEN.

Die Urmaterie wird von den Wesenheiten als Chaos empfunden, weil sie sich immer wieder desintegriert und alle Formen der Zerstörung bzw. Auflösung in die Ursubstanz unterliegen. Wenn die Wesenheiten reflektieren, getrieben von Verlangen, dann tun sie das in die URMATERIE, welche sich entsprechend des Verlangens FORMT. Nach einer Weile, die ein Weltenalter dauert, läuft der Gesamtverlangensimpuls wieder aus, alles wird in NIRVĀṆA absorbiert, aber die MATERIE, und damit meine ich nicht die sichtbare Materie als solche, sondern deren Urstoff, welcher ABSTRAKT ist verglichen mit der VON UNS als dicht empfundenen, sichtbaren Materie, die UR-Materie oder Prima Materia existiert also IMMER, selbst wenn alle Wesenheiten in NIRVĀṆA ruhen, gewollt oder ungewollt. Ich wiederhole: Wenn das Verlangen wieder in den Wesenheiten erwacht bzw. wenn die große kosmische Wesenheit wieder ausatmet, dann fallen bzw. reflektieren alle unerlösten Wesenheiten wieder in die URMATERIE, den ewigen Stoff, aus dem die Träume sind, und nichts als ein Traum ist ja dieses Leben, sei es hier oder in einem anderen Paralleluniversum. ALLES außer NIRVĀṆA ist ein leidvoller Traum. DIE URMATERIE oder das CHAOS passt sich JEDEM VERLANGENSZUSTAND an. Sie gewährt die Erfüllung einer jeden Idee, was auch immer eine Wesenheit WILL, das bekommt sie unausweigerlich. Die URMATERIE, auch Mutter Natur genannt, ist wie ein Füllhorn, das jeden Wunsch erfüllt oder ausfüllt UND natürlich auch seine Konsequenzen mit sich bringt. Wie der Lehm das Grundmaterial eines Töpfers ist, so ist die URMATERIE, auch MŪLAPRAKṚITI, Svabhavat etc. genannt, der URSTOFF, in den alle Wesenheiten, vom höchsten Gott zum niedersten Dämon, sich einhüllen, um ihren Verlangenszustand auszuleben oder zu ER-leben. Die NATUR dieser Urmaterie ist jedoch EQUILIBRIUM oder Gleichgewicht, das heißt, sie strebt immer wieder nach AUFLÖSUNG in den URZUSTAND. Dies empfinden die Wesenheiten als CHAOS oder als das Chaos der Zerstörung, welches aber nichts weiter ist als die Tendenz der Urmaterie, in ihren Urzustand zurückzuschwingen. NUR DER NIRVĀṆIN „empfindet" diesen unveränderlichen, zeitlosen Zustand der Urmaterie. Warum? Nun, weil ER die Urmaterie durch keinen Wunsch, durch kein Verlangen erschüttert, ES SEI DENN durch das Verlangen, sich dem Equilibriumszustand der Urmaterie anzugleichen. Dann SIND beide nur, die Wesenheit und die URMATERIE. Im Ruhezustand. Wenn alle Wesenheiten bzw. deren Verlangensreflektionen in NIRVĀṆA absorbiert sind, befindet sich die Urmaterie im Equilibrium als EIN URATOM.

Ist da nun ein Schöpfungsvorgang zwischen Wesenheit und Urmaterie? Nun, in der Tat ist dies so, doch nicht, wie die Kirchen dies meinen oder es sich vorstellen. Wenn die ERSTE Wesenheit manifestiert, dann erschüttert sie die Urmaterie nur schwach, durchdringt sie aber völlig mit dieser ersten Urschwingung. Dann ist die Urmaterie EINS (mit drei Unterebenen), welches sie vorher nicht war. Wenn dann die nächsten DREI Wesenheiten (die Dreieinigkeit der Religionen etc.) manifestieren, dann ist die Urmaterie bereits in verschiedene Schwingungsebenen unterteilt, welche ja auch der Verlangenszustand und das Heim der manifestierenden Wesenheiten ist. DANN emanieren SIEBEN Wesenheiten oder Strahlen, wie wir gleich sehen werden. Dadurch wird DIE URMATERIE noch weiter in Schwingungsebenen eingeteilt, welche der Natur ein unter anderem siebenfaches Gepräge geben. Dann erscheinen alle anderen Wesenheiten und veranlassen die URMATERIE, sich in weitere Schwingungsebenen zu teilen, welche sich uns heute auch als ELEMENTE präsentieren. Doch alle diese Elemente sind ja, da die Urmaterie immer wieder in ihren Gleichgewichtszustand zurückschwingt, immer im (radioaktiven) Zerfall begriffen, so dass man sagen kann: In Wirklichkeit gibt es überhaupt keine verschiedenen chemischen Elemente, sondern nur EIN URELEMENT, welches sich uns in verschiedenen Sub-elementen präsentiert. Das Beherrschen des einen Urelementes verursachte die „Wunder“ der Alchemie. Es gibt also keine Schöpfung per se, sondern nur ein periodisches Einkleiden der Wesenheiten in die URMATERIE. Die ist immer da, steht immer zur Verfügung. Wer dies einmal weiß, der stirbt lächelnd, selbst oder GERADE, wenn er wiederkommen und NICHT NIRVĀṆA erlangen will. Wer es zu fassen vermag, der fasse es. OM.

Nun betrachten wir das Ganze noch einmal aus einer etwas anderen Perspektive:

PERPETUUM MOBILE und DAS KABBALISTISCHE GITTER

Das Ganze ist ein ständig ein- und ausatmendes Perpetuum mobile, also ein UNERSCHAFFENES, IMMER DA SEIENDES UND DA GEWESENES, das wie folgt zusammengesetzt ist:

1. NIRVĀṆA,
2. unendlich viele erlöste und unerlöste Wesenheiten,
3. das kabbalistische Gitter (die alle Archetypen von Stein, Pflanze, Tier, Mensch, Engel und Gott enthaltene Urmaterie).

Mehr ist nicht. Das ist schon alles. Daraus besteht das gesamte sichtbare und unsichtbare Universum mit allem darin. Das IST das gesamte sichtbare und unsichtbare Universum mit allem darin.

Und so funktioniert die „Maschine“: Sie atmet. Wenn sie ausatmet, erlaubt sie allen von Verlangen erfüllten Wesenheiten, NIRVĀṆA (welches die ABWESENHEIT allen Verlangens ist) zu verlassen. Wenn dies geschieht, wird das kabbalistische Gitter der ewigen, unerschaffenen Urmaterie aktiv und projiziert die ARCHETYPEN, bereit, von den Wesenheiten zu neuem Leben erfüllt zu werden. LEBEN entsteht nur, wenn eine Wesenheit die URMATERIE berührt. Dann können wir von belebter Materie sprechen. Dadurch wird das Verlangen der NIRVĀṆA verlassenden Wesenheiten in gewisse Strukturen gelenkt. Jede Wesenheit ist erfüllt von Verlangen, welches sie in den endlos vielen Archetypen der uns sichtbaren und unsichtbaren Arten und Formen (Mineral, Pflanze, Tier, Mensch, Dämon, Engel, Gott und was es sonst noch so alles gibt) ausleben und überwinden kann, somit von Naturreich zu Naturreich steigend, bis (hoffentlich) NIRVĀṆA erlangt ist. OM. Es gibt also keinen Anfang und kein Ende der Perioden des Wiedererwachens des Universums, da der Zeitbegriff bzw. Zeit per se nur in Erscheinung tritt **während** der Perioden der Manifestation. All jene, die also bisher hofften, dass sie sich besser fühlen würden, wenn sie endlich wüssten, ob und wann die Seelen, ihre eigene eingeschlossen, erschaffen wurden, sollten langsam, aber sicher wieder zu Sinnen kommen und eines verstehen: Alle Seelen oder Geister oder Ichs oder Selbste oder Wesenheiten, oder wie auch immer man sie nennen mag, sind UNERSCHAFFEN, existieren IMMER und manifestieren periodisch. DANN erleben sie schmerzhaft am eigenen Leibe, was sie „Zeit" nennen und die daraus resultierende Vergänglichkeit. Wer also seine Zeit damit vergeudet, herausfinden zu wollen, ob es einen Anfang des Universums bzw. der Perioden der Manifestation gab, der gleicht einem Hamster, der einen Anfang der Sprossen seiner Tretmühle sucht und so hofft, sich auf diese Weise daraus befreien zu können. Die Tretmühle, in der wir uns im Augenblick befinden, ist SAṂSĀRA, das Rad der Wiedergeburt.

Das kabbalistische Gitter

Wenn der jeweilige Archetyp erreicht bzw. überwunden ist, wechselt die noch unerlöste Wesenheit in den nächsthöheren Verlangenszustand, der etwas losgelöster ist als der vorhergehende. Für unseren Planeten Erde und deren Lebensformen stellt sich der Verlangenszustand wie folgt dar: Stein, Pflanze, Tier, Mensch, Engel, Gott und - wenn man es will - NIRVĀṆA. OM. Die Kanalisierung und siebenfältige Struktur aller nach Leben drängenden, also noch unerlösten Wesenheiten erfolgt durch die im kabbalistischen Gitter enthaltenen bzw. daraus bestehenden SIEBEN STRAHLEN und deren siebenfältige Unterstrahlen etc. Die Wesenheiten verlassen NIRVĀṆA während des Ausatmungsvorganges in HIERARCHISCHER Reihenfolge, das heißt die Wesenheit mit dem geringsten Verlangensgrad zuerst. Diese erste FORMLOSE Wesenheit ist der von den Religionen als Schöpfer missverstandene „Schöpfergott". Alle anderen Wesenheiten folgen danach. Während der Periode der Manifestation interagieren alle Wesenheiten miteinander auf allen Ebenen, von formlos bis formhaft, von geistig bis materiell. Dies verursacht Karma, welches zur Reinkarnation führt. So ist jeder das Resultat seines vergangenen Lebens ...

Wenn der Ausatmungsvorgang des SELBST EXISTIERENDEN UND UNERSCHAFFENEN WESENS beendet ist, nach etwa 155 Billionen Jahren, beginnt der Einatmungsvorgang, währenddessen das kabbalistische Gitter wieder eingezogen wird. Dies dauert ebenfalls etwa 155 Billionen Jahre, dann werden alle Strukturen aufgelöst und alle Wesenheiten, gewollt oder ungewollt, wieder in NIRVĀṆA absorbiert. Gott (dann sieben Götter etc.), der zuerst aus NIRVĀṆA erschien, wird als letztes darin absorbiert („Die Ersten werden die Letzten sein").

Danach beginnt das Ganze wieder von vorne. Es gibt keinen Anfang und kein Ende dieses kosmischen Ein- und Ausatmungsvorganges, ES SEI DENN, alle Wesenheiten würden die Lehre des Buddha annehmen und NIRVĀṆA erlangen. OM.

Gott sagt in der Bibel: „Ich bin der Erste und der Letzte, ich bin das Alpha und das Omega." Recht hat er. Aber dieses Alpha und Omega, dieser Anfang und Ende sind eben nur der Anfang und das Ende einer jeweiligen Weltenperiode. Wenn die zu Ende ist, muss auch dieser Gott weichen und wird in und von NIRVĀṆA absorbiert. Darum ist auch dieser Gott eine, wenn auch höchste, so doch immer noch vergängliche, Illusion und darum kein erstrebenswertes Ziel für den wahren Sucher nach der Wahrheit. Er hat sich für NIRVĀṆA entschieden. Das ist höher als auch der höchste Gott in Manifestation. Darum ist der Verkünder und Erlanger von NIRVĀṆA auch dem höchsten Gott überlegen und wird gar sein Lehrer. OM. Ehre sei dem Buddha, dem Lehrer von Mensch UND Gott. OM.

URSPRUNG UND BESTIMMUNG

VON MENSCH UND UNIVERSUM

Prä-vedische Wissenschaften

311.040.000.000.000 Jahre menschlicher und kosmischer Entwicklung, vom relativen Beginn aller Zeiten bis zum relativen Ende aller Zeiten. Woher wir kommen, wer wir sind und wohin wir gehen.

Lanoo (Christian Anders)

WER SICH MIT KÖRPER, GEFÜHL, DENKEN, SEELE UND GEIST IDENTIFIZIERT, IHNEN ANHÄNGT, ANHAFTET, DER KANN JA GAR NICHT ANDERS ALS IMMER UND IMMER WIEDER MIT KÖRPER, GEFÜHL, DENKEN, SEELE UND GEIST GEBOREN ZU WERDEN UND DAMIT WIEDER ZU STERBEN.

Der Leser möge darüber meditieren.

DER URKNALL

(einer von endlos vielen ...)

DIE GEBURT (DAS WIEDERERWACHEN) DES UNIVERSUMS

Das erste Licht

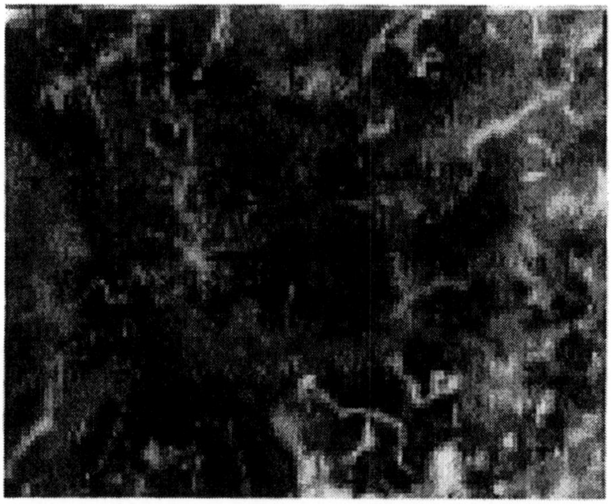

Das Universum expandiert*

155.522.169.000.000 v. Chr.

... nach einer Periode kosmischer Ruhe von 311.040.000.000.000 Jahren.

I. Die Urmaterie, welche das kabbalistische Gitter enthält, die 7 x 7-fache Struktur des Universums mit allem darin, also auch Körper, Gefühl, Denken, Seele und Geist und noch andere Bewusstseinsebenen sowie auch alle Archetypen ALLER sichtbaren und unsichtbaren Existenzformen und Arten, diese Urmaterie erwacht zu neuem Leben bzw. zu neuer Bewegung oder Schwingung.

II. Die erste aus NIRVĀṆA erwachende Wesenheit, welche Gott ist (aber nicht ein außerkosmischer Schöpfergott der Religionen, den es nicht gibt, sondern eben nur die erste und höchste Wesenheit in Manifestation FÜR DIESES WELTENALTER), dieser „Gott“ also verlässt als Erster von allen Wesenheiten NIRVĀṆA und berührt die URMATERIE, das URATOM, die Gesamtsumme aller im Universum

* Siehe Seite 669.

existierenden, in einem Punkt zusammengeballten Atome. Die Urmaterie teilt sich bzw. explodiert in zunächst drei kosmische Ebenen, als da sind: a) die gewaltige Art des Daseins, b) die strahlende Art des Daseins und c) die leuchtende Art des Daseins. Gott erwacht nun zu Bewusstsein auf der vierten kosmischen Ebene. Er ist allein und erfüllt und belebt die Urmaterie mit seiner Schwingung, welche von den (noch zu erscheinenden) Wesenheiten als bedingungslose Liebe erfahren wird. Gott verbleibt auf diesem vierten kosmischen Plane für den Rest des Weltenzeitalters. Gott ist nichts, hat nichts, will nichts außer Gott sein, kann nichts, braucht nichts, denkt nichts, schafft nichts, verursacht nichts und vermeidet nichts. Er will nur eines: Gott sein, das höchste Wesen in Manifestation. Er ist nur GOTT, eine beseligende Existenz für 311.040.000.000.000 Jahre kosmischer Manifestation. Du willst wie Gott sein, mit Gott sein? Dann lass deine lächerlichen Gebete, sondern SEI wie Gott: will nichts, kann nichts, brauche nichts, habe nichts (und wenn du es hast, hänge nicht daran), denke nichts, fühle nichts, glaube nichts, weiß nichts (all dies wird in der MEDITATION erfahren), verursache nichts und vermeide nichts. Jenseits davon ist nur NIRVĀṆA. OM. Wer es zu fassen vermag, der fasse es.

III. Gott, die erste Wesenheit in Manifestation, erwacht also auf der vierten kosmischen Ebene. Er ist allein und erfüllt alle kosmischen Pläne unter sich mit seiner Allmacht und Liebe und mit HÖCHSTER GEDANKENMATERIE, dem zukünftigen Stoff, in den ALLE Wesenheiten gekleidet werden.

IV. Doch noch ist Gott allein. Gott ist sich nicht bewusst, dass er aus NIRVĀṆA wieder erwacht ist bzw. von daherkommt, getrieben von dem Verlangen, Gott zu sein. Gott erscheint als Erster und auf dem höchsten kosmischen Plan, weil er in vergangene Weltäonen das Verlangen nach allen kosmischen Ebenen UNTER der seinen überwunden hat. Allein thront Gott auf der für ihn höchsten kosmischen Ebene. Keine andere Wesenheit hat sich manifestiert. Noch nicht. Gott fühlt EINSAMKEIT und denkt sich: „Es wäre gut, wenn noch andere Wesenheiten da wären."

V. Diesen Ruf vernehmen die anderen Wesenheiten. Darum, und auch weil getrieben von eigenem Verlangen, erwachen alle Wesenheiten aufs Neue und verlassen NIRVĀṆA. Die Gesamtsumme des wiedererwachten Verlangens aller Wesenheiten und der Vorgang der Manifestation aus NIRVĀṆA erzeugt das, was die Wissenschaftler den „Urknall" nennen.

VI. Gott erkennt die Wesenheiten und die Wesenheiten erkennen Gott, da sie sich in Gottes Gewand bzw. Mentalmaterie kleiden. Dies ist ein automatischer Vorgang, so wie man nass wird, wenn man im Wasser ist. Gott denkt: „Diese lieben Wesenheiten, die habe ich erschaffen durch mein Denken." Und die Wesenheiten denken: „Dieser liebe Gott, der hat uns erschaffen, denn vorher waren wir nicht und nun sind wir." So sind beide, Gott UND die Wesenheiten, im Irrtum befangen betreffs der WAHREN Natur ihrer Existenz, denn ALLE WESENHEITEN sind ja UNERSCHAFFEN im Kern, IMMER EXISTENT in NIRVĀṆA und manifestieren sich nur PERIODISCH, getrieben von Verlangen, jedes individuell verschieden, was auch die Vielzahl der Arten hier und anderswo im Universum erklärt.

VII. Doch nicht lange hält es die meisten Wesenheiten bei Gott, denn ihr Verlangen ist anderer, niederer Natur, so sinken sie tiefer in Gottes Gewand, bis sie eine Schwingungsrate erlangt haben, die ihrem Verlangen entspricht. Dort, auf der ihrem Verlangen entsprechenden Ebene, manifestieren sie sich, sei es als Universum, Galaxie oder Sonnensystem mit allem darin, welches zur zweiten Urknallperiode oder zum zweiten Licht führt. Man bedenke: Jeder Gott ist selbstleuchtend, sei es nun als Wesenheit, die als Sonne strahlt, oder noch viel höher als abstrakt strahlende Zentralsonne. Wer es zu fassen vermag, der fasse es.

Die Wesenheiten, welche in sich die potenzielle Fähigkeit von Körper, Gefühl, Denken, Seele und Geist enthalten, erfüllen die ewigen Archetypen mit Leben, je nach ihrer (der Wesenheiten) Verlangens- bzw. Bewusstseinsstufe. Von nun an wird die Urmaterie von allen Wesenheiten als CHAOS empfunden, da sie sich ständig verändert. Was entsteht, muss auch wieder vergehen bzw. seine Form ändern. Die SUBSTANZ verbleibt jedoch in Ewigkeit so, wie sie immer ist, war und sein wird. Wer diese in der Substanz ewige und in der Form veränderliche Substanz oder Urmaterie als einen ewigen Gott sehen und definieren will, der kann dies gerne tun, aber so etwas anzubeten, hieße Luzifer zu verehren, denn nichts anderes ist ja die Materie - der ewige Versucher, die verbotene Frucht, von der man aber NOTWENDIGERWEISE kosten muss, um dann Erlösung zu erlangen. Darum betet ja auch der Gläubige: „Und führe uns nicht in Versuchung." Damit meint er den Teufel oder Luzifer, also die Materie selbst bzw. die verbotene Frucht, ohne es zu wissen. Gott, sogar der angebliche Gott der Bibel, versucht doch nicht. Es ist nur und IMMER der Teufel, der versucht, also die Materie, die EWIGE Versuchung, vom höchsten Himmel zur tiefsten Hölle. So beten denn alle Christen und Katholiken dieser Erde den Teufel an, ohne es zu wissen. So machtvoll ist Luzifer. Wenn wir beten: „Und führe uns nicht in Versuchung", dann rufen wir den Teufel an, dann bitten wir genau den, dessen AUFGABE es doch ist, uns in Versuchung zu führen, dies nicht zu tun. Wir machen also den Bock zum Gärtner. Die Hörner des Teufels sind also sehr apropos.

Wer nun argumentiert, dass die URMATERIE, eben dieser Stoff, aus dem die Träume sind, also die Natur selbst, gerade WEIL sie ewig und unzerstörbar ist, eben ein Gott oder DER Gott ist, dass die NATUR also Gott ist, dem muss Folgendes entgegengehalten werden: Wenn Gott ein Teil dieser Materie wäre, dann könnte man doch nicht behaupten, er habe sie erschaffen. Des Weiteren: Wenn Gott eine außerkosmische Wesenheit sein soll, eine unabhängig von der Urmaterie existierende Wesenheit, dann kann es sich dabei nur um einen in NIRVĀṆA ruhenden NIRVĀṆIN handeln, denn eine Wesenheit FREI von Materie kann kein bewusst denkender oder herrschender Schöpfer sein, sondern wiederum nur eine blinde Kraft. Intelligenz, und sei es die höchste dhyān-choanische, ist eine Eigenschaft, die nur einem ein VEHIKEL benutzendes Wesen zugeschrieben werden kann, und sei dieses Vehikel oder upādhi auch noch so feingeistig und nahezu immateriell. Eine Wesenheit ohne Materie oder frei von Materie oder unbefleckt von Materie kann weder wahrnehmen noch wahrgenommen werden, weder denken noch etwas bewegen, und nichts anderes ist ja LEBEN als sich eine ewig bewegende und darum in der Form ständig verändernde Substanz, also die Urmaterie, der Versucher, der Teufel der Kirche und in Wirklichkeit auch deren Gott und nicht der unsrige. OM.

Oh Lanoo, ein NIRVĀṆIN IST einfach nur, und zwar FREI von aller Materie und damit von allem Bewusstsein. ABER: Er ist sich bewusst, dass er frei ist von allem Bewusstsein. Man löse das Rätsel. Man bedenke, dass auch und vor allem das Denken die Eigenschaft der MATERIE ist. Materie im höchsten Zustand seiner Schwingung ist PHLOGISTON und die hohen Dhyān-Chohans, die großen Geister, sind in ihr gekleidet. OM. Noch einmal, lieber Leser: Reines Sein OHNE Materie ist nur möglich für den, der NIRVĀṆA erlangt hat. OM.

VIII. Wo immer ein Wesen erwacht, erkennt es andere Wesenheiten, wird von denen erkannt und dann interagieren sie entsprechend ihrer vergangenen Weltenperiode, sei es in Liebe, Hass oder Gleichgültigkeit. Alle Wesenheiten ernähren sich, leben und weben und wirken durch Gottes Gewand, mehr und mehr von der „verbotenen Frucht“ und auch von anderen Wesenheiten kostend, sie ihres Lebens beraubend. Leben kann eben nur auf Kosten anderen Lebens erhalten werden. Je niedriger sie in Gottes Gewand sinken, je niedriger und triebhafter das Verlangen, umso kürzer die Lebensdauer. Gott ist das geringste Verlangen in Manifestation, darum lebt er auch am längsten, nämlich 311.040.000.000.000 Jahre per Weltenperiode. Einige der bereits existierenden Wesenheiten versehen die neu hinzukommenden Wesenheiten mit entsprechenden Formen oder Körpern, weshalb sie von den Wesenheiten als „Schöpfer“ angesehen und verehrt werden. Wer sich mit der Hülle identifiziert anstatt mit dem Kern, der mag solche Wesen allerdings zu Recht seine Schöpfer nennen und sie anbeten etc., weshalb ja auch ein Leben mit Gott im Himmel das Höchste für die Religionen ist. Wenn sie wüssten, dass auch ein solches himmlisches Leben nur ein Wimpernschlag der Zeit ist im Vergleich zur zeitlosen Ewigkeit des NIRVĀṆA, dann würden wohl so manche Gläubigen anders denken. Doch Vorsicht, es gibt gute UND böse Schöpfer, wie wir aus den Seiten 783 und 788 der 101. Rede der Mittleren Sammlung ersehen können. Das Böse ist mindest so mächtig wie das Gute. Wenn dem nicht so wäre, dann hätte das Gute ja leichtes Spiel. Der Weise entzieht sich darum beiden Einflüssen, den guten UND bösen, und strebt nach NIRVĀṆA. OM.

Nun zurück zur Entstehung des Universums, welche natürlich keine Schöpfung ist, sondern nur das Resultat des Wiedererwachens aller seit Ewigkeiten existierenden UNERSCHAFFENEN Wesenheiten. Wer sich mit seinem unerschaffenen Kern identifiziert und nicht mit der vergänglichen Hülle, der verliert natürlich auch alle Todesangst, denn wie kann denn das sterben, was unerschaffen ist und immer da war und sein wird? Also: ALLE Wesenheiten, Gott eingeschlossen, wissen zunächst nicht, dass sie IM KERN unerschaffen sind, oder um es zu präzisieren: Gott denkt, er ist der Schöpfer und wird von DIESEM Standpunkt aus darauf schließen, dass er unerschaffen ist, immer da war, aber dass alle anderen Wesenheiten von IHM erschaffen sind, weil er sie ja herbeigedacht hat etc. In Wirklichkeit sind natürlich Gott UND alle Wesenheiten unerschaffen und im Kern ewig. OM.

Man vergegenwärtige sich nur einmal Folgendes: Wenn man die Achse aller auf Erden stehenden oder wachsenden Wesenheiten, also Pflanzen, Tiere und Menschen, verlängerte, dann würde man an einem gemeinsamen ERDMITTELPUNKT anlangen. Dies gilt ebenso für die Ursprungssituation des gesamten Planeten. Mit anderen Worten: Alles entsteht von INNEN nach AUSSEN. Das gesamte Universum hat EINEN zentralen Entstehungspunkt, aus dem es immer und immer wieder in Manifestation hervorbricht. Die Wissenschaft nennt es dann „Urknall“. WO ist nun dieser Zentralpunkt zu suchen? WO findet man den Ursprung des gesamten Universums? Die Wissenschaft vermutet ihn irgendwo da draußen im Universum in einer zentralen Milchstraße oder Galaxie. Nun, die Herren Gelehrten könnten nicht weiter vom Ziel abgegangen sein, nicht mehr danebengetroffen haben als mit dieser Vermutung. Der gemeinsame Zentralpunkt ALLER Wesenheiten liegt immer und zu aller Zeit IN DEN WESENHEITEN SELBST. Da, wo SIE herkommen, also aus ihrem tiefsten Innern, da kommt auch alles andere her. Denn auch das Embryo entsteht und entwickelt sich zwar im Mutterbauch, aber aus sich selbst von INNEN nach AUSSEN. Dies bedeutet: Der größte Narr, aber auch der größte Weise tragen IHREN Ursprung sowie den Ursprung des gesamten Universums mit sich und IN SICH herum. DIESEN Ursprung, und es gibt gar keinen anderen, kann man aber nicht irgendwo da draußen finden, sondern NUR IN SICH. Alles, was man tun muss, ist, sich TIEF IN SICH SELBST ZU VERSENKEN und dann, diesen Zentralpunkt, diesen URSPRUNG berührend, die Macht und Energie des gesamten Universums zu beherrschen. Dies ist so einfach und doch so ungeheuerlich zugleich, dass es Gott sei Dank kaum jemand erst nimmt, denn sonst wäre wahrscheinlich schon längst das gesamte Universum ins Wanken geraten und zum Spielball von gefallenen Heiligen und Magiern geworden. Dies ist ja auch beinahe schon einmal geschehen, und zwar vor tausenden, hunderttausenden, aber auch Millionen von Jahren, als große Magier und gefallene Heilige sogar ganze Planeten aus ihrer Bahn warfen, indem sie (die Magier) in tiefer Meditation den Zentralpunkt oder laya dieser Planeten erfasst und durch einen einzigen Gedanken aus seiner Umlaufbahn gebracht hatten. Je weniger darüber gesagt wird, umso besser. Der Narr grinst ungläubig, doch der Weise lächelt verständig. Ich will es dem Leser nur gesagt haben: Das Geheimnis des gesamten Universums ist IN DIR und nirgendwo dort draußen. OM. NIRVĀṆA ist sein Name und das Schweigen nach AUM sein Wesen. AUM.

Also noch einmal: Das Verlangen nach manifestiertem Leben erwacht aufs Neue aus NIRVĀṆA. Dieser relativ erste Verlangensimpuls ist nichts weiter als die SUMME aller Verlangenseinheiten, die, getrieben von Unwissenheit, NIRVĀṆA verlassen und sich ihrem Verlangen bzw. ihrer Unwissenheit entsprechend manifestieren, nur um immer und immer wieder zu erleben, dass ihnen das, wonach es sie verlangt, immer und immer wieder entrissen wird und sie schließlich ihren Durst danach überwinden und dann wieder, jedoch dieses Mal vollbewusst und durch eigene Entscheidung, NIRVĀṆA erlangen und somit ihren bzw. den Sinn ALLEN Lebens erfüllt haben. AUM. Chaotische Energiefelder bzw. Verlangenseinheiten werden freigesetzt. Zunächst abstrakt, dann real lösen sie sich aus dem Ewig-Unerklärbaren, dem Parabrahman (jenseits aller Manifestation), und begeben sich in den ewigen Weltenraum. Die Wesenheiten erkennen einander, interagieren und unterliegen von da an dem Gesetz von Karma und Wiedergeburt. Zufall und Schicksal gibt es dabei weder hier noch irgendwo anders im Universum. Glaube mir, oh Leser, vom kleinsten Mückenstich bis zum Gewinn im Lotto – NICHTS ist Zufall oder Schicksal, ALLES ist selbst verursacht.

Professor Dr. Gottfried von Purucker schreibt in *TRADITION* unter dem Kapitel Schicksalsgewebe: „Der Titel 'Schicksalsgewebe' erläutert äußerst anschaulich, in welcher Weise bewusste und selbstbewusste Wesen sich in die Folgen, Resultate oder Wirkungen einweben, die aus den gehegten Gedanken, den empfundenen Gefühlen und den vollbrachten Handlungen aufgrund innerer Impulse hervorgehen.

Die heute im Abendland herrschende Ansicht, Zufall oder Schicksal - im großen oder kleinen - seien die Ursache für bestehende Verhältnisse, für die Umwelt oder für richtunggebende Impulse, denen Wesen unterworfen sind und denen sie folgen, während sie irgendwann in einer Umgebung leben, zu der sie gerade gehören, wird von der Esoterischen Philosophie als kindisch und philosophisch unannehmbar zurückgewiesen. Bei aufmerksamer Betrachtung und mit etwas Überlegung wird klar ersichtlich, dass ein Universum, das auch nur im kleinsten Ausmaß blinde Zufälligkeiten oder Glücksfälle zuließe, gesetzlos und anarchistisch wäre und weder auf Vernunft noch auf Verstand basierte. Werden die Dinge auf eine so treffende Weise dargestellt, ist wahrscheinlich unter hundert Millionen nicht einer bereit, die herrschende Ansicht als wahr zu akzeptieren.

Umgekehrt bildet aber das, was wir allgemein Zufall oder Schicksal nennen, nur ein Glied oder einige Glieder in der Kette universaler Verursachung, die Wissenschaft und Forschung noch nicht genügend ans Licht gebracht haben. Daher sind Ausdrücke dieser Art bloße Wörter, die von menschlicher Unwissenheit oder von noch nicht erlangten Kenntnissen zeugen.

Die Natur - im weitesten Sinne des Wortes verstanden, oder der universale Kosmos, wie auch gesagt werden kann -, ist organisch, ein Organismus, der aus und von buchstäblich unzähligen kleineren Wesen, Wesenheiten und Dingen aufgebaut ist, die jedes einzeln und individuell ihrerseits Organismen sind. Denn die Natur wiederholt sich überall in ihrem grenzenlosen Gefüge, so dass alles, was im kleinen vor sich geht, nur eine Reproduktion, Spiegelung oder Reflexion der kosmischen Realität ist, die in dem gewaltigen Ganzen überall vorherrscht, ob sie nun als kosmische Intelligenz, als Geist oder als Substanz betrachtet wird.

Die Konsequenz dieser vorausgegangenen Überlegung ist die, dass die All-Natur als ein ungeheures, unfassbar großes kosmisches Gewebe angesehen werden kann, in das alles, was existiert, hineingewoben ist, da alles einen Bestandteil des kosmischen Ganzen bildet. Aufgrund dieses fundamentalen Begriffes oder dieser begrifflichen philosophischen Idee spricht die Esoterische Philosophie in ihrer anschaulichen, bildhaften Ausdrucksweise von den Beziehungen aller Wesen zueinander und zu dem sie umgebenden kosmischen Ganzen als von einem Gewebe, einem unlöslich miteinander verwobenen, untereinander verketteten, ineinandergreifenden und sich gegenseitig durchdringenden System von Leben (Plural).

So kommt es, dass der Mensch als ein individueller, kleinerer Organismus mit den ihn umgebenden kosmischen Fäden des großen Lebensgewebes auf ewig verwoben und verkettet ist. Notgedrungen wiederholt er daher bei allen Bildungen seiner Ideen oder in Gefühlen und deren entsprechenden Folgen konsequent das kosmische Muster, das heißt Gesetz und Substanz, die das Universum, in dem er lebt, sich bewegt und sein Dasein hat, formen. Jeder Gedanke, den er hegt, jedes

Gefühl, das er empfindet, und jede Handlung als Folge der aus diesen Gedanken und Gefühlen aufsteigenden Impulse bilden ein äußerst verwickeltes und faszinierendes Schicksalsgewebe, das der Mensch ständig um sich webt und das von einem gewissen Standpunkt aus wahrhaftig e r s e l b s t ist.

Es darf aber keinesfalls angenommen werden, dass diese philosophischen Überlegungen die Idee des Fatalismus in sich schließen oder dass der Mensch nur eine Puppe sei, das blinde, willenlose Opfer eines unerforschlichen Schicksals, das ihn hin- und herstößt, ob er es will oder nicht. Eine Auffassung wie diese ist gänzlich verkehrt und entspricht nicht der Lehre der Esoterischen Philosophie. Daher sollte nichts, was in diesem Kapitel oder anderswo gesagt wurde, dahingehend missverstanden werden. Im Gegenteil, die Esoterische Philosophie, die Esoterische Tradition, lehrt, dass der Mensch auf seinem anfang- und endlosen Schicksalsweg eine mit W i l l e n begabte wirkende Kraft ist, mit anderen Worten, dass er ständig von seinem relativ geringen freien Willen Gebrauch macht. Seine Willensfreiheit entspricht dem Grad, den er beim Aufstieg zur selbstbewussten Wiedervereinigung mit der spirituellen Göttlichkeit, seiner individuellen innersten Essenz, erreicht hat, das heißt mit seiner Monade, dem SELBST seiner vielen menschlichen Selbste, die sich als Reinkarnationen oder Wiederverkörperungen in den Sphären, die er durchschreitet, manifestieren.

Die allgemeine Lehre über das Weben solcher Schicksalsgewebe, in die sich der Mensch durch den Gebrauch seines freien Willens ununterbrochen einhüllt, wird in der Esoterischen Philosophie mit dem Sanskritwort 'Karman' bezeichnet. Diese Lehre besagt, dass alles, jeder Gedanke, jede Gemütserregung oder jeder innere Impuls, unentrinnbare Folgen, Resultate oder Wirkungen nach sich zieht, in die sich der Mensch auf diese Weise verwickelt und wodurch er die Fäden des Schicksalsgewebes webt, in dem er sich in jedem Augenblick befindet. Wahrscheinlich wurde die allgemeine Lehre niemals anschaulicher dargestellt als von der großen Theosophin H. P. Blavatsky, die Folgendes schreibt:

> 'Jene, welche an Karma glauben, müssen an das Schicksal glauben, welches von der Geburt bis zum Tode ein jeder Mensch Faden um Faden um sich selbst webt, wie eine Spinne ihr Gewebe; und dieses Schicksal ist gelenkt entweder von der himmlischen Stimme des unsichtbaren Vorbildes außerhalb von uns oder von unserem mehr vertrauten *astralen* oder inneren Menschen, welcher nur zu oft der böse Genius der verkörperten Wesenheit, genannt Mensch, ist. Diese beiden locken den äußeren Menschen, aber einer von ihnen muss vorherrschen; und von dem ersten Anfange des unsichtbaren Aufruhrs an setzt das strenge und unerbittliche *Gesetz der Wiedervergeltung* ein und nimmt seinen Lauf, getreulich verfolgend das Hinundherwogen des Kampfes. Wenn der letzte Faden gesponnen und der Mensch anscheinend in das Netzwerk seiner eigenen Tat verwickelt ist, dann findet er sich vollständig unter der Herrschaft seines *selbstgemachten* Geschickes. Dasselbe heftet ihn dann entweder wie die schwerfällige Muschel an den unbeweglichen Felsen, oder es trägt ihn wie eine Feder hinweg in dem durch seine eigenen Handlungen erregten Wirbelwind, und dies ist - KARMA.' (Die Geheimlehre, Bd. I., S. 700 ff.)“

Der Ausweg aus diesem immer leidvollen, kosmischen Kreislauf aus Geburt, Leben, Sterben und Wiedergeburt ist die Botschaft des Buddha. OM. Oh Lanoo, alle Dinge haben ihren Ursprung in NIRVĀṆA, aus dem sie allmählich, ihrem Verlangen entsprechend, Form und Gestalt annehmen. Die Prototypen aller Formen sind in ĀKĀŚA (आकाश) enthalten, welches wie alles andere dem NIRVĀṆA entspringt. Das muss so sein, damit jede Wesenheit im Universum sich entsprechend ihres Verlangens manifestieren kann. Oh Lanoo, es gibt keinen Wunsch, der sich nicht erfüllte bzw. der nicht realisierbar wäre. Ob dich seine Erfüllung wirklich glücklich machen wird, ist eine andere Frage, und du wirst (hoffentlich) sehr bald feststellen, dass wahres Glück und wahre Unsterblichkeit WUNSCHLOSIGKEIT ist. AUM.

Dass etwas, z. B. sogar ein ganzer Planet, ohne Form ist und dennoch „sein“ kann, lehrt uns sogar die Bibel. In *Genesis 1* und *2* finden wir, dass die Erde ohne Form und leer war. **Aber sie war.** Der formlose Zustand* ist in der Tat der **einzige** uns angemessene, weshalb ja auch alles immer wieder zerstört wird, wir immer wieder sterben, immer wieder zurückgeworfen werden in die Leere, die Formlosigkeit, welche unsere wahre Natur ist, das NIRVĀṆA, der Sinn des Lebens. AUM.

DIE LICHTGESCHWINDIGKEIT

Die Lichtgeschwindigkeit ist weder konstant noch beträgt sie 168.000 Meilen pro Sekunde. Erst kürzlich gelang es einem deutschen Wissenschaftler, die Lichtgeschwindigkeit zu erhöhen, und einer dänischen Wissenschaftlerin gelang es, die Lichtgeschwindigkeit herunterzusenken von 168.000 Meilen in der Sekunde auf 38 Meilen pro STUNDE. Genau hier liegt das Geheimnis, wie man bald Raumschiffe bauen wird, die von 38 und weniger Meilen pro Stunde auf 168.000 Meilen pro Sekunde und schneller beschleunigen können, eben WEIL das Licht diese Geschwindigkeitsveränderungen zulässt. Bald wird man auch die Erdanziehungskraft bzw. seinen EIGENEN Magnetismus (wir sind alle kleine Magneten) umpolen können, so dass jeder in der Lage sein wird, ohne Fahrzeug zu fliegen. Dies und mehr wurde bereits von der Esoterischen Wissenschaft seit Tausenden von Jahren und auch von BLAVATSKY gelehrt und vorausgesagt, doch KAUM EINER erwähnt das. Die Herren Wissenschaftler tun so, als hätten sie das alles selbst erfunden und gefunden. Einsteins Lieblingslektüre aber war DIE GEHEIMLEHRE von Blavatsky. Zufall? Nun ja ...

* Befreit von allen Beschmutzungen, von Körper, Gefühl, Denken, Seele und Geist.

DER UR-NUKLEUS

Derselbe Vorgang der Verlangensausdehnung wird nun in etwas mehr atomistischer Definition dargelegt:

Alle Ichs, auch die des im Augenblick höchsten Gottes, sind vereint in EINEM PUNKT für alle Zeit bzw. Zeitlosigkeit. Dieser Punkt hat keine Ausdehnung, da die Ichs auch keine Ausdehnung haben. Von Zeit zu Zeit sendet dieser Ur-Nukleus aller Ichs eine Reflektion seiner selbst bzw. eine Reflexion dieser Ichs weg vom allen Ichs gemeinsamen Zentralpunkt. Dies geschieht getrieben vom Verlangen nach Bewusstwerdung. Diese Reflektion des Verlangens der Ichs wird von den daraus resultierenden Verlangenseinheiten als MATERIE empfunden, die es natürlich - wie bereits erwähnt - nicht gibt. Wenn das Verlangen in den Ichs erwacht, ergießt es sich vom Zentrum weg in das kabbalistische Gitter und die abstrakten Archetypen und erfüllt sie immer und immer wieder mit eben diesem Verlangen, welches sich damit der STRUKTUR unterordnet. Nur auf diese Weise ist ja überhaupt eine Erlösung möglich, INDEM sich das Verlangen der Struktur unterordnet. Dies führt zur Welt der Erscheinungen. So entsteht die Illusion von Form und Materie. Alles sind nur Verlangenszustände, die einander ähnliche Verlangenszustände als „Materie" wahrnehmen. Der UR-NUKLEUS ist immer und er ist gleichzeitig auch der Prototyp aller anderen Nuklei, sich widerspiegelnd in der Struktur eines jeden Atoms. Alle Atome sind darum nichts als Kopien vom Original, dem UR-NUKLEUS. Ist der Verlangensimpuls ausgelaufen, ziehen alle im Zentralpunkt befindlichen Ichs die von ihnen projizierten Reflektionen zurück und ruhen im Ur-Nukleus, bis das Verlangen aufs Neue in den (unerlösten) Ichs erwacht. Es GIBT also das Ich oder den Tathāgata. Es gibt dieses Ich oder den Tathāgata nur nicht in der Welt der ERSCHEINUNGEN. Darum vermied der Buddha eine Antwort auf die Frage nach der ewigen oder vergänglichen Existenz des Ichs. Denn jedes „Ja" oder „Nein" dazu hätte sich doch immer nur auf die Welt der Erscheinungen bezogen oder wäre so verstanden worden, vor allem zu Zeiten des Buddha, wo es doch für den Brahmanen nichts Höheres gab als Brahman und Ātman, das „Ich" der Brahmanen. Das Ātman der BRAHMANEN ist aber immer noch nicht das wahre Ich, sondern nur dessen feinste, letzte und immer noch vergängliche Hülle. Auch sie wird sich sogar in den höchsten Himmeln auflösen. Dann wird das WAHRE ICH, der Kern, in bzw. von NIRVĀṆA absorbiert und weiß erst wieder von sich, wenn er NIRVĀṆA verlässt, getrieben von Verlangen nach dem Vergänglichen. DAS ICH aber oder das SELBST oder DIE WESENHEIT, der Tathāgata, ist UNERKENNBAR, jenseits der Welt der Erscheinungen. Wer dieses TODLOSE, zeitlose Ich also SEIN will, der LÖST sich von der Welt der Erscheinungen durch Studium und Meditation und erlangt NIRVĀṆA, die Heimat aller im Ur-Nukleus vereinten Ichs. OM. Wer so denkt, der denkt richtig. OM.

Sieht der geneigte Leser bei diesen Vorgängen irgendwie, irgendwo einen außerkosmischen Schöpfer, der das Universum mit allem darin erschuf? Ich nicht. Dies ist aber der Zentralpunkt der ganzen Diskussion. Millionen von Menschen wurden von der Kirche ermordet, gefoltert und vergewaltigt, weil sie NICHT an einen Schöpfer glaubten. Und nun komm ich auch noch und sage: DIE HATTEN RECHT. Gehen wir also noch einmal ins Detail und in medias res unter folgender Überschrift:

WARUM ES KEINEN SCHÖPFER GIBT

EVOLUTION ist ein lateinisches Wort und bedeutet „ausrollen", „entfalten", aber auch etwas, das entfaltet ist. SCHÖPFUNG oder KREATION ist ebenfalls ein lateinisches Wort, welches dasselbe bedeutet wie das hebräische „bara", also „machen", „formen", „schneiden", SELBSTVERSTÄNDLICH AUS PRÄEXISTIERENDEM UNERSCHAFFENEM MATERIAL. Die christliche Theorie, welche auch die der Juden der späteren Tage war, dass Gott die Welt aus „nichts" erschuf, ist darum einfach absurd. Was ist nun geschehen? Man hat diese Theorie später entwickelt in einer monotheistischen Manie, um Gott außerkosmisch zu machen, außerhalb des Universums, reiner Geist, ohne Körper, Teile oder Verlangen, und doch zugleich „Vater und Schöpfer", eine PERSON also. Diese zwei Konzepte beißen sich und fordern geradezu den Widerspruch heraus, dessen man sich von Kirchenseite bis vor noch nicht zu langer Zeit mit GEWALT erwehrte. Die Wahrheit ist, zum hundertsten Male, folgende: Der erste Schritt in die Urmaterie beim Wiedererwachen des Universums bzw. ALLER WESENHEITEN ist immer eine EMANATION aller präexistierenden Wesenheiten, getrieben von Verlangen bzw. Unwissenheit (über die Leidensnatur aller manifestierten Existenz). DANN folgt als zweiter Schritt eine gewisse EVOLUTION und DANN als dritter Schritt eine gewisse SCHÖPFUNG, nämlich im Falle der Menschheit das Opfer der ELOHĪM, welche Astralsubstanz von sich abwarfen und die Wesenheiten unter ihnen, die Menschheit von heute, mit Astral-Körpern versahen. Diese Astralkörper verdichteten sich dann über Millionen von Jahren in die physische Substanz und Menschheit von heute. Wer das Schöpfung nennen möchte, der mag das tun. Die WESENHEIT SELBST jedoch ist UNERSCHAFFEN. OM.

Es gibt also keinen außerkosmischen Schöpfergott, sondern DER LOGOS verließ als ERSTER NIRVĀṆA, umhüllte sich mit URMATERIE und „stand" somit als erstes Wesen in der manifestierten Welt. Niemand war da außer ihm. Alles andere kam später. Wenn es in *Genesis* heißt, dass Gott „im Anfang" die Welt erschuf, dann stimmt das mit dem Anfang sogar, WENN man ihn als den Anfang der NEUEN Periode des Wiedererwachens des Kosmos versteht, aber eben nur einer von UNENDLICH VIELEN Anfängen oder Neubeginnen. Dann stimmt's wieder. Es heißt ja auch ganz klar im 3. Vers: „Alle Dinge entstanden DURCH ihn (den Logos)", das heißt sie „generierten" oder „kamen ins Sein", wie das griechische „egeneto" uns verrät. Alles kam DURCH den Logos ins Sein. Dieses „durch" ist ganz wichtig, denn in der Tat erwacht alles wieder AUS NIRVĀṆA und verlässt NIRVĀṆA, also es manifestiert VON NIRVĀṆA DURCH den Logos oder DURCH die erste Emanation. ERSCHAFFEN hat der Logos gar nichts. Er war nur als Erster da und ALLES, was DURCH ihn VON NIRVĀṆA in Manifestation kommt, enthält natürlich einen großen TEIL der Göttlichkeit des Logos, der schon vor vielen kosmischen Perioden der Manifestation alle Ebenen unter sich ÜBERWUNDEN hat. Was im Logos ins Sein kam, war das LEBEN, und NICHT die Steine, Bäume, Sterne, Planeten etc. etc. oder gar die Menschen, sondern nur DAS LEBEN, also auch die HÖHERE NATUR in allem, unser eigener „Christus“ IN UNS. LEBEN entsteht ja durch BEWEGUNG der Wesenheiten WEG VON NIRVĀṆA in die Urmaterie. Das Ende der Bewegung ist der Tod und das, welches JENSEITS des Anfangs und Endes der Bewegung liegt, DAS ist DAS TODLOSE. Wer es zu fassen vermag, der fasse es. Es sind und waren doch die ELOHĪM, also die GÖTTER, welche über der Urmaterie schweben und sie „befruchten“, kein einzelner Schöpfergott ist damit gemeint, und falls man DOCH den ersten höchsten Logos, die Supermonade, die erste Emanation meinen sollte und glaubt, die nun zum höchsten Gott erheben zu müssen, dann sei man sich zunächst einmal über die NATUR dieser ersten Emanation klar. Sie will nichts, hat nichts, kann nichts, braucht nichts, tut nichts, sie ist EINFACH NUR DA. Willst du mit ihr sein? DANN WIRF DIE WELT WEG!!!! Will nichts, habe nichts, kann nichts, sei nichts, brauche nichts, tu nichts, sei ein nutzloses Mitglied der Konsum-Gesellschaft, UND DIES GANZ BEWUSST UND DISZIPLINIERT, dann bist du NÄHER ZU GOTT und NIRVĀṆA als selbst der päpstlichste Papst. Amen.

Die jüdische Kabbala, die ja auch Reinkarnation lehrt, kennt selbstverständlich Schöpferwelten oder beriah, doch dies sind Welten, in denen die Elohīm schaffen, dabei PRÄEXISTIERENDES Material, nämlich die URMATERIE benutzend. NIEMAND hat diese Götter erschaffen, sowenig wie jemand uns IM KERN erschaffen hat. Der sogenannte „Schöpfer“ der Bibel KANN ALSO GAR NICHT ein überlegener, vollkommener Gott sein, sondern ein unvollkommener Elohīm, wenn auch im Vergleich zu UNS scheinbar allmächtig. Wenn er aber vollkommen wäre, dann wäre er gar nicht mehr in Manifestation, wäre gar nicht mehr mit EINEM GANZEN PLANETEN als Körper beladen, sondern entweder in NIRVĀṆA oder er würde als freier buddhistischer, buddhischer Bodhisattva oder NIRVĀṆA-ENTSAGER durchs All schweben. OM.

Jehovah, der christliche Gott, war und ist darum kein sehr hoher Gott. Er war mehr ein in der göttlichen Hierarchie niedrig stehender Astralgott, der seine Befehle von höheren Elohīm erhielt, so wie der Maurer das tut, was ihm sein Vorarbeiter anschafft, der wiederum den Anordnungen des Architekten folgt, welcher wiederum auf den Bauherrn hört. Die UNVOLLKOMMENHEIT der Menschen bzw. ihrer Körper zeugt von der Unvollkommenheit ihrer „Erschaffer“; doch sollte man mit den „Elohīm“ nicht zu hart ins Gericht gehen, denn SIE können UNS nur geben, was wir auch vertragen. Wenn wir uns WEITER entwickeln, dann werden HÖHERE Elohīm uns mit Körpern versorgen, die von ganz anderer Struktur sein werden.

Drei HAUPTGRUPPEN von Elohīm gibt es: 1. die Architekten und Denker, 2. die INSPIRIERENDEN und 3. - auf der untersten Leiter der Hierarchie - die SCHÖPFER oder jene Elohīm, die uns mit Körper, Gefühl, Denken, Seele und Geist versehen, wobei die KÖRPER-Elohīm die niedrigsten der Hierarchie sind. SIE haben denn auch alle Schwächen der Menschen kosmisch magnifiziert. Darum ist Jehovah ja auch ein „zürnender Gott“. Jetzt versteht man auch die entsprechende

Beschreibung in der Bibel. Macht alles Sinn, man muss es nur mit dem ESOTERISCHEN Schlüssel öffnen und verstehen.

Und noch einmal, weil man es nicht oft genug wiederholen kann: Evolution, Schöpfung und/oder?

Diskussion zwischen zwei „Blinden“ und einem Sehenden.

Verfechter der Evolutionstheorie: E
Verfechter der Schöpfungstheorie: S
Ich, Lanoo.

E: Der Mensch stammt vom Affen ab und hat sich emporentwickelt vom Urschleim durch Evolution und Anpassung.
S: Nein. Alles ist von Gott erschaffen. Etwas kann nicht einfach aus nichts entstehen. Es muss erschaffen sein.
Dann frage ich, Lanoo: „Wo kommt dann der Schöpfer her?“
S: „Der war immer da.“
Ich: „Du hast doch aber eben selbst gesagt, dass etwas NICHT aus nichts entstehen kann, sondern erschaffen werden muss. Genau das behauptest du aber jetzt von deinem Gott. Du sagst, er wäre unerschaffen und war immer da, JENSEITS von Zeit und Raum. Wie ist denn das möglich. Gott kann doch nicht aus nichts kommen. Wer hat denn GOTT erschaffen?“

Ende der Diskussion. Was danach kommt, ist meist ein Abgleiten seitens der Verfechter der Schöpfungstheorie in Bibel-Quotierungen, bis man im schlimmsten Falle zum Schluss als vom Teufel besessen bezeichnet wird.

Auf die Frage, wer denn nun Recht hat von beiden, der Evolutionist oder der Verfechter der Schöpfungstheorie, dann muss man aber seltsamerweise bis zu einem gewissen Maße dem letzteren Recht geben, denn das Selbst ist in der Tat UNERSCHAFFEN, präexistent, elternlos, ewig, jenseits von Zeit und Raum, mit dem kleinen Unterschied, dass der religiöse Mensch dieses Privileg nur seinem Gott, nicht aber sich selbst zuschreibt. Dies ist umso seltsamer, als doch Jesus selbst in der Bibel fast anklagend ausruft: „Wisst ihr denn nicht, dass ihr GÖTTER seid?“ Nun ja. Das HEIM aller unerschaffenen, präexistenten Selbste, vom höchsten Gott bis zum niedersten Glühwurm, diese Ebene, das NIRVĀṆA, ist HÖHER als Erde, Hölle und Himmel, da Himmel und Hölle zwar recht lange dauern können, aber NICHT ewig währen.

Alles (nicht nur Gott) entsteht bzw. erwacht periodisch in der Tat aus „NICHTS“ oder NIRVĀṆA, wo es ewig und zeitlos besteht und verankert ist. WENN alles periodisch wieder erwacht, DANN allerdings entstehen Erde, Himmel und Hölle, die ja nichts weiter sind als die vergängliche Manifestation aller Wesenheiten selbst. Sind diese erst einmal manifestiert oder auf ihren entsprechenden Ebenen etabliert, DANN gibt es eine gewisse Evolution und auf den unteren Plänen sogar eine Schöpfung, aber doch aus präexistierendem, ewig und alle Zeit bestehendem UNERSCHAFFENEM Material, eben der URMATERIE.

Es gibt also DREI Realitäten. Diese drei sind ewig, präexistent, jenseits von Zeit und Raum, unerschaffen, elternlos, ohne Beginn und Ende, und diese drei Realitäten sind:

1. NIRVĀṆA,
2. alle Wesenheiten,
3. die Urmaterie.

Das war's auch schon. Der Rest ist INTERAKTION der drei Realitäten während der Perioden des Wiedererwachens und der Manifestation, all dies natürlich verursacht durch VERLANGEN bzw. Unwissenheit. Ein Gott ERSCHAFFT die Erde nicht, er WIRD sie; sie ist buchstäblich sein Verlangen, sein Zustand der MANIFESTATION. So wie WIR uns im gegenwärtigen Stadium unserer Entwicklung im WEIBLICHEN Schoß manifestieren, so manifestiert sich ein Gott im KOSMISCHEN Schoß, indem er URMATERIE an sich zieht und die erst ätherische, dann gasförmig-heiße und später mehr und mehr erkaltende Form eines Planeten erzeugt, welche ja nichts weiter ist als eben SEIN KÖRPER, der Körper eines Gottes, so wie unser Planet Erde der Körper Jehovahs ist, einer der unteren Elohīm. OM. Wer diesen Vorgang als eine „Schöpfung" ansehen möchte, der mag dies gerne tun, aber DANN kann ER sich ebenfalls als sein EIGENER Schöpfer bezeichnen, der sich den menschlichen Schoß AUSSUCHTE, um aufs Neue zu manifestieren. Von daher gesehen haben natürlich ALLE Recht, ich, die Evolutionisten und auch die Verfechter der Schöpfungstheorie, wenn nur jeder weiß, WO er seine These einzustufen hat. Wer es zu fassen vermag, der fasse es. OM.

Und nun geht es weiter mit unserer kosmischen Chronologie.

Das zweite Licht

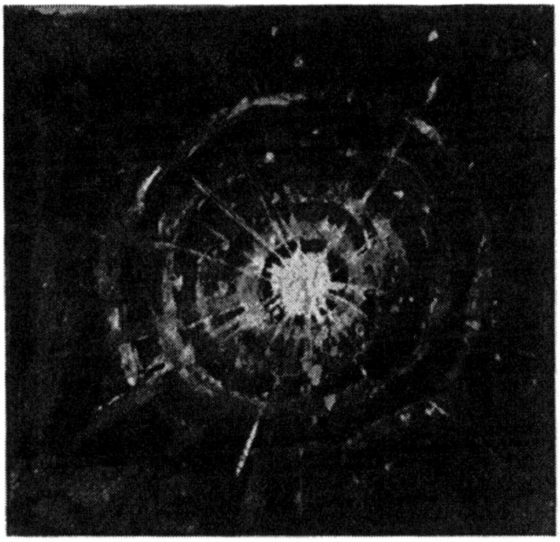

Atto Sekunden später

Der „Urknall“, welcher übrigens lautlos vor sich geht. Die Supermonade (Gott als erste Manifestation, nicht als höchstes Prinzip NIRVĀṆA), die Gesamtsumme aller Verlangenseinheiten oder Monaden, berührt das Chaos, welches sich zum Strahl hin und von ihm weg bewegt oder implodiert und explodiert und bald darauf (durch die sieben Strahlen) alle Verlangenseinheiten auf die ihnen entsprechenden Ebenen schleudert, wo sie sich dann manifestieren. Der Urknall ist also nichts weiter als der sich explosionsartig entladende Verlangensdruck aller zu manifestierenden Verlangenseinheiten. Das Chaos verwandelt sich in ein kosmisches Meer von Ākāśa-Feuer (Super-Äther) ...

... um Gott rotierend. Oh LANOO, GOTT ist die Ursache aller Rotation. Alles geschieht von nun an und für die nächsten 311.040.000.000.000 Jahre in 2 x 7 kosmischen Ebenen (jede von ihnen 7 x 7), welche sich wie eine Schriftrolle oder DNS-gemäß aus dem EWIG-UNERKLÄRBAREN entfaltet. Oh LANOO, kosmisches Verlangen bewog Gott, NIRVĀṆA zu verlassen.

DER URSPRUNG DES LEBENS

Der Ursprung des Lebens und damit auch der Welt mit allem darin ist das WOLLEN, geboren aus Unwissenheit. Alles, was ist, ist nur, weil es sein will oder so sein will, wie es ist. Der sogenannte „Big Bang“ ist nichts weiter als ein periodisch wiedererwachendes kollektives Wollen aller von Verlangen - und damit von Unwissenheit - erfüllten Wesenheiten. Wenn sie dann NIRVĀṆA verlassen, welches ja reines NICHT-Wollen ist, umgeben sich die Wesenheiten mit der Urmaterie, welche sie entsprechend ihres Verlangens formen, indem sie den in der Urmaterie enthaltenen entsprechenden ARCHETYPEN erfüllen. Dann erst sprechen wir von „Leben“, sei es im Himmel, auf Erden oder in der Hölle. LEBEN erwacht immer, wenn eine Wesenheit in die Urmaterie fällt und diese mit Verlangen bzw. Leben erfüllt. Ist der Verlangensimpuls ausgelaufen bzw. schwingt die Urmaterie zurück in ihren Urzustand, dann erlebt die Wesenheit solch eine Veränderung der Form als Tod in dem Maße, als sie sich mit der sich verändernden Form identifiziert.* Dies hält sie für lange Zeit gefangen im Kreislauf der Wiedergeburten, bis sie das Illusionäre, Vergängliche und damit Unbefriedigende ihres Wollens, ja allen

* WARUM erleben wir diesen Verlangenszustand denn aber als physische Materie? Antwort: Weil unsere wahre Natur eben spirituell (und sogar jenseits davon) ist und das Verlangen dagegen eine viel tiefere Schwingung ist, die wir darum als Materie empfinden.

Wollens und Verlangens an sich erkennen und sich wieder lösen von der vergänglichen Welt und NIRVĀṆA erlangen. OM.

Wenn der Naturwissenschaftler nicht zum Philosophen wird, dann wird er das Geheimnis des Lebens, welches WOLLEN, geboren aus Unwissenheit, ist, niemals ergründen. Grundsätzlich kann gesagt werden: Jegliche Identifikation mit Himmel, Erde oder Hölle muss letztendlich immer zum Leiden führen. Nur wer sich von allem Vergänglichen löst, erfährt wahres Glück. OM.

DIE WELTFORMEL

Wen die Tatze des Buddha trifft, den trifft sie gründlich. Davon sind nicht einmal Edward Witten und Steven Hawking ausgeschlossen. Sehen wir doch einmal, wie die Tatze des Buddha und DAS BUCH DES LICHTS mit der sogenannten WELTFORMEL, der heiligen Kuh der geistigen Elite der heutigen Physik, umgehen und überlegen wir doch einmal, ob das hier Vorgetragene den gelehrten Herren vielleicht sogar helfen könnte auf ihrer Suche nach dem Ursprung von allem, den SIE immer noch in der Peripherie anstatt im Zentrum vermuten. Mehr und mehr versucht die geistige Elite der heutigen Physik, den Ursprung und die Wirkungsweise des gesamten Universums in einer WELTFORMEL zu suchen und zu vereinen. Die Suche können wir abkürzen. Die Weltformel lautet: V = L + B. Oder: Verlangen = Leben + Bewegung. Wer einen Schöpfer an erster Stelle voraussetzt, der hat bereits verloren, der gibt sich mit WIRKUNGEN ab, aber nicht mit DER URSACHE. Die URSACHE aller Erscheinungen ist DAS PERIODISCH WIEDERERWACHENDE VERLANGEN IN DEN UNERSCHAFFENEN WESENHEITEN. Doch gehen wir systematisch vor, Schritt für Schritt, vereinen wir die orthodoxe und moderne Wissenschaft mit der ESOTERISCHEN Lehre, wenn auch die Arroganz der „Eierköpfe“ (freundlich gemeint) es nicht zulassen mag.

Mit Hilfe der Mathematik beschreiben unsere Genies von Witten über Hawking, Thieman, Derendinger, Ferrara, van Nieuwenhuizen, Guenaydin, Warner, Yankielowicz, Seiberg, Staudacher, Lledo, Sagnotti, zu Manes, Schellekens, Hoppe und Kazama unvorstellbar winzige fadenförmige Gebilde, die in einem 10- oder 11-dimensionalen Raum vibrieren. Die Gesamtsumme dieser Klänge ergibt eine Synphonie, namens „Universum“. Nun, damit haben die Herren nichts Neues verraten. Bereits Plato und andere vor ihm erklärten, dass das gesamte Universum nichts anderes als SCHWINGUNG und Musik ist. Man lese nur DIE GEHEIMLEHRE von Blavatsky, geschrieben im vergangenen Jahrhundert, da findet man sogar, welche Schwingung welchen Ton und welches Element erzeugt. Aber bitte, es war ja immer ein besonderes Vorrecht der Wissenschaftler, sich Altes anzueignen, es in neue Worte zu verpacken und sich dann die Urheberschaft einer solchen Sache anzumaßen. Nur so erklärt es sich wohl, dass Albert Einstein niemals und mit keinem Wort öffentlich verkündet hat, dass auf seinem Nachttisch ein Werk einen Stammplatz hatte: DIE GEHEIMLEHRE von Blavatsky ...

Doch sehen wir weiter, was unsere Wissenschaftler herausgefunden haben und inwiefern es sich mit der archaischen Lehre deckt. Witten und seine Kollegen träumen also von einer einzigen Gleichung, deren Lösung die gesamte Welt beschreibt. Nun, eine solche Gleichung muss IN JEDEM FALLE alle zur Verfügung stehenden Größen enthalten, also: 1. NIRVĀṆA, 2. ALLE WESENHEITEN und 3. DIE URMATERIE, welche alle Formen und Archetypen in abstracto enthält. Wenn alle drei interagieren, DANN erscheint das Universum. Und DIE URSACHE dieser Interaktion ist, wie gesagt, das VERLANGEN in den Wesenheiten (aber auch der „ewige Atem"), welches sie veranlasst, NIRVĀṆA zu verlassen. Der Gesamtdruck dieses Verlangens, von INNEN (dem gemeinsamen Zentralpunkt) nach außen explodierend, wird als URKNALL erkennbar. Solche Urknälle oder Big Bangs erscheinen übrigens auch WÄHREND einer Weltenperiode. Solche Welten entstehen und vergehen jede SEKUNDE im Universum. Die LEBENSDAUER solcher Welten wird durch den GESAMTVERLANGENSDRUCK der sie erfüllenden Wesenheiten bestimmt. OM.

Zurück zu unseren Freunden der modernen Wissenschaft: Die theoretische Physik wird beseelt durch den Glauben an die Existenz einer solchen WELTFORMEL. Tiefer und tiefer dringen die Wissenschaftler in das INNERE der Materie vor, aber eben NICHT zur GEMEINSAMEN QUELLE. Hört gut her, ihr Männer der Wissenschaft! Merket auf! Wenn ihr eine WELTFORMEL finden wollt, dann müsst ihr euch auch mit DER GEMEINSAMEN Quelle des Seins befassen und NICHT mit einer ihrer Zweigstellen. WO liegt diese GEMEINSAME QUELLE? Natürlich NIRGENDWO da draußen, sondern immer IN DER WESENHEIT SELBST, IN UNS!!! Sie kann NUR in der Meditation ERLEBT werden. Man kann diese QUELLE nur WERDEN, indem man sich wieder dem GEMEINSAMEN Zentralpunkt nähert. Dort muss man hin und nicht zu einer Zweigstelle, denn DIE gibt nur Auskunft über Phänomene, nicht aber deren Ursache. Doch weiter: Nobelpreisträger Steven Weinberg kommt der Sache schon sehr nahe, wenn er behauptet: „Der Fortschritt in Richtung Einfachheit muss irgendwann an ein Ende kommen." Man glaubt nun, dass das zur Vollendung dieses Pfades benötigte Werkzeug die Beherrschung der Superstrings sei. String-Forscher fühlen sich nun als die Spitze der Wissenschaft und sind doch nur deren Schaft. Sie wollen fortsetzen, was Newton, Maxwell und Einstein begonnen haben. So sucht man denn nach dem Heiligen Gral der Physik genau da, wo er NICHT ist, nämlich DRAUSSEN. Für diese Herren ist sogar ein Hawking nur noch ein Zaungast. Er hat zwar vor fünfundzwanzig Jahren ein anderes vergängliches Phänomen entdeckt, nämlich dass schwarze Löcher verdampfen und Strahlung hinterlassen, aber zum Verständnis des Superstrings hat er bisher nichts Wesentliches beigetragen. Da hält sich die Elite, Hawking eingeschlossen, schon eher an Edward Witten, das Supergenie von Princeton. Wie gesagt und mit allem Respekt betont, diese und andere Physiker sind Genies, was das Wissen von den WIRKUNGEN betrifft, aber (noch) nicht das Wissen über die EINE URSACHE. DIES ist nur dem Leser dieses Buches vorbehalten. OM. Ich kann mir sehr wohl vorstellen, dass sich die mentalen Überreste eines Einstein oder Newton und Witten festgekrallt haben und ihn nun als Medium benutzen. Dieses Eindrucks kann man sich nicht erwehren, wenn man das Princeton-Genie Witten mit monotoner Stakkato-Fistelstimme physikalische Ungeheuerlichkeiten hervorquetschen hört,

Weisheiten, die wohl selbst einen Einstein ins Grübeln gebracht hätten. Bleistift und Papier braucht Witten nicht. Während andere ihren Block mit Formeln füllen, liegt Witten nach „thinktank Manie“ oft stundenlang im Bett, starrt zur Decke und ... denkt. Tja. Das US-Nachrichtenmagazin *Time* bezeichnete ihn als „den vielleicht brilliantesten Physiker, der je gelebt hat“. Nun, das mag sein, aber im Vergleich zu einem Buddha ist auch ein Edward Witten nichts weiter als ein mentaler Wasserträger, denn die Welten, die er sich nur DENKEN kann, die hat der Buddha SELBST ERFORSCHT. Da steht er nun, der geniale Physiker Witten, und spricht. Und alle hängen an seinen Lippen und erhoffen damit, DAS URGESETZ zu erfahren. Damit sind sie aber mit Autos zu vergleichen, die sich auf dem Parkplatz über ihren Erbauer unterhalten und ihn zu ihrem Gesetz erklären. Das Hubble-Teleskop aber zeigt, was die alten Veden schon seit tausenden von Jahren verkünden und lehren, nämlich LAYA oder, wie unsere Wissenschaftler es nennen, „schwarze Löcher“, Zentren von Galaxien. Ist das denn so schwer zu verstehen? Der Leser dieses Buches WEISS ja nun, dass sich ALLES von innen nach außen entwickelt, sei es ein Marienkäfer, eine Sonnenblume, ein Embryo, eine Galaxie oder eine Schmeißfliege. Sie alle unterliegen einer WELTFORMEL: V = L + B. Sie ALLE unterliegen EINEM GESETZ und nicht zweien. Sie alle haben EIN GEMEINSAMES ZENTRUM. Warum sehen wir dann verschiedene schwarze Löcher in verschiedenen Teilen des Universums? Weil das sogenannte schwarze Loch bereits die sichtbare WIRKUNG der unsichtbaren URSACHE ist, der erste Schritt HINWEG vom Zentrum und DARUM als verschiedene Lokalität missverstanden wird. In Wirklichkeit explodiert ALLES IMMER von EINEM Zentrum, von innen nach außen. Weil die modernen Wissenschaften dies nicht wissen und weil sie was EINS ist für ZWEI und mehr halten, darum führt derartig falsches Denken sie zu der Vermutung, dass IRGENDWO DA DRAUSSEN das sogenannte URGESETZ, die GEMEINSAME QUELLE, DER HEILIGE GRAL, und DIE WELTFORMEL zu suchen sind. SIE GLAUBEN, dass irgendwo da draußen die QUELLE unseres Universums liegt. Und mit dieser VERMUTUNG setzen sie eine Maschinerie in Gang, welche sie beschäftigt und welche vom Steuerzahler willigst finanziert wird, denn dadurch gibt man sich ja wenigstens der Illusion hin, dass, wenn man schon von der ganzen Sache nichts versteht, man doch irgendwie daran beteiligt ist. Und somit schließt sich der Kreis der Unwissenheit.

Ich behaupte sogar, dass Einstein Unrecht hatte und NEWTON Recht. Denn: Albert Einstein glaubte, in Newtons Theorie der Schwerkraft einen Schönheitsfehler entdeckt zu haben. Laut Newton wirkt die Gravitationskraft über kosmische Entfernungen hin unendlich schnell. Einstein jedoch postulierte, dass NICHTS schneller ist als das Licht bzw. als 168.000 Meilen pro Sekunden. Damit hatte er schon mal Unrecht, denn wie der Leser dieses Buches ja weiß, ist es inzwischen gelungen, diese Geschwindigkeit des Lichtes zu erhöhen. Abgesehen davon haben BEIDE Unrecht mit ihrer Definition dessen, was Schwerkraft ist. Der Leser dieses Buches weiß da bereits mehr über die wahre Natur der Schwerkraft als Newton und Einstein zusammen. Siehe auch den Index dieses Buches unter SCHWERKRAFT oder GRAVITATION.

Aber sehen wir uns doch mal genauer an, was denn nun eigentlich diese sogenannte Stringtheorie sein soll und ob sie wirklich so genial ist oder ob sie nur, wie ich behaupte, die OBERFLÄCHE ankratzt, aber nicht DEN KERN der Sache. Also: Die Zusammensetzung eines Atoms lässt sich mit dem bloßen Auge natürlich nicht erkennen. Das Atom hat etwa einen Durchmesser von ein millionstel Millimeter. In seinem Inneren ist der Atomkern, welcher von Elektronen umschwirrt wird. Dieser Atomkern wiederum besteht aus Protonen und Neutronen, welche ihrerseits aus jeweils drei Quarks (durch Gluonenaustausch aneinander gebunden) zusammengesetzt sind. DAS ELEKTRON ist ein negativ geladenes Teilchen, welches (durch Austausch von Photonen) mit anderen Elektronen interagiert. DIE STRING-THEORIE beschreibt nun all diese Teilchen als Schwingungszustände unvorstellbar winziger Fäden, die in einem 10- oder 11-dimensionalen Raum vibrieren. In Wirklichkeit handelt es sich hier einfach nur um EINES der Archetypen, enthalten im KABBALISTISCHEN GITTER der URMATERIE. Einstein hat mit seiner Krümmung des Raumes schon Recht, nur darf man sich da keine SINNLICHE Krümmung vorstellen, sondern mehr eine „Krümmung" jenseits der Sinne, welche aber wiederum für Karma und Reinkarnation verantwortlich ist, denn: Wie sollte denn sonst jede meiner Taten, Gefühle und Gedanken zu mir zurückkehren, wenn es keine „Krümmung" gäbe, entlang welcher sie von mir ausgehen und auch wieder zu mir zurückfinden? Muss doch alles Sinn machen. Die „Krümmung" ist natürlich in Wirklichkeit die Präsenz der HERREN DES KARMA, die wie Spiegel das gesamte Universum erfassen und jede seiner Aktionen, sei es im Himmel, auf der Erde oder in der Hölle, auf den Verursacher zurückschleudern. OM. Der Spiegel Autor Johann Grolle schreibt so schön: „Die Natur zeigt sich widerspenstig. Je tiefer die Physiker in ihr Innerstes (eben nicht! Lanoo) eindringen, desto komplexer erweist sie sich." Dies aber, so sage ich, dürfte gar nicht sein, denn je mehr man sich dem ZENTRUM nähert, umso EINFACHER und ein-spitziger müsste alles werden. Schon dies sollte den Wissenschaftlern zeigen, dass sie sich eigentlich vom Zentrum WEG bewegen. Sie sind da mit jemandem zu vergleichen, der immer tiefer und tiefer ins Wasser taucht, um nach dem Trockenen zu suchen, und sich wundert, wenns immer nasser wird. Der Vergleich ist apropos, denn dieser Fehler unterläuft unseren modernen Wissenschaftlern täglich. Jahrelang hatten sich die Physiker (im Wasser nach dem Trockenen suchend) vergeblich bemüht zu begreifen, warum Elektronen den Atomkern nur auf ganz bestimmten Bahnen zu umschwirren scheinen. Es bedurfte erst eines Heisenberg, um herauszufinden, dass es solche bestimmte Bahnen gar nicht gibt, sondern dass die Gegenwart der Elektronen gleichsam über den Raum verschmiert ist. Dies führte zur Geburt der Quantenmechanik. Einem Nils Bohr, dem Vater der alten Atom-Modell Theorie war dies gar nicht so recht, doch mit der Zeit setzte sich Heisenberg durch. Einstein und Heisenberg wurden damit zu den Säulen der modernen Wissenschaft. Nun möchte man noch die Kuppel drüberbauen und so wurde der Begriff WELTFORMEL geprägt. Nun ja, Papier ist geduldig, fast so geduldig wie der Steuerzahler, der mit offenem Mund vor derartigen Gedankenergüssen steht und nicht anders damit umgehen kann als dass er sie fasziniert finanziert, wo man doch eigentlich das Geld wirklich besser verwenden könnte, zum Beispiel um zu verhindern, dass jeden Monat etwa 30 000 Kinder den Hungertod sterben müssen. Ist man erst mal auf dem falschen Weg, dann hält einen fast nichts mehr auf. Tiefer und tiefer taucht der nach dem Trockenen suchende verwirrte Taucher und findet immer Neues, nur nicht das Trockene.

Neue, ungekannte Wesen sieht er, nur nicht das Trockene findet er, von dem entfernt er sich mehr und mehr. Ebenso ergeht es dem suchenden Wissenschaftler. Je tiefer er GLAUBT in den Kern, ins Innere, in den URSPRUNG der Materie einzudringen, umso mehr entfernt er sich davon, neue Teile und Teilchen entdeckt er, denen er dann so neckische Namen gibt wie „Myonen", „Kaonen", „Omegateilchen" usw. usw. Hauptsache, alles hat ein Etikett. Da freut sich der Deutsche, dann ist seine Welt wieder in Ordnung. Das Ziel hat man nicht erreicht, doch zumindest GLAUBT man, dass man auf dem Weg ist. Weil es denn auch so viele Teilchen gibt und jedes davon dem Faust'schen Sucher ein neues Rätsel aufgibt, ihn geradezu verwirrt, wird unter Wissenschaftlern auch von einem „Teilchenzoo" gesprochen. Den muss man natürlich in den Griff kriegen und wiederum, nach guter deutscher Manier, EINSORTIEREN. So hat man der Vielfalt mikroskopischer Phänomene ein Regelwerk von Naturgesetzen übergestülpt, welches bekannt wurde unter dem Namen „Standardmodell der Materie". Dort hat man alle Teilchen in vier Schubladen gepackt: 1. die elektromagnetische Kraft, welche die Elektronen an den Atomkern bindet, 2. die starke Kraft, welche den Atomkern zusammenhält, und 3. die schwache Kraft, eng verwandt mit der elektromagnetischen Kraft und nur erkennbar beim radioaktiven Zerfall, und schließlich 4. die Schwerkraft oder Gravitation, welche die Masse der Erde zusammenhält. Der Schüler der Esoterischen Wissenschaften weiß natürlich, um was es sich hier WIRKLICH handelt, nämlich um das VERLANGEN. Es ist das VERLANGEN der Wesenheiten, welches sich an die URMATERIE klammert und die Formen erzeugt UND ZUSAMMENHÄLT. Wie groß das Verlangen einer Wesenheit im ersten ATOMAREN Stadium ist! Doch auch dieses Verlangen ist ein IMPULS und wenn der ausläuft, dann zerfällt die URMATERIE wieder und schwingt zurück in ihren harmonischen URZUSTAND. Alle Formen verändern sich und verschwinden wieder, die Wesenheit verliert den Halt und wird in NIRVĀṆA aufgesogen, um daraus wieder zu erwachen, wenn die Zeit gekommen ist. DAS VERLANGEN ist die ALLEN WESENHEITEN eigene und gemeinsame Kraft. DAS VERLANGEN verursacht den Zusammenhalt der Teilchen, vom kleinsten bis zum größten. Und wenn DAS VERLANGEN der Wesenheiten, wenn dieser VERLANGENS-IMPULS ausläuft und sich die Formen wieder auflösen, DANN entsteht ein ZERFALL der sogenannten Elemente, die schweren zuerst, und DANN sprechen wir von RADIOAKTIVITÄT. Die Weltformel heißt also darum: L = V + B oder LEBEN = VERLANGEN + BEWEGUNG. Diese Formel gilt überall, sei es im Himmel, auf Erden oder in der Hölle oder auch in irgendeinem der endlos vielen Paralleluniversen, sogar in der Welt der ANTIMATERIE, und DARUM ist diese Formel V = L + B eben DIE WELTFORMEL, weil sie für die GESAMTE WELT zutrifft, für die sichtbare SOWIE für die unsichtbare, unseren Sinnen nicht zugängliche Welt. Ohne VERLANGEN fällt die Formel zusammen, wird wirkungslos, stimmt nicht mehr. Auf den BUDDHA allerdings würde diese Formel schon nicht mehr zutreffen, denn ER hat ja alles Verlangen ÜBERWUNDEN. Ihn interessiert weder die Welt, noch eine Weltformel.

Was die moderne Wissenschaft so UNBEFRIEDIGEND macht, und zwar GERADE für die Wissenschaftler, ist die Tatsache, dass sie eben bestenfalls nur DIE PHÄNOMENE beschreiben und NICHT deren Ursache. Die wird HIER in diesem

Werk beschrieben und sie heißt VERLANGEN. Ohne Verlangen kein Leben UND auch kein TOD. OM.

Doch weiter: Ich aber sage, dass Quantenmechanik und Einstein'sche Gravitationstheorie eben NICHT zu vereinbaren sind, denn wenn man die Gleichungen anschaut, dann verwandeln sich Raum und Zeit in ein unkontrolliertes Raum-Zeit Chaos. Die daraus resultierenden Formeln machen einfach keinen Sinn mehr. Um den Urknall nachzuvollziehen und mehr über ihn zu lernen, sucht man nach kosmischen Fossilien, die noch seit diesem Big Bang bestehen. Da ist man dann auf sogenannte Neutrinos und Schwerkraftwellen gestoßen. Mit Hilfe von großen Beschleunigern will man auf Erden das Feuer eines Mini-Urknalls schüren. Wie unsinnig, welch eine Zeitverschwendung. Sollten wir nicht lieber unsere sterbenden verhungernden Kinder füttern, anstatt einen solchen, Entschuldigung, Schwachsinn zu finanzieren, der NIEMANDEM nützt und nur die geistige Masturbation einiger Wissenschaftler dem Höhepunkt zutreibt, einem Höhepunkt, dem danach, wie beim Sex auch, wieder die Ernüchterung folgt. Tatsache ist: Es gibt überhaupt keine Teilchen und es gibt eigentlich auch keine Strings. ALLES ist teilbar, wie Blavatsky bereits erkannte, indem sie im 19. Jahrhundert die Teilung des Atoms voraussagte. Wann immer noch ein Teilchen verbleibt, kann man es natürlich wieder teilen bzw. es ist TEILBAR. NUR das VERLANGEN der Wesenheiten und das Einkleiden mit Urmaterie gibt den WESENHEITEN die Illusion der Materie, die aber nichts weiter ist als eine in der FORM vergängliche Illusion, so sehr uns auch die Religionen einen ewigen Himmel versprechen. AUCH DER HIMMEL mit allem darin wird sich irgendwann einmal auflösen, spätestens am relativen Ende aller Tage. Man wollte aber verzweifelt erreichen, dass sich Quanten- und Gravitationstheorie vertragen und vereinen und darum (und auch weil man nicht die wahre Natur aller Teilchen erkannte) erfand man einfach etwas Neues: STRINGS oder Fäden. Da man aber keine Vibration der Strings im dreidimensionalen Raum erkannte, legte man einfach noch ein paar Dimensionen drauf, und zwar sieben, dann sind es zehn. Und da ein blindes Huhn auch mal ein Korn findet, unterlief unseren Wissenschaftlern ein Gedankensprung, der sehr buddhistisch ist. Sie erklärten einfach, dass die sieben Zusatzdimensionen so klein sind, dass sie sich unseren Sinnen bzw. jeglicher ERKENNTNIS entziehen. Wenn das nicht NIRVĀṆA ist ..., doch freuen wir uns nicht zu früh.

Der Leser mag sich beruhigen, auch diese Verwirrung unserer Geistesblitzer wird sich wieder legen und einer neuen Konfusion Platz machen. Und der Buddha lächelt zu alledem nur weise. Albert Einstein sagte: „Das Unbegreifbarste des Universums ist, dass es begreifbar ist." Recht hat er, aber DIE URSACHE, der KERN, ist eben NICHT begreifbar oder erkennbar oder erfassbar und darum kann man ihn auch nicht finden, so sehr man auch nach ihm sucht, denn der KERN, das sind ja WIR, also Körper, Gefühl, Denken, Seele und Geist und was auch immer wir erkennen, und sei es den URKNALL SELBER, das ist eben NICHT die Ursache, sondern muss immer nur eine WIRKUNG bleiben. Der KERN ist der ERKENNENDE und NICHT das Erkennbare oder Erkannte. Der Kern ist eben NICHT die Hülle, sondern das, was die Hülle in sich birgt. WANN, so frage ich, wird die moderne Wissenschaft sich ENDLICH mit der ESOTERISCHEN Wissenschaft vereinen und geistigen FRIEDEN finden? Wenn nicht, dann ist zu befürchten, dass diese so tief in der MATERIE versunkenen Wissenschaftler mehr und mehr zu MATERIALISTEN werden, denn sie sehen oder ERKENNEN ja nichts anderes als MATERIE, seien dies nun Strings oder Teilchen. Solch ein „Wissen" aber kann leicht zu Zynismus und Depression führen oder zu Erkenntnissen, wie sie der Nobelpreisträger für Physiker Weinberg verkündet: „Die Welt ist kalt und unpersönlich." Da hat nun einer den NOBELPREIS erhalten und kann uns nicht mit einer ANDEREN, etwas ERMUTIGENDEREN Botschaft beglücken? Nun ja. Wenn das alles ist, was uns unsere Denk-Elite mit auf den Weg geben kann, dann sind da offensichtlich Gelder am falschen Platz inversiert worden, ja dann wurde ZEIT verschwendet. Dies bestätigt denn auch der Physiker Weinberg, wenn er gesteht: „Den größten Teil meiner Zeit verbringe ich damit, sie zu verschwenden."

Lieber Leser, wenn die Prämisse nicht stimmt, dann macht der Rest auch keinen Sinn, so sehr auch die Folge-Formel stimmen mag. Ein Beispiel: 2 x (2 + 2) = 10 hört sich anscheinend falsch an, ist es aber nicht, wenn ich voraussetze und behaupte, dass 2 + 2 = 5 ist. DANN ist 2 x (2 + 2) in der Tat 10. Versteht man? Albert Einstein fragte: „Hatte Gott eine Wahl, als er die Welt erschuf?" Damit war er schon in der Sackgasse, denn er setzte voraus, dass es einen SCHÖPFER gibt. Das muss er erst einmal BEWEISEN. Die größten Meister haben in ihren Astral-Gedanken- und Geistkörpern das ganze Universum abgegrast und NIRGENDWO einen außerkosmischen Gott gefunden, der irgendwo, irgendwie, irgendetwas erschaffen hat. Das Universum ist einfach die Gesamtsumme des manifestierten VERLANGENS aller UNERSCHAFFENEN Wesen. So stimmts wieder und so macht es auch Sinn. OM. Somit ist Einstein, einen Schöpfergott postulierend, wie so viele andere in die Religionsfalle getappt. Wäre ihm das NICHT passiert und hätte er sein Denken von solchen falschen Prämissen freigehalten, dann hätte er vielleicht noch viel Größeres geleistet, zum Beispiel hätte er erklärt oder erkannt, dass man den URSPRUNG des Universums nirgendwo da draußen finden kann, SONDERN NUR IN SICH, und zwar in der MEDITATION. Mit anderen Worten und um es zum x-ten Male zu wiederholen, die URSACHE der Welt und des sie gebärenden URKNALLS ist einfach DIE GESAMTSUMME DES VERLANGENS ALLER PERIODISCH IN MANIFESTATION DRÄNGENDEN, UNERSCHAFFENEN, EWIG EXISTIERENDEN WESENHEITEN. So steht es geschrieben, so soll und wird es geschehen, immer und immer und immer wieder. GAUTAMA BUDDHA zeigt uns den Weg heraus aus diesem kosmischen Schlacht- und Narrenhaus. Die Wahl liegt bei dir, geneigter Leser. Willst du NIRVĀṆA oder Reinkarnation? Der URSPRUNG des Universums und der ganzen Welt liegt dir näher als deine Nasenspitze. Er heißt NIRVĀṆA und er ist in DIR und sonst nirgends. OM.

PS: Zum Schluss dieses Kapitels noch eine für mich hocherfreuliche Sache. Die Lieblingsmetapher der String-Forscher ist das Gleichnis des Buddha vom ELEFANTEN, den die Blinden betasten und meinen, der Elefant sähe so oder so aus, bis sich ein Kampf der Fäuste entspinnt (Udāna VI, 4). Bis 1995, so erklärten die String-Forscher, hätten sie nur einzelne Teile des ganzen Tieres erblickt. Da geht aber der Gedankenfehler schon los: Das „Tier", in diesem Falle DIE URSACHE von allem, ist doch gar nicht „erblickbar", ist gar nicht auffindbar. Und so tappen sie, EBEN WIE DIE BLINDEN IM BUDDHA-GLEICHNIS VOM ELEFANTEN, total im Dunkeln, wenn sie erklären, dass WITTEN, der String-Forscher Witten, nun den „Elefanten“, also die URSACHE ganz erkannte. Wie töricht, wie absolut töricht zu behaupten, dass jemand das NICHT ERKENNBARE erkannt hätte, dass er das NICHT AUFFINDBARE gefunden hätte. Wahrlich, dies können ja nur Blinde von einem Blinden behaupten. Da Minden aber anscheinend genial genug ist, die UNMÖGLICHKEIT seiner Behauptung einzusehen, umschreibt er sein in der Tat blindes Postulat mit dem Begriff „M“, welches für MAGIE oder auch MYSTERIUM steht. Recht hat er. OM.

DIE URSACHE DER LEBENSDAUER DES UNIVERSUMS

Die Lebensdauer eines Planeten, eines Sonnensystems, einer Galaxie oder des gesamten Universums entspricht der Gesamtsumme aller Verlangenseinheiten bzw. deren Impuls, ja die Lebensdauer des Universums **ist** dieser Impuls. Wenn das Universum am relativen Ende aller Tage wieder in NIRVĀṆA aufgesogen wird, so bedeutet dies nichts anderes, als dass der Gesamtverlangensimpuls aller Verlangenseinheiten ausgelaufen bzw. beendet ist. Auf diesen Vorgang kann man sogar den Impulssatz der Physik anwenden.

Wann wird die Wissenschaft endlich verstehen? Das gesamte Universum mit allem darin ist nichts weiter als ein begonnener und auslaufender IMPULS, dessen Intensität und Dauer von der Summe des Verlangens aller Verlangenseinheiten oder Wesenheiten oder Monaden etc. abhängt. Du selbst, oh Leser, bist für die Wesenheiten, die auf und in den Atomen und Molekülen deines Körpers leben, ein Gott und Universum, dessen Lebensdauer deinem Verlangensimpuls entspricht. Ist dieser Verlangensimpuls ausgelaufen, dann ist dein Leben für diese Inkarnation beendet und die Wesenheiten in dir erleben das Ende deines Verlangensimpulses als das Ende oder den Zusammenbruch ihres Universums. Gerade in diesem Augenblick mögen einige der auf den Atomen und Molekülen deines Körpers existierenden Intelligenzen dabei sein herauszufinden, wer du bist, während andere dich als ihren Gott verehren ...

NIRVĀṆA - DER HÖCHSTE BEREICH
Verlangen und Struktur

Man kann es gar nicht oft genug wiederholen, immer und immer und immer wieder: Das höchste Prinzip ist keine Wesenheit, sondern ein BEREICH, das HEIM, das ewige, zeitlose HEIM aller Wesenheiten; und das ist NIRVĀṆA. Daher kann man auch zu Recht sagen, dass NIRVĀṆA der höchste Gott (im Sinne von Bereich) ist und eben NICHT die Götter der Religionen. „Die Götter kamen später ...“ heißt es darum auch in den archaischen Schriften. Doch sie alle haben ja den Bereich verlassen (durch Reflektion) und sind darum kein geeignetes Objekt der Verehrung und Anbetung, WOLLEN ES AUCH GAR NICHT SEIN. Die Götter wollen ein GLEICHBERECHTIGTES WESEN, wie es ja auch in der Bibel heißt, wo Jesus sagt: „Ihr sollt VOLLKOMMEN sein so wie ich es bin und mein Vater im Himmel.“ Dieser Vater, unser ALLER Vater ist natürlich vom höchsten Verständnis der Eingeweihten her gesehen NIRVĀṆA und für den normalen Gelehrten das höhere Selbst, das ja ein jeder hat. Und das höchste Prinzip - soll man dies anbeten? Natürlich nicht, weil ja ein Bereich nicht auf so etwas reagiert. Alles, was man tun kann, ist NICHTS MEHR ZU WOLLEN (dann erreicht man diesen Bereich, der ja ebenfalls willensfrei ist) und die LEHRE zu befolgen, die zu diesem höchsten Bereich und natürlich damit auch zu allen anderen darunter liegenden Ebenen der Himmel führt, falls man den höchsten Bereich nicht gleich erlangt. Doch der WEG dahin führt IMMER über einen der Himmel der Religionen, weshalb auch sie (die Religionen) dadurch eigentlich unnötig werden. OM. Sind jedoch erst einmal alle Religionen unter diesem höchsten Bereich und damit dem wahren Gott NIRVĀṆA vereint, dann können sie jedoch sogar ihre individuelle Lehre beibehalten, falls sie wirklich und immer noch nur IHREN Himmel wollen und sonst nichts. Zu diesem Zwecke wurden DAS BUCH DES LICHTS und dieses Buch geschrieben. Sie sollen alle Religionen unter EINEM PRINZIP vereinen. So steht es geschrieben. So soll es geschehen.

Nun zu ...

VERLANGEN UND STRUKTUR

Jedes Verlangen bedarf eines KANALS, einer Struktur, um so den Verlangenden zu erlösen oder ihm zumindest zu helfen damit umzugehen, sein Verlangen auszudrücken.

Ein Beispiel: Ein depressiver Komponist wie Tschaikowsky transformiert sein Leid und seine Traurigkeit, aber auch seine Freude in MUSIK, welche ja auch eine Struktur ist. Das rohe Verlangen, die Traurigkeit oder Fröhlichkeit, das Leid oder die Freude werden dann in die Struktur einer Komposition und der Noten und Takteinteilung eines Arrangements umgeleitet, MÜSSEN sich ihr anpassen und werden so überhaupt erst erlebbar und verständlich für den Hörer. In demselben Maße unterliegt das Verlangen aller Wesenheiten, wenn sie NIRVĀṆA verlassen, einer Struktur, nämlich den im kabbalistischen Netz enthaltenen Archetypen, welche wiederum vorgegeben werden von dem ZUERST erscheinenden EINEN Strahl, der geistigen Zentralsonne und dann den SIEBEN Strahlen. Siebenfältigkeit ist überall in der Welt, wie ich in diesem Buch beschreibe. Dieser ersten elohīmistischen Struktur sind ALLE Wesen unterworfen. Von daher kann man in der Tat sagen, dass wir Gottes Gesetz unterliegen, nämlich dem Gesetz der ERSTEN EMANATION und der daraus emanierenden ELOHĪM oder Götter. Alle Wesenheiten, die danach kommen, unterliegen dem Gesetz dieser SIEBENSTRAHLIGEN Struktur, die im BUCH DES LICHTS im Detail beschrieben wird. OM. Doch ein BUDDHA unterliegt JETZT in NIRVĀṆA einer solchen Struktur natürlich nicht mehr, da er sie ja überwunden hat. Wer es zu fassen vermag, der fasse es. OM.

DER FREIE WILLE

Bevor wir aber beginnen mit dem Wiedererwachen des Universums bzw. aller Wesenheiten aus NIRVĀṆA, ist es von größter Wichtigkeit, den von den Religionen so oft hervorgehobenen Aspekt des „freien Willens" einmal etwas genauer unter die Lupe zu nehmen und zu sehen, ob er zutrifft oder nicht. Gleich vorneweg gesagt: NATÜRLICH gibt es einen freien Willen, aber NICHT, wie die Religionen glauben, von einem Schöpfergott gegeben. Und zwar deshalb: Der von den RELIGIONEN definierte und ins Feld gebrachte freie Wille ist ja in Wirklichkeit gar keiner, weil er eben von einem SCHÖPFERGOTT dem von ihm geschaffenen Geschöpf eingebaut bzw. verliehen oder sogar aufgedrängt wurde. Mit anderen Worten: Laut Bibel-Definition ist der freie Wille von GOTT gegeben und eben NICHT eine vom MENSCHEN entwickelte oder FREIWILLIG ANGENOMMENE Eigenschaft. Es blieb dem Menschen gar nichts anderes übrig, er hatte ja gar keine andere Wahl, als mit eben dieser Eigenschaft oder Fähigkeit, zwischen Gut und Böse zu entscheiden, sein Leben zu meistern. „Sollte Gott vielleicht gute gehorsame Roboter erschaffen?", fragt der Christ, Muslim oder Katholik etc. „Warum nicht?", frage ich zurück. In jedem Falle sind wir sowieso Gottes Roboter, denn auch der freie Wille ist ja von Gott in uns eingebaut. Ein von Gott erschaffener Mensch OHNE freien Willen, sondern gleich mit dem Willen und der Tendenz, NUR Gutes zu schaffen, der würde sich sicher nicht darüber beschweren, bereits als guter Mensch erschaffen worden zu sein. Was ist denn gegen eine bereits als GUT erschaffene Menschheit und Welt einzuwenden, wo jeder jeden liebt und der Starke den Schwachen NICHT unterdrückt? Würden derartig GUT und liebevoll und friedvoll erschaffene Wesen sich etwa BESCHWEREN, dass sie NICHT erst mit dem Mittel des freien Willens werden konnten, was ein barmherziger Schöpfer GLEICH in und mit ihnen hätte erschaffen können, nämlich gute, liebevolle und - ja warum nicht - sogar unsterbliche Wesen? Wenn ICH da die Wahl hätte, dann wäre ich lieber ein BEREITS GUT UND LIEBEVOLL ERSCHAFFENER Mensch mit NUR guten Eigenschaften. Der Einwand „Hätte Gott vielleicht den Menschen GLEICH als gut erschaffen sollen?" zieht also bei mir NICHT. „Ja!", erwidere ich da, „wenn es wirklich einen Schöpfergott gibt, dann hätte er dies in der Tat so machen sollen!"

Die Wahrheit ist natürlich: Es gibt keinen außerkosmischen, außerweltlichen Gott, der die ganze Zeit allein war und sich dann sagte: „Nun werde ich mal Geschöpfe erschaffen mit dem Willen zum Guten UND zum Bösen und dann lege ich mich zurück nach dem siebten Tag und beobachte, wie sich das ganze Drama entfaltet." Solch ein Gott wäre ein perverser und ein kranker Gott, und so etwas gibt es natürlich NICHT. Ein Schöpfergott würde bedeuten, dass der Mensch ja gar keine WAHL hatte, den freien Willen zu akzeptieren oder nicht. Er konnte gar nicht selbst entscheiden, ob er sein Leben meistert MIT oder OHNE freien Willen. Diesen freien Willen, auch NEIN zu der Entscheidung eines Schöpfers zu sagen, den hatte er nicht. Gott hat ja den Menschen bei seiner Erschaffung nicht GEFRAGT: „Möchtest du als Wesen mit freien Willen geschaffen werden oder nicht?", sondern Gott hat dem Menschen seinen freien Willen sozusagen AUFGEZWUNGEN, und eben genau darum wäre ein Schöpfergott ja voll verantwortlich für JEDE TAT seiner Geschöpfe auch und VOR ALLEM, wenn man den sogenannten „freien Willen" in Betracht zieht. Hinzu kommt noch: Ein ALLWISSENDER SCHÖPFERGOTT muss ja auf Grund seiner Allwissenheit auch noch GEWUSST haben, dass der Mensch den IN IHM VON GOTT EINGEBAUTEN freien Willen dahingehend benutzen würde, dass er sündigte, aus dem Paradies fiel und nun sein Leben hier auf Erden verbringen muss „im Schweiße seines Angesichtes". Ein Gott, der das Versagen seiner eigenen Geschöpfe voraussieht, voraussehen MUSS auf Grund seiner Allmacht und Allwissenheit, und der dann seine eigene Schöpfung dafür bestraft, der kann gar kein gnädiger allgütiger Gott sein, sondern der gleicht schon mehr dem „zürnenden und eifersüchtigen" Gott der Bibel, der sogar zugibt, in seiner Schöpfung versagt zu haben, und der sie darum wieder zerstört, mit Ausnahme von Noah und Familie. So macht es natürlich keinen Sinn und so ist es natürlich auch nie gewesen.

Gibt es dann keinen freien Willen? ABER NATÜRLICH gibt es einen freien Willen. Es gibt GAR NICHTS ANDERES als den freien Willen. Der ist aber nicht von Gott ERSCHAFFEN oder uns gegeben, sondern der ist DIE EINZIGE MÖGLICHKEIT, NIRVĀṆA oder Erlösung zu erlangen oder, wenn wir dies nicht wollen, zumindest eine gute Reinkarnation, ein schönes nächstes Leben. Der FREIE Wille, also die Entscheidung, das Gute UND das Böse zu tun, ist ja das EINZIGE Werkzeug und Mittel der Wesenheiten, um durch eigene Handlung und deren karmische Resultate zu LERNEN. Genau diesen freien Willen oder diese HANDLUNGSFREIHEIT spricht aber das heutige Christentum dem Menschen ab, es „kastriert" ihn sozusagen oder, freundlicher bezeichnet, es paralysiert ihn, indem es lehrt, dass der Mensch eben NICHT durch eigene Handlung erlöst werden kann, sondern NUR durch Jesus Tod am Kreuz. Genau dies aber ist eine geradezu kranke oder krankhafte Interpretation der Bibel und Jesus selbst hat so etwas natürlich NIE gelehrt. Was er lehrte, kann man in dem einen Satz zusammenfassen, den er zur Prostituierten sagte: „Geh und sündige nicht mehr!", oder wie Buddha sagen würde: „Geh und verursache kein schlechtes Karma mehr!"

So, dies musste mal gesagt werden und nun wird es Zeit für das Universum, wieder zu erwachen.

DAS WIEDERERWACHEN DES UNIVERSUMS

Das kabbalistische Gitter und die Supermonade lösen sich aus NIRVĀṆA

DAS UNIVERSUM ROTIERT UM DIE SUPERMONADE

Jeder Strahl, aber auch jedes Feuer ist Ausdruck und Beförderungsmittel (upādhi उपाधि) von göttlichen Mächten oder von Göttern, die allesamt leuchten durch die Supermonade oder Brahman, welches selbst erstrahlt vom Jenseits, dem Para. Daher Parabrahman oder auch NIRVĀṆA, das Ewig-Unerklärbare. AUM.

Genau genommen ist die hierarchische Reihenfolge der Emanation DREI in einem und dann Sieben. Es beginnt also mit der berühmten DREIEINIGKEIT, welche WEIBLICH ist und später von den Priestern männlich gemacht wurde. Wer's nicht glaubt, der lese es nach in der Sepher Jezirah, dem „Buch der Formationen". Da steht ganz klar: „Mütter, von denen drei Väter hervorkamen", etc. etc. Wer mehr darüber erfahren möchte, der möge DAS BUCH DES LICHTS lesen.

LUZIFER

Die Bibel verkündet hochesoterisches sowie wissenschaftliches Gedankengut, man muss sie nur mit dem rechten Verständnis lesen. So wie der Bulle die ganze Herde mit sich in den Abgrund zieht, so zieht die ERSTE Emanation, die Supermonade oder Gott, oder wie man sie nennen mag, alle anderen unwissenden und von Verlangen erfüllten Wesenheiten beim Wiedererwachen des Universums mit sich in die Welt der Materie und Dualität. Darum ist natürlich DER GOTT DER BIBEL der große Verführer. ER regiert die Welt, nämlich die Welt der Materie. ER gibt ihr den ersten EINDRUCK seiner Natur, vom höchsten Himmel zur niedersten Hölle. ER ist der ERSTGEBORENE, er ist, auch entsprechend der Bibel, der LICHTGEBORENE. Ihm sind ALLE unerlösten Wesen verfallen. ER ist der wahre Versucher und ER regiert die Welt. Der TEUFEL regiert die Welt und IHN beten die Gläubigen an, wenn sie beten: „... und führe uns nicht in Versuchung", denn wie wir ja wissen, Gott versucht nicht, es ist der TEUFEL, der versucht. DER TEUFEL regiert die Welt. Jesus sagt es uns klipp und klar in der Bibel in Johannes 12:31, 14:30, und 16:11: „Der Herrscher der Welt wird ausgestoßen werden." – „Der Herrscher der Welt kommt. Und er hat keine Macht über mich!" Warum wohl nicht? Nun, es mag sein, dass Jesus NIRVĀṆA erlangt hat. Dann kann ihm auch der Gott der Kirche nichts mehr anhaben. In John 5:19 lesen wir: „Der Teufel verführt die ganze Welt." Der Teufel macht dies ja auch dem Jesus klar, indem er ihn mitnimmt auf einen sehr hohen Berg und ihm alle Königreiche der Erde zeigte und ihre Herrlichkeit und ihm sagt: „Alle diese Dinge will ich dir geben, wenn du auf die Knie sinkst und mich verehrst!" Jesus widersteht natürlich. Aber hier wird klar, dass der Teufel ihm doch gar nicht geben könnte, was ihm nicht gehört. Die Welt gehört dem Teufel, dem Lichtgeborenen, bzw. der ERSTEN EMANATION, dem Gott der Religionen. In 2. Korinther 4:4 lesen wir, dass DER TEUFEL der „Gott dieser Ordnung der Dinge" ist. Der WAHRE Gott der Bibel ist natürlich NIRVĀṆA und der sogenannte Teufel ist GOTT, die erste Emanation, den, welchen sie alle anbeten. Ich aber sage: Ein WAHRHAFT ANBETUNGSWÜRDIGER wäre jener, der DIE GANZE WELT ÜBERWUNDEN HÄTTE und gar nicht mehr DORT IST, gar nicht mehr in MANIFESTATION ist, also natürlich ein Buddha, aber den verehren wir nicht, ist ja auch gar nicht nötig. In der Bibel muss Gott, der Herr (in Wirklichkeit NIRVĀṆA), hilflos zusehen, wie der Teufel Adam und Eva verführt. Nun darf man aber auch nicht gar zu sehr mit dem „Teufel" ins Gericht gehen. Verglichen mit Luzifer sind die meisten Menschen tausend Mal schlimmer, denn die ERSTE Emanation ist ja immer noch nur EINEN SCHRITT entfernt von NIRVĀṆA. Man bedenke also, dass der TEUFEL als VERSUCHER absolut notwendig ist, denn wo keine Versuchung ist, da ist auch keine Überwindung. OM.

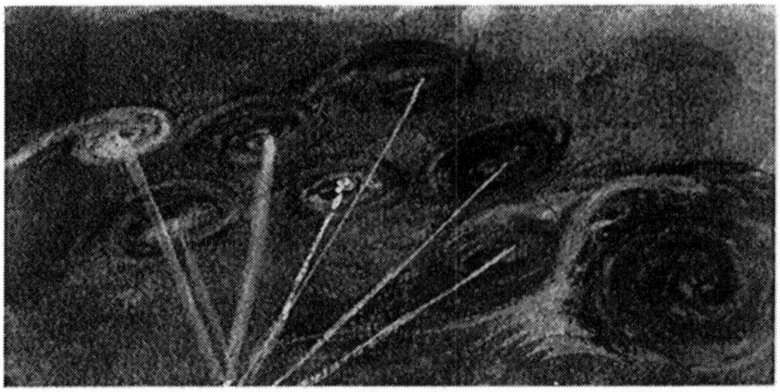

Die Supermonade, bestehend aus fast endlos vielen Unter-Monaden (Geist-Seelen in unterschiedlichem Bewusstseins- bzw. Verlangenszustand), emaniert entlang der kabbalistischen Struktur DIE SIEBEN STRAHLEN, welche das kosmische Feuer in sieben Feuer aufteilen. Es findet hier bereits eine 7-fältige Spaltung des Bewusstseins statt, wie sie sich auch später im Menschen als Geist-Seele-Denken-Tierseele-Astralkörper-Ätherkörper-Physischer Körper manifestiert. Es gibt daher nicht nur Evolution und/oder Schöpfung, sondern drei erste Stufen kosmischer Entwicklung: 1) Emanation, 2) Evolution und 3) Schöpfung auf den untersten Bewusstseinsplänen.

Oh Lanoo, du hast dich selbst erschaffen.

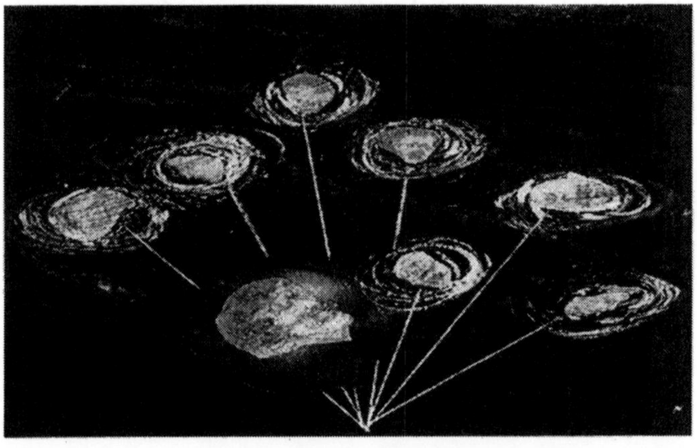

Das große Feuer will die kleinen Feuer verschlingen. Das ist der erste Krieg im Universum. Von da an erzeugt alles im Universum Karma, das nur durch Reinkarnation abgetragen werden kann. Der Geistkern oder die Wesenheit manifestiert sich viele Male im Stein, in der Pflanze, im Tier und im Menschen*, um dann wieder

* Aber: Der Mensch kann sich nicht in ein Tier oder gar in eine Pflanze zurückinkarnieren, es sei denn zeitweilig im Mental-Astralkörper als Bestrafung für böses bzw. schwarzmagisches Verhalten.

Gott zu werden. Das ist der Kreislauf des Lebens und der Wiedergeburt. AUM. Die höchstentwickelten Seelen manifestieren sich in Planeten oder auch als ganze Sonnensysteme. Oh Lanoo, du bist ein Sonnensystem und ein Gott für jene Wesen, die auf ihren Planeten (Atome und Moleküle deines Körpers) leben.

Kosmisches Karma (das Gesetz) projiziert das große rotierende Feuer in eine Zentralposition. Umgeben von den sieben kleineren Feuern kann es sie weder verschlingen, noch können sie entfliehen ... Die kleineren Feuer werden später zu sieben Mutter-Galaxien. Das zentrale Feuer wird zu ihrer Mutter (oder besser zum „älteren Bruder“, da es ja von derselben Gesamtmasse stammt), der Sonne.

Sieben Strahlen (Götter) erzeugen, von innen nach außen, fast endlos viele andere siebenfache Strahlen oder Götter. Dass es außer dem EINEN Gott auch noch andere Götter gibt, steht sogar in der Bibel geschrieben. In *Exodus XXII.28* und *Deuteronomie IV.19* können wir lesen: „Den Göttern sollst du nicht fluchen“ und dass Gott selbst es war, welcher sie „verordnet hat [oder verteilt hat unter] allen Nationen“. So hat jedes Volk, jede Nation, aber auch jeder Stamm seinen eigenen Gott oder seine eigene spirituelle Quelle, aus der sie geboren wurden und welche sie unglücklicherweise oft mit dem EINEN Gott verwechseln oder ihn dazu erklären, was die Hauptursache aller heutigen Probleme in der Welt ist. Die Rückkehr des esoterischen Wissens über den einen Gott (die Supermonade), dem alle anderen (Sieben Strahlen, 7 x 7, Jehovah, Allah etc.) entspringen, wird hoffentlich die friedliche Koexistenz aller Religionen unter der allvereinenden Schrift **DAS BUCH DES LICHTS** bewirken, bis sich schließlich auch alle Religionen zur NIRVĀṆA-Weltreligion in einer NIRVĀṆA-Gesellschaft vereinen werden. AUM.

Jeder dieser Strahlen oder Götter* umgibt sich, je nachdem, mit einer Galaxie, einem Sonnensystem, einer Sonne oder auch „nur" mit einem Planeten. Dies geschieht als ein Bewusstseinsvorgang von innen nach außen.

Materie ist auch mentale Masse. So ist denn auch jeder zukünftige Planet oder auch jedes Sonnensystem zuerst als ein abstrakter Gedanke (ein Verlangen nach Manifestation oder Bewusstwerdung) einer hohen Engel-Wesenheit (Planetenengel, Solarengel etc.) hervorgegangen, als ein Gedanke aus dem EINEN, welcher oder welches selbst dem EWIG-UNERKLÄRBAREN entspringt.

Jeder Planet und/oder jede Sonne ist das Haus eines Planeten-Engels, der in sich die Verlangenseinheiten oder Monaden aller künftigen Minerale, Pflanzen, Tiere, Menschen und Götter birgt. Diese Götter oder Sub-Emanationen stehen in der Hierarchie, welche mit dem EINEN** beginnt, tiefer als die ersten Sieben Strahlen,

---

* Die Götter, laut Herrn von Däneken als Raumfahrer bezeichnet, sind in Wirklichkeit die MANUS, aber auch vier kosmische Engel, welche sich, z. B. vor Ezekiel, als „Feuerräder" manifestierten und welche die vier Himmelsrichtungen bewachen, was wiederum der Grund ist, warum wir das Kreuz schlagen. Damit rufen wir die vier kosmischen Engel an. Ihre Namen sind: Raphael, Michael, Uriel und Gabriel. AUM.

** ... welcher DEM EWIG-UNERKLÄRBAREN (Parabrahman) entspringt. Aber Parabrahman wird bewusst in der Hierarchie ausgelassen, da es nicht definierbar, daher zu heilig und nicht einmal DEM EINEN verständlich ist.

welche auch Götter sind. Allen ist es bestimmt, auf ihrem speziellen Planeten, Sonne oder Sonnensystem „zur Schule zu gehen“.

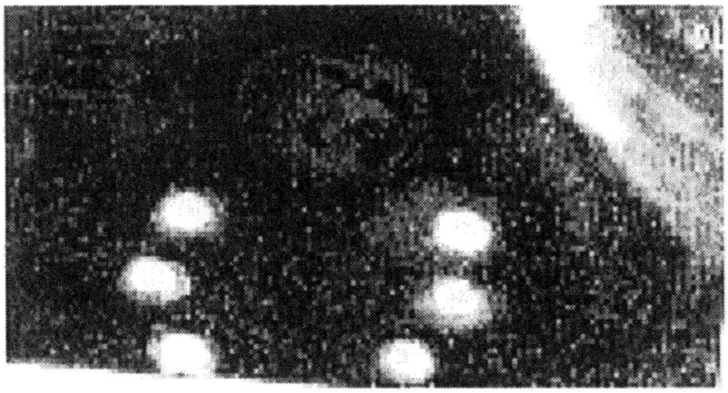

DIE PLANETARISCHE KETTE

Jeder Planet und/oder jede Sonne hat sechs Kontergloben, die für uns unsichtbar sind oder deren wir uns noch unbewusst sind. Diese Struktur nennt man „Die Planetarische Kette“. In Wahrheit sind alle sechs Globen der Kette miteinander verschmolzen, wenn auch auf verschiedenen Bewusstseinsebenen existierend. Jedes Atom im Universum ist Ausdruck und Gestalt einer Monade, einer spirituellen Einheit oder Geist-Seele, deren Bewusstseinszustand eben dieses Atom ist. Ohne Monade kein Atom.

Jede rupa रूप oder Form muss vergehen, wenn die Monade in ihr sich von ihr zurückzieht. Alle Monaden reflektieren auf der Planetarischen Kette von Planet A bis Planet G. Das nennt man eine Planetarische Runde. Nach sieben Runden oder 4.320.000.000 Jahren stirbt der Planet und projiziert dabei seine Lebensenergie in ein neues Zentrum. Dieses Zentrum wird laya (लय) genannt, das „schwarze Loch“ der Wissenschaft. Die Monaden ziehen sich zurück in den ihnen jeweils entsprechenden Status des NIRVĀṆA.

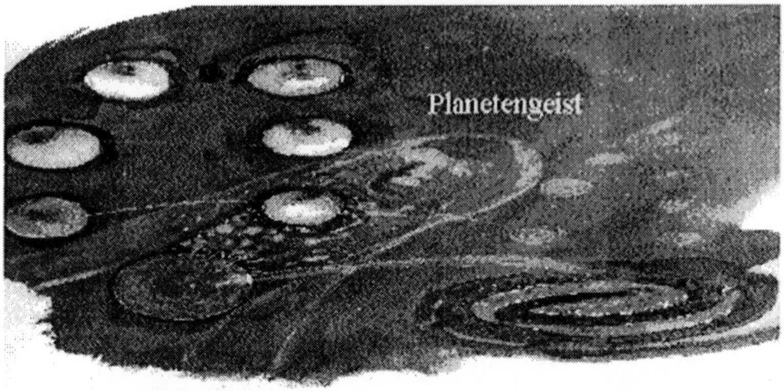

Alte Kette Neue Kette

Nach einer kosmischen Ruheperiode von 4.320.000.000 Jahren. Der Geist des Planeten und fast alle Monaden* reinkarnieren in das mit planetarischer Lebensenergie gefüllte „schwarze Loch" (laya), wobei sie um sich herum neue kosmische Materie anziehen, aber auch von Engeln damit versehen werden, was sich in folgender Ordnung manifestiert: a) Planetarischer Nebel, b) Planetarische Kometen, c) Planetarische Sonne und d) Planet, inklusive der korrekten hierarchischen Ordnung aller Lebensformen. Der alte oder sterbende Planet wird der Mond des neuen. So ist der Mond eines Planeten auch immer seine Mutter. Oh Lanoo, der Mond ist die Mutter der Erde.

* Außer denen, die noch im zwischenplanetarischen NIRVĀṆA auf „ihre Stunde" warten.

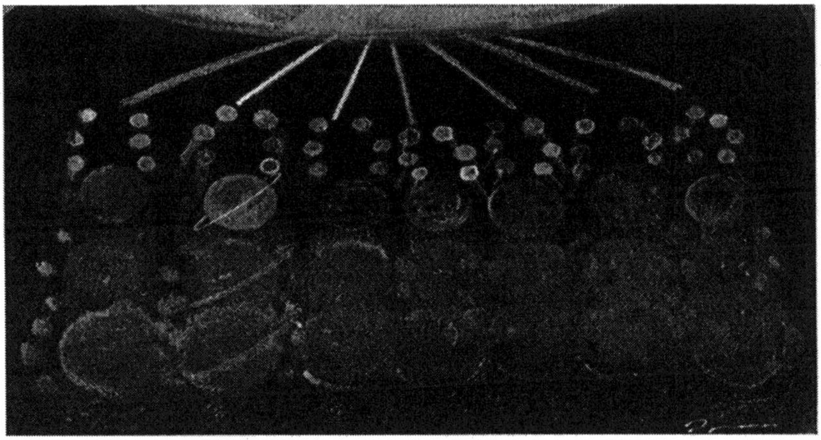

Alle planetarischen Ketten, so auch unsere Erde und unser Sonnensystem, lösen sich erst abstrakt, dann real im Augenblick des sogenannten „Ur-Knalls“ von ihrer Mutterkette, die wiederum aus den oder durch DIE SIEBEN STRAHLEN emaniert oder bewusst wurde oder hervorgedacht wurde (Wer denkt da?). Wie oft hat sich die Erde bisher als Planet (und seine Kette) im Universum reinkarniert? Antwort:

Aktive Periode:	4.320.000.000 Jahre
Ruheperiode:	4.320.000.000 Jahre

Zur Verfügung stehende Gesamtzeit, um diese Perioden der Aktivität und Ruhe auszuleben: 311.040.000.000.000 Jahre. Dann wiederholt sich derselbe Vorgang, doch jeweils auf einer höheren Bewusstseinsstufe.

Dividiere in der korrekten Weise die Länge der kosmischen Lebensperiode mit der Erd-Lebensperiode und du wirst wissen, wann die Mutterkette der Erde entstand und wie alt unser Planet Erde in der JETZIGEN Periode ihrer Aktivität ist.

30.249.000.000 v. Chr.
DIE GEBURT UNSERES SONNENSYSTEMS

Reihenfolge des Erscheinens der Planeten unseres Sonnensystems, nicht „weggeschleudert“ von der Sonne, sondern achtfach (sieben Planeten plus Sonne) abgetrennt durch die sieben Strahlen von einer großen Zentralsonnenmasse, dazu bestimmt, dieses Sonnensystem zu werden.

Mit Neptun, Uranus, Saturn, Erde etc. sind in der nachfolgenden Aufzählung nicht die Planeten von heute, sondern ihre Mutterketten, aus denen sie hervorgingen, gemeint.

Des Weiteren: Die Planeten vor etwa 30.249.000.000 Jahren waren nicht die mehr oder weniger festen Globen von heute, sondern zunächst super-transparente ätherische, sphärengleiche Strukturen, viele von ihnen von ätherischen Lebensformen bewohnt, welche - wie der Planet selbst - erst später feste Form annahmen. Also: Wenn z. B. der Planet Saturn den Planeten Neptun aus der Bahn wirft, dann ist damit gemeint, dass die ätherisch-sphäroide Mutterkette des heutigen Planeten Saturn die ätherisch-sphäroide Mutterkette des heutigen Planeten Neptun samt ätherischen Bewohnern aus der Bahn wirft.

1. Neptun
2. Uranus wirft Neptun aus der Bahn, sie dadurch vergrößernd.
3. Saturn wirft Neptun und Uranus aus ihren Umlaufbahnen, sie dadurch erweiternd. Neptun erkaltet und wird die Wiege für die erste menschliche Rasse. Es gab keine Tiere, nur der Mensch existierte zunächst als leuchtendes Energiefeld, welches von ätherischer kosmischer Substanz lebte. Doch sogar die Neptun-Menschen wurden selbst-gefällig ... Als dies geschah, wurde Neptun von Saturn aus der Bahn geworfen, die Umlaufbahn unserer heutigen Erde einnehmend.
4. Jupiter verdrängt den Planeten Saturn in den Orbit des heutigen Planeten Merkur.
5. Mars wirft Jupiter aus der Umlaufbahn.
6. Die Erde übernimmt die Umlaufbahn des heutigen Planeten Mars.
7. Der Planet Venus verdrängt die Erde.
8. Merkur erscheint.*

Wichtig: Planeten (ob ätherisch oder „materiell“) und Sonnen sind nur kosmische Wirkungen, verursacht durch BEWUSSTE FORMLOSE IMMATERIELLE INTELLIGENZEN oder PLANETEN- UND SONNENENGEL**. Wenn der Engel erscheint und mit ihm alle zu inkarnierenden Lebensformen, dann erscheint auch der Planet, zunächst als kosmischer Nebel etc., um sich dann mehr und mehr zu der

---

* Heißt es nicht „sieben Planeten plus Sonne“? Wo kommt plötzlich ein achter Planet her? Studiere **DAS BUCH DES LICHTS**.

** „Das Leben wohnt in jedem Sterne, Er wandelt mit den andern gerne, Die selbstgewählte, reine Bahn, Im innern Erdenball pulsieren, Die Kräfte, die zur Nacht uns führen, Und wieder zu dem Tag heran.“ (GOETHE)

planetarischen und solaren Struktur von heute (20. Jahrh.) zu entwickeln. All dies ist ein schwerer Schlag gegen die Entstehungstheorie von Kant und Laplace, welche unter anderem besagt, dass „die dichtesten Planeten zuerst von der Sonnenmasse abgeworfen wurden und ihr konsequenterweise am nahesten sind". Frage: Wenn das so ist, warum ist dann z. B. der der Sonne nähere Planet Venus weniger dicht als die weiter entferntere Erde?

Eine Verfeinerung oder Ätherisierung bzw. Spiritualisierung aller Lebensformen, die Planeten eingeschlossen*, findet heute bereits statt. Die Folge: Ein Ansteigen der natürlichen Radioaktivität. Wir befinden uns auf dem Weg zurück zu Gott. AUM.

Sonnensysteme entstehen alle paar Sekunden aufs Neue in der Unendlichkeit des Alls. Von daher gesehen ist die Geburt eines Sonnensystems nichts Neues. Erst vor ein paar Tagen haben Wissenschaftler die Geburt eines neuen Sonnensystems beobachtet, etwa 220 Lichtjahre entfernt von der Erde in der Konstellation Centaurus. „Es ist, als ob man einen lebenden Dinosaurier sähe", kommentiert Michael Werner vom NASA Jet Propulsion Laboratorium in Pasadena, Kalifornien. „Ja, wenn er denn dieses Sonnensystem auch als lebende Einheit sehen würde, dann gebührte ihm allein schon deshalb der Nobelpreis!", bin ich versucht zu erwidern. Sie benutzen die richtigen Worte, ziehen aber falsche Schlüsse, die Herren Wissenschaftler. Es handelt sich hier in der Tat, wie sie es selber nennen, um die „Geburt" eines Sonnensystems. Geboren werden kann aber nur, was lebt oder zum Leben drängt bzw. sich entsprechend seines Verlangens manifestiert. In anderen Worten: Eine WESENHEIT manifestiert sich hier, wie schon sooft im Kosmos. Die Sonne ist der Körper einer hochentwickelten Wesenheit, bei deren Erscheinen ein Abglanz aufgeht. So einfach und zugleich anscheinend so kompliziert ist das. Sämtliche Gesetze der Physik sind nicht in der Lage zu erklären, wie sich ein Sonnensystem gerade so strukturiert, wie z. B. das etwa 2000 Billionen km entfernte HR 4796. Dabei ist die Erklärung so einfach. Man darf nur nicht Ursache mit Wirkung verwechseln. Das sichtbare Sonnensystem, die Kollision und Formation von stellarem Staub und Planeten, ist nur Wirkung und nicht Ursache. Ursache ist die Wesenheit selbst, welche sich samt aller das System bewohnenden Wesenheiten manifestiert und sich unseren begrenzten Sinnen als Sonnensystem offenbart. Die „Gesetze" für die Geburt eines Sonnensystems wie eines Menschen gleichermaßen sind nicht in der Form selber zu suchen, sondern in der sich dahinter verbergenden und die Form (sei es nun ein Sonnensystem, ein Glühwurm oder ein Mensch etc.) verursachenden WESENHEIT. Wer es zu fassen vermag, der fasse es. OM.

---

* Wie es dazu kommt, dass ein Planet nach Ätherisierung zu einem sich verdichtenden Mond erkaltet, wird im **BUCH DES LICHTS** erklärt.

DAS ATOM

Jedes Sonnensystem ist ein kosmisches Atom, mit einer Sonne als Kern und den Planeten als „Elektronen“. Wir leben auf einem von nahezu unendlich vielen kosmischen Atomen, die den Körper einer galaktischen Wesenheit ausmachen. In demselben Maße leben Wesenheiten auf den Atomen unseres Körpers und empfinden diese als Sonnensysteme, Galaxien und Universen. Wir sind Götter für jene Wesenheiten, welche die Atome unseres Körpers bewohnen. OM.

„Wisst ihr nicht, dass ihr Götter seid?“ (Jesus)

Prof. Dr. von Purucker schreibt in *TRADITION*: »Im Jahre 1913 entwickelte der dänische Physiker Bohr eine außerordentlich interessante Vorstellung von dem physischen Atom, die sich in gewissem Grade den Lehren der Esoterischen Philosophie nähert. Trotz der Modifikationen der Bohrschen Theorie, die seit 1913 erfolgt sind, werden elektromagnetische und andere Phänomene der Natur mit fast unheimlicher Präzision in dem Sinne erklärt, dass das physische Atom eine Art Sonnensystem en miniature und andererseits unser Sonnensystem sowie jedes andere Sonnensystem ein kosmisches Atom ist. Jedes Atom hat seine atomare „Sonne“, welche die Wissenschaftler heute ein Proton oder ein Aggregat von mit Elektronen verbundenen Protonen nennen. Ebenso hat es seinen oder seine Planeten, Elektronen genannt, die mit unglaublicher Geschwindigkeit um ihre zentrale atomare Sonne herumwirbeln. Im Falle des Wasserstoffatoms, das heute für den Urbaustein der physischen Materie gehalten wird, haben wir nur einen Planeten oder ein Elektron mit seinem einen Proton oder seiner einen atomaren Sonne. Der große Wert der Bohrschen Vorstellung besteht darin, dass sie analog ist: Sie folgt dem Muster, das durch andere und größere Strukturen und Prozesse der Natur gegeben ist. Was die Natur an einer Stelle tut, wird logischerweise, ja mit Notwendigkeit an anderen Stellen wiederholt, weil sie e i n fundamentales letztes Gesetz, e i n e n letzten fundamentalen Aktionsablauf verfolgt, der allenthalben in ihrem Gesamtbereich wirksam ist. Bohrs Vorstellung ist ein unbewusster Tribut an die sehr alte und esoterische Lehre von der Analogie, denn Analogie ist eine Folgerungsmethode, die auf der Natur selbst und allein auf ihr beruht. Trotz vieler, zum Teil sehr erregter Gegenäußerungen tritt sie in modernen Zeiten mehr und mehr als eine Art Schlussfolgerung in Erscheinung, der unsere modernsten wissenschaftlichen Theoretiker oder Theorien vielleicht nur halbbewusst folgen. Es muss jedoch bemerkt werden, dass es auch so etwas wie falsche Analogien gibt, auf die man nur zu leicht hereinfällt und die folglich unrichtige Darstellungen der Funktionen und Vorgänge der Natur sind; und vor diesen falschen Analogien muss der Schüler ständig auf der Hut sein.

Es gibt eine andere, noch neuere Auffassung über den strukturellen Charakter des physischen Atoms, eine modernere als die Bohrsche. Wir verdanken sie der Arbeit von Physikern wie zum Beispiel Schrödinger und de Broglie, deren Ansichten in jedem Werk über moderne Physik gefunden werden können.

Die neuere Vorstellung von der inneren Struktur und den Funktionen des Atoms ist ebenso interessant und einstweilen ebenso annehmbar wie das Bohr-Atom.

Beide Strukturen sind in ihrer Essenz eine mehr elektrische Wesenheit, ob sie nun diffus ist, wie Schrödinger sagt, oder ob sie in ihrem Muster strenger nach der Art unseres Sonnensystems ist, wie Bohr sagt. Von Wichtigkeit ist, dass die Zusammensetzung des Atoms, was auch immer seine Struktur und innere Organisation sein mag, großenteils elektrisch ist. Das heißt, ein Atom ist eine aus Kräften zusammengesetzte Wesenheit, und diese Kräfte bringen sich als Materie zum Ausdruck. Dies steht soweit im genauen Einklang mit der Esoterischen Philosophie.

Bohrs Theorie, das Atom sei eine Art Miniatur-Sonnensystem, steht zumindest in Einklang mit der gesamten Natur, so wie wir sie kennen, einerlei, welche Mängel man in Zukunft dieser Theorie wird nachweisen können. Sie basiert auf analogischer Schlussfolgerung; sie ist nicht eine bloße Hypothese, die in einer vorübergehenden Phase der modernen Physik, die zugestandenermaßen noch ein ehrgeiziges Kind ist, willkürlich entwickelt wurde, um einem vermeintlichen Bedürfnis entgegenzukommen oder einem vermeintlichen Mangel abzuhelfen. Es ist gerade die Verbindung analoger Schlussfolgerung mit der anderen wissenschaftlichen Idee, dass die Substanz der Materie essenziell Kraft sei, auch wenn sie von Bohr halb unbewusst vollzogen wurde, die dem Schüler der Esoterischen Philosophie das Bohr-Atom so anziehend macht, zumindest in seinem allgemeinen Umriss. Die Zeit wird zeigen, wie viel Wahrheit Bohrs Bild vom Atom enthielt und wie viel Wahrheit in späteren Theorien über die atomare Struktur steckt – die Zeit und auch die Experimente, die von wirklich bemerkenswerten Forschern der physikalischen Chemie durchgeführt werden. Ob zukünftige Forschung zeigen wird, dass Bohr oder irgendein späterer Forscher exakter in der Entwicklung einer Vorstellung von der atomaren Struktur war, macht für unseren gegenwärtigen Zweck nicht das geringste aus. Die wesentlichen Vorstellungen scheinen in fast allen modernen Theorien über die atomare Struktur mehr oder weniger dieselben zu sein. Sie besagen, dass das Atom fast nur aus Hohlräumen besteht oder aus ätherischen Räumen aufgebaut ist und dass die Partikel der Substanz, die es enthält, hauptsächlich aus Elektrizität bestehen – mannigfaltig zusammengesetzt aus ihren „positiven“ und „negativen“ Eigenschaften oder Teilen.

So besteht also die physische Welt, die für unsere Sinne scheinbar so fest ist, wenn man sie auf Atome reduziert, hauptsächlich aus Hohlräumen, Zwischenräumen oder ätherischen Räumen, die hauptsächlich mit Partikeln negativer und positiver Elektrizität, Elektronen, Protonen, Positronen usw., angefüllt sind, die wechselseitig aufeinander wirken und durch ihre gemeinsame Arbeit die gesamte physische Welt und ebenfalls alle sie zusammensetzenden Teile aufbauen.

Unglaublich ist die Geschwindigkeit der Bewegung, die diesen elektrischen Partikeln von der modernen wissenschaftlichen Theorie zugeschrieben wird. Dr. E. E. Fournier d'Albe schrieb vor mehreren Jahren im Londoner „Observer“ über die Bahnen dieser Elektronen und ihre Geschwindigkeit beim Verfolgen ihres mutmaßlich kreisähnlichen Laufes um ihre atomare protonische Sonne:

„In diesem Miniatur-Sonnensystem (des Atoms) würde das Jahr durch die Zeit eines Umlaufs (eines Elektrons) um die zentrale 'Sonne' dargestellt werden. Da diese Umläufe im Tempo von einigen Billionen Mal in einer Sekunde vor sich gehen, so ist es klar, dass, wenn wir auch nur für einen Augenblick zuschauen, ungezählte Zeitalter und geologische Ären atomarer Zeit verstreichen."

Professor W. F. G. Swann vermittelte eine modernere Anschauung von der atomaren Zeit, die auf einem elektronischen Umlauf oder einem elektronischen Jahr beruht, verglichen mit menschlicher Zeit (siehe „The Architecture of the Universe", S. 56 ff., 1934).

Es gibt Wesen im Universum, deren Zeitbewegung so langsam ist, dass für sie der Umlauf unseres Planeten Terra um unseren zentralen Himmelskörper, den wir als ein Jahr bezeichnen, eine unberechenbar kurze Zeitperiode wäre, vorausgesetzt, wir würden unser Sonnensystem als ein „kosmisches Atom" ansehen - eine Lehre der Esoterischen Philosophie -, wie es von intuitiven Wissenschaftlern genannt wird. Es wäre für sie sogar unbedeutender als der Umlauf eines Elektrons um seine atomare Sonne, was ein atomares Jahr ausmacht, das für uns zeitlich sehr gering ist. Andererseits würde eines unserer Jahre für unendlich kleine Wesen quasi eine Ewigkeit sein. Wir könnten sie uns mit vollkommener Berechtigung auf einem atomaren Elektron lebend vorstellen - auf einem der atomaren Planeten -, auf dem sie ihre Lebenszeit verbringen.

Das Leben unseres Universums ist, wenn der Ewigkeit gegenübergestellt, sozusagen nur ein Augenblinzeln; uns aber erscheint es als eine Quasi-Ewigkeit, denn es währt Billionen menschlicher Jahre. So betrachtet, ist das Menschenleben nur ein flüchtiger Augenblick in endloser Dauer, obwohl es von ungeheurer Zeitlänge ist im Vergleich zu dem verwirrend schnellen Erscheinen und Verschwinden der Infinitesimalen in der atomaren Welt.

Ferner wird von Wissenschaftlern gesagt, dass die atomaren Entfernungen, die Elektron von Elektron und diese von ihrem protonischen Zentrum oder ihrer Sonne trennen, im Atom relativ ebenso groß sind wie die Entfernungen in unserem kosmischen Sonnensystem, die Planet von Planet und diese von unserer Sonne trennen. Es besteht kein Grund, warum diese äußerst eindrucksvolle Lehre, Erklärung oder Behauptung der modernsten Naturwissenschaft nicht wahr sein sollte. Wir müssen uns vergegenwärtigen, dass alle Dinge in diesem Universum für uns relativ sind und dass folglich die mutmaßlich fundamentalen Dinge wie Raum und Zeit ebenso relativ sind wie alle anderen darin enthaltenen Dinge. Beide, Raum und Zeit, sind, wie die Esoterische Philosophie lehrt, māyāvisch oder illusorisch in der Hinsicht, dass weder letztere noch ersterer – wenn wir dem Ausdruck „Raum" die Bedeutung von Ausdehnung geben – etwas Äußerliches sind. Da sich die Anwendung der Ausdrücke „Raum" und „Zeit" hier nur auf physische Dinge oder „Ereignisse" bezieht und diese daher unmissverständlich vorübergehend sind, kann keines von beiden „absolut" genannt werden; und dies ist nach Einstein in diesem Aspekt oder Teil seiner Relativitätstheorie durchaus richtig.

In Schriften der Esoterischen Philosophie wird häufig auf Einsteins Relativität Bezug genommen. Dies schließt nicht eine pauschale Annahme dieser Theorie in sich und besonders nicht die daraus abgeleiteten mathematischen Deduktionen. Es ist die grundlegende Idee der Relation oder der Relativitäten, die der Schüler in der Natur und somit auch hinsichtlich der Lehren der Esoterischen Tradition getreu erkennt. Doch hat sich der Schüler der Esoterischen Philosophie stets die hohe

Wahrscheinlichkeit vor Augen gehalten, dass, nachdem die Einsteinsche Theorie ihre Zeit gehabt oder eine gewisse Popularität innegehabt hat, irgendein neuer Mathematiker mit einer anderen Theorie auftreten wird, mit einer vielleicht moderneren als der von Einstein entwickelten. Diese neue Theorie würde dann die Relativitätstheorie Einsteins entweder bedeutend modifizieren oder gar an ihre Stelle treten aufgrund des höheren wissenschaftlichen Wertes und der überlegenen Genauigkeit in Vorausschau und Erklärung, die diese neuere Theorie mit sich bringt.

Eine solche neuere Theorie scheint bereits ins Leben getreten zu sein, wie berichtet wird. Sie ist das geistige Kind des indischen Naturwissenschaftlers und Mathematikers, Sir Shah Sulaimans, M. A., LL. D., der erster Richter am obersten Gerichtshof zu Allahabad in Indien ist. Dieses neue mathematische Wunder – der Verfasser dieses Buches bezieht sich hier auf die Theorie und nicht auf den hervorragenden Hindū, dessen Kind sie ist – soll nachdrücklicher in der Aussage und akkurater in der Erklärung sein als Einsteins Theorie. Unter anderem wird von ihr behauptet, dass die mathematischen Gleichungen dieser Theorie die Gleichungen Newtons auf eine erste annähernde Berechnung und diejenigen Einsteins auf eine zweite annähernde Berechnung reduzieren.

Als Beispiele für ihre größere Genauigkeit in der Aussage wird behauptet, dass diese neue Theorie von Sir Shah Sulaiman die Größe der Veränderung der Fraunhoferschen Linien im Sonnenspektrum fast perfekt, wenn nicht vollkommen voraussagt. Was die Ablenkung des Sternenlichtes bei seinem Vorübergang an der Sonne betrifft, so soll diese neue Theorie eine größere Genauigkeit aufweisen als die von Einstein.

So sind, modernen wissenschaftlichen Ideen zufolge, auch die Atome aufgebaut, die unseren Körper bilden. Sie sind somit unendlich kleine Kopien, sie wiederholen die Reflexionen jenes größeren kosmischen Atoms, das gemäß menschlicher Kenntnis das Sonnensystem genannt wird. Da die interplanetarischen Räume leer oder nahezu leer erscheinen und keine physischen Dinge sichtbar sind, wird von „leerem Raum“ gesprochen; ebenso ist auch unser Körper hauptsächlich eine solche „räumliche Leere“. Doch darf man keinen Augenblick lang meinen, dieses „Vakuum“ sei tatsächlich ein „Nichts“ – eine Idee, die absurd ist. Die sogenannten Leerräume sind mit „ätherischen“ Substanzen angefüllt, geradeso wie die kosmischen Räume unseres Sonnensystems und die größeren kosmischen Räume unseres galaktischen Universums mit kosmischem Äther angefüllt sind.«

EIN ZEITSPRUNG
Etwa 30.248.999.500 Jahre später

Etwa 30.248.999.500 Jahre später, also um 500 v. Chr., erscheint Gautama Buddha in der Meditation vor Brahmā (anderer Name für unseren „lieben Gott" etc.) und klärt ihn auf über die wahren Umstände seiner (Brahmās) Existenz.

BUDDHA BELEHRT BRAHMĀ (GOTT), DAS HÖCHSTE SELBST UNSERES SONNENSYSTEMS (DESSEN KÖRPER DIE SONNE IST)

Wichtig: Ich werde oft gefragt, wieso denn der Buddha wusste, dass auch die Götter vergänglich sind? Die Antwort: Während seiner Meditationen gewinnt der Buddha ein derartiges hellsichtiges Schauen Menschen UND Götter betreffend, dass er, sobald er ein Wesen erblickt, sei es nun ein Mensch oder ein Gott, sofort dessen Karma und vergangene Leben erkennt und das derart bedingt Entstandene natürlich gemäß seiner wahren Natur als anattā, nicht das Selbst, und damit als VERGÄNGLICH erkennt. NUR DESHALB war es ja dem Buddha möglich, sich auch vom höchsten Götterhimmel zu lösen und NIRVĀṆA zu erlangen. Der religiöse, Gott verehrende Mensch mag dies natürlich nicht begreifen, sondern verehrt lieber das, wovon er sich eigentlich lösen sollte*. Sei's drum. So wurde denn der Buddha zum Lehrer der Menschen UND der Götter, den Höchsten eingeschlossen. OM.

Der folgende Exkurs verdeutlicht, warum Gautama Buddha zu Recht der Lehrer von Menschen **und** Göttern genannt wird. In seiner Meditation gelingt es dem Buddha, bis zum Brahmā-Himmel vorzudringen. Dort „sieht" er Brahmā selbst, welcher ihm verkündet: „Hier ist das Ewige, hier das Beharrende, hier ist die Vollkommenheit und Unvergänglichkeit; denn hier wird man nicht geboren, noch altert und stirbt man, **und es gibt keine höhere Zuflucht darüber hinaus.**" Doch der Buddha klärt Brahmā auf (!), dass Brahmā sich mit dieser (seiner) Annahme im Irrtum befindet und dass er (Brahmā) sich nur nicht mehr **erinnern** kann, wann er zum ersten Mal in die Brahmā-Himmelswelt eintrat, da die Brahmāwelt eine ungeheure Lebensdauer hat und da Brahmā genau aus diesem Grunde ein Ausscheiden für unmöglich hält, ganz nach der, obwohl falschen Logik, dass, wer sich an den Anfang nicht erinnert, auch das Ende nicht für möglich hält. Der Buddha belehrt Brahmā in folgender Weise (Brahmā wird hier vom Buddha auch mit „Bako" angesprochen): „Gering ist diese - (eure) - Lebensdauer, nicht lange, die du, Bako, für eine lange Lebensdauer hältst. Als eine solche von 100.000 Nirabbudas** kenne ich deine Lebensdauer, oh Brahmā."

---

* Damit will ich nichts gegen ernst und gut gemeinte Gebete gesagt haben. Besser, einen Gott zu verehren, als gar keinen Glauben oder Wissen zu haben. Wer guten und aufrichtigen Herzens Gott verehrt und ihn anbetet, der kommt wenigstens in den Himmel, und das ist ja auch kein schlechter (wenn auch vergänglicher) Ort. OM.

** Nach Esoterischer Wissenschaft über 60 Milliarden Jahre.

Dr. Georg Grimm schreibt in *Buddhistische Weisheit*: »Es ist geradezu erstaunlich, mit welcher Schärfe und Deutlichkeit vom Buddho den Inkarnationen (avatāras), den Menschwerdungen des Gottes, auf die sich manche Religionsbekenntnisse zurückführen, der ihnen gebührende Platz in der moralischen Weltordnung bestimmt wurde. In der ersten Rede des Dīgha-Nikāya heißt es nämlich, im Verlauf der Weltentwicklungen komme irgendwo wieder einmal ein noch leerer Brahmā-Himmel zum Vorschein. Ein Wesen aus noch höheren Welten [z. B. NIRVĀṆA. Lanoo] sinke, nach Ablauf seiner Lebensdauer dortselbst, als erstes in den noch leeren Brahmā-Himmel hinab. Nachdem es lange Zeiten allein in ihm verweilt habe, erhebe sich in ihm der Wunsch: „Oh, dass doch andere Wesen noch hier erscheinen!" Und andere Wesen erscheinen auf dem Wege der Wiedergeburt in diesem Brahmā-Himmel, ohne Erinnerung an ihre früheren Existenzen [wie Brahmā so auch Lanoo]. Da werde jenem **ersten** Wesen also zumute: „Ich bin Brahmā, der große Brahmā, der Herr, der Schöpfer, der Erschaffer, der Vater von allem, was da war und sein wird; von mir sind diese Wesen erschaffen. Ich habe ja vordem gewünscht: 'Oh, dass doch andere Wesen noch hier erschienen!'" Die Wesen aber, die später erschienen, auch diese vermeinen dann: „Das ist der liebe Brahmā [der liebe Gott. Lanoo], der große Brahmā, der Herr, der Schöpfer, der Erschaffer, der Vater von allem, was da war und sein wird." Da möge es geschehen, dass eines der Wesen dem Brahmā-Himmel entschwinde und hier auf Erden wiedergeboren werde. Daselbst werde ihm das Hausleben zuwider, es ziehe deshalb in die Hauslosigkeit hinaus und erinnere sich allmählich an seine frühere Daseinsform im Brahmā-Himmel, *nicht aber an seine vor diesem zurückliegenden Existenzen.* Da sage es sich nun: „Er, der liebe Brahmā, der große Brahmā, der Herr, der Schöpfer, der Erschaffer, der Vater von allem, was da war und sein wird, von ihm sind wir erschaffen. Er ist unvergänglich, ewig, während wir, die wir von ihm erschaffen wurden, vergänglich sind, sterben müssen."«

So irren sich beide, der „Schöpfer" und seine „Geschöpfe". Es gibt daher weder eine Schöpfung noch eine Evolution, sondern bestenfalls eine EMANATION von immer vorhandenen Kräften oder Wesenheiten, die sich periodisch manifestieren und auf den UNTEREN Plänen von höheren Wesenheiten (Manus) mit ihren, im Falle des Menschen sechs und dann sieben, Körpern versehen werden, um ihr Karma von der vergangenen Periode der Manifestation auszuleben. Wenn man will, kann man das als Schöpfung bezeichnen. Die Religionen fangen also allesamt zu spät an in ihren „Heiligen Schriften". Lange vor deren „Schöpfung" gab es eine EMANATION aller Wesenheiten, Gott zuerst, alle anderen Wesenheiten später, und erst auf den unteren Plänen wurde „geschaffen". Und damit auch die Darwinisten nicht zu kurz kommen, jawohl, **dann** gab es auch eine Evolution, obwohl nicht so wie Darwin sich das vorstellte. Der Anthropologe Charles Robert Darwin ist so überholt wie der Biologe Koch und jeder Sachkundige weiß das.

So stellt sich also folgende Sachlage dar: Sogar Gott muss „sterben", wenn wir unter Gott den Gott der Religionen verstehen, die erste Emanation. Dieser Gott ist zwar das höchste Prinzip, aber nur das höchste Prinzip **in Manifestation,** also eben immer noch **innerhalb** der Welt, und wird darum, zusammen mit der Welt, in oder von NIRVĀṆA absorbiert, wenn seine Zeit gekommen ist.* Gott GLAUBT also nur, der Schöpfer zu sein, und so glauben es auch die meisten Geschöpfe, es sei denn, sie finden Erleuchtung durch die Lehre des Buddha.

Diese richtige Erkenntnis, die erste Emanation Brahmā, aber auch Brahman betreffend, wirft natürlich ein etwas ernüchterndes Licht auf jene Religionen, die ihre Avatāras so sehr verehren als Manifestation oder Menschwerdung Gottes. Denn was ist ein Avatāra? Ein Avatāra अवतार ist die Niederkunft oder Herabkunft oder das Herabsteigen einer Gottheit oder eines Teiles dieser Gottheit bzw. eines Teiles oder einer Reflexion von Brahmā oder Brahman in die menschliche Welt, in einen menschlichen Körper. Das Wort Avatāra stammt von der Präposition *ava*-nach unten, abwärts und dem Verb *tri*-passieren. Die esoterische Definition ist folgende: Ein Avatāra ist ein ewiger Gott in vergänglicher menschlicher Form. Diese Definition stimmt jedoch nicht, da auch der Gott, von dem der Avatāra emaniert, vergänglich ist. Daher wäre es richtiger zu sagen: Ein Avatāra ist ein **vergänglicher** Gott in **vergänglicher** menschlicher Form. Es ist jedoch richtig, dass ein Avatāra nicht dem Gesetz der Reinkarnation unterworfen ist. Was geschieht, ist Folgendes: Durch einen Akt der Gnade, oder wenn die Umstände es erlauben, manifestiert sich von Zeit zu Zeit eine Reflexion der höchsten und ersten Emanation (dem Gott der Religionen) in eine hochentwickelte Bodhisattva Seele und einen Körper, der spirituell rein genug ist. Der Vorgang selbst ist jedoch, diese besondere Emanation betreffend, ein einmaliger, das heißt, dass eine einmalige avatārische Reflexion nicht reinkarniert, sondern nach ihrer Manifestationsperiode wieder in die Urmonade zurückversinkt und dort absorbiert wird. Diese explosionsartigen „flashes“ oder avatārischen Blitze und Emanationen von der höchsten geistigen Quelle** geschehen immer und überall, wann und wo auch immer die Bedingungen dazu gegeben sind, also z. B. eine bodhisattvische Seele, verbunden mit einem in vielen Inkarnationen gereinigten Körper. Der Buddha, Jesus und andere wurden von solchen Avatāra Reflexionen überschattet. Anstatt sich jedoch in der Seligkeit einer solchen „Überschattung“ zu verlieren, nutzte der Buddha diese Gelegenheit und belehrte sogar das ihn Überschattende mit den Worten: „Du bist vergänglich!“ Dies war wohl der einzige Fall in der Geschichte der Menschheit, wo ein Gott von dem Vehikel lernte, in das er sich gesenkt hatte, obwohl es andererseits wiederum einen esoterischen Lehrsatz gibt, welcher besagt, dass die Götter sich von den Menschen „nähren“ oder durch sie lernen. Sollte es wirklich so sein, dass **der Mensch** - und nicht Gott - die höchste aller Emanationen ist? Sind die *Elohīm* der Bibel deshalb neidisch auf den Menschen, wollten sie ihm deshalb, laut *Genesis*, nicht gestatten, „einer von uns“ zu werden? Ahnten sie bereits, dass der Mensch sie bald an Weisheit überragen würde, geführt von dem einen und einzigen wahren Gott NIRVĀṆA und seinem Propheten Lanoo, während sie und ihre „auserwählte Nation“, dazu

---

* Für Brahman, das Selbst des Universums, in etwa 155.000.000.000.000 Jahren. Für Brahmā, das Selbst des Sonnensystems, in etwa 30.000.000.000 Jahren. Es gibt also ein Brahman und nahezu unendlich viele Brahmā.

** Womit nicht NIRVĀṆA gemeint ist, da NIRVĀṆA das ist, woraus die erste und höchste geistige Quelle emaniert. NIRVĀṆA ist höher als jede geistige Struktur. NIRVĀṆA kann man nur erfahren, wenn man sich auch vom Geist löst, da ja der Geist vergänglich ist.

verbannt durch ihr Karma, immer noch in ihrer phallizistischen Religion gefangen sind?

Wir sehen also, wie **alle** Welten, sichtbar und unsichtbar, von hier bis hoch zum höchsten Gott, mit allen ihren Bewohnern, im Unklaren bzw. in Unwissenheit sind bezüglich der Lage, in der sie sich befinden. Ist es da ein Wunder, dass die gesamte Welt seit Urzeiten eine Māyā, eine Illusion, genannt wird? **Darum** wurde der Buddha gesandt und darum offenbarte sich mir, zum ersten Male in diesem Mahā Mahā-Manvantara महा महा मन्वन्तर, der eine und einzig wahre Gott NIRVĀṆA. Warum dies nicht schon früher geschah? Weil die Herren des Karma es noch nicht für richtig befanden.

In dem gerade erwähnten Beispiel stieg Buddha hinauf zu einem Gott und belehrte ihn. In dem nun folgenden Beispiel steigt ein Gott (Sakko) herab zum Buddha und fragt ihn um Rat. Ich zitiere aus Sakkos Fragen, zweiter Teil, achte Rede der Längeren Sammlung von K. E. Neumann:

DAS HAB ICH GEHÖRT.

SAKKOS FRAGEN

»Da hat nun der Erhabene bei sich erwogen: „Lange schon ist dieser Sakko lauteren Sinnes. Was er auch immer für eine Frage an mich stellen wird, es wird alles gewiss zu Nutzen und Frommen sein, nicht ohne Sinn und Verstand. Und was ich ihm auf seine Fragen antworten werde, das wird er gar bald verstehn." So hat denn der Erhabene zu Sakko dem König der Götter auf diese Weise gesprochen:

„Wohlan denn, Guter, frage mich
Was irgend nur dein Herz begehrt:
Und Frag' um Frage will ich dir
Gern lösen bis zum letzten Wort."

Vorgelassen vom Erhabenen hat nun Sakko der Götterkönig diese erste Frage an den Erhabenen gerichtet:

„Welche Fessel, o Würdiger, bindet Götter und Menschen, Riesen, Schlangengeister und Himmelsboten, und wer es auch sei von gewöhnlichem Schlage? Den Vorsatz: 'Ohne Wut, ohne Heftigkeit, ohne Feindschaft, ohne Hass wollen wir bleiben, frei von Groll', diesen Vorsatz fassen sie wohl: aber sie werden alsbald wütend, heftig, feindlich, gehässig, von Groll erfüllt."

So war die Frage, die Sakko der Götterkönig an den Erhabenen gerichtet hat. Also gefragt, hat ihm der Erhabene geantwortet:

„Neid und Eigensucht ist die Fessel, Götterkönig, die Götter und Menschen bindet, Riesen, Schlangengeister und Himmelsboten, und wer es auch sei von gewöhnlichem Schlage. Den Vorsatz: 'Ohne Wut, ohne Heftigkeit, ohne Feindschaft, ohne Hass wollen wir bleiben, frei von Groll', diesen Vorsatz fassen sie wohl: aber sie werden alsbald wütend, heftig, feindlich, gehässig, von Groll erfüllt."

So hat der Erhabene die von Sakko dem Götterkönig gestellte Frage beantwortet. Zufrieden war Sakko der Götterkönig, über des Erhabenen Rede billig erfreut: „Ja so ist es, Erhabener, ja so ist es, Willkommener! Da ist mir kein Bedenken geblieben, jeder Zweifel geschwunden, nachdem ich vom Erhabenen die Antwort vernommen." Wie da nun Sakko der Götterkönig über des Erhabenen Rede billig erfreut war, hat er dann eine weitere Frage an den Erhabenen gerichtet:

„Neid und Eigensucht aber, o Würdiger, wo wurzeln die, woraus entwickeln sie sich, woraus entstehn sie, woraus erwachsen sie? Was muss denn sein, damit Neid und Eigensucht erscheint, und was muss nicht sein, damit Neid und Eigensucht nicht erscheint?"

„Neid und Eigensucht, Götterkönig, wurzeln in Liebem und Unliebem, entwickeln sich aus Liebem und Unliebem, entstehn aus Liebem und Unliebem, erwachsen aus Liebem und Unliebem: Liebes und Unliebes muss sein, damit Neid und Eigensucht erscheint, Liebes und Unliebes muss nicht sein, damit Neid und Eigensucht nicht erscheint."

„Liebes und Unliebes aber, o Würdiger, wo wurzelt das, woraus entwickelt es sich, woraus entsteht es, woraus erwächst es? Was muss sein, damit Liebes und Unliebes erscheint, und was muss nicht sein, damit Liebes und Unliebes nicht erscheint?"

„Liebes und Unliebes, Götterkönig, wurzelt im Willen, entwickelt sich aus dem Willen, entsteht aus dem Willen, erwächst aus dem Willen: Wille muss sein, damit Liebes und Unliebes erscheint, Wille muss nicht sein, damit Liebes und Unliebes nicht erscheint."

„Der Wille aber, o Würdiger, wo wurzelt der, woraus entwickelt er sich, woraus entsteht er, woraus erwächst er? Was muss sein, damit Wille erscheint, und was muss nicht sein, damit Wille nicht erscheint?"

„Der Wille, Götterkönig, wurzelt in der Erwägung, entwickelt sich aus der Erwägung, entsteht aus der Erwägung, erwächst aus der Erwägung: Erwägung muss sein, damit Wille erscheint, Erwägung muss nicht sein, damit Wille nicht erscheint."

„Die Erwägung aber, o Würdiger, wo wurzelt die, woraus entwickelt sie sich, woraus entsteht sie, woraus erwächst sie? Was muss sein, damit Erwägung erscheint, und was muss nicht sein, damit Erwägung nicht erscheint?"

„Die Erwägung, Götterkönig, wurzelt in der Reihe der Sonderwahrnehmungen, entwickelt sich aus der Reihe der Sonderwahrnehmungen, entsteht aus der Reihe der Sonderwahrnehmungen, erwächst aus der Reihe der Sonderwahrnehmungen: die Reihe der Sonderwahrnehmungen muss sein, damit Erwägung erscheint, die Reihe der Sonderwahrnehmungen muss nicht sein, damit Erwägung nicht erscheint."

„Wie aber, o Würdiger, muss ein Mönch beflissen sein, um den tauglichen Pfad einzuschlagen, auf dem die Reihe der Sonderwahrnehmungen sich auflösen lässt?"

„Fröhlichkeit, sag' ich da, Götterkönig, ist von doppelter Art: als zu betreiben, als nicht zu betreiben; Traurigkeit, sag' ich da, Götterkönig, ist von doppelter Art: als zu betreiben als nicht zu betreiben; Gleichmut, sag' ich da, Götterkönig, ist von doppelter Art: als zu betreiben, als nicht zu betreiben. – 'Fröhlichkeit, sag' ich da, Götterkönig, ist von doppelter Art: als zu betreiben, als nicht zu betreiben': das ist gesagt worden; und warum ist das gesagt worden? Wo man bei einer Fröhlichkeit merkt: 'Indem ich da fröhlich bin mehren sich mir die unheilsamen Dinge und die heilsamen Dinge mindern sich': eine solche Fröhlichkeit ist nicht zu betreiben. Wo man bei einer Fröhlichkeit merkt: 'Indem ich da fröhlich bin mindern sich mir die unheilsamen Dinge und die heilsamen Dinge mehren sich': eine solche Fröhlichkeit ist zu betreiben. Wo es nun hier mit Gedanken, mit Überlegung geschieht, und wo es ohne Gedanken, ohne Überlegung geschieht: da ist ohne Gedanken, ohne Überlegung edler. 'Fröhlichkeit, sag' ich da, Götterkönig, ist von doppelter Art: als zu betreiben, als nicht zu betreiben': wurde das gesagt, so war es darum gesagt."

„'Traurigkeit, sag' ich da, Götterkönig, ist von doppelter Art: als zu betreiben, als nicht zu betreiben': das ist gesagt worden; und warum ist das gesagt worden? Wo man bei einer Traurigkeit merkt: 'Indem ich da traurig bin mehren sich mir die unheilsamen Dinge und die heilsamen Dinge mindern sich': eine solche Traurigkeit ist nicht zu betreiben. Wo man bei einer Traurigkeit merkt: 'Indem ich da traurig bin mindern sich mir die unheilsamen Dinge und die heilsamen Dinge mehren sich': eine solche Traurigkeit ist zu betreiben. Wo es nun hier mit Gedanken, mit Überlegung geschieht, und wo es ohne Gedanken, ohne Überlegung geschieht; da ist ohne Gedanken, ohne Überlegung edler. 'Traurigkeit, sag' ich da, Götterkönig, ist von doppelter Art: als zu betreiben, als nicht zu betreiben': wurde das gesagt, so war es darum gesagt."

„'Gleichmut, sag' ich da, Götterkönig, ist von doppelter Art: als zu betreiben, als nicht zu betreiben': das ist gesagt worden; und warum ist das gesagt worden? Wo man bei einem Gleichmute merkt: 'Indem ich da gleichmütig bin mehren sich mir die unheilsamen Dinge und die heilsamen Dinge mindern sich': ein solcher Gleichmut ist nicht zu betreiben. Wo man bei einem Gleichmute merkt: 'Indem ich da gleichmütig bin mindern sich mir die unheilsamen Dinge und die heilsamen Dinge mehren sich': ein solcher Gleichmut ist zu betreiben. Wo es nun hier mit Gedanken, mit Überlegung geschieht, und wo es ohne Gedanken, ohne Überlegung geschieht: da ist ohne Gedanken, ohne Überlegung edler. 'Gleichmut, sag' ich da, Götterkönig, ist von doppelter Art: als zu betreiben, als nicht zu betreiben': wurde das gesagt, so war es darum gesagt. – So aber, Götterkönig, muss ein Mönch beflissen sein um den tauglichen Pfad einzuschlagen, auf dem die Reihe der Sonderwahrnehmungen sich auflösen lässt."

So hat der Erhabene die von Sakko dem Götterkönig gestellte Frage beantwortet. Zufrieden war Sakko der Götterkönig, über des Erhabenen Rede billig erfreut: „Ja so ist es, Erhabener, ja so ist es, Willkommener! Da ist mir kein Bedenken geblieben, jeder Zweifel geschwunden, nachdem ich vom Erhabenen die Antwort vernommen." Wie da nun Sakko der Götterkönig über des Erhabenen Rede billig erfreut war, hat er dann eine weitere Frage an den Erhabenen gerichtet:

„Wie aber, o Würdiger, muss ein Mönch beflissen sein um sich der reinen Zucht gemäß wohl zu bewahren?"

„Wandel in Werken, sag' ich da, Götterkönig, ist von doppelter Art: als zu betreiben, als nicht zu betreiben; Wandel in Worten, sag' ich da, Götterkönig, ist von doppelter Art: als zu betreiben, als nicht zu betreiben; Nachspüren, sag' ich da, Götterkönig, ist von doppelter Art: als zu betreiben, als nicht zu betreiben. 'Wandel in Werken, sag' ich da, Götterkönig, ist von doppelter Art: als zu betreiben, als nicht zu betreiben': das ist gesagt worden; und warum ist das gesagt worden? Wo man bei einem Wandel in Werken merkt: 'Indem ich da diesen Wandel in Werken betreibe mehren sich mir die unheilsamen Dinge und die heilsamen Dinge mindern sich': ein solcher Wandel in Werken ist nicht zu betreiben. Wo man bei einem Wandel in Werken merkt: 'Indem ich da diesen Wandel in Werken betreibe mindern sich mir die unheilsamen Dinge und die heilsamen Dinge mehren sich': ein solcher Wandel in Werken ist zu betreiben. 'Wandel in Werken, sag' ich da, Götterkönig, ist von doppelter Art: als zu betreiben, als nicht zu betreiben': wurde das gesagt, so war es darum gesagt."

„'Wandel in Worten, sag' ich da, Götterkönig, ist von doppelter Art: als zu betreiben, als nicht zu betreiben': das ist gesagt worden; und warum ist das gesagt worden? Wo man bei einem Wandel in Worten merkt: 'Indem ich da diesen Wandel in Worten betreibe mehren sich mir die unheilsamen Dinge und die heilsamen Dinge mindern sich': ein solcher Wandel in Worten ist nicht zu betreiben. Wo man bei einem Wandel in Worten merkt: 'Indem ich da diesen Wandel in Worten betreibe mindern sich mir die unheilsamen Dinge und die heilsamen Dinge mehren sich': ein solcher Wandel in Worten ist zu betreiben. 'Wandel in Worten, sag' ich da, Götterkönig, ist von doppelter Art: als zu betreiben, als nicht zu betreiben': wurde das gesagt, so war es darum gesagt."

„'Nachspüren, sag' ich da, Götterkönig, ist von doppelter Art: als zu betreiben, als nicht zu betreiben': das ist gesagt worden; und warum ist das gesagt worden? Wo man bei einem Nachspüren merkt: 'Indem ich da dieses Nachspüren betreibe mehren sich mir die unheilsamen Dinge und die heilsamen Dinge mindern sich': ein solches Nachspüren ist nicht zu betreiben. Wo man bei einem Nachspüren merkt: 'Indem ich da dieses Nachspüren betreibe mindern sich mir die unheilsamen Dinge und die heilsamen Dinge mehren sich': ein solches Nachspüren ist zu betreiben. 'Nachspüren, sag' ich da, Götterkönig, ist von doppelter Art: als zu betreiben, als nicht zu betreiben': wurde das gesagt, so war es darum gesagt. So aber, Götterkönig, muss ein Mönch beflissen sein um sich der reinen Zucht gemäß wohl zu bewahren."

„Wie aber, o Würdiger, muss ein Mönch beflissen sein, um die Sinne zügeln zu können?"

„Durch das Gesicht bewusstbar werdende Form, sag' ich da, Götterkönig, ist von doppelter Art: als zu betreiben, als nicht zu betreiben; durch das Gehör bewusstbar werdender Ton, durch den Geruch bewusstbar werdender Duft, durch den Geschmack bewusstbar werdender Saft, durch das Getast bewusstbar werdende Tastung, durch das Gedenken bewusstbar werdendes Ding, sag' ich da, Götterkönig, ist von doppelter Art: als zu betreiben, als nicht zu betreiben."

Auf diese Worte hat Sakko der Götterkönig zum Erhabenen also gesprochen:

„Was da, o Herr, der Erhabene in Kürze gesagt hat, das versteh' ich also ausführlich erklärt: bei was für einer durch das Gesicht, o Herr, bewusstbar werdenden Form, indem man sie pflegt, die unheilsamen Dinge sich mehren und die heilsamen Dinge sich mindern, eine solche durch das Gesicht bewusstbar werdende Form ist nicht zu pflegen; doch bei was für einer durch das Gesicht, o Herr, bewusstbar werdenden Form, indem man sie pflegt, die unheilsamen Dinge sich mindern und die heilsamen Dinge sich mehren, eine solche durch das Gesicht bewusstbar werdende Form ist zu pflegen. Bei was für einem durch das Gehör bewusstbar werdenden Ton, durch den Geruch bewusstbar werdenden Duft, durch den Geschmack bewusstbar werdenden Saft, durch das Getast bewusstbar werdenden Griff, durch das Gedenken bewusstbar werdenden Ding, o Herr, indem man es pflegt, die unheilsamen Dinge sich mindern und die heilsamen Dinge sich mehren, das ist zu pflegen. Wie ich, o Herr, was der Erhabene in Kürze gesagt hat also ausführlich erklärt verstehe, ist mir kein Bedenken geblieben, jeder Zweifel geschwunden, nachdem ich vom Erhabenen die Antwort vernommen." Da hat denn Sakko der Götterkönig, über des Erhabenen Rede billig erfreut, eine weitere Frage an den Erhabenen gerichtet:

„Haben denn nicht eigentlich, o Würdiger, alle Asketen und Priester nur eine Lehre, nur eine Regel, nur eine Absicht, nur ein Ziel?"

„Nicht wohl, Götterkönig, haben alle Asketen und Priester nur eine Lehre, nur eine Regel, nur eine Absicht, nur ein Ziel."

„Warum aber, o Würdiger, haben nicht alle Asketen und Priester nur eine Lehre, nur eine Regel, nur eine Absicht, nur ein Ziel?"

„Mancherlei Art, verschiedener Art ist, Götterkönig, die Welt: was für eine Art eben die Wesen sich aneignen, in dieser mancherleiartigen, verschiedenartigen Welt, eben das nur mögen sie dabei beharrlich pflegen, sich aneignen, behaupten: 'Dies nur ist Wahrheit, Unsinn anderes'; darum haben nicht alle Asketen und Priester nur eine Lehre, nur eine Regel, nur eine Absicht, nur ein Ziel."

„So sind denn, o Würdiger, nicht alle Asketen und Priester durchaus vollkommen, durchaus gesichert, durchaus geheiligt, durchaus am Ziel angelangt?"

„Nicht wohl, Götterkönig, sind alle Asketen und Priester durchaus vollkommen, durchaus gesichert, durchaus geheiligt, durchaus am Ziel angelangt."

„Warum aber, o Würdiger, sind nicht alle Asketen und Priester durchaus vollkommen, durchaus gesichert, durchaus geheiligt, durchaus am Ziel angelangt?"

„Die da, Götterkönig, als Mönche durch Tilgung des Durstes erlöst sind, die sind durchaus vollkommen, durchaus gesichert, durchaus geheiligt, durchaus am Ziel angelangt; darum sind nicht alle Asketen und Priester durchaus vollkommen, durchaus gesichert, durchaus geheiligt, durchaus am Ziel angelangt."

So hat der Erhabene die von Sakko dem Götterkönig gestellte Frage beantwortet. Zufrieden war Sakko der Götterkönig, über des Erhabenen Rede billig erfreut: „Ja so ist es, Erhabener, ja so ist es, Willkommener! Da ist mir kein Bedenken geblieben, jeder Zweifel geschwunden, nachdem ich vom Erhabenen die Antwort vernommen." Wie da nun Sakko der Götterkönig über des Erhabenen Rede billig erfreut war, hat er dann zum Erhabenen also gesprochen:

„Regung, o Herr, ist Krankheit, Regung Siechtum, Regung Stachel: Regung reißt da den Menschen herum zu dieser und wieder zu dieser Rückkehr ins Dasein; so wird da der Mensch bald empor, bald herab getrieben. – Die Fragen, o Herr, auf die mir außerhalb von hier bei anderen Asketen und Priestern eben kein Gehör gegeben wurde, die hat mir der Erhabene beantwortet, die mir lange angelegen waren: und den Stachel der Ungewissheit und des Zweifels, der mich plagte, den hat mir der Erhabene ausgezogen.“

„So erinnerst du dich, Götterkönig, dass du diese Fragen schon an andere Asketen und Priester gestellt hast?“

„Ich erinnere mich, o Herr, dass ich diese Fragen schon an andere Asketen und Priester gestellt habe.“

„Auf welche Weise aber, Götterkönig, haben sie es dir erklärt? Wenn es dir nicht ungelegen ist, sage das.“

„Es ist mir, o Herr, nicht ungelegen, wenn der Erhabene zugegen ist, oder dem Erhabenen Ähnliche.“

„Wohlan denn, Götterkönig, so rede.“

„Was ich da, o Herr, unter Asketen und Priestern verstehe, das waren im Walde zurückgezogen lebende Einsiedler. Zu denen bin ich herangetreten und habe diese Fragen gestellt. Von mir befragt haben sie keinen Bescheid gegeben, ohne Bescheid zu geben vielmehr an mich die Frage gerichtet: ‘Wie heißt der Ehrwürdige?’ Da hab’ ich ihnen denn geantwortet: ‘Ich bin, ihr Würdigen, Sakko der Götterkönig.’ Nun haben die an mich eben eine weitere Frage gestellt: ‘Was hat wohl der Ehrwürdige, Götterkönig, für eine Tat begangen, um an diesen Ort zu kommen?’ Da hab’ ich ihnen denn nach meinem Wissen und Vermögen die Lehre dargelegt. Und sie waren mit so wenig schon zufrieden: ‘Sakko ja haben wir, den Götterkönig, gesehn: und was wir uns erfragt haben, das hat er uns offenbar gemacht!’ Und ich glaube gar, sie sind meine Anhänger geworden, und nicht ich der ihre. Ich aber bin, o Herr, des Erhabenen Anhänger, bin Hörer der Botschaft, dem Verderben entronnen, eile zielbewusst der vollen Erwachung entgegen.“

„Erinnerst du dich wohl, Götterkönig, ehemals schon eine solche Befriedigung, eine solche Freude empfunden zu haben?“

„Ich erinnere mich, o Herr, ehemals schon eine solche Befriedigung, eine solche Freude empfunden zu haben.“

„Inwiefern aber, Götterkönig, erinnerst du dich, ehemals schon eine solche Befriedigung, eine solche Freude empfunden zu haben?“

„Es war einmal, o Herr, ein Kampf zwischen Göttern und Riesen zum Ausbruch gekommen. In diesem Kampfe nun, o Herr, siegten die Götter, die Riesen aber wurden geschlagen. Als ich nun, o Herr, jenen Kampf siegreich bestanden, glücklich beendet hatte, sagte ich mir: ‘Was da nunmehr himmlische Kraft ist und was Riesenkraft ist, beides werden von jetzt an die Götter genießen!’ Da war denn, o Herr, mein Gefühl der Befriedigung, Gefühl der Freude mit Kriegsgedanken, mit Schlachtgedanken verquickt, hat nicht zur Abkehr, nicht zur Wendung, nicht zur Auflösung, nicht zur Aufhebung, nicht zur Durchschauung, nicht zur Erwachung, nicht zur Erlösung getaugt. Was da nun aber bei mir, o Herr, nachdem ich vom Erhabenen die Lehre vernommen, Gefühl der Befriedigung, Gefühl der Freude ist, das ist ohne Kriegsgedanken, ohne Schlachtgedanken, einzig zur Abkehr, zur Wendung, zur Auflösung, zur Aufhebung, zur Durchschauung, zur Erwachung, zur Erlösung tauglich.“

„Wie hast du denn, Götterkönig, Anlass gefunden um ein solches Gefühl der Befriedigung, Gefühl der Freude anzukünden?“

„Sechsmal, o Herr, hab' ich Anlass gefunden um ein solches Gefühl der Befriedigung, Gefühl der Freude anzukünden:

Solang' ich hier noch weilen kann,
Als Gott geboren wie ich bin,
Erlang' ich neue Lebensmacht:
Und also meld' ich's an, o Herr.

Das ist, o Herr, der erste Anlass, den ich gefunden, um ein solches Gefühl der Befriedigung, Gefühl der Freude anzukünden.

Dem Reich des Himmels einst entlebt,
Entschwunden dieser Götterbahn,
Erscheinen werd' ich unverstört
In neuem Schoße, froh erstehn.

Das ist, o Herr, der zweite Anlass, den ich gefunden, um ein solches Gefühl der Befriedigung, Gefühl der Freude anzukünden.

Wohl eingedenk der Fragen hier,
Der Antwort weil ich gern gelauscht,
Auf rechtem Pfade bleib' ich dann,
Mit klarem Geiste, klug bedacht.

Das ist, o Herr, der dritte Anlass, den ich gefunden, um ein solches Gefühl der Befriedigung, Gefühl der Freude anzukünden.

Auf rechtem Pfade so bewährt,
Kann selbst Erwachung auf mir gehn,
Vollkommen Wissen reif erblühn,
Und offenbar das Ende sein.

Das ist, o Herr, der vierte Anlass, den ich gefunden, um ein solches Gefühl der Befriedigung, Gefühl der Freude anzukünden.

Entschwunden aus der Menschenwelt,
Dem Menschenreiche fern entkehrt,
Auch wieder kann ich werden Gott,
Zuhöchst im Himmel kreisen um.

Das ist, o Herr, der fünfte Anlass, den ich gefunden, um ein solches Gefühl der Befriedigung, Gefühl der Freude anzukünden.

Bei jenen zarten Geistern dann,
Altvordergöttern, hoch gerühmt:
Im letzten Ringe kreisend auf,
Ist Einkehr auch dahin bereit.

Das ist, o Herr, der sechste Anlass, den ich gefunden, um ein solches Gefühl der Befriedigung, Gefühl der Freude anzukünden. – Das ist es, o Herr, was ich sechsmal als Anlass gefunden habe um ein solches Gefühl der Befriedigung, Gefühl der Freude anzukünden. –

Mein Sinn war unstet, unbestimmt,
In Zweifeln hangend, bang bewegt:
Die lange Laufbahn zog ich hin,
Den Meister suchend für und für.

Von Büßern was ich einst gesehn,
An Orten einsam, abgewandt:
'Es sind Erwachte', meint' ich schon,
Mocht' um sie weilen, nahe sein.

'Wie kann man Wohl erwerben hier,
Und wie verloren heißen Weh?'
So fragt' ich; doch es war umsonst:
Sie wussten keinen Weg und Steg.

Und als sie mich erkannten dann,
'Es ist der Götterherr bei uns',
Da fragten sie mich selber gar:
'Um welche Tat erscheinst du hier?'

So zeigt' ich ihnen treulich an
Das Rechte, wie das Volk es weiß;
Alsbald zufrieden sprachen sie:
'Wir sehn den Guten Geist vor uns!' –

Seitdem den wachen Herrn ich sah,
Der über allen Zweifel setzt,
Da weiß ich nichts von Zagen mehr,
Dem wachen Meister nahebei.

Des Durstes Stechen wer gestaut,
Der Meister ohne Gegenbild,
Der hohe Sieger sei gegrüßt,
Der von der Sonne her entstammt.

Wie einst dem Brahmā wir, o Herr,
Gehuldigt mit der Götterschar,
So geb' ich heute dir den Preis,
Fürwahr, aus eigner Zuversicht.

Nur du bist völlig auferwacht,
Bist unser aller Meisterherr:
So weit die Welt mit Göttern reicht,
Ist keiner deinesgleichen da."

Alsbald hat nun Sakko der Götterkönig sich an den Fünfstrahligen jungen Himmelsboten gewandt:

„Einen großen Dienst hast du, mein Fünfstrahliger, mir erwiesen, der du den Erhabenen zuerst günstig gestimmt hast. Von dir, mein Lieber, zuerst günstig gestimmt, ist Er, der Erhabene, dann von uns aufgesucht worden, der Heilige, vollkommen Erwachte. In dein väterliches Erbe setz' ich dich ein, König der Himmelsboten sollst du werden. Und Bhaddā die Sonnenhuldin geb' ich dir: die hast du ja gern."

Darauf hat Sakko der Götterkönig, mit der Hand über die Erde streichend, dreimal tief aufatmend dies verlauten lassen:

„Verehrung dem Erhabenen,
Dem heilig auferwachten Herrn!

Verehrung dem Erhabenen,
Dem heilig auferwachten Herrn!

Verehrung dem Erhabenen,
Dem heilig auferwachten Herrn!"

Während da nun diese Darlegung stattgefunden hatte, war Sakko dem Götterkönige das abgeklärte, abgespülte Auge der Wahrheit aufgegangen:

„Was irgend auch entstanden ist
Muss alles wieder untergehn."

So sind die Fragen, die Sakko der Götterkönig stellen zu dürfen gebeten hatte, vom Erhabenen beantwortet worden. Darum ist diese Darlegung eben „Sakkos Fragen" benannt.«

SOLL MAN GOTT ANBETEN?

Wer an Gott glaubt und mit Gott wiedergeboren werden will, der stellt sich besser gut mit ihm. Wer NIRVĀṆA will, den braucht auch ein Gott nicht zu bekümmern. Dies soll nun im Folgenden erklärt werden. Das gesamte Universum mit allem darin ist eine bewusste lebende Wesenheit. Die Sonnensysteme, Planeten und Galaxien etc. etc. sind die Atome und Moleküle des Körpers dieser Wesenheit. Wir leben also auf den Atomen und Molekülen des Körpers einer bewussten Wesenheit, dessen Körper das Universum ist. Das Universum ist also damit der Körper eines Gottes in Manifestation. Die HÖHEREN Aspekte dieses Gottes sind uns nicht sichtbar, können aber im Gebet erreicht werden. INNERHALB dieses Gottes gibt es sogenannte SCHAREN von Subgöttern, niedriger angesiedelt in der Hierarchie, darunter Engel, Dämone etc. etc. Alle diese Wesenheiten waren einmal sichtbar für uns, vor vielen Millionen, aber auch Milliarden von Jahren, als wir unter den Göttern wandelten, sie sahen. Damals hatten wir geistige Körper. Dann fielen wir, teils aus Notwendigkeit, teils aus eigenem Entschluss, in die fleischliche Zeugung. Als wir die Götter nicht mehr sahen, hielten wir Verbindung aufrecht durch Riten und Gebete etc. So ist dies bis heute geblieben. Ein BUDDHA war so rein, der konnte sich in der Meditation leicht auch mit dem höchsten Gott des gesamten Universums in Verbindung bringen. Manchmal erschien auch ein Gott vor Buddha.

Der Gott der Erde ist JEHOVAH. Sein Körper ist Planet Erde. Jehovah war davor der Gott des Mondes. Jehovah versah und versieht uns mit physischem und Astralkörper, dem Sitz der Motorik, Triebe und Leidenschaften. Darum wird Jehovah auch meistens von sehr MATERIALISTISCHEN Menschen angebetet, da dieser Gott in der Tat gewisse physische und emotionale Einflüsse auf uns hat. ER hat uns ja mit diesen Vehikeln versehen. Wir sind „Fleisch von seinem Fleisch". Es sind dieser Gott Jehovah und auch andere Subgötter wie Allah etc., die von den jeweiligen Religionen angebetet werden. Diese Götter sind ELOHĪM der niederen Ordnung und weit davon entfernt, vollkommen zu sein. Darum spricht die Bibel auch von einem zürnenden Gott.

Dieser Gott, dessen Körper die Erde ist, zeigte sich auch manchmal seinen Verehrern, wenn er günstig gesinnt war. Er reagiert aber auch auf Tier- und Menschenopfer. So erklären sich auch die blutrünstigen Menschenopfer der Antike etc. „Jehovah vergibt nicht ohne Blutvergießen", heißt es in der Bibel. Nun, all dies haben wir uns selbst eingebrockt, durch unser Verlangen nach einem physischen Körper und den Lüsten, die er uns verspricht. Dann muss man auch den Preis zahlen. Jehovah verlangt IMMER unseren Körper zurück, denn er gehört ja ihm. Es ist alles nur geliehen auf dieser schönen Welt. So ist also das LEBEN immer mit dem Opfer des Todes verbunden, das jeder bringen muss, EGAL, welchen Gott er anbetet. Genau diesem Gott muss er sich selbst dann opfern. Höhere Götter haben unsere Geistkörper geschaffen, uns mit ihnen versehen. Mit diesen Geistkörpern erwachen wir im Himmel, aber auch da nicht für immer. Auch dort wird uns der Geistkörper wieder entrissen. Betet man also einen höheren Gott an, dann wird man in dessen Himmel aufgenommen, aber auch dort erwartet einen trotz aller Seligkeit das Ende. Also, man sei vorsichtig, welchen Gott man anbetet und was man von ihm will. Das wird man dann nämlich auch erreichen, aber der Preis ist hoch. Auf Erden kostet er den Körper und im Himmel gar die Seele bzw. den Seelenkörper oder den Geist. So war es, so ist es und so wird es immer sein. OM.

BUDDHA hat das ganze Spiel durchschaut. Er war viele Male ein Mensch, ein Gott und sogar ein Teufel. Er wusste, dass wir nur Hamster sind in einer universalen Tretmühle. Aber aus dieser Tretmühle gibt es einen Ausgang. Um den zu erreichen, muss man jedoch fit sein oder arh. Arh ist ein Sanskritwort und bedeutet fit. Fit wozu? Nun, fit genug, um sich LÖSEN zu können von all diesen göttlichen, jedoch illusionären, weil vergänglichen Körpern und dem Verlangen danach. Man muss sich von allem lösen und ist somit nicht mehr unter dem Bann der Götter, die einen ja mit den verschiedenen Körpern versehen. Darum: Wer NIRVĀṆA will, überragt jeden Gott und ist nicht mehr unter seinem Einfluss, ja er wird der LEHRER eines Gottes und mag sogar erreichen, dass dieser Gott selbst auf Erden wiedergeboren wird, um von DORT NIRVĀṆA zu erlangen. Die Wahl liegt beim Leser, die kann ich ihm nicht abnehmen. DEN WEG ZU NIRVĀṆA kann ich sehr wohl weisen. Wer Augen hat zu sehen, Ohren zu hören und ein Gehirn zum Denken, der weiß, was er zu tun hat. OM.

So führt uns also diese Erkenntnis zu der Frage:

SIND WIR DEN GÖTTERN, JA GOTT SELBST ÜBERLEGEN?

Man bedenke nur: Selbst ein Gott muss zuerst wieder als Mensch geboren werden, wenn er NIRVĀṆA erlangen will. Nur hier auf Erden ist die Waage zwischen Gut und Böse, die es ermöglicht, sich von allem zu lösen. Der Buddha beschreibt ja auch, wie ein Gott einst auf Erden kam, um von den Mönchen den Pfad zu NIRVĀṆA zu lernen, und wie dieser Gott ganz enttäuscht war, als die Mönche IHN befragten und ganz beeindruckt waren von seiner Göttlichkeit. Tatsache ist: Wer sich NIRVĀṆA als Ziel setzt, hat einem Gott schon einiges voraus, denn ein Gott muss ja erst noch einmal Mensch werden, um DANN den Pfad zur Erlösung zu betreten. Von daher gesehen könnte sogar ein Meditations-Anfänger der Lehrer eines Gottes werden, falls er in der Meditation das Reich eines solchen Gottes betreten sollte. Dann sollte er nicht vor Ehrfurcht erstarren oder gar dieser Gott-Ebene anhaften, sondern völlig losgelöst dem Gott das Geheimnis des Pfades enthüllen und somit sein Lehrer werden. OM. Nun verstehen wir auch, warum die Bibel verkündet, dass wir eines Tages über die Engel regieren werden. Im Lichte dieser Erkenntnisse ist es mehr als schade, dass der Mensch Religionen erfindet und seine Zeit damit vergeudet, Gott und die Götter anzubeten, sie um diese oder jene Gefälligkeiten zu bitten, anstatt ihr LEHRER zu werden und ihnen das Ende des Leidens zu zeigen.

Und nun zurück zu unserer kosmischen Chronologie:

15.000.000.000 v. Chr.

Die Wesenheit des späteren Meisters **EL MORYA**, Chohan des ersten Strahls, inkarniert zum ersten Mal auf dem Planeten Merkur. Von dort inkarniert er auf den Mond unserer Erde und dann auf die Erde, wo er der persönliche Lehrer Blavatskys wurde und sie, zusammen mit anderen Meistern, zur „Geheimlehre" inspirierte. Heute (20. Jahrh.) lebt der Meister Morya in einem kleinen Tal in Tibet, von wo aus er unsere aus den Fugen geratene Welt mit segensreicher Energie versieht.

Der Meister Morya मोय ist als Nachfolger des Vaivasvata Manu वैवस्वत मनु dazu bestimmt, der Manu oder die geistige Führungsquelle der 6. Wurzelrasse zu werden. AUM.

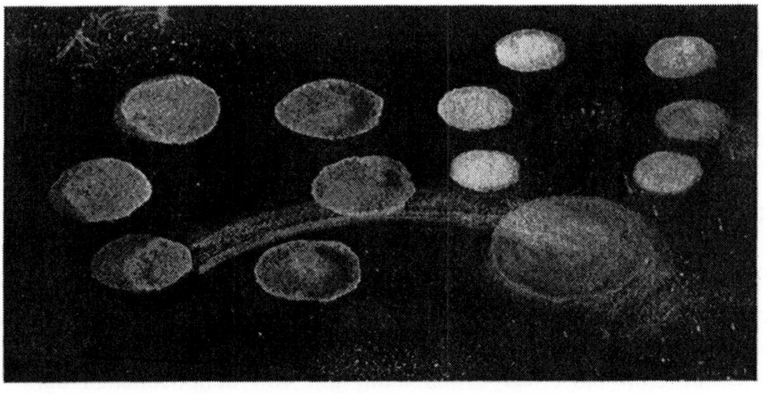

10.809.000.000 v. Chr.
DIE GEBURT DES MONDES

Die Geburt des Mondes aus einer Mutterkette ohne physischen D-Planeten. Wie es jetzt Leben und Zivilisation auf der Erde gibt, so gab es auch damals Leben und Zivilisation auf dem Mond, wenn auch weniger entwickelt. Die Erde ist jetzt, was damals (als wir noch auf dem Mond lebten) die astrale Ebene für uns war.

VOR ETWA 8.320.000.000 JAHREN AUF DEM MOND

Der Lord Gautama Buddha und Lord Maitreya wechseln zum ersten Male vom Tierreich zum Menschenreich, als zunächst primitive Menschen. (Die meisten von uns waren da noch Tiere auf dem Mond.) Über hundert Millionen Jahre später schwören der Buddha und Maitreya bzw. die Wesenheiten, die später Buddha und Maitreya werden sollten, (auf dem F-Globus der Mondkette) vor Lord Dipankara (4. Venuskette), dass sie Buddhas werden.

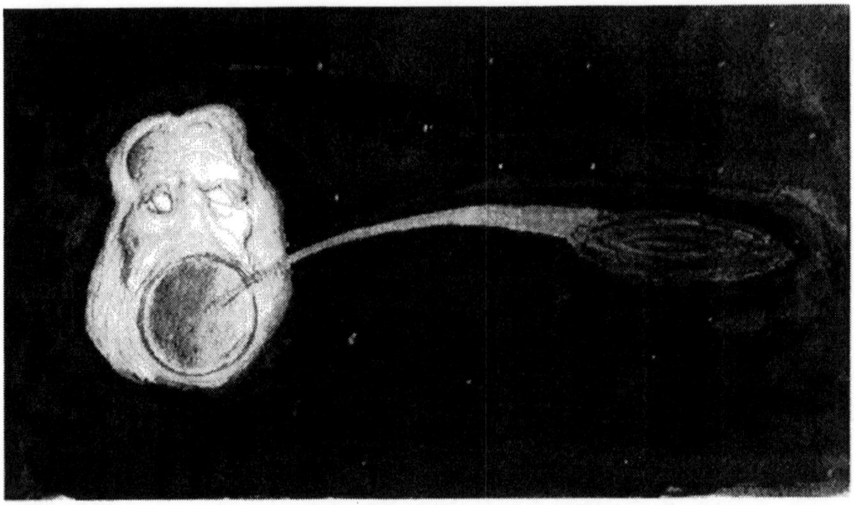

6.489.000.000 v. Chr.
DER TOD DES MONDES

Jehovah* zieht sich zurück. Ein sterbender Mond projiziert alle seine Lebensenergie in ein neues Zentrum kosmischer Differenzierung (laya) oder Homogenität. Danach folgt eine kosmische Ruheperiode von 4.320.000.000 Jahren.

* Jehovah ist nur einer von fast endlos vielen Planeten-Engeln und nicht, wie viele denken, der eine und einzige Gott.

2.169.000.000 v. Chr.
DIE GEBURT DER ERDE

Die Geburt der Erde und ihrer Kette aus der Mondkette. Jehovah, der Mond-Engel, inkarniert in die entstehende Erde. So ist der Mond die Mutter des Planeten Erde und deshalb älter als die Erde. Diese esoterische Tatsache wird sogar von der Wissenschaft bestätigt. Neil Armstrong, der erste Mann auf dem Mond (seit die Erde besteht ...), brachte von seiner Mondlandung Steine mit, die älter sind als alles, was auf der Erde existiert. Natürlich, der Mond ist älter als die Erde und nicht, wie manche Theorien immer noch verkünden, irgendwann einmal von der Erde fortgeschleudert worden.

* * *

E N D E   B A N D   I

Eine umfassende Erklärung zu allen verwendeten Pāli- und Sanskritbegriffen finden Sie in DER SINN DES LEBENS NIRVĀṆA, BAND II.

* * *

Zusammenfassende Vorankündigung zu

DER SINN DES LEBENS NIRVĀṆA, BAND II

DER SINN DES LEBENS NIRVĀṆA, Band II beginnt mit dem Erscheinen der ELOHĪM auf Erden, welches auch die Verschiedenheiten der Rassen auf Erden erklärt. Dann führt uns das Buch in die lemurische und atlantische Epoche und erklärt auch die wahre Bedeutung von Adam und Eva der Bibel. Die Bibel hat eben DOCH Recht, wenn man sie nicht wörtlich nimmt, sondern den ESOTERISCHEN Sinn dieser Schrift versteht. Ein Schock für alle Christen, Katholiken etc. wird es wohl sein, wenn Band II beweist, dass Jesus zwar lebte und auf Erden wandelte, aber natürlich niemals gekreuzigt wurde. Auch die wahre Bedeutung der Pyramide wird enthüllt sowie die erstaunliche Gemeinsamkeit der Lehren Buddhas und Jesu.

ESOTERISCH heißt *geheim* und *verborgen.* Von daher gesehen ist Esoterik überall, sogar im schmutzigen Geschäft von Banken und Politik. Der Leser kann in DER SINN DES LEBENS NIRVĀṆA, Band II vielleicht zum ersten Male erfahren, wer wirklich die Macht in diesem Lande hat, und das sind mit Sicherheit nicht die Politiker und schon gar nicht das Stimmvieh, das sie wählt und auf den Schwindel hereinfällt. Die Bundesbank wird unter die Lupe genommen und als Schwindel enthüllt. „Die" drucken das Geld für ein paar Pfennige, leihen es uns und wir schulden es ihnen. So entsteht dann eine „Staatsverschuldung".

Auch die Medizin kommt in Band II nicht ungeschoren davon. Lanoo zeigt hier, dass das BÖSE überall lauert und wo man es wohl am wenigsten erwartet, nämlich in der medizinischen Wissenschaft, die allzu oft missbraucht wird als Menschenvernichtungs- und Bevölkerungskontrolliermaschinerie. Lanoo beweist, dass AIDS keine Krankheit aus der Natur ist oder vom Affen abstammt, sondern im LABORATORIUM erschaffen wurde, als Krebsversuch am Menschen und um die Schwarzen und Homosexuellen zu vernichten. Die Kirche hat da kräftig ihre Hand mit im Spiel. Band II des Buches erklärt des Weiteren die WAHRE Ursache aller Krankheiten. Dieses Kapitel ist ein MUSS für jeden Mediziner, falls er nicht schon völlig von der pillenverschreibenden Industrie korrumpiert sein sollte.

Doch alles ist vergänglich und so verschwindet das gesamte Universum auch wieder, nur um nach einer kosmischen Ruhepause wieder zu erscheinen, - und dann geht der kosmische Tanz wieder von vorne los. Wann, wo und wie, das wird in Band II erklärt. Wer BEIDE Bände gelesen hat, der versteht, warum Schopenhauer einst ausrief, dass die Welt eine „Nicht-sein-Sollende" ist und warum NIRVĀṆA wirklich der Sinn des Lebens ist, FALLS man sich dafür entscheidet.

* * *

Für weitere Informationen über LANOO
und

DIE NIRVĀṆA-GESELLSCHAFT

schreiben Sie bitte an:

LANOO (Christian Anders)
Postlagernd
14163 Berlin

oder

LANOO (Christian Anders)
P.O. Box
491729 Los Angeles CA, USA

*

INTERNET ADRESSE:

http://www.lanoo1.com

http://www.tbol.de

E-Mail:

lanoo@earthlink.net

„NUR IN DER LOSLÖSUNG SEHE ICH DAS HEIL FÜR DIE LEBEWESEN."

GAUTAMA BUDDHA